1682 J.B.METZLER

Susanne Hartwig / Hartmut Stenzel

Einführung in die französische Literatur- und Kulturwissenschaft

unter Mitarbeit von Esther Suzanne Pabst

Mit 78 Abbildungen

Verlag J. B. Metzler Stuttgart · Weimar

Für Sascha und Dominique

Die Autor/innen

Susanne Hartwig (geb. 1969) ist Professorin für Romanische Literaturen und Kulturen an der Universität Passau. Sie verfasste die Kapitel 1.1, 2., 3.1, 3.6, 3.7, 4.1, 4.2, 5.1, 5.4

Esther Suzanne Pabst (geb. 1966), Promotion 2006, ist wissenschaftliche Mitarbeiterin am Institut für Romanistik an der Justus-Liebig-Universität Gießen. Sie verfasste die Kapitel 3.3, 4.4

Hartmut Stenzel (geb. 1949) ist Professor für romanistische Literatur- und Kulturwissenschaft an der Justus-Liebig-Universität Gießen; bei J.B. Metzler ist erschienen: »Einführung in die spanische Literaturwissenschaft«, ^{2}2005. Er verfasste die Kapitel 1.1.2, 1.2, 3.2, 3.3, 3.5, 4.3, 4.5, 5.2, 5.3

Bibliografische Information Der Deutschen Nationalbibliothek
Die Deutsche Nationalbibliothek verzeichnet diese Publikation in der Deutschen Nationalbibliografie; detaillierte bibliografische Daten sind im Internet über <http://dnb.d-nb.de> abrufbar.

Gedruckt auf säure- und chlorfreiem, alterungsbeständigem Papier

ISBN 978-3-476-02188-5

Umschlaggestaltung und Layout: Ingrid Gnoth | www.gd90.de
Satz: DTP + TEXT Eva Burri, Stuttgart · www.dtp-text.de
Druck und Bindung: C. H. Beck, Nördlingen
Printed in Germany
November 2007

Verlag J. B. Metzler Stuttgart · Weimar

Inhaltsverzeichnis

Vorwort

Dieser Band bringt erstmalig eine Einführung in die französische Literaturwissenschaft und in die französische Kulturwissenschaft zusammen und führt damit die *Einführung in die französische Literaturwissenschaft* von Jürgen Grimm, Frank-Rutger Hausmann und Christoph Miething weiter.

Neben grundlegenden Techniken der literaturwissenschaftlichen Textanalyse (Kap. 2) und konkreten praktischen Tipps für das Studium der französischen Literatur (Kap. 5) will diese Einführung vor allem die enge Verflechtung der Disziplinen aufzeigen. Kapitel 1 erläutert daher zunächst, wie aus heuristischen (d. h. pragmatischen) Gründen die Bereiche Literaturwissenschaft, Kulturwissenschaft und Landeskunde anhand ihrer spezifischen Fragestellungen unterschieden werden können. Die Kapitel 3 und 4 zeigen dann anhand ausgewählter grundlegender Themen, wie sich Literatur- und Kulturwissenschaft gegenseitig zuarbeiten und jeweils Hintergrundwissen füreinander bereitstellen. Kapitel 3 legt dementsprechend einen Schwerpunkt auf die Literatur, Kapitel 4 auf die Kultur Frankreichs.

Alle Kapitel folgen konsequent der Auffassung, dass jede Darstellung von Literatur oder Kultur eine Konstruktion ist, die bestimmte (Erkenntnis-)Ziele verfolgt und ihre Gegenstände in Hinblick auf diese Ziele ordnet und bewertet (und damit immer notwendigerweise andere Ordnungsmöglichkeiten ausblendet). Diese Einführung ist daher ein Angebot zur Beschäftigung mit französischer Literatur und Kultur ohne Anspruch auf Allgemeingültigkeit. Sie legt ihre Kriterien und Ziele offen und ermöglicht dadurch, Gegenstände und Herangehensweisen an diese zu reflektieren und zu ergänzen. Wie jede Einführung kann sie vertiefte systematische Studien nicht ersetzen; sollte sie zur Beschäftigung mit diesen anregen, hat sie ihr Ziel erreicht.

Die Einführung richtet sich in erster Linie an Studierende des Französischen, wobei sie gleichermaßen als Einstieg ohne Vorkenntnisse wie auch als vertiefende studienbegleitende Lektüre geeignet ist. Sie orientiert sich sowohl an den Erfordernissen der Lehramtsstudiengänge als auch an denen der neuen BA-Studiengänge.

Ein Hinweis zum durchgehenden Gebrauch der maskulinen Form bei Wörtern, die auch feminine Formen haben (wie Leser, Schreiber, Migrant etc.): Wir haben uns nach langen Überlegungen für den Gebrauch nur der maskulinen Form entschieden, einzig und allein um Sperrigkeit im Ausdruck zu vermeiden und nicht durch eine durchgehende oder nur gelegentliche Wahl der weiblichen Form ungewollte Nebenbedeutungen zu suggerieren. Die feminine Form sei stets mitgedacht.

Wir danken Jürgen Grimm für anregende Vorgespräche zum Konzept des Buches sowie Johannes Bernhart, Miranda Elbert, Esther Suzanne

Pabst und Barbara Weyh für die sorgfältige und kritische Lektüre der End-fassung des Textes. Miranda Elbert hat wesentlich zur Überprüfung des Sachregisters beigetragen.

Besonders herzlich möchten wir Frau Ute Hechtfischer vom Metzler-Verlag danken für ihr unglaubliches Engagement bei der Entstehung dieses Bandes, für hilfreiche Kritik, Geduld und sachkundige Hinweise.

Passau im August 2007
Susanne Hartwig

Gießen im August 2007
Hartmut Stenzel

1. Grundlegende Fragestellungen

1.1 | Landeskunde, Literaturwissenschaft, Kulturwissenschaft: zwei Beispiele

Studienanfänger sehen sich einer **Fülle von Begriffen** gegenüber, die **Disziplinen mit ähnlichen Gegenstandsbereichen** bezeichnen. Der Unterschied zwischen den Disziplinen liegt daher oftmals nur **in der spezifischen Fragestellung**, und nicht im Gegenstand selbst. Daher ist es sinnvoll, zunächst einmal ›typisch literaturwissenschaftliche‹ und ›typisch kulturwissenschaftliche‹ Fragen von denen der Landeskunde zu unterscheiden.

Gegenstandsbereich

Erkenntnisinteresse: Jede Disziplin bestimmt, welche **Gegenstände** für sie wichtig sind, welche **Zusammenhänge** sie erforschen will und welche **Blickwinkel** sie einnimmt, kurz: welches Erkenntnisinteresse sie verfolgt. Schwerpunkte und Leitkonzepte unterliegen einem dynamischen, d.h. sich ständig verändernden Aushandlungsprozess, werden also **von einer Wissenschaftsgemeinschaft konstruiert** und sind nicht einfach ›natürlich‹ vorgegeben: Sie ergeben sich nicht aus der ›Sache selbst‹. Das Erkenntnisinteresse einer Disziplin wandelt sich vielmehr mit der Zeit und ist zudem immer auch diskutierbar. Daher sollen im Folgenden zwei Beispiele **konkrete Einblicke in die Arbeitsfelder** der drei Disziplinen geben, so dass grundlegende Ähnlichkeiten und Unterschiede plastisch hervortreten. In beiden Beispielen werden Ansätze der Literaturwissenschaft, der Kulturwissenschaft und der Landeskunde auf eine ›idealtypische‹ Weise vorgestellt, die sich in der konkreten Arbeit immer vielfältig überschneiden.

Landeskunde,
Literaturwissenschaft,
Kulturwissenschaft

1.1.1 | Die *Marseillaise*

Als erstes Beispiel dient **die französische Nationalhymne**, die sogenannte *Marseillaise*:

1
Allons enfants de la Patrie,
Le jour de gloire est arrivé !
Contre nous de la tyrannie,
L'étendard sanglant est levé, (bis)
Entendez-vous dans les campagnes
Mugir ces féroces soldats ?
Ils viennent jusque dans vos bras
Egorger vos fils, vos compagnes !

Aux armes, citoyens,
Formez vos bataillons,
Marchons, marchons !
Qu'un sang impur
Abreuve nos sillons !

2
Que veut cette horde d'esclaves,
De traîtres, de rois conjurés ?
Pour qui ces ignobles entraves,
Ces fers dès longtemps préparés ? (bis)
Français, pour nous, ah ! quel outrage
Quels transports il doit exciter !
C'est nous qu'on ose méditer
De rendre à l'antique esclavage !

Aux armes, citoyens ...

3
Quoi ! des cohortes étrangères
Feraient la loi dans nos foyers !
Quoi ! ces phalanges mercenaires
Terrasseraient nos fiers guerriers ! (bis)
Grand Dieu ! par des mains enchaînées
Nos fronts sous le joug se ploieraient
De vils despotes deviendraient
Les maîtres de nos destinées !

Aux armes, citoyens ...

4
Tremblez, tyrans et vous perfides
L'opprobre de tous les partis,
Tremblez ! vos projets parricides
Vont enfin recevoir leurs prix ! (bis)
Tout est soldat pour vous combattre,
S'ils tombent, nos jeunes héros,
La terre en produit de nouveaux,
Contre vous tout prêts à se battre !

Aux armes, citoyens ...

5
Français, en guerriers magnanimes
Portez ou retenez vos coups !
Epargnez ces tristes victimes,
A regret s'armant contre nous. (bis)
Mais ces despotes sanguinaires,
Mais ces complices de Bouillé,
Tous ces tigres qui, sans pitié,
Déchirent le sein de leur mère !

Aux armes, citoyens ...

6
Amour sacré de la Patrie,
Conduis, soutiens nos bras vengeurs
Liberté, Liberté chérie,
Combats avec tes défenseurs ! (bis)
Sous nos drapeaux que la victoire
Accoure à tes mâles accents,
Que tes ennemis expirants
Voient ton triomphe et notre gloire

7
Nous entrerons dans la carrière
Quand nos aînés n'y seront plus,
Nous y trouverons leur poussière
Et la trace de leurs vertus (bis)
Bien moins jaloux de leur survivre
Que de partager leur cercueil,
Nous aurons le sublime orgueil
De les venger ou de les suivre

Aux armes, citoyens ...

Die Marseillaise

Diesen Text – ein und denselben Gegenstand – untersuchen Landeskunde, Literatur- und Kulturwissenschaft jeweils mit unterschiedlichen Schwerpunkten in der Fragestellung.

Landeskunde

Eine landeskundlich orientierte Sichtweise arbeitet in erster Linie das **konkrete Umfeld des Textes** heraus. Dies ist in der Regel dessen sozialer, historischer und politischer Hintergrund.

Entstehung

Der Text der *Marseillaise* entsteht 1792, als die Nationalversammlung Frankreichs Österreich und Deutschland den Krieg erklärt. Der Bürgermeister von Strasbourg, Baron Frédéric de Dietrich, bittet den *capitaine* **Claude-Joseph Rouget de Lisle** aus dem Bataillon »Les enfants de la Patrie« um einen Marsch zur Ermutigung der Truppen. In nur einer Nacht (25. April 1792) schreibt Rouget de Lisle den obigen Text unter dem Titel »**Chant de guerre pour l'armée du Rhin**«. Die Ursprungsversion hat nur sechs *couplets* (Strophen), die jedoch noch im gleichen Jahr von einem anonymen Autor um ein siebtes ergänzt werden, das *couplet des enfants*. Die Musik stammt vermutlich nicht von Rouget de Lisle.

Wechselvolle Geschichte der späteren Nationalhymne: Das Lied wird unter dem Namen »**Chant de guerre aux armées des frontières**« von François Mireur verbreitet, der in Marseille weilt, um einen Marsch von freiwilligen Revolutionären auf Paris zu organisieren (Beginn der *levée en masse*). Der »Chant« wird zum Gassenhauer, die Revolutionäre singen ihn beim Einzug in die Hauptstadt am 30. Juli 1792 und bei der Verhaftung des Königs, weshalb die Pariser von der *Marseillaise* sprechen. Zum **Nationallied wird diese am 14. Juli 1795 erklärt** (vgl. Vovelle 1997), nach dem Sturz des Kaiserreiches 1815 aber wieder offiziell geächtet. Unter den autoritären Regimes **des *Premier Empire* und der Restauration ist sie verboten**, obwohl diejenigen, die den Ideen der Revolution die Treue halten, sie weiterhin hoch halten. Daher nimmt es nicht wunder, dass das Lied z. B. besonders bei der Julirevolution (27.–29. Juli 1830) glorifiziert wird und der romantische Komponist Héctor Berlioz (1803–1869) ein eigenes musikalisches Arrangement entwirft. Nach dem Sturz des *Second Empire* (1870) wird die *Marseillaise* wieder offiziell gesungen und zwar von dem großen Star der Epoche Rosa Bordas (1840–1901). Endgültig **zur Nationalhymne wird sie 1879 erklärt** (vgl. Hudde 1996, 99), wodurch sie unerlässliche Begleitmusik offizieller Empfänge, Militärparaden und Staatsbesuche wird. Im **Ersten Weltkrieg** wird die *Marseillaise* zur **Hymne des Patriotismus**. Die derzeitige Verfassung Frankreichs von 1958 nennt sie in Artikel 2 als offizielle Nationalhymne. Zu offiziellen Anlässen wird die **erste Strophe mit Chor** gesungen.

Stellenwert einer Nationalhymne

Wissen verschiedener Fachdisziplinen: Die Landeskunde bündelt Erkenntnisse aus den jeweiligen Fachdisziplinen (im vorliegenden Fall etwa Geschichte, Politik, Musikwissenschaften, Kunst), um ein komplexes Bild eines Gegenstandes zu entwerfen. So kann sie den **staatsrechtlichen Stel-**

Landeskunde, Literaturwissenschaft, Kulturwissenschaft

François Rude: »Le départ des volontaires dit la *Marseillaise*«

lenwert einer Nationalhymne oder den **musikalischen Aufbau** der *Marseillaise* studieren wie etwa die charakteristische ›Molleintrübung‹ (Wechsel zwischen Dur und Moll vor dem Refrain), die einen neuen Typ von Hymne begründet (Hudde 1996, 35f.). Auch können Vergleiche mit Darstellungen des historischen Sachverhaltes in anderen Bereichen erfolgen. In der **bildenden Kunst** bieten sich allegorische Repräsentationen der *Marseillaise* zur Untersuchung an wie z. B. das Relief am Arc de Triomphe in Paris, das von dem französischen Bildhauer der Romantik François Rude (1784–1855) stammt. Ursprünglich als Repräsentation des **»Génie de la guerre«** gedacht, wurde das Relief sofort bei der Enthüllung 1836 mit der *Marseillaise* assimiliert (»die Nation unter Waffen«) und mit dem Titel **»Le départ des volontaires dit la Marseillaise«** versehen. Die *Marseillaise* ist zudem vielfach Gegenstand des **offiziellen Kunsthandwerks**, z. B. in Form von Briefmarken.

Die ironische Verwendung der *Marseillaise* kann ebenfalls in einer landeskundlichen Untersuchung Erwähnung finden. So singt Serge Gainsbourg (1928–1991; s. S. 268) das erste und das sechste *couplet* der Nationalhymne zu einer Reggae-Musik unter dem Titel »Aux armes et caetera« (1979). Dass dies in der französischen Öffentlichkeit als Respektlosigkeit empfunden wird, verweist auf den nahezu sakrosankten Charakter der Hymne; ein Übergang zur Perspektive der Kulturwissenschaft besteht in der Frage nach den hinter dieser Haltung liegenden Denkmustern.

Literaturwissenschaft

Analyse des Aufbaus

Der literaturwissenschaftliche Blickwinkel betrachtet die *Marseillaise* vor allem unter **ästhetischen Gesichtspunkten** und beschreibt ihre **Textmechanismen und deren Wirkung**.

Die Textanalyse baut auf einer genauen Beschreibung des Textes auf. Diese beginnt z. B. bei der **Gliederung**. Die *Marseillaise* besteht aus **sieben Strophen** (*couplets*) und einem Refrain, die **jeweils einen eigenen Gedanken** behandeln. Die ersten drei Strophen setzen den Feind, gegen den zu kämpfen der Refrain auffordert, in ein schlechtes Bild, indem sie dessen Unzivilisiertheit (1), erniedrigendes Verhalten (2) sowie Käuflichkeit und Unterwürfigkeit (3) anprangern. Die vierte Strophe ist eine direkte **Kampfansage an die Tyrannen**, die fünfte eine Ermutigung der eigenen Leute, die sechste eine Bekräftigung ewiger Werte und die siebte schließlich ein Verweis auf die Kontinuität des Revolutionsgedankens über die Generationen hinweg.

Der Refrain drückt den **eigentlichen Marschbefehl** aus, der effektvoll wiederholt wird – das zweimalige **»marchons«** hat dabei die ursprüngliche Silbenzahl im Refrain (»Aux armes citoyens/Formez les bataillons/Marchons qu'un sang impur/abreuve nos sillons«) von 12 (6+6) auf 14 (2+6+6) ausgedehnt, wodurch ihm auch rhythmisch eine **herausragende Stellung** zukommt. Der gesamte Refrain wirkt dabei stets wie eine direkte

Folgerung aus dem vorher in der Strophe Gesagten. Dass Verse regelmäßig wiederkehren und einen Refrain bilden, ist ein Merkmal vieler Lieder. Ursprünglich geht der Kehrreim auf den Wechselgesang von Vorsänger und Chor zurück, ist also ein »Kunstmittel der Gemeinschaftsdichtung« (Wilpert 2001, 402) – das unterstützt die Funktion des Textes, **eine Gemeinschaft in ihrem Identitätsgefühl zu stärken**.

Gattungsfragen: Der einprägsame Rhythmus ist das auffälligste Gestaltungsmerkmal der *Marseillaise*. Er entsteht durch den regelmäßigen Wechsel von Strophe und Refrain, aber auch durch wiederkehrende stilistische Mittel wie Ausruf und rhetorische Frage sowie viele parallelisierte Satzteile. Einprägsam wird der Text auch dadurch, dass die Sätze kurz und wenig komplex sind. Hier zeigt sich, dass er **ursprünglich der Gattung Marschlied** angehört, das aufgrund seiner Verwendung beim Marschieren hohen Wert auf rhythmische Elemente legt. Allerdings ist die *Marseillaise* rhythmisch und melodisch komplexer als ein gewöhnliches Marschlied. Gattungsmäßig kann sie aufgrund ihres späteren Gebrauchs **auch zu den Hymnen** gezählt werden, auch wenn sie nicht durchgehend ein »feierl[icher] Preis- oder Lobgesang« (Wilpert 2001, 359) ist, wie es die Definition der Hymne will. Schließlich fällt die *Marseillaise* auch in die **Untergattung »Revolutionschanson«**. Zuordnungen zu Gattungstraditionen ermöglichen Vergleiche mit anderen Texten.

Wortfeldanalyse: Eine traditionell literaturwissenschaftliche Fragestellung ist die nach **dominierenden Wortfeldern und Bildern** sowie deren Beziehungen zueinander. Die *Marseillaise* erscheint hier recht monoton: Sie benutzt vornehmlich Vokabular aus dem Bereich ›Krieg‹ und einen zentralen Gegensatz, den zwischen Revolutionären (»citoyens«) und Tyrannen, d.h. zwischen alter und neuer Staatsform, der **als ewiger Kampf zwischen Freiheit und Unfreiheit** (siehe letzte Strophe) überhöht wird.

- **Auf der Seite des Neuen** stehen »enfants de la Patrie«, »citoyens«, »Français« (zweimal), »nos fiers guerriers«, »nos jeunes héros« und »guerriers magnanimes« .
- **Auf der Seite des Überholten** finden sich »la tyrannie«, »féroces soldats«, »un sang impur«, »cette horde d'esclaves/De traîtres«, »rois conjurés«, »ces phalanges mercenaires«, »vils despotes«, »tyrans«, »perfides«, »L'opprobre de tous les partis«, »ces tristes victimes«, »ces despotes sanguinaires«, »ces complices de Bouillé« und »ces tigres«.

Wie man an der Gegenüberstellung sieht, überwiegen **die (negativen) Bezeichnungen der Feinde**. Deren Attribute sind entsprechend »fers dès longtemps préparés«, »le joug«, »projets parricides«. Den »citoyens« werden indes »gloire« (zweimal), »Amour sacré de la Patrie«, »Liberté, Liberté chérie« und »triomphe« zugeordnet. Der Text schafft also eine klar wertende Zweiteilung.

Auf der Ebene der Syntax fallen die **zahlreichen Imperative** ins Auge. Die Häufung lässt darauf schließen, dass der Text in erster Linie **die Funktion eines nachdrücklichen Appells** hat, der im »marchons« des Refrains in regelmäßiger Wiederholung gipfelt.

Eine ästhetische Analyse fördert eine **Fülle rhetorischer Mittel** zu Tage, die das Pathos des Liedes erhöhen und die rationale Botschaft des »Marchons« emotional aufladen (s. Kap. 2.4.3):

Rhetorische Mittel

- **Ausrufesätze** (Exclamationes) wie »Le jour de gloire est arrivé!« und »Ils viennent jusque dans vos bras / Egorger vos fils, vos compagnes!« **schaffen Dramatik**.
- **Rhetorische Fragen** (Aussagesätze, die als Fragen formuliert werden, deren Antwort also von vornherein feststeht) **beziehen die Adressaten emotional in das Geschehen ein**, z. B. »Entendez-vous dans les campagnes / Mugir ces féroces soldats?« oder » Que veut cette horde d'esclaves, / De traîtres, de rois conjurés?«
- **Wortumstellungen** (Inversion) legen den **Akzent auf das vorangestellte Wort**, hier die Tyrannei: »Contre nous de la tyrannie / L'étendard sanglant est levé« (statt »L'étendard sanglant de la tyrannie est levé contre nous«).
- **Personifikationen** überhöhen das Geschehen und machen aus konkret-historischen **überhistorisch-allgemeinmenschliche Werte**, was durch den Großbuchstaben angezeigt wird: »Amour sacré de la Patrie«, »Liberté, Liberté chérie«. Die sechste Strophe allegorisiert den Kampf und setzt an seine Spitze »Amour de la Patrie« und »Liberté«.
- **Der häufige Gebrauch des Plural intensiviert und dramatisiert das Geschehen**, z. B. »les campagnes«, »vos bras«, »ignobles entraves«, »nos destinées«, »tyrans«.
- **Die Metapher** »tigre« (gestützt noch durch das Wort »mugir«, was keinem menschlichen Laut, sondern dem eines wilden Tieres entspricht) drückt die **Abwertung der Feinde** in dichter Form aus: Diese gehören nicht zu den zivilisierten Menschen.

Die genannten rhetorischen Mittel **unterstreichen das Pathos des Moments**, in dem es nicht nur um den Sieg der Revolutionäre Frankreichs, sondern um die Freiheit der Menschheit geht.

Einfachheit und Komplexität des Liedes

Die geringe gedankliche Komplexität des Textes kann man damit erklären, dass es sich um ein **identitätsstiftendes Lied einer revolutionären Gruppe** handelt, das auch von einfachen Leuten verstanden werden soll und der Anfeuerung im Kampf dient. Zugleich aber **ästhetisiert eine ausgefeilte Wort- und Bilderwahl** die klaren Aussagen und erinnert an das antike Epos, das in seinen kanonischen Ausprägungen (Homers *Ilias* und *Odyssee*, Vergils *Aeneis*) **Gründungsliteratur einer Kulturgemeinschaft** ist: Die Metapher »tigre« drückt im antiken Epos z. B. gängig die Wildheit und Gefühllosigkeit eines Menschen aus; das Wort »parricide« verweist auf Vatermord (*parricidium*), der im republikanischen Rom ein Kapitalverbrechen war, »joug«, auf das Zeichen der Unterwerfung (besiegte Feinde mussten bei den Römern als Demütigung unter einem Joch durchgehen); vgl. auch »cohortes étrangères« (römische Heereseinheit) und »phalanges« (griechische Kampfaufstellung). Schließlich erinnert auch das in Strophe 4 benutzte Bild, dass die Erde menschliche Helden ›gebiert‹, an die **griechische Sagenwelt** – der Held Thessaliens, Jason, sät Drachenzähne in einen Acker, aus denen Männer aus Eisen wachsen. Hier sieht man, dass die *Marseillaise* keineswegs so schlicht ist, wie es der schematische Aufbau und die wenig komplexe Syntax zunächst vermuten lassen.

Kulturwissenschaft

Ein kulturwissenschaftlicher Ansatz fragt insbesondere nach **allgemeinen kulturellen Denkmustern**, die anhand des Textes konstruiert werden können.

Identität und Legitimation

Nationalhymne: Bei der *Marseillaise* liegt es nahe, sie unter dem **Aspekt der nationalen Identität** zu untersuchen. Nationalhymnen drücken das Gemeinschaftsgefühl einer Kultur aus, weshalb sie zu feierlichen offiziellen Anlässen ertönen. Die *Marseillaise* ist eng verknüpft mit einer **Erlösungs- und damit Gründungserzählung**. Der romantische Schriftsteller Victor Hugo (1802–1885) drückt das so aus: »La Marseillaise est liée à la Révolution et fait partie de notre délivrance« (Georgel/Delbart 1992, 14). Zwei zentrale Wörter der *Marseillaise*, **»citoyen« und »tyran«**, markieren den Übergang von einer alten zu einer neuen Ordnung: Ersterer verweist auf die **Errungenschaft der Revolution,** letzterer auf das ***Ancien Régime***, das nicht mit dem Begriff »roi«, sondern mit dem negativen »tyran« (in der Antike Bezeichnung eines willkürlichen Gewaltherrschers) belegt wird. Hinter dieser Wortwahl stehen **Legitimierungsverfahren und Verpflichtungen auf Ideale**.

Gedächtnis und Erinnerung: Nationalhymnen sind ein **zentrales Medium einer nationalen Erinnerungskultur** (s. Kap. 4.1.3). Dass der heute blutrünstig anmutende Text der ersten Strophe der *Marseillaise* immer noch zu offiziellen Anlässen gesungen wird, zeigt die Kontinuität zwischen dem heutigen Frankreich und dem Pathos der Französischen Revolution (s. Kap. 4.3.3.1). Am 14. Juli 1915 wird die **Asche Rouget de Lisles in den Invalidendom überführt**, Zeichen dafür, dass der Verfasser der Nationalhymne nunmehr ein Nationalheld ist, der Ideen repräsentiert, mit denen sich jeder Franzose zumindest theoretisch identifizieren kann. Dass die Erinnerung aktiv aufrechterhalten wird, bezeugt die ***Loi Fillon*** von 2005, die das **Erlernen der *Marseillaise*** in den *classes maternelles* und *primaires* vorschreibt.

Mythisierung: Die Kulturwissenschaft untersucht auch das symbolische Netz, in dem sich Texte verorten. Ein solches zeigt sich darin, dass der **historische Moment**, dem die Hymne entspringt, **mythisiert** wird. Den Augenblick, in dem de Lisle 1792 zum ersten Mal die spätere Nationalhymne singt, stellt z. B. der romantische Dichter Alphonse de Lamartine (1790–1869) im 16. Buch seiner *Histoire des Girondins* (1847) verklärt dar (zu literarischen Texten über die *Marseillaise* u. a. von Chateaubriand, Goethe und Lamartine vgl. Robert 1989, 288 f.). Der bedeutendste französische **Historiker des 19. Jh.s, Jules Michelet** (1798–1874), preist hingegen in seiner *Histoire de la Révolution française* (1847–1853) gerade das vom Enthusiasmus getragene **Volk (und nicht ein Individuum!) als den neuen**

Landeskunde, Literaturwissenschaft, Kulturwissenschaft

Akteur der revolutionären Bewegung: Durch das Volk sei die *Marseillaise* zu dem geworden, was sie sei; eine »foule émue« habe den »chant sacré« erschaffen (Robert 1989, 301). Der Dichter Paul Eluard (1895–1952) nimmt diesen Gedanken im 20. Jh. auf (vgl. *Une icône républicaine*, 23–26).

Isidore Pils: »Rouget de Lisle chantant pour la première fois La Marseillaise chez Dietrich [sic] maire à Strasbourg«, 1849 – Das pathosgeladene Bild hält die ›Stunde Null‹ eines der wichtigsten Identifikationsobjekte der Französischen Revolution fest. Die politische Brisanz des Bildes zeigt sich darin, dass es wie Eugène Delacroix' »La liberté guidant le peuple« (s. S. 183) zeitweilig unter Verschluss gehalten wird (vgl. *Une icône républicaine*, 14).

Symbol: Die *Marseillaise* wird zum **Symbol für den legitimen Freiheitskampf**, aber auch für übersteigerten Militarismus. Louis Aragon (1897–1982) schreibt 1934 z. B. eine ironische »Réponse aux jacobins« als Parodie der *Marseillaise* (Georgel/Delbart 1992, 13; zu »Les contre-Marseillaises« und Parodien vgl. Robert 1989, 183–214). Die Umformungen der *Marseillaise* reichen von einer **erneuten Nutzung als Kriegsgesang**, z. B. 1914 in einer Verunglimpfung des Feindes Deutschland »Guillaume II, Kaiser-vampire« (Georgel/Delbart 1992, 93), über die **Verwandlung zu einem Kampflied von Emanzipationsbewegungen**, z. B. der Bewohner der ehemaligen Kolonien »La Marseillaise des Citoyens des Couleurs«, bis hin zur Umformung in einen **universellen Friedensgesang**, z. B. Jean-Marin Paschouds »Marseillaise de la Paix«, die die Zeilen enthält: »De l'universelle patrie, puisse venir le jour rêvé, de la paix, de la paix chérie« (ebd., 164).

Variationen der *Marseillaise*

Auch die **Melodie der Hymne** lässt sich wie ein **kulturelles Versatzstück** benutzen, um- und neuinterpretieren (zu Arrangements und Ausgaben der *Marseillaise* vgl. Robert 1989, 236–239). Schon zwischen 1792 und 1795 wird unter dem Titel »Offrande à la Liberté« eine ›scène lyrique‹ an der Pariser Oper aufgeführt, die als dramatischen Höhepunkt die *Marseillaise* in Szene setzt und großen Erfolg hat (Text: Gabriel Gardel, Musik: François-Joseph Gossec). Im 20. Jh. wird sie von **bedeutenden Musikern** wie dem französischen Jazz-Violonisten Stéphane Grappelli (1908–1997) oder dem belgischen Jazzgitarristen Jean-Baptiste ›Django‹ Reinhardt (1910–1953) sowie von **berühmten Sängerinnen** wie Edith Piaf (1915–1963) und Mireille Mathieu (*1946) interpretiert. Unzählige **Adaptationen** hat die *Marseillaise* **auch außerhalb Frankreichs** erfahren; die wohl bekannteste davon ist die Eingangsmelodie zu »All you need is love«

Le tour de la France par deux enfants

(1967) der Beatles (zu den von der *Marseillaise* inspirierten Musikwerken vgl. Robert 1989, 240–244).

Ein weiter Fokus kann die *Marseillaise* als **Symbol der Republik** untersuchen und mit **entsprechenden anderen offiziellen Symbolen vergleichen**: Marianne, Hahn, 14. Juli, Trikolore, Devise »Liberté, Egalité, Fraternité« und Siegel mit den Inschriften »République française démocratique une et indivisible« bzw. »Au nom du peuple français« und »Egalité, fraternité, liberté« (vgl. die Internet-Seite des Elysée-Palastes http://www.elysee.fr und Kap. 4.3.3.2). Wegen ihrer Repräsentationsfunktion wird die Verunglimpfung der Hymne als **Provokation des Staates** verstanden. 2003 wird eine Gesetzesänderung (im Rahmen der »Loi d'orientation et de programmation pour la sécurité intérieure«) erlassen, die einen Straftatbestand **»outrage à l'hymne national français«** schafft, der mit einer mehrmonatigen Gefängnisstrafe und mehreren Tausend Euro Geldstrafe geahndet werden kann. Doch gibt es zahlreiche Ausnahmen, auf die das Gesetz keine Anwendung findet, damit es nicht mit dem Recht auf Meinungsfreiheit kollidiert.

1.1.2 | *Le tour de la France par deux enfants*

Das erfolgreichste französische Schulbuch in der Zeit der Dritten Republik (1870–1940) ist das 1877 erschienene *Le tour de la France par deux enfants*. Unter dem Pseudonym G. Bruno veröffentlicht, hinter dem sich die Frau eines einflussreichen Professors der Philosophie verbirgt, verkaufen sich bis in die 1920er Jahre über zehn Millionen Exemplare. Mit seiner **bürgerlich-patriotischen Morallehre** stellt der Text den Schülern des *cours moyen* (der letzten beiden Klassen der *école primaire*, die man damals im Alter von 13 Jahren verlässt) eine **grundlegende nationale und lebenspraktische Orientierung** bereit. Diese kann um so mehr wirken, als um die Wende zum 20. Jh. in breiten Kreisen des ländlichen Frankreich Schullektüren die einzigen Bücher vieler Familien sind, denen allenfalls noch religiöse Erbauungsschriften Konkurrenz machen. Zweifellos haben wir es also mit einem Text zu tun, der **für das Selbstverständnis und die Weltsicht vieler Franzosen** in der ersten Hälfte des 20. Jh.s prägend ist (vgl. Maingueneau 1979; Ozouf/Ozouf 1997).

Le tour de la France par deux enfants: Inhalt

An einem regnerischen Herbsttag des Jahres **1871** machen sich zwei Brüder, der vierzehnjährige André und der siebenjährige Julien, aus dem am Nordrand der Vogesen gelegenen Städtchen Pfalzburg (Phalsbourg) **auf den Weg nach Marseille**. Ihre Eltern sind gestorben, und so wollen sie zu ihrem nächsten Verwandten, der auch ihr gesetzlicher Vertreter werden soll. Sie mussten nämlich ihrem Vater auf dem Totenbett **versprechen, Franzosen zu bleiben**, eine Möglichkeit, die den Bewohnern des gerade vom deutschen Reich **annektierten Elsass-Lothringen** im Friedensvertrag von Frankfurt für ein Jahr eingeräumt worden war (allerdings um den Preis des Exils). Durch ihre **vorbildliche Sauberkeit, Ordnungslie-**

Landeskunde, Literaturwissenschaft, Kulturwissenschaft

Das erfolgreichste Schulbuch der Dritten Republik

be, Rechtschaffenheit und ihren Fleiß finden die Kinder auf der beschwerlichen Wanderung überall Unterstützung und Anerkennung. Sie gelangen auf Umwegen durch den Jura und die Auvergne nach Marseille, nur um dort zu erfahren, dass ihr Onkel krank in Bordeaux liegt. Erneut finden sie bereitwillige Hilfe und machen sich unverzagt als Schiffsjungen über Sète und den Canal du Midi nach Bordeaux auf. Dort treffen sie den Onkel, der genesen ist und sie hoch zufrieden in seine Arme schließt. Er bringt sie zunächst auf dem Seeweg, trotz eines Schiffbruchs, wohlbehalten nach Dünkirchen und von dort über die Kanäle des Nordens und den Rhein-Marne-Kanal zurück nach Pfalzburg.

Nachdem **die Frage ihrer Staatsangehörigkeit geregelt ist** und der Onkel glücklicherweise ein verloren geglaubtes kleines Vermögen zurückerhalten hat, ziehen die drei in die Beauce, wo sie in der Nähe von Chartres einem Schiffskapitän, mit dem sie sich auf ihrer letzten Seereise angefreundet haben, dabei helfen, einen im Deutsch-Französischen Krieg halb zerstörten Bauernhof wieder aufzubauen. Fortan leben und arbeiten sie in der **ländlichen Idylle einer Großfamilie**: »[...] en s'appuyant l'un sur l'autre et en s'encourageant sans cesse à faire le bien, ils resteront toujours fidèles à ces grandes choses qu'ils ont appris si jeunes à aimer: Devoir, Patrie, Humanité« (Bruno 1983, 300).

Die Abenteuergeschichte schließt eine **Reise durch zahlreiche Gegenden Frankreichs** mit ihren regionalen und wirtschaftlichen Besonderheiten ein. Die beiden Kinder lernen den Betrieb unterschiedlicher Bauernhöfe kennen sowie Molkereien, Händler und Handwerker aller Art, Kohlegruben und Montanindustrie, Seidenwebereien und Porzellanmanufakturen. Dabei erfahren sie, dass man anständig, hilfsbereit, ehrlich, lernwillig und fleißig sein muss, aber auch, dass man jederzeit Unterstützung erwarten kann, wenn man diese Verhaltensanforderungen erfüllt. Durch diese Erlebnisse wird die Erfahrung des Vaterlandes mit **anschaulichen Vorbildern und konkreten Merksätzen** verbunden.

Landeskunde

Die Landeskunde ist bei der Lektüre des Textes in erster Linie an den Daten interessiert, die zu einer genaueren **geographischen, politischen und wirtschaftlichen Kenntnis des Landes** und dessen historischer Entwicklung beitragen. So kann eine Analyse den Text etwa in die **Geschichte des französischen Schulwesens** einordnen. Sie wird ihn dann etwa daraufhin untersuchen, welche Bedeutung er im Zusammenhang mit der **allgemeinen Schulpflicht** hat, die erst Anfang der 1880er Jahre in Frankreich endgültig eingeführt wird (vgl. Maingueneau 1979; Nora 1997; s. Kap. 4.3.4). Sie kann zeigen, wie der Text eine **Aufwertung des Lernens** als nationale und zugleich allgemein menschliche Verpflichtung in Szene setzt. Schon bei der ersten Station der Reise erfährt der kleine Julien z. B.

Historischer Blickwinkel

Le tour de la France par deux enfants

von einer Witwe, die die Kinder aufnimmt: »La France veut que tous ses enfants soient dignes d'elle, et chaque jour elle augmente le nombre de ses écoles et de ses cours« (Bruno 1983, 45). So erscheint die **Schulbildung im Horizont eines Fortschrittsdenkens**, das den gesamten Text durchzieht. Während der Reise macht Julien den Willen der Nation zu seiner persönlichen Verpflichtung, indem er unermüdlich lernt und durch Erfahrungen sein Wissen über Frankreich vermehrt, während André, der die Schule bereits abgeschlossen hat, fleißig Arbeiten aller Art übernimmt. Bedeutung gewinnt das Buch unter diesem Blickwinkel **als nationales und volkspädagogisches Projekt**.

Sozialgeschichtlicher Blickwinkel

Aus der Sicht einer **sozialgeschichtlich interessierten Landeskunde** kann der Text daraufhin befragt werden, welche **regionalen Strukturen, wirtschaftlichen Schwerpunkte und Verkehrsverbindungen** Frankreich im letzten Drittel des 19. Jh.s aufweist. Er liefert in dieser Hinsicht eine Fülle von Informationen über eine noch nicht sehr weit ausgebaute Infrastruktur, die sich insbesondere mit dem Eisenbahnbau erst allmählich entwickelt. Die Protagonisten legen entsprechend einen Teil ihres Wegs als Gehilfen eines mit seinem Pferdewagen durch die Lande ziehenden Händlers zurück. Einen großen Teil der Reise unternehmen sie zudem – wie damals der größte Teil der transportierten Güter – über die Meere und die Kanäle.

Wirtschaftsstrukturen: Darüber hinaus kann man dem Buch vielfältige Hinweise auf die **Vorherrschaft agrarischer Produktion** in Frankreich entnehmen, eine Wirtschaftsstruktur, die bis zum Zweiten Weltkrieg vorliegt. Auf ihrer Reise lernen die Jungen **Herstellungsverfahren der Landwirtschaft und deren regionale Differenzierung** kennen: Käseherstellung im Jura, Geflügelzucht in der Bresse, Weinanbau im Burgund, Milchwirtschaft und Viehzucht in Lothringen und der Normandie, Getreideproduktion im Languedoc und der Ile de France etc. Zwar werden auch einige große Industriebetriebe vorgestellt, etwa das Stahlwerk von Le Creusot im Süden Burgunds oder eine Zuckerraffinerie in Nantes, doch die Kinder lernen vornehmlich **die traditionelle Produktion von Gütern** kennen, also handwerkliche Heimarbeit. Großindustrielle Strukturen und Produktionsverfahren erzeugen Staunen, werden aber auch als fremd empfunden. Für die Kinder selbst sind sie wenig anziehend. Schon zu Anfang erklärt der kleine Julien, die Landwirtschaft sei »un métier que j'aimerais mieux que tous les autres« (34). Am Ende widmet er sich dann auch diesem Beruf, während sein Bruder André als Schlosser ein traditionelles Handwerk ergreift.

Folgerichtig ist auch die **Großstadt weniger attraktiv als das Land**. Julien erklärt z. B. nach der Besichtigung von Paris: »J'aime Paris de tout mon cœur, parce que c'est la capitale de la France, mais [...] je me réjouis de ne voir bientôt que des champs, des bœufs et des vaches« (278). Diese Einstellung bevorzugt die ländliche Struktur der sozialen und wirtschaftlichen Gemeinschaft, die auch im gesamten Buch als wesentlich für Frankreich herausgestellt werden. Die idealisierende Darstellung spiegelt das **Gewicht der ländlich-agrarischen Verhältnisse** wider, die das Bild Frankreichs lange Zeit prägen und bis heute nicht ganz aus ihm verschwunden sind (wie man z. B. oft in französischer Produktwerbung sehen kann, die mit ländlichen Stereotypen arbeitet).

Literaturwissenschaft

Eine literaturwissenschaftliche Fragestellung interessiert sich vor allem für die ästhetischen **Strukturen der erzählten Geschichte und für die Art der Erzählung**. Sie kann dabei nach Beziehungen zu anderen Texten bzw. zu möglichen literarischen Vorbildern fragen.

Moralisierende Elemente

Eine stilistische Analyse kann den **paternalistischen Ton des Werkes** herausarbeiten, etwa anhand der auffällig **häufigen moralischen Merksätze** voller Lebensweisheiten. Im Sinne der Vermittlung pädagogischer Lehren sind die **Sätze einfach und das Vokabular eindeutig**:

- Ein hilfreicher Förster erklärt: »Est-ce que tous les Français ne doivent pas être prêts à se soutenir entre eux ?« (13), wie ein Seemann den moralischen Anspruch der Handlung mit dem Satz zusammenfasst: »Les pauvres gens sont au monde pour s'entraider« (179).
- Bei der Besichtigung einer Molkerei erfahren die Kinder: »Un bon agriculteur doit se rendre compte de ce que chaque chose lui coûte et lui rapporte« (32).
- Eine Bäuerin erläutert: »On aime à secourir ceux qui en sont dignes« (35).
- André kommt zu den Einsichten: »Comme c'est bon [...] d'avoir l'estime de tous ceux avec lesquels on vit« (62) und »L'honneur de la France, c'est le travail et l'économie« (116).

Die einfache Struktur der erzählten Geschichte ist auffällig. Es gibt keine Sprünge zwischen Zeiten, Orten oder Fiktionsebenen. Die Figuren sind meist einschichtig konzipiert, d. h. man kann ihnen recht schablonenartig unveränderliche Charaktereigenschaften zuschreiben.

Anhand von Zuordnungen zu Gattungen können Gemeinsamkeiten mit und charakteristische Abweichungen von anderen Texten und damit Tradition und Innovation des Buches beschrieben werden:

Gattungsfragen

Bildungsroman: Die jungen Menschen suchen Orientierung und sinnstiftende Bezüge in ihrer Lebenswelt. Der äußeren Reise durch die Heimat entspricht **die innere (Entwicklungs-)Reise der beiden Waisen** zu guten französischen Staatsbürgern. Hier zeigen sich Parallelen zu typischen Strukturen des **Bildungsromans**. Bei diesem handelt es sich um eine Gattung, in der ein Held seinen Charakter unter dem Einfluss der objektiven Kulturgüter entwickelt. Ziel der ›Reise‹ ist die Ausbildung der geistigen Anlagen des Helden, der zu einer verantwortlichen **Gesamtpersönlichkeit heranreift** und sich harmonisch in eine soziale Gemeinschaft einfügt (vgl. Wilpert 2001, 91).

Es **fehlen** allerdings in *Le tour de la France* die für den Bildungsroman des 18. und 19. Jh.s **typischen seelischen Erfahrungen durch Irrtümer**

Le tour de la France par deux enfants

und Enttäuschungen. Trotz einiger Krisen und Gefahrensituationen (insbesondere der Schiffbruch) kann kein Ereignis die Verwirklichung der Träume der Kinder gefährden, die im Grunde schon erwachsene, wertbewusste, ordnungsliebende und fleißige Staatsbürger sind. Frankreich mag zwar ein unbekannter Raum sein, doch sind alle echten Franzosen von Grund auf gut.

Auch bildet die Geschichte von André und Julien **nicht den für den Bildungsroman grundlegenden Lernprozess ab:** die Entwicklung von Orientierungslosigkeit zu Selbstfindung. Denn schon gleich zu Beginn, an der französischen Grenze, wissen die beiden Waisen: »France aimée, nous sommes tes fils, et nous voulons toute notre vie rester dignes de toi« (25) Diese Beteuerung, die einem Schwur gleichkommt, zieht sich wie ein Leitmotiv durch den Text. Damit ist die Suche nach den Eltern bereits vor der Reise abgeschlossen, denn die Eltern sind Frankreich selbst. Die Reise ist also die **Bestätigung eines bereits gefundenen Sinns**, der sich schließlich auf dem Bauernhof in der Beauce erfüllt, »une patrie, une maison, une famille« (297). Zwar sind die Gegenden, die die Kinder bereisen, für sie fremd, doch sind sie überall zu Hause, da geborgen in einem nationalen Kollektiv, in dem jeder jedem hilft und jeder dieser Hilfe würdig ist. *Le tour de la France* bezieht sich auf die Gattung Bildungsroman also in stark vereinfachter und schematisierter Weise.

Märchenstrukturen: Die Geschichte zeigt eine langwierige, letztlich aber **von Erfolg gekrönte Prüfung**, die die beiden ›Helden‹ zu bestehen haben, denen zahlreiche Helfer zur Hand gehen. Damit zeigt die Reise der Kinder Märchenstrukturen, von denen sie allerdings nicht die wundersamen, zauberhaften und realitätsfernen Elemente übernimmt: *Le tour de la France* ist vielmehr ein **didaktisches Lehrwerk mit realistischem Anspruch**.

Reiseliteratur: Auch der Reiseliteratur steht *Le tour de la France* nahe mit seinen **Berichten von Erlebnissen und Erfahrungen** bei der Wanderung durch Frankreich, aber auch mit seinen **Beschreibungen des bereisten Landes**. Die Besonderheit des Buchs besteht darin, dass es bei der Reise nicht um ferne Länder (wie etwa in den damals populären Romanen von Jules Verne), sondern um die zeitgenössische französische Lebenswelt geht. Das Buch gleicht daher dem sachlichen Reisebericht mehr als dem fiktiven Reiseroman, da es Anspruch auf authentische Information erhebt.

Kulturwissenschaft

Ein kulturwissenschaftlicher Ansatz untersucht Inhalt und Strukturen der Geschichte auf deren symbolischen Gehalt und dahinter liegende Denk- und Vorstellungsmuster.

Nationenbildung

Nationale Identität: Die Geschichte der beiden Kinder ist unter diesem Blickwinkel **die Suche nach einem sinnstiftenden Bezug von Individuen**, der in der Heimat Frankreich immer schon vorhanden und in jedem

Individuum der Nation wirksam ist. Man kann daher nach der Bedeutung des Buchs für die **Konstruktion und Vermittlung nationaler Identität** fragen. Das Vorwort nennt eine entscheidende Voraussetzung, die im 19. Jh. in allen vorhandenen oder ersehnten Nationalstaaten (wie Deutschland und Italien) reflektiert wird:

> **La connaissance de la patrie est le fondement de toute véritable instruction civique. [...] Mais nos maîtres savent combien il est difficile de donner à l'enfant l'idée nette de la patrie [...]. La patrie ne représente pour l'école qu'une idée abstraite à laquelle, plus souvent qu'on ne le croit, il peut rester étranger pendant une assez longue période de la vie. Pour frapper son esprit, il faut lui rendre la patrie visible et vivante. (4)**

Trotz der einschneidenden Bedeutung der Revolution für das kollektive Bewusstsein der Franzosen bleibt es gesellschaftlich und kulturell im 19. Jh. ein offenes Problem, die **Idee der Nation mit konkreter Anschauung** zu füllen. Zwar findet sich die Idee der Nation schon in der Zeit der Monarchie (s. Kap. 3.3.2), doch erst in der Revolution wird sie zu einer kollektiv wirksamen Orientierung, die nun in Verbindung mit den Symbolen der Republik eine nationale Identität gegen die Tradition der Monarchie zu begründen vermag (s. Kap. 4.3.3).

›Verinnerlichung‹ des Landes: Erst um die Wende zum 20. Jh. wurden in den Schulen der Republik Wandkarten verbreitet, die es ermöglichten, über eine **einfache bildliche Vorstellung des Landes** in der heute vertrauten Form des *hexagone* zu verfügen (vgl. Weber 1997). Dies hängt nicht nur mit der Entwicklung der Kartographie zusammen, sondern auch mit der damals gängigen Lebenserfahrung. Erst in der zweiten Hälfte des 19. Jh.s vollzieht sich in Frankreich nämlich ein Prozess, den man als **›innere Staatsbildung‹** bezeichnen kann: die allmähliche Entwicklung gesamtfranzösischer Wirtschafts- Verkehrs- und Kommunikationsstrukturen (vgl. Haupt 1989, 104 ff.). Erst mit dieser entsteht ein Identitätsbewusstsein, das nicht nur den regionalen Raum als Basis für Handlungen und Erfahrungen nimmt. Die Einzelkarten aller bereisten Regionen wie die Übersichtskarte über die Reise, die sich am Ende des *Tour de la France* findet, dienen nicht nur der Information; sie bilden auch eine Grundlage dafür, die Nation als **geographische Einheit in überschaubaren Bildern vertraut** zu machen.

Entwicklung eines symbolischen Bewusstseins

Eine kulturwissenschaftliche Lektüre liest das Buch also als Bestandteil eines Prozesses, in dem **ein konkretes und symbolisches Bewusstsein vom Zusammenhang der Nation** konstruiert wird. In diesem Prozess muss einerseits eine einheitliche Sicht der räumlich wie sozial unterschiedlichen Regionen Frankreichs hervorgebracht werden, was schon deshalb schwierig ist, weil das französische Staatsgebiet in sich landschaftlich verschiedenartig ist. Andererseits hat der Prozess zum Ziel, ein **System von Werten und Überzeugungen** zu begründen, mit denen die Bewohner sich identifizieren und als Kollektiv begreifen können.

Le tour de la France par deux enfants

Le tour de la France steht im Kontext vieler Versuche im 19. Jh., den geographischen Raum zu erfassen und ihn zugleich in **Zusammenhang mit der Einheit der Nation** zu bringen. In seinem berühmten »Tableau de la France«, mit dem er 1833 den dritten Band seiner *Histoire de France* einleitet, kommt der Historiker Jules Michelet zu dem Ergebnis, dass die nationale Identität Frankreichs gerade nicht aus seiner regionalen Vielfalt, sondern aus deren Überwindung im **Prozess der politischen und kulturellen Vereinheitlichung des Landes** begründet werden müsse (vgl. Michelet 1930, 40f. – diese Sichtweise wird bis in die Gegenwart vertreten: vgl. Braudel 1986, Bd. 1, I, 3). Michelets berühmter Satz »La France est une personne« zeigt, wie die **Idee nationaler Einheit jenseits der konkreten Anschauung** entworfen werden soll.

Beispiele für Anschaulichkeit: Die anschauliche Identitätskonstruktion wird in einer Szene besonders deutlich, in der auf der Fahrt von Marseille nach Sète verschiedene Matrosen jeweils die Vorzüge ihrer Heimatregion loben und **sich gegenseitig mit ihrer Heimatliebe Konkurrenz** machen. André greift in diese Kontroverse folgendermaßen ein:

> **Alors pour nous mettre d'accord [...] disons que la France entière, la patrie, est pour nous ce qu'il y a de plus cher au monde.**
> **– Bravo! vive la France ! dit d'une voix le petit équipage.**
> **– Vive la patrie française! reprit le patron Jérôme; quand il s'agit de l'aimer ou de la défendre, tous ses enfants ne font qu'un cœur. (191)**

André setzt dem Konflikt um Vielfalt und Vorzüge der Regionen **die Idee der »patrie«** entgegen, was von allen sofort begeistert aufgenommen wird. Die Nation erscheint hier nicht als Konglomerat regionaler Besonderheiten, sondern als **einheitsstiftender Prozess** jenseits davon, ein Kollektiv, das durch gemeinsame Werte wie Ehrbarkeit, Fleiß und Arbeit verbunden wird.

Fortschrittsdenken: Auch die Sprachunterschiede des Landes verstehen die Kinder als gute Patrioten nur als noch **bestehendes Bildungsdefizit**. Den Umstand, dass in Valence, mitten in Frankreich, die meisten Bewohner eine Sprache (das Okzitanische) sprechen, die sie nicht verstehen, führen sie auf mangelnde Schulbildung zurück. Die **Verschiedenheit der Sprachen stört die Einheit der Nation** und wird verschwinden.

Nation als Wertegemeinschaft: Die Zukunft der Nation erscheint als Wertegemeinschaft, die **jedes Individuum verpflichtet und jedem Individuum Orientierung gibt**. Das Buch zeigt damit ein Konzept nationaler Identität, das seit den Anfängen der Dritten Republik für Frankreich grundlegend wird. Der bedeutende französische Philosoph **Ernest Renan** (1823–1892) hat sie in einer Rede über die Frage »Qu'est-ce qu'une nation?« (1882) in der berühmten Formulierung zusammengefasst: »L'existence d'une nation, c'est un **plébiscite de tous les jours**« (Renan 1947, 904). Indem er so die Existenz der Nation von dem »consentement [...] de continuer la vie commune« abhängig macht, begründet er den nationalen Zusammenhalt nicht mit objektiven Gegebenheiten, sondern

Landeskunde, Literaturwissenschaft, Kulturwissenschaft

mit der **Zustimmung der Individuen, die diesem Kollektiv angehören wollen**.

Aufgabe der Schule: Ein solches Nationenkonzept setzt Überzeugungsarbeit voraus, die ganz wesentlich von der Schule geleistet werden muss und für die der *Tour de la France* ein wirkungsvolles Instrument darstellt. Der Text **blendet allerdings die historische Dimension weitgehend aus**, die in Renans Sicht die Voraussetzung für nationale Konsensbildung darstellt. Nur wenige wichtige historische Gestalten werden vorgestellt wie Vercingetorix (s. Kap. 3.2.3), Jeanne d'Arc (s. Kap. 4.3.2.1) oder einige Generäle Napoleons, aber weder dieser selbst noch irgendein König Frankreichs werden eingehender betrachtet, dafür aber Wissenschaftler, Ingenieure und Schriftsteller.

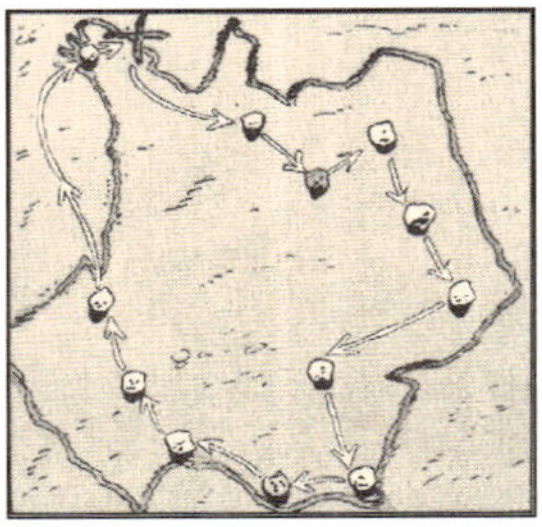

»Voici quel sera notre itinéraire...«, Le tour de Gaule d'Astérix

Geographische und symbolische Wanderung: Die Reise wandert **den französischen Nationalraum** ab, erst die Peripherie, dann die (symbolische, nicht geographische) Mitte. Die Bewegung zeigt, **wie das zunächst Fremde als Eigenes erfasst wird**. Die symbolische Kreisbewegung wird rund 100 Jahre später im fünften Band der ***Asterix*-Reihe, *Le tour de Gaule d'Astérix***, aufgegriffen und (u.a. durch Anachronismen) parodiert. Zwar beginnt und endet die Geschichte im äußersten Westen der Bretagne, wo das Dorf der »irréductibles Gaulois« angesiedelt ist, doch nach Stationen in Paris und Reims folgt der Reiseweg von Asterix und Obelix in seinen wesentlichen Stationen bis Bordeaux dem Reiseweg der beiden Kinder, und wie die beiden Kinder können die gallischen Helden überall auf die Hilfe patriotischer Gallier zählen.

1.1.3 | Zusammenfassung

Anhand der beiden Texte wurden **schwerpunktmäßige Fragen** der Landeskunde, der Literaturwissenschaft und der Kulturwissenschaft verdeutlicht.

	Landeskunde	Literaturwissenschaft	Kulturwissenschaft
Darstellung einer Kulturgemeinschaft	... anhand von Daten aus quantitativen und qualitativen empirischen Erhebungen	... anhand eines Teilbereichs der kulturellen Produktion (literarische Texte)	... anhand von Denkmustern, Wahrnehmungsschablonen etc.
Schwerpunkt-Fragen	Was geschah wann und wie? Welche Daten können dem Text (bzw. dem kulturellen Gegenstand) entnommen werden?	Wie ist der ästhetische Aspekt des Textes? Wie ist der Aufbau des Textes? Wie ist die Wirkung des Textes? Wie wird Wirklichkeit inszeniert?	Welche Denkmuster, Empfindungsweisen, Normen, Werte, Selbstbilder u.ä. stehen dahinter?

	Landeskunde	Literaturwissenschaft	Kulturwissenschaft
Beispiel: ***Marseillaise***	Was ist eine Nationalhymne, wann und unter welchen Umständen entsteht sie? Wann wird die Hymne gesungen? Welche rechtlichen, politischen, sozialen Implikationen hat die Hymne?	Wie ist die ästhetische Struktur des Liedes (stilistische Details)? Welche Wirkung hat sie?	Was verrät der Gebrauch der *Marseillaise* innerhalb der französischen Kultur über die Mentalität?
Beispiel: ***Le tour de la France par deux enfants***	Welche landschaftlichen, konkreten und/oder geistigen Markierungen weist die Landkarte auf? Welche Städte gibt es? Welche Landschaften gibt es? Welche wirtschaftlichen Regionen?	Wie ist der Text als Bildungsroman zu lesen? Wie wird die Rezeption gesteuert? Welche Leitbegriffe und Leitgegensätze gibt es?	Was zeigt der Text über die Konstruktion einer französischen Nationalidentität? Über die Mentalität?

- **Die Landeskunde** verbindet verschiedene Disziplinen (z. B. Soziologie, Wirtschaft, Geschichte) miteinander. Sie untersucht **politische (wirtschaftliche, historische etc.) Texte als konkrete Quellen** für Aussagen über politische (wirtschaftliche, historische etc.) **Bedingungen und Entwicklungen von Texten und Kulturen** und, im Zusammenhang mit dem Fremdsprachenunterricht, **Hintergrundinformationen und Kontextwissen über ein fremdes Land**. Dass es sich in erster Linie um messbare Daten handelt, verrät das alte Wort ›Realienkunde‹. Lüsebrink nennt in seiner *Einführung in die Landeskunde Frankreichs* (2000) die Bereiche ›Raum und Bevölkerung‹, ›Wirtschaft‹, ›Gesellschaft‹, ›Staat und Nation‹, ›Politik‹ sowie ›Kultur und Medien‹. Dabei ist die Landeskunde nicht rein additiv zu verstehen. Ihre Aufgabe ist es auch, Verbindungen und Wechselwirkungen erhobener Daten zu beschreiben.
- **Die Literaturwissenschaft** untersucht einen Teilbereich der Kultur: literarische Texte. Diese **Teilmenge** wird zu verschiedenen Zeiten von verschiedenen Kulturkreisen **unterschiedlich abgegrenzt**, sei es durch Werturteile (z. B. ›schöne‹, ›erbauliche‹ etc. Texte), oder andere Prädikate (z. B. ›Imagination‹ oder ›Fiktion‹; s. Kap. 2.1). Die Literaturwissenschaft interessiert sich also nur für **eine Teilmenge kultureller Manifestationen**, die sie dann aber zu anderen Teilmengen in Beziehung setzen kann. Die Literatursoziologie versucht z. B., den Zusammenhang zwischen ästhetischer Struktur und gesellschaftlichen Entstehungsbedingungen eines Textes zu beschreiben.
  Die Literaturwissenschaft leistet einen Beitrag zur **Erforschung menschlicher Kommunikation**, weshalb sie ›Grundlagenforschung‹ für andere Disziplinen ist. In ihrer Theoriebildung reflektiert sie, dass ein Großteil der Darstellungen des Wissens einer Kultur **unhintergehbar sprachlich** erfolgt. Sie arbeitet an Texten **Strategien der Darstellung**

heraus und zeigt, wie sie in konkreten soziohistorischen Kontexten funktionieren und zu welchen Systemen sie sich zusammenschließen. Die Literaturwissenschaft liest ihre Texte also nicht wie Quellen, aus denen direkt Information zu gewinnen sind (was natürlich nicht ausgeschlossen wird), sondern als ›geformte Information‹, die nur im **Zusammenspiel von Darstellung und Dargestelltem** Bedeutung erhält: »Insofern muss man heute davon ausgehen, dass literarische Texte nicht direkt als Belege für Mentalitäten zu lesen sind, sondern über den mehrfachen Bezug auf Diskurse, die zu einer bestimmten Zeit Geltung erlangten, wichtige Wandlungsprozesse perspektivisch darstellen und steuern« (Fauser 2003, 46).

Die **Aufwertung textwissenschaftlicher Verfahren innerhalb der Kulturwissenschaft** zeigt, wie ein traditionell der Literaturwissenschaft zugerechneter Bereich **Textkompetenz** für die Kulturwissenschaft nutzbar gemacht wird (vgl. Fauser 2003, 10).

- **Die Kulturwissenschaft** erforscht auf einer den Einzeldisziplinen übergeordneten Ebene (Meta-Ebene) die hinter Daten und Texten liegenden **›Programme‹ von Kulturen** (vgl. Schmidt 2000). Das Sichtbare und Messbare wird dabei auf seine Funktion innerhalb kultureller Denkweisen befragt. Gegenstand können **Texte, Handlungen und Objekte aller Art** sein.

  Kulturwissenschaft ist **keine neue Universalwissenschaft**, weil sie die traditionellen Disziplinen nicht auflöst, sondern deren Theorien und Ergebnisse auf einer Metaebene integriert (Fauser 2003, 9). Die Fragestellungen sind entsprechend Phänomene, an denen alle geistes- und sozialwissenschaftlichen Fächer teilhaben (z. B. Erinnerung, Identität oder *Gender*, s. Kap. 4.1).

  Das Erkenntnisinteresse richtet sich auf **die Vernetzung verschiedener Bereiche**, etwa literarischer Texte mit Malerei und Film, **oder deren Beschreibung auf abstrakter Ebene**, etwa die Rolle literarischer Texte bei der Erforschung allgemeiner Wahrnehmungs- und Wissensformen. Kulturwissenschaft ist immer transdisziplinär, denn sie zeigt auf, wie **in sehr unterschiedlichen Diskursen** (also z. B. in Literatur, Politik, Medizin oder Rechtswissenschaften) ein Phänomen je spezifisch konstruiert wird, so dass kulturelle Wahrnehmung und Bedeutung in ihrer Perspektivengebundenheit fassbar werden. Immer versucht die Kulturwissenschaft, **anhand von direkt Beobachtbarem auf etwas Unbeobachtbares** zu schließen, oder wie einer der Gründungsväter, Ernst Cassirer (s. Kap. 4.1.2), es ausdrückt: »[D]ie Kulturwissenschaft lehrt uns, Symbole zu deuten, […] um das Leben, aus dem sie ursprünglich hervorgegangen sind, wieder sichtbar zu machen« (Cassirer 1971, 86).

  Die folgende Einführung beschränkt sich aus Platzgründen weitgehend auf den geographischen Raum Frankreich, obwohl der französischsprachige Raum die gesamte Frankophonie umfasst.

Literatur

Böhme, Hartmut/Scherpe, Klaus R. (Hg.): Literatur und Kulturwissenschaft. Positionen, Theorien, Modelle. Reinbek 1996.

Böhme, Hartmut/Matussek, Peter/Müller, Lothar: Orientierung Kulturwissenschaft. Was sie kann, was sie will. Reinbek 2000.

Braudel, Ferdinand: L'identité de la France. 3 Bde. Paris 1986.

Bruno, G. (d.i. Mme. A. Fouillée): Le tour de la France par deux enfants. Nachdruck des 8550. Tausends der erweiterten Ausgabe von 1906. Paris 1983.

Cassirer, Ernst: Zur Logik der Kulturwissenschaften. Fünf Studien [1942]. Darmstadt 1971.

Dufourg, Frédéric: La Marseillaise. Paris 2003.

Fauser, Markus: Einführung in die Kulturwissenschaft. Darmstadt 2003.

Georgel, Chantal/Delbart, Robert: Marseillaise Marseillaises. Anthologie des différentes adaptations depuis 1792. Paris 1992.

Glaser, Renate/Luserke, Matthias (Hg.): Literaturwissenschaft – Kulturwissenschaft. Positionen, Themen, Perspektiven. Opladen 1996.

Haupt, Heinz Gerhard: Sozialgeschichte Frankreichs seit 1789. Frankfurt a.M. 1989.

Hudde, Hinrich: »Une Inconnue célèbre: La Marseillaise. Analyse du texte, suivie de quelques marseillaises du Quatorze Juillet«. In: La chanson française contemporaine. Politique, société, médias. Actes du symposium du 12 au 16 juillet 1993 à l'Université d'Innsbruck. Innsbruck ²1996, 91–104.

Lüsebrink, Hans-Jürgen: Einführung in die Landeskunde Frankreichs. Wirtschaft – Gesellschaft – Staat – Kultur – Mentalitäten. Stuttgart 2000.

Luxardo, Hervé: Histoire de la Marseillaise. Paris 1989.

Maingueneau, Dominique: Les livres d'école de la République, 1870–1914. Paris 1979.

Michelet, Jules: Histoire de France. Bd. III. Hg. von H. Chabot. Paris 1930.

Nora, Pierre (Hg.): Les lieux de mémoire. Bd. I. Paris 1997.

Nünning, Ansgar/Nünning, Vera (Hg.): Konzepte der Kulturwissenschaften. Stuttgart/Weimar 2003.

Ozouf, Jacques/Ozouf, Mona: »Le tour de la France par deux enfants«. In: Pierre Nora (Hg.): Les lieux de mémoire. Neuausgabe in drei Bänden. Bd. 1. Paris 1997, 277–301.

Renan, Ernest: Œuvres complètes. Hg. von H. Psichari. Bd. 1. Paris 1947.

Robert, Frédéric: La Marseillaise. Paris 1989.

Röseberg, Dorothee: Kulturwissenschaft Frankreich. Stuttgart 2001.

Schmidt, Siegfried J.: Kalte Faszination. Medien, Kultur, Wissenschaft in der Mediengesellschaft. Weilerswist 2000.

Une icône républicaine. Rouget de Lisle chantant La Marseillaise par Isidore Pils, 1849. Catalogue établi par Chantal Georgel et rédigé par Christian Amalvi et Chantal Georgel. Paris 1989.

Vovelle, Michel: »La Marseillaise«. In: Nora 1997, 107–152.

Weber, Eugen: »L'Hexagone«. In: Nora 1997, 1171–1190.

Wilpert, Gero von: Sachwörterbuch der Literatur. Stuttgart ⁸2001.

1.2 | Literatur und Kultur, Literaturwissenschaft und Kulturwissenschaft

1.2.1 | Die Begriffe ›Literatur‹ und ›Kultur‹

Begriffsgeschichte

Der Begriff ›*littérature*‹ entsteht **Ende des 15. Jh.s** als gelehrte Wortbildung aus dem lateinischen *litteratura* und bezeichnet (zusammen mit dem älteren Begriff ›*lettres*‹) vor allem die humanistische Bildung und die Gesamtmenge der dafür relevanten Texte (»avoir de la littérature«). Er wird bis ins 18. Jh. als Allgemeinbegriff verwendet, der keine Differenzierung unterschiedlicher Textsorten impliziert.

Die Einteilung von Texten des Mittelalters nach modernen Kriterien, also etwa in ›literarische‹ (wie die *Chansons de geste*, s. Kap. 3.2.2) einerseits und ›historische‹ (wie die Chroniken, s. Kap. 3.2.3) andererseits, ist in einer historischen Perspektive nicht sinnvoll. Die Geschichten, die in den **Heldenepen** von Kaiser Karl erzählt werden, haben in der Vorstellungswelt des Mittelalters den gleichen Wirklichkeitsstatus wie die Geschichte von den trojanischen Ursprüngen der Monarchie, die die **Chroniken** konstruieren. Und auch die kulturelle Funktion beider Textsorten ist kaum voneinander unterscheidbar. Man kann davon ausgehen, dass sie gleichermaßen als Angebot einer Identitätskonstruktion, als Imagination und Vergegenwärtigung von Ursprüngen der mittelalterlichen Gesellschaft und als Legitimation ihrer Ordnung rezipiert worden sind.

Erst seit der frühen Neuzeit entwickeln sich allmählich die **Differenzierungen in der Textproduktion und der kulturellen Funktion von Texten**, die mit dem modernen Begriff ›Literatur‹ bezeichnet werden. Wenn etwa Ronsard in seinem Eposfragment *La Franciade* (1574) oder Racine im Vorwort zu seiner Tragödie *Andromaque* (1668) die Geschichte des trojanischen Ursprungs der Monarchie aufgreifen, dann tun sie dies im Wissen um den imaginären Charakter dieser Konstruktion. Sie entwerfen eine literarische Gestaltung der Überlieferung, die das **fiktionale Spiel mit dieser Ursprungsgeschichte** unterstreicht. Wenn andererseits zahlreiche Historiographen des 17. Jh.s die Geschichte der französischen Monarchie erzählen, so stellen sie die Genealogie der fränkischen Könige und deren Taten als eine **historisch verbürgte Ursprungsgeschichte** dar, die sie von der sagenhaften Geschichte der trojanischen Herkunft als historisch nicht belegbarer Erfindung abgrenzen. Die Rezeption durch das Publikum unterscheidet entsprechend zwischen literarischen und historiographischen Sinnstiftungsangeboten, denen ein unterschiedlicher Wirklichkeitsstatus und verschiedene Funktionen zugeschrieben werden.

Boileau: *Art poétique*: In seiner poetologischen Schrift *L'art poétique* (1674, s. S. 151) bezieht sich Boileau bereits auf **wesentliche Kriterien des modernen Begriffs von Literatur**. So verwirft er zeitgenössische epische Dichtungen wegen ihrer mangelnden ästhetischen Qualität und setzt ihnen das Beispiel des antiken Epos entgegen, das ein freies Spiel der dichte

Die Begriffe ›Literatur‹ und ›Kultur‹

rischen Erfindung mit imaginären Welten biete. Die ›literarische‹ Dimension von Vergils *Aeneis* beispielsweise charakterisiert er folgendermaßen: »Ainsi dans cet amas de nobles fictions, / Le Poëte s'égaye en mille inventions, / Orne, élève, embellit, aggrandit toutes choses [...]« (III, V. 168–170). Auch wenn Boileau den Begriff *›littérature‹* noch nicht gebraucht, sind der **fiktionale Charakter literarischer Texte** und **die ästhetische Dimension ihrer sprachlichen Gestaltung** bereits wesentliche Kriterien für seine Konzeption der Dichtung. Dem damit verbundenen **kulturellen Unterschied in den Erwartungen an Texte wie in den ihnen zugeschriebenen Funktionen** wird seit der zweiten Hälfte des 17. Jh.s zunächst durch eine Differenzierung des Begriffs *›lettres‹* in *bonnes lettres* (die gelehrten Texte) und *belles lettres* (die Texte, die wir literarisch nennen würden) Rechnung getragen.

Die heutige Verwendung des Begriffs *›littérature‹* entsteht also in einer historischen Entwicklung, in der seit dem 17. Jh. Bereiche der Textproduktion und der gesellschaftlichen Wirklichkeit neu geordnet werden. Mit den Begriffen bilden sich **Deutungsmuster für kulturelle Phänomene** heraus, die für ihre heutige Verwendung grundlegend sind. Literatur und Kultur lösen sich aus traditionellen Funktionen (etwa religiösen oder ständisch-repräsentativen) und werden zu einem eigenständigen Bereich der gesellschaftlichen Wirklichkeit. In dieser Entwicklung wird mit dem Begriff *›littérature‹* eine Textsorte abgegrenzt, deren Gemeinsamkeit neben ihrer besonderen sprachlichen Gestaltung darin besteht, dass sie sich nicht (oder jedenfalls nicht direkt) auf die außersprachliche Wirklichkeit bezieht. Seit dem 18. Jh. werden zunehmend Gesichtspunkte zur Unterscheidung ›literarischer‹ und ›nichtliterarischer‹ Texte verwendet, die man bereits modernen Begriffen wie Poetizität oder Fiktionalität (s. S. 45–48) zuordnen kann.

Voltaire: Artikel »Littérature«: In der zweiten Hälfte des 18. Jh.s, im Entwurf eines Artikels »Littérature«, der als Nachtrag zu seinem *Dictionnaire philosophique* (1764) gedacht ist, kritisiert Voltaire den sich anbahnenden **Bedeutungswandel des Begriffs**: »On ne distingue point les ouvrages d'un poëte, d'un orateur, d'un historien, par ce terme vague de littérature« (zit. nach Goebel 1983, 79). Das Zitat fasst Texte unterschiedlicher Art (»les ouvrages d'un poëte, d'un orateur, d'un historien«) noch als einen einheitlichen Zusammenhang und wendet sich gegen einen offenbar bereits verbreiteten Gebrauch des Begriffs *›littérature‹*, der die Textsorte ›Literatur‹ von Reden oder von historischen Texten unterscheidet. »Littérature«, so Voltaire, sei »un de ces termes vagues si fréquents dans toutes les langues [...] dont l'acception précise n'est déterminée que par les objets auxquels on les applique«. Die Uneindeutigkeit des Begriffs *›littérature‹*, so kann man diese Überlegungen verstehen, liegt darin, dass es noch keine Übereinkunft über seinen Gegenstandsbereich gibt.

Poésie und *Littérature*

In der zweiten Hälfte des 18. Jh.s etablieren sich Abgrenzungen, mit denen kulturell relevante Texte neu geordnet werden. Dichterische Texte bezeichnet man bis dahin gängig mit den Allgemeinbegriffen ***›poésie‹*** oder ***›poème‹***, der alle Texte in Versform umfasst (*poème* oder *poésie épique, dra-*

matique, lyrique u.a.). Diese Begriffe verlieren seit dem 16. Jh. dadurch ihre allgemeine Reichweite, dass sie eine **Vielfalt neu entstehender ›literarischer‹ Texte in Prosa** (vor allem den Roman) nicht erfassen können. Deshalb verliert auch der Begriff *›poésie‹* allmählich seine Funktion, poetische Texte aller Art zu bezeichnen, und wird in seiner Bedeutung auf den Bereich der Lyrik eingeschränkt. Der Begriff *›littérature‹* als zunächst unspezifische Bezeichnung für Texte aller Art verändert seine Bedeutung dadurch, dass er jetzt **eine Auswahl aus der Gesamtmenge der kulturell relevanten Texte** bezeichnet.

Die oben zitierte kritische Position Voltaires zeigt, dass die begriffliche Abgrenzung, die für die moderne Konzeption von Literatur grundlegend wird, sich erst in einer längeren Entwicklung herausbildet. Dieser Bedeutungswandel steht in Zusammenhang mit den neuen Anforderungen an die Textproduktion im Kontext der Entwicklung einer kulturellen und dann auch politischen Öffentlichkeit im 18. Jh. (s. Kap. 3.4.3). Noch bis ins 19. Jh. hinein wird häufig **ein weiter Literaturbegriff** verwendet, der die literarischen Texte im Zusammenhang mit anderen kulturell relevanten Texten begreift.

Mme De Staël: *De la littérature*: Mme de Staël (s. S. 185) veröffentlicht 1800 eine am aufklärerischen Fortschrittsideal orientierte Abhandlung *De la littérature considérée dans ses rapports avec les institutions sociales.* Darin verwendet sie den Literaturbegriff »dans son acception la plus étendue, c'est-à-dire renfermant en elle les écrits philosophiques et les ouvrages d'imagination, tout ce qui concerne enfin l'exercice de la pensée dans les écrits, les sciences physiques exceptées« (»Discours préliminaire«). Ähnlich wie Voltaire trennt sie nicht zwischen verschiedenen Arten kulturell relevanter Texte (»écrits philosophiques« und »ouvrages d'imagination«). Im Gegensatz zu ihm fasst sie diese Texte jedoch bereits mit dem Begriff *›littérature‹* zusammen. Zudem schließt sie dabei naturwissenschaftliche Texte aus seinem Bedeutungsbereich aus, trägt also der sich anbahnenden Spezialisierung der Begriffsentwicklung teilweise Rechnung. Bei Mme de Staël bleibt in der Tradition der Aufklärung **eine wirkungsorientierte Konzeption der Literatur** dominant, deren besondere Bedeutung sie im Kontext des Aufklärungsdenkens verortet (des »exercice de la pensée«) und noch nicht auf die ästhetischen Qualitäten der »ouvrages d'imagination« eingrenzt.

Culture und *Civilisation*

Die heutige Bedeutung des Begriffs *›culture‹* entwickelt sich ebenfalls im Kontext der Aufklärung. In der humanistischen Tradition (s. Kap. 3.3.3) bezeichnet er die Bildung und das Wissen eines Individuums, eine Bedeutung, die er bis heute behalten hat (»avoir de la culture«). Diese Bedeutung wird im Kontext des Aufklärungsdenkens verallgemeinert auf die »somme des savoirs accumulés et transmis par l'humanité, considérée comme totalité, au cours de son histoire« (Cuche 2004, 9 ; vgl. Rey 2005 b). *›Culture‹* wie der ebenfalls bereits im 18. Jh. diesen Bereich bezeichnende Begriff *›civilisation‹* werden zu Begriffen, die die Gesamtheit der in der Aufklärung angestrebten Entwicklung des kulturellen Wissens und der Gesellschaft bezeichnen (s. Kap. 3.4.2).

Die Begriffe ›Literatur‹ und ›Kultur‹

Diese Begriffsentwicklung beinhaltet die Vorstellung, dass alle Bereiche des Wissens und der Textproduktion **Grundlagen des Fortschritts der Menschheit** sein sollen (vgl. Wolfzettel 1982, 38–59). In diesem Sinn bestimmt der Aufklärer Sébastien Mercier (1740–1814) in seiner Schrift *De la littérature et des littérateurs* (1778) die Rolle des Schriftstellers: »L'Écrivain le plus estimé sera toujours celui qui réclamera avec plus de force, les droits imprescriptibles de la justice et de l'Humanité« (zit. nach Goebel 1983, 81). Die Kultur wird zu einem Ort, an dem Orientierungs- und Deutungsangebote individueller, gesellschaftlicher und historischer Entwicklung in Texten unterschiedlicher Art entworfen und verhandelt werden.

Nationalisierung und Verbürgerlichung

Die **Nationalisierung von Literatur und Kultur** beginnt bereits in der frühen Neuzeit. Das seit dem 17. Jh. entstehende **Feld der Literatur und Kultur** wird nach und nach **in nationalen Zusammenhängen** geordnet. Diese Entwicklung wendet sich von der **Tradition des Humanismus** ab, in der europaweit die als kulturell relevant erachteten Texte nur nach inhaltlichen und nicht nach nationalen Kriterien geordnet werden. Diese Tradition wird im Verlauf des 18. Jh.s und mehr noch durch die neue Bedeutung, die die Nation als Bezugspunkt des gesellschaftlichen Umbruchs in der Revolutionszeit erlangt (s. Kap. 4.3.3), von einem **nationalkulturellen Denken** abgelöst. Diese Nationalisierung stellt eine wichtige Voraussetzung für die Entwicklung von Literatur und Kultur als eigenständige Bereiche dar.

Zum Begriff

→ **Die Konzeption des literarischen Feldes** (*champ littéraire*) wird von dem französischen Soziologen Pierre Bourdieu (1992) begründet und entwickelt. Bourdieu will damit die Entwicklung soziologisch erfassen, in der Literatur und Kultur zu Bereichen werden, die eigenständigen, von anderen gesellschaftlichen Feldern wie dem der Politik, der Ökonomie etc. unabhängigen Gesetzen folgen. Die autonome Logik des literarischen Feldes fasst Bourdieu mit dem Begriff »symbolisches Kapital« (*capital symbolique*) zusammen, der die Geltung von Werken und Autoren sowie die Hierarchien bezeichnet, die sich in der Auseinandersetzung unterschiedlicher Positionen herausbilden. Über diesen Begriff wird das literarische Feld zugleich in Beziehung zu anderen gesellschaftlichen Zusammenhängen gesetzt, denn der Wert des symbolischen Kapitals wird zwar innerhalb des Feldes ausgehandelt, ergibt sich aber auch aus der Nachfrage auf dem literarischen Markt (s. S. 181 f.) und aus gesellschaftlichen Anforderungen und Erwartungen. Damit kann der Bereich der Literatur und Kultur als ein System gedacht werden, das zugleich von autonomen und heteronomen Bestrebungen bestimmt wird.

Kultur und Bildung

Der Begriff der Kultur enthält auch im 19. Jh. noch die universalistische Idee der Aufklärung, nach der die Entwicklung der Kultur ein **Prozess der Bildung der Menschheit** ist. Dennoch tritt die nationale Dimension der Kultur im 19. Jh. in allen europäischen Nationalstaaten in den Vordergrund. Die Größe der nationalen Kultur wird nun zunehmend zu einem Bezugspunkt, der den geistigen Rang einer Nation ausmacht. In der französischen Diskussion wird dafür vor allem der Begriff ›***civilisation***‹ verwendet, um eine nationalspezifische Deutung kultureller Prozesse zu begründen. Dieser Begriff soll die französische Entwicklung von Deutschland unterscheiden, wo der Begriff ›Kultur‹ im 19. Jh. schon angesichts der späten Herstellung der politischen Einheit zu einem zentralen nationalistischen Deutungsparadigma wird (vgl. Rey 2005b). Auch in Frankreich wird der Begriff ›*civilisation*‹ »mit dem Aufstieg des Bürgertums zum **Inbegriff der Nation**, zum Ausdruck des nationalen Selbstbewußtseins« (Elias 1976, Bd. 1, 63). Der **bürgerliche Kulturbegriff**, der sich im 19. Jh. etabliert, begreift die Kultur in erster Linie als die Menge der großen Werke, die die bedeutendsten Geister der Nation hervorgebracht haben und die in einem organischen **Zusammenhang mit dem geistigen Wachstum der Nation** stehen (vgl. Wolfzettel 1982, 94–105).

Civilisation

Kultur vs. *Civilisation*: Die **deutsch-französischen Unterschiede** in der Begründung und Bewertung der nationalen Kultur resultieren aus der unterschiedlichen Geschichte der Herausbildung beider Nationalstaaten, die sich im 19. Jh. und vor allem seit dem Deutsch-Französischen Krieg (1870/71) in zunehmender Rivalität entwickeln. Der Prozess der Zivilisation, so kann man sagen, bleibt in **Frankreich** in eine **Kontinuität adliger und bürgerlicher Kulturbestrebungen** seit dem *Ancien Régime* eingebunden, die eine selbstverständliche Einheit bilden. In **Deutschland** hingegen entsteht das kulturelle Selbstverständnis aus **bürgerlich-antiaristokratischen Bestrebungen**, die auf die Begründung eines deutschen Nationalcharakters abzielen und im Kontext der nationalstaatlichen Einigungsbestrebungen des 19. Jh.s stehen (vgl. Elias 1976, Bd.1, 55–64). Die national verschiedenen Funktionen der Kultur, die sich in den unterschiedlichen Begriffen kristallisiert, ergeben sich also aus den je besonderen **Entwicklungsmöglichkeiten des kulturtragenden Bürgertums** in Deutschland und Frankreich sowie aus den unterschiedlichen Entstehungsbedingungen beider Nationalstaaten.

Das Bewusstsein von der Bedeutung der nationalen Kultur ist nicht nur in Frankreich eine wesentliche Voraussetzung für die bis heute wirksame besondere kulturelle Geltung der Literatur. Als **Nationalliteratur** gehört sie in Frankreich mehr noch als in anderen europäischen Ländern zum Kernbestand der Kultur und der nationalen Identität. Die Geschichte der Literatur wird als Entfaltung des Nationalgeistes gedacht, dessen Bedeutung sich vor allem in ihrer Blütezeit manifestiert.

Das *siècle classique* als Höhepunkt der Nationalkultur: So wird seit der Mitte des 19. Jh.s das 17. Jh. als ***siècle classique*** verstanden, als Höhepunkt des nationalen Geistes (s. Kap. 3.3.3; vgl. Stenzel 2006, 44–52). In den zahlreichen Literaturgeschichten, die seit der Jahrhundertmitte

Die Begriffe ›Literatur‹ und ›Kultur‹

erscheinen, gilt die Literatur des 17. Jh. als »le point le plus haut d'où l'on puisse voir les choses en France«, oder, so ein anderer Historiker, als »l'époque où le génie particulier de la France apparaît dans toute sa grandeur« (zit. nach ebd., 47). Die Nationalliteratur hat damit die Funktion, ein **nationales Selbstbewusstsein durch kulturelle Manifestationen zu belegen** und zu festigen, wobei die überhöhende Konstruktion des 17. Jh.s zugleich einen Identität stiftenden Zusammenhang zwischen dem *Ancien Régime* und der bürgerlichen Gesellschaft des 19. Jh.s herstellt (s. Kap. 4.3.1).

Der moderne Literaturbegriff

Die **Grundlagen des modernen Literaturbegriffs** entwickeln sich im 19. Jh. parallel zu dieser Konstruktion der herausragenden kulturellen Funktion der Literatur. Der Begriff ›*littérature*‹ wandelt sich endgültig von einem Allgemeinbegriff zu einer **Bezeichnung für eine bestimmte Sorte von Texten**, die aus dem Bereich der kulturell relevanten Texte herausgehoben wird. Im Zuge dieser Entwicklung erhält der Begriff ›*littérature*‹ dadurch seine moderne Bedeutung, dass die mit ihm bezeichneten Texte mit dem **Kriterium der ästhetischen Qualität** geordnet werden (vgl. Rey 2005c). Die Literatur wird ästhetisch wie wissenschaftlich als eigenständiger Bereich von Texten abgegrenzt, dem kulturell eine besondere Bedeutung zugeschrieben wird.

Zwei eng miteinander zusammenhängende Aspekte spielen dabei eine wesentliche Rolle:

- Seit der Zeit der Romantik und vor allem mit der Konzeption des *L'art pour l'art* (s. Kap. 3.5.2) entwickelt sich ein Literaturverständnis, das die **Autonomie literarischer Diskurse**, ihren Eigenwert und ihre besondere Bedeutung betont.
- In der zweiten Hälfte des 19. Jh.s wird die **Literatur** als **ein eigenes wissenschaftliches Untersuchungsfeld** abgegrenzt, mit dem sich die Literaturwissenschaft als ein eigenständiger Bereich der Forschung konstituiert.

Die Entwicklung des modernen Literaturbegriffs wird maßgeblich von dem bürgerlichen Kulturbegriff bestimmt, in dessen **Werthorizont der ästhetischen Erbauung und Bildung** die Literatur eingeordnet wird (vgl. Goebel 1979). Die daraus resultierende **Trennung der Literatur von der gesellschaftlichen Praxis** wird allerdings im 20. Jh. von Positionen der literarischen wie der politischen Avantgarden wieder in Frage gestellt, die den bürgerlichen Kulturbegriff negieren. André Breton hat im ersten *Manifeste du surréalisme* (1923; s. Kap. 3.6.2) seine Verachtung für den bürgerlichen Literaturbegriff, für dessen Trennung von Literatur und Lebenspraxis ebenso bekundet wie Jean-Paul Sartre in *Qu'est-ce que la littérature?* (1946), seinem Manifest für ein gesellschaftliches Engagement der Literatur (s. Kap. 3.6.5). In der kulturellen Praxis wie in der institutionellen Vermittlung der Literatur haben diese kritischen Positionen allerdings nahezu keine Beachtung gefunden.

Die hier umrissene Besonderheit von Literatur ist hingegen in den letzten Jahrzehnten durch den **Wandel der Medien** nachhaltig relativiert worden. Die Entwicklung des modernen Literaturbegriffs wurzelt nicht nur in der kulturellen Entwicklung und dem Selbstverständnis des Bürgertums seit dem 19. Jh., sondern auch in einem technischen Fortschritt, der gedruckte Medien (Bücher wie Zeitungen und Zeitschriften) allgemein zugänglich und erschwinglich macht. Er hat also seine Grundlagen auch in der bis in die zweite Hälfte des 20. Jh.s ungebrochenen Dominanz der Printmedien im Feld der Kultur. Mit der **medialen Revolution der Informationsgesellschaft**, schon seit der Entwicklung des Fernsehens und mehr noch seit der von Computer und Internet, geht ein Bedeutungsverlust des Gedruckten insgesamt wie auch des besonderen Geltungsanspruchs der literarischen Tradition einher (s. Kap. 3.7.6). Die Bilderwelt der neuen Medien übernimmt zunehmend die kulturellen Funktionen der Vermittlung und Strukturierung von individuellen und kollektiven Erfahrungen und der Deutungsangebote von Wirklichkeit, die Texte in den letzten Jahrhunderten hatten.

1.2.2 | Zur Entwicklung von Literaturwissenschaft und Kulturwissenschaft

Wie so viele andere für die Kultur und Gesellschaft des heutigen Frankreich grundlegenden Entwicklungen ist auch die der französischen Literaturwissenschaft **ein Kind der Dritten Republik**. Zwar bilden sich einzelne Bereiche ihrer Fachentwicklung, insbesondere die Erschließung und Edition vor allem mittelalterlicher Texte, schon im Lauf des 19. Jh.s heraus. Erst um die Wende zum 20. Jh. jedoch kann sich die Literaturwissenschaft als eigenständige Disziplin in der Universität etablieren. Erst dann bildet sie auch institutionell anerkannte Methoden und Verfahren aus, mit denen sie sich von den benachbarten geisteswissenschaftlichen Fächern abgrenzt und eine eigene Forschungstradition begründet.

Von der Literaturkritik zur Literaturwissenschaft

Die Entstehung der französischen Literaturwissenschaft: Über das gesamte 19. Jh. gibt es bereits eine florierende Literaturkritik und Literaturgeschichtsschreibung. Erst in der zweiten Hälfte des Jahrhunderts bilden sich jedoch Verfahren aus, die im Horizont der damals dominanten Wissenschaftsparadigmen der Naturwissenschaften und des Positivismus eine objektivierbare Untersuchung des Gegenstands ›Literatur‹ begründen. Das **Wissenschaftsideal des Positivismus**, die Sammlung und Ordnung von Informationen, wird zur Grundlage der Disziplin. Sie beginnt daher mit der Suche nach allen erreichbaren **Daten und Fakten**, die geeignet sind, zum Wissen über literarische Texte beizutragen und dessen Verständnis zu vertiefen. An den **Naturwissenschaften** orientiert sich die entstehende Literaturwissenschaft in der **Suche nach kausalen Zusammenhängen**

Zur Entwicklung von Literatur- und Kulturwissenschaft

und **Entwicklungsmodellen**, die eine Eigenlogik des Gegenstandsbereichs der Literaturwissenschaft begründen sollen.

Sainte-Beuve und Taine

Diese in der Entstehungsgeschichte der französischen Literaturwissenschaft dominanten Orientierungen lassen sich an zwei ihrer wichtigsten Repräsentanten aus der zweiten Hälfte des 19. Jh.s zeigen, an **Charles-Augustin Sainte-Beuve** (1804–1869) und **Hippolyte Taine** (1828–1893). Sainte-Beuves Hauptwerk *Port-Royal* (1840–1859), eine auf jahrzehntelangem Quellenstudium aufbauende monumentale Darstellung der theologischen Entwicklung und der kulturellen Bedeutung des Jansenismus im 17. Jh. (s. S. 152 f.), wird von der positivistischen Idealvorstellung bestimmt, dass eine **umfassende Kenntnis aller verfügbaren Quellen** die unabdingbare Grundlage wissenschaftlicher Erkenntnis sei. Sainte-Beuve bricht mit der bis dahin vorherrschenden Tendenz, die Darstellung des Gegenstands ausgehend von seiner (mehr oder weniger bereits feststehenden) Wertung zu entwerfen. Dagegen setzt er den Anspruch, eine geordnete Untersuchung des gesamten verfügbaren Materials vorzulegen. Sein Ziel ist es, einen **systematischen Zusammenhang von Autor, Werk und »esprit du temps«** herzustellen (vgl. Wolfzettel 1982, 185–191). Auch seine zahlreichen Studien zu einzelnen Autoren versteht Sainte-Beuve in einer Formulierung, die auf die Bedeutung der Naturwissenschaften als Vorbild verweist, als Bausteine zu einer »**histoire naturelle littéraire**« (zit. nach ebd., 187).

Die systematische Analyse von Kausalitätsbeziehungen nach dem Vorbild der Naturwissenschaften bestimmt mehr noch das Werk Taines. Gegen jede moralische oder philosophische Überhöhung der **Literatur** denkt er diese **als Resultat zu erforschender Gesetzmäßigkeiten**, als »des faits et des produits dont il faut marquer les caractères et chercher les causes; rien de plus« (zit. nach Wolfzettel 1982, 209). In der berühmten Begriffstrias von *race*, *milieu* und *moment* will er diese Gesetzmäßigkeiten als ein **Zusammenspiel biologischer, sozialer und historischer Bedingungsfaktoren** systematisieren und damit die literaturgeschichtliche Forschung auf objektivierbare Grundlagen stellen. Konsequenter noch als Sainte-Beuve will Taine Meinungen und Vorlieben des Forschers aus der Untersuchung ausschalten und eine Position der Distanz einnehmen, in der er den Autor als »machine spirituelle, munie de ressorts donnés, lancée par une impulsion première, heurtée par diverses circonstances« begreift. Dieser Maschinenmetaphorik entspricht der **Beobachterstandpunkt des Forschers**, sein »plaisir très-profond et très-pur de voir agir une âme selon une loi définie, dans un milieu fixé, avec la suite et l'enchaînement que la construction intérieure de l'homme impose au développement extérieur de ses passions« (zit. nach ebd., 217). Diese gesellschaftlichen und individuellen Faktoren denkt Taine als **objektivierbare Strukturen des Untersuchungsgegenstands**, weshalb man auch von den »prästrukturalistischen Tendenzen« seiner Position sprechen kann (ebd., 218).

Die Begründung der Literaturwissenschaft als »histoire littéraire«

Universitätsreform und Konkurrenz der Disziplinen

Die Positionen Sainte-Beuves und Taines sind bezeichnend für den **Übergang** von einer im 19. Jh. noch weitgehend dominanten Literaturkritik **zu einer wissenschaftlichen Analyse der Literatur** (vgl. Compagnon 1983, 47–54). Deren Notwendigkeit ergibt sich aus der **Konkurrenzsituation**, in der die Erforschung der Literatur **in der Universitätsreform um die Jahrhundertwende** mit der Geschichts- und der Gesellschaftswissenschaft steht, die damals in Frankreich die geisteswissenschaftlichen Fächer dominieren. Beide sind Ende des 19. Jh.s bereits etabliert und haben Untersuchungsgegenstände abgegrenzt sowie wissenschaftliche Methoden und Verfahren ausgebildet, die als vorbildlich gelten. Ihnen gegenüber gilt die Literaturkritik zunächst als nicht systematisch begründbare Disziplin, deren Geltungsanspruch alles andere als anerkannt ist (vgl. ebd., 55–58).

In den Jahrzehnten **um die Wende vom 19. zum 20. Jh.** werden nicht nur die institutionellen Strukturen der Universität erneuert. Es bilden sich auch die **Fachsystematik** und die **methodologischen Grundlagen der geisteswissenschaftlichen Disziplinen** aus, die in Grundzügen bis heute Bestand haben (vgl. ebd., 23–28; Wolfzettel 1982, 109–123). Sie bauen auf Reformbemühungen auf, die das ganze 19. Jh. durchziehen. In den 1880er Jahren wird dann mit der Reform der Sorbonne sowie durch die Gründung einer ganzen Reihe von Provinzuniversitäten eine institutionelle Verankerung geschaffen, die **eine kohärente Struktur geisteswissenschaftlicher Lehre und Forschung** ermöglicht. Erst in dieser Universitätsreform entwickelt sich auch die »histoire littéraire« zu einer wissenschaftlichen Disziplin. Sie hat zunächst keinen klar abgegrenzten Untersuchungsgegenstand, sondern überschneidet sich teilweise mit dem der Nachbardisziplinen. Dieser Umstand führt in der Universitätsreform zunächst zu Überlegungen, die Erforschung der Literatur in die Geschichtswissenschaft zu integrieren (vgl. Compagnon 1983, 35–42).

Die Emanzipation der Literaturwissenschaft von den konkurrierenden Fächern vollzieht sich erst um die Jahrhundertwende, als Lehrstühle für die Geschichte der französischen Literatur an der Sorbonne eingerichtet werden. Bis dahin sind die einschlägigen Professuren in der Tradition der Rhetorik als »chaire d'éloquence« o. Ä. definiert (allerdings gibt es schon seit 1852 am *Collège de France* eine Professur für mittelalterliche Sprache und Literatur). 1894 wird die ***Revue d'histoire littéraire de la France*** begründet, eine bis heute bestehende maßgebliche Fachzeitschrift. Ihr Titel weist darauf hin, dass die französische Literaturwissenschaft die Geschichte der Literatur zum zentralen Inhalt ihrer Forschung macht. Es gibt in der französischen Wissenschaftsentwicklung **kein begriffliches Äquivalent zu dem deutschen Terminus »Literaturwissenschaft«**. Dieser Umstand unterstreicht, dass sich die kulturellen und wissenschaftlichen Entstehungsbedingungen der Literaturwissenschaft in Frankreich und Deutschland in wesentlichen Aspekten unterscheiden.

Lanson und der *lansonisme*

Die Forscherpersönlichkeit, die die **Entwicklung der *histoire littéraire*** maßgeblich prägt, ist **Gustave Lanson** (1857–1934). Sein Wirken ist bis weit in die zweite Hälfte des 20. Jh.s für die französische Literaturwissenschaft so bestimmend, dass man für ihre Orientierung den aus seinem Namen abgeleiteten Begriff *lansonisme* gebildet hat (eine eingehende Darstellung bietet Compagnon 1983). Lanson begründet die Legitimität einer eigenständigen, der Literatur gewidmeten wissenschaftlichen Disziplin in **Abgrenzung von der Geschichts- und Gesellschaftswissenschaft**, von deren theoretischer Grundlegung er ausgeht. Er tut dies, indem er die Literatur zunächst als kulturelles und historisches Phänomen bestimmt, das sich mit den Gegenständen dieser beiden Nachbarfächer überschneidet. Zugleich aber trennt er sie von deren Untersuchungsbereichen, indem er literarische Texte als je besondere, durch die Persönlichkeit ihres Autors bestimmte Gebilde versteht.

Zur Vertiefung

Der Zusammenhang von Geschichte und Individualität als Grundproblem der »histoire littéraire“

*In dem grundlegenden Aufsatz »La méthode de l'histoire littéraire« (Lanson 1965, 32-56) geht Lanson einerseits von einem **kulturgeschichtlichen Zusammenhang** aus, indem er die »histoire littéraire« als »partie de l'histoire de la civilisation« und als »aspect de la vie nationale« versteht (ebd., 33). Andererseits geht es ihm jedoch um die individuelle Eigenart von Texten und Autoren. Während nämlich die Geschichtswissenschaft individuelle Besonderheiten aus ihren Gegenständen eliminieren müsse, sei die **Analyse der »éléments personnels«** gerade das Ziel der »histoire littéraire“: »Nous prétendons définir des originalités individuelles, c'est-à-dire des phénomènes singuliers, sans équivalents, et incommensurables« (ebd., 35). Damit aber mündet der Eigenständigkeitsanspruch der »histoire littéraire« im Grund in ein Paradox, denn was »sans équivalents« und »incommensurable« ist, lässt sich nicht definieren und auch nicht zum Gegenstand einer wissenschaftlichen Untersuchung machen.*
*Lanson sieht dieses Paradox (»L'individuel est-il jamais accessible?«, ebd., 36) und will es durch ein **Postulat strikter Beobachtung** überwinden, das sich an den Naturwissenschaften orientiert. Allerdings weist er den systematisierenden Erklärungsanspruch eines Taine ausdrücklich zurück, da dieser den individuellen Charakter literarischer Werke verkenne (ebd., 40 f.). Er formuliert unter Berufung auf die unhintergehbare Besonderheit des Einzelwerks Skepsis gegenüber weitreichenden Verallgemeinerungen. Diese liefen Gefahr, das Werk auf seine Funktion als Beleg für allgemeine Zusammenhänge zu reduzieren (ebd., 48 f.).*

Ebenen der Analyse: Text, Biographie, Kontext

Die Vorgehensweise der »histoire littéraire«, die Lanson in einer Reihe von Regeln und Verfahrensschritten formuliert (Lanson 1965, 44–46), hat die systematische Zusammenstellung von Informationen über ein einzelnes Werk zum Ziel, angefangen von der **Textgeschichte** über die **Biographie des Autors** bis hin zu seinem **zeitgeschichtlichen Kontext**.

Die »histoire littéraire« entsteht dann durch eine Verbindung detaillierter Einzelanalysen zunächst der Werke eines Autors, dann derjenigen seiner Zeitgenossen und schließlich derjenigen eines epochalen Zusammenhangs (als »triple histoire«, 45). Man könnte in dieser Hinsicht Lansons Position als einen **Kompromiss zwischen der biographischen Vorgehensweise** Sainte-Beuves **und dem systematisierenden Erklärungsanspruch** Taines begreifen. Mit diesem Kompromiss kann Lanson zwar nicht den Widerspruch zwischen der Suche nach verallgemeinerbarer Erkenntnis und dem Postulat von der Einzigartigkeit des Einzelwerks auflösen. Er kann damit jedoch die Literaturwissenschaft als eigenständige Disziplin etablieren: »Et l'histoire littéraire est devenue grâce à cela une institution autonome, tout aussi solide que l'histoire et la sociologie, sinon plus inébranlable encore: elle se perpétue aujourd'hui, plus semblable à 1900 que ne le sont les deux autres« (Compagnon 1983, 173).

Lanson schließt trotz seiner **skeptischen Kompromissposition** historisch übergreifende und kulturgeschichtlich reflektierte Fragestellungen keineswegs aus. So formuliert er ein Programm für die Erforschung des literarischen Lebens in der Provinz (vgl. Lanson 1965, 81 ff.), das Lucien Febvre, einem der Begründer der »histoire des mentalités« (s. S. 246), als vorbildlich gilt. Dennoch bleibt der die französische Literaturwissenschaft lange Zeit beherrschende »lansonisme« weitgehend einem in der Formel »**l'homme et l'œuvre**« sprichwörtlich gewordenen autorzentrierten Forschungsprogramm verpflichtet. Es bringt eine Fülle umfangreicher **Autorenmonographien** hervor, die als **Bausteine einer Geschichte der französischen Literatur** gedacht sind. Und auch da, wo sich Lansons Nachfolger der Analyse übergreifender Zusammenhänge und kultureller Prozesse zuwenden – in einer Reihe berühmter Studien wie René Brays *Formation de la doctrine classique* (1929; s. S. 147), Daniel Mornets *Les origines intellectuelles de la Révolution française* (1933) oder Paul Hazards *La crise de la conscience européenne 1680–1715* (1935) – bleiben sie einer geistesgeschichtlichen Perspektive verpflichtet, die historische und gesellschaftliche Kontexte weitgehend ausklammert.

Hazard zählt mit anderen Forschern wie Philippe van Thieghem oder Fernand Baldensperger in der Zeit zwischen den beiden Weltkriegen zu den Begründern der ***Littérature comparée***. Mit deren vergleichender Fragestellung geht die französische Literaturwissenschaft in gewissem Maß über das nationale Paradigma hinaus, das in der Forschung wie in der institutionellen Struktur der Disziplin bis heute vorherrscht. Trotz solcher bescheidener Innovationen bleiben der französischen Literaturwissenschaft über die vorsichtigen Kompromisse Lansons hinausgehende methodologische Reflexionen bis weit nach dem Ende des Zweiten Weltkriegs fremd. Weiterführende kulturgeschichtliche Fragestellungen werden vor allem im Kontext der »histoire des mentalités« entwickelt, etwa in den Rabelais-Studien von Lucien Febvre (*Le problème de l'incroyance au 16e siècle. La religion de Rabelais*, 1942), die den humanistischen Autor in Hinblick auf den Wandel der Religiosität im 16. Jh. untersucht, oder in Paul Bénichous Analyse der ideologischen Grundpositionen der bedeutendsten Autoren

Zur Entwicklung von Literatur- und Kulturwissenschaft

des 17. Jh.s (*Morales du grand siècle*, 1948). Erst seit den 1960er Jahren entwickelt sich im Zeichen von Marxismus, Strukturalismus und Psychoanalyse in der französischen Literaturwissenschaft eine intensivere Methodendiskussion.

Zur Fachgeschichte der Romanistik in Deutschland: Philologie, Literaturwissenschaft, »Kulturkunde«

Seit ihren Anfängen im 19. Jh. vertritt die Romanistik den Anspruch, **einen transnationalen Sprach- und Kulturraum** zu erforschen, dessen Einheit durch einen sprachgeschichtlich gemeinsamen Ausgangspunkt begründet werden soll, nämlich die Entwicklung der romanischen Sprachen (des Französischen, Spanischen, Italienischen etc.) aus dem Lateinischen. Die Einheit der Romanistik als **Romanische Philologie** ergibt sich damit aus der sprachgeschichtlichen Gemeinsamkeit ihrer Gegenstände. Im Vergleich mit der »histoire littéraire« ist die **romanistische Literaturwissenschaft** in Deutschland allerdings schon deshalb **an kulturgeschichtlichen Fragestellungen stärker interessiert**, weil sie ihre Forschungstätigkeit – nicht zuletzt im Zeichen der deutsch-französischen Feindschaft – immer auch als Beitrag zum Verständnis einer gegnerischen Fremdkultur versteht.

Bereits in der **Begründung der Romanistik** spielt die Intention eine nicht zu unterschätzende Rolle, die Bedeutung der französischen Kultur dadurch zu relativieren, dass sie – wenn überhaupt – als Bestandteil eines **übergreifenden Zusammenhang der Romania** untersucht wird (vgl. Nerlich 1996, 409 ff.). Im Zentrum der romanistischen Forschung des 19. Jh.s steht bezeichnenderweise die altokzitanische Lyrik (s. S. 123 f.), die als – der altfranzösischen Literatur überlegener – Höhepunkt der romanischen Literaturen des Mittelalters angesehen wird.

Die Romanistik ist also eine deutsche Erfindung. Zum einen existiert sie als wissenschaftliche Disziplin nur in Deutschland und Österreich, während in der internationalen Wissenschaftsorganisation nationale Abgrenzungen der literaturwissenschaftlichen Fächer die Regel sind. Zum anderen konstruiert sie einen Gegenstandsbereich, dessen Logik zum Teil von einer **negativen Deutung der kulturellen Alterität Frankreichs** bestimmt ist.

Von der Philologie zur Literaturwissenschaft

Die Ausdifferenzierung der Philologien in Sprach- und Literaturwissenschaft, die sich an den deutschen Universitäten in den ersten Jahrzehnten des 20. Jh.s vollzieht, bedeutet für die Romanistik einen einschneidenden Wandel (vgl. König/Lämmert 1999, 273 ff.). Damit geht dem Teil des Fachs, der sich zur Literaturwissenschaft entwickelt, in einem doppelten Sinn sein traditionell einheitlicher Gegenstandsbereich verloren:

- Zum einen werden die Texte nicht mehr in erster Linie auf ihre Bedeutung für sprachgeschichtliche Entwicklungen hin untersucht, die die romanische Philologie vor allem an Texten des Mittelalters erforscht.
- Zum anderen können die neueren romanischen Literaturen, die jetzt zu einem wichtigen Gegenstand werden, kaum sinnvoll als einheitli-

> cher Zusammenhang behandelt werden. Es ist wissenschaftlich nicht begründbar, dass zwischen den romanischen Nationalliteraturen eine größere Gemeinsamkeit bestehen soll als etwa zwischen der englischen, deutschen oder russischen Nationalliteratur.

Obwohl also institutionell der Fachzusammenhang der Romanistik an den Universitäten bestehen bleibt (was weitgehend bis heute der Fall ist), entwickelt sie seit dem Anfang des 20. Jh.s zunehmend **nationalliterarische Schwerpunkte**, unter denen die französische Literatur bis in die letzten Jahrzehnte des 20. Jh.s die bei weitem größte Bedeutung behält.

Dilthey und die Begründung der Geisteswissenschaften

Die **Neuorientierung der Romanistik** steht im Kontext eines Umbruchs der universitären Disziplinen, die von dem von Wilhelm Dilthey (1833–1911) um 1900 begründeten **Paradigma der Geisteswissenschaften** ausgeht. Dilthey grenzt die Verfahren der Natur- und der Geisteswissenschaften mit dem Gegensatz von **Erklären** (dem Anspruch der Naturwissenschaften) und **Verstehen** (die für die Geisteswissenschaften grundlegende Möglichkeit wissenschaftlicher Erkenntnis) voneinander ab. Damit will er für die Untersuchung von (im weiten Sinne) kulturellen Traditionen und Gegenständen eine eigenständige wissenschaftliche Grundlage entwerfen (vgl. Arnold/Detering 1999, 117–121).

Zum Begriff

> Die Bezeichnung → ›Literaturwissenschaft‹ wird in Deutschland im Zusammenhang mit der geisteswissenschaftlichen Neubegründung der Philologien eingeführt. In Gebrauch kommt der Begriff um die Wende zum 20. Jh. »als Programmwort für die Verwissenschaftlichung des Faches ›Literaturgeschichte‹ [...] bzw. ›Philologie‹« (Weimar 2000, 486). Der Begriff ›Literaturwissenschaft‹ setzt sich erst nach dem Zweiten Weltkrieg allgemein als Bezeichnung der Disziplin durch. Dennoch wird die Wissenschaftsentwicklung in Deutschland – im Gegensatz zur Begründung der »histoire littéraire« in Frankreich durch Lanson – bereits seit dem Beginn des 20. Jh.s stärker von allgemeinen wissenschaftstheoretischen Gesichtspunkten bestimmt als von einer Abgrenzung gegenüber Nachbardisziplinen wie der Geschichte oder den Sozialwissenschaften.

Geistesgeschichte und Stilanalyse

Im **Übergang von der Philologie zur Literaturwissenschaft** entwickelt sich in der Romanistik eine Intensivierung der **inhaltlichen und stilistischen Analyse** von literarischen Texten. Die Romanisten der Zwischenkriegszeit, die ihren Schwerpunkt in der Erforschung der französischen Literatur haben, orientieren sich zumeist am Paradigma der Geisteswissenschaften und untersuchen den sogenannten geistigen Gehalt und die kulturelle Bedeutung literarischer Texte. Ein Beispiel hierfür ist **Ernst Robert Curtius**' geistesgeschichtliche Abhandlung *Die literarischen Wegbereiter des neuen Frankreich* (1919). Sie konstruiert die **Entwicklungslinie einer humanistisch-religiösen geistigen Erneuerung Frankreichs** seit dem Ende des

19. Jh.s und will damit zum Verständnis des modernen Frankreich beitragen. Curtius' Untersuchung wird vielfach als ein Beleg für die Offenheit der Romanistik der Weimarer Zeit für die Besonderheiten der französischen Kultur angesehen. Allerdings vertreten die von ihm als »Wegbereiter« dargestellten Autoren zum größten Teil katholische, bisweilen entschieden antirepublikanische Positionen, so dass das »neue Frankreich«, das Curtius entwirft, jedenfalls nicht das der Republik ist (s. Kap. 4.3.3).

Grundlagen einer immanenten Textanalyse legt die von **Leo Spitzer** begründete **Stilanalyse** (*Stilstudien*, 1928), die von der Vorstellung ausgeht, dass ein literarischer Text durch seinen Stil zu einer in sich geschlossenen Einheit (zu einem »Wortkunstwerk«) wird. Nach dieser Konzeption muss ein Text durch die detaillierte Analyse seines Stils in seiner Einheit rekonstruiert werden, wenn man seine literarische Besonderheit und Bedeutung verstehen und interpretieren will. Spitzer wendet sich damit von der in der Literaturwissenschaft lange Zeit vorherrschenden Inhaltsanalyse ab und rückt **die sprachliche Struktur** der Texte **ins Zentrum**. Sein Ansatz enthält bereits Überlegungen, die der literaturwissenschaftliche Strukturalismus systematisieren wird. Allerdings impliziert sein Stilbegriff sprachlich-ästhetische Wertvorstellungen, die im Strukturalismus keine Rolle mehr spielen.

Kulturkunde und Frankreichforschung

Schon seit dem 19. Jh. stellt sich der Romanistik (wie anderen Fremdsprachenphilologien) das Problem einer **kulturkundlichen Ausweitung von Lehre und Forschung**. Diese wird aus schulischen (die Gymnasialreform des Kaiserreichs) wie aus politischen Gründen (die Zuspitzung des deutsch-französischen Konflikts) seit der vorletzten Jahrhundertwende noch wichtiger. Die **Erforschung der französischen Kultur** wird zu einem wesentlichen Bestandteil der wissenschaftlichen Praxis des Fachs. Die Bedeutung dieser Kulturkunde nimmt nach dem Ersten Weltkrieg durch die **Ausweitung der Lehrerausbildung** weiter zu, zumal das Französische in der Zeit der Weimarer Republik in den Gymnasien die bedeutendste neuere Fremdsprache bleibt (vgl. Hinrichs/Kolboom 1977 a und b).

Die aus solchen Zusammenhängen resultierenden Bestrebungen nach einer Neuorientierung des Fachs führen zu der **kulturkundlichen Bewegung der Weimarer Zeit**. In ihr finden sich kulturwissenschaftlich bedeutsame **Ansätze einer Frankreichforschung** wie beispielsweise die zweibändige Länderkunde *Frankreich* (1930) von Ernst Robert Curtius und dem Politologen Arnold Bergstraesser. Allerdings wird die Kulturkunde nachdrücklich dadurch diskreditiert, dass sie nach 1933 zu einem guten Teil **in das kulturimperialistische Projekt des Nationalsozialismus integriert** wird: »Mit der Machtübernahme durch Hitler [...] geht die – durch den ersten Weltkrieg ausgelöste – erste und letzte Anstrengung der Romanistik zuende, im Rekurs auf die bereits in den Anfängen enthaltenen kulturkundlichen und völkerpsychologischen Komponenten eine Reform des Fachs herbeizuführen" (Nerlich 1996, 426).

Die weitgehend problemlose Anpassung der Romanistik an die Erwartungen der nationalsozialistischen Machthaber ist nicht nur aus wissenschaftlichen Gründen **das problematischste Kapitel der Fachgeschichte**, das erst in den letzten Jahrzehnten aufgearbeitet wird (vgl. die eingehende Darstellung von Hausmann 2000). Der oben genannte Spitzer, der ins Exil entkommt, ist nur einer von zahlreichen Romanisten, die in der Zeit des Nationalsozialismus wegen ihrer jüdischer Abstammung oder aus politischen Gründen verfolgt, vertrieben oder umgebracht werden – weitgehend ohne dass dies ihre ›arischen‹ und politisch botmäßigen Fachkollegen bekümmert, die nach 1945 meist bruchlos ihre Karriere fortsetzen können.

Strukturen der Disziplin: Sprachwissenschaft und Literaturwissenschaft

In der Nachkriegszeit wendet sich die Romanistik wegen ihrer Vereinnahmung durch den Nationalsozialismus von den Traditionen der Kulturkunde weitgehend ab. Sie beschränkt sich nun auf das, was ihr als **›reine‹ Wissenschaft** gilt. Die Gegenstandsbereiche, auf die das Fach sich – mehr in Verdrängung als in Auseinandersetzung mit seiner Vorkriegsgeschichte – in Forschung und Lehre konzentriert, umfassen im Wesentlichen die **Sprachgeschichte** (Ansätze moderner Linguistik kommen erst in den 1960er Jahren allmählich hinzu) sowie die **Literaturgeschichte und -interpretation**. Das kulturelle Wissen, dessen Integration oder zumindest Mitberücksichtigung in Forschung und Lehre mit den Ansätzen einer französischen Kulturkunde seit Anfang des 20. Jh.s angestrebt wird, bleibt in der Nachkriegsentwicklung des Fachs zumindest bis zum Anfang der 1970er Jahre völlig aus den vorherrschenden Paradigmen ausgeschlossen.

In der Lehre führt diese Situation zu der – bisweilen heute noch nicht ganz überwundenen – Konsequenz, dass zukünftige Französischlehrer/innen wissenschaftlich nicht etwa zu Fachleuten in der Vermittlung von französischer Sprache, Kultur und Gesellschaft ausgebildet werden, sondern zu Experten für französische Sprach- und Literaturgeschichte. »Generationen von zukünftigen Lehrern konnten durch die so geartete Ausbildung zwar perfekt Altfranzösisch, lasen ohne Mühe Vulgärlatein, lernten aber so gut wie nichts über die Geschichte, Kultur und Gegenwart des Landes, dessen Sprache sie unterrichten sollten« (Hausmann 1999, 278). Ist die Fachentwicklung der Romanistik bis zum Zweiten Weltkrieg in vielem von einer latenten oder offenen Abneigung gegen den ›Erbfeind‹ bestimmt, so **beschränkt sie nun die Kultur Frankreichs auf eine literarische ›Hochkultur‹**. Zweifellos ist diese Einschränkung nicht weniger erkenntnishemmend als die verbreitet antifranzösische Gesinnung der Romanistik vor 1945, auch wenn die Veränderungen der Nachkriegszeit mit dem Verweis auf die nunmehr strikte Wissenschaftsorientierung des Fachs legitimiert wird.

Repräsentanten der Literaturwissenschaft nach dem Zweiten Weltkrieg

Die prominentesten Vertreter der romanistischen Literaturwissenschaft führen vor allem die geistesgeschichtliche Orientierung der Romanistik weiter.

- Berühmt geworden ist **Ernst Robert Curtius**' *Europäische Literatur und lateinisches Mittelalter* (1948), eine vielfach aufgelegte umfassende Rekonstruktion der Traditionslinien, die eine Kontinuität zwischen der Literatur der Antike und den europäischen Literaturen des Mittelalters und der Neuzeit verbürgen sollen.

Zur Entwicklung von Literatur- und Kulturwissenschaft

- **Hugo Friedrichs** *Die Struktur der modernen Lyrik* (1956, erweitert 1956), die am weitesten verbreitete literaturwissenschaftliche Abhandlung nach dem Zweiten Weltkrieg, entwirft eine Entwicklungslinie der europäischen Lyrik, die von der französischen Romantik über Baudelaire und Rimbaud bis hin zu den Surrealisten führt (s. Kap. 3.5.4). Friedrichs Darstellung ist vor allem deshalb so einflussreich, weil sie mit dem in der Geistes- und Literaturgeschichte damals vorherrschenden moralisierenden Wertungskriterien bricht, indem sie Bedeutungsverweigerung und ästhetische Negativität als prägende Faktoren der Entwicklung moderner Lyrik darstellt.
- **Erich Köhler** schließlich überschreitet – gegen heftige Widerstände vieler Fachkollegen – als einer der ersten die nicht nur in der Romanistik vorherrschenden geistesgeschichtlichen und werkimmanenten Methodengrenzen und entwirft in *Ideal und Wirklichkeit in der höfischen Epik* (1956, erweitert 1970) eine literatursoziologische Deutung des höfischen Romans (s. S. 122). Zusammen mit Hans-Robert Jauß, dem Begründer der Rezeptionsästhetik (*Literaturgeschichte als Provokation*, 1970) zählt Köhler zu den wenigen Romanisten, die in den ersten Nachkriegsjahrzehnten offen für theoretische Diskussionen sind. Köhlers postum veröffentlichten *Vorlesungen zur Geschichte der französischen Literatur* (1983–1987) sind nicht zuletzt deshalb auch heute noch als Einführung lesenswert (s. S. 393).

Die Landeskunde

Die Landeskunde entwickelt sich seit den 1960er Jahren als eine heterogene Menge von Wisseninhalten, die vor allem die Gemeinsamkeit haben, dass sie aus der Forschung und lange Zeit auch aus der wissenschaftlichen Lehre ausgegrenzt bleiben, zugleich aber doch als wichtig für zukünftige Französischlehrer/innen angesehen werden. In den einschlägigen Diskussionsbeiträgen der 1970er und 1980er Jahre werden immer wieder **die Bereiche Geschichte, Wirtschaft, Gesellschaft, Politik und Institutionen** genannt (später kommen auch die **Medien** dazu), mit deren Erforschung und Vermittlung sich die Landeskunde als ›vierte Säule‹ der Romanistik (neben der Literatur- und Sprachwissenschaft sowie der Sprachpraxis) insbesondere in den Lehramtsstudiengängen beschäftigt (einschlägige Texte und Dokumente finden sich in Höhne/Kolboom 1982, einen systematischen Überblick gibt Lüsebrink 2000).

Landeskunde und Kulturwissenschaft: Die Befürworter der Landeskunde schwächen ihre Position vor allem deshalb, weil sie **keine grundsätzliche Reform der bestehenden Fachstrukturen** anstreben, sondern ihre Ergänzung durch die oben genannten, ganz unterschiedlichen Gegenstandsbereiche. Das führt nicht nur zu dem Vorwurf des wissenschaftlichen Dilettantismus, sondern ermöglicht auch die Abwertung der Landeskunde als allenfalls propädeutischer Bereich, dem keine eigenständige wissenschaftliche Bedeutung zukomme. In der romanistischen Literaturwissenschaft dominieren bis in die 1970er Jahre **literaturgeschichtliche und textanalytische Paradigmen**, die die Literatur als Gegenstand mit einer eigenständigen Struktur begreifen und sie allenfalls auf allgemeiner

Ebene in den Kontext geschichtlicher oder kultureller Zusammenhängen stellen. Diese Situation ändert sich erst in der Folge der intensiven Methodendiskussionen in der Literaturwissenschaft und durch die **Entwicklung der Kulturwissenschaften**. Mit der kulturwissenschaftlichen Neuorientierung der Literaturwissenschaft bilden sich Ansätze heraus, die die Begrenztheit der disziplinären Struktur in der Romanistik zu überwinden versuchen, um literarische und kulturelle Prozesse in einem übergreifenden Zusammenhang zu verstehen (vgl. Stenzel 2004).

Theoriediskussionen

Intensivere Theoriediskussionen in der Literatur- und Kulturwissenschaft sind in Frankreich wie in Deutschland **ein relativ neues Phänomen**. Seit den 1960er Jahren werden unter Rückgriff auf unterschiedliche theoretische Ansätze aus den Traditionen des **Marxismus** und des **Strukturalismus** sowie auf Nachbardisziplinen wie **Linguistik**, **Psychologie** oder **Geschichts- und Gesellschaftswissenschaften** gegensätzliche und miteinander konkurrierende theoretische Modelle in die Diskussion eingebracht. Grundlage dieser Neuorientierung sind grundsätzliche methodologische Divergenzen über die Voraussetzungen und Möglichkeiten literaturwissenschaftlicher Erkenntnis, die zu intensiven theoretischen Auseinandersetzungen führen.

Die Literatursoziologie: Aus dem hegelianisch-marxistischen Geschichtsverständnis entstehen vielfältige Ansätze der **Literatursoziologie**. Deren Methoden zielen grundsätzlich darauf ab, die historischen und gesellschaftlichen Kontexte zu systematisieren und zu konkretisieren, in denen Funktionen und Bedeutungspotentiale literarischer Texte erforscht werden sollen. Ein zentraler Bezugspunkt in der Diskussion um literatursoziologische Ansätze ist der Begriff der **Widerspiegelung**. Mit ihm wird die Frage verhandelt, in welcher Weise die Auseinandersetzung mit oder die Aufarbeitung von historischen und gesellschaftlichen Strukturen und Problemen grundlegend für den Inhalt, aber auch für die Form literarischer Texte ist (Überblick und grundsätzliche theoretische Stellungnahmen in Bürger 1978).

Der Strukturalismus: Die **strukturalistische Zeichentheorie** (s. Kap. 2.2) ist die Grundlage für die Entwicklung **systematischer Verfahren der Analyse textinterner Beziehungen**, durch die die einzelnen Elemente literarischer Texte als eine kohärente Struktur begriffen werden sollen. Der Strukturalismus geht davon aus, dass Bedeutung nicht etwas den sprachlichen Zeichen Inhärentes ist, sondern dass sie erst durch die Beziehung zwischen diesen Zeichen erzeugt wird. **Ansätze des literaturwissenschaftlichen Strukturalismus** untersuchen davon ausgehend Textstrukturen als ein System von Elementen, deren Bedeutung durch die Gemeinsamkeiten und Gegensätze erzeugt wird, die seine Bestandteile verbinden. In der Weiterentwicklung des Strukturalismus im sogenannten **Poststrukturalismus** werden die Texte nicht als stabiles Beziehungsnetz,

Zur Entwicklung von Literatur- und Kulturwissenschaft

sondern als ein instabiles Spiel der einzelnen Textelemente verstanden. Diese verändern ihre Bedeutung, je nachdem, wie sie untereinander in Beziehung gesetzt werden (Überblick in Eagleton 1997, Kap. III und IV).

Methodendiskussion: Kontexte und Textstrukturen

Literatursoziologie und Strukturalismus stehen als Beispiele für die beiden großen Bereiche, in denen die Methodendiskussion geführt wird. Die Verfahren der Textanalyse und die Frage, welche Bedeutung unterschiedlichen Kontexten für eine Textinterpretation zukommt, sind die wesentlichen Grundprobleme literaturwissenschaftlicher Forschung, die in der Methodendiskussion verhandelt werden (s. den Überblick S. 101 f.). Die Bandbreite der unterschiedlichen Positionen, die dabei ins Spiel gebracht werden, kann hier nur anhand weniger Beispiele angesprochen werden.

Barthes und die *Nouvelle critique*: Bezeichnend für die Dominanz der *histoire littéraire* in der französischen Literaturwissenschaft ist der Streit um die sog. *Nouvelle critique*, den die Racine-Studien des Literatur- und Kulturtheoretikers **Roland Barthes** (1915–1980) Mitte der 1960er Jahre auslösen. Barthes wirft der universitären Racine-Forschung vor, einerseits die geschichtliche Dimension der Literatur auf eine Geschichte der Werke zu reduzieren, andererseits die Bedeutung dieser Werke mit unhistorischen und unbegründeten Prämissen über das Wesen des Menschen und die Beziehungen zwischen Autor und Werk zu analysieren (»Histoire ou littérature«, in: *Sur Racine*, 1963). Gegen den Anspruch, durch die Analyse des biographischen, literarische und historischen Kontexts eine kohärente Bedeutung der Werke Racines zu rekonstruieren, stellt Barthes die **Relativität unterschiedlicher Lektüren**, die sich ohne Exklusivitätsanspruch aus der Analyse struktureller Beziehungen in den Werken (etwa aus einer psychoanalytischen Deutung ihrer Figurenkonstellationen) ergeben. Auf diesen Generalangriff auf die Prinzipien der »histoire littéraire« antwortet der Racine-Forscher Raymond Picard mit einer ausführlichen Kritik des Relativismus von Barthes' Racine Lektüren und einer massiven **Affirmation des Objektivitätsanspruchs der »histoire littéraire«**: »Il y a une vérité de Racine sur laquelle tout le monde peut arriver à se mettre d'accord« (*Nouvelle critique ou nouvelle imposture*, 1965, 69).

Barthes' Intervention bringt theoretische Positionen ins Spiel, mit denen in den Theoriedebatten seit den 1960er Jahren **der Konstruktcharakter literaturwissenschaftlicher Verfahren** und der daraus entwickelten Interpretationen begründet wird. Barthes will in seinen Racine-Analysen zum einen zeigen, wie Werken durch die Analyse von Textstrukturen eine Bedeutung zugewiesen wird, wie diese Bedeutung sich andererseits aber auch durch unterschiedliche Kontextualisierungen der Textstrukturen verändern kann. Er zeigt damit nicht nur, dass jede Textinterpretation von den methodologischen Annahmen abhängt, die ihr vorausgehen, sondern vertritt bereits einen **Relativismus**, der im Zeichen des Poststrukturalismus für die Methodendiskussion wichtig wird.

Derrida und die Dekonstruktion: Die Bedeutung des Poststrukturalismus zeigt sich vor allem in der Weiterführung der Theoriediskussion in den 1980er Jahren. Das von dem Philosophen Jacques Derrida begründete Verfahren der **Dekonstruktion** (s. Kap. 3.7.4) strebt nicht mehr das Verstehen von Bedeutungen als Ergebnis der Untersuchung von Texten an. Es geht vielmehr davon aus, dass Bedeutungen nicht nur uneindeutig bleiben, sondern prinzipiell nicht festlegbar sind. Indem die Auseinandersetzung mit den Texten zu einem **Durchspielen möglicher Bedeutungen** wird, die sich wechselseitig durchkreuzen und aufheben, wird hier auch der Verstehensanspruch der hermeneutischen Tradition in Frage gestellt (vgl. Arnold/Detering 1996, 409–429; Eagleton 1997, 110–118 sowie Engelmann 1990).

Foucault und die Diskursanalyse: Daneben hat die von **Michel Foucault** (1926–1984) begründete Diskursanalyse in den letzten Jahrzehnten großen Einfluss auf die Orientierung der Literaturwissenschaft gewonnen (vgl. Arnold/Detering 1996, 463–478; Fohrmann/Müller 1988). Statt nach Bedeutungen und Textverstehen fragt sie nach den Strukturen eines gesellschaftlich legitimierten oder akzeptierten Sprechens (den **Diskursen**). Es geht also nicht in erster Linie darum, bestimmte Inhalte und Aussagen in den Texten zu analysieren und zu verstehen, sondern um die Analyse der Voraussetzungen und Mechanismen, die diese Aussagen möglich machen. In der Untersuchung von Texten auf **diskursive Strategien**, auf **gesellschaftliche Regelmechanismen** und **epochenspezifische Dominanten** verliert die Literatur ihren besonderen Status und wird zu *einem* (bei Foucault selbst wenig bedeutsamen) Untersuchungsgegenstand neben vielen anderen Texten.

Die Diskussion um eine kulturwissenschaftliche Orientierung der Literaturwissenschaft (vgl. Böhme/Scherpe 1996; Nünning/Sommer 2004) greift teilweise auch auf die theoretischen Perspektiven der Diskursanalyse zurück. Im Sinne der Diskursanalyse werden literarische Texte nicht als Texte besonderer Art untersucht, sondern **im Kontext eines Feldes von kulturell bedeutsamen Texten**, anhand dessen Prozesse kulturell bedeutsamer Sinnbildung entworfen und rekonstruiert werden können. Grundsätzlich gilt daher, dass eine kulturwissenschaftliche Sicht der Literatur »auf jede wertbestimmte Eingrenzung des Literaturbegriffs verzichtet« (Nünning 1998, 181). Dies bedeutet keineswegs, dass damit die strukturellen und funktionalen Eigenheiten literarischer Texte übergangen würden – im Gegenteil kommen diese Eigenheiten gerade im Vergleich mit thematisch vergleichbaren Texten anderer Art besonders produktiv zur Geltung. Die kulturwissenschaftliche Perspektive eröffnet damit Möglichkeiten, die besonderen kulturellen Funktionen von Literatur in einem größeren Kontext zu (re-)konstruieren und die disziplinäre Einengung zu überwinden, die die Fragestellungen der Literaturwissenschaft lange Zeit geprägt hat.

Insgesamt hat die Methodendiskussion heute den Ausschließlichkeitsanspruch überwunden, mit dem in den 1960er und 1970er Jahren konkurrierende Methoden gegeneinander angetreten sind. Die Einsicht in die Notwendigkeit einer theoretischen Reflexion der Prämissen und Verfahren der Forschung beinhaltet auch die Einsicht in die Grenzen literaturwissenschaftlicher Methoden und in die Relativität ihrer Gegenstandskonstruktionen.

Grundlegende Literatur

Arnold, Heinz Ludwig/Detering, Heinrich (Hg.): Grundzüge der Literaturwissenschaft [1996]. München ³1999.
Böhme, Hartmut/Scherpe, Klaus (Hg.): Literatur- und Kulturwissenschaften. Positionen, Theorien, Modelle. Reinbek 1996.
Compagnon, Antoine: La troisième République des lettres. Paris 1983.
Cuche, Denys: La notion de culture dans les sciences sociales. Paris ³2004.
Eagleton, Terry: Einführung in die Literaturtheorie. Stuttgart/Weimar ⁴1997.
Lüsebrink, Hans-Jürgen: Einführung in die Landeskunde Frankreichs. Stuttgart/Weimar 2000.
Nünning, Ansgar (Hg.): Literaturwissenschaftliche Theorien, Modelle und Methoden. Eine Einführung. Trier 1998.
Rey, Alain: »Civilisation«. In: Ders. u. a. (Hg.): Dictionnaire culturel en langue française. Bd. 1. Paris 2005a, 1580–1582.
–: »Culture«. In: Ders. u. a. (Hg.): Dictionnaire culturel en langue française. Bd. 1. Paris 2005b, 2054–2057.
–: »Littérature«. In: Ders. u. a. (Hg.): Dictionnaire culturel en langue française. Bd. 3. Paris 2005c, 106–114.
Wolfzettel, Friedrich: Einführung in die französische Literaturgeschichtsschreibung. Darmstadt 1982.

Weiterführende Literatur

Bourdieu, Pierre: Les règles de l'art. Genèse et structure du champ littéraire. Paris 1992.
Bürger, Peter (Hg.): Seminar: Literatur- und Kunstsoziologie. Frankfurt a. M. 1978.
Burguière, André/Revel, Jacques (Hg.): Les formes de la culture. Paris 1993.
Elias, Norbert: Über den Prozess der Zivilisation. 2 Bde. Frankfurt a. M. 1976.
Engelmann, Peter (Hg.): Postmoderne und Dekonstruktion. Texte französischer Philosophen der Gegenwart. Stuttgart 1990.
Fohrmann, Jürgen/Müller, Harro (Hg.): Diskurstheorien und Literaturwissenschaft. Frankfurt a. M. 1988.
Goebel, Gerhard: »Literaturgeschichte als Geschichte des Literaturbegriffs an französischen Beispielen aus dem 20. Jahrhundert«. In: Rolf Kloepfer u. a. (Hg.): Bildung und Ausbildung in der Romania. Bd. 1. München 1979, 210–223.
–: »›Literatur‹ und Aufklärung«. In: Peter Bürger (Hg.): Zum Funktionswandel der Literatur. Frankfurt a. M. 1983, 79–97.
Hausmann, Frank-Rutger: »›...ein Haltmachen vor den jüngsten Entwicklungen ist Selbstverstümmelung.‹ Die deutsche Romanistik vor und nach dem ersten Weltkrieg«. In: König/Lämmert 1999, 273–285.
–: »Vom Strudel der Ereignisse verschlungen«. Deutsche Romanistik im »Dritten Reich«. Frankfurt a. M. 2000.
Hinrichs, Peter/Kolboom, Ingo: »›Ein gigantischer Trödelladen‹? Zur Herausbildung der Landes- und Frankreichkunde in Deutschland vor dem ersten Weltkrieg«. In: Michael Nerlich (Hg.): Kritik der Frankreichforschung. Berlin 1977a, 82–95.
–: »Frankreichforschung – eine deutsche Wissenschaft«. In: Michael Nerlich (Hg.): Kritik der Frankreichforschung. Berlin 1977b, 168–187
Höhne, Roland/Kolboom, Ingo (Hg.): Von der Landeskunde zur Landeswissenschaft. Rheinfelden 1982.
König, Christoph/Lämmert, Eberhard (Hg.): Literaturwissenschaft und Geistesgeschichte 1910 bis 1925. Frankfurt a. M. 1993.
–: Konkurrenten in der Fakultät. Kultur, Wissen und Universität um 1900. Frankfurt a. M. 1999.
Lanson, Gustave: Essais de méthode, de critique et d'histoire littéraire. Hg. von Henri Peyre. Paris 1965.
Lüsebrink, Hans-Jürgen/Röseberg, Dorothee (Hg.): Landeskunde und Kulturwissenschaft in der Romanistik. Tübingen 1994.
Nerlich, Michael: »Romanistik: Von der wissenschaftlichen Kriegsmaschine gegen Frankreich zur komparatistischen Konsolidierung der Frankreichforschung«. In: Romanistische Zeitschrift für Literaturgeschichte 20 (1996), 396–436.

Nünning, Ansgar/Sommer, Roy (Hg.): Kulturwissenschaftliche Literaturwissenschaft. Disziplinäre Ansätze – Theoretische Positionen – Transdisziplinäre Perspektiven. Tübingen 2004.

Picht, Robert u. a. (Hg.): Perspektiven der Frankreichkunde. Ansätze zu einer interdisziplinären Romanistik. Tübingen 1974.

Stenzel, Hartmut: »Literaturwissenschaft – Landeskunde – Kulturwissenschaft oder: die verdrängten Probleme eines hybriden Fachs. Anmerkungen zur Situation der Romanistik«. In: Nünning/Sommer 2004, 55–77.

–: »Le classicisme français et les autres cas européens«. In: Jean-Charles Darmon/Michel Delon (Hg.): Classicismes. Paris 2006, 39–78.

Weimar, Klaus: »Literaturwissenschaft«. In: Harald Fricke u. a. (Hg.): Reallexikon der deutschen Literaturwissenschaft. Bd. 2. Berlin/New York 2000, 485–489.

2. Techniken der Textanalyse

2.1 | Was macht einen Text zum (literarischen) Text?

Zum Begriff

Auf einer sehr allgemeinen Ebene ist ein → Text (von lat. *textum*: Gewebe) eine nach außen (d. h. gegen die Text-Umwelt) abgegrenzte, innerlich zusammenhängende Einheit, die als sinnvoller kommunikativer Akt wahrgenommen wird. Diesem liegt ein Regelsystem zugrunde, das ein Verständnis ermöglicht.

Weiter Textbegriff

Eine derart abstrakte Definition legt nahe, dass ein Text keinesfalls immer sprachlicher Natur sein muss. Ein **maximaler Textbegriff** geht dementsprechend davon aus, dass prinzipiell **alle kulturellen Manifestationen** als Texte aufgefasst werden können, die als zusammenhängende Einheiten unter Zuhilfenahme eines Regelsystems (Code) lesbar sind. In der Semiotik (s. Kap. 2.2) schließt der Begriff *Text* beispielsweise auch Bilder und Rituale ein.

Zur Vertiefung

Der Hypertext: *Die Auffassung, ein Text müsse in jedem Fall eine abgeschlossene Einheit darstellen, wird im Computerzeitalter durch den Hypertext in Frage gestellt, denn dieser entsteht durch* ***eine beliebig verlängerbare Vernetzung elektronisch verfügbarer Texte****, die über Hyperlinks miteinander verbunden sind. Dennoch kann auch hier von Einheit gesprochen werden, da jede konkrete Rezeption einen konkreten Anfang und ein konkretes Ende hat. Die Einheit ist in diesem Fall* ***eine Kategorie der Rezeption und nicht mehr des Textes selbst****. Der Hypertext zeigt entsprechend einen »Wandel vom autonomen, abgeschlossenen Text zum offenen, rezipientenabhängigen ›Intertext‹« (Bußmann 2002, 286).*

Da ein Text nach unserer Definition eine innerlich zusammenhängende kommunikative Einheit darstellt, ist **eine bloße Aneinanderreihung von**

Was macht einen Text zum (literarischen) Text?

Wörtern und Sätzen noch kein Text, geschweige denn ein literarischer Text. Offensichtlich müssen erst bestimmte Bedingungen **äußerlicher und inhaltlicher Kohärenz** erfüllt sein (vgl. Corbineau-Hoffmann 2002, 1–15; Krah 2006, 17–18). Folgende ›Wortzusammenstellung‹ verdeutlicht dies:

Frédéric Beigbeder: *99 Francs*, 2000, Kap. VI,6

> [...] CARTE NOIRE UN CAFÉ NOMMÉ DÉSIR J'EN AI RÊVÉ SONY L'A FAIT CAP TOUT LE MONDE EN CUIR SNCF LE PROGRÈS NE VAUT QUE S'IL EST PARTAGÉ PAR TOUS FRANCE TELECOM BIENVENUE DANS LA VIE.COM EDF NOUS VOUS DEVONS BIEN PLUS QUE LA LUMIÈRE RENAULT SCÉNIC A NE PAS CONFONDRE AVEC UNE VOITURE ROCHE BOBOIS LA VRAIE VIE COMMENCE A L'INTÉRIEUR NISSAN MADE IN QUALITÉ SOCIÉTÉ GÉNÉRALE CONJUGUONS NOS TALENTS [...]

Kohärenz

Diese auf den ersten Blick unzusammenhängend wirkende Worthäufung ist der Auszug aus einem Gegenwartsroman, **vom Anspruch her also ein Text**. Der Autor, Frédéric Beigbeder (s. Kap. 3.7.5), reiht hier Werbeslogans ohne Interpunktionszeichen aneinander. Das heterogene Wortmaterial kann damit anhand der **Gemeinsamkeit ›Werbeslogan‹** charakterisiert werden, wodurch ein Zusammenhang entsteht. Damit wären wir bei einer grundlegenden Rezeptionshaltung, die ein Leser gegenüber Texten einnimmt, wenn er Kohärenz vermutet (und das tut er, wenn er die Gattungsbezeichnung ›Roman‹ sieht): Um Wörter als kohärenten Text zu verstehen, gruppiert ein Leser sie **anhand verbindender Elemente**, z. B. gemeinsamer Bedeutungsbereiche, und allgemein anhand seines Vorwissens.

- **Verbindende Elemente** sind z. B.:
  - **syntaktische Konnektoren** wie deiktische Ausdrücke (z. B. Pronomina, die Vertreterfunktion ausüben) oder **ein einheitliches Tempus**;
  - **Anaphern**, d. h. Sprachelemente, die auf vorausgehende Information innerhalb eines Äußerungskontexts zurückweisen, oder **Kataphern**, d. h. Sprachelemente, die auf folgende Information innerhalb eines Äußerungskontexts hinweisen;
  - **Rekurrenzen**, d. h. Wiederholungen von Textelementen (vgl. Bußmann 2002, 351);
  - **Verträglichkeitsbeziehungen** und **logische Implikationen** wie konditionale, kausale oder temporale Zusammenhänge, Motiv-Verknüpfungen, Spezifizierungen, Exemplifizierungen, Generalisierungen (vgl. Fritz 1982; zu Motiven vgl. Frenzel 1992, Daemmrich/Daemmrich 1996);
  - schließlich kann auch **allein die Typographie** verbindend sein wie in Bildgedichten, wie das Beispiel von Pierre Garnier zeigt.
- **Gemeinsame Bedeutungsbereiche** zeigen sich z. B. anhand von
  - **Isotopien**: Ein semantisches Merkmal kehrt in verschiedenen Wörtern wieder, weil diese aus demselben Bedeutungs- und Erfahrungsbereich stammen (z. B. Arzt, Krankenschwester, Spritze, Krankenhaus etc.; vgl. Bußmann 2002, 322);

Was macht einen Text zum (literarischen) Text?

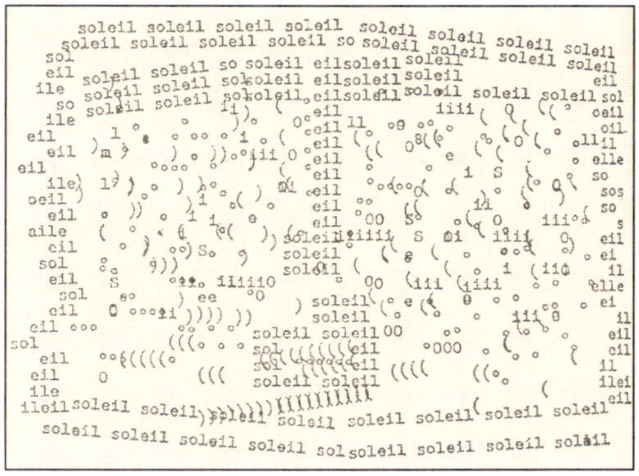

- **Oppositionsbeziehungen**: Textelemente sind negativ aufeinander bezogen (wie ›Krieg‹ und ›Frieden‹, ›Gewinn‹ und ›Verlust‹, ›Freude‹ und ›Leid‹);
- **thematischen Verweisen**: Abstrakte oder allgemeine Leitgedanken eines Textes sind benennbar (›Rechtsprechung‹, ›Freiheit‹, ›Liebe‹; vgl. Wilpert 2001, 829).

Maske aus dem Wort ›soleil‹: Pierre Garnier: *Masque Solaire*

- Unter **Vorwissen** versteht man z. B.:
  - **Schemata**, mit denen Realitätsbereiche vorstrukturiert sind, wie z. B. der typische Ablauf eines sozialen Aktes (Feste, Restaurantbesuche; vgl. Müske 1992);
  - **typische Strukturen bestimmter Gattungen** wie z. B. ein tragischer oder ein komischer Geschehensverlauf oder ein typischer Geschehensverlauf in Märchen oder Kriminalgeschichten;
  - **Wissen aus bereits existierenden Texten** mit ähnlicher Thematik oder ähnlicher Struktur (zur Intertextualität s. Kap. 2.3.1).

Syntaktische, semantische und pragmatische Mechanismen stiften Kohärenz und lassen eine Aneinanderreihung von Wörtern und Sätzen zu einer Einheit werden.

Aktive Konstruktion des Lesers

Kohärenz ist dabei immer auch das **Ergebnis einer aktiven Konstruktion des Rezipienten**, der die nicht explizit im Text gegebenen Verbindungen, wo immer dies möglich ist, ergänzt (vgl. Bußmann 2002, 351) und zwar in Bezug auf einen **(kognitiven, sprachlichen, situativen) Kontext**. Scheffer nennt z. B. für die Wörter »berühren verboten« verschiedene mögliche Kontexte, die völlig unterschiedliche Bedeutungen erzeugen – von einem Verbot bis hin zu einer Aufforderung –, und urteilt: »Vom Text ausgehend sind bestimmte (seltene?) Kontexte überhaupt nicht prognostizierbar, und damit ist auch nicht vorherzusehen, wie ein bestimmter Text dann rezipiert wird; fast alles ist dann möglich [...]« (1999, 213).

Zum Begriff

→ **Kontext** ist ein umfassender Begriff der Kommunikationstheorie, der »alle Elemente einer Kommunikationssituation, die systematisch die Produktion und das Verständnis einer Äußerung bestimmen,« bezeichnet (Bußmann 2002, 374). Der Kontext ist das **kommunikativ relevante Umfeld eines Textes**, das sich in jedem Rezeptionsakt neu konstituieren kann.

Die Bedeutung eines Textes wird anhand eines je spezifischen Kontextes ›hergestellt‹. Der oben angeführte Textauszug entstammt z. B. einem Roman, dessen Protagonist, ein Werbetexter, die **Durchdringung der Ge-**

Was macht einen Text zum (literarischen) Text?

sellschaft mit Werbeslogans anprangert. Der Auszug ›bombardiert‹ den Leser mit Werbesprüchen und macht damit deren Allgegenwärtigkeit direkt fühlbar.

Kultureller Kontext

Nicht nur der unmittelbare Kontext, sondern auch der **allgemeine kulturelle Kontext** trägt sowohl bei der Produktion als auch bei der Rezeption wesentlich zur Kohärenz eines Textes bei (vgl. Krah 2006, 227–241). Dieser weite Kontext umfasst dabei im Prinzip **alle Bereiche der Kultur** (s. Kap. 1.2), auch wenn diese in der Praxis nur zu einem Bruchteil einbezogen werden. So kann ein sozialer Kontext spezifische regionale oder nationale Kommunikationsformen, Wissen um konkrete Rituale und Traditionen, historische und politische Kenntnisse von der Lokal- bis zur Globalgeschichte, aber auch Bereiche wie Recht, Medizin und Ökonomie beinhalten. Verschiedene Kontexte bilden den **spezifischen Hintergrund** für die Funktion eines konkreten Textes als Kommunikationsakt.

Zur Vertiefung

> ***Aufschreibesysteme:*** *Einen wichtigen Kontext für die Kohärenz und das Verständnis eines Textes stellen nach dem deutschen Literatur- und Kulturkritiker Friedrich Kittler die* ***Medien*** *dar. »Aufschreibesysteme« nennt Kittler das »Netzwerk von Techniken und Institutionen [...], die einer gegebenen Kultur die Adressierung, Speicherung und Verarbeitung relevanter Daten erlauben« (1985, 429). Gesagt und gewusst werden können nur das, was medientechnisch und durch spezifische kulturelle Praktiken vermittelbar sei bzw. vermittelt werde.*

Anhand des folgenden Auszuges aus einem Theaterstück Valère Novarinas (s. Kap. 3.7.4) soll verdeutlicht werden, durch welche Merkmale ein Text als ***literarischer*** **Text erkennbar** wird.

Valère Novarina: *Le drame de la vie*, 1984

Plakat zur Aufführung von *Le drame de la vie*

LE CHANTRE.
Entrent L'Homme aux Outrages, L'Enfant de Parlant, L'Homme de Vie, Le Champion Automatique, L'Ambulancier d'Action, L'Homme qui Passe, Le Motard Tombe, Le Motard Luthi, L'Homme de Ur, L'Homme de Fou, Le Professeur Président, Son Bétaillon, Déo, Le Concert Logique, Le Nain Hamnus, Son Grand Pénultier. Ils sortent. Entrent l'Enfant Débile et l'Abbé Boum.

L'ENFANT DÉBILE.
Abbé, que faire ? j'ai une lacune : je ne retrouve plus ma présence.

L'ABBÉ BOUM.
Enfoncez-vous ça là-dedans mon enfant, et répétez sans arrêt la liste de vos pères : Hutaud, Housby, Lambret, Dragolé, Honfleur, la Fille du Député Haguit, la Fille du Député Poulpiquet, Hitaud, L'Abbé Hougile, Narbe, Ecolodie, Lambier Cadet, Hambier Coffret, Husson, Jambion, l'Impératrice, Gélémitre d'Albon, Sanglon, L'Enfant Vérasse, L'Enfant Pile.

Was macht einen Text zum (literarischen) Text?

Literarizität

Der Text enthält einige **Signale für Literarizität**:

- **Das äußere Erscheinungsbild** des Textes (**die Typographie**) verweist auf ein Theaterstück, da es Sprecher und zugehörige Sprechtexte voneinander abgrenzt.
- **Ästhetisierung:** Merkmale wie Wiederholungen von Wörtern und Klängen oder der parallele Aufbau vieler Satzteile, die dem Text **einen Rhythmus verleihen**, erwecken den Eindruck, dass der Text ästhetisiert ist und damit nicht etwa zur Textsorte ›Gebrauchsanweisung‹ gehört.
- **Uneigentlicher Sprachgebrauch:** Wortspiele, ›sprechende‹ Namen und eine rätselhafte Sprechweise (»Je ne retrouve plus ma présence«) weisen darauf hin, dass **›Gesagtes‹ und ›Gemeintes‹ nicht das Gleiche** sind; es handelt sich um einen Sprachgebrauch, der nicht in erster Linie der ökonomischen Informationsübermittlung dient.
- Die **Betonung sprachlicher Mehrdeutigkeit**, das Gegeneinanderstellen von **Denotation** (begrifflicher Wortinhalt) und **Konnotation** (›Mitbezeichnung‹, Sekundärbedeutung) sowie die Verdichtung und symbolische Verschlüsselung von Gedanken sind allgemeine Techniken literarischer Texte.

Keines der genannten Kriterien allein ist hinreichend, um den Text als literarisch zu identifizieren, denn letztlich **entscheiden der Kontext und der konkrete Leseakt** darüber, welcher Text als literarisch ›angeboten‹ bzw. als literarisch ›angenommen‹ wird. Daher können auch Texte, die keines der genannten Merkmale aufweisen, durchaus als literarisch rezipiert werden. Am Inhalt allein kann Literarizität nicht festgemacht werden: Prinzipiell kann Literatur über *alles* sprechen (zu Literarizität vgl. auch Nöth 2000, 456–461; zur Literatur vgl. Baasner/Zens 2005, 11 f.).

Die Frage danach, **was aus einer sprachlichen Äußerung einen literarischen Text macht** und wie literarische und nichtliterarische Texte voneinander unterschieden werden können, hat ihre prominenteste Antwort durch den russischen Formalisten Roman Jakobson (1896–1982) erhalten, der das Konzept einer **poetischen Funktion** der Sprache vertritt. Jakobson modelliert den Kommunikationsakt anhand von **sechs Instanzen**, von denen jede auf eine spezifische Funktion der Sprache verweist. Alle Instanzen sind in unterschiedlicher Gewichtung in jedem Kommunikationsakt zu finden:

Gegenstand (Kontext) (Referentiell)

Sender (emotiv/expressiv) ——— Nachricht (poetisch) ——— Empfänger (appellativ)

Kontaktmedium/Kanal (phatisch)
Code (metasprachlich)

Funktionen der Sprache nach Jakobson 1981

Was macht einen Text zum (literarischen) Text?

- Vom **Sender** aus gesehen hat die Sprache eine emotive/expressive (Ausrucks-)Funktion, d.h. sie zeigt die **Haltung des Sprechers** zum Gesagten.
- Auf den **Empfänger** bezogen ist sie appellativ/konativ, d.h. sie will etwas **im Angesprochenen bewegen**.
- Auf den **Kontext** bezogen ist Sprache referentiell, d.h. sie thematisiert einen **Redegegenstand**.
- Auf den **Code** bezogen hat sie eine metasprachliche Funktion, d.h. sie kommuniziert über das Regelsystem, das dem Kommunikationsakt zugrunde liegt, und über die Sprache selbst.
- In Bezug auf den **Kontaktkanal** hat Sprache eine phatische Funktion, d.h. sie bezieht sich auf das **Medium der Kommunikation und die Tatsache des Kommunikationsaktes**, sie dient der Herstellung und Aufrechterhaltung der Kommunikation.
- Wird in einem Sprechakt schließlich die **Ausrichtung auf die Sprache selbst** betont, handelt es sich um die poetische Funktion. **Dominiert die poetische Funktion der Sprache** in einem Text, dann gehört dieser laut Jakobson zur **Literatur**.

Die poetische Sprache lenkt nach Jakobson die Aufmerksamkeit des Rezipienten auf die **sprachliche Beschaffenheit einer Nachricht**. Überwiegt in einem Text die poetische Funktion, tritt die referentielle zurück, und der Text scheint sich nur noch ›um sich selbst zu drehen‹. Die poetische Funktion zeigt sich vor allem in **Ähnlichkeiten auf phonologischer, syntaktischer und semantischer Ebene**. Jakobson spricht von dem ›**Äquivalenzprinzip**‹, dem Einsatz gleicher oder ähnlicher phonologischer, metrischer, lexikalischer, syntaktischer oder semantischer Elemente. Im zitierten Textauszug Novarinas zeigen sich vor allem Parallelismen des Satzbaus.

Kritik an Jakobson: Ob Jakobson mit der poetischen Funktion und dem Äquivalenzprinzip tatsächlich ein **objektives Kriterium zur Bestimmung literarischer Texte** gefunden hat, ist mehrfach **bezweifelt** worden. Zum einen findet sich die poetische Sprachfunktion auch in nicht-literarischen Textsorten (s. Kap. 2.3.1), z.B. in der Werbung oder in politischen Reden. Zum anderen rückt Jakobson zu stark das literarische Werk in den Vordergrund und vernachlässigt die Rolle des Produzenten und des Rezipienten. Nicht nur im Aufbau des Textes, sondern auch im **Willen des Autors** (der z.B. eine Gebrauchsanweisung als Gedicht ausgeben kann) oder in der **Konstruktion, die der Rezipient vornimmt** (der etwa eine Biographie, aber auch ein Kochbuch als Kunstwerk ansehen kann), kann sich ein Text als literarisch erweisen. Schließlich kann auch ein **spezifischer Kontext** über die Literarizität eines Textes entscheiden (so wie die Umgebung ›Museum‹ entschieden hat, dass Duchamps' Pissoir ein Kunstwerk ist; s. Kap. 3.6.2), denn »[w]esentlich ist die Existenz eines geeigneten *Rahmens*, der eine poetische beziehungsweise ästhetische Einstellung des Rezipienten fördert und ermöglicht« (Klinkert 2000, 235).

Literarisch vs. nicht-literarisch

Die Frage danach, was ein literarischer Text *wesenhaft* ist, ist sinnlos. Literarische und nichtliterarische Texte werden in Handlungszusammen-

Was macht einen Text zum (literarischen) Text?

hängen voneinander abgegrenzt. Wichtiger als die Frage nach einer inhärenten Literarizität ist daher die **Analyse des Zusammenspiels zwischen Text und Kontext** (Autor, Rezipient, Kultur). Die Frage lautet also nicht: Was ist Literatur?, sondern: Was funktioniert in einem bestimmten Kontext als Literatur?

Zur Vertiefung

__Empirische Literaturwissenschaft:__ Auf der Handlungsebene, also in __konkreten gesellschaftlichen Praktiken__, wird viel nachhaltiger als auf der Textebene entschieden, welcher Text als Literatur angesehen wird. Die sogenannte Empirische Literaturwissenschaft (vgl. Hauptmeier/Schmidt 1985; Moser 2001) sieht das __Literatursystem__ dementsprechend als __autonomisiertes soziales System__ an, dessen Teilnehmer anhand von Konventionen über die Literarizität von Texten entscheiden.

Konsequenzen von Literarizität

Was geschieht nun, wenn einem Text das **Prädikat ›literarisch‹** zuerkannt worden ist? Wird ein Text als literarisch rezipiert, impliziert das

- **die Entbindung von einem pragmatischen Kontext:** Die Kommunikationssituation ist bei einem literarischen Text/Kommunikationsakt nicht (wie in Alltagskommunikationen) vorstrukturiert. Eine kommunikative Besonderheit literarischer Texte ist nämlich ihre **Situationsabstraktheit**: Literarische Texte schaffen eine Sprechsituation, die ohne sie nicht existierte (auch wenn sie sich natürlich auf existierende Sprechsituationen beziehen kann). Die Kommunikationssituation muss aus dem Text selbst erschlossen werden. Da Literatur oftmals alltägliche Kommunikation und lebensweltliche Interaktion simuliert, kommt es leicht zu einer **Verwechslung literarischer Figuren und realer Personen**. Figuren unterscheiden sich von realen Personen indes dadurch, **dass sie außerhalb des Textes nicht existieren**. Sie haben keinen Lebenslauf und keine psychische Struktur, sondern bestehen aus einem Bündel von im Text direkt oder indirekt genannten Merkmalen und aus Beziehungen zwischen einzelnen Textelementen, die Figuren zu Haupt- (Protagonisten) oder Nebenfiguren machen.
- **Autofunktionalität:** Der literarische Text muss **kein Handlungsziel** haben, während nicht-literarische Texte bestimmte Funktionen haben wie die Übermittlung einer konkreten Information oder handlungsrelevanter Anweisungen.
- **Fiktionalität:** Die Aussagen in der Literatur können **nicht auf ihren Wahrheitswert** hinsichtlich einer gesellschaftlichen Realitätsauffassung überprüft werden. Literatur kann natürlich trotzdem eine gesellschaftlich relevante Erkenntnisfunktion beanspruchen.
- **Aufwertung der Sprache als Gegenstand der Aufmerksamkeit:** Da kein Kommunikationskontext vorgegeben ist, kommt die (immer vorhandene) **Mehrdeutigkeit der Sprache** verstärkt zum Tragen. Daher rührt die Fähigkeit eines literarischen Textes, Mehrdeutigkeiten zu ›produ-

zieren‹, Ambivalenzen aufrechtzuerhalten und damit die Kreativität des Rezipienten bei der Interpretation anzusprechen.

Zur Vertiefung

Künstlerische Texte nach Lotman: *Ein als literarisch rezipierter Text erscheint als eine* ***Welt ›zweiten Grades‹****, nämlich als ästhetisierte, ›hergestellte‹ Welt, die das gleiche Instrument (die Sprache) benutzt wie die Kommunikation in der Alltagswelt. Nach der wegweisenden Theorie des russischen Literaturwissenschaftlers* ***Jurij M. Lotman*** *(1922–1993) entwerfen künstlerische Texte immer ein eigenes Modell von Wirklichkeit, so dass künstlerische Sprache ein* ***sekundäres modellbildendes System*** *ist. Solche Systeme entwerfen ihre eigenen Bedeutungen, da sie Wirklichkeit nur modellieren. Lotman spricht von* ***Sekundärcodes****, also einem zusätzlichen Bedeutungssystem, das über den Primärcode (die Sprache in alltäglichen Kommunikationszusammenhängen) gelegt wird und dem Text somit eine zweite Bedeutung verleiht. Auch die Rhetorik kann ein Sekundärcode sein (vgl. Lotman 1972).*

Wie können Texte etwas bedeuten?

2.2 | Wie können Texte etwas bedeuten?

Definition

> Die → **Semiotik** (von griech. *semeion*: Zeichen) ist die Theorie der (sprachlichen und nichtsprachlichen) Zeichen, Zeichensysteme und Zeichenprozesse in Natur und Kultur.

Kommunikation stützt sich immer auf Zeichen: Zeichen sind **lokalisierbare und isolierbare Wahrnehmungseinheiten**, die nach den Kriterien ›**natürlich**‹ (Symptom) und ›**künstlich**‹ (Repräsentation) unterschieden werden können. Natürliche Zeichen beruhen auf einer kausalen Beziehung zwischen Zeichen und Bezeichnetem (z. B. Husten als Zeichen für eine Erkrankung der Atemwege), künstliche auf Vereinbarung (daher kann potentiell alles zum Zeichen werden; vgl. Nöth 2000, 131–135). Zeichen haben **instrumentelle** (Zweck), **kognitive** (Verständnis) und **kommunikative Funktionen** (Mitteilung). Zeichenprozesse können zwischen Menschen, aber auch zwischen anderen Lebewesen, ja sogar zwischen Maschinen (etwa bei der Informationsverarbeitung von Computern) ablaufen. Ohne Zeichen wären kulturelle Bedeutungen nicht möglich. Die **Literatur- und die Kulturwissenschaft** beschäftigen sich im Allgemeinen mit **sprachlichen Zeichen**.

Teilbereiche der Semiotik

Die Semiotik fragt nach der **Verknüpfung von Sprachmaterial und Bedeutung** bei der Textherstellung und der Textrezeption. Teildisziplinen der Semiotik sind:

- **die Syntax**, also die Lehre von den Beziehungen zwischen den einzelnen Zeichen,
- **die Semantik**, also die Lehre von den Beziehungen zwischen materiellen Zeichen und deren Bedeutung, sowie
- **die Pragmatik**, also die Lehre von den (möglichen und tatsächlichen) Beziehungen zwischen den Zeichen und ihren Benutzern. Die Pragmatik untersucht das Zeichen im Zusammenhang seiner Verwendung.

Dreistelliges Zeichenkonzept

Der Prozess der Zeichenverwendung/-interpretation heißt **Semiose**. Aus der mittelalterlichen Scholastik stammt die grundlegende Definition von Zeichen anhand ihrer Verweisfunktion: ***aliquid stat pro aliquo***, ›etwas steht für etwas (anderes)‹. Aus dieser Definition ergibt sich ein **dreistelliges Zeichenkonzept**: Ein Zeichenbenutzer weist einem Zeichen nach bestimmten Regeln Bedeutung zu. Das Zeichenmodell sieht neben dem Referenten in der realen Welt, auf den das Zeichen Bezug nimmt, eine Ausdrucks- und eine Inhaltsebene vor.

Wie können Texte etwas bedeuten?

Zur Vertiefung

Triadisches Zeichenmodell nach Ogden/Richards 1994

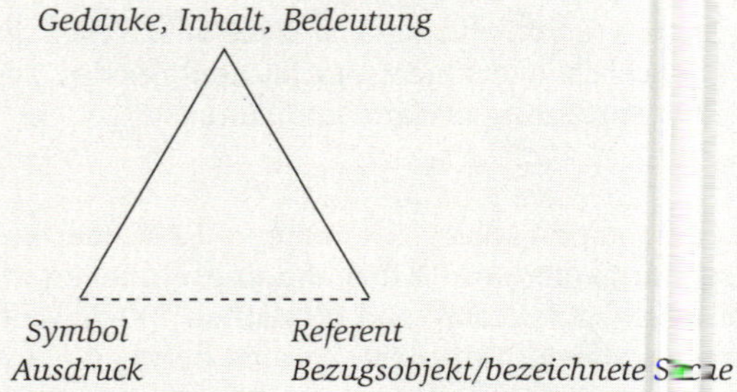

*Ein **Wort** (Symbol, Ausdruck) verweist auf einen **Gegenstand** (Referent, Bezugsobjekt, bezeichnete Sache). Die Linie zwischen Symbol und Referent ist deshalb gestrichelt gezeichnet, weil zwischen beiden keine direkte Beziehung besteht; diese ist vielmehr indirekt, denn ein Symbol wird von jemandem dazu benutzt, einen Referenten zu vertreten. Zwischen Symbol und Referent gibt es etwas, das beide verbindet: der **Gedanke** (Inhalt, Bedeutung). Beispiel: Ein Objekt (Tisch) wird über den Gedanken ›Möbelstück mit spezifischer Funktion‹ mit dem Symbol* Tisch *verknüpft.*

Das grundlegende Zeichenmodell der modernen Semiotik stammt von Ferdinand de Saussure (1857–1913), der es im Zusammenhang mit seiner strukturalistischen Sprachtheorie entwickelt (Nöth 2000, 71–77). Saussure betont, dass sein Modell nicht Dinge und Wörter einander zuordnet, sondern ein Lautbild als Träger von Bedeutung (**Signifikant, das Bezeichnende**) und eine Vorstellung (**Signifikat, das Bezeichnete**).

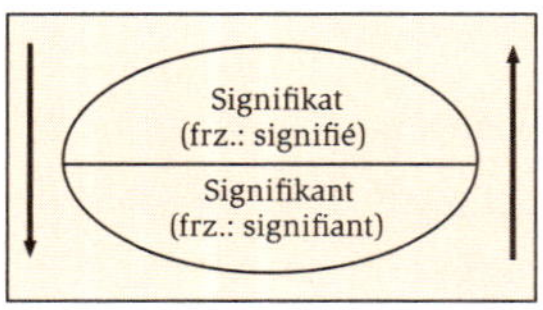

Zeichenmodell nach Ferdinand de Saussure

Saussure verweist auch darauf, dass sprachliche Zeichen nicht isoliert, sondern **stets innerhalb von Systemen** auftreten.

- **Das Sprachsystem (*langue*)** legt dabei den Bezug zwischen gedanklichen und sprachlichen Einheiten unter- und zueinander fest und *erzeugt* damit buchstäblich die Wirklichkeit (vgl. Krah 2006, 51–53).
- **Im konkreten Redeakt (*parole*)** wird das abstrakte Sprachsystem immer wieder aufs Neue aktualisiert.

Zeichen erhalten ihre Bedeutung erst dadurch, dass sie zu anderen Zeichen in einer charakteristischen Beziehung stehen auf den **Ebenen der Selektion (Syntagma) und der Kombination (Paradigma)**.

Die Zuordnung von Signifikant und Signifikat erfolgt dabei nach **Zuordnungsregeln, die auf gesellschaftlichen Konventionen beruhen** und willkürlich – Saussure sagt **arbiträr** – sind. Das bedeutet nicht, dass ein Sprecher die Beziehung zwischen Bezeichnendem und Bezeichnetem frei wählen könnte, sondern lediglich, dass diese Beziehung nicht einer notwendigen, wesenhaften Verbindung zwischen Signifikant und Signifikat

Wie können Texte etwas bedeuten?

entspringt, sondern konventionell ist. Dass die Zuordnung von Signifikant und Signifikat nicht eindeutig ist, zeigt sich in **Polysemien und Homonymen** wie ›Bruch‹ im mathematischen oder medizinischen Sinne oder ›Bank‹ als Sitzgelegenheit oder Geldinstitut (vgl. Klausnitzer 2004, 13).

Charles Sanders Peirce

Seit den 1970er Jahren wird verstärkt das Zeichenmodell von Charles Sanders Peirce (1839–1914) verwendet, das die Beziehung zwischen Zeichenträger und Objekt zum Ausgangspunkt nimmt und damit **drei Grundfunktionen des Zeichens** unterscheidet (vgl. Peirce 1986/90; dazu Nöth 2000, 59–70):

Drei Grundfunktionen des Zeichens

- **Ein Ikon** ist ein Zeichen, das seinem Gegenstand ähnlich sieht (ihn abbildet), z. B. eine Landkarte oder eine Karikatur. Die **Ähnlichkeit zwischen Zeichenträger und Zeichenobjekt** ist tatsächlich gegeben, wie z. B. in lautmalenden Wörtern (›brummen‹, ›Kuckuck‹).
- **Ein Index** ist ein Zeichen, das mit seinem Gegenstand verbunden ist, z. B. eine Spur im Schnee, die auf ein Reh verweist. Indexikalische Zeichen zeigen eine **reale Beziehung zwischen Ausdruck und Objekt** an: Wer errötet, verrät eine heftige Gemütsbewegung.
- **Ein Symbol** ist ein Zeichen, das seinem Gegenstand nicht ähnelt und damit eine **willkürliche, d. h. durch eine Zuordnung festgelegte Beziehung** zu ihm hat, wie etwa die Verkehrszeichen ›Vorfahrt beachten‹ oder ›Einfahrt verboten‹. Symbolische Zeichen entstehen durch Festlegung oder Gewohnheit.

Peirce betont den funktionalen und relationalen Charakter des Zeichens, d. h. das Zeichen zeigt immer Bezüge (zu Kontexten bzw. anderen Zeichen) an.

Der semiotische Ansatz bezieht sich **nicht nur auf sprachliche Zeichen**, sondern auch auf Bereiche wie Mode, Musik, Malerei etc. In den letzten Jahrzehnten des 20. Jh.s entwickelt sich beispielsweise die Theatersemiotik.

2.3 | Wie werden Texte geordnet?

2.3.1 | Gattungen und Textsorten

Das **Wissen um Gattungen und Textsorten** ist ein grundlegender Aspekt literarischer Kompetenz. Durch Gattungen und Textsorten werden Texte **nach Ähnlichkeiten und Unterschieden gruppiert**, so dass gezielte Beschreibungen und Vergleiche möglich werden.

Bedeutung für Produktion und Rezeption: Gattungen und Textsorten **strukturieren Rezeption und Produktion vor**: auf der Produktionsseite die Art der Konstruktion, auf der Rezeptionsseite die Erwartungen. So liest man z. B. einen Zeitungsartikel anders als ein Kochrezept und ein Autor weiß, dass in einer Tragödie das Lachen nicht dominiert. Die **Gebrauchszusammenhänge literarischer Texte** und die **Institutionalisierung** dieser Gebrauchszusammenhänge sind »eine wichtige Erklärung für die Ausbildung stabiler Gattungen« (Klinkert 2000, 102). Selbst wenn Gattungsgrenzen überschritten werden, kann dies nur interpretationsrelevant werden, wenn Gattungserwartungen vorhanden sind, denn nur dann können Grenzüberschreitungen bemerkt werden.

Unterscheidungskriterien

Gattungen und Textsorten werden anhand **textinterner und kontextueller Faktoren** voneinander unterschieden, durch **Themen, Struktur** und **Funktion in einem Gebrauchszusammenhang**. Das Thema ist der inhaltliche Kern eines Textes, die Struktur dessen Gefüge und die Funktion schließlich dessen kommunikativer Zweck, der oft schon in der Bezeichnung der Textsorte (z. B. ›Gebrauchsanweisung‹) anklingt. Funktion ist dabei nicht gleichzusetzen mit der Absicht des Sprechers oder der tatsächlichen Wirkung des Textes. Vielmehr signalisieren Textsorten und Gattungen mit internen und externen Merkmalen, welche Funktion sie anstreben und leiten so den Umgang des Rezipienten mit ihnen an

Zum Begriff

→ **Gattungen** (*genres littéraires*) sind aus historischen Konventionen entstandene **Verbindungen von formalen und inhaltlichen Textmerkmalen**, die eine systematische Ordnung der Literatur erlauben. Jede Gattung hat daher zu unterschiedlichen Zeiten unterschiedliche Merkmale und Merkmalskombinationen, die nicht zuletzt auch von soziohistorischen Faktoren abhängen (z. B. das mittelalterliche Lied als höfische Gattung). In einem **weiten Sinne** sind Gattungen die drei Textgruppen Lyrik, Drama und Epik. Von den historischen Ausprägungen der Gattungen sind die **überhistorischen (anthropologischen) Kategorien** ›das Poetische‹, ›das Dramatische‹ und ›das Narrative‹ zu unterscheiden.

Gattungseinteilungen bringen in die Vielfalt von Literatur Ordnung. Sie erfolgen **auf verschiedenen Abstraktionsebenen**. So gibt es allgemeine (Epik) und sehr spezielle (Satire) Gattungskonzepte, solche, die Texte

Gattungen und Textsorten

primär nach der äußeren Struktur (z. B. Sonett), und solche, die sie nach Inhalt (Pamphlet) oder Wirkung (Erbauungsliteratur) unterscheiden. Zusammengefasst werden Gattungseinteilungen traditionell in sogenannten **Poetiken,** also **Dichtungslehren**. Die Bezeichnung ›Poetik‹ geht auf **Aristoteles** (384–322 v. Chr.) zurück, dessen *Poetik* zu den einflussreichsten Kunsttheorien des Abendlandes zählt und einen wirkmächtigen Prototyp für Gattungsklassifizierungen darstellt.

Poetiken

Poetiken sind **normativ oder deskriptiv**. Im ersten Fall listen sie auf, wie Gattungen sein sollten, im zweiten Fall, wie Gattungen sich tatsächlich in konkreten Texten manifestieren. Grundsätzlich können Gattungen aus einem Vergleich vieler Werke ›herausgefiltert‹ (also **induktiv** gewonnen) oder aus der Verabsolutierung eines Prototyps (**deduktiv**) hergeleitet werden.

Die an der Poetik des Aristoteles orientierten Gattungstheorien klassifizieren Texte und Gattungen **nach normativen Gesichtspunkten**, die auch als **Anweisung bei der Herstellung und Rezeption** literarischer Texte dienen. Die entsprechenden dichtungstheoretischen Überlegungen nennt man wegen ihres Anspruchs auf Normierung der Literatur auch Regelpoetik. Die französische *doctrine classique* (s. Kap. 3.3.4) ist ein Beispiel für eine solche Regelpoetik. In normativen Poetiken wird die gesellschaftliche Bedeutung der Gattungen deutlich, wie etwa die überragende Stellung der epischen Dichtung und der Tragödie im 17. Jh., die eng mit Herrschergestalten und politischem Geschehen verbunden ist. Die Gattungspoetik ist **restriktiv**, denn sie erkennt nur diejenigen antiken (Gattungs-)Vorbilder an, die sich auch in das gesellschaftliche Weltbild integrieren lassen. Damit können sie nicht die **faktische Vielfalt der tatsächlich existierenden Texte** wiedergeben. In Frankreich löst sich ein normatives Gattungsverständnis erst im 19. Jh. auf, als sich die Literatur aufgrund der wachsenden Zirkulation von Büchern in Folge neuer Publikationstechniken zunehmend privatisiert (s. Kap. 3.5.1).

Im frühen 19. Jh. entwickelt sich zudem ein Gattungsverständnis, das auf angeblich universalen **Naturformen der Poesie** basiert. Johann Wolfgang von Goethe (1749–1832) spricht in seinen *Noten und Abhandlungen zu besserem Verständnis des West-Östlichen Divan* (1818) von den Naturformen **Lyrik, Epos und Drama als drei anthropologischen Grundkonstanten**, die die auch heute noch geläufige Gattungstrias prägen. Der schweizerische Literaturwissenschaftler Emil Staiger (1908–1987) geht in seinem 1946 erschienenen Werk *Grundbegriffe der Poetik* von Goethes Naturformen aus und unterscheidet Epik, Lyrik und Dramatik einerseits und **das Epische, das Lyrische und das Dramatische** andererseits. Die erste Begriffsgruppe dient der Klassifizierung von Texten mit gemeinsamen Merkmalen, die zweite beschreibt Grundhaltungen der menschlichen Existenz innerhalb und außerhalb der Literatur und deutet damit die Gattungstrias im Lichte einer **anthropologischen Philosophie**. ›Das Epische‹, ›das Lyrische‹ und ›das Dramatische‹ sind idealtypische Konstrukte, die unabhängig von der konkreten Erfahrung existieren und wesentliche Aspekte der menschlichen Erfahrung überhaupt repräsentieren.

Wie werden Texte geordnet?

Erst im 20. Jh. wird eine sowohl der normativen als auch der deskriptiven Poetik implizite **wertende Hierarchisierung von Gattungen aufgegeben**: Seit den historischen Avantgarden (s. Kap. 3.6.2) und der Postmoderne (s. Kap. 3.7.1) werden nicht mehr ›hohe‹ und ›niedere‹ als ›bildend-wertvolle‹ bzw. ›populär-unterhaltende‹ Literatur voneinander unterschieden.

In der Gegenwart werden Gattungen nicht mehr als überhistorische Naturformen angesehen, sondern als **Konventionen, an denen sich die Kommunikation orientiert**. Diese Auffassung erkennt an, dass Gattungen historischem Wandel unterliegen. Jede Gattung entspricht einem Set konventionalisierter Merkmale (vgl. Raible 1980), die Texte vergleichbar machen. Diese Merkmale können **verschiedenen Konstitutionsebenen des Textes** angehören, wie z. B. der Lautebene, der Syntax, der Semantik oder der Pragmatik – es fallen also auch textexterne Merkmale ins Gewicht wie die Kommunikationssituation oder das Medium. Das spezifische Mischungsverhältnis der Merkmale bildet das Profil einer Gattung in einer bestimmten Epoche.

Schreibweisen

Der Literaturwissenschaftler Klaus W. Hempfer schlägt vor, Gattungen als historisch konkrete **Realisationen allgemeiner Schreibweisen** aufzufassen, wobei Schreibweisen »ahistorische Konstanten wie das Narrative, das Dramatische, das Satirische« sind (1973, 27). Gattungen sind entsprechend variable historische Gruppen von Texten.

Intertextualität

Eine Alternative zu Gattungseinteilungen ist die **Herausarbeitung intertextueller Bezüge**. Besonderheiten konkreter Texte werden dann in ihrer Beziehung zu anderen Texten und nicht in ihrem Verhältnis zu Gattungsgesetzen beschrieben. Intertextuelle Bezüge können von Motiv- oder Stoffübernahme, Zitat und Nachahmung bis hin zur Neu- und Umgestaltung existierender Texte reichen wie z. B. in der Parodie (vgl. Arnold/Detering 1996, 430–445). Die Bezüge können bewusst oder unbewusst erfolgen. In einer **weiten Auffassung von Intertextualität** schreibt jeder Text bereits existierende Texte fort: Er ist nur ein **Gewebe aus Zitaten**, da Schreiben immer andere Texte voraussetzt und alle Texte untereinander vernetzt sind.

Traditionell werden in der Literaturwissenschaft auch heute noch **lyrische, narrative und dramatische Texte** unterschieden, die dann wieder eine Fülle von **Untergattungen** aufweisen, die im Laufe der Entwicklung der Literatur Eigenständigkeit erlangt haben. So ist beispielsweise die Satire eine Untergattung der narrativen, die Verssatire eine Untergattung der Satire; das *drame bourgeois* ist eine erst im 18. Jh. aufkommende neue Form des Theaters. Literatur ist also ein in ständigem Wandel befindliches System, das zwar eine **eigene, innerliterarische Dynamik hat** (neue Texte entstehen unter Rückgriff auf Vorwissen über Literatur), wesentlich aber auch **von Publikumserwartungen und ökonomischen Gesetzen** beeinflusst wird. Da es darum geht, immer wieder die Aufmerksamkeit des Rezipienten neu zu binden, stehen Texte unter Innovationsdruck.

Kritik

Gattungsdefinitionen sind immer umstritten. Vorgeworfen wird ihnen insbesondere, dass sie die **konkrete Individualität des Textes missach-**

Gattungen und Textsorten

ten und auch bei der Beschreibung von Entwicklungen innerhalb der Literatur zu **unflexibel** sind. Zudem werden scheinbare Gattungsgrenzen in der Gegenwartsliteratur häufig überschritten. Gerade hier wird allerdings die Leistung von Gattungsbeschreibungen deutlich: Erst wenn Grenzen gezogen werden, sind Überschreitungen beschreibbar.

Definition

> Der Begriff → ›Textsorte‹ (Texttyp, Textmuster) stammt aus der Linguistik (Gülich/Raible 1975). Er bezeichnet ein **charakteristisches Bündel von Merkmalen**, die aufgrund von Konventionen Einzeltexte zusammenfassen und somit vergleichbar machen.

Textsorten

Die Einteilung in Textsorten betrifft nicht nur literarische Texte. Auch ein Seminarprotokoll, eine Rezension, ein Exzerpt oder ein Thesenpapier ist eine Textsorte. Die **Unterscheidungsmerkmale** können sprachlicher, struktureller oder auch situativer (pragmatischer) Natur sein (vgl. Bußmann 2002, 690 f.). Eine **Klassifizierung von Textsorten** folgt den Kriterien:

- **Diskursbereiche** (wissenschaftlicher, politischer, journalistischer, juristischer etc. Text),
- **formale Vertextungsregeln** (Kochrezept, Abstract, Protokoll etc.),
- **makrostrukturelle Vertextungsmuster** (deskriptiv, argumentativ, narrativ etc.),
- **dominante Textfunktion** (sachlich-informierend, unterhaltend, provozierend etc.),
- **Trägermedien** (Zeitung, Brief, E-Mail etc.).

Eine Berichterstattung in der Tageszeitung ist entsprechend ein journalistischer deskriptiver Kurztext, dessen dominante Funktion die Information und dessen Trägermedium eine Zeitung ist.

Merkmale von Textsorten: Textsorten erkennt man anhand mehr oder weniger deutlicher Signale, die die Art der Kommunikation vorstrukturieren. Viele Textsorten erscheinen entsprechend in einem **institutionalisierten Kontext** und haben dort eine klar umrissene Funktion. Zudem gibt es feste Verbindungen zwischen bestimmten Medien und den von ihnen bevorzugten Textsorten. Der Rezipient kann die **gewünschte Rezeptionsform schnell ermitteln**.

2.3.2 | Narrative Texte

Zum Begriff

> → **Narrative Texte** zeichnen sich dadurch aus, dass sie eine **Vermittlungsinstanz** haben (der Erzähler vermittelt zwischen Leser und Erzähltem) und dass das Erzählte (die Geschichte) durch den **Erzählakt allein hervorgebracht** wird. Der Text weist mehr oder weniger deutliche Spuren dieses Erzählaktes auf. **Heute gängige narrative Grundformen** sind der Roman (*le roman*), die Novelle (*la nouvelle*) und die Kurzgeschichte (*le conte*). Ein Überblick über die Gattungen findet sich bei Martinez/Scheffel 1999.

Universalität des Erzählens

Erzählen ist eine Grundhaltung des Menschen. Da sie in den verschiedensten gesellschaftlichen Kontexten zu finden ist, gilt es, bei der Analyse narrativer *literarischer* Texte Verwechslungen zwischen realer und fiktiver Welt zu vermeiden:

- **Lebensweltliche Kommunikationsakte** und **literarische Kommunikationsakte** dürfen nicht gleichgesetzt werden, auch wenn sie mit den gleichen Erzählmechanismen operieren.
- **Autor und Erzähler** eines literarischen Textes sind nicht gleich.
- Die **Art des Erzählens** bestimmt den **Inhalt des Erzählens** entscheidend mit. Fokus, Perspektive und Wortwahl sind keine Äußerlichkeit der Erzählung.

Diese drei Punkte sollen im Folgenden durch einen Auszug aus Raymond Queneaus *Exercices de style* (s. Kap. 3.6.6) verdeutlichen. Eine banale Alltagsgeschichte wird hier auf 99 verschiedene Arten erzählt, die sich durch Wortwahl, Satzbau und Perspektive voneinander unterscheiden. Eindrucksvoll zeigt das Gesamtwerk, **wie der ›Stil‹** (also die Art des Erzählens) **den Inhalt einer Erzählung entscheidend beeinflusst**:

Raymond Queneau: *Exercices de style,* 1947

> **Récit**
> Un jour vers midi du côté du parc Monceau, sur la plate-forme arrière d'un autobus à peu près complet de la ligne S (aujourd'hui 84), j'aperçus un personnage au cou fort long qui portait un feutre mou entouré d'un galon tressé au lieu de ruban. Cet individu interpella tout à coup son voisin en prétendant que celui-ci faisait exprès de lui marcher sur les pieds chaque fois qu'il montait ou descendait des voyageurs. Il abandonna d'ailleurs rapidement la discussion pour se jeter sur une place devenue libre. Deux heures plus tard, je le revis devant la gare Saint-Lazare en grande conversation avec un ami qui lui conseillait de diminuer l'échancrure de son pardessus en en faisant remonter le bouton supérieur par quelque tailleur compétent
>
> **Surprises**
> Ce que nous étions serrés sur cette plate-forme d'autobus! Et ce que ce garçon pouvait avoir l'air bête et ridicule! Et que fait-il? Ne le voilà-t-il pas

qui se met à vouloir se quereller avec un bonhomme qui – prétendait-il! ce damoiseau! – le bousculait! Et ensuite il ne trouve rien de mieux à faire que d'aller vite occuper une place laissée libre! Au lieu de la laisser à une dame! Deux heures après, devinez qui je rencontre devant la gare Saint-Lazare? Le même godelureau! En train de se faire donner des conseils vestimentaires! Par un camarade! À ne pas croire!

Ignorance
Moi, je ne sais pas ce qu'on me veut. Oui, j'ai pris l'S vers midi. Il y avait du monde? Bien sûr, à cette heure-là. Un jeune homme avec un chapeau mou? C'est bien possible. Moi, je n'examine pas les gens sous le nez. Je m'en fous. Une espèce de galon tressé? Autour du chapeau? Je veux bien que ça soit une curiosité, mais moi, ça ne me frappe pas autrement. Un galon tressé ... Il s'aurait querellé avec un autre monsieur? C'est des choses qu'arrivent. Et ensuite je l'aurais de nouveau revu une heure ou deux plus tard? Pourquoi pas? Il y a des choses encore plus curieuses dans la vie. Ainsi, je me souviens que mon père me racontait souvent que...

Besonderheiten literarischen Erzählens

Drei Aspekte können an diesem Textauszug verdeutlicht werden:

1. **Lebensweltliche vs. literarische Kommunikation:** Literarisches Erzählen greift auf **keine Situation zurück, die vor oder während des Erzählaktes bestünde**, denn erst im Erzählen selbst wird die Situation buchstäblich erschaffen: Würde der Erzähler nicht von der Busfahrt berichten, gäbe es diese Busfahrt überhaupt nicht. In lebensweltlichen Kontexten besteht hingegen eine Situation auch unabhängig vom Erzählen: Wenn eine Busfahrt stattgefunden hat, hat sie stattgefunden, ob von ihr berichtet wird oder nicht. Jeder literarische Text baut also eine eigene Sprechsituation auf, die ausschließlich durch die Textstrukturen (und nicht durch irgendeine ›Umwelt‹) existiert. **Anhand des Situationsbezuges** können daher faktuales und fiktionales Erzählen voneinander unterschieden werden:

- **Faktuales Erzählen** (z.B. Zeitungsberichte und historische Darstellungen) erheben den Anspruch, ein Geschehen zu erzählen, das in der außersprachlichen Wirklichkeit stattgefunden hat. Das Ereignis hätte auch ohne die Erzählung existiert.
- **Fiktionales Erzählen** hingegen schafft im Erzählen selbst die Wirklichkeit, von der es berichtet: Ohne die Erzählung hätte das Ereignis nicht existiert. Daher kann für fiktionale Erzählungen nicht die Frage nach dem Wahrheitsgehalt gestellt werden, weil dieser *prinzipiell* nicht ermittelbar ist.

2. **Autor vs. Erzähler:** Der Erzähler ist **in keinem der drei Auszüge der reale Autor Queneau**. Der Erzähler ist vielmehr derjenige, der im Text etwas aussagt, in unserem Beispiel jeweils in der ersten Person Singular. Im Gegensatz zum realen Autor ist ein fiktiver Erzähler z.B. unsterblich und kann von jedem Leser anhand dessen, was im Text unklar bleibt, verschieden imaginiert werden. Er wendet sich an einen

fiktiven Leser, der ebenfalls nicht mit dem realen Leser gleichgesetzt werden kann. Man muss also zwischen dem realen, textexternen Leser und dem textinternen Stellvertreter unterscheiden. Literarische Kommunikationsakte haben also **zwei verschiedene Kommunikationspartner**: den realen Autor und den realen Leser bzw. den fiktiven Erzähler und den fiktiven Leser.

3. **Art vs. Inhalt des Erzählens:** Queneaus Stilübungen zeigen die **Bedingtheit des Erzählten durch den Erzähler**. Die Art des Erzählens ist keineswegs neutral, vielmehr beeinflusst sie entscheidend die Geschichte. Zugespitzt gesagt ist die Art des Erzählens ein Teil der erzählten Geschichte. **Das *Wie* und das *Was*** sind daher im literarischen Text im Grunde **nicht trennbar**, auch wenn sie aus Analysegründen getrennt betrachtet werden.

Zur Vertiefung

Die Unterscheidung zwischen faktualem und fiktionalem Erzählen *ist komplexer als es zunächst den Anschein hat. Viele Ereignisse, die vorgeblich real sind, gewinnen* ***durch das Erzählen*** *erst ihren eigenen Charakter wie etwa sogenannte* ***Medienereignisse****. Diese hätten ohne Berichterstattung einen ganz anderen Stellenwert in der Ereignisgeschichte erhalten (vgl. Müller 2003, 28 f.). Das liegt daran, dass Erzählen* ***keine neutrale Wiedergabe von Geschehnissen*** *sein kann, da es immer eine Auswahl und eine Perspektive voraussetzt. Faktuale Erzählungen* ***beanspruchen*** *indes, dass die Erzählung außertextuelle Wirklichkeit wiedergibt. Ob sie dies jedoch tatsächlich tut, hängt nicht allein vom Anspruch des Textes, sondern auch von der Bewertung durch Rezipienten und damit wesentlich vom kulturellen Kontext ab. Umgekehrt enthalten fiktionale Texte, die gerade nicht beanspruchen, eine Wiedergabe außertextueller Wirklichkeit zu sein, oft klare Bezüge auf diese.*

Histoire und *récit*

Dargestelltes und Darstellungsweise zusammen bilden die **Erzählstruktur eines narrativen Textes:** *Fabel* und *Sujet* in der Terminologie der russischen Formalisten, *histoire* und *récit* in der Terminologie Gérard Genettes, *story* und *discourse* in der Terminologie Roger Chatmans.

- ***Fabel/histoire/story*** ist die Bezeichnung für den **chronologischen Verlauf einer Erzählung**, die kausallogisch geordnete Geschichte.
- ***Sujet/récit/discourse*** bezeichnet hingegen die im Text **sichtbare Ordnung der Erzählung**, die keineswegs chronologisch sein muss.

Beide Strukturen lassen sich **am klassischen Kriminalroman gut veranschaulichen**: Dieser erzählt, wie ein Rätsel aufgeklärt wird, indem ein Detektiv von einem Verbrechen über verschiedene Etappen einer Suche zur Ursache desselben gelangt. Der *récit* umfasst also die Ordnung *Verbrechen – Untersuchung – Ursache*. Die zugrunde liegende *histoire* wiese indes eine andere Ordnung auf, nämlich *Ursache – Verbrechen – Untersuchung*.

Zeit- und Raumstruktur

Die Zeitstruktur eines narrativen Textes wird über das **Verhältnis** zwischen *histoire* und *récit* bestimmt (eine gute Einführung bieten Martinez/Scheffel 1999):

- **Rückwendung und Vorausdeutung:** Die Analyse kann danach fragen, ob die Elemente einer Geschichte chronologisch wiedergegeben werden oder im Gegenteil mit **Rückblicken und Vorgriffen** durchsetzt sind (in der Terminologie Genettes ***Analepse* und *Prolepse***).
- **Verhältnis Erzählzeit und erzählter Zeit:** Erzählzeit ist die Zeit, die sich ein Erzähler für ein Element seiner Erzählung nimmt; erzählte Zeit ist die Zeit, von der tatsächlich erzählt wird (vgl. Lämmert 1955). In dem Satz »Deux heures plus tard, je le revis devant la gare Saint-Lazare« aus dem Queneau-Text beträgt die Zeit, die der Erzählakt in Anspruch nimmt, kaum eine Sekunde, während die Zeit, von der berichtet wird, zwei Stunden sind. Aus dem Verhältnis zwischen Erzählzeit und erzählter Zeit ergibt sich, ob eine Erzählung **raffend oder dehnend** ist: Im vorliegenden Beispiel ist sie raffend. Bei der **Zeitdeckung** besteht eine annähernd gleiche Dauer von Erzählzeit und erzählter Zeit.
- **Häufigkeit:** Zudem können Ereignisse **unterschiedlich häufig** erzählt werden (*fréquence* nach Genette). Sie können ein einziges Mal auftauchen (**singulativ**), einmal (**repetitiv**) oder immer wieder (**iterativ**) wiederholt werden. Im Queneau-Text verweist das Verb im Imperfekt in dem Satz »Ainsi, je me souviens que mon père me racontait souvent que...« auf ein iteratives Ereignis – der Vater wird die Geschichte immer wieder erzählt haben.
- **Auslassungen:** Werden ganze Erzählelemente ausgelassen, spricht man von einer **Ellipse**, wird die erzählte Geschichte durch etwas nicht zu ihr Gehörendes unterbrochen, von einer **Pause**.

Die Raumstruktur eines Erzähltextes hängt mit der der Zeitstruktur eng zusammen, da Zeit- und Raumwechsel sich meist bedingen. Um diesen grundlegenden Zusammenhang zu beschreiben, führt der russische Literaturtheoretiker **Michail Bachtin** (1895–1975) den Begriff des ***Chronotopos*** in die Literaturwissenschaft ein. Dieser bezeichnet ein symbolisches Raum-Zeit-Verhältnis, über das die Beziehungen der Figuren zueinander dargestellt werden können. Bachtins Überlegung ist, dass die Fähigkeiten der Figuren und die Raumrepräsentation einander bedingen (vgl. Bachtin 1986). Der Raum muss keinem realen Raum entsprechen oder kann mit **(kulturspezifischer) Symbolik** versehen sein. In der Romantik (s. Kap. 3.5.2) etwa spiegelt die Landschaftsbeschreibung oftmals einen Seelenzustand wider.

Zur Vertiefung

Lotmans Literaturtheorie: *Der russische Literaturwissenschaftler Jurij Lotman (1922–1993) sieht literarische Räume als* ***bedeutungshafte (semantisierte) Räume mit eigenen Gesetzen*** *an. Dabei wird der* ***Begriff ›Grenze‹*** *zur Bestimmung der Figuren und der Handlung zentral: Der*

Wie werden Texte geordnet?

*literarische Text beinhalte semantische Räume, deren Grenze nur von wenigen Figuren überschritten werde (z. B. eine Grenze zwischen verfeindeten Familien, zwischen verschiedenen sozialen Schichten, zwischen erlaubten und verbotenen Bezirken etc.). Wird die Grenze überschritten, ist dies nach Lotman ein Ereignis, die Figuren sind entsprechend ›Helden‹. Ein Text ist ›**sujethaltig**‹, wenn er ein Ereignis, also eine Grenzüberschreitung, aufweist (Lotman 1974).*

Gliederung eines Textes

Ein narrativer Text kann gegliedert werden anhand von

- **Situationsveränderungen**,
- **sich entsprechenden Handlungselementen** (z. B. ›Suchen‹ und ›Finden‹),
- **Kontrast- und Korrespondenzrelationen** zwischen Figuren (z. B. ›Helden‹ und ›Gegenspieler‹), Räumen (z. B. ›alte‹ und ›neue‹ Welt) oder Zeiten (z. B. ›früher‹ und ›jetzt‹),
- **wiederkehrenden Elementen** (Leitmotiven) sowie
- **einem Begleittext** (z. B. Absätze, Überschriften und Kapiteleinteilungen, die sogenannten paratextuellen Elemente).

Zur Vertiefung

Propps strukturalistische Märchenanalyse: *Texte mancher Gattungen zeigen immer wieder große Ähnlichkeiten im Aufbau. Der russische Strukturalist Vladimir J. Propp (1895–1970) untersucht in* Morphologie des Märchens *(1928) entsprechend die* ***wiederkehrenden kleinsten Einheiten einer Märchenhandlung*** *(z. B. ›Abreise‹, ›Schädigung‹, ›Prüfung‹, ›Rückkehr‹) sowie die grundlegenden Rollen von Handlungsträgern (z. B. ›Held‹ und ›Gegenspieler‹). Auf diese Weise bestimmt er Grundtypen von Märchen. Allgemeiner beschreibt der französische Semiotiker Algirdas J. Greimas (1917–1992)* jede *Handlung anhand von nur sechs Aktanten* (Sémantique structurale, *1966).*

Erzählinstanz

Bei der Beschreibung des Erzählers (allgemeiner der Erzählinstanz) herrscht eine verwirrende Terminologie-Vielfalt. Die unterschiedlichen Begriffssysteme sind dabei nicht ohne weiteres in Einklang miteinander zu bringen, da sie oftmals unterschiedliche Aspekte betonen.

Franz K. Stanzel

1. **Erzählsituationen nach Stanzel:** Der österreichische Literaturwissenschaftler Franz K. Stanzel (*1923) unterscheidet in seinem in einer zum Standardwerk gewordenen *Theorie des Erzählens* (1979) drei ›**typische Erzählsituationen**‹:

- **Auktoriale Erzählsituation:** Ein oftmals ›allwissend‹ genannter Erzähler schildert eine Welt, die nicht seinem Seinsbereich angehört, **aus einer Außenperspektive**. Die Erzählung, meist in der 3. Person, umfasst Kommentare, Einmischungen und Bewertungen; der Erzähler verfügt frei über die Zeit und über die Innen- und Außenperspektive der Figuren.
- **Personale Erzählsituation:** Der Erzähler erzählt die Geschichte aus der Sicht einer Figur, wobei die Seinsbereiche des Erzählers und der Figur nicht identisch sind (weshalb Stanzel von Reflektorfigur spricht). Auch hier ist die Erzählung in der 3. Person vorherrschend.
- **Ich-Erzählsituation:** Der Erzähler ist eine der Figuren der dargestellten Welt und berichtet aus der Innenperspektive. Die Erzählung in der 1. Person herrscht vor.

Der Queneau-Text weist die Ich-Erzählsituation auf und dementsprechend verschiedene Grade subjektiver Involviertheit des Erzählers in das dargestellte Geschehen.

Gérard Genette

2. **Fokalisierung nach Genette:** In der Terminologie des französischen Strukturalisten Gérard Genette (1966–1972) ergibt sich die Erzählperspektive aus der **Fokalisierung** (*focalisation*) des Geschehens sowie der **Distanz und Perspektive** des Erzählers zum Erzählten (Erzählmodus). Drei Formen unterscheidet Genette:
- **Null-Fokalisierung:** Erzähler > Figuren, ›Übersicht‹ (auktorial). Der Erzähler weiß mehr als die Figuren der dargestellten Welt.
- **Interne Fokalisierung:** Erzähler = Figuren, ›Mitsicht‹ (aktorial). Der Erzähler weiß genauso viel, wie die Figuren der dargestellten Welt wahrnehmen.
- **Externe Fokalisierung:** Erzähler < Figuren, ›Außensicht‹ (neutral). Der Erzähler weiß weniger als die Figuren der dargestellten Welt, weil er z. B. nicht deren psychische Verfasstheit kennt.

Die Beispiele des Queneau-Textes zeigen eine interne Fokalisierung.

Unter **Erzählmodus** versteht Genette die **Distanz und die Perspektive des Erzählers zum Erzählten**. Dabei ist entscheidend, ob der Erzähler ein Teil des Erzähluniversums ist oder nicht.
- Ist er selbst Teil der erzählten Welt, spricht man von einem **homodiegetischen Erzähler**.
- Steht er außerhalb der erzählten Welt, handelt es sich um einen **heterodiegetischen Erzähler**.

Genette charakterisiert die *histoire* auf der Grundlage der **Perspektive** (Zeitdarstellung und Modus), den *récit* anhand der **Position des Erzählers** gegenüber dem Rezipienten (Stimme). Die Bestimmung des Erzählmodus ist die Antwort auf die Frage: Wer nimmt wahr?, die Bestimmung der Erzählstimme entsprechend auf die Frage: Wer spricht? (zu Einzelheiten vgl. die Überblickdarstellung in Martinez/Scheffel 1999).

Zur Vertiefung

__Die Erzähltheorie__ ist eine __interdisziplinäre Methode__, die sich mit jeder __Form des Erzählens__ beschäftigt, also auch lyrische und dramatische Texte, Filme und Bilder einbezieht (vgl. Krah 2006, 285; Müller 2003). Eine weite Auffassung geht davon aus, dass Wahrnehmungen generell erst dann kommunikativ bearbeitbar sind, wenn sie erzählt werden (__sinnstiftende Funktion des Erzählens__).

Die Distanz des Erzählers vom Erzählten kann sich dem dramatischen oder dem narrativen Modus annähern (vgl. Martinez/Scheffel 1999, 52). Pfister 2001 beschreibt die narrative Kommunikationssituation wie folgt:

Narrative Kommunikationssituation nach Pfister 2001

- **Ebene 1:** Auf dieser Ebene sprechen **Figuren** miteinander (S1, S = Sender, und E 1, E = Empfänger).
- **Ebene 2:** Diese Ebene ist die **Erzählerebene** und damit entscheidend für den Unterschied von narrativer und theatraler Kommunikation. Hier wendet sich ein fiktiver Erzähler (S 2) an einen fiktiven Hörer als Adressat (E2). In einem **traditionellen Theaterstück** sind die **Positionen S2 und E2 nicht besetzt**. Als Kompensation verfügt der dramatische Text über außersprachliche Formen der Informationsvermittlung.
- **Ebene 3:** Diese Ebene ist **idealtypisch**, d. h. ein ›idealer‹ Autor (der alle Strukturen des Werkes berücksichtigt, z. B. auch Überschriften und Kapiteleinteilungen) kommuniziert mit einem ›idealen‹ Leser (der alle Strukturen wahrnimmt). Der ›ideale‹ Autor ist eine abstrakte Instanz, die nicht im Text selbst auftaucht.
- **Ebene 4:** Hierbei handelt es sich um die **außertextliche Realität**: Ein realer Autor (S4) kommuniziert mittels eines Textes mit einem realen Leser (E4).

Das **doppelt schraffierte Feld** bezeichnet das ›**innere Kommunikationssystem**‹ eines Textes, das **einfach schraffierte** entsprechend das ›**äußere Kommunikationssystem**‹.

Redeweisen

Je stärker der Erzähler (S2) in Erscheinung tritt, desto weniger direkt wirkt das Erzählte auf den Rezipienten ein. Je weniger der Rezipient von dem Erzähler bemerkt, desto unmittelbarer erscheint ihm das Erzählte (vgl. die Übersicht bei Martinez/Scheffel 1999, 62):

- **Direkte Rede** (›Zitat‹) lässt die Erzählung in den Hintergrund treten; der Wortlaut des Gesagten wird unverändert wiedergegeben. Wird sogar auf eine einleitende Erwähnung des Sprechers verzichtet (›autonome direkte Rede‹), nähert sich die Erzählung stark dem Drama an. Wird ein Sprecher genannt, wird zumindest hier das vermittelnde Kommunikationssystem erkennbar.

- **Indirekte Rede** heißt, dass ein Erzähler die Rede einer Figur in die eigene Erzählung integriert. Der Leser wird im Unklaren darüber gelassen, was die Figur wörtlich gesagt hat und wie ihr eigener Stil ist. Im Gegensatz zur ›erlebten Rede‹ wird die indirekte Rede durch eine Sprecherangabe eingeleitet.
- **Erlebte Rede** ist eine Zwischenform zwischen direkter und indirekter Rede, die den individuellen Stil einer wörtlichen Rede bewahrt. Figurenrede wird meist in der 3. Person Präteritum Indikativ dargestellt, die Sprecherangabe entfällt jedoch. Die Sprech- bzw. Wahrnehmungsorte von Erzähler und erlebender Figur vermischen sich (vgl. Martinez/Scheffel 1999, 187).
- Der **Bewusstseinsbericht** stellt das Bewusstsein von Figuren meist in der 3. Person Präteritum dar, also mit einer gewissen Distanz. Der Erzähler bleibt erkennbar.
- Unter einem **inneren Monolog** versteht man eine Sonderform der zitierten Rede. Das Bewusstsein einer Figur wird distanzlos dargestellt in der 1. Person Präsens. Die radikale Form ist der Bewusstseinsstrom (*stream of consciousness*), der keinen geordneten Satzbau mehr aufweist, sondern die Inkohärenz des assoziativen Denkens direkt nachahmt.

Wirkungen

Die verschiedenen Redeweisen können **unterschiedliche Wirkungen** erzeugen, wie die folgenden zwei Beispiele der direkten Rede zeigen.

Abbé Prévost: *Manon Lescaut*, Livre premier

> **Je dois avertir ici le lecteur que j'écrivis son histoire presque aussitôt après l'avoir entendue, et qu'on peut s'assurer, par conséquent, que rien n'est plus exact et plus fidèle que cette narration. Je dis fidèle jusque dans la relation des réflexions et des sentiments que le jeune aventurier exprimait de la meilleure grâce du monde. Voici donc son récit, auquel je ne mêlerai, jusqu'à la fin, rien qui ne soit de lui.**
> **J'avais dix-sept ans, et j'achevais mes études de philosophie à Amiens, où mes parents, qui sont d'une des meilleures maisons de P., m'avaient envoyé. Je menais une vie si sage et si réglée, que mes maîtres me proposaient pour l'exemple du collège.**

In dem Erfolgsroman ***L'histoire du chevalier des Grieux et de Manon Lescaut*** des Abbé Prévost (1697–1763) wird die leidenschaftliche, unglückliche Liebe eines Edelmannes von einer nur am Rande involvierten Figur als Zitat wiedergegeben. Es entsteht der **Eindruck eines unmittelbar erlebten Abenteuers**.

Pascal Quignard: *Terrasse à Rome*, 2000, Kap. XXX

> **Au cours de la réunion annuelle des sociétés des Beaux-Arts des départements, en 1882, Monsieur Gaston Le Breton fit une communication sur *Une belle manière noire attribuée à Meaumus représentant une scène obscène.* La**

> description de Gaston Le Bretone est la suivante: »Le portrait est signé et daté Meaum. Sculps. Rom. August. 1666 en bas à gauche, à côté d'une croix de Malte. Le personnage, la tête dans l'ombre, porte un gilet de taffetas noir déboutonné qui laisse voir l'anatomie très belle. Il est tourné de gauche à droite et regarde de face, assis. Les jambes sont ouvertes. Son désir se détache sur fond d'une tenture de Flandre. […]« Cette gravure à la manière noire n'a plus jamais été vue depuis 1882.

Der Erzähler berichtet von einem verloren gegangenen Kunstwerk, von dem nur noch eine Beschreibung durch einen Kritiker existiert. Diese wird wörtlich und unkommentiert wiedergegeben. Das Verlorene ist nur noch **in einer subjektiven Stellungnahme** greifbar; wie es tatsächlich aussieht, erfährt man nicht. Der Einsatz wörtlicher Rede drückt hier die **Skepsis gegenüber der Möglichkeit, Wirkliches zu rekonstruieren,** aus.

Aufrichtigkeit des Erzählers

Die **Distanz des Erzählers zum Erzählten** kann auch **ironisch** sein. Wird nämlich die Aufrichtigkeit des Erzählers fraglich, steht auch das Erzählte im Verdacht, etwas anderes zu meinen als das, was es oberflächlich bedeutet. Man spricht in diesem Fall von einem ironischen, allgemeiner noch von einem **unzuverlässigen Erzähler** (vgl. Nünning 1997). Am folgenden Textausschnitt wird dies deutlich:

Voltaire: *Candide*, 1759, Kap. I

> Monsieur le baron était un des plus puissants seigneurs de la Westphalie, car son château avait une porte et des fenêtres. Sa grande salle même était ornée d'une tapisserie. Tous les chiens de ses basses-cours composaient une meute dans le besoin ; ses palefreniers étaient ses piqueurs ; le vicaire du village était son grand aumônier. Ils l'appelaient tous monseigneur, et ils riaient quand il faisait des contes.

Die Ironie dieses Textauszugs liegt darin, dass eine Eigenschaft des westfälischen Fürsten, nämlich seine Macht, durch Beispiele belegt wird, **die genau das Gegenteil beweisen**: Das Schloss hat eine Ausstattung, die sich jeder Bürger leisten könnte, die Jagd- sind zugleich Wachhunde und die Stallburschen müssen verschiedene Posten bekleiden, weil der Baron sich offensichtlich nicht mehr Personal leisten kann; als herrschaftlicher Beichtvater dient nur der Dorfvikar, ein Zeichen für die niedrige Stellung des Barons. Macht und Reichtum des Baron, »un des plus puissants seigneurs de la Westphalie«, sind also höchst bescheiden. **Wörtlich Gesagtes und tatsächlich Gemeintes** treten auseinander. Damit der Text auf beiden Ebenen gelesen werden kann, muss er sogenannte **Ironiesignale** enthalten (in diesem Fall gleich im ersten Satz das Wort »car«, das eindeutig keine Begründung des Gesagten einleitet). Unzuverlässig ist der Erzähler, weil eklatante Diskrepanzen zwischen angekündigter Erzählabsicht und Wissen des Lesers auftreten.

2.3.5 | Dramatische Texte

Zum Begriff

> Dramatische Texte zeichnen sich dadurch aus, dass sie traditionell **kein äußererers Kommunikationssystem** haben, also keinen Erzähler, der die erzählte Geschichte vermittelt. Sie bestehen aus dem von den Figuren **gesprochenen Text und aus Szenenanweisungen** (Didaskalien). Bei der Analyse von dramatischen Texten muss **zwischen der schriftlichen Version und der Aufführung** auf der Bühne unterschieden werden, weshalb im Folgenden von **Schrifttext** und **Bühnentext** die Rede sein wird. Beide sind eng aufeinander bezogen, haben aber eigene semiotische Besonderheiten. **Traditionelle dramatische Formen** sind die Tragödie (*la tragédie*), die Komödie (*la comédie*), das derb-komische einaktige Lustspiel (*la farce*) sowie das bürgerliche Schauspiel (*le drame*). Ein Überblick über die Elemente des Dramas findet sich bei Pfister 2001.

Der Unterschied zwischen dramatischen und narrativen Texten besteht in der **Art und Weise der Erzeugung einer fiktiven Welt**: Wird diese bei narrativen Texten rein sprachlich vermittelt, so ist sie im Falle von dramatischen Texten auf eine Aufführung hin angelegt, welche die Sprache in **einem konkreten Raum und in einer konkreten Zeit (dem theatralen *hic et nunc*)** ›vor Augen führt‹. Die Besonderheit der theatralen Kommunikationssituation ist, dass meist das vermittelnde Kommunikationssystem fehlt. In den Fällen, in denen es beibehalten wird, erscheint es **in Gestalt eines Chores** (gängig im antiken Drama), **eines Spielleiters oder eines Geschichtenerzählers** auf der Bühne. Zusätzlich bietet sich die Möglichkeit, aus dem *Off*, also dem nicht sichtbaren Teil hinter der Bühne, der Bestandteil des Textes ist, eine Stimme einzuschalten, die wie ein Erzähler funktioniert.

Zwänge des dramatischen Textes

Die im Schrifttext **implizierte Aufführungssituation** zwingt zu Konzentration und Sukzession:

- Konzentration meint, dass das Erzählte in engen Raum- und Zeitgrenzen dargestellt wird. Der Ort des Geschehens wird durch die **Bühne begrenzt**. Die Bühne kann dabei unterteilt sein oder verschiedene Schauplätze darstellen.
- Sukzession bedeutet, dass die Handlung **linear von Anfang bis Ende rezipiert** wird, ohne dass die Zuschauer die Möglichkeit haben, individuell Pausen oder Wiederholungen vorzunehmen. Im traditionellen Theater hat dies zur Konsequenz, dass zwei aufeinanderfolgende Szenen auch zwei aufeinanderfolgende Handlungsphasen darstellen und dass fiktive gespielte Zeit und reale Spielzeit übereinstimmen. Im Gegenwartstheater wird indes auch mit **Zeitsprüngen und Simultaneität** experimentiert. Wechsel von Fiktionsebenen (z. B. Träume, Halluzinationen, Erinnerungen) und nicht-chronologisches Erzählen (Vorverweise und Rückblenden) müssen dem Zuschauer durch verbale

oder nonverbale Signale angezeigt werden, denn das Geschehen und der Dialog auf der Bühne werden vom Zuschauer immer als Präsens wahrgenommen.

Teile des dramatischen Textes

Auswahl und Zusammenstellung der Dramenteile bestimmen die Wirkung des Gesamttextes. **Traditionell** werden dramatische Texte in Akte und Szenen gegliedert.

Akt und Szene

- **Der Akt** (*l'acte*) ist eine grundlegende Gliederung dramatischer Texte, die grundlegende Etappen einer Handlung voneinander absetzt. In der Aufführung wird das Aktende durch eine kurze Pause oder das Fallen des Vorhanges markiert. Das klassische französische Theater sieht **fünf Akte für die Tragödie** und **für die hohe (Vers-)Komödie** vor. Die **normale Komödie** weist **drei Akte** auf. **Einaktige Stücke** gehören den **›niederen‹ Gattungen** an, z. B. der grobschlächtig komischen Farce oder dem (meist heiteren) Zwischenspiel. In Dramentexten des 20. Jh.s ist vielfach der Ein- oder Zweiakter als abendfüllendes Stück zu finden (vgl. Hartwig 2000). Akteinteilungen können zur Spannungserzeugung eingesetzt werden, da Aktanfänge und -schlüsse besondere Aufmerksamkeit erhalten. Seit dem 19. Jh. setzen sich auch Bezeichnungen wie ***tableau, partie, mouvement*** oder ***séquence*** durch.
- **Die Szene** (*la scène*) gliedert den Akt. Ein Szenenwechsel ergibt sich dabei traditionell durch Auf- und Abtritte, also eine Veränderung der Figurengruppe auf der Bühne (**Figurenkonfiguration**). Davon zu unterscheiden ist die **Figurenkonstellation**, die die Kontrast- und Korrespondenzbeziehungen aller Figuren des gesamten Textes meint (vgl. Pfister 2001, 225–240).

Der **Beginn eines dramatischen Textes** ist der **Exposition** gewidmet, also der Vergabe von **Informationen über die Sprechsituation und den Konflikt**. Letzterer ist in jedem traditionellen Drama zu finden, denn erst ein Konflikt bringt Handlung in Gang, die wiederum Spannung erzeugt. Die **Abfolge der Handlungsmomente eines klassischen Theaterstückes** sind Einleitung (erregendes Moment), Steigerung, Höhepunkt (Moment höchster Spannung), Umkehr (Peripetie) und Katastrophe (Tragödie) bzw. *happy end* (Komödie).

Im klassischen Theater gelten in Frankreich die **Regeln der drei Einheiten** (Zeit, Handlung, Ort; *la règle des trois unités: de temps, d'action et de lieu*) sowie der ***bienséance*** **(Anstand)** und der ***vraisemblance*** **(Wahrscheinlichkeit)**: Eine Aufführung soll maximal 24 Stunden gespielte Zeit umfassen, an einem einzigen Ort ablaufen und nur eine zentrale Handlung beinhalten; zudem sollte sie nicht gegen die herrschenden Normen des Anstands verstoßen (z. B. durften keine Leichen auf der Bühne gezeigt werden) und prinzipiell wahrscheinlich sein (vgl. Grimm 2005, 167–172; s. Kap. 3.3.4 und S. 149). Dieser Typus Theater wird in der Folgezeit vers-

Dramatische Texte

totelisches‹ Theater genannt, angeblich weil er sich strikt aus Angaben des ersten Buches der aristotelischen Poetik ableitet: Dort fordert Aristoteles im Sinne der Bewahrung von Kohärenz für die Tragödie (also nicht für das Drama allgemein) Einheit des Ortes und der Handlung, nirgends jedoch die strikte Einhaltung der drei Einheiten. Das **bürgerliche Schauspiel des 18. Jh.s** hält sich nicht mehr an eine strenge Ständeklausel (die für bestimmte Gattungen nur Angehörige bestimmter Stände zulässt). Das Theater des 19. Jh.s überwindet die Regeln der drei Einheiten programmatisch, aber erst im 20. Jh. werden Zeit-, Raum- und Handlungsstrukturen gänzlich frei verfügbar (s. Kap. 3.6.2). Die lockere Szenenfolge dominiert.

Zur Vertiefung

Weitere zentrale Begriffe der Drameninterpretation sind:

- **Katharsis** *(griech.: Reinigung): Die tragische Handlung soll nach Aristoteles* ***Furcht und Schrecken*** *hervorrufen und damit eine* ***Reinigung des Zuschauers von den dargestellten Affekten*** *herbeiführen. Der Begriff ist umstritten und immer wieder neu interpretiert worden.*
- **Anagnorisis** *(griech.: Wiedererkennen): Bei Aristoteles ist die Anagnorisis neben dem Schicksalsumschwung (Peripetie) ein* ***Grundelement der Tragödie****. Vorausgegangen ist ein Irrtum (Hamartia), durch den dem Helden die Wahrheit über andere Figuren, Zustände oder über sich selbst noch nicht bekannt ist. Erst die* ***plötzliche Erkenntnis der wahren Situation oder Identität*** *führt die Katastrophe herbei oder kann sie gerade noch abwenden.*
- **Hamartia** *(griech.: Irrtum): Die* ***Fehleinschätzung einer Situation*** *bewirkt ein entsprechendes* ***Fehlverhalten beim Helden****, das die Verwicklung der Tragödie herbeiführt.*
- **Deus ex machina** *(lat.: Gott aus der Maschine): Unlösbare Verwicklungen können kurz vor der Katastrophe durch einen mittels einer Maschinerie auf die Bühne beförderten Gott gelöst werden. Allgemein bezeichnet dieser Ausdruck jede* ***unmotivierte, plötzliche Lösung eines Konfliktes*** *durch neue Figuren oder Faktoren.*
- **Dramatische Ironie:** *Ein ironischer Effekt entsteht aus der* ***unterschiedlichen Informiertheit des Zuschauers und der Figuren****, wenn nämlich der Zuschauer mehr weiß als die Figuren. Deren Reden erhält damit eine* ***Zusatzbedeutung*** *(vgl. Pfister 2001, 87–90). Ein berühmtes Beispiel ist Ödipus, der den Mörder seines Vaters verflucht, ohne zu wissen, dass er es selbst ist. Nur für den Zuschauer erhält Ödipus' Fluch die Zusatzbedeutung ›(tragische) Selbstverfluchung‹.*

Haupt- und Nebentext

Dramatische Texte weisen Haupt- und Nebentexte auf, da sie auf eine Aufführung hin angelegt sind:

- Mit **Haupttext** sind alle Textteile gemeint, die von den Figuren gesprochen werden.
- Mit **Nebentext** sind alle Informationen gemeint, die nicht gesprochen werden, wie z. B. alle Szenenanweisungen (Didaskalien), der Titel und

Wie werden Texte geordnet?

die Gattungsangabe, die Nennung der Figuren, die Akt- und Szeneneinteilung etc.

Dramatisches Reden

Redeformen

Grundsätzlich werden Redeformen **nach An- bzw. Abwesenheit weiterer Figuren** und nach der **Menge der am Gespräch beteiligten Figuren** voneinander unterschieden.

- **Monolog:** Redet eine **Figur allein auf der Bühne**, spricht man von einem **Monolog**. Dieser dient im klassischen Theater oft der **Innenschau**: Der Sprecher versucht, sich über seine Gefühle klar zu werden oder wägt Argumente gegeneinander ab, um zu einer Entscheidung zu finden.
- **Tirade:** Ist **eine weitere Figur anwesend**, die aber nicht spricht, handelt es sich bei längeren Redeabschnitten um eine **Tirade**.
- **Dialog:** Sprechen **zwei Figuren miteinander**, liegt ein **Dialog** vor. Sind dabei die ausgetauschten Sätze extrem kurz (maximal ein Vers pro Sprecher), spricht man von einer **Stichomythie**. Diese dient der dramatischen Zuspitzung des Dialogs.
- **Mischformen** sind **monologisierende Dialoge** (ein Ansprechpartner dient nur als ›Vorwand‹) oder **dialogisierende Monologe** (eine Figur mimt in ihrem Monolog einen Gesprächspartner). Eine Sonderform der Rede stellt der **Chor** dar, der eine Art Kollektivsprecher ist.
- **Weitere Redeformen:** Die Figuren haben auch die Möglichkeit, die **Zuschauer direkt anzureden**; diese Form des Sprechens nennt sich ***ad spectatores*** und ist traditionell eher bei Komödien zu finden. Die Figuren können sich desgleichen **von ihrem Gesprächspartner abwenden**; die Figur spricht in diesem Fall ***a parte*** nur mit sich selbst.

›Wortkulisse‹

Viele **Informationen über nonverbale Elemente der Aufführung werden in die Rede der Figuren** (also in den Haupttext) **verlegt** (die sogenannte **›Wortkulisse‹**). Diese zeigt sich z. B. in der ersten Szene des ersten Aktes von Pierre Corneilles *L'illusion comique* (1635):

Pierre Corneille: *L'illusion comique*, I 1

DORANTE.
Ce mage, qui d'un mot renverse la nature,
N'a choisi pour palais que cette grotte obscure.
La nuit qu'il entretient sur cet affreux séjour,
N'ouvrant son voile épais qu'aux rayons d'un faux jour,
De leur éclat douteux n'admet en ces lieux sombres
Que ce qu'en peut souffrir le commerce des ombres.
N'avancez pas : son art au pied de ce rocher
A mis de quoi punir qui s'en ose approcher [...]

Hier werden ein Ort (Grotte) und dessen Atmosphäre (magisch, Furcht einflößend, dunkel, gefährlich) **schon durch Worte allein** erschaffen – jedes kann dann natürlich auch durch ein Bühnenbild sichtbar gemacht werden.

Sprache als dramatische Handlung

Träger der dramatischen Handlung ist im traditionellen Drama die Sprache. Drama heißt bis weit ins 19. Jh. hinein vielfach *Reden über* Handlung und nicht *Darstellung von* Handlung. Beispiele für eine **in die Rede verlegte Handlung** ist der Monolog Andromaches in Racines gleichnamiger Tragödie (1667), in dem die Figur von Trojas Untergang erzählt, oder der berühmte Bericht Théramènes über Hippolytes Tod in Racines *Phèdre* (1677):

Racine: *Andromaque*, III,8

ANDROMAQUE.
Songe, songe, Céphise, à cette nuit cruelle
Qui fut pour tout un peuple une nuit éternelle.
Figure-toi Pyrrhus, les yeux étincelants,
Entrant à la lueur de nos palais brûlants,
Sur tous mes frères morts se faisant un passage,
Et de sang tout couvert échauffant le carnage.
Songe aux cris des vainqueurs, songe aux cris des mourants,
Dans la flamme étouffés, sous le fer expirants.

Racine: *Phèdre*, V,6

THERAMENE.
A peine nous sortions des portes de Trézène,
Il était sur son char. Ses gardes affligés
Imitaient son silence, autour de lui rangés ;
Il suivait tout pensif le chemin de Mycènes ;
Sa main sur ses chevaux laissait flotter les rênes.
[...]
Un effroyable cri, sorti du fond des flots,
Des airs en ce moment a troublé le repos ;
Et du sein de la terre une voix formidable
Répond en gémissant à ce cri redoutable.

Andromaque, Gravur aus dem 18. Jh.

In beiden Ausschnitten zeigt sich, dass die **Erzählung im Vordergrund** steht, wodurch sich der dramatische Text dem narrativen annähert. Im modernen Theater nimmt die Wichtigkeit der nonverbalen Elemente zu; bisweilen verdrängen sie sogar den Sprechtext (vgl. Lehmann 1999).

Die **Evokationskraft der Sprache** wird vor allem in **zwei Standardsituationen** genutzt: dem Botenbericht und der Mauerschau.

- Beim **Botenbericht** (*le récit*) erzählt eine Figur von zurückliegenden Ereignissen, die nicht auf der Bühne darstellt werden können oder sollen.
- Bei der **Mauerschau** (Teichoskopie, *la teichoscopie*) berichtet eine Figur über ein Geschehen, das simultan am nicht sichtbaren Rand der Bühne stattfindet; die Figur schaut also gewissermaßen über die Mauer und berichtet *live*, was sie sieht.

Konstruktionsformen des Dramas

Bezüglich der **Kompositionsmöglichkeiten eines Dramas** unterscheidet Klotz (1960) grundlegend zwischen offener und geschlossener Form. ›Offenes‹ und ›geschlossenes Drama‹ sind **unhistorische Kategorien**, also Idealtypen; konkrete Texte sind meist Mischformen.

Geschlossenes Drama

Die **geschlossene Form des Dramas** hat folgende Merkmale:

- **Eng begrenzte Raum- und Zeitstruktur:** Die Regel der drei Einheiten fordert die Konzentration auf einen Ort und eine kurze Zeitspanne.
- **Logisch-kausale Szenenverknüpfung:** Die Szenen sind logisch aufeinander bezogen und laufen chronologisch ab; jede Szene ist unersetzlich; etwaige Auslassungen (z. B. zwischen Akten) können problemlos erschlossen werden.
- **Konzentration und Konflikthaftigkeit:** Die Figuren können anhand von zentralen Konflikten gruppiert werden (z. B. in Helden und Gegenspieler wie Phèdre und Hippolyte in *Phèdre*; s. Kap. 3.3.5); beim Beginn des Textes ist das Konfliktpotential schon so zugespitzt, dass nur noch die Schlussphase gezeigt wird; die Peripetie erfolgt kurz vor dem Ende. Die Figurenzahl ist niedrig, es gibt Haupt- und Nebenfiguren im Hinblick auf den zentralen Konflikt.
- **Dominanz des Dialogs:** Die Handlung ist weitgehend in die Rede verlegt.
- **Wirklichkeitsillusion:** Der Zuschauer hat den Eindruck, einem realen Ereignis beizuwohnen.

Offenes Drama

Die **offene Form des Dramas** zeigt hingegen:

- **Vielfalt der Schauplätze, Aufbrechen der linearen Zeitstruktur:** Die Handlung spielt an mehreren, z.T. nur sehr locker miteinander verbundenen Orten und erstreckt sich über längere Zeitspannen; die Zeitstruktur kann zyklisch, repetitiv oder offen sein.
- **Lockere Verknüpfung der einzelnen Teile:** Zahlreiche, nicht immer kausallogisch aufeinander bezogene Sequenzen sind u.U. nur über eine Figur oder ein Thema untereinander verbunden. Nicht der Akt, sondern die Szene ist die entscheidende Gliederungseinheit.
- **Vielfalt:** Mehrere Handlungsstränge überschneiden sich, mehrere Konflikte überlagern sich; die Figuren können oft nicht anhand ihrer Funktion in einem Konflikt beschrieben werden; sie handeln oftmals nicht zielstrebig; vielfach wird nur ein Zustand dargestellt, bisweilen sind die Figuren passiv einem Geschehen ausgeliefert, das ihnen widerfährt.
- **Pluralisierung der Ausdrucksmittel:** Neben der Sprache gibt es andere Möglichkeiten des Ausdrucks wie z. B. Projektionen, Schilder, Chöre etc.
- **Abkehr von der Illusion:** Der Zuschauer ist sich des theatralen Charakters der Bühnenhandlung bewusst.

Der ›offene‹ Typus schließt **sehr verschiedene konkrete Theaterformen ein** (z. B. episches und ›absurdes‹ Theater) und ist für eine Beschreibung des Gegenwartstheaters daher zu unspezifisch.

Spannung ergibt sich im traditionellen Theater **aus Konflikten und Überraschungsmomenten** und steigert sich bis zur Peripetie kontinuierlich. Im **Gegenwartstheater** kann Spannung indes auch aus dem **Zusammenspiel der Bühnenelemente** gewonnen werden wie z. B. im ›Theater der Grausamkeit‹ Antonin Artauds (s. Kap. 3.6.2). Für Artaud zählen allein die sinnliche Unmittelbarkeit der Bühne und die lebendige Gegenwart des menschlichen Körpers. Im sogenannten **epischen Theater Bertolt Brechts** (1898–1956) wird **Was-Spannung** durch **Wie-Spannung** ersetzt: Der Zuschauer soll sich gerade nicht auf den Ausgang der Handlung konzentrieren, sondern deren Gang kritisch mitverfolgen, weshalb der Ausgang einer Handlung von vornherein feststeht.

Bühnentext

Das Verhältnis zwischen Schrifttext und Bühnentext entspricht nicht genau dem zwischen Drehbuch und fertigem Film. Gemeinsam ist beiden zwar, dass die expliziten und die impliziten Inszenierungsanweisungen im Schrifttext das Resultat (Bühnentext bzw. Film) nicht vollständig determinieren können und dass daher dem Regisseur stets ein mehr oder weniger großer **Spielraum bei der Umsetzung** bleibt. Der Dramentext wird jedoch immer wieder aufs Neue umgesetzt, da der **Bühnentext flüchtig** ist. Zudem kann der Bühnentext bei der Umsetzung des Schrifttextes über den visuellen und akustischen Sinn hinaus auch den olfaktorischen (Geruchs-), den haptischen (Tast-) oder sogar den gustativen (Geschmacks-) Sinn ansprechen (vgl. Fischer-Lichte 1983, Bd. 3; Nöth 2000, 462–466).

Die Grundsituation einer Theateraufführung besteht darin, dass eine Person A eine Figur X verkörpert, während S zuschaut (vgl. Fischer-Lichte 1983 Bd. 1, 16). Auf der Bühne kann alles ein Zeichen sein oder zu einem Zeichen werden. Dabei kann der Bühnentext die **ästhetischen Codes** der Alltagswelt oder anderer Künste benutzen oder aber neue schaffen. Theatrale Zeichen sind **mobil und polyfunktional** (vgl. Fischer-Lichte 1983 Bd. 1, 182f.), d. h. veränderlich und in verschiedenen Kontexten einsetzbar, so dass sie keine von vornherein feststehenden Bedeutungen haben. Vielmehr schafft jeder Bühnentext **seinen eigenen Code**, in dem dann z. B. eine Tür keine Tür mehr ist, sondern ewa ein Symbol für Abschied.

Elemente des Bühnentextes

Jedes Element des Bühnentextes kann das bezeichnen, wofür es auch in der Alltagswelt steht, z. B. ein Stuhl einen Stuhl, oder etwas Aufführungsspezifisches, z. B. ein Stuhl einen Königsthron. Es kann aber auch in seiner schlichten Materialität wahrgenommen werden, z. B. ein Stuhl als kantiges Stück Holz. Jedes Element des Bühnentextes kann also sowohl **ein Symbol** als auch ein **nicht-zeichenhaftes Wahrnehmungsobjekt** sein. Anders gesagt: Einige Elemente der Inszenierung sind nur über Codes verständlich, andere als unmittelbare (körperliche) Wahrnehmung, wobei die Übergänge fließend sind. Das wiederum hat zur Folge, dass im Bühnentext die Möglichkeit besteht, zwischen der Illusion und der Wirklichkeit hin- und herzupendeln und die Grenzen zwischen ***Symbol* und**

Materie, Darstellung **und** *Authentizität, Zeichen* **und** *Präsenz, Repräsentation* **und** *Präsentation* auszuloten. Ist die Frage: Was ist kodiert und was ist nicht kodiert? unentscheidbar, verschwimmt die Grenze zwischen Wirklichkeits- und Fiktionsebene(n).

Beispiel: Die Grenze zwischen **Figur** und **authentischem Körper des Schauspielers** ist fließend, denn der Körper ist immer zugleich **ein direktes physisches Wahrnehmungsobjekt** (Alter, Größe, Geschlecht etc.) und **Repräsentation einer Figur**. Ähnlich ist es mit der **Stimme**, die nur bedingt kontrollierbar ist. Auch der **theatrale Raum** enthält viele Elemente, die eine Direkteinwirkung auf den Zuschauer noch vor jeder Symbolisierung haben, wie Farben, Formen und Licht. Objekte verlieren nie ganz ihren alltagsweltlichen Charakter: Wird z. B. ein Holzstuhl in einer Inszenierung als Königsthron benutzt, dann wird das unmittelbar Wahrgenommene – ein eher bescheidenes Sitzmöbel – zwar unterdrückt, bleibt aber latent erhalten.

Minimaleinheiten

Viel Kopfzerbrechen hat der Theaterwissenschaft die **Abgrenzung von ›kleinsten Einheiten‹** der Aufführung bereitet. Die Elemente des Bühnentextes stehen nämlich in einer komplexen Wechselwirkung und schließen sich zu verschiedenen Untereinheiten zusammen, so dass eine kleinige Aufaddierung von Einzelelementen nicht genügt. Hinzu kommt die Schwierigkeit, dass **nonverbale Elemente** in der Kommunikation anders funktionieren als verbale: Sie sind viel schwächer codiert und daher weniger eindeutig (es sei denn, es handelt sich um sprachanaloge Zeichen wie z. B. ›einen Vogel zeigen‹). Die Interpretation nonverbaler Zeichen hängt nicht zuletzt auch von den historisch gültigen Theaternormen ab, die z. B. bestimmte Körperhaltungen und Sprechweisen vorschreiben.

Zur Vertiefung

Wirklichkeit und Fiktion: *Bühne und Zuschauerraum gehören zwei verschiedenen Ebenen an: Wirklichkeit und Fiktion. Die Theaterrampe symbolisiert daher eine Grenze. Sie wird im traditionellen Theater entsprechend als* ***›vierte Wand‹*** *bezeichnet, denn man stellt sich das Geschehen auf der Bühne als in sich geschlossene Welt vor, die der Zuschauer nur beobachten kann, weil eben eine Wand fehlt. Die Besonderheit dramatischer Texte ist es, Wirklichkeit und Fiktion im theatralen* hic et nunc *unmittelbar miteinander zu konfrontieren. Daraus ergibt sich als* ***besondere Gestaltungsmöglichkeit*** *das sogenannte ›Theater im Theater‹ bzw. ›Spiel im Spiel‹.*
Die ***Grenze zwischen Bühne und Zuschauerraum*** *kann auf der Bühne* ***wiederholt*** *werden, wenn die Figuren selbst voreinander spielen: indem sie ein Theaterstück inszenieren, ein Spiel durchführen oder – allgemeiner – sich verstellen oder sich zu täuschen versuchen. In Molières* Tartuffe *etwa (1664) (s. Kap. 3.3.4) versteckt Elvire ihren Ehemann unter dem Tisch, um den scheinbar moralisch einwandfreien Tartuffe durch eine gespielte Verführungsszene zu entlarven. Abstrakt formuliert wird im* ***Theater im Theater*** *die primäre Fiktionsebene durch eine Fiktionsebene zweiten Grades ergänzt. Diese Verschachtelung kann mehrfach wieder-*

holt werden wie z. B. in Jean Genets Le balcon *(1955/61; s. Kap. 3.6.5, S. 218). Der Zuschauer kann dabei leicht* ***die Grenze zwischen ›wirklichen‹ und ›fingierten‹ Kommunikationen*** *aus dem Blick verlieren, vor allem, wenn die Figuren der ersten Fiktionsebene wieder auf der zweiten Fiktionsebene erscheinen, wie dies z. B. in Corneilles* L'illusion comique *(1635) der Fall ist. Die zweite Fiktionsebene kann die erste Fiktionsebene kommentieren oder ergänzen. Sie kann auch das Theater an sich thematisieren oder allgemein die Grenze zwischen Fiktion und Wirklichkeit als willkürlich ausweisen.*

Guckkastenbühne

Theateranaloge Texte

Der Einsatz von Bildschirmen und Videokameras kann das *live*-Erlebnis einer Bühnenaufführung abschwächen. Bei Techniken, die sogenannten **Close-circuit-Installationen** der plastischen Kunst ähneln, zeichnet z. B. eine Kamera die Handlung auf der Bühne auf und zeigt sie geringfügig zeitversetzt auf einem Monitor. Bühnenfiktion und mediatisierte Bühnenfiktion werden hier nebeneinander gestellt.

Film

Der Film ist eine eigenständige dramatische Textform, deren Analyse auf dramentheoretische und narratologische Kategorien zurückgreifen kann, darüber hinaus aber auch eigene medienspezifische Kriterien entwickelt hat (vgl. Nöth 2000, 500–507). Das **Drehbuch** kann wie ein dramatischer Text untersucht werden – entsprechend anhand von **Einstellungs- und Sequenzprotokollen** – mit dem Unterschied, dass die filmische Realisierung nicht das *hic et nunc* einer Bühne impliziert, sondern Einstellungen fixiert und selbst wiederholbar ist. Seit den 1960er Jahren entwickelt sich eine **Filmsemiotik**, die als kleinste Einheit die **Einstellung** (mit den Charakteristika Bildausschnitt, Einstellungsgröße, Kameraperspektive) zum Ausgangspunkt nimmt. Hinzu kommt die Analyse der Kamerabewegung, Objektbewegungen, aber auch der Farbgebung oder des Tons. Eine Eigenheit des Films, die wiederum auf narrative und dramatische Texte zurückgewirkt hat, sind **Schnitt und Montage**. Diese bieten vielfältige Möglichkeiten, Bilder und Erzählstränge gegeneinander zu setzen

(Kontrastmontage, Parallelmontage) und eine filmische Erzählinstanz zu entwickeln (vgl. Albersmeier 1992; Kanzog 2007).

Fernsehfilme, DVD oder Hypertext sind weitere theateranaloge Textsorten mit **medienspezifischen Charakteristika**. In der gegenwärtigen Theaterwissenschaft wird **Theatralität** als kulturwissenschaftliche Grundkategorie betrachtet und allgemein auch auf soziale Praktiken angewendet (vgl. Fischer-Lichte 2001).

2.3.4 | Lyrische Texte

Zum Begriff

→ **Lyrik** bezeichnet ursprünglich die **zur Begleitung einer Lyra (Leier) vorgetragenen Gedichte und Gesänge**, die oft den Mythos zum Gegenstand haben oder in magische Zusammenhänge eingebettet sind (im Chanson sieht man noch die Bindung an Musikbegleitung und an die Interpretation durch Sänger). Der **Rhythmus** hat einen herausragenden Stellenwert. Lyrische Texte sind meist kurz und folgen in ihrer traditionellen Form festgelegten Mustern. Ein Überblick über die Gattung findet sich bei Coenen 1998.

Schwierigkeit der Definition

»Lyrik ist nicht allgemein definierbar. Der Begriff steht als Sammelbezeichnung für in der Regel rhetorisierte und vom normalen Sprachgebrauch abweichende kürzere Kleingattungen« (Mahler/Weich 2003, 655). Lyrische Texte können **strukturell und thematisch** von narrativen und dramatischen Texten dadurch abgegrenzt werden, dass in lyrischen Texten das **Wortmaterial und der Rhythmus** einen herausragenden Stellenwert haben. Dies zeigt sich darin, dass **Zeilen- und ggf. Versende(n) festgelegt** sind und nicht verschoben werden dürfen, ohne dass das Gedicht grundlegend verändert würde. Viele Ausdrücke werden im Hinblick auf **Klang oder Rhythmus** ausgewählt. Der formalen Beschreibung lyrischer Texte kommt daher besondere Bedeutung zu.

Verdichtung: Die relative Kürze lyrischer Texte zieht oft die **Intensität des Ausdrucks** und eine **unklare Sprechsituation** nach sich (zur Sprechsituation vgl. Mahler/Weich 2003, 656). Die Intensität des Ausdrucks ergibt sich oft auch aus einer **verdichteten Form der Kommunikation**, nämlich wenn lyrische Texte die Mehrdeutigkeit der Sprache nutzen und pointierte Ausdrücke verwenden, die die Aussage verschleiern. Während Epik und Dramatik großenteils kognitiv verarbeitet werden, haftet der Lyrik der Ruf an, sie müsse vorwiegend affektiv, emotional, in einer Art ›Mitschwingen‹ erfasst werden. Zudem gilt der Inhalt als **›subjektiver‹, ›persönlicher‹, ›erlebnishafter‹** als der anderer Gattungen (man spricht z. B. vom Welterleben eines ›lyrischen Ich‹). Doch war Lyrik keineswegs immer gleichbedeutend mit der seit der Romantik vertrauten Ausdrucks- und Erlebnisdichtung.

Themen: Grundsätzlich kann jedes Thema als lyrischer Text behandelt werden, aber es gibt **gattungs- und epochenspezifische Vorlieben**. So war etwa das Sonett lange Zeit mit dem Thema ›Liebe‹ verbunden (in

Anlehnung an die italienische Liebesdichtung aus dem 14. Jh.), die Ode mit Lobgesang und Siegespreis (zurückgehend auf den griechischen Dichter Pindar, ca. 522–445 v. Chr.), die Elegie mit Klage und Trauer.

Struktur: Aus Sicht der Gattungseinteilung liegt lyrischen Texten **keine Erzähl-, keine Dialog- und keine argumentative Struktur** zugrunde, doch gibt es **viele Ausnahmen**: die didaktische Lyrik des Mittelalters, die erzählende Versnovelle (z. B. Jean de La Fontaines *Contes et Nouvelles en vers*), das dramatisierte Gedicht (z. B. Alfred de Mussets Zyklus der *Nuits* mit ihrem Dialog zwischen Muse und Dichter), die parodistische Dichtung (z. B. das Sonett Arthur Rimbauds *Vénus Anadyomène*) oder das nicht mehr an Klang oder Rhythmus orientierte Bildgedicht (›Kalligramm‹, z. B. Guillaume Apollinaires *Calligrammes*). **Anhand der Sprechsituation** können lyrische Texte eingeteilt werden in solche, die vorwiegend narrativ sind, solche, die einen dramatischen Aufbau aufweisen, solche die monologisch dem Ausdruck oder dem Appell dienen, und solche, die einen Sachverhalt beschreiben (vgl. Mahler/Weich 2003, 656). Lyrische Texte sind keineswegs auf Stimmungs-, Erlebnis- und Gedankenlyrik beschränkt.

Gebundene Rede: Ein wichtiges Charakteristikum vieler lyrischer Texte ist die gebundene Rede (Gegensatz ist die ungebundene Rede, also Prosa, von lat. *pro(ver)sa oratio* ›nach vorne gerichtete, geradeaus laufende Rede‹). Gebundene Rede zeigt von der Alltagssprache abweichende Merkmale wie **Rhythmisierung, Häufung von Lautähnlichkeiten und Klangwiederholungen**, die auf den Ursprung der Lyrik aus der Musik verweisen. Gebundene Rede kann dabei jedoch nicht mit lyrischen Texten an sich gleichgesetzt werden: Rhythmische oder gereimte Sprache gibt es auch in narrativen (z. B. im Epos) oder in dramatischen Texten (z. B. in der Verskomödie). Umgekehrt gibt es auch Prosagedichte.

Zum Begriff

> Die → **Metrik** (von griech. *metron*: Maß) ist die Lehre vom Vers und, allgemeiner, von der Dichtkunst. Der Vers (von lat. *versus*: Umwendung, Kehrtwende, Furche; *vertere*: Umwenden des Pfluges) bezeichnet eine durch Rhythmus in sich geschlossenen Einheit von Wörtern.

Besonderheiten des französischen Versbaus

Druckakzent vs. Silbenzählung

Die sich wiederholenden Verse stellen eine klangliche Ordnung des Gedichtes dar, da ein Rhythmus entsteht. Die **Struktur des französischen Verses** bestimmen die **Wortsilben**. Dabei unterscheidet sich die Bewertung der Silbe in der Metrik von den germanischen Sprachen.

- **Im germanischen Vers** werden die rhythmischen Elemente nach der regelmäßigen Folge von **betonter und unbetonter Silbe** bemessen (**akzentuierender Versbau**) und nach der Abfolge von Hebung und Senkung benannt (z. B. Jambus, Trochäus, Daktylus und Anapäst).

Wie werden Texte geordnet?

- **Der französische Vers** hat hingegen keinen oder einen nur schwach ausgeprägten Rhythmus von Hebung und Senkung, denn im Französischen liegt der Akzent immer auf dem Versende (*l'accent fixe*), zu dem ein zweiter fester Akzent im Innern des Verses hinzutreten kann. Der französische Vers ist daher durch eine **für jede Versart festgelegte Anzahl von Silben** bestimmt (**syllabierender Versbau**).

Akzent: Im Französischen liegt der **Akzent (*l'accent tonique*)** normalerweise auf der letzten Silbe eines Wortes (oder der vorletzten, wenn dieses mit einem unbetonten e endet), so dass diese eine etwas intensivere und längere Aussprache erfährt. Man spricht von einem ***accent fixe***. Bei Wortgruppen fällt der Akzent auf die letzte Silbe einer Wortgruppe, der so genannten ***chaîne parlée***. Dabei verschwindet der Akzent jedes einzelnen Wortes zwar nicht ganz, tritt aber in den Hintergrund. Im Vers erfolgt hinter jedem Akzent eine kurze Pause, die Zäsur (***la césure, la coupe***), mit der innerhalb des Verses weitere Klangeinheiten voneinander abgegrenzt werden.

Silbenzählung: Kriterium für die Bestimmung der Versart ist die **Silbenzählung**. Hierbei sind einige Besonderheiten zu beachten, die an zwei Gedichten veranschaulicht werden sollen:

Alphonse de Lamartine: »Ode sur la naissance du Duc de Bordeaux«

Versez du sang ! frappez encore !
Plus vous retranchez ses rameaux,
Plus le tronc sacré voit éclore
Ses rejetons toujours nouveaux !
Est-ce un dieu qui trompe le crime ?
Toujours d'une auguste victime
Le sang est fertile en vengeur !
Toujours échappé d'Athalie
Quelque enfant que le fer oublie
Grandit à l'ombre du Seigneur !
[…]
Jeté sur le déclin des âges,
Il verra l'empire sans fin,
Sorti de glorieux orages,
Frémir encor de son déclin.
Mais son glaive aux champs de victoire
Nous rappellera la mémoire
Des destins promis à Clovis,
Tant que le tronçon d'une épée,
D'un rayon de gloire frappée,
Brillerait aux mains de ses fils !
[…]

Arthur Rimbaud: »Le dormeur du val«

C'est un trou de verdure où chante une rivière
Accrochant follement aux herbes des haillons
D'argent ; où le soleil, de la montagne fière,
Luit : c'est un petit val qui mousse de rayons.

Un soldat jeune, bouche ouverte, tête nue,
Et la nuque baignant dans le frais cresson bleu,
Dort ; il est étendu dans l'herbe, sous la nue,
Pâle dans son lit vert où la lumière pleut.

Les pieds dans les glaïeuls, il dort. Souriant comme
Sourirait un enfant malade, il fait un somme :
Nature, berce-le chaudement : il a froid.

Les parfums ne font pas frissonner sa narine.
Il dort dans le soleil, la main sur sa poitrine,
Tranquille. Il a deux trous rouges au côté
droit.

Besonderheiten der Silbenzählung

Von besonderer Wichtigkeit bei der Silbenzählung sind aufeinander treffende Vokale. Dabei führt **das nicht mehr gesprochene unbetonte e (*e caduc*)** zu einer Abweichung der Ausspracheregeln von der Alltagssprache:

- Das **unbetonte e** ist **metrisch silbenbildend**, wenn es **vor einem Konsonanten** steht.
  »Ses rejetons«: 4 Silben (Lamartine, v. 4)
  »une rivière«: 4 Silben (Rimbaud, v. 5),
  »chaudement«: 3 Silben (Rimbaud, v. 11)
- Das **auslautende unbetonte e am Versende** wird gesprochen, aber **nicht gezählt**.
  Alle Verse des Lamartine-Gedichtes haben acht Silben.
  Alle Verse des Rimbaud-Gedichtes haben 12 Silben.
- Das **auslautende unbetonte e vor Vokal** wird verschliffen oder ausgestoßen und **zählt metrisch nicht** (auch nicht vor dem *h muet*).
  - **Synalöphe** (›Verschleifung‹): Zwei Vokale bilden zusammen eine lautliche Einheit.
    »Est-ce un dieu«: 3 Silben (Lamartine, v. 5)
    »de verdure où«: 4 Silben (Rimbaud, v. 1)
  - **Elision** (›Ausstoßung‹): Ein Vokal wird ausgestoßen.
    »encor« (Lamartine, v. 14)
    »l'herbe« (Rimbaud, v. 7)
- **Synärese** (*la synérèse*): Zwei aufeinander folgende Vokale verschmelzen zu einer einzigen Silbe (Diphthong). Die Zusammenziehung heißt Synärese, auch Synizese.
  »dieu«: 1 Silbe (Lamartine, v. 5)
  »pieds«: 1 Silbe (Rimbaud, v. 9)
- **Diärese** (*la diérèse*): Vokale, die **innerhalb eines Wortes** aufeinander stoßen, können je für sich silbenbildend sein, wenn im **lateinischen Herkunftswort (Etymon)** auch zwei Silben vorliegen. Die getrennte Aussprache zweier aufeinander folgender Vokale, die keinen Diphthong bilden, da sie zu verschiedenen Silben gehören, bezeichnet man als Diärese.
  »glorieux«: lat. *gloriosum*, daher 3 Silben (Lamartine, v. 13)
- **Hiat:** Werden beim **Aufeinandertreffen von zwei Vokalen über eine Wortgrenze** hinweg (also nicht im Wortinnern) die Vokale nicht verschliffen – dies ist der Fall beim sogenannten *h aspiré* –, spricht man von einem Hiat.
  »des haillons« (Rimbaud, v. 2)
- Das **unbetonte e vor der Zäsur** wird nicht gezählt und muss elidierbar sein.
  »C'est un trou de verdure / où chante une rivière« (Rimbaud, v. 1)

Stellenwert der Zäsur im Vers

Als **Zäsur** bezeichnet man eine **Sprechpause**, die oft auch einen **syntaktischen Einschnitt** markiert. Im traditionellen französischen Vers findet sich neben dem festen Akzent am Versende ein zweiter fester Akzent vor der Zäsur. Durch die Zäsur wird der Vers in **Halbverse** (***hémistiches***) zerlegt.

Wie werden Texte geordnet?

- **Weibliche Zäsur:** Endet der Halbvers mit einer Silbe, bei der auf die betonte eine unbetonte Silbe mit auslautendem e folgt (die nicht gezählt wird), spricht man von weiblicher Zäsur (*césure féminine*).
- **Männliche Zäsur:** Endet der Halbvers mit einer betonten Silbe, spricht man von männlicher Zäsur (*césure masculine*).

Traditionelle Zäsurverse sind der **Zehnsilber** (traditionell mit fester Zäsur nach der vierten Silbe) und der **Alexandriner** (Zwölfsilber; traditionell mit fester Zäsur nach der sechsten Silbe).

Vers und Reim

Im Normalfall findet sich **Kongruenz von Versstruktur und Syntax**, d.h. ein Vers bildet eine selbständige syntaktische Einheit, einen Teilsatz oder Satz.
»Est-ce un dieu qui trompe le crime?« (Lamartine, v. 5)
»Les parfums ne font pas frissonner sa narine.« (Rimbaud, v. 12)

Enjambement: Ist die **Kongruenz zwischen Vers und Satz nicht gegeben**, so stört dies den Rhythmus insgesamt, da die Abweichung von der Versstruktur hörbar ist. Dies ruft den Eindruck von Unruhe hervor. Das Übergreifen der syntaktischen Einheit über einen Vers hinaus wird als Enjambement bezeichnet.
»Nous rappellera la mémoire / Des destins« (Lamartine, v. 16/17)
»Accrochant follement aux herbes des haillons / D'argent« (Rimbaud, v. 2/3)

Strophenenjambement: Wenn ein Enjambement **von einer Strophe zur nächsten** erfolgt, spricht man von Strophenenjambement.

Der *rejet* ist der Teil des Satzes, der beim Enjambement **in seiner syntaktischen Zugehörigkeit ›zurückweist‹** (im Rimbaud-Gedicht beispielsweise das Wort »d'argent«). Dieser Satzteil ist **rhythmisch hervorgehoben**, weil eng zusammen hängende Wörter (»des haillons« und »d'argent«) durch das Versende voneinander getrennt werden und so Spannung entsteht.

Von einem *contre-rejet* spricht man, wenn das kürzere Element eines durch Enjambement getrennten Satzes am Ende des ersten Verses steht.
»Souriant comme/Sourirait un enfant malade« (Rimbaud, v. 9/10; »Souriant comme« als *contre-rejet*)

Zum Begriff

Als → **Reim** bezeichnet man den **Gleichklang** zweier Wortschlüsse in Tonvokal und darauf folgenden Lauten. Zu unterscheiden ist der Reim von der Assonanz. Unter **Assonanz** versteht man den **Gleichklang nur der Tonvokale am Versende** bei mindestens zwei Verszeilen, also nur den vokalischen Reim wie z. B. *sépare – glace* oder *quatre – astre*.

Assonanz und Reim

Die **Assonanz** ist die **vorherrschende Reimform der Literatur des 9. bis 12. Jh.s**. Der Reim taucht zuerst in der christlichen lateinischen Hymnendichtung des 6./7. Jh.s auf; im Altfranzösischen findet er sich ab dem 10. Jh. In der provenzalischen Lyrik der Trobadors ist er gegen Ende des 12. Jh.s voll ausgebildet.

Im Französischen ist der **Reim deshalb von besonderer Bedeutung**, weil sich der Unterschied zwischen betonten und unbetonten Silben in der Entwicklung der Sprache vom Altfranzösischen zum Neufranzösischen abgeschwächt hat, weshalb der französische Vers nur eine schwache rhythmische Binnengliederung aufweist. Der Reim wird daher **zur Ersatzmarkierung für den Rhythmus** (vgl. Klinkert 2000, 194 f.).

Die wichtigsten Reimanordnungen sind:

- aaaaa... *rime continue* (Stabreim)
- aabbcc... *rimes plates (jumelles)* (Paarreim)
- abab cdcd *rimes croisées (alternantes)* (Kreuzreim)
- abba cdcd *rimes embrassées* (umschlingender Reim).

Ein **Reimschema** ordnet jedem Reim einen Buchstaben zu und macht somit das ›rhythmische Muster‹ erkennbar.

Lamartine-Gedicht:	ababccdeed		fgfghhijji	
Rimbaud-Gedicht:	abab	cdcd	eef	ggf

Das Reimgeschlecht ergibt sich aus dem Versende:

- Bei einem **männlichen Reim** enden die Wörter auf einen Tonvokal oder einen Konsonanten, auf den keine Silbe mit einem unbetonten e folgt:

»Grandit à l'ombre du Seigneur!« (Lamartine, v. 10)
»Et la nuque baignant dans le frais cresson bleu« (Rimbaud, v. 6)

- Bei einem **weiblichen Reim** folgt auf die Tonsilbe eine Silbe mit einem unbetonten e:

»Versez du sang! frappez encore!« (Lamartine, v. 1)
»Un soldat jeune, bouche ouverte, tête nue« (Rimbaud, v. 5)

Alternance des rimes: Vom 17. bis 19. Jh. gilt die Vorschrift, dass sich männliche und weibliche Reime regelmäßig abwechseln. Der damit beabsichtigte **Wechsel des Klangcharakters** beim Reim ist jedoch mit dem Verstummen des unbetonten e verloren gegangen.

Die Reinheit des Reims ergibt sich aus der Art der **klanglichen Übereinstimmung der Silben** und bezieht sich insbesondere auf die Vokale. Zudem werden je nach **Zahl der übereinstimmenden Elemente** des Reims vier Stufen der **Reimfülle** (***richesse des rimes***) unterschieden: *rime faible* (*pauvre, insuffisante*), *rime suffisante*, *rime riche* (*pleine*) und *rime double* (*superflue, léonine*). Das auslautende unbetonte e, das den weiblichen Reim markiert, wird dabei nicht beachtet. In der einschlägigen Literatur finden sich teilweise uneinheitliche Angaben zur Bestimmung der

Reimfülle (als weiterführende Lektüre für das Studium der Metrik vgl. Elwert 1978; Mazaleyrat 1990; Coenen 1998).

Versarten und Strophenformen

Versarten

Die häufigsten französischen Versarten sind Achtsilber, Zehnsilber und Zwölfsilber:

- **Der Achtsilber** (***l'octosyllabe***) ist der älteste französische Vers. Im Mittelalter ist er die am häufigsten gebrauchte Versart. Zunächst in geistlicher Dichtung (Mysterienspiel) verwendet, erscheint er ab Mitte des 12. Jh.s als Vers der Erzählung im Höfischen Roman und findet sich im 14./15. Jh. in der Kunstlyrik. Im 16. Jh. wird er zum Metrum der Ode. Nachdem er in der Renaissance seine Vormachtstellung verloren hat, wird er in der Romantik wiederentdeckt.
- **Der Zehnsilber** (***le décasyllabe***) ist seit dem 11. Jh. die für das Heldenepos gültige Versart. Er erscheint zum ersten Mal im Alexiuslied (10. Jh.). Sein Erfolg hängt wesentlich mit der Verbreitung des Rolandsliedes zusammen. Im 16. Jh. wird dieser Vers durch den Zwölfsilber (Alexandriner) abgelöst.
- **Der Zwölfsilber, auch Alexandriner** (***l'alexandrin***), verdankt seinen Namen dem *Roman d'Alexandre* des Lambert le Tort (Ende 12. Jh.). Der Alexandriner verdrängt im Laufe des 13. Jh.s den Zehnsilber im Heldenlied und wird von den Dichtern der Pléiade bevorzugt; Pierre de Ronsard (1524–1585; s. Kap. 3.3.2) nennt ihn den *vers héroïque*. Im 17. Jh. gilt er als beste aller möglichen Versarten, als *grand vers*, der zum Standardvers der klassischen Tragödie und Komödie wird. Der klassische Alexandriner weist eine Zäsur nach der 6. Silbe auf, der romantische Alexandriner zwei Zäsuren, die den Vers gleichmäßig in drei Teile teilen (romantischer Trimeter, *l'alexandrin ternaire*, besonders beliebt bei Victor Hugo).

Seit dem 19. Jh. wird die **Silbenzählung beweglicher**, schließlich wird der traditionelle Versbau ganz aufgegeben ebenso wie die strengen Hiat- und Zäsurvorschriften. Reihen beliebiger Länge ersetzen Verse und heben den Reimzwang auf (vgl. den modernen ***vers mêlé/vers libre***).

Strophenformen

Gedichte werden traditionell nach ihrer Vers- und Strophenform voneinander unterschieden, d. h. nach **Anzahl der Silben und Zusammensetzung der Strophen**.

Zum Begriff

> Eine → **Strophe** ist eine **Gruppierung mehrerer Verse**, die durch die Anzahl und Art der Verse sowie die Anzahl und Anordnung der Reime, oftmals auch durch syntaktische (und inhaltliche) Einheit bestimmt wird. Strophische Dichtung fasst also mehrere Verse in einer gegliederten Einheit zusammen, wobei die Zahl der Strophen variieren kann.

Strophen mit einer einzigen Versart werden ***strophes isométriques***, Strophen mit verschiedenen Versarten ***strophes hétérométriques*** genannt. In der Regel gilt das **Prinzip der Einheit**, d.h. Versart und Strophenform gelten für das gesamte Gedicht. Nach der Anzahl der Verse werden die Strophen als ***distique*** (zwei Verse; als *couplet* bezeichnet man die Strophe als Reimpaar; auch die Strophen eines Chansons werden im Französischen als *couplets* bezeichnet), ***tercet*** (drei Verse), ***quatrain*** (vier Verse), ***quintil*** (fünf Verse), ***sizain*** (sechs Verse), ***septain*** (sieben Verse), ***huitain*** (acht Verse), ***neuvain*** (neun Verse), ***dizain*** (zehn Verse) bezeichnet, die in unterschiedlichen Epochen jeweils in Mode sind. Reim und Strophe sind nicht unerlässlich für die lyrische Dichtung. **Unstrophische Gedichtformen** sind in der Gegenwart häufig zu finden.

Gedichte fester Form

Gedichte fester Form (*poèmes à forme fixe*) sind solche, die **nach einem festgelegten Schema** gebaut sind (ausführliche Informationen bei Elwert 1978). Folgende typische Gedichtformen gibt es in der französischen Lyrik:

- **Das Sonett** (***le sonnet***) besteht aus zwei vierzeiligen (*quatrains*) und zwei dreizeiligen (*tercets*) Alexandrinern (vgl. Rimbauds *Le dormeur du val*); der Übergang zwischen beiden wird als *charnier* bezeichnet. Im Französischen ist die wichtigste Form das sogenannte ***sonnet régulier*** mit dem Reimschema abba abba ccd ede (Rimbauds Gedicht ist also kein *sonnet régulier*). Die Gedichtform entsteht im 13. Jh. in Italien; ihr klassischer Vertreter ist Petrarca (1304–1374). Seit den Dichtern der *Pléiade* (Ronsard, Du Bellay, s. Kap. 3.3.3) ist sie die **häufigste feste französische Gedichtform**.
- **Die Ballade** (***la ballade***, von lat. *ballare*: *chanson à danser*, ursprünglich mit Musik und Tanz) besteht aus einer **variablen Anzahl von Strophen** mit meist acht oder zehn Versen (mit entsprechend acht oder zehn Silben) und **gleich bleibendem Reimschema** (ababbcbc für den Achtsilber, ababbccdcd für den Zehnsilber). Den letzten Vers jeder Strophe bildet ein **Kehrreim**. Hinzu kommt eine **Geleitstrophe (*envoi*) am Ende**, deren Reimschema der zweiten Strophenhälfte entspricht. Dieses beginnt gewöhnlich mit dem Wort »Prince« in Erinnerung daran, dass sich der *chant royal* (von dem der *envoi* im 15. Jh. übernommen wird) ursprünglich an den Vorsitzenden einer Dichtergesellschaft richtet. Diese Form der Ballade wird im 14. Jh. ausgebildet und herrscht bis zum 16. Jh. vor. In der Renaissance wird sie abgelehnt und erst im 19. Jh. wieder entdeckt. Der Begriff ist nicht zu verwechseln mit dem deutschen Wort ›Ballade‹, das eine lyrisch-epische Geschehnisdichtung bezeichnet.

Wie werden Texte geordnet?

François Villon: *L'épitaphe de Villon ou Ballade des pendus*

Frères humains, qui après nous vivez,
N'ayez les cœurs contre nous endurcis,
Car, si pitié de nous pauvres avez,
Dieu en aura plus tôt de vous mercis.
Vous nous voyez ci attachés, cinq, six :
Quant à la chair, que trop avons nourrie,
Elle est pieça dévorée et pourrie,
Et nous, les os, devenons cendre et poudre.
De notre mal personne ne s'en rie ;
Mais priez Dieu que tous nous veuille absoudre !

La pluie nous a débués et lavés,
Et le soleil desséchés et noircis.
Pies, corbeaux nous ont les yeux cavés,
Et arraché la barbe et les sourcils.
Jamais nul temps nous ne sommes assis
Puis çà, puis là, comme le vent varie,
A son plaisir sans cesser nous charrie,
Plus becquetés d'oiseaux que dés à coudre.
Ne soyez donc de notre confrérie ;
Mais priez Dieu que tous nous veuille absoudre !

L'épitaphe de Villon

Si frères vous clamons, pas n'en devez
Avoir dédain, quoique fûmes occis
Par justice. Toutefois, vous savez
Que tous hommes n'ont pas bon sens rassis.
Excusez-nous, puisque sommes transis,
Envers le fils de la Vierge Marie,
Que sa grâce ne soit pour nous tarie,
Nous préservant de l'infernale foudre.
Nous sommes morts, âme ne nous harie,
Mais priez Dieu que tous nous veuille absoudre !

Prince Jésus, qui sur tous a maistrie,
Garde qu'Enfer n'ait de nous seigneurie :
A lui n'ayons que faire ne que soudre.
Hommes, ici n'a point de moquerie ;
Mais priez Dieu que tous nous veuille absoudre

- **Die Ode** (***l'ode***) besteht aus zehn achtsilbigen Versen. Die ersten vier Verse stehen im Kreuzreim, die letzten vier im umschlingenden Reim, und zwischen beiden Vierergruppen befindet sich ein eingeschobener Paarreim (vgl. Lamartines *Ode sur la naissance du Duc de Bordeaux*). Am Ende des 4. oder des 7. Verses findet sich ein syntaktischer Einschnitt, so dass sich eine **Aufteilung in 4+6 bzw. 6+4 Verse** ergibt. Die Ode ist dreigeteilt in **Strophe, Antistrophe und Epode** (*la strophe, l'antistrophe, l'épode*), wobei diese drei Elemente mehrfach wiederholt werden können. Die Gedichtform wird von François Malherbe (1555–1628) festgelegt und gilt bis ins 18. Jh. als **vornehmste lyrische Form**.
- **Das Rondeau** (ursprünglich ein Tanzlied) ist im Mittelalter (besonders zur Zeit Charles d'Orléans', 1394–1467; s. Kap. 3.2.1 und S. 124 f.) populär; es zeichnet sich durch seine Kürze und die wichtige Stellung des **mehrfach wiederholten Kehrreims** aus.

Keine feste Vers- oder Strophenform haben viele moderne Gedichte, die gängige Vers- und Reimschemata insgesamt aufbrechen. Die Textanalyse geht in diesen Fällen von Klängen, Rhythmen oder (im Falle der Bildgedichte) komplexen Wort-Bild-Arrangements aus.

Jacques Prévert: »Barbara«, 1946

Rappelle-toi Barbara
Il pleuvait sans cesse sur Brest ce jour-là
Et tu marchais souriante
Épanouie ravie ruisselante
Sous la pluie
Rappelle-toi Barbara
Il pleuvait sans cesse sur Brest
Et je t'ai croisée rue de Siam
Tu souriais
Et moi je souriais de même
Rappelle-toi Barbara
Toi que je ne connaissais pas
Toi qui ne me connaissais pas
Rappelle-toi
Rappelle-toi quand même ce jour-là
N'oublie pas […]

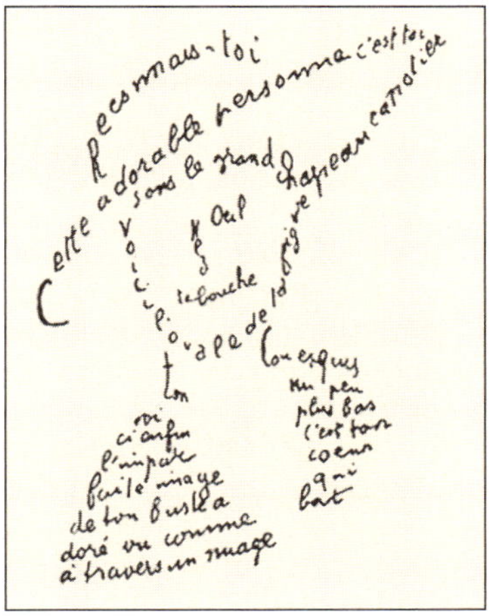

Guillaume Apollinaire: *Calligrammes*, 1918

Kurzinterpretation

Im Gedicht **Préverts**, das keine Strophen hat und dessen Verse verschiedener Länge sich nur gelegentlich reimen, liegen **Wiederholungen auf der Klangebene** (Wiederkehr des Vokales /a/ in betonter Endstellung, Wiederkehr des Konsonanten /b/ in den beiden Leitwörtern Barbara und Brest), der **Wortebene** (der mehrfach auftretende Imperativ »rappelle-toi«, der wie ein Reim wirkt) und der **Gedankenebene** (konkret: Regen, Brest, Barbara; abstrakt: Erinnerung) vor. Diese Wiederholungen verleihen dem Gedicht einen **charakteristischen Rhythmus** aus Wiederholung und Variation eines zentralen Gedankens: dass Krieg dem Menschen nur Unheil bringt.

In **Apollinaires** Kalligramm (Bildgedicht) an Lou zeigt das Arrangement der Wörter ein Frauengesicht, **visualisiert** also **unmittelbar** das Thema des Gedichtes. Die Wörter sind **aus den Zwängen der Vers- und Strophenform befreit** und formen sich ›frei im Raum‹ zu einem Gedanken. Dieser ›materialisiert‹ sich visuell in der Form des Gedichtes.

2.4 | Wie werden Texte gestaltet? Rhetorik und Stilistik

Zum Begriff

> Die → **Rhetorik** beschäftigt sich mit der **bewussten ästhetischen Gestaltung einer Mitteilung im mündlichen Vortrag**. Ihr Gegenstand ist die **Kunst der guten Rede**, für die sie Techniken (Methoden des Schlussfolgerns, Argumentationsmuster, stilistische Figuren etc.) bereitstellt. Auf theoretischer Ebene beschreibt sie die Ausdrucksmöglichkeiten der Sprache, auf praktischer Ebene dient sie der Einübung verschiedener Vortragsweisen. **Literarische Stilistik** beschreibt Stilmerkmale eines Textes anhand der verwendeten rhetorischen Mittel (zur Einführung vgl. Nöth 2000, 394–399).

Gegenstand der Rhetorik

Die Rhetorik lehrt die **Kunst, einen Redegegenstand überzeugend zu präsentieren**. Dazu gehört nicht nur die Ausarbeitung der Rede, sondern auch der Vortrag selbst. **Rhetorik umfasst also**

- den **sprachlichen Ausdruck,**
- die **stimmliche und gestische Ausführung,**
- die **persönliche Präsenz und Interaktion** mit dem Publikum.

Die Rhetorik vermittelt einerseits das gesammelte **Wissen über die kunstvolle Anfertigung einer Rede** (Produzentenseite); andererseits fragt sie nach den **Strategien der Darstellung, der Leserführung und der Wirkung** von Texten (Rezipientenseite). Dabei berücksichtigt sie stets die Situationsgebundenheit des Redeaktes.

2.4.1 | Geschichte der Rhetorik

Die Entstehung der Redekunst ist im Zusammenhang zu sehen mit der Entwicklung der Demokratie im 5. Jh. v. Chr. im antiken Großgriechenland. Dort, wo der Bürger seine ökonomischen, politischen und rechtlichen Interessen verteidigen muss, kommt es auf sein argumentatives Geschick an.

Griechenland

Eine erste Blüte verzeichnet die Rhetorik in der sogenannten **sophistischen Aufklärung** (Protagoras, Gorgias, 5. Jh. v. Chr.), die die Rede zu einem rationalen, universellen Instrument des gesellschaftlichen Lebens ausbaut.

Platon (427–347 v. Chr.) hingegen geißelt die **Rhetorik als Überredungs- und Scheinkunst** und kritisiert sie als untauglich für die Erkenntnis von Wahrheit.

Aristoteles: Rehabilitierung erfährt die Rhetorik durch Platons Schüler Aristoteles (384–322 v. Chr.), der ein für die rhetorische Argumentations-

Geschichte der Rhetorik

theorie zentrales Lehrbuch verfasst. Laut Aristoteles ist es die **Leistung der Rhetorik**, strittige Sachverhalte anhand von Argumenten zu entscheiden, weshalb er die **Überzeugungsmittel der Rede** untersucht. Rhetorik solle dabei nicht nur überreden, sondern der **Erkenntnis dienen**. Nur jemand der Schlüsse ziehen und über Charakterzüge und Affekte urteilen kann, könne auch überzeugen.

Rom

Römische Rhetorik: Ab dem 2. Jh. v. Chr. kommen griechische Rhetoren nach Rom, wo die Redekunst rasch an Bedeutung gewinnt. Die **wichtigsten Abhandlungen**, die in dieser Zeit entstehen, sind die anonyme *Rhetorica ad Herennium* und Ciceros *De oratore* (beide 1. Jh. v. Chr.). Cicero (106–43v. Chr.) schafft **ein umfassendes Lehrgebäude**, das Erziehung, Politik, Recht, Gesellschaftstheorie und Ethik zusammenführt. Unter Kaiser Augustus (63 v. Chr.–14 n. Chr.) werden die republikanischen Amtsgewalten ausgehöhlt, weshalb die Beredsamkeit auf der politischen Bühne keine Rolle mehr spielt. Ohne Öffentlichkeitsbezug wird sie **zu einer reinen Schulübung**, die Rhetorenschulen verlieren den Bezug zur Praxis. Im ersten nachchristlichen Jahrhundert macht die Rhetorik daher einen **gesellschaftlichen Funktionswandel** von der forensischen Technik zum Instrument gehobener Allgemeinbildung durch. Autorenlektüre und Stilübungen führen zu einer virtuosen Beherrschung des Wortes. Die rhetorischen Lehren werden auf die Dichtung übertragen, wodurch die **Rede- zur Schreibkunst** wird. **Quintilian** (ca. 35–100 n. Chr.) wird der erste staatlich besoldete Rhetoriklehrer. Nach intensiver 20-jähriger Lehrtätigkeit verfasst er im Ruhestand seine Unterweisung in der Redekunst *Institutio oratoria* (vermutlich 95 n. Chr.), die zum **Standardwerk der europäischen Rhetorik** wird, eine Zusammenfassung und ein Abschluss der antiken Rhetorik.

Weitere Entwicklung

Entwicklung bis ins 17. Jh.: In der Spätantike und im Mittelalter findet die Rhetorik als stilistische Übung Eingang in das **Schulprogramm der *septem artes liberales***, das Bildungsprogramm des freien Bürgers. Es besteht aus Grammatik, Rhetorik, Dialektik (Trivium) sowie Arithmetik, Geometrie, Musik und Astronomie (Quadrivium). Lediglich **im sakralen Bereich wirkt die Rhetorik praktisch weiter**: Das christliche Mittelalter nutzt sie bei der Bibelauslegung und in der Predigt. Die **Renaissance als ›Wiedergeburt‹** antiker Wissenschaften, Literatur und Philosophie entdeckt auch die Redekunst, insbesondere die systematischen Werke Ciceros und Quintilians wieder. Noch bis zur Aufklärung ist die **Dichtungslehre nicht von der Rhetorik zu trennen** und gibt in beiden Fällen eine konkrete Anleitung zur Sprachgestaltung.

18. und 19. Jh.: Die Aufklärung führt zur **Nationalisierung** der bisher lateinischsprachigen Rhetorik in Europa, was die Terminologie verändert. Erneut eine **politische Dimension** gewinnt die Rhetorik **nach dem Ausbruch der Französischen Revolution**, in deren Umfeld sich eine kritische bürgerliche Presse entwickelt und politische Beredsamkeit wieder Öffentlichkeitscharakter erhält. In der ersten Hälfte des 19. Jh.s gerät die Rhetorik als Schulfach und akademische Disziplin im Zuge der Genieästhetik, die sich gegen normative Traditionen auflehnt, in Misskredit.

20. und 21. Jh.: Die **Erweiterung des Literaturbegriffs** führt dazu, dass **neue Textsorten** zum Gegenstand rhetorischer Analyse werden, insbesondere diejenigen, die in hohem Maße auf Wirkung hin angelegt sind (Massenpropaganda, Werbung, aber auch jegliche Form von ›Präsentationen‹). Produzent und Rezipient wird eine **erhöhte Sensibilität für die ästhetische Gestaltung von Texten** abverlangt, was rhetorische Fertigkeiten voraussetzt. Die Rhetorik hat **eine theoretische und eine praktische Seite**: Sie systematisiert die Ausdrucksmöglichkeiten der Sprache und dient der Einübung wirkungsvollen Sprechens.

2.4.2 | Systematisierungen der Rhetorik

Arten der Rede: Das Interesse des Redners ist immer **auf ein bestimmtes Publikum und auf eine bestimmte Redesituation** bezogen, was Inhalt und Form der Rede beeinflusst. Unter Bezug auf Aristoteles' *Poetik* unterscheidet man **drei Arten der Rede** nach **drei Praxisbereichen**:

Arten der Rede

***genus dicendi* (Art der Rede)**	***genus iudiciale* (Rede vor Gericht)**	***genus deliberativum* (politische Rede)**	***genus demonstrativum* (Festrede)**
Gegenstand	Tatbestand	politisches Handeln	Person, Ereignis, Gegenstand
dominanter Zeitbezug	Vergangenheit	Zukunft	Gegenwart oder nicht konkretisiert
Adressat	Richter, Entscheidungsträger, Geschworene	(Volks-)Versammlung, Entscheidungsträger, Parlament	Festgemeinde, Zuschauer
Funktion	Anklage/Verteidigung	Abwägung: Befürworten/Abraten	Lob/Tadel
grundlegende Unterscheidung	Recht, Unrecht	Nutzen, Schaden	Schönheit, Hässlichkeit; Ehre, Mangel an Ehre

Das *genus demonstrativum* ist nicht unmittelbar handlungsorientiert und dient eher der Entfaltung sprachlicher Fähigkeiten, weshalb es der Dichtung am nächsten steht.

Fünf Arbeitsphasen

Die Anfertigung einer Rede wird in **fünf Arbeitsphasen** gegliedert, die sich an der Wirkung orientieren:

1. ***Inventio***, die **Auffindung (nicht Erfindung!) des Stoffes** (eine Art *brainstorming*). Der Redner sammelt Argumente, Vergleiche, Bilder, die dem Redegegenstand entsprechen. Viele der Themen und Motive stammen aus einem sich allmählich ausbildenden **allgemeinen Repertoire der sogenannten Topoi** (›Orte‹ im Gedächtnis wie z. B. Musenanrufung, Unsagbarkeitstopos, *locus amoenus* etc.), ein Vorrat literarischer Stoffe und Formen, Gemeinplätze allgemein anerkannten Wissens.

Systematisierungen der Rhetorik

2. *Dispositio*, die **wirksame Anordnung des Stoffes und der Argumente** (je nach Redegattung). Der Redner ordnet den Stoff in drei Teilen an:
- **Die Einleitung** (*exordium*) dient der Vorbereitung des Adressaten und der Aufmerksamkeitserregung; sie enthält die Mitteilung des Sachverhalts bzw. die Themenstellung (*propositio*) sowie eine kurze, glaubhafte Information über den Geschehensverlauf (*narratio*).
- **Der Mittelteil** (*argumentatio*) umfasst die eigentliche Beweisführung, die den gegnerischen Standpunkt widerlegt (*refutatio*) und den eigenen bekräftigt (*confirmatio*).
- **Der Schluss** (*peroratio, conclusio*) enthält eine knappe, pointierte Wiederholung der Beweisführung (*recapitulatio*), eine Zusammenfassung und einen Appell an die Affekte.
  (An diesem Schema können sich auch Hausarbeiten orientieren: Einstieg, Präsentation des Themas, Argumente, Zusammenfassung, wirkungsvoller Schlusssatz, s. Kap. 5.1).
3. *Elocutio*, die **sprachliche Ausformulierung der Rede**. Der Redner arbeitet die Rede stilistisch aus. Dabei orientiert er sich an **vier Stilqualitäten**: grammatische und sprachliche Korrektheit (*puritas*), Klarheit und Verständlichkeit (*perspicuitas*), Schmuck (*ornatus*) und Übereinstimmung des Stils mit der Sache (*aptum*). *Ornatus* und *aptum* bilden bald das Zentrum der rhetorischen Übung überhaupt (›rhetorische Mittel‹).
4. *Memoria*, das **Auswendiglernen der Rede**. Der Redner prägt sich mithilfe von Memorierungstechniken den gesamten Text seiner Rede ein.
5. *Actio*, das **Vortragen der Rede**. Der Redner hält seine Rede in einer publikumswirksamen Form. Die beiden letzten Arbeitsphasen betreffen den praktischen Aspekt der Rede und spielen in der Schulrhetorik keine Rolle.

Das folgende Textbeispiel zeigt eine **mustergültige *Dispositio***. Es handelt sich um den offenen Brief Emile Zolas (1840–1902) an den Präsidenten der Republik (1898), in dem er den zu Unrecht angeklagten jüdischen Kapitän Alfred Dreyfus verteidigt (s. Kap. 3.6.1):

Emile Zola: »*J'accuse*«, 1898

Monsieur le Président,

Exordium (*captatio benevolentiae*)

Me permettez-vous, dans ma gratitude pour le bienveillant accueil que vous m'avez fait un jour, d'avoir le souci de votre juste gloire et de vous dire que votre étoile, si heureuse jusqu'ici, est menacée de la plus honteuse, de la plus ineffaçable des taches ?

Propositio: Themenstellung

Vous êtes sorti sain et sauf des basses calomnies, vous avez conquis les cœurs. Vous apparaissez rayonnant dans l'apothéose de cette fête patriotique que l'alliance russe a été pour la France, et vous vous préparez à présider au solennel triomphe de notre Exposition Universelle, qui couronnera notre grand siècle de travail, de vérité et de liberté. Mais quelle tache de boue sur votre nom – j'allais dire sur votre règne – que cette abominable affaire Dreyfus! Un conseil de guerre vient, par ordre, d'oser acquitter un

Wie werden Texte gestaltet? Rhetorik und Stilistik

Esterhazy, soufflet suprême à toute vérité, à toute justice. Et c'est fini, la France a sur la joue cette souillure, l'histoire écrira que c'est sous votre présidence qu'un tel crime social a pu être commis.

Vorbereitung der Narratio

Puisqu'ils ont osé, j'oserai aussi, moi. La vérité, je la dirai, car j'ai promis de la dire, si la justice, régulièrement saisie, ne la faisait pas, pleine et entière. Mon devoir est de parler, je ne veux pas être complice. Mes nuits seraient hantées par le spectre de l'innocent qui expie là-bas, dans la plus affreuse des tortures, un crime qu'il n'a pas commis.

[Narratio]

[...]

Refutatio (Auszug): Zurückweisung des gegnerischen Standpunktes

Ah! le néant de cet acte d'accusation! Qu'un homme ait pu être condamné sur cet acte, c'est un prodige d'iniquité. Je défie les honnêtes gens de le lire, sans que leur cœur bondisse d'indignation et crie leur révolte, en pensant à l'expiation démesurée, là-bas, à l'île du Diable. Dreyfus sait plusieurs langues, crime; on n'a trouvé chez lui aucun papier compromettant, crime; il va parfois dans son pays d'origine, crime; il est laborieux, il a le souci de tout savoir, crime; il ne se trouble pas, crime; il se trouble, crime. Et les naïvetés de rédaction, les formelles assertions dans le vide! On nous avait parlé de quatorze chefs d'accusation: nous n'en trouvons qu'une seule en fin de compte, celle du bordereau; et nous apprenons même que les experts n'étaient pas d'accord, qu'un d'eux, M. Gobert, a été bousculé militairement, parce qu'il se permettait de ne pas conclure dans le sens désiré. On parlait aussi de vingt-trois officiers qui étaient venus accabler Dreyfus de leurs témoignages. Nous ignorons encore leurs interrogatoires, mais il est certain que tous ne l'avaient pas chargé; et il est à remarquer, en outre, que tous appartenaient aux bureaux de la guerre. C'est un procès de famille, on est là entre soi, et il faut s'en souvenir: l'état-major a voulu le procès, il l'a jugé, et il vient de le juger une seconde fois. [...]

Confirmatio (Auszug): Bekräftigung des eigenen Standpunktes

Voilà donc, monsieur le Président, les faits qui expliquent comment une erreur judiciaire a pu être commise; et les preuves morales, la situation de fortune de Dreyfus, l'absence de motifs, son continuel cri d'innocence, achèvent de le montrer comme une victime des extraordinaires imaginations du commandant du Paty de Clam, du milieu clérical où il se trouvait, de la chasse aux »sales juifs«, qui déshonore notre époque. [...]

Conclusio (Auszug)

Mais cette lettre est longue, monsieur le Président, et il est temps de conclure.

J'accuse le lieutenant-colonel du Paty de Clam d'avoir été l'ouvrier diabolique de l'erreur judiciaire, en inconscient, je veux le croire, et d'avoir ensuite défendu son œuvre néfaste, depuis trois ans, par les machinations les plus saugrenues et les plus coupables.

J'accuse le général Mercier de s'être rendu complice, tout au moins par faiblesse d'esprit, d'une des plus grandes iniquités du siècle.

J'accuse le général Billot d'avoir eu entre les mains les preuves certaines de l'innocence de Dreyfus et de les avoir étouffées, de s'être rendu coupable de ce crime de lèse-humanité et de lèse-justice, dans un but politique et pour sauver l'état-major compromis. [...]

En portant ces accusations, je n'ignore pas que je me mets sous le coup des articles 30 et 31 de la loi sur la presse du 29 juillet 1881, qui punit les délits de diffamation. Et c'est volontairement que je m'expose. Recapitulatio
Quant aux gens que j'accuse, je ne les connais pas, je ne les ai jamais vus, je n'ai contre eux ni rancune ni haine. Ils ne sont pour moi que des entités, des esprits de malfaisance sociale. Et l'acte que j'accomplis ici n'est qu'un moyen révolutionnaire pour hâter l'explosion de la vérité et de la justice.
Je n'ai qu'une passion, celle de la lumière, au nom de l'humanité qui a tant souffert et qui a droit au bonheur. Ma protestation enflammée n'est que le cri de mon âme. Qu'on ose donc me traduire en cour d'assises et que l'enquête ait lieu au grand jour!
J'attends. Schlusspointe
Veuillez agréer, monsieur le Président, l'assurance de mon profond respect.

2.4.3 | Rhetorische Mittel und Stil

In Bezug auf den Ornatus, den Redeschmuck, entwickelt die Rhetorik einen **Begriffsapparat, der auch auf schriftliche Texte** angewendet wird. Schmuckvolle Rede verwandelt eine ›eigentliche‹ Aussage in eine ästhetisierte (vielfach wird darüber gestritten, ob es überhaupt ›eigentliche‹ Aussagen gibt). Dies kann auf der Ebene des Einzelwortes oder im Wort- und Satzgefüge durch Wiederholungen, Erweiterungen, Kürzungen, Ersetzungen oder Wendungen an bestimmte Adressaten geschehen. Durch **Abwechslung im sprachlichen Ausdruck** soll der Ermüdung des Publikums entgegengewirkt werden. Rhetorische Mittel umfassen **Figuren und Tropen**.

1. Der Begriff ›Figur‹ ergibt sich aus einem Vergleich der Sprache mit den Bewegungen eines Tänzers. Man unterscheidet **Wortfiguren und Klangfiguren**. Wortfiguren bestehen aus einer **Abweichung von der normalen Wortfolge**, Klangfiguren aus der **Hervorhebung des Wortmaterials** (Klanges) statt des Inhalts. Die Unterteilung der Figuren variiert von Handbuch zu Handbuch.

Wortfiguren

- Antithese (*l'antithèse*): Gegenüberstellung gegensätzlicher Begriffe und Gedanken.
  »Et, nous faisant amants, il nous fit ennemis.« (Corneille: *Horace*)
- Chiasmus (*le chiasme*): Anordnung von sich gedanklich entsprechenden Wörtern in ›Kreuzform‹.
  »Je soupirais pour vous en combattant pour elle;
  Et s'il fallait encor que l'on en vînt aux coups,
  Je combattrais pour elle en soupirant pour vous.« (Corneille: *Horace*)
- Ellipse (*l'ellipse*): Auslassung von Wörtern, die aus dem Kontext erschlossen werden können.

»Je t'aimais inconstant, qu'aurais-je fait fidèle« (»qu'aurais-je fait fidèle« für »à quel point t'aurais-je aimé si tu avais été fidèle«; Racine: *Andromaque*)

- **Parallelismus** (*le parallélisme*): Anordnung von Wörtern in paralleler Weise.

  »Songe aux cris des vainqueurs, songe aux cris des mourants« (Racine: *Andromaque*)

- **Inversion** (*l'inversion*): Umstellung von Wörtern.

  »Un effroyable cri [...]/Des airs en ce moment a troublé le repos« (Racine: *Phèdre*)

Klangfiguren

- **Alliteration** (*l'allitération*): gleich klingender Anlaut von benachbarten oder nahe stehenden Wörtern.

  »Moi, fille, femme, sœur et mère de vos maîtres!« (Racine: *Britannicus*)

- **Anapher** (*l'anaphore*): Wiederholung eines Wortes am Anfang aufeinander folgender Satzteile.

  »Voilà comme Pyrrhus vint s'offrir à ma vue;
  Voilà par quels exploits il sut se couronner« (Racine: *Andromaque*)

- **Onomatopöie** (*l'onomatopée*): schallnachahmende Wortbildung, Lautmalerei.

  »Pour qui sont ces serpents qui sifflent sur vos têtes?« (Racine: *Andromaque*)

- **Geminatio** (*la gémination*): unmittelbare Wiederholung eines Wortes oder einer syntaktischen Einheit.

  »Songe, songe, Céphise, à cette nuit cruelle« (Racine: *Andromaque*)

2. **Tropen** liegen vor, wenn ein gewöhnlicher (eigentlicher) Ausdruck durch einen ungewöhnlichen (uneigentlichen) ersetzt wird, wenn also Wörter **im übertragenen Sinne** gebraucht werden, Gesagtes und Gemeintes auseinander treten. Damit das Gemeinte erschlossen werden kann, behalten uneigentliche Ausdrücke eine **gedankliche Beziehung** zu den eigentlichen Ausdrücken.

Tropen

- **Periphrase** (*la périphrase*): Umschreibung eines Wortes durch Kennzeichen des Bezeichneten. Im Falle eines Eigennamens spricht man von **Antonomasie** (*l'antonomase*).

  »La fille de Minos et de Pasiphaé« (für ›Phädra‹; Racine: *Phèdre*)

- **Litotes** (*la litote*): Verneinung eines Ausdrucks, um das Gegenteil auszudrücken.

  »Va, je ne te hais point« (für ›Je t'aime‹; Corneille: *Le Cid*)

- **Metonymie** (*la métonymie*): Ersetzung eines Wortes durch eines, das mit diesem in einer logischen oder sachlichen Beziehung steht.

  »Le cruel! de quel œil il m'a congédiée« (»œil« für ›mépris, indifférence visible dans son œil‹; Racine: *Andromaque*)

- **Synekdoche** (*la synecdoque*): Ersetzung eines Wortes durch einen Teilaspekt desselben.

  »vos yeux« (für ›la beauté de votre personne‹; Racine: *Andromaque*)

Rhetorische Mittel und Stil

- **Vergleich** (*la comparaison*).
  »Souriant comme/Sourirait un enfant malade« (Rimbaud: *Le dormeur du val*)
- **Metapher** (*la métaphore*): verkürzter Vergleich, in dem ein Wort durch einen Ausdruck aus einem anderen Bereich ersetzt wird, wobei ein beiden Bereichen gleiches Vergleichsmoment existiert (*tertium comparationis*).
  »Brûlé de plus de feux que je n'en allumai« (»feux« für ›feux de l'amour‹; *tertium comparationis* ist die mitreißende und zerstörerische Kraft von Feuer und Liebe; Racine: *Andromaque*)
- **Ironie** (*l'ironie*): Ersetzung eines Ausdrucks durch einen entgegengesetzten Ausdruck, bei dem dennoch der eigentliche Ausdruck durchscheint.
  »Jugez-vous que ma vue inspire des mépris« (für ›ma vue inspire de l'amour‹; Racine: *Andromaque*)
- **Personifikation** (*la personnification*): Verleihung von menschlichen Eigenschaften an unbelebte bzw. nicht menschliche Objekte.
  »Non, Albe, après l'honneur que j'ai reçu de toi,
  Tu ne succomberas ni vaincras que par moi.« (die Stadt Alba wird wie eine Person angeredet; Corneille: *Horace*)

Es gibt Worte und Wendungen, bei denen eine sachliche Beziehung zwischen dem Gesagten und dem Gemeinten besteht (**Grenzverschiebungs-Tropen**) wie Periphrase oder Litotes, und solche, bei denen der gemeinte Wortsinn in andere Vorstellungs- oder Bildbereiche umspringt (**Sprung-Tropen**) wie Ironie oder Metapher.

Allgemeinheit des ›uneigentlichen‹ Sprechens

Im ›uneigentlichen‹ Sprechen klingt ein **grundlegender Aspekt von Literatur** an: Ihr Ziel ist *nicht* die möglichst ökonomische Übermittlung von streng gegenstandsbezogenen Informationen (ein uneigentlicher Ausdruck nimmt sowohl bei der Produktion als auch bei der Rezeption des Textes mehr Zeit in Anspruch als die Benutzung des eigentlichen Ausdruckes). Der wörtliche und der übertragene Sinn sind zugleich präsent, was stets ein Spannungsverhältnis erzeugt. ›Uneigentliches‹ Sprechen ist also eine **kunstvolle Verrätselung der Sprache**, die mehrere Funktionen haben kann, z.B. Verbesserung des Klangs, Aufmerksamkeitsbindung oder Intensivierung des Ausdrucks. Eine Gefahr liegt darin, dass das Gemeinte nicht erkannt wird, weil der Ausdruck zu verschlüsselt, zu dunkel ist (*obscuritas*).

Rhetorische Wendungen kommen **auch im Alltag** häufiger vor, als man zunächst meint, z.B. in Metaphern wie *boire la tasse* (für *nager*) oder *il y a du pain sur la planche* (für *il y du travail*). Das **Sprechen in erfinderischen Bildern** erzeugt eine Art Verfremdungseffekt, verleiht dem Gesagten eine emotionale Nuance und versieht es mit Zusatzbedeutungen. Vor allem die **Werbung** nutzt dieses Potential. Rhetorische Kenntnisse schärfen das Bewusstsein für die Kreativität der Sprache und damit die Fähigkeit, ästhetische Qualitäten eines Textes zu erkennen.

Aptum

Forderung nach Angemessenheit (*aptum*): Eine normative Poetik verlangt die Beachtung der Stilebene und der sogenannten Ständeklausel.

Grobe Verstöße gegen das *aptum* haben komische oder peinliche Effekte zur Folge.

Stil: Zur Beschreibung einer **bestimmten Ausdrucksform** wird der Begriff ›**Stil**‹ (von lat. *stilus* ›Griffel‹) in die rhetorische Terminologie aufgenommen. Damit ein Sachverhalt adäquat dargestellt werden kann, fordert eine normative Stilistik einen der Redesituation angemessenen Stil. Cicero bringt den Stil mit den Pflichten des Redners in Verbindung: belehren, erfreuen und bewegen (*docere*, *delectare* und *movere*). Im Anschluss daran weist Quintilian jedem Stil eine bestimmte Funktion zu, woraus sich eine komplexe **Lehre von den drei Stilarten** (*genera elocutionis*) entwickelt (vgl. Wilpert 2001, 784–787):

Die drei Stilarten

- **Der niedere Stil** (*stilus humilis*) dient dem Belehren; er ist einfach und schmucklos und steht der Alltagssprache nahe. Er ist einfachen Themen angemessen.
- **Der mittlere Stil** (*stilus mediocris*) dient dem Erfreuen und der Auslösung gedämpfter Affekte; er bedient sich gefälliger rhetorischer Mittel, ist jedoch im Großen und Ganzen einfach. Er wird als Themen wie ›Liebe‹ angemessen angesehen.
- **Der hohe Stil** (*stilus gravis*) zielt auf emotionale Bewegung ab; er ist anspruchsvoll und schwierig und bedient sich aller Mittel der Redekunst. Adäquate Themen sind Helden, Herrscher, Religion oder tragische Ereignisse.

Die normative Lehre von den drei Stilen verliert in Frankreich seit dem 18. Jh. an Einfluss. Seither versteht man unter ›Stil‹ eher **individuelle Schreibweisen**, d. h. die sprachlichen Eigenheiten und die Originalität eines Autors, einer Gattung oder einer Epoche.

Die Ständeklausel gilt ebenfalls bis ins 18. Jh. als Norm. Sie besagt, dass die Figuren der Tragödie aus hohem Stand stammen müssen (Adlige, Herrscher, Götter, Helden), die Figuren der Komödie entsprechend aus niederem (Bauern, Bürger, allenfalls noch niedriger Adel wie der Marquis). Konflikte und Sprache müssen dem jeweiligen Stand angemessen sein.

2.4.2 | Bildrhetorik

Zum Begriff

Die Untersuchung von → **Bildkommunikation** überträgt die Kategorien der traditionellen Rhetorik auf visuelle Objekte (**Bildrhetorik**). **Bildkompetenz** bedeutet, die **Logik von Bildern zu erfassen**, die sich von der Logik sprachlicher Texte unterscheidet. Texte sind argumentativ, Bilder assoziativ. Daher muss die Eigendynamik der visuellen Kommunikation berücksichtigt werden (vgl. Müller 2003, 91 Nöth 2000, 439-443, 471-480).

Zeichenhaftigkeit von Bildern: Bilder sind zeichenhaft wie sprachliche Texte, wenn sie einem ästhetischen Gestaltungswillen entspringen. Sprichwörtlich sagen sie sogar mehr als ›tausend Worte‹. Entsprechend untersucht **visuelle Kommunikationsforschung** »visuelle Phänomene, die sich in Form von Bildern materialisieren« (Müller 2003, 14). Da diese mit den neuen Medien des 20. und 21. Jh. sprunghaft zunehmen, handelt es sich um ein hochaktuelles Forschungsgebiet.

Bild vs. Text

Bildliche Eindrücke werden vom Sinnesapparat **anders verarbeitet als Texte** wie auch Bilder auf andere Art erinnert werden. Sie weisen in der Regel **weder eine Grammatik noch eine Syntax** auf und erfordern auch **keine lineare Lesart** wie die Sprache. Denn Bilder haben, obwohl sie wie sprachliche Texte begrenzt sind, keine zeitliche Ordnung, sondern eine räumliche Anordnung (Ausnahmen bilden narrative Bildserien wie Comics oder Bildergeschichten). Entsprechend sind Produktionslogik, Inhalt und Wirkung von Bildern anders als von Texten. Bilder sprechen stärker das **Vorrationale** an:

> Visuelle Kommunikation folgt einer eigenen, nicht rational-argumentativen Logik. Das Prinzip dieser Logik ist die Assoziation. Assoziationen sind nicht rational erklärbar, sie beruhen aber auf Vorbildern, deren Bedeutungen analytisch dechiffrierbar und damit interpretierbar sind. Müller 2003, 22

Gemeinsamkeiten bei der Produktion und Rezeption von Bildern und Texten ermöglichen es, **in Analogie zur Text- eine Bildrhetorik** als Analyseinstrumentarium zu entwerfen, insbesondere dort, wo Bilder mit Texten kombiniert werden (vgl. dazu auch Nöth 2000, 481–486). Um Ansätze einer solchen Bildrhetorik zu veranschaulichen, seien im Folgenden zwei Textsorten vorgestellt: das Emblem und die Printwerbung. Deren Gemeinsamkeiten mit der Rede sind eine **klare Zweckbindung** (die Überzeugung des Kommunikationspartners), die **genaue Abstimmung des Visuellen auf das Sprachliche** sowie eine **gezielte Aufmerksamkeitslenkung**.

1. **Emblem:** Das im Barock (16./17. Jh.) beliebte **Emblem** ist ein Sinnbild, das kunstvoll visuelle und sprachliche Elemente zur **Darstellung eines Gedankens** nutzt. Es entsteht in einem genauen sozialen und histori-

Wie werden Texte gestaltet? Rhetorik und Stilistik

schen Kontext aus »dem Bestreben, Abstraktes im konkreten Bildvorgang zu erfassen und Bildvorgängen durch originelle Deutung einen hintergründigen Sinn zu geben« (Wilpert 2001, 207). Das Emblem besteht aus drei Teilen: der *Inscriptio*, der *Pictura* und der *Subscriptio*.

Barthélemy Aneau: *Picta poesis*, 1552

Die **Inscriptio** ist die Überschrift, die einen Gedanken pointiert zusammenfasst (hier: »Aus dem Größten das Kleinste«) und durch ihre Rätselhaftigkeit die Neugier des Lesers weckt.

Die **Pictura** ist ein symbolisch verdichtetes Bild, in diesem Fall die Überreste eines toten Menschen.

Die **Subscriptio** ist ein meist als Epigramm verfasster Text (ein Versmaß, das primär auf Grabinschriften erscheint), der den Zusammenhang von Überschrift und Bild verdeutlicht.

»Dies sind die Überreste des Tempels, in welchem
das lebendige Abbild Gottes gewesen sein soll.
Dies sind dessen und des Hauses Trümmer,
in welchem einst die Vernunft ihre Burg hatte.
Und nun ist es das schreckliche Bild des Todes.
Ein windiges Haupt, das kein Hirn hat.«

Die Aussage ist das barocke ›memento mori‹, der Hinweis, dass die menschliche Vernunft – das ›Größte‹, nämlich das Ebenbild Gottes – sterblich ist, sowie die biblische Aufforderung an den Menschen zu bedenken, dass er sterblich ist. Die *Subscriptio* konkretisiert die Bedeutung von Bild und Überschrift.
Der *Inventio* entspricht das Auffinden eines geeigneten Bildes und geeigneter Worte für die knappe Darstellung des Hauptgedankens, der *Dispositio* die (durch die Gattung vorgeschriebene) Anordnung der Elemente) und der *Elocutio* die konkrete Ausschmückung dieser Elemente.

2. **Printwerbung:** So wie eine gute Rede den Zuhörer in begrenzter Zeit überzeugt, überzeugen gute Werbebilder den Leser auf begrenztem Raum von den Vorteilen eines Produktes. Beide müssen die Aufmerksamkeit der Rezipienten wecken und zielgerichtet argumentieren.

Bildrhetorik

Kurzinterpretation

- Im ersten Arbeitsschritt (***Inventio***) werden ein **Blickfang** – hier das Motiv ›menschliche Haut mit Reißverschluss‹ – und ein **pointierter Text** gesucht. Beide verdeutlichen die Werbebotschaft eindeutig, aber auf möglichst originelle Weise.
- Anschließend (***Dispositio***) muss die **Werbefläche durch die Anordnung der Elemente strukturiert** werden. Die Ungewöhnlichkeit des Bildes (ein Mensch mit Reißverschluss) ist eine Art *captatio benevolentiae*, das Thema (›perfekte Haarentfernung‹) ist durch das Zusammenspiel ›behaarte Männerbrust‹ vs. ›glatte Männerbrust‹ gegeben, die Beweisführung ist der Reißverschluss, der die Leichtigkeit des Vorgangs unmittelbar veranschaulicht, die Schlussfolgerung der kleinformatig abgebildete Rasierapparat, die kurze Zusammenfassung der einprägsame Slogan und die Schlusspointe das Firmenlogo.
- Im dritten Arbeitsschritt (***Elocutio***) erhält die Werbung ihren **charakteristischen Schmuck**, der auf eine Zielgruppe (z. B. die Leser der Zeitschrift, in der die Werbung erscheint) zugeschnitten ist. Ausschnitt, Bild- und Farbwahl, Format, Perspektive etc. können **ähnliche Wirkungen wie sprachliche Tropen und Figuren** hervorrufen. Im vorliegenden Bild liegt z. B. eine Metapher vor: Die Rasur ist so perfekt *als wäre* das Körperhaar durch einen Reißverschluss entfernt worden. Die Assoziationen, die das Bild auslöst, werden durch die Sprache unmissverständlich in die Richtung der Werbebotschaft gelenkt.
- Die beiden letzten Arbeitsschritte, ***Memoria*** und ***Actio*** entfallen, da Rezeption und Produktion zeitversetzt ablaufen.

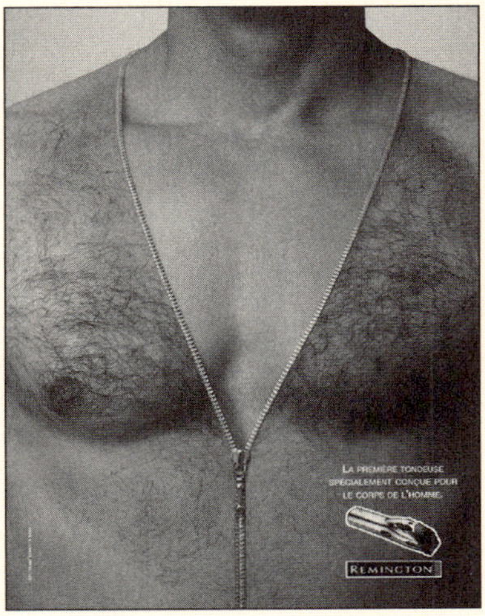

La première tondeuse spécialement conçue pour le corps de l'homme

Zusammenspiel Bild – Text

Das visuelle Element der Printwerbung kann **die sprachliche Botschaft wiederholen** (wie in unserem Beispiel) **oder davon abweichen** (z. B. bei Werbung mit produktfernen Bildern). Da die kongruente Verbindung von Bild und Text die Regel ist, wirkt Inkongruenz aufmerksamkeitsstiftend. Weichen visuelle und sprachliche Botschaften scheinbar voneinander ab, sucht der Leser, wie bei einer Metapher, ein *tertium comparationis*. Der rasche Wandel von Werbestilen zeigt, dass es sich um eine höchst **dynamische kulturelle Kommunikationsform** handelt.

Bildbedeutung

Auf Bilder ohne Text die traditionellen Kategorien der Rhetorik anzuwenden, ist schwieriger. Aussage und Argumentation eines Bildes sind aufgrund eines fehlenden festen Codes für visuelle Wahrnehmung irreduzibel mehrdeutig. Außerdem ist bei einer (sprachlichen) Bildanalyse

Wie werden Texte gestaltet? Rhetorik und Stilistik

zu beachten, dass **Beschreibung und Deutung fließend ineinander übergehen**. Die **Ikonografie** (in der Antike die Porträtkunde) ist eine kunstgeschichtliche Methode, die **Bilddeutungen systematisiert**. Sie untersucht u. a. die (mitunter hochverschlüsselte) **Symbolik der Bildgegenstände** unter Berücksichtigung zeitgenössischer Deutungsmuster und Auslegungstraditionen, z. B. Motive der christlichen Kunst. Diese verknüpft etwa Objekte wie den Apfel und Tiere wie die Schlange fest mit dem Sündenfall und den daraus sich ergebenden Konsequenzen. Bildmotive erscheinen so als **visuelle *Topoi***, also ›Gemeinplätze‹, die von einer Kulturgemeinschaft auf Anhieb verstanden werden. Begründer der Ikonografie als eigenständige Disziplin der Kunstwissenschaft ist Aby Warburg (1866–1929), der eine systematische Lehre der Methode entwickelt (Ikonologie).

Wirklichkeitsabbildung?

Das Bild als scheinbar neutrale Darstellung von Wirklichkeit kann hochgradig inszeniert sein, um gezielte Assoziationen hervorzurufen, also zu manipulieren. Gerade Fotos treten oftmals mit dem Anspruch einer neutralen Realitätsabbildung auf, können den Ausschnitt aber so wählen, dass sie das Dargestellte bereits kommentieren. Es gibt **Automatismen der Wahrnehmung**, die bei scheinbar neutralen Bildern wirksam werden, etwa dass ein frontaler Blick Nähe suggeriert und ein Identifikationsangebot darstellt, während eine Profilansicht eher als Distanznahme gewertet wird (vgl. Müller 2003, 85). Auch ist zu bedenken, dass Bilder sich stärker ins emotionale Gedächtnis einprägen als Worte. Aufgrund ihrer großen Suggestivkraft können sie unterschwellige Botschaften vermitteln, die, weil sie vorrational bleiben, oft umso nachhaltiger wirken. Jedes Bild ist daher auf sein **›intervisuelles‹ Verhältnis zu anderen Bildern** und/oder seinen Ort in **einer (Motiv- und Darstellungs-) Tradition** zu untersuchen (vgl. das Beispiel des Mitterrand-Wahlplakats bei Müller 2003, 67; zu ›Ikonen‹ des Bildgedächtnisses s. Kap. 4.1.2, S. 250, und Kirschenmann/Wagner 2006).

2.5 Interpretation und Wirkung von Texten

Zum Begriff

> Unter → Interpretation (lat.: Deutung, Übersetzung) versteht man den Prozess und das Resultat der Deutung zeichenhafter Äußerungen nach sprachlichen, inhaltlichen und formalen Gesichtspunkten, im engeren Sinne die Deutung schriftlicher (literarischer, theologischer, juristischer etc.) Texte. Die Interpretation untersucht **sprachliche und inhaltliche Strukturen von Texten** als Grundlage für deren Verständnis (›Bedeutung‹). Sie analysiert auch, aufgrund welcher Mechanismen Texte eine **bestimmte kommunikative Wirkung** hervorrufen. Die rein philologische Interpretation erläutert semantische und grammatische Elemente eines Textes, weil diese nicht (mehr) unmittelbar verständlich sind.

Grundgedanke literarischer Interpretation ist, dass ein Text **über ein unmittelbares Verständnis hinaus** Bedeutungen enthält, die erst durch eine genaue Untersuchung der Struktur und des Ausdrucks zum Vorschein kommen. Es reicht also nicht, den Inhalt des Textes noch einmal mit anderen Worten wiederzugeben (das ist Paraphrase oder Nacherzählung, aber noch keine Interpretation), sondern das, was der Text nicht explizit sagt, sondern nur suggeriert, offen zu legen. Dies geschieht maßgeblich anhand folgender Fragen (zur konkreten Umsetzung s. Kap. 5.1):

Fragen an den Text

- Gibt es eine **charakteristische Wortwahl** im Text (inhaltlich und/oder im ›Wortmaterial‹) oder einen charakteristischen **Satzbau**? Welche Wirkung wird dadurch erzeugt?
- Wie sind **Raum- und Zeitstruktur** des Textes, aus welcher **Perspektive** ist der Text geschrieben? Welche Wirkung wird dadurch erzeugt?
- Aus welchen **Teiltexten** besteht der Text? Wie können diese voneinander abgegrenzt werden? Sind die Übergänge zwischen den Teiltexten fließend oder handelt es sich um harte Brüche? Wie verhalten sich die Teiltexte zueinander (Bezogenheit vs. Beziehungslosigkeit)? Welche Wirkung wird dadurch erzeugt?
- Gibt es auffällige **Wiederholungen von Begriffen oder Wortfeldern** im Text? Betreffen diese die Semantik oder den materiellen Wortkörper? Welche Wirkung wird dadurch erzeugt?
- Gibt es auffällige **Kontraste** im Text? Betreffen diese die Semantik oder den materiellen Wortkörper? Welche Wirkung wird dadurch erzeugt?
- Wo sind **Leitwörter, Leitmotive, Leitgedanken** beschreibbar? Woran erkennt man, dass es sich um Leitwörter, Leitmotive, Leitgedanken handelt? Welche Wirkung wird dadurch erzeugt?
- Was **verschweigt** der Text? Gibt es auffällige **Auslassungen**? Welche Wirkung wird dadurch erzeugt?
- Welche **Muster und Schemata** aus anderen Texten klingen an? Welche **gattungstypischen Elemente** kommen vor, werden variiert? Welche Wirkung wird dadurch erzeugt?

- Wie wirkt der **kulturelle Kontext der Entstehungszeit** auf den Text ein und wie der **kulturelle Kontext des Interpreten**?

Die Interpretation erschließt die Bedeutung eines Textes für eine bestimmte Fragestellung, indem sie zeigt, dass die **Art des Ausdrucks und das Ausgedrückte nur zusammen** eine charakteristische Wirkung und Bedeutung haben. In einem ästhetischen Text kann das, was ausgesagt wird, nur genau so ausgesagt werden, wie es erscheint.

Interpretieren heißt, dem Text **nachvollziehbar begründete Bedeutungen** zuzuweisen, die intersubjektiv konsensfähig sind. Dazu muss die Interpretation

- systematisch **auf Argumenten aufbauen**,
- potentiell **widerlegbar** und
- **so einfach und klar wie möglich** strukturiert sein.

Jede Textanalyse ist abhängig von Fragestellung und Methode eines Interpreten, weshalb jede Interpretation **Ausdruck einer Rezipient-Text-Beziehung ist**. Die Fragestellung legt den Rahmen für die Interpretation fest, weshalb keine Interpretation die ›wahre‹ Bedeutung eines Textes ein für allemal bestimmen kann. Drei **Typen von Interpretation** können unterschieden werden:

Interpretationstypen

- **Eine werkimmanente Interpretation** (z. B. der amerikanische *New Criticism*) konzentriert sich nur auf den Text, dessen Beziehungs- und Formenreichtum, ohne Kontextwissen über diesen Text, also biographisches, historisches, sozialgeschichtliches etc. Wissen zu Rate zu ziehen.
- **Eine werktranszendierende Interpretation** (z. B. die marxistische Interpretation) stellt übergreifende Zusammenhänge zwischen dem konkreten Text und dem kulturellen Kontext her (Ideengeschichte, Gattungsgeschichte, Sozialgeschichte etc.).
- **Eine antihermeneutische Interpretation** (z. B. Poststrukturalismus und Diskursanalyse) gibt vor, einen Text nicht-verstehend zu interpretieren, d. h. seine subjektunabhängigen Diskurse und Strukturen freizulegen (vgl. Jahraus/Scheffer 1999).

Adäquat ist eine Interpretation, wenn sie im Hinblick auf ihre Fragestellung überzeugend etwas am Text **sichtbar machen** kann, was ohne sie nicht sichtbar gewesen wäre; brauchbar ist sie, wenn ihre Fragen und Antworten in weiteren Kontexten verwendet werden können, also **anschlussfähig** sind. Bedeutungen, die am Text nicht argumentativ plausibel gemacht werden können, gehören nicht in eine Textinterpretation, damit der notwendig subjektive Ansatzpunkt nicht in Willkür umschlägt.

Autorintention

Die Frage nach dem **Stellenwert der Autorintention bei der Textinterpretation** ist umstritten. Auf der einen Seite wird argumentiert, dass die Intention des Autors für die Textbedeutung zentral ist, so als ähnle der literarische Text intentionalen Akten der Alltagskommunikation. Auf der anderen Seite wird der Text als eigenständiger, von seinem Autor unab-

Interpretation und Wirkung von Texten

hängiger Bedeutungsträger angesehen (z.B. im sogenannten *New Criticism*). Eine dritte, konstruktivistische Position betont die zentrale Position des Rezipienten. Der amerikanische Literaturtheoretiker Stanley Fish (1980) argumentiert z.B., dass Textbedeutung das Ergebnis einer **Interpretationsgemeinschaft** ist. Grundsätzlich gilt: Was vom Autor gemeint ist, muss von dem, was tatsächlich ausgedrückt wird, und von dem, was ein Rezipient versteht, unterschieden werden (vgl. Krah 2006, 44–46).

Zum Begriff

Die → Hermeneutik (›Deutungslehre‹) beschäftigt sich mit **Theorie und Praxis des Verstehens und Interpretierens** von (auch nicht-literarischen) Texten, wobei zwischen erkennendem Subjekt und zu erkennendem Objekt keine absolute Trennung möglich ist (vgl. Nöth 2000, 418–421).

Schleiermacher und Dilthey: Die Hermeneutik entsteht im Umfeld der antiken Homer-Exegese, der juristischen Gesetzesauslegung und im Zusammenhang mit der Deutung der Heiligen Schrift (vgl. Wilpert 2001, 337). Die Bezeichnung leitet sich von Hermes, dem Götterboten her, der die Botschaften der Götter in die Sprache der Menschen übersetzt. Friedrich Schleiermacher (1768–1834) bindet die Deutungslehre in der ersten Hälfte des 19. Jh.s an die grammatische Interpretation einer Sprache und sieht Hermeneutik als **Reproduktion des Produktionsprozesses** an. Wilhelm Dilthey (1833–1911) setzt an deren Stelle eine psychologische Interpretation: Verstehen sei ein Miterleben, in dem die Lebenshorizonte von Leser und Autor zusammenkommen. Dilthey erhebt die Hermeneutik zur **grundlegenden Methode der ›verstehenden‹ Geisteswissenschaften** im Gegensatz zu den ›erklärenden‹ Naturwissenschaften (s. Kap. 1.2.2; zur Geschichte der Hermeneutik vgl. Baasner/Zens 2005, 43–54).

Gadamer: In der zweiten Hälfte des 20. Jh.s entwirft Hans-Georg Gadamer (1900–2002) in seinem Werk *Wahrheit und Methode* (1960) ein umfassendes Verständnis von Hermeneutik als **»Horizontverschmelzung«**: Sinnhorizont des Textes und Verstehenshorizont des Lesers verändern sich wechselseitig. Gadamer bindet die Kunst des Interpretierens an **Einfühlung (Empathie)** zwischen dem Interpreten und dem Text. Sein Kerngedanke ist, dass **Fremdes (der Text) ins eigene Verstehen (die eigene Perspektive) integriert** wird. Zudem hat Textverständnis eine **historische Dimension**: Gegenwartshorizont und historischer Horizont sind wechselseitig aufeinander bezogen.

Zum Begriff

Der hermeneutische Prozess verläuft kreisförmig: Das, was verstanden werden soll, muss schon vorher irgendwie verstanden worden sein (Vorverständnis). Der → hermeneutische Zirkel besagt, dass **Vorverständnis (des Lesers) und Textverständnis einander bedingen**. Im Sinne Gadamers kann jede Deutung als Begegnung zwischen einem Eigen- und einem Fremdhorizont aufgefasst werden.

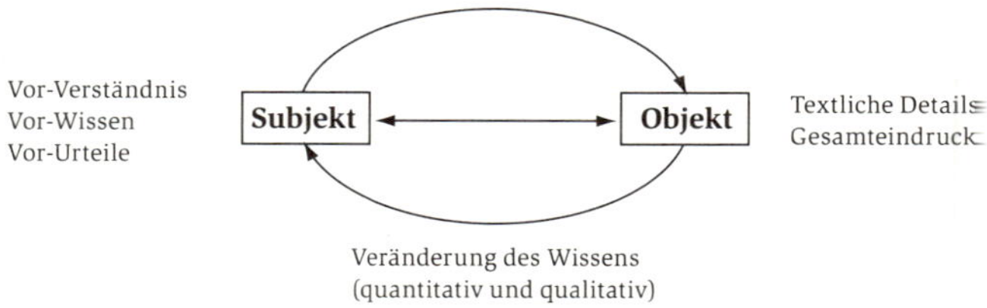

Als Wissenschaftsmethode ist die Hermeneutik nicht unproblematisch, was sich vor allem aus ihrem hohen Grad an Subjektivität erklärt. Gadamer unterscheidet ›richtiges‹ und ›falsches‹ Verstehen. Abweichend davon sieht **Jürgen Habermas** (*1929) Verstehen im Zusammenhang mit handlungsorientiertem Verständnis und Konsensbildung (vgl. Grübel/Grüttemeier/Lethen 2005, 192).

Zur Vertiefung

Isers Theorie der Leerstelle: *Der deutsche Anglist* ***Wolfgang Iser*** *(*1926) beschreibt in seiner zum Standardwerk gewordenen* Theorie ästhetischer Wirkung *(1990) den literarischen Text als mit einem* ***Wirkungspotential ausgestattet, das im Lesevorgang aktualisiert*** *wird. Bedeutungen sind nach Iser verarbeitete Textwirkung, ästhetische Wirkung entsteht in der Wechselwirkung zwischen Textstruktur und Lektüreakt. Entsprechend lautet Isers grundlegende Frage: »Wie sehen die Strukturen aus, die die Verarbeitung der Texte im Rezipienten lenken?« (1990, IV). Isers bekanntester (an Roman Ingarden anschließender) Begriff ist die ›****Leerstelle****‹, die entsteht, wenn Text-Setzungen (also Bedeutungen von Textabschnitten) unvermittelt aneinandergrenzen. Leerstellen fordern den Leser dazu auf, das Ausgesparte, Nicht-Gesagte selbst zu produzieren. Der* ***Text vollendet sich dann in der Sinnkonstitution des Lesers****, der, gelenkt von den Textstrukturen, »das Gemeinte« in einem kreativen Akt selbst hervorbringt (1990, 97). Der Text regt also eine »Dialektik von Zeigen und Verschweigen« an (1990, 79) (vgl. Bode 1988, 318-337).*

Typen von Theorien

Interpretations-, Text- und Literaturtheorien gewichten die Elemente **Autor-Text-Leser** je unterschiedlich:

- **Textzentrierte Theorien:** Der Text wird **in seiner formal-strukturellen wie stilistisch-rhetorischen Beschaffenheit** untersucht. Textelemente werden beschrieben und zueinander in Beziehung gesetzt.
- **Autorzentrierte Theorien:** Sie betonen die **produktionsästhetische Seite**, z. B. die individuellen und gesellschaftlichen Umstände und die äußeren Entstehungsbedingungen der Werke. Ein literarischer Text wird im Licht eines individuellen Schaffensprozesses gesehen.
- **Leserzentrierte Theorien:** Hierunter fallen die Rezeptionsästhetik, die Rezeptionsgeschichte sowie die empirische Rezeptionsforschung. **Rezeptionsästhetische Theorien** heben die Vieldeutigkeit literarischer Werke hervor, da sie die Texte innerhalb eines sich wandelnden Verständnishorizontes lesen (vgl. Baasner/Zens 2005, 179–190).
- **Kontextzentrierte Theorien:** Diese Theorien berücksichtigen bei der Textanalyse lokale und globale Aspekte des **kulturellen Umfeldes** (*New Historicism*, Kulturwissenschaft, postkoloniale Literaturkritik). Soziale Kontexte werden auch in der Ideologiekritik, Sozialgeschichte oder der marxistischen Literaturwissenschaft untersucht.
- **Neuere Theorieansätze** binden Literaturanalyse in **umfassendere Theorien** ein, wie z. B.
  - Kommunikationstheorien (systemtheoretische Literaturwissenschaft),
  - Vermittlungs- und Distributionsprozesse von Literatur (Empirische Literaturwissenschaft),
  - Intertextualitätstheorien,
  - Kognitionspsychologie (Kognitive Narratologie),
  - Anthropologie (vgl. auch Martinez/Scheffel 1999, 145–159).

  Den neueren Theorieansätzen geht es nicht mehr primär um die Ermittlung von Bedeutung literarischer Texte, sondern vielmehr um die **Einsicht in Textstrategien und -verfahren** als Teil einer **allgemeinen Theorie der menschlichen Kommunikation**. Ziel der Textanalyse ist das Verstehen des Prozesses der Bedeutungskonstruktion und die Beschreibung seines Funktionierens.

Verhältnis von Theorie und Methode

Jede wissenschaftliche Interpretation stützt sich auf eine **explizite Methode** (lat.: regelgeleitetes Vorgehen). Eine Methode macht Vorschriften bezüglich der Abfolge intersubjektiv nachvollziehbarer Analyseschritte. Eine Textanalyse ist methodisch, wenn sie in einen **systematischen Theoriezusammenhang** eingebettet ist. Eine **Theorie** (griech.: geistiges Anschauen, wissenschaftliche Betrachtung) dient dazu, **wissenschaftliche Praxis anzuleiten**. Sie entwirft einen »Plan, mit dessen Hilfe die Zusammenhänge zwischen dem Standpunkt der Forschenden, möglichen Gegenständen und den Chancen wie Grenzen ihrer Erforschbarkeit analysiert werden« (Baasner/Zens 2005, 94). Die Theorie schlägt im Abstrakten einen Weg vor, wie begründet und kontrolliert Fragestellungen durch die Verwendung geeigneter Verfahren zu Erkenntnissen bezüglich eines Untersuchungsgegenstandes führen (ebd.). Je expliziter die Theorie ist, die einer Interpretation zugrunde liegt, desto präziser können die erzielten Ergebnisse beurteilt und verwendet werden.

Literaturwissenschaft und Kulturwissenschaft

Die Literaturwissenschaft lehrt den methodischen Umgang mit Texten und die theoriegestützte Textinterpretation und -analyse. In diesem Sinne gibt sie der Kulturwissenschaft wertvolle Werkzeuge an die Hand:

> Literaturwissenschaft lässt sich [...] nicht am Gegenstand festmachen, [...] sondern an Methoden, verstanden als Bereitstellung und Weiterentwicklung von Beschreibungsinventaren, Analyseinstrumentarien und Theoriemodellen, deren Angemessenheit für verschiedene Gegenstandsbereiche sich in der Praxis erweist und zu erweisen hat; Methoden, die es gestatten, den Gegenstandsbereich der Literaturwissenschaft mit anderen Objektbereichen und mit objektbereichs-unspezifischen Fragestellungen zu konfrontieren. Literaturwissenschaft ist in diesem Sinne als Kulturwissenschaft zu sehen. (Krah 2006, 38 f.)

Grundlegende Literatur

Arnold, Heinz Ludwig/Detering, Heinrich (Hg.): Grundzüge der Literaturwissenschaft. München 1996.
Brackert, Helmut/Stückrath, Jörn (Hg.): Literaturwissenschaft. Ein Grundkurs. Reinbek 1992.
Burdorf, Dieter et al. (Hg.): Metzler Lexikon Literatur. Stuttgart/Weimar ³2007.
Bußmann, Hadumond (Hg.): Lexikon der Sprachwissenschaft. Stuttgart ³2002.
Grübel, Rainer/Grüttemeier, Ralf/Lethen, Helmut: BA-Studium Literaturwissenschaft. Ein Lehrbuch. Reinbek 2005.
Hess, Rainer/Siebenmann, Gustav/ Stegmann, Tilbert: Literaturwissenschaftliches Wörterbuch für Romanisten (LWR). Tübingen ⁴2003.
Jahraus, Oliver/Scheffer, Bernd (Hg.): Interpretation, Beobachtung, Kommunikation. Avancierte Literatur und Kunst im Rahmen von Konstruktivismus, Dekonstruktivismus und Systemtheorie. Tübingen 1999.
Klausnitzer, Ralf: Literaturwissenschaft. Begriffe – Verfahren – Arbeitstechniken. Berlin/New York 2004.
Krah, Hans: Einführung in die Literaturwissenschaft/Textanalyse. Kiel 2006.
Müller, Marion G.: Grundlagen der visuellen Kommunikation. Theorieansätze und Analysemethoden. Konstanz 2003.
Nünning, Ansgar (Hg.): Metzler Lexikon Literatur- und Kulturtheorie. Ansätze – Personen – Grundbegriffe. Stuttgart/Weimar ³2004.
Wilpert, Gero v.: Sachwörterbuch der Literatur. Stuttgart ⁸2001.

Texttheorie

Corbineau-Hoffmann, Angelika: Die Analyse literarischer Texte. Einführung und Anleitung. Tübingen/Basel 2002.
Hauptmeier, Helmut/Schmidt, Siegfried J.: Einführung in die empirische Literaturwissenschaft. Braunschweig/Wiesbaden 1985.
Jakobson, Roman: Selected Writings. Bd. 3: Poetry of grammar and grammar of Poetry. The Hague/Paris/New York 1981.
Kittler, Friedrich: Aufschreibesysteme 1800/1900. München 1985.
Lotman, Jurij M.: Die Struktur literarischer Texte. München 1972.
Moser, Sibylle: Komplexe Konstruktionen. Systemtheorie, Konstruktivismus und empirische Literaturwissenschaft. Wiesbaden 2001.
Müske, Eberhard: Diskurssemiotik. Zur funktionellen Integration des Frame-Konzepts in ein dynamisches Modell literarisch-künstlerischer Texte. Stuttgart 1992.
Scheffer, Bernd: »Interpretation, Medieninterpretation – über Analyse und Wissenschaft hinaus. Plädoyer für eine selbstverständliche, un(zu)gehörige, essayistische Schreibweise«. In: Jahraus/Scheffer 1999, 199–240.

Interpretation und Wirkung von Texten

Titscher, Stefan/Wodak, Ruth/Meyer, Michael/Vetter, Eva: Methoden der Textanalyse. Leitfaden und Überblick. Opladen/Wiesbaden 1998.

Semiotik

Eco, Umberto: Einführung in die Semiotik. München 1972.
–: Semiotik. Entwurf einer Theorie der Zeichen. Frankfurt a. M. 1987.
Koch, Walter A. (Hg.): Semiotik in den Einzelwissenschaften. 2 Bde. Bochum 1990.
Nöth, Winfried: Handbuch der Semiotik. Stuttgart/Weimar ²2000.
Ogden, Charles K./Richards, Ivor A.: The meaning of meaning. A study of the influence of language upon thought and of the science of symbolism. London 1994.
Sottong, Hermann J./Müller, Michael: Zwischen Sender und Empfänger. Eine Einführung in die Semiotik der Kommunikationsgesellschaft. Bielefeld 1998.

Gattungen und Textsorten

Albersmeier, Franz-Josef: Theater, Film und Literatur in Frankreich. Medienwechsel und Intermedialität. Darmstadt 1992.
Aristoteles: Poetik. Übers. und hg. von Manfred Fuhrmann. Stuttgart 1982.
Asmuth, Bernhard: Einführung in die Dramenanalyse. Stuttgart ⁶2004.
Aumont, Jacques/Marie, Michel (Hg.): L'analyse des films. Paris 1988.
Bachtin, Michail: »Formen der Zeit und des Chronotops im Roman. Untersuchungen zur historischen Poetik« [1938]. In: Ders.: Untersuchungen zur Poetik und Theorie des Romans. Hrsg. von Edward Kowalski, Michael Wegner. Berlin 1986, 262–464.
Brauneck, Manfred/Schneilin, Gérard (Hg.): Theaterlexikon. Begriffe und Epochen, Bühnen und Ensembles. Hamburg ²1990.
Burdorf, Dieter: Einführung in die Gedichtanalyse. Stuttgart/Weimar ²1997.
Coenen, Hans Georg: Französische Verslehre. Ein Lehr- und Arbeitsbuch. Darmstadt 1998.
Combe, Dominique: Les genres littéraires. Paris 1992.
Couprie, Alain: Le théâtre. Texte, dramaturgie, histoire. Paris 1995.
Elwert, Theodor: Französische Metrik. München ⁸1978.
Erzgräber, Willi/Goetsch, Paul (Hg.): Mündliches Erzählen im Alltag, fingiertes mündliches Erzählen in der Literatur. Tübingen 1987.
Faulstich, Werner: Die Filminterpretation. Göttingen 1988.
Fischer-Lichte, Erika: Semiotik des Theaters. Eine Einführung. Bd. 1: Das System der theatralischen Zeichen. Bd. 3: Die Aufführung als Text. Tübingen 1983.
–: Ästhetische Erfahrung. Das Semiotische und das Performative. Tübingen/Basel 2001.
–/**Kolesch, Doris/Warstat, Matthias** (Hg.): Metzler-Lexikon Theatertheorie. Stuttgart/Weimar 2005.
Foyard, Jean: Stylistique et genres littéraires. Dijon 1991.
Genette, Gérard: Figures II. Figures III. Paris 1969/1972.
Grimm, Jürgen: Französische Klassik. Stuttgart/Weimar 2005.
Gülich, Elisabeth/Raible, Wolfgang (Hg.): Textsorten. Differenzierungskriterien aus linguistischer Sicht. Wiesbaden ²1975.
Hartwig, Susanne: Typologie des Zweiakters. Mit einer Untersuchung der Funktion zweiaktiger Strukturen im Theater Arthur Adamovs. Tübingen 2000.
Hempfer, Klaus W.: Gattungstheorie. Information und Synthese. München 1973.
Hickethier, Knut: Film- und Fernsehanalyse. Stuttgart/Weimar ⁴2007.
Hinck, Walter (Hg.): Textsortenlehre – Gattungsgeschichte. Heidelberg 1977.
Horn, András: Theorie der literarischen Gattungen. Ein Handbuch für Studierende der Literaturwissenschaft. Würzburg 1998.
Jauß, Hans Robert: »Theorie der Gattungen und Literatur des Mittelalters«. In: Ders./Erich Köhler (Hg.): Grundriß der romanischen Literaturen des Mittelalters. Bd. I. Heidelberg 1972, 107–138.
Kanzog, Klaus: Grundkurs Filmsemiotik. München 2007.
Klotz, Volker: Geschlossene und offene Form im Drama. München 1960.
Korte, Helmut: Einführung in die Systematische Filmanalyse. Berlin ²2001.

Interpretation und Wirkung von Texten

Kurz, Gerhard: Macharten. Über Rhythmus, Reim, Stil und Vieldeutigkeit. Göttingen 1999.
Lämmert, Eberhard: Bauformen des Erzählens. Stuttgart 1955.
Lamping, Dieter: Das lyrische Gedicht. Definitionen zu Theorie und Geschichte der Gattung. Göttingen ^{2}1993.
Lehmann, Hans-Thies: Postdramatisches Theater. Frankfurt a. M. 1999.
Lotman, Jurij M.: »Zum Problem des künstlerischen Raums in Gogol's Prosa« [1968]. In: Ders.: Aufsätze zur Theorie und Methodologie der Literatur und Kultur. Hg. von Karl Eimermacher. Kronberg 1974, 200–271.
Ludwig, Hans-Werner (Hg.): Arbeitsbuch Romananalyse. Tübingen ^{4}1993.
Mahler, Andreas/Weich, Horst: »Grundfragen der Analyse von Lyrik und Chanson«. In: Ingo Kolboom/Thomas Kotschi/Edward Reichel (Hg.): Handbuch Französisch. Sprache – Literatur – Kultur – Gesellschaft. Für Studium, Lehre, Praxis. Berlin 2003, 655–659.
Martinez, Matias/Scheffel, Michael: Einführung in die Erzähltheorie, München 1999.
Mazaleyrat, Jean: Éléments de métrique française. Paris ^{7}1990.
Monaco, James: Film verstehen. Kunst, Technik, Sprache, Geschichte und Theorie des Films und der Medien. Reinbek ^{7}2006.
Nünning, Ansgar: »›But why will you say that I am mad?‹ On the Theory, History and Signals of Unreliable Narration«. In: Arbeiten aus Anglistik und Amerikanistik 22.1 (1997), 83–105.
Paech, Joachim: Literatur und Film. Stuttgart ^{2}1997.
Pavis, Patrice: Dictionnaire du théâtre. Paris 1996.
Pfister, Manfred: Das Drama. Theorie und Analyse. München ^{11}2001.
Platz-Waury, Elke: Drama und Theater. Eine Einführung. Tübingen ^{5}1999.
Raible, Wolfgang: »Was sind Gattungen? Eine Antwort aus semiotischer und textlinguistischer Sicht«. In: Poetica 12 (1980), 320–349.
Stanzel, Franz K.: Theorie des Erzählens. Göttingen 1979.

Rhetorik und Stilistik

Aristoteles: De arte rhetorica. Hg. von F. Sieveke. München 1980.
Coenen, Hans Georg: Rhetorisches Argumentieren im Licht antiker und moderner Theorien. Eine Einführung. Baden-Baden 2006.
Göttert, Karl-Heinz: Einführung in die Rhetorik. Grundbegriffe, Geschichte, Rezeption. München ^{3}1998.
Kirschenmann, Johannes/Wagner, Ernst (Hg.): Bilder, die die Welt bedeuten. ›Ikonen‹ des Bildgedächtnisses und ihre Vermittlung über Datenbanken. München 2006.
Lausberg, Heinrich: Elemente der literarischen Rhetorik. Eine Einführung für Studierende der klassischen, romanischen, englischen und deutschen Philologie [1963]. Ismaning ^{10}1990.
Ottmers, Clemens: Rhetorik. Stuttgart/Weimar ^{2}2007.
Plett, Heinrich F.: Systematische Rhetorik. München 2000.
Sowinski, Bernhard: Stilistik. Stiltheorien und Stilanalysen. Stuttgart/Weimar ^{2}1999.

Interpretation und Wirkung

Baasner, Rainer/Zens, Maria: Methoden und Modelle der Literaturwissenschaft. Eine Einführung. Berlin ^{3}2005.
Bode, Christoph: Ästhetik der Ambiguität. Zu Funktion und Bedeutung von Mehrdeutigkeit in der Literatur der Moderne. Tübingen 1988.
Daemmrich, Horst S./Daemmrich, Ingrid: Themen und Motive in der Literatur. Ein Handbuch. Tübingen ^{2}1996.
Fish, Stanley: Is There a Text in This Class? The Authority of Interpretative Communities. Cambridge, Mass/London 1980.
Frenzel, Elisabeth: Motive der Weltliteratur. Ein Lexikon dichtungsgeschichtlicher Längsschnitte. Stuttgart ^{4}1992.
–: Stoffe der Weltliteratur. Ein Lexikon dichtungsgeschichtlicher Längsschnitte. Stuttgart ^{8}1992a.

Literatur

Fröhlicher, Peter: Theorie und Praxis der Analyse französischer Texte. Eine Einführung. Tübingen 2004.

Geisenhanslüke, Achim: Einführung in die Literaturtheorie. Von der Hermeneutik zur Medienwissenschaft. Darmstadt 2003.

Harth, Dietrich/Gebhardt, Peter (Hg.): Erkenntnis der Literatur. Theorien, Konzepte, Methoden der Literaturwissenschaft. Stuttgart 1982.

Iser, Wolfgang: Der Akt des Lesens. Theorie ästhetischer Wirkung. München ³1990.

Jahraus, Oliver: Literaturtheorie. Theoretische und methodische Grundlagen der Literaturwissenschaft. Tübingen/Basel 2004.

Nünning, Ansgar (Hg.): Literaturwissenschaftliche Theorien, Modelle und Methoden. Eine Einführung. Trier ⁴2004.

Titzmann, Michael: Strukturale Textanalyse. München 1977.

Warning, Rainer: Rezeptionsästhetik. Theorie und Praxis. München ²1979.

3. Geschichte der französischen Literatur (und Kultur)

3.1 | Literaturgeschichtsschreibung

Bei der Interpretation eines literarischen Textes ist es unerlässlich, eine **Vorstellung von dessen Entstehungszeit** zu gewinnen, da ansonsten die Gefahr besteht, ungeeignete (z. B. anachronistische) Beschreibungskategorien zu wählen. Allgemeine Informationen zu literarischen Epochen finden sich in Literaturgeschichten.

Zum Begriff

→ Literaturgeschichten ordnen literarische Texte in ihren historischen und ideengeschichtlichen Kontext ein. Sie beschreiben im Längs- und im Querschnitt den Zusammenhang, in dem Einzeltexte, Gesamtwerk und Autor stehen. Sie dienen der **Kanonbildung** (Auswahl repräsentativer Werke), der **Periodisierung** (Abgrenzung literarischer Epochen, Etappen der Literaturentwicklung) und der **Typologisierung** (Gruppierung von Texten und Charakterisierung von Schreibweisen). Literaturgeschichtliche Begriffe sind ein zentraler Aspekt literarischer Kompetenz, da sie Informationen enthalten, die beim Umgang mit Texten allgemein für wichtig erachtet werden.

Jede Art von Literaturgeschichtsschreibung muss **grundlegende Entscheidungen** treffen bezüglich der Auswahl aus einer nahezu unüberschaubaren Menge von Texten und deren sinnvoller Gruppierung. Die drei Aspekte **Kanonbildung, Periodisierung und Typologisierung** bedingen einander, denn Literaturgeschichtsschreibung ist eine komplexe Konstruktion der Literaturentwicklung. Traditionell wird die Literaturproduktion nach Jahrhunderten eingeteilt, wobei in der Regel nur kanonisierte Werke berücksichtigt werden. Es ist jedoch eine Binsenweisheit, dass eine literarische Epoche nicht am 1. Januar des Jahres 0 eines Jahrhunderts beginnt und am Silvestertag des Jahres 99 endet. Unbestritten ist auch, dass

Literaturgeschichtsschreibung

literarische Strömungen nicht plötzlich mit einem Musterbeispiel vom Himmel fallen. Sie **entwickeln sich** vielmehr erst allmählich und müssen sich **gegen konkurrierende Strömungen** behaupten, die auf ältere Epochen verweisen oder schon neue ankündigen. Auch ist zu bedenken, dass ein literarischer Text nicht aufgrund ihm innewohnender überragender Qualitäten allein (manchmal sogar obwohl diese fehlen!) in den Kanon etwa der National- oder Weltliteratur erhoben wird, sondern dass er diesen Status aufgrund von **unterschiedlichen Auswahlverfahren einer Gesellschaft** zugewiesen bekommt. In der Einschätzung von Literatur gibt es wie überall Modeerscheinungen, die den jeweiligen Zeitgeschmack des Lesepublikums widerspiegeln.

Auswahl der Texte

Die Auswahl des Gegenstandsbereiches ist die erste, die jede Literaturgeschichte treffen muss. Diesen kann sie auf verschiedene Arten konstruieren:

- normativ (z. B. Geschichte der ›hohen‹ Literatur),
- universell (z. B. Geschichte der Weltliteratur),
- national (z. B. Geschichte der Literatur Frankreichs),
- anhand einer Sprache (z. B. Geschichte der französischen Literatur),
- anhand einer Gattung (z. B. Geschichte des Romans),
- anhand einer Autorengruppe (z. B. Geschichte der Literatur von Frauen),
- anhand eines Motivs (z. B. Geschichte der literarischen Darstellung des Brudermordes),
- anhand eines Themas (z. B. Geschichte der Liebesliteratur) etc.

Die Frage nach der Repräsentativität von Einzeltexten in Bezug auf den ausgewählten Gegenstandsbereich stellt sich in einem zweiten Schritt. Texte können unter sehr verschiedenen Aspekten untersucht werden und folglich je verschiedene Literaturgeschichten hervorbringen. Baasner erläutert entsprechend: »Wollte man etwa die Geschichte der mißlungenen Werke oder, im Gegenteil, eine der besonders gelungenen Werke anlegen, so wäre zunächst die Kategorie des Gelungenseins zu bestimmen. Von der entsprechenden Auswahl bliebe zu erwarten, daß die ersteren der Geschichten ganz andere Werke als die zweite enthielte« (1996, 32).

Abschließend müssen die Texte **ihrer Bedeutung entsprechend hierarchisiert** werden. Die Einschätzung des Wertes von Texten für die Darstellung des Gegenstandsbereiches bestimmt, in welcher Reihenfolge sie abgehandelt werden und wie viel Platz ihnen jeweils eingeräumt wird. Für die nationale Literaturgeschichtsschreibung bietet sich etwa die Einteilung in sogenannte **›große‹ und ›kleine‹ Autoren** an, wobei sich die Frage aufdrängt, wer dies festlegen kann. Erfolg beim zeitgenössischen Publikum geht nicht zwangsläufig mit dem Wert eines Textes für die literarische Entwicklung einher, der oft erst nachträglich erkannt wird. Texte, die den Zeitgeschmack widerspiegeln (z. B. die religiöse Literatur des 17. Jhs.) sind oftmals nicht diejenigen Texte, die von späteren Generationen auch als lesenswert eingestuft werden. Da jede Hierarchie von Wertkriterien ausgeht und nur in Bezug auf diese Wertkriterien sinnvoll ist, ist es unerlässlich, sie explizit anzugeben.

Literaturgeschichtsschreibung

Texte, die als mustergültig angesehen werden und daher der Überlieferung und späteren Lektüre wert erscheinen, bilden den sogenannten Kanon. Die **zugrunde liegenden Wertkriterien** können moralischer, ästhetischer oder ökonomischer Art sein. Der literarische Kanon ist überindividuell und hat ideologischen und sozialen Charakter (vgl. Grübel/Grüttemeier/Lethen 2005, 184; Röseberg 2001, 71–75): Normen und Werte einer Gesellschaft bestimmen, welche Texte dem allgemeinen Bildungsgut angehören sollen und entsprechend **institutionell (über Schulen und Universitäten) tradiert** werden. Dabei bestimmen viele außerliterarische Gründe – z. B. die Verlagspolitik oder die Logik des Buchmarktes – den Wert eines Textes für die Nachwelt. Dieser Wert hängt nicht zuletzt auch damit zusammen, welche **Funktion** (Unterhaltung, Belehrung, Reflektion, Engagement, Innovation, Breitenwirkung etc.) der Literatur zugeschrieben wird und welche ideologischen Prämissen für das Werturteil hinzugezogen werden. Entsprechend wird der Kanon immer wieder kritisch hinterfragt, indem neue Kriterien der Textbewertung entwickelt werden oder alte verschwinden (**Kanonrevision**).

Etappen der Literaturentwicklung

Periodisierung bedeutet, Texte literarischen Strömungen und Epochen zuzuordnen. Die Abgrenzung literarischer Epochen steht dabei vor dem Problem der »**Gleichzeitigkeit des Ungleichzeitigen**« (der Ausdruck stammt von Siegfried Kracauer), d. h. der untrennbaren Überlagerung von bereits vorhandenen und neu einsetzenden Strömungen. Wird eine literarische Strömung beispielsweise mit einem Etikett versehen, muss dieses nicht der überwiegenden Mehrzahl der Textproduktion der betreffenden Epoche entsprechen, sondern beschreibt u. U. lediglich eine innovative, aber noch nicht weit verbreitete Form des Romans.

Epochenschwellen: Schwierig zu entscheiden ist, ab welchem Zeitpunkt sich latente ästhetische Veränderungen in einem klaren **Umbruch** bemerkbar machen, wann also Schwellen in der Literaturentwicklung anzusetzen sind. Vielfach wird dabei ein **exemplarisches Werk** benannt, z. B. das Erscheinungsjahr der *Méditations poétiques* Alphonse de Lamartines (1820) als Beginn der Romantik oder das Jahr der Uraufführung von *En attendant Godot* Samuel Becketts (1953) als Beginn des sogenannten ›absurden‹ Theaters. Solche Prototypen machen indes lediglich schlagartig Literaturströmungen bewusst, die bereits lange Zeit vorbereitet wurden: Romantische Strömungen können beispielsweise auf Jean-Jacques Rousseau (1712–1778) zurückverfolgt werden (s. Kap. 3.4.4), und das ›absurde Theater‹ steht in der Tradition Alfred Jarrys (1873–1907; s. Kap. 3.6.2). Exemplarische Texte kennzeichnen daher eher das ***Bewusstsein* eines Umbruchs**, weshalb man auch von **Epochenschwellen** spricht (vgl. Steinwachs 1985). Periodisierung ist die Konstruktion derartiger Schwellen in einem zeitlichen Kontinuum, durch die eine Periode erkennbar wird. Die Epoche ist daher ein »Zeitabschnitt, der durch ein System von literarischen Normen, Maßstäben und Konventionen beherrscht wird und dessen Beginn, Ausbreitung, Veränderung, Integration und Verschwinden verfolgt werden kann« (Wellek/Warren 1972, 291).

Literaturgeschichtsschreibung

Epochenbezeichnungen sind Orientierungspunkte, die sich eingebürgert haben, oft aber nicht systematisch aufeinander verweisen. Vielfach sind Epochen nur unbefriedigend gegeneinander abgegrenzt. **Uneinheitlich** ist die Vermischung geschichtlicher (›Mittelalter‹), kunstgeschichtlicher (›Renaissance‹, ›Barock‹), politischer (›Französische Revolution‹), philosophischer (›Aufklärung‹) und auch jenseits von Kunst, Literatur und Philosophie verwendbarer Begriffe (›Klassik‹), die neben rein chronologischen Einteilungen (*L'entre-deux-guerres*) stehen. Begriffe, die nicht aus der Literaturwissenschaft stammen, werden oftmals nur metaphorisch auf die Literatur übertragen und bleiben damit schwammig.

Epochenbezeichnungen können auch eine unterschwellige Logik suggerieren, etwa ein **evolutionäres Grundmuster**. Ein solches geht von Blütezeiten der Literatur aus, die jeweils durch Vorläufer angekündigt werden und in einer Zeit des Verfalls ausklingen. Erich Köhler (1983) benutzt beispielsweise den zu Beginn des 20. Jh.s eingeführten Begriff ›Vorklassik‹ und legt damit nahe, dass diese Epoche eine andere vorbereitet – eben die ›Klassik‹; entsprechend suggeriert ein Begriff wie ›Nachklassik‹ den allmählichen Verfall einer Glanzzeit. Weder Vor- noch Nachklassik werden dabei als eigenständige Zeitabschnitte angesehen, sondern nur als Anhängsel (Auftakt oder Nachklang) einer Blütezeit. Wesentlich neutraler sind Epochenbezeichnungen, die die **Komplementarität verschiedener Literaturströmungen** betonen. Viele neuere Literaturgeschichten gehen dazu über, eine Epoche anhand verschiedener Geschichten zu konstruieren (zur Problematik von Epochenkonstruktionen vgl. auch Klausnitzer 2004, 158–160).

Zur Vertiefung

Geschichtliche Daten *spielen oft eine nicht unbeträchtliche Rolle auch für die Literaturproduktion und werfen damit die grundlegende Frage auf, inwieweit die Ereignisgeschichte und – allgemeiner noch – alle außerliterarischen Faktoren für die literarische Epochenbildung eine Rolle spielen. Literarische Werke spiegeln vielfach in konzentrierter Form Denkweisen und Vorstellungsmuster einer historischen Epoche und damit auch wichtige soziale Umbrüche wider, weil sie Bestandteil gesellschaftlicher und kultureller Praktiken sind. Andererseits haben sie aber auch* ***antizipatorischen*** *(vorwegnehmenden, wegweisenden) Charakter, weil sie die Ausformung neuer Denkweisen vorbereiten, die noch keine gängige soziale Praxis sind. Bei der Beantwortung der Frage, wie sich Bewusstseinszustände, Ereignisgeschichte und Literatur gegenseitig beeinflussen, ist daher von einem* ***komplexen Bedingungsgefüge*** *auszugehen. Literatur erscheint in einem Geflecht von politischen, ökonomischen, sozialen und kulturellen Entwicklungen, so dass Literaturgeschichtsschreibung die Einbettung literarischer Texte in die Geschichte und zugleich die Spiegelung der Geschichte in literarischen Texten berücksichtigt (vgl. Grübel/Grüttemeier/Lethen 2005, 3[illegible]).*

Typologisierung

Die systematische Ordnung von Texten anhand von Kriterien, die als relevant erachtet werden, nennt man Typologisierung. Typologisierungen erfolgen über **wiederkehrende Merkmale von Texten** und sind meist recht abstrakt, da sie sich nur auf wenige Aspekte konzentrieren und eine

Literaturgeschichtsschreibung

Fülle möglicher anderer Merkmale von Einzeltexten vernachlässigen. Der Vorteil einer Typologie ist, Texte vergleichbar zu machen. Dabei können **thematisch-stoffliche** (z. B. das bürgerliche Drama im 18. Jh.), **formale** (z. B. das Sonett) oder **stilistische und strukturelle** Gemeinsamkeiten (z. B. das Märchen) als **Ordnungskriterien** herangezogen werden. Soll das Werk eines Autors typologisiert werden, kann die Orientierung auch an Schaffensphasen erfolgen. Die gängigste Form der Typologisierung ist die Unterscheidung nach Gattungen und Untergattungen (s. Kap. 2.1).

***Eine* mögliche Geschichte:** Jede Literaturgeschichte ist nur *eine* unter vielen anderen möglichen Geschichten. Im Folgenden seien **zwei Beispiele literarischer Epocheneinteilungen** anhand des Aufbaus der Literaturgeschichte vorgestellt.

Epocheneinteilung nach Pichois (1968–79)

Großkategorie	Bandeinteilung
Le moyen âge	Des origines à 1300 1300–1480
La renaissance	1480–1548 1548–1570 1570–1624
L'âge classique	1624–1660 1660–1680 1680–1720
Le XVIIIe siècle	1720–1750 1750–1778 1778–1820
Le romantisme	1820–1843 1843–1869 1869–1896
Le vingtième siècle	1896–1920 1920–1970

Claude Pichois wählt Jahreszahlen wichtiger literarischer Neuerscheinungen als Eckdaten seiner Einteilung. Diese haben indes keineswegs immer das gleiche Gewicht. Einige Jahreszahlen wirken zudem wie Verlegenheitskategorien (1300, 1970).

Anders als Pichois gibt das Inhaltsverzeichnis der **Literaturgeschichte von Grimm keine präzisen Eckdaten** vor. Sie widmet zudem den frankophonen Literaturen ein ganzes Kapitel.

Epocheneinteilung nach Grimm (2006)

Kapitelüberschriften
▪ Früh- und Hochmittelalter ▪ Das Spätmittelalter ▪ Literatur der Renaissance ▪ Das Jahrhundert der Klassik ▪ Literatur des 18. Jahrhunderts ▪ Vom Ende der großen Revolution zur Kommune: Romantik und Realismus ▪ Literatur und Gesellschaft im Wandel der III. Republik ▪ Nach dem Zweiten Weltkrieg ▪ Von der Ära Mitterrand bis zur Gegenwart ▪ Frankophone Literaturen ausserhalb Frankreichs

Literaturgeschichtsschreibung

Innerhalb der einzelnen Kapitel legt Grimms Literaturgeschichte **verschiedene Schnitte** durch die Jahrhunderte z.T. anhand literaturwissenschaftlicher und mentalitätsgeschichtlicher Kategorien. Den Autoren geht es darum, »Umbrüche im Denken und Fühlen der Menschen« (Grimm 2006, X) zu markieren. Der im Folgenden dargestellte Aufbau eines Kapitels verdeutlicht die Vorgehensweise: Auf eine **sozialgeschichtliche Einleitung**, die den Kontext der Literaturproduktion umreißt, folgen Einzelkapitel mit der **Darstellung der Großgattungen** Epos/Roman, Theater und Lyrik; zudem werden auch schwer klassifizierbare Literaturformen berücksichtigt.

Das Jahrhundert der Klassik bei Grimm (2006)

Überschrift	Einteilung
Das Jahrhundert der Klassik	▪ Literatur und Kunst im Zeitalter der absoluten Monarchie ▪ Auf der Suche nach Erkenntnis und Wahrheit ▪ Eine zweite Renaissance der Lyrik ▪ Realitätsflucht, Wirklichkeit und Utopie im Roman ▪ Das Theater als Schule der ›honnêteté‹ und Staatsräson ▪ Die höfische Gesellschaft im Brennspiegel des Theaters ▪ Metamorphosen der Lyrik ▪ Salongattungen und ihre Ästhetik der ›négligence‹ und ›diversité‹ ▪ Die Öffnung des Romans zur Geschichte ▪ Kanzelredner und Philosophen ▪ Das ›siècle classique‹ im Urteil der Moralisten und Utopisten ▪ Würdigung der Epoche

Inhaltsverzeichnisse von Literaturgeschichten sehen sich **grundsätzlichen Problemen von Periodisierungen** gegenüber:

Probleme von Periodisierungen

1. **Die Einteilung in Jahrhunderte** vor allem bei der älteren Literatur (z. B. in Frankreich dominant): Die Bezeichnung ›Mittelalter‹ ist eine reine historische Verlegenheitskategorie, die (eher abschätzig, so als handle es sich um eine bloße Durchgangszeit) einen tausend Jahre umfassenden Zeitabschnitt benennt.

2. **Die Suggestion länderübergreifender Uniformität:** Gerade bei Bezeichnungen, die auch in anderen Nationalliteraturen gängig sind (›Renaissance‹, ›Barock‹, ›Klassik‹ etc.) entsteht bei oberflächlicher Betrachtung der Eindruck, als bezeichneten die gleichen Begriffe auch gleiche Phänomene, was indes nicht der Fall ist. So unterscheiden sich beispielsweise die Barockzeit in Frankreich, Deutschland und Spanien durch gewichtige charakteristische Eigenheiten.

3. **Die Verwendung von Daten der Ereignisgeschichte als Eckdaten:** Sicherlich haben politisch einschneidende Ereignisse einen erheblichen Einfluss auf die Literaturproduktion, doch gibt es **keine allgemein begründbaren Kriterien** dafür, wie (un)mittelbar ein solcher Einfluss sein muss, um ein Klassifikationskriterium darzustellen. Bisweilen

machen sich technische, soziale, ökonomische etc. Umwälzungen erst mit einiger Zeitverzögerung in der Literaturproduktion bemerkbar.

- In der Mitte des 15. Jh.s entsteht beispielsweise durch die **Erfindung des Buchdrucks** durch Gutenberg eine völlig neue Situation für die Literatur. Waren vormals Lektüre und Schriftdeutung wenigen Gebildeten vorbehalten, kann sich nunmehr der Typus des ›Lesers als Individuum‹ entwickeln, was Texten einen völlig neuen gesellschaftlichen Stellenwert und Charakter verleiht. Eine **Neubestimmung der Funktion von Literatur** erfolgt allerdings erst allmählich, so dass der Zeitpunkt der Erfindung des Buchdrucks noch keine einschneidende Zäsur darstellt.
- Selbst bei markanten Wendepunkten der Ereignisgeschichte sind die **Folgen für die Literatur zeitverzögert**. So kann darüber gestritten werden, ob ein Aufschwung der Literatur nach den Religionskriegen (1594 mit der Krönung des zum Katholizismus konvertierten Heinrich IV. oder 1598 mit dem Erlass des Ediktes von Nantes, das den Protestanten die Freiheit zur Ausübung ihres Kultes gewährt) oder eher ab dem Jahr 1624 anzusetzen ist (Richelieu wird zum leitenden Minister und beginnt mit seinem kulturellen Zentralisierungsprogramm). Langfristige Prozesse literarischen Wandels können mit festen Jahreszahlen nicht sichtbar gemacht werden.
- Unmittelbarer ist die **Wirkung eines geschichtlichen Ereignisses** zu spüren, wenn etwa ein neuer Mäzen auf der gesellschaftlichen und/oder politischen Bühne erscheint oder ein alter abtritt. Der Beginn der Alleinherrschaft Ludwig XIV. (1661) hat die allmähliche Verdrängung anderer Kunstförderer zu Folge und führt entsprechend zu einer verstärkten Ausrichtung der Literatur auf den Geschmack des Publikums am Königshof.

Viele soziale oder politische Umwälzungen sind zudem die Umsetzung (und/oder Radikalisierung) von Ideen, die sich schon lange vorher in der kulturellen Textproduktion finden.

Es darf also mit Recht die Frage gestellt werden, ob eine Orientierung an der Ereignisgeschichte im Falle der Literaturgeschichtsschreibung nicht durch eine **Orientierung an der Strukturgeschichte** ersetzt werden muss, also an einer Geschichte, die Gemeinsamkeiten typischer Phänomene in ihrer Entwicklung herausarbeitet (vgl. Baasner 1996, 34) und gesellschaftliche Entwicklungen nicht an punktuellen Erscheinungen festmacht. Diese kann der ›Gleichzeitigkeit des Ungleichzeitigen‹ besser Rechnung tragen und auch Überlappungen historischer Entwicklungen genauer berücksichtigen. Hierbei wäre es allerdings auch unabdingbar, die isolierte Darstellung einer Nationalliteratur aufzugeben.

Folgende Einteilungen haben sich im deutschen wissenschaftlichen Sprachgebrauch durchgesetzt:

Literaturgeschichtsschreibung

Gängige Bezeichnungen für literarische Epochen und Strömungen

Zeitraum	Literaturwissenschaftliche Bezeichnung
9./10. Jahrhundert	Frühes Mittelalter
11. bis 13. Jahrhundert	Hohes Mittelalter
14. bis Mitte 15. Jahrhundert	Spätmittelalter
Ende 15. Jahrhundert bis ca. 1560	Renaissance
17. Jahrhundert	▪ Barock (Ende 16. Jh. – ~1660) ▪ Vorklassik (ab 1620er Jahre) ▪ Klassizismus/Klassik ▪ (Hochklassik 1660–1680, ▪ Nachklassik 1680–1715)
18. Jahrhundert	▪ Frühaufklärung (1715– ~1751) ▪ Aufklärung (ca. 1751–1789) ▪ Spätaufklärung, Frühromantik (1789–1820)
19. Jahrhundert	▪ Romantik (1820–1843) ▪ Realismus (1830–1870) ▪ Naturalismus (1870 – Ende 19. Jh.) ▪ Symbolismus (1860 – Ende 19. Jh.)
20. Jahrhundert	▪ Belle Epoque (1900–1914) ▪ Historische Avantgarde (Dada, Surrealismus) (1918–Ende der 30er Jahre) ▪ Existentialismus (1940–1960) ▪ ›absurde Literatur‹ (1950er, 1960er Jahre) ▪ Experimentalliteratur (1960er, 1970er Jahre) ▪ Postmodernismus/Dekonstruktion

Grenzen der Literaturgeschichtsschreibung: Geschichtsschreibung ist immer **Teil des kulturellen Gedächtnisses** (s. Kap. 4.1.1), das im Dienst der Gegenwart steht. Sobald die Geschichte der Literatur erzählt wird, konstruiert der jeweilige ›Erzähler‹ Gemeinsamkeiten und Verbindungen zwischen Autoren, Texten und Epochen, die nicht immer auch von den Zeitgenossen (und erst recht nicht immer von den nachfolgenden Generationen) auch so gesehen wurden: Es mischen sich **Fremd- und Selbstbenennung einer Epoche**. Viele Periodisierungen unterliegen einer Mythenbildung, wie etwa die Begriffe ›Barock‹ und ›Klassik‹, die beide aus dem 19. Jh. stammen. Jede Form von Literaturdarstellung ist ein ›Kind ihrer Zeit‹, das Produkt einer bestimmten Geschichtsauffassung, bestimmter Standpunkte und Werturteile desjenigen, der sie schreibt (**Theorieabhängigkeit und Subjektgebundenheit**) (vgl. Baasner 1996, 32 f.), denn wissenschaftliche Wahrnehmung ist immer **kulturabhängig**.

Da es keine allgemeingültig begründbaren Maßstäbe für ästhetische Phänomene gibt, kann Literaturgeschichte niemals rein beschreibend sein, sondern muss Maßstäbe (**Normen**) setzen. Das Konzept einer Literaturgeschichte bestimmt ihre Ziele und damit ihre Auswahl und Einteilungen. **Gefahren** liegen insbesondere in **verdeckten Ausgrenzungsmechanismen** (etwa wenn bestimmte gesellschaftliche Gruppen nicht zugelassen werden) und bei **versteckter Ideologisierung**. Nur wenn Literaturgeschichtsschreibung ihre eigenen **Prämissen mitreflektiert**,

Literaturgeschichtsschreibung

werden die theoriebedingten und die subjektiven Komponenten nachvollziehbar und gegebenenfalls revidierbar. Literaturgeschichten verbürgen keine überzeitliche Verbindlichkeit.

Leistung der Literaturgeschichtsschreibung: Auch wenn die Art der Geschichtsschreibung immer umstritten sein wird und jede Literaturgeschichte ein notwendig subjektives Konstrukt ist, kann in der Literaturwissenschaft auf Geschichtsschreibung nicht verzichtet werden. Denn sie verleiht der Menge aller verfügbaren Texte eine Struktur. Durch diese erst werden Einzeltexte **kohärent beschreibbar**, wodurch sie erst **systematisch zueinander in Beziehung gesetzt** werden können: Nur so werden innerliterarische Entwicklungen und Bezüge zu außerliterarischen Phänomenen sichtbar wie etwa die Einbettung literarischer Texte in politische, soziale oder ideengeschichtliche Kontexte. Die Möglichkeit, Einzeltexte in größere Zusammenhänge einzuordnen, ist zugleich die Voraussetzung dafür, die Individualität und Besonderheit der einzelnen ästhetischen Leistung intersubjektiv kommunizierbar zu machen. Denn nur vor einem **strukturierten Hintergrund** können das innovative Potential eines Textes, sein Bezug zur Tradition und sein Platz in der Gesamtmenge aller Texte (Intertextualität) sichtbar werden.

Zum Begriff

Unter → **Intertextualität** versteht man den expliziten oder impliziten Bezug (literarischer) Texte auf bereits existierende andere (literarische) Texte z. B. als Neufassung, Variante, Weiterführung, Überbietung, Parodie etc. Die Präsenz eines anderen Textes in einen aktuellen Text kann vom direkten Zitat bis hin zur subtilen rein suggestiven Anspielung reichen. Ein weiter Intertextualitätsbegriff umfasst daher nicht nur den *direkten* Einfluss eines früheren Textes auf einen späteren, sondern eine (potentiell unabschließbare) Vernetzung aller geschriebenen Texte miteinander.

Auch wenn Literaturgeschichte stets mit Vereinfachungen und Verallgemeinerungen arbeiten muss, so ermöglichen ihre Begriffe doch unleugbar die **rasche Verständigung über literarische Phänomene**. Statt immer wieder lange Merkmalskataloge aufzuzählen, können Schreibweisen und Literaturepochen ›etikettiert‹ werden, eine schnelle Orientierung ermöglichen und damit die Komplexität der Literaturentwicklung auf ein überschaubares Maß reduzieren. Das Resultat ist eine (immer auf ihre Prämissen hin hinterfragbare und gegebenenfalls zu revidierende) Kohärenz literarischer Phänomene. Die Konstrukthaftigkeit von Literaturgeschichtsschreibung ist nicht mit Beliebigkeit gleichzusetzen, da sie an einen **gesellschaftlichen und/oder wissenschaftlichen Konsens** rückgebunden bleibt.

Zum Umgang mit Literaturgeschichten

Angesichts der genannten Problemfelder kann den Studierenden vor allem eines nahe gelegt werden: Bitte **lesen Sie aufmerksam Vorwort und Inhaltsverzeichnis** jeder Literaturgeschichte! Sofern sich eine Literatur-

Literaturgeschichtsschreibung

geschichte dem wissenschaftlichen Austausch nicht normativ verschließt, wird sie ihre Auswahlkriterien dort offen legen. Die Güte einer Literaturgeschichte zeigt sich in ihrer Kraft, Zusammenhänge und Unterschiede sichtbar zu machen, unterschiedliche Deutungsperspektiven anzubieten und zu weiterführenden Forschungen und (gegebenenfalls alternativen) Darstellungen anzuregen.

Literaturgeschichte als Geschichte(n) der Literatur

Auch die folgenden Ausführungen werden nur *eine* mögliche Geschichte der französischen Literatur erzählen, die verschiedene **Längs- und Querschnitte durch literarische Epochen** vorstellt und literarische Texte in einem umfassenden kulturellen Kontext sieht. Dabei werden verschiedene Zugänge aufgezeigt, so dass heterogene Annäherungen an eine Epoche möglich werden. Die Einteilung unternimmt eine Gratwanderung zwischen einer Vereinfachung durch Leitbegriffe, die die Erkenntnis von Strukturen ermöglicht, und einer Berücksichtigung der Komplexität der literarischen Erscheinungen. Traditionelle Einteilungen und Begriffe werden nicht aufgegeben, damit der **Anschluss an gängige Einteilungen der französischen Literatur** gewährleistet ist. Den Wert einer literaturgeschichtlichen Darstellung formuliert Nünning wie folgt: »Wenn Literaturgeschichten als theoriegeleitete Konstrukte aufgefaßt werden, dann sind sie [...] nicht nach Kriterien wie ›Wahrheit‹ oder ›Vollständigkeit‹ zu beurteilen, sondern nach ihrer internen Konsistenz und Schlüssigkeit, der Explizität, Brauchbarkeit und Systematik der verwendeten Konstruktionsprinzipien sowie ihrer intersubjektiven Nachvollziehbarkeit« (1996, 13).

Grundlegende Literatur

Abraham, Pierre/Desné, Roland (Hg.): Manuel d'histoire littéraire de la France. Paris 1987.
Beaumarchais, Jean-Pierre de/Couty, Daniel/Rey, Alain (Hg.): Dictionnaire des littératures de langue française. 3 Bde. Paris ³1998.
Couty, Daniel (Hg.): Histoire de la littérature française. Paris 2002.
Engler, Winfried: Lexikon der französischen Literatur. Aktual. Lizenzausgabe. Stuttgart 2005.
Gnüg, Hiltrud/Möhrmann, Renate (Hg.): Frauen Literatur Geschichte [1985]. Stuttgart ²1998.
Grimm, Jürgen (Hg.): Französische Literaturgeschichte. Stuttgart/Weimar ⁵2006.
Köhler, Erich: Vorlesungen zur Geschichte der französischen Literatur. 11 Bde. Stuttgart 1983–1987.
Krauß, Henning (Hg.): Französische Literatur. 8 Bde. Tübingen 1999–2006.
Pichois, Claude (Hg.): Littérature française. 16 Bde. Paris 1968–1979.
Prigent, Michel (Hg.): Histoire de la France littéraire. 3 Bde. Paris 2006.

Weiterführende Literatur

Baasner, Rainer: Methoden und Modelle der Literaturwissenschaft. Eine Einführung. Unter Mitarbeit von Maria Zens. Berlin 1996.
Beaumarchais, Jean-Pierre de/Couty, Daniel (Hg.): Dictionnaire des œuvres littéraires de langue française. 4 Bde. Paris ²1998.
Brunkhorst, Martin: »Die Periodisierung in der Literaturgeschichtsschreibung«. In: Manfred Schmeling (Hg.): Vergleichende Literaturwissenschaft. Theorie und Praxis. Wiesbaden 1981, 25–48.

Fohrmann, Jürgen: »Über das Schreiben von Literaturgeschichten«. In: Peter J. Brenner (Hg.): Geist, Geld und Wissenschaften. Frankfurt a. M. 1993, 175–202.

Grübel, Rainer/Grüttemeier, Ralf/Lethen, Helmut: BA-Studium Literaturwissenschaft. Ein Lehrbuch. Reinbek 2005.

Herzog, Reinhart/Koselleck, Reinhart (Hg.): Epochenschwellen und Epochenbewußtsein. München 1987.

Kindlers neues Literaturlexikon. Hg. von Walter Jens. 20 Bde. Zürich/München 1988–1992. 2 Suppl.-Bde. 1998.

Klausnitzer, Ralf: Literaturwissenschaft. Begriffe – Verfahren – Arbeitstechniken. Berlin/New York 2004.

Lange, Wolf-Dieter (Hg.): Kritisches Lexikon der romanischen Gegenwartsliteraturen. Tübingen 1984 ff. (Lose-Blatt-Sammlung).

Makward, Christiane P./Cottenet-Hage, Madeleine: Dictionnaire littéraire des femmes de langue française. De Marie de France à Marie NDiaye. Paris 1996.

Meier, Albrecht: »Literaturgeschichtsschreibung«. In: Heinz Ludwig Arnold/Heinrich Detering (Hg.): Grundzüge der Literaturwissenschaft. München 1996, 570–584.

Mitterand, Henri (Hg.): Littérature. Textes et documents. 5 Bde. Paris 1986–1989.

Nünning, Ansgar: »Kanonisierung, Periodisierung und der Konstruktcharakter von Literaturgeschichten: Grundbegriffe und Prämissen theoriegeleiteter Literaturgeschichtsschreibung«. In: Ders. (Hg.): Eine andere Geschichte der englischen Literatur: Epochen, Gattungen und Teilgebiete im Überblick. Trier 1996, 1–24.

Pichois, Claude (Hg.): Littérature française. 16 Bde. Paris 1970–1978.

Röseberg, Dorothee: Kulturwissenschaft Frankreich. Stuttgart/Düsseldorf/Leipzig 2001.

Steinwachs, Burkhart: »Was leisten (literarische) Epochenbegriffe?«. In: Hans Ulrich Gumbrecht/Ursula Link-Heer (Hg.): Epochenschwellen und Epochenstrukturen im Diskurs der Literatur- und Sprachhistorie. Frankfurt a. M. 1985, 312–323.

Tynjanov, Jurij: »Über die literarische Evolution«. In: Jurij Striedter (Hg.): Russischer Formalismus – Texte zur allgemeinen Literaturtheorie und zur Theorie der Prosa [1927]. München 1971, 433–461.

Wellek, René/Warren, Austin: Theorie der Literatur. Frankfurt a. M. 1972.

3.2 | Ursprünge: Das Mittelalter (8.–15. Jahrhundert)

Epochenbegriff

Der kultur- und literaturgeschichtliche Epochenbegriff ›Mittelalter‹ bezeichnet in allen europäischen Kulturen den Zeitraum, der von der **Völkerwanderungszeit** bis hin zu den **Anfängen der europäischen Nationalstaaten** in der frühen Neuzeit reicht. Damit wird eine Periode von nahezu einem Jahrtausend zusammengefasst, die sich kaum sinnvoll vereinheitlichen lässt. Dennoch entstehen in diesem Zeitraum Grundlagen und wesentliche Impulse für die Entwicklung der französischen Literatur und Kultur. Der Plural **›Ursprünge‹** soll darauf verweisen, wie vielfältig und uneinheitlich diese Anfänge sind. Zugleich soll dieser Begriff verdeutlichen, dass jede kulturelle Erinnerung Anfangspunkte und Zäsuren setzen muss, um sich überhaupt entfalten zu können.

Kulturperioden des Mittelalters: In den Periodisierungen des Mittelalters wird mit weiteren **Unterteilungen in Früh-, Hoch- und Spätmittelalter** gearbeitet, um den höchst unterschiedlichen Hauptcharakteristika dieses Zeitraums Rechnung zu tragen:

> Die entwicklungsgeschichtliche Einheit des Mittelalters ist eine künstliche; in Wirklichkeit zerfällt es in drei durchaus eigenartige Kulturperioden: in die des frühmittelalterlichen naturalwirtschaftlichen Feudalismus, des hochmittelalterlichen höfischen Rittertums und des spätmittelalterlichen städtischen Bürgertums. Die Einschnitte zwischen diesen Epochen sind jedenfalls tiefer als die am Anfang und am Ende des gesamten Zeitalters. (Hauser 1972, 127)

Zu Beginn des Mittelalters wird der Einschnitt der Völkerwanderungszeit zugleich von Kontinuitäten bestimmt. Er führt zur **Übernahme und Umformung römischer und christlicher Kulturtraditionen** und Praktiken durch die germanischen Eroberer, die sich im ehemals römischen Herrschaftsgebiet niederlassen und ihre mehr oder weniger dauerhaften Reiche begründen Am Ende des Mittelalters bedeutet die Festigung der französischen Monarchie nach dem Ende des Hundertjährigen Kriegs (1453) eine wesentliche politische und kulturelle Zäsur. Dennoch verbinden wichtige **Entwicklungslinien**, die von **der höfischen Kultur** und dem **Aufstieg des mittelalterlichen Bürgertums** ausgehen, das Mittelalter mit der frühen Neuzeit.

Chronologischer Überblick

Gallien, Frankenreich, Frankreich
(von der Antike bis zum Ende des Hundertjährigen Kriegs)

bis 5. Jh. v. Chr.	Besiedelung weiter Teile des heutigen Frankreich durch keltische Stämme (nach der Bezeichnung durch die Römer »Gallier«)
58–52 v. Chr.	Eroberung Galliens in den Kriegszügen Caesars; es wird in drei Provinzen aufgeteilt
4./5. Jh.	Völkerwanderungszeit: germanische Stämme (Westgoten, Alemannen, Burgunder, Franken) dringen in Gallien ein

Ursprünge:
Das Mittelalter

481–511	Regierungszeit des Frankenkönigs Chlodwig (frz. *Clovis*) aus der Dynastie der Merowinger; das Frankenreich umfasst weite Teile Galliens	Frühes Mittelalter (6.–11. Jh.)
496 (oder 498?)	Taufe Chlodwigs; die Franken treten zum Christentum über (s. Kap. 3.2.3)	
751	Beginn der Dynastie der Karolinger nach dem Verfall des Merowingerreichs	
768–814	Regierungszeit Karls I., des ›Großen‹ (frz. *Charlemagne*); Ausdehnung des Frankenreichs auf Norditalien und weite Teile des heutigen Deutschland	
um 800	Karolingische Renaissance: Förderung der lateinischen Schriftkultur durch die fränkische Monarchie, Gründung von Hof- und Klosterschulen	
843	Vertrag von Verdun; die Enkel Karls I. teilen das Frankenreich	
987	Nach dem Aussterben der Karolinger wird Hugues Capet zum König des Westfrankenreichs gewählt; Beginn der Dynastie der Kapetinger (frz. *Capétiens*)	
10.–11. Jh.	Ausbreitung und Blüte der romanischen Architektur	
1096–1099	Erster Kreuzzug, weitere folgen 1147–49, 1189–1192 etc.	Hochmittelalter (12. und 13. Jh.)
Mitte des 12.–14.Jh.	Ausbreitung und Blüte der gotischen Architektur (Bau der Kathedralen von Chartres, Reims, Notre Dame in Paris etc.)	
Ende des 12. Jh.s	Gründung der Universität von Paris; eine der ersten europäischen Universitätsgründungen kurz nach Bologna und etwa zeitgleich mit Oxford	
1209–1229	Albigenserkriege; allmähliche Eroberung und Annexion des Südens durch die französische Krone	
seit 1339	Beginn des Hundertjährigen Kriegs mit der englischen Krone (*Guerre de Cent ans*, mit Unterbrechungen bis 1453)	Spätmittelalter (14. und 15. Jh.)
seit 1347	Beginn verheerender Pestepidemien in ganz Frankreich (bis weit ins 15. Jh. hinein)	
1428–1430	Eingreifen Jeanne d'Arcs (Befreiung von Orleans, Salbung Karls VI. in Reims); sie wird 1430 von den Engländern gefangengenommen, 1431 hingerichtet (s. Kap. 4.3.2)	
seit 1435	Beginn von Friedensverhandlungen und Stabilisierung der französischen Monarchie	
1435–1453	Erfindung und Entwicklung des Buchdrucks	
1453	Der Hundertjährige Krieg wird durch die Eroberung fast aller noch von der englischen Krone beherrschten Gebiete auf dem Kontinent beendet (besiegelt durch den Vertrag von Calais 1475)	

3.2.1 | Gesellschaft, Kultur und Literatur des Mittelalters

Die Straßburger Eide

Am 14. Februar 842 schwören sich Ludwig und Karl, zwei Enkel Karls I. (des ›Großen‹), in Straßburg vor ihren versammelten Heeren Treue und gegenseitige Unterstützung gegen ihren Bruder Lothar, mit dem sie im Streit um die Aufteilung des Frankenreichs liegen: Karl legt den Eid in althochdeutscher, Ludwig in romanischer Sprache ab. Dieses Abkommen bereitet die ein Jahr später im Vertrag von Verdun vereinbarte **Aufteilung des Frankenreichs** unter die drei Brüder vor. Karl wird als Karl II. danach König des westfränkischen Reichs, Ludwig als Ludwig II. König des ostfränkischen Reichs und deutscher Kaiser (das dazwischen liegende Reich Lothars ist nur von kurzer Dauer).

Die Straßburger Eide (*serments de Strasbourg*) sind in doppelter Hinsicht ein für die französische (wie auch für die deutsche) Geschichte aufschlussreiches Dokument:

- Zum einen sind sie der **Ausgangspunkt für die historische Entwicklung der beiden Reiche**, aus denen **Frankreich** und **Deutschland** hervorgehen werden;
- zum anderen sind sie als erster überlieferter Text in der romanischen Volkssprache eine **Gründungsurkunde der französischen Kultur**.

Die sprachliche Differenzierung des Frankenreichs ist zu diesem Zeitpunkt so weit fortgeschritten, dass die für die germanische Kultur bestimmende Tradition der Mündlichkeit nur noch bedingt tragfähig ist. Das westfränkische Heer kann nämlich offenbar das Althochdeutsche nicht mehr verstehen (und umgekehrt). Der Umstand aber, dass der Eid in zwei Sprachen geleistet wird, bringt nun **die aus der römischen Tradition hervorgegangene Schriftkultur** ins Spiel: Die Eidesformel wird zunächst auf Lateinisch verfasst (und wohl auch ausgehandelt) und muss von entsprechend schrift- und sprachkundigen Räten der königlichen Kanzleien dann genau in die beiden Volkssprachen übertragen werden, da es für den mündlichen Eid auf die Übereinstimmung der Formulierungen ankommt. In diesen Fassungen sind die Eide auch in einer Chronik über die Teilung des Frankenreichs überliefert. Diese stammt von Neithard, einem der Räte Karls II., die an dem Verfahren beteiligt sind. Er wird in einer jener Klosterschulen ausgebildet, in denen seit dem Ende des 8. Jh.s eine **Wiederbelebung der lateinischen Bildung** stattfindet, die sogenannte karolingische Renaissance. Die schriftliche Fixierung der Eide ist auch deshalb eine bemerkenswerte Leistung, da sie aus den Schriftgewohnheiten des Lateinischen eine Orthographie für den romanischen Text erfinden muss (der daher dem Lateinischen in manchem noch näher steht als dem Altfranzösischen, vgl. Berschin u.a. 1978, 183–189).

Frühes Mittelalter

Mündlichkeit und Schriftlichkeit

Das Frankenreich etabliert sich in Gallien in Provinzen, die nachhaltig von der römischen Kultur geprägt sind. Das belegt neben den Denkmälern römischer Baukunst auch **die Ausbreitung des Sprechlateinischen**, das spätestens im Lauf des 4. Jh.s im Zuge der Christianisierung das Keltische als Umgangssprache verdrängt (vgl. Berschin u. a. 1978, 158–163). Das Altfranzösische entsteht dann aus der Entwicklung der gallischen Form des Sprechlateinischen unter fränkischem Einfluss (vgl. ebd., 169–183).

Die Straßburger Eide erhellen **die Grundlagen der Kultur im frühen Mittelalter**. Diese entwickeln sich durch die Integration von Praktiken der römischen Schriftkultur in die mündlich geprägte Kultur der Eroberer. Diese Entwicklung vollzieht sich über ein halbes Jahrtausend (von der Zeit der Völkerwanderung bis nach der Jahrtausendwende), in dem sich erst langsam auch eine **Schrifttradition des Altfranzösischen** etabliert. Auch die Textproduktion des Mittelalters geht teilweise aus diesem Assimilationsprozess hervor. Die Heldenepik wie die Troubadourlyrik kann man auf (indirekt erschließbare) Kulturtraditionen des mündlichen Vortrags zurückführen.

Die kulturelle und gesellschaftliche Bedeutung der katholischen Kirche trägt ebenfalls dazu bei, dass in bescheidenem Umfang eine Schriftkultur Bestand hat, die den Germanen zunächst fremd ist. Die Kirche bleibt im Verfall der römischen Herrschaft eine der wenigen relativ stabilen Institutionen. Daraus vor allem erklärt sich die **Taufe des Merowingerkönigs Chlodwig** (s. Kap. 3.2.3), die die **Christianisierung der Franken** zur Folge hat. Die Beherrschung seines auf einen großen Teil des heutigen Frankreich ausgedehnten Reichs ist nur durch ein Mindestmaß an Konsens mit der christianisierten gallisch-römischen Bevölkerung möglich, die der fränkischen Herrenschicht zahlenmäßig weit überlegen ist (vgl. Theis 1996, 56 ff.). Die Schriftkultur hat zunächst trotz der karolingischen Renaissance eine geringe Bedeutung und bleibt bis nach der Jahrtausendwende auf wenige kirchliche Zentren (Saint-Denis, Cluny, Chartres u. a.) und weitgehend auf das Lateinische beschränkt.

Festigung der Königsherrschaft und Anfänge der Textproduktion

Die ersten Kapetingerkönige sind vor allem darauf bedacht, ihre Position gegenüber den mächtigen Fürsten des Reichs zu verteidigen. Erst seit dem 12. Jh. weiten sie ihr eigentliches Herrschaftsgebiet, die sogenannte **Krondomäne** in der ***Ile de France*** so weit aus, dass ihre Herrschaft sich dauerhaft etabliert. Die strategische Position der Krondomäne in der Mitte des nördlichen Frankreich und das im 12. Jh. ebenso wie andere Städte vor allem in Nordfrankreich rasch aufblühende Paris tragen zur Entwicklung kohärenter sozialer und kultureller Strukturen bei. So findet sich erst seit der zweiten Hälfte des 11. Jh.s eine intensivere **Textproduktion in der Volkssprache**. Vor dem 12. Jh. gibt es davon nur eine spärliche Überlieferung; die meisten frühen Texte kennen wir erst aus Manuskripten des 13. Jh.s. Die erste dichterische Großform ist die Heldenepik, die in vielfältigen Varianten die politischen Konflikte zwischen den Königen und den großen Vasallen ihres Reichs gestaltet (s. Kap. 3.2.2).

Ursprünge: Das Mittelalter

Die epische Dichtung im Mittelalter

Die drei wesentlichen Stoffe epischer Dichtung sind nach einer um 1200 in dem *Chanson des Saxons* formulierten Einteilung die »matières [...] de France et de Bretagne (=Britannien) et de Rome la grant (=grande)«. Mit »matière de France« werden Gegenstände der französischen Heldensage bezeichnet; »Bretagne« verweist auf die Sagen, die am und um den in England angesiedelten Hof des legendären Königs Artus spielen; »Rome« schließlich auf Stoffe aus der antiken Geschichte und Mythologie:

- Die Heldensagen werden in den **seit der zweiten Hälfte des 11. Jh.s** entstehenden ***chansons de geste*** (Heldenepen, von lat. *gesta*: »Heldentaten«) gestaltet, in deren Mittelpunkt verschiedene Herrschergestalten stehen, insbesondere die mythisierte Gestalt Karls I. (des ›Großen‹, s. Kap. 3.2.2).
- Die ***romans courtois*** (höfische Romane) verarbeiten in Versform **seit der Mitte des 12. Jh.s** zunächst vor allem **antike Mythen und Überlieferungen**.
- Gegen Ende des Jahrhunderts dominiert dann im höfischen Roman der **Themenkreis der Artussage**, zunächst in Versromanen, dann auch in Prosa. Aus den vielfältigen Varianten und Verwicklungen der Artussage stammen die bekanntesten Sagengestalten des europäischen Mittelalters: Yvain, Lancelot, Parzival, Tristan und Isolde etc.

In der Unterteilung, die sich im *Chanson des Saxons* findet, werden die verschiedenen pseudohistorischen und legendären Stoffe nicht voneinander abgegrenzt. Dies zeigt, dass die Zeitgenossen selbst keine Unterscheidung zwischen Heldenepos und höfischem Roman machen. Allerdings schätzt sein Autor die französischen Heldensagen offensichtlich mehr als die Artusromane, die er als »vain et plaisant« bezeichnet. Dieses Urteil verweist auf Gattungsunterschiede zwischen Epos und Roman, die bereits in den altfranzösischen Texten präsent sind: Während im **Epos** die **Gefährdung und Sicherung einer kollektiven Ordnung** im Mittelpunkt des Geschehens steht, verlagern die **Artusromane** den Schwerpunkt ihrer Geschichte auf die Gestaltung einer **individuellen Suche nach Werten und Orientierung**.

Hochmittelalter

Die Feudalgesellschaft

Die Festigung der Feudalherrschaft bildet die Grundlage der gesellschaftlichen Strukturen, die Frankreich im Hochmittelalter bestimmen. Die **persönliche Abhängigkeit der Bauern von einem Grundherrn**, der ihnen gegen Abgaben und Dienstleistungen aller Art Land zur Bearbeitung überlässt und Schutz verspricht, entwickelt sich seit dem frühen Mittelalter. Sie wird im Hochmittelalter zu einem geregelten und rechtlich wie ideologisch abgesicherten Organisationsprinzip der Gesellschaft (vgl. Duby 1990, 15-23). Auch der Grundherr steht im Prinzip in einer Hierarchie persönlicher Abhängigkeiten, die über die großen Fürsten bis hinauf zum König als oberstem Lehnsherrn reicht.

Gesellschaft, Kultur und Literatur des Mittelalters

Die soziale Teilung der mittelalterlichen Gesellschaft in Krieger und Bauern führt zu einer **in drei Ordnungen gegliederten Sozialstruktur,** aus der sich die bis hin zur Französischen Revolution fortbestehende **Ständegesellschaft** entwickelt. Die Repräsentanten der Kirche bilden den ersten Stand, die Krieger, die sich schon vor der Jahrtausendwende in Adelsgeschlechtern zu organisieren beginnen, den zweiten. Sie beherrschen ideologisch und sozial den dritten Stand, der von seiner Arbeit leben und die anderen beiden Stände zugleich ernähren muss (vgl. Duby 1981, 161–184). Zum dritten Stand kommt seit der Jahrtausendwende die rasch anwachsende Stadtbevölkerung hinzu: Kaufleute, Handwerker oder Bedienstete, seit dem 12. Jh. zunehmend auch eine Elite von schriftkundigen Gebildeten.

Kultur und Literatur

Die kulturelle Blütezeit des Hochmittelalters beruht auf diesen Sozialstrukturen. In einer langen Phase des wirtschaftlichen Aufschwungs vom 11. bis zum 13. Jh. wächst der gesellschaftliche Reichtum, welcher den Eliten zugute kommt. Die im 12. Jh. aufkommende **gotische Architektur** mit ihren hohen, nach oben geöffneten Räumen zeigt anschaulich deren Selbstbewusstsein und wachsende geistige Mobilität (vgl. Hauser 1972, 243–256). **Kulturelle Zentren** bilden sich zunächst **an großen Fürstenhöfen** in Flandern, in der Champagne, in Poitiers oder Toulouse. Dort entsteht eine Vielfalt von Texten, die sich aus den mündlichen Traditionen löst und beginnt, eigenständige Kunstformen zu entwickeln. Mit der **Troubadourlyrik** und dem **höfischen Roman** entwickeln sich Gattungen, die in die Lebenswelt der Höfe integriert sind. Diese höfische Literatur stellt Möglichkeiten der Repräsentation und Orientierung der gesellschaftlichen Elite sowie der Legitimation der etablierten Gesellschaftsordnung bereit. Roman wie Lyrik kennzeichnet der Entwurf imaginärer Welten (des ritterlichen Abenteuers und der Liebe), die Spielräume einer Identitätsfindung des Adels eröffnen.

Der Hof des mythischen Königs Artus bildet zunächst das Zentrum der **Artusromane von Chrétien de Troyes**, den sinnstiftenden Bezugspunkt, auf den die Abenteuer seiner ritterlichen Helden ausgerichtet sind. Doch in der Entwicklung dieser Romane verliert der Artushof zunehmend diese Funktion, und insbesondere im Percevalroman (*Li Contes del Graal*, dem Vorbild für Wolfram von Eschenbachs *Parzival*) kann der Auszug des Protagonisten als Sinnsuche in einer Welt gelesen werden, die keine Orientierung mehr bereitstellt (vgl. Köhler 1970 und 1985, Bd. 1, 182–213). Mit der Entwicklung eines individualisierten Protagonisten deutet sich bereits eine Grundstruktur des Romans an, die in der frühen Neuzeit fortgeführt wird.

Die Troubadourlyrik

Die ästhetisch anspruchsvollste und differenzierteste Form der Dichtung im Mittelalter ist die Troubadourlyrik. Sie weist eine Vielfalt hoch kodifizierter lyrischer Formen und Themen auf, in deren Zentrum eine **idealisierte und meist unerfüllte Liebesbeziehung** zwischen der Redeinstanz dieser Dichtungen und einer angebeteten, meist sozial hochgestellten Frau steht. Ihre Anfänge finden sich um die Wende zum 12. Jh. im okzitanischen Sprachraum Südfrankreichs, von wo aus sie **europaweit**

verbreitet, rezipiert und weiterentwickelt wird (in der deutschen Adaptation im Minnesang). Im altfranzösischen Sprachgebiet findet sich seit der Mitte des 12. Jh.s eine wachsende Zahl an Dichtern (*trouvères*), die eine bis ins Spätmittelalter (etwa bis zu Guillaume Machaut oder Charles d'Orléans) reichende vielfältige Dichtungstradition begründen, während sie im Süden nach den Albigenserkriegen rasch an Bedeutung verliert.

Die Ursprünge dieser lyrischen Dichtung sind nicht zu klären. Angesichts der Entstehung im Süden liegt ein **Einfluss der arabischen Lyrik Spaniens** nahe, die schon um die Jahrtausendwende hoch entwickelt ist; ebenso vermutet man aber auch Beziehungen zur antiken Dichtung oder zu volkstümlichen Liedformen. Im Wesentlichen handelt es sich jedoch zweifellos um eine eigenständige (süd-)französische Schöpfung, die an den hochmittelalterlichen Höfen wichtige soziokulturelle Funktionen erfüllt. Das imaginäre Spiel mit Liebesleid und Sehnsucht hat eine zugleich **soziale und ethische Dimension** und ist zudem geeignet, neue Formen der Geschlechterbeziehung zu begründen (vgl. Köhler 1985, Bd. 2, 9–43; Rieger 1983 und Wolfzettel 1983).

Paris als Zentrum des geistigen Lebens

Gegen Ende des 12. Jh.s etabliert sich die Stadt Paris, der Stammsitz der Kapetinger, als weithin wirksames kulturelles Zentrum. Zunehmend prägt nun auch die wachsende Macht der Monarchie die kulturelle Entwicklung. Deutlichstes Anzeichen ist die **Universitätsgründung** Ende des 12. Jh.s, mit der eine Institution entsteht, die großes Prestige gewinnt. Seit der zweiten Hälfte des 12. Jh.s entwickelt sich in Paris ein geistiges Leben, das nicht mehr unmittelbar an kirchliche oder höfische Funktionen gebunden ist. Das Milieu der Studenten, Gelehrten und Gebildeten zeigt geistig wie auch sozial ein Unabhängigkeitsstreben, in dem der Historiker Jacques Le Goff (1985) sogar schon erste Ansätze einer Entwicklung des Intellektuellen als unabhängiger kultureller Instanz erkennen will.

An der Universität von Paris lehrt zeitweise **Thomas von Aquin** (1227–1274), der **Begründer der Scholastik**. Diese bis weit in die frühe Neuzeit maßgebliche philosophische Theorie entwirft im Rückgriff auf die Philosophie der Antike eine Konzeption von der Ordnung der Welt, die Vernunft und Glauben in Übereinstimmung bringen will. Ihr Ansatz, ein geordnetes Verfahren zur Auseinandersetzung mit Widersprüchen und zu deren Aufhebung zu entwickeln, löst im 13. Jh. heftige Kontroversen mit der Kirche aus. Dies zeigt, dass sich hier eigenständige Positionen abzeichnen, die auf eine **geistige Emanzipation aus der Hierarchie der Ständegesellschaft und der Unterordnung unter die Kirche** drängen. Diese Entwicklung lässt sich in vielen Texten der Zeit beobachten: in der scharfen Ständesatire der Versdichtung beispielsweise oder in der Naturphilosophie, die im zweiten Teil des *Roman de la rose* (um 1280) zum Ausdruck kommt.

Gesellschaft, Kultur und Literatur des Mittelalters

Spätmittelalter

Das Spätmittelalter ist eine **Zeit politischer, ökonomischer und demographischer Krisen**, in deren Verlauf auch die mittelalterliche Kultur einen tiefgreifenden Umbruch erfährt. Eine **Krise der Landwirtschaft** wird durch immer **wiederkehrende Pestepidemien** verschärft. Schätzungen zufolge verliert das Königreich im 14. und Anfang des 15. Jh.s etwa ein Viertel bis ein Drittel seiner Bevölkerung (einen Überblick über die historische, soziale und kulturelle Dimension der Krise bietet Tuchmann 1982).

Der Hundertjährige Krieg, der um den **Anspruch der englischen Krone auf den französischen Königsthron** sowie um die bedrohliche und mächtige englische Präsenz auf dem Festland ausgetragen wird, trägt wesentlich zu dieser Krise bei. Zwar sind die Gebiete in Nord- und Südwestfrankreich, die die englischen Könige innehaben Lehen, unterstehen also im Prinzip der Herrschaft der französischen Könige. Doch hat die feudale Rechtsordnung im gesamten Mittelalter keine Bedeutung, wenn die Großen des Reichs ihre Machtansprüche gegen die Krone durchzusetzen versuchen. **Die Vertreibung der Engländer vom Kontinent** bedeutet schließlich eine **Festigung der Monarchie**, die seit der Mitte des 15. Jh.s beginnt, ihre Machtposition in Westeuropa auf- und auszubauen.

Die kulturelle und literarische Entwicklung im Spätmittelalter ist angesichts der historischen und gesellschaftlichen Krisensituation ebenso uneinheitlich wie vielgestaltig. Neben Paris und dem Königshof finden sich **kulturelle Zentren** vor allem an den Höfen der mächtigen Herzöge von **Burgund und Orleans**, die beide versuchen, die Wechselfälle des Hundertjährigen Kriegs für ihre Interessen auszunutzen. Daneben entwickelt sich vor allem in Paris eine **bürgerliche Dichtung**, die angesichts der kriegerischen Wirren deutliche zeitkritische, aber auch nationale Töne anschlägt. Dies gilt etwa für die Werke von **Alain Chartier** (um 1385–um1430), der neben Gedichten in der Tradition der höfischen Lyrik engagierte und polemische Texte verfasst und als einer der ersten dem Eingreifen Jeanne d'Arcs in den Krieg eine patriotische Deutung gibt (s. Kap. 4.3.2). Darin trifft er sich mit **Christine de Pizan** (um 1363–um 1430), der vermutlich ersten Frau, die durch die Förderung adliger Mäzene weitgehend von ihrer schriftstellerischen Tätigkeit leben kann und deren Texte in jüngster Zeit in einer feministischen Perspektive neu gelesen werden.

Übergänge zur Neuzeit

In der Mitte des 15. Jh.s geht die Monarchie letztlich gestärkt aus den Kriegswirren hervor. Mit der **Erfindung des Buchdrucks** bahnt sich zugleich eine Erneuerung der Kultur an, die die Neuzeit einleitet. Der literarische Übergang zur Neuzeit zeigt sich am deutlichsten bei den beiden bekanntesten Dichtern des 15. Jh.s, **Charles d'Orléans** (1394–1465) und **François Villon** (um 1431–nach 1463). Sie verkörpern sozial wie inhaltlich extreme Gegensätze: der eine ein mächtiger Adliger und Mitglied des Königshauses, der andere ein mittelloser Scholar und vermutlich Vagabund. Charles d'Orléans steht in der Tradition der höfischen Lyrik, Villon hingegen in der einer satirisch-kritischen bürgerlichen Dichtung. Sie haben jedoch gemeinsam, dass in ihren Texten Ansätze zu einer Individualisierung dieser Dichtungstraditionen angelegt sind und dass sie damit eine **Entwicklung** verkörpern, **in der die Dichtung Eigenständigkeit gewinnt** und beginnt, sich aus den Funktionszusammenhängen der ständischen Ordnung zu lösen.

Wichtige Texte des Mittelalters

seit dem 6. Jh.	Religiöse und historische Texte in lateinischer Sprache; **Gregor von Tours:** *Historia Francorum* (675–692)
um 900	Die ersten (vornehmlich religiösen) altfranzösischen Texte
zweite Hälfte des 11. Jh.s	Die ersten umfangreichen Versdichtungen: *Alexiuslied* (um 1050), *Rolandslied* (zwischen 1060 und 1090, s. Kap. 3.2.2)
um 1100	Erste Texte der Troubadourlyrik in altokzitanischer Sprache (Wilhelm IX. von Aquitanien, 1071–1126)
seit etwa 1150	Höfische Romane (*roman courtois*): Thebenroman, um 1150, Alexanderromane um 1160; **Chrétien de Troyes:** Artusromane (um 1150–nach 1190)
seit etwa 1160	Blütezeit der Trobadorlyrik in altokzitanischer und der Lyrik der *Trouvères* in altfranzösischer Sprache
um 1236 / um 1280	**Guillaume de Lorris und Jean de Meung:** die beiden Teile des Rosenromans (*Roman de la rose*)
etwa 1250–1285	**Rutebeuf:** zeitkritische und satirische Dichtungen
1274	Beendigung der ersten *Chronique de France* im Kloster Saint-Denis (s. Kap. 3.1.3)
um 1385–um 1433	**Alain Chartier:** zeitkritische und höfische Dichtung (*La Belle Dame sans mercy*, 1424)
um 1400–etwa 1430	**Christine de Pizan:** *Livre de la cité des dames* (um 1405), *Ditié de Jehanne d'Arc* (1429)
1394–1465	**Charles d'Orléans:** höfische und allegorische Gedichte
um 1431–nach 1463	**François Villon:** *Le Lais* (»Das kleine Testament«, um 1456), *Le Testament* (»Das große Testament«, um 1462)

3.2.2 | Das Rolandslied: Christlich-feudale Identität im Mittelalter

Das Rolandslied ist **das berühmteste Beispiel für die *chanson de geste***, die erste Form altfranzösischer epischer Dichtung. Die genaue **Datierung des Textes** auf die zweite Hälfte des 11. Jh.s ist ebenso ungeklärt wie

Das Rolandslied: Christlich-feudale Identität im Mittelalter

die Umstände seiner Entstehung (vgl. Köhler 1985, Bd. 1, 39–45). Seine Geschichte lässt sich auf einen Feldzug Karls I. in den Norden der iberischen Halbinsel zurückführen, der 778 stattgefunden hat und von dem eine Chronik über das Leben des Frankenkönigs berichtet. Als einer der auf dem Rückzug Gefallenen wird dort der bretonische Markgraf Roland erwähnt, dessen Heldenmut und -taten das Rolandslied so intensiv und idealisiert darstellt, dass er zu einer der berühmtesten Gestalten der mittelalterlichen Sagenwelt wird.

Wie eine **Verbindung zwischen dem historischen Ereignis und dem Rolandslied** herzustellen wäre, ist kaum befriedigend zu klären (vgl. ebd., 63-74). Dazu ist nicht nur der zeitliche Abstand zu groß, sondern auch der inhaltliche Unterschied zwischen einer nur vermuteten mündlichen sowie der spärlichen schriftlichen Überlieferung des Geschehens einerseits und einer episch überhöhenden Gestaltung im Rolandslied andererseits. Letztlich ist es auch unerheblich, ob der Text als **Zusammenfassung kollektiver Überlieferungen** oder als **eigenständige dichterische Gestaltung** durch einen Autor (möglicherweise den nicht weiter bekannten »Turoldus«, den der letzte Vers nennt) verstanden wird. Entscheidend ist, dass das Rolandslied ein christlich-feudales Welt- und Geschichtsbild entwirft, das für seine kulturelle Bedeutung am Ende des frühen Mittelalters grundlegend ist.

Das Rolandslied besteht aus 291 **Laissen**, Strophen unterschiedlicher Länge aus zehnsilbigen Versen mit einer Zäsur nach der vierten Silbe. Sie werden durch einen Assonanzreim (s. S. 78 f.) verbunden und meist mit »AOI« abgeschlossen, einer Art Refrain, dessen Bedeutung unklar ist. Die erste Laisse entwirft den Grundkonflikt, den das Werk gestaltet:

Rolansdlied, Vers 1–9 (nach der Oxforder Handschrift)

Carles li reis, nostre empere magnes,
Set anz tuz pleins ad estéd en Espaigne,
Tresqu'en la mer cunquist la tere altaigne;
N'i ad castel ki devant lui remaigne,
Mur ne citét n'i est remés a fraindre
Fors Sarraguce, ki est en une muntaigne.
Li reis Marsilie la tient, ki Deu nen aimet,
Mahumet sert et Apollin recleimet;
Nes poet guarder que mals ne l'i ateignet. AOI.

Der König Karl, unser großer Kaiser
hat sich volle sieben Jahre in Spanien aufgehalten.
Bis zum Meer hat er das Hochland erobert,
nicht eine Burg gibt es, die ihm standhalten könnte,
nicht eine Befestigung oder Stadt blieb dort zu erobern
außer Saragossa, das in einem Gebirge liegt.
Der König Marsilie hält sie, der Gott nicht verehrt,
er dient Mohammed und ruft Apollo an.
Er kann sich nicht davor bewahren, dass Unheil ihn dort trifft. AOI.

Auf der einen Seite steht der **Frankenkönig Karl I.**, zugleich als »nostre empere magnes« (V. 1), später auch als der ›Große‹, als »C[h]arlemagne«

Ursprünge: Das Mittelalter

bezeichnet, ein Kriegsherr, dessen Triumph gewiss erscheint (V. 4 f.). Sein letztlich ohnmächtiger Widersacher ist **der maurische König Marsilie**, als dessen entscheidendes Charakteristikum seine Vielgötterei angeführt wird (V. 7f). Die religiöse Differenz zwischen diesen beiden Protagonisten und damit die **Opposition ›christlich vs. heidnisch‹** bestimmt die einleitende Vorausdeutung des Geschehens (V. 9) ebenso wie die Konstruktion und Wertung der Geschichte insgesamt.

Die christliche Weltordnung: Christen gegen ›Heiden‹

Den Mauren werden im Rolandslied in Hinblick auf ihre Tapferkeit und Ritterlichkeit durchaus die gleichen Qualitäten wie den Franken zugeschrieben – mit dem einzigen, aber entscheidenden Unterschied, dass sie ›falsche‹ Götter um Beistand in der Schlacht bitten (vgl. etwa V. 3265–3278 und 3490–3493). Der **an sich banale Krieg** zwischen zwei mächtigen Feudalherren wird dadurch mit Sinn aufgeladen, dass er als **Glaubenskrieg** verstanden wird, dessen Protagonisten schon vorab eindeutig bewertet werden können. »Paien unt tort e chrestiens unt dreit« (»Die Heiden sind im Unrecht und die Christen im Recht«, V. 1015), diese dualistische Wertung des Konflikts aus dem Munde Rolands durchzieht wie ein Leitmotiv den gesamten Text. Auch ein Verbündeter Marsilies erkennt nach dessen endgültiger Niederlage »que il ad tort e Carlemagnes dreit« (V. 3354). Der **eindeutigen religiös begründeten Weltordnung des Textes** tut es keinen Abbruch, dass seine Darstellung des Islam als Vielgötterei falsch ist (vgl. V. 8). Es geht ihm insgesamt darum, in den Mauren, so ähnlich sie den Franken auch sein mögen, die Figur eines Anderen zu entwerfen, der vernichtet werden muss, damit die eigene Identität gesichert werden kann.

Die feudale Weltordnung: König und Vasallen

Die Gestaltung der Figur Karls I. verweist zugleich auf die vergangene Größe seines Reichs und die **Schwierigkeiten der Königsherrschaft in der Gegenwart**. Als Vorkämpfer der Christenheit ist Karl unwiderstehlich. Wenn es der Vernichtung der ›Heiden‹ dient oder wenn er in der Schlacht einmal die Orientierung verliert, kommt ihm der Engel des Herrn sogar höchstselbst zu Hilfe (etwa V. 2452–2457 und 3609–3614). Als Feudalherr jedoch ist er in seinen Entscheidungen an die Zustimmung seiner Vasallen gebunden, mit denen er sich berät (vgl. Köhler 1968, 13–19). Damit wird auf die mythische Königsfigur zugleich die reale Schwäche der Kapetinger des 11. Jh.s projiziert.

Die Störung der feudalen Ordnung führt zum Konflikt. Er bricht dadurch aus, dass Karl nicht im Stande ist, die Streitigkeiten zwischen seinen Vasallen zu unterbinden. Dies bringt Ganelon, einen sich durch Roland bedroht glaubenden Vasallen Karls dazu, den König zu verraten und damit den Untergang der Nachhut herbeizuführen, die auf seinen Vorschlag von Roland angeführt wird. Nicht die Stärke der Mauren, sondern die **Zwietracht der Lehnsmänner** gefährdet also die göttliche Mission, die der König in der Perspektive des Rolandslieds erfüllt. Natürlich kann diese Störung der Weltordnung nur provisorisch sein: Sie wird am Ende durch die vernichtende Niederlage der ›Heiden‹ ebenso wiederhergestellt wie durch die Vierteilung des Verräters, die durch ein Gottesurteil legitimiert wird.

Gallier, Römer und Franken: Geschichtsschreibung im Mittelalter

Es ist offensichtlich, dass das Weltbild, das im *Rolandslied* entworfen wird, ein **christlich-feudales Identifikationsangebot für die höfische Gesellschaft** mit einer Legitimation der Königsherrschaft verbindet. Unverkennbar ist allerdings auch, dass die epische Totalität, die hier im Namen von Gott und König konstruiert wird, **totalitäre Züge** trägt. Die blutrünstige Konsequenz, mit der Ungläubige und Verräter aus dieser imaginären Ordnung der Welt ausgeschlossen werden, entspricht wohl der Mentalität der feudalen Elite. Sie macht jedoch auch die Fremdheit eines Textes aus, dessen simples Weltbild heute in mancher Hinsicht an dasjenige religiöser Fundamentalisten erinnert.

3.2.3 | Gallier, Römer und Franken: Geschichtsschreibung im Mittelalter

Jeder Leser der Asterix-Bände weiß, dass die Franzosen von den Galliern abstammen, insbesondere natürlich von jenen unbesiegbaren Helden, die in einem Dorf im äußersten Westen der Bretagne den römischen Eroberern widerstehen. Der elfte Band der Reihe, *Le bouclier averne*, spielt mit der **Geschichte der Unterwerfung der Gallier** nach der Belagerung von Alesia (52 v. Chr.) und der als Zeichen der Unterwerfung vollzogenen Übergabe der Waffen durch den gallischen Heerführer **Vercingetorix**. Die Geschichte dieser Waffen (genauer: des titelgebenden Schildes) stilisiert der Band zu einem Symbol des fortdauernden Widerstands der unbeugsamen Gallier, deren Anführer dem Sieger die Waffen nicht vor, sondern auf die Füße wirft. Mit schmerzverzerrtem Gesicht macht sich Caesar von dannen, während Vercingetorix wie eine Statue ungerührt stehen bleibt.

Goscinny/Uderzo: *Le bouclier averne* 1968, 5

Dieser Auftakt der Geschichte des Arvernerschilds spielt mit Wissensbeständen, die zum Kern einer traditionellen Konstruktion französischer nationaler Identität gehören. **Der gallische Ursprungsmythos der Nation** – in der sprichwörtlich gewordenen Formulierung des Historikers Camille

Jullian »**nos ancêtres, les Gaulois**« – wird in der Schule der Dritten Republik mit den imaginären Bestandteilen vermittelt, die auch die beiden Bilder zitieren: »Nos ancêtres, les Gaulois, étaient grands et robustes, avec [...] de longs cheveux blonds ou roux qu'ils laissaient flotter sur leurs épaules« heißt es im *Tour de la France par deux enfants* (133; s. Kap. 1.1.2). So entwickelt sich eine Vorstellung von französischer Identität, die, wie ihre spielerische Umsetzung in der Asterix-Geschichte zeigt, die Geschichte Galliens als einen bis in die Gegenwart wirksamen Ursprung der französischen Nation ansetzt (vgl. Pomian 1997; s. Kap. 4.3.1).

Die Suche nach einem Ursprung, nach einer Herkunft, die eine Gemeinsamkeit begründen kann, beginnt bereits im Mittelalter. In der Periode der Stabilisierung der Kapetinger im Hochmittelalter beginnen die gesellschaftlichen Eliten, sich auf eine **gemeinsame kollektive Identität** zu beziehen, deren Inbegriff **das Königreich** wird. Hierfür ist die Entwicklung aufschlussreich, in der sich der Name des Landes herausbildet. »France« ist aus dem spätlateinischen Wort »Francia« abgeleitet, der Bezeichnung für das Frankenreich. Seit dem Beginn des 13. Jh.s wird der König in Urkunden und Schriften nicht mehr »rex Francorum« (»König der Franken«) genannt, ein Titel, in dem noch die traditionelle germanische Stammesbeziehung präsent ist, sondern »**rex Franciae**«, König des (West-)Frankenreichs (Le Goff 1997, 687 f.). Der Umstand, dass er mit seinem Herrschaftsgebiet identifiziert wird, verweist darauf, dass der König eine neue Identität verkörpert, die auch eigenständig begründet werden muss.

Dass das Frankenreich auf einer gallischen Vorgeschichte aufbaut, ist den Gebildeten im Mittelalter durchaus bekannt. Diese wird in vielen Texten angesprochen, wie das folgende Beispiel aus einem höfischen Roman zeigt:

Wace: *Roman de Brut*, um 1150

France aveit nun Galle a cel jour.	**Das Frankenreich hatte in jener Zeit den Namen Gallien.**
Si n'i aveit rei ne seinnur.	**Es gab dort weder König noch Herrscher.**
Romain en demainne l'aveient.	**Die Römer hatten es in Besitz.**

Die nahezu einzige Quelle für diese Vorgeschichte, **Caesars *De bello Gallico***, gehört zu den damals verfügbaren lateinischen Texten, die auch in Sammlungen zur römischen Geschichte verbreitet werden (vgl. Beaune 1985, 30 ff.). Der Bezug auf Gallien kommt jedoch für eine Konstruktion der Ursprünge der französischen Monarchie zunächst nicht in Frage. Denn die Geschichte der Gallier wird, wie das Zitat aus dem *Roman de Brut* zeigt, als die eines unterworfenen Volkes verstanden. Sie kann für die Herkunft der französischen Könige auch deshalb kein Bezugspunkt sein, weil sie mangels einer Königsherrschaft in Gallien keinen Anhaltspunkt für einen Ursprung der Monarchie selbst zu bieten vermag.

Ursprungsmythen der Monarchie

1274 wird im Kloster Saint-Denis die erste der danach vielfach fortgeführten und weiterverbreiteten *Chroniques de France* abgeschlossen, die eine **kohärente Entwicklungsgeschichte der Monarchie** erzählt (Guénée 1997). Zugespitzt kann man sagen, dass die Vorstellung von Frankreich in dieser Geschichtsschreibung entsteht: »L'idée de la France est une invention des chroniqueurs commandités par le pouvoir royal« (Joutard 1993, 507). Die Mönche von Saint Denis greifen für ihre Ursprungserzählung der französischen Königsherrschaft auf einen Geschichtsmythos zurück, der sich schon seit dem Ende des 7. Jh.s findet. Inspiriert von dem im Mittelalter und der frühen Neuzeit berühmtesten antiken Epos, der *Aeneis* Vergils, situieren sie den **Ursprung der französischen Monarchie in Troja**. »Comment François descendirent des Troiens«, ist das erste Kapitel der *Chroniques de France* überschrieben, das die Abstammung der französischen Könige vom trojanischen Königshaus und den Weg dieser Ahnen von Kleinasien nach Frankreich darstellt (Guénée 1997, 743). So wird der Ursprung der französischen Monarchie als **Parallelgeschichte zu der Entstehung des römischen Imperiums** erzählt, das bei Vergil von dem aus dem brennenden Troja geflüchteten Aeneas begründet wird (vgl. Beaune 1985, 51 ff.). Noch der Renaissancedichter Pierre de Ronsard (1524–1585; s. Kap. 3.3.3) gestaltet diese Legende in einem Fragment gebliebenen Epos, der *Franciade* (1574), mit der er Vergil nacheifern will.

Die Taufe Chlodwigs: Nun gibt es dabei allerdings ein gewichtiges Problem: Die Trojaner sind nach mittelalterlichem Verständnis ›Heiden‹. Um die christliche Religion zu integrieren, wird der trojanische Ausgangspunkt in den *Chroniques de France* mit einem weiteren Ursprung verbunden: mit der vermutlich 498 erfolgten Taufe Chlodwigs. Schon ihre erste Überlieferung durch Gregor von Tours (Ende des 7. Jh.s) **deutet diese Taufe als ein Gründungsereignis**, das in Analogie zu dem Edikt des römischen Kaisers Konstantin I. steht, mit dem 313 das Christentum zur Staatsreligion des römischen Reichs wird (vgl. Theis 1996, 51 ff.). Damit soll eine Geschichte der Monarchie begründet werden, die deren Eigenständigkeit gegenüber der römischen Tradition betont (und insbesondere gegenüber den Päpsten, die diese nach mittelalterlichem Verständnis fortführen).

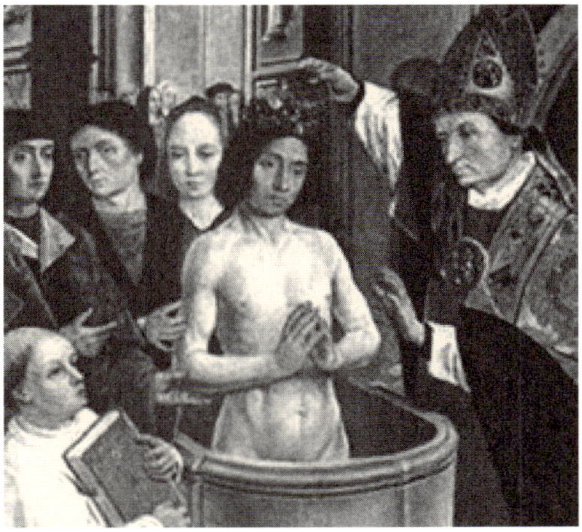

Taufe Chlodwigs durch Rémi, den Bischof von Reims (Chroniques de France, 14. Jh.)

Obwohl die später als Königsweihe (*Sacre*) gedeutete Taufe vom Bischof von Reims vollzogen wird, ist die Zeremonie nämlich – anders als die Krönung der deutschen Kaiser im Mittelalter – nicht vom Papst abhängig. Sie kann deshalb als ein **Akt der direkten Beziehung der französischen Könige zu Gott** gedeutet werden. Damit wird ein **mächtiger Ursprungsmythos der Monarchie** begründet, der für ihr Selbstverständnis zentral und trotz des Einschnitts der Revolution bis in die Gegenwart wirksam bleibt (s. Kap. 4.3.1). Noch 1996, zur 1500-Jahrfeier der Taufe Chlodwigs,

Ursprünge:
Das Mittelalter

bezeichnet der damalige Staatspräsident Jacques Chirac dieses Ereignis vor dem Papst als »l'un des actes fondateurs de la France«.

Die Gallier als Ursprung der Geschichte Frankreichs kommen erst am Ende des Mittelalters und dann vor allem zu Beginn der Neuzeit ins Spiel, als man beginnt, eine nationale Identität zu konstruieren, die sich nicht mehr allein auf die Geschichte der Monarchie und deren privilegierte Beziehung zu Gott stützt, sondern auch das Volk mit einbezieht. Die Geschichtsschreibung projiziert dann die Idee historischer Kontinuität auf das nationale Territorium, eine Entwicklung, in der schon im 16. Jh. die Gallier zu den »ancêtres« werden, lange bevor die Historiker des 19. Jh.s diesen neuen Ursprungsmythos systematisch begründen (vgl. Beaune 1985, 30 ff.; Nicolet 2003, 48 ff.; Vivanti 1997).

Grundlegende Literatur

Berschin, Helmut/Felixberger, Josef/Goebl, Hans: Französische Sprachgeschichte. München 1978.
Hausmann, Frank-Rutger: Französisches Mittelalter. Stuttgart/Weimar 1996.
Köhler, Erich: Vorlesungen zur Geschichte der französischen Literatur. Mittelalter I. Hg. von Henning Krauß. Mittelalter II. Hg. von Dietmar Rieger. Stuttgart 1985.
Rieger, Dietmar: »Die altprovenzalische Lyrik«. In: Heinz Bergener u. a.: Lyrik des Mittelalters 1. Probleme und Interpretationen. Stuttgart 1983, 197–390.
Wolfzettel, Friedrich: »Die mittelalterliche Lyrik Nordfrankreichs«. In: Heinz Bergener u. a.: Lyrik des Mittelalters 1. Probleme und Interpretationen. Stuttgart 1983, 391–578.

Weiterführende Literatur

Beaune, Colette: Naissance de la nation France. Paris 1985.
Duby, Georges: Krieger und Bauern. Die Entwicklung von Wirtschaft und Gesellschaft im frühen Mittelalter. Frankfurt a. M. ²1981.
–: Wirklichkeit und höfischer Traum. Zur Kultur des Mittelalters. Frankfurt a. M. 1990.
Guénée, Bernard: »Les ›Grandes Chroniques de la France‹. Le Roman aux Rois 1274–1518«. In: Pierre Nora (Hg.): Les lieux de mémoire. Neuausgabe in drei Bänden. Bd. 1. Paris 1997, 739–758.
Hauser, Arnold: Sozialgeschichte der Kunst und Literatur. Sonderausgabe in einem Band. München 1972.
Joutard, Philippe: »Une passion française: l'histoire«. In: André Burguière/Jacques Revel (Hg.): Histoire de la France. Bd. 4: Les formes de la culture. Paris 1993, 507–570.
Köhler, Erich: »Conseil des barons« und »jugement des barons«. Epische Fatalität und Feudalrecht im altfranzösischen Rolandslied. Heidelberg 1968.
–: Ideal und Wirklichkeit im höfischen Roman. Tübingen ²1970.
Krauß, Henning (Hg.): Der altfranzösische höfische Roman. Darmstadt 1978.
Le Goff, Jacques: Les intellectuels au moyen Age. Paris ²1985.
–: »Reims, ville du sacre«. In: Pierre Nora (Hg.): Les lieux de mémoire. Neuausgabe in drei Bänden. Bd. 1. Paris 1997, 649–733.
Lestringant, Frank/Zink, Michel (Hg.): Histoire de la France littéraire. Bd. 1: Naissances, Renaissances. Moyen Age – XVIe siècle. Paris 2006.
Nicolet, Claude: La fabrique d'une nation. La France entre Rome et les Germains. Paris 2003.
Pomian, Krzysztof: »Francs et Gaulois«. In: Pierre Nora (Hg.): Les lieux de mémoire. Neuausgabe in drei Bänden. Bd. 2. Paris 1997, 2245–2300.
Theis, Laurent: Clovis de l'histoire au mythe. Paris 1996.

Literatur

Tuchmann, Barbara: Der ferne Spiegel. Das dramatische 14. Jahrhundert. München 1982.

Vivanti, Corrado: »Les Recherches de la France d'Etienne Pasquier. L'invention des Gaulois«. In: Pierre Nora (Hg.): Les lieux de mémoire. Neuausgabe in drei Bänden. Bd. 1. Paris 1997, 759–786.

3.3 | König, Nation, Modernisierung (1453–1715)

3.3.1 | Frankreich in der frühen Neuzeit

Als **frühe Neuzeit** wird die historische Periode bezeichnet, die in Frankreich nach dem Ende des Hundertjährigen Kriegs beginnt. Grundlage des gesellschaftlichen Wandels seit dem Ausgang des Mittelalters ist eine **wirtschaftliche Prosperität**, die in weiten Teilen Europas von der Mitte des 15. bis zur Mitte des 17. Jh.s andauert. Das 16. Jh. ist nicht nur die **Zeit der großen Entdeckungen**, sondern auch einer Blüte des Handels und der wachsenden **Macht des Geldes**. Politisch wird die Zeit zwischen dem Ende des 15. und dem Ende des 17. Jh.s von den Auseinandersetzungen zwischen den großen europäischen Herrschern bestimmt, deren Reiche sich in Spanien, England und Frankreich zu **Nationalstaaten** entwickeln.

Grundlagen der frühen Neuzeit

In mentalitäts- und kulturgeschichtlicher Hinsicht sind hauptsächlich vier Faktoren für die frühe Neuzeit kennzeichnend:

- die **Erfindung des Buchdrucks**, der binnen weniger Jahrzehnte die Verfügbarkeit und die Verbreitung von Texten in einer damals unvorstellbaren Weise steigert;
- die **Entdeckung der ›Neuen Welt‹**, die zur Auflösung des traditionellen Weltbilds führt;
- die **Entdeckung der geistigen Vielfalt der antiken Texte**, die zu einem wesentlichen Bezugspunkt der kulturellen und literarischen Erneuerung werden;
- die **Kritik an der katholischen Glaubenslehre** und ihren Praktiken. Sie führt zur **Kirchenspaltung** durch die **Reformation** (seit 1517 in Deutschland, in Frankreich seit Anfang der 1520er Jahre) und zu dem gegenreformatorischen **Konzil von Trient** (1545–1563), das Reformen der katholischen Kirche beschließt.

Diese Faktoren kennzeichnen gesamteuropäische Entwicklungen, die auch in Frankreich zu einer geistigen und kulturellen Neuorientierung führen.

Auf dem Weg zur europäischen Großmacht

Im Verlauf des Hundertjährigen Kriegs steht die Existenz des französischen Königreichs selbst mehrfach auf dem Spiel. In der zweiten Hälfte des 17. Jh.s hingegen nimmt es politisch **eine dominante Position in Westeuropa** ein. Diese beiden Extreme beleuchten die Entwicklung, die Frankreich im Verlauf der frühen Neuzeit durchläuft. Ein Jahrhundert relativer Stabilität und Prosperität nach dem Ende des Hundertjährigen Kriegs bildet die Basis eines Aufschwungs, in dem sich die Bevölkerung bis zur Mitte des 16. Jh.s in etwa verdoppelt. Seit der zweiten Hälfte des 17. Jh.s beherrschen die französischen Könige mit wenigen Ausnahmen **das heutige Territorium des Landes**. Im Kontext dieses Aufschwungs wird die frühe Neuzeit von gesellschaftlichen, kulturellen und literarischen Entwicklungen geprägt, mit denen Frankreich europäische Bedeutung erlangt. Entstehen zu Beginn der frühen Neuzeit die entscheidenden kulturellen und literarischen Neuerungen in Italien und Spanien, so ist an deren Ende die **französische Literatur und Kultur ein Vorbild für ganz Europa**.

Der König und die Nation sind die wesentlichen Bezugspunkte der gesellschaftlichen und kulturellen Entwicklung Frankreichs. Es entwickelt sich ein kulturelles Feld (s. S. 23), in dem die von der Monarchie geförderte Literatur nationale Bedeutung erlangt. Die **kulturelle Modernisierung** führt darüber hinaus dazu, dass die Literatur sich als autonom im Sinne eines modernen Literaturbegriffs zu verstehen beginnt. Seit der Renaissance wird das **Kulturmodell der Antike** als ein als vorbildlich geltender Bezugspunkt angesehen. Die Orientierung an der Antike macht literarische und poetologische Bezugspunkte verfügbar, deren Prestige den Autoren auch ein Bewusstsein von der besonderen Bedeutung ihres eigenen Schreibens ermöglicht. Daraus wird sich im 17. Jh. die Vorstellung entwickeln, dass die Literatur dadurch kulturelle Funktionen erfüllen kann, dass sie ihren eigenen Gesetzen und nicht gesellschaftlichen Anforderungen folgt.

Chronologischer Überblick

Vom Ende des Hundertjährigen Kriegs bis zum Tod Ludwigs XIV.

Ende des 15. Jh.s.	Abschluss der größten innerfranzösischen Konflikte mit der Annexion von Burgund (1479), der Provence (1481) und der Bretagne (1491/1522) durch die Krone
seit 1522	Kriegszüge Franz' I. gegen den deutschen Kaiser Karl V., dessen Herrschaftsgebiet Frankreich im Norden (Flandern), Osten und Süden (Spanien) umschließt; vorläufiger Friedensschluss 1544
1530	Franz I. gründet das *Collège des Lecteurs royaux*, eine humanistische Lehr- und Forschungseinrichtung für das Studium der alten Sprachen
1534	*Affaire des placards*: antikatholische Pamphlete werden in der Residenz des Königs in Amboise und in mehreren Städten angeschlagen
1539	Edikt von Villers-Cotterêts: Das Französische wird offizielle Sprache des Königreichs
1559	Heinrich II. verzichtet auf die französischen Ansprüche in Italien, behält aber Eroberungen in Lothringen und Nordfrankreich
1562	Beginn der Religionskriege zwischen Protestanten und katholischen Fürsten im Süden und Südwesten Frankreichs; provisorischer Friedensschluss 1570
24.8.1572	Bartholomäusnacht: Ermordung tausender Protestanten in Paris, danach auch in der Provinz; erneute Religionskriege; zunehmende Radikalisierung seit 1585
1589	Nach der Ermordung Heinrichs III. ist Heinrich von Navarra, der Anführer der Protestanten, Thronfolger. Proklamation eines Gegenkönigs durch die katholische Partei (die *Ligue*)

König, Nation, Modernisierung

1593/94	Übertritt Heinrichs von Navarra zum Katholizismus und Krönung als Heinrich IV.
1598	Toleranzedikt von Nantes: Religionsfreiheit und Sicherheiten für die Protestanten
1610	Ermordung Heinrichs IV.; sein Sohn Ludwig XIII. wird König
1622–1628	Kriegszüge gegen die Protestanten im Süden und Südwesten; Einschränkungen der Glaubensfreiheit und des Edikts von Nantes
1624	Der Kardinal Richelieu wird leitender Minister
1635	Richelieu gründet die *Académie française*; Beginn eines langwierigen Kriegs mit Spanien im Roussillon, in Norditalien und Flandern
1643	Kurz nach Richelieu (1642) stirbt Ludwig XIII.; sein minderjähriger Sohn Ludwig XIV. wird von seiner Mutter als Regentin vertreten (bis 1651), der Kardinal Mazarin wird leitender Minister
1648–1653	Zeit der *Fronde*: Proteste bürgerlicher und hochadliger Eliten gegen die wachsende Macht der Krone und die Politik Mazarins führen bis zum Bürgerkrieg
1654	Endgültige Annexion des Elsass
1659	Friedensschluss mit Spanien: Die Pyrenäen werden zur Grenze
1661	Tod Mazarins, Beginn der Alleinherrschaft Ludwigs XIV.; Colbert wird Finanzverwalter
seit 1667	Beginn der Eroberungskriege in Flandern und der Franche-Comté, gegen Holland (seit 1672), im Rheinland (seit 1677), in der Pfalz (seit 1688)
1685	Aufhebung des Edikts von Nantes; Hunderttausende der sogenannten Hugenotten fliehen ins protestantische Ausland (Niederlande, England, deutsche Fürstentümer)
1697	Friede von Rijkswijk: Frankreich muss sich aus den rechtsrheinischen Gebieten und der Pfalz zurückziehen, behält jedoch das Elsass und die Franche-Comté
1713/14	Der spanische Erbfolgekrieg (1701–1713) endet mit den Friedensschlüssen von Utrecht und Rastatt, die die Vorherrschaft Frankreichs in Westeuropa einschränken
1715	Tod Ludwigs XIV.

Die absolute Monarchie

3.3.2 | Die absolute Monarchie

Im 16. Jh. beginnt ein Zentralisierungs- und Vereinheitlichungsprozess, der in Verwaltung und Recht die widersprüchliche Vielfalt der feudalen Herrschaftsstrukturen auflöst (vgl. Richet 1973). Ein wichtiger Schritt zu dieser Vereinheitlichung ist das **Edikt von Villers-Cotterêts** (1539), nach dem alle amtlichen und juristischen Dokumente »en langage maternel françois et non autrement« verfasst werden sollen. Dem liegt – gegen die Dominanz des Lateinischen gerichtet – die Idee einer sprachlichen Einheit als Grundlage der Einheit des Königreichs zugrunde. Der »langage maternel françois« wird zu einer Identifikationsmöglichkeit für die gesellschaftlichen Eliten und zu einem **Bezugspunkt für das im 16. Jh. entstehende Nationalbewusstsein** (vgl. Richet 1991, 358–360; Lestringant/Zink 2006, 39–49).

Der König als Inbegriff der Nation

Die Monarchie betreibt nicht nur die administrative und sprachliche Vereinheitlichung des Landes, sie gewinnt auch eine **symbolische Bedeutung**, in der sie die **Identität des Landes und der Nation** verkörpert. Die Geschichtsschreibung der Monarchie, die seit dem 16. Jh. floriert, entwirft die Geschichte der Könige nun zugleich als Geschichte eines Landes und einer Nation (vgl. Lestringant/Zink 2006, 419–434). **Die Wirren der Religionskriege** tragen zur Durchsetzung dieser bis zur Revolution dominanten Konstruktion nationaler Identität bei. In der Zuspitzung des Konflikts zwischen Katholiken und Protestanten bleibt Heinrich von Navarra schließlich der einzige Repräsentant nationaler Souveränität, der die Stabilität des Königreichs garantiert (vgl. Richet 1991, 371–375). Mit der **Konversion und Krönung Heinrichs IV.** sowie mit der provisorischen Beendigung des Konflikts der Konfessionen durch das **Edikt von Nantes** (1594 bzw. 1598) setzt sich eine durch ihre nationale Bedeutung legitimierte Monarchie durch. Auch wenn Heinrichs Nachfolger erneut die Glaubensspaltung bekämpfen (bis hin zur Aufhebung des Toleranzedikts durch Ludwig XIV.), verfolgen sie dabei vor allem ein Ziel, das die gesamte Politik der Monarchie in der frühen Neuzeit bestimmt: die Vereinheitlichung und Zentralisierung des Königreichs.

Die Sakralisierung des Königs spielt für die nationale Bedeutung der Monarchie eine wesentliche Rolle. Sie ist in der mittelalterlichen Tradition zwar schon angelegt, wird aber erst in der frühen Neuzeit systematisch begründet. Der König verkörpert als konkreter Herrscher zugleich ein abstraktes Prinzip: die Kontinuität von Reich und Nation (vgl. Kantorowicz 1990). Die Theoretiker der absolutistischen Monarchie im 16. und 17. Jh. (insbesondere Jean Bodin, *Les six livres de la république*, 1576) bauen diese Konstruktion zu einer systematischen Legitimation der absoluten Monarchie aus. Darin wird der **König in unmittelbarer Beziehung zu Gott** gedacht, dessen Herrschaft auf Erden er repräsentiert (vgl. Cosandrey/Descimon 2002, 83–105). »**Absolut**« herrscht der König in der älteren Bedeutung des Wortes (von lat. *absolutus*: losgelöst). Als Repräsentant des göttlichen Willens will er in seinem Handeln weder an ständische Verpflichtungen (gegenüber dem Adel) noch an politische oder kirchliche Instanzen

König, Nation, Modernisierung

(die Ständeversammlung oder den Papst) gebunden sein. Das Ludwig XIV. (1638–1715) zugeschriebene Wort »L'État, c'est moi« ist nicht Ausdruck persönlicher Überheblichkeit. Es verweist vielmehr auf die **religiös-politische Identifikationsfigur**, in der **der Körper des König zur Verkörperung der Nation** wird. Ludwig XIV. selbst hat durch diese Sakralisierung eine mythische Funktion erhalten. Als »Sonnenkönig« (*Roi Soleil*) ist er in der französischen Erinnerungskultur bis heute eine Identifikationsfigur für die **Tradition der absolutistischen Monarchie** geblieben.

Ludwig XIV., der Inbegriff der absoluten Monarchie. Gemälde von Hyacinthe Rigaud, um 1700

Die Monarchie und die gesellschaftlichen Eliten

Politisch wie symbolisch integriert die Monarchie die Eliten von Bürgertum und Adel in ihre Herrschaftsausübung. Zahlreich sind im 16. wie im 17. Jh. die Versuche mächtiger Adliger, gegen die **monarchistische Zentralisierung des Staates** eine größere Unabhängigkeit zu erkämpfen oder

Die absolute Monarchie

zu behaupten. So werden die Religionskriege zu einem guten Teil von solchen Bestrebungen bestimmt. Sie scheitern jedoch letztlich an der Unmöglichkeit, die mächtige symbolische Position des Königs selbst in Frage zu stellen. Auch die letzten hochadligen Aufstandsversuche in der Zeit der ***Fronde*** (1648–1653), die in wechselnden Bündnissen teils auch mit der Elite des Pariser Bürgertums erfolgen, bleiben wegen der Interessenkonflikte und der divergierenden Ambitionen ihrer Anführer erfolglos. Danach wird der **Adel in den Königshof integriert** und verliert seine Bedeutung als eigenständige politische Kraft.

Die Bedeutung der bürgerlichen Eliten und deren Selbstbewusstsein wächst durch den Aufschwung von Wirtschaft und Handel, der zur Anhäufung von großen Geldvermögen führt. Angehörige dieser Eliten verbünden sich als Juristen, Verwaltungsbeamte und Finanziers mit der Monarchie, die für sie (mehr als für den Adel) zum Inbegriff ihrer nationalen Identität wird. Die Unterstützung des Bürgertums für die Herrschaft der absoluten Monarchie wird durch das seit dem 16. Jh. eingeführte und immer weiter ausgebaute **System des Ämterkaufs** (*vénalité des offices*) gewährleistet. Es ist eine einträgliche Geldquelle für die Monarchie, garantiert aber seinem Inhaber auch das jeweilige Amt auf Lebenszeit (teils konnten die Ämter sogar vererbt werden) sowie bei bedeutenden Ämtern den Aufstieg in den Adel. Dadurch erlangt der **Amtsadel**, die sog. ***noblesse de robe*** eine gewisse Eigenständigkeit (›robe‹ bezeichnet die Amtstracht der Juristen, im Gegensatz zum traditionellen **Schwertadel**, der ***noblesse d'épée***). Der entscheidende gesellschaftliche Modernisierungsschub seit dem 16. Jh. besteht darin, dass die Eliten des zweiten und dritten Standes trotz aller wechselseitigen Polemik gemeinsame Interessen ausbilden (vgl. Richet 1973, 82–93 und 1991, 143–154).

Der Königshof als kulturelles Zentrum

Diese Entwicklung zeigt sich am deutlichsten im Bereich der höfischen Kultur. Der Königshof wird seit der Regierungszeit Franz' I. (1515–1547) zu einem Zentrum der Macht und der Kultur, an dem sich der Adel ebenso wie die bürgerlichen Eliten orientieren. Er ist im 16. Jh. auch **die bestimmende Instanz für die literarische Entwicklung** und wird zu einem Bezugspunkt, an dem alle bedeutenden Autoren materielle wie symbolische Anerkennung suchen. Insbesondere Franz I. (1494–1547) und Heinrich II. (1519–1559) betreiben eine Politik der Kulturförderung. Der Zirkel um Marguerite de Navarre (1492–1549), die Schwester Franz I. und selbst eine bedeutende Autorin (*L'Heptaméron*, eine Novellensammlung nach dem Vorbild von Boccaccios *Decamerone*), wird zu einem kulturbildenden Ort der Diskussion humanistischer und reformatorischer Ideen, bis die Zuspitzung des Religionskonflikts diese geistige Offenheit einschränkt.

Die höfische Gesellschaft des 17. Jh.s führt diese Entwicklung weiter. Sie integriert die Eliten des zweiten und dritten Standes in eine Machtbalance, in deren Zentrum der König steht (vgl. Elias 1969). Adlige und bürgerliche Eliten verkehren und kommunizieren nicht nur gemeinsam in den bedeutenden Pariser Salons wie in der Hofgesellschaft, sie entwickeln auch ein gemeinsames Verhaltensideal, das des ***honnête homme***. Es wird in einer 1630 erschienenen Abhandlung von Nicolas Faret (1596–

König, Nation, Modernisierung

1646) entworfen, die den für dieses Verhaltensideal bezeichnenden Titel *L'honnête homme ou L'art de plaire à la cour* trägt. Denn die *honnêteté* ist kein Ideal einer Persönlichkeitsbildung im religiösen oder philosophischen Sinn, sondern eine Strategie des gesellschaftlichen Umgangs, die Anerkennung und Aufstieg am Hof wie in den Kreisen der gesellschaftlichen Eliten ermöglichen soll. Der »art de plaire« hat eine mächtige **gesellschafts- und kulturbildende Funktion**, die nicht nur die Grundlage für die Partizipation der Eliten an der Herrschaftsausübung der Monarchie, sondern auch für das im 17. Jh. entstehende **Publikum** bildet. Der Zwang zur Anpassung an diese Verhaltensanforderungen wie die Konflikte und Widersprüche, die sie hervorrufen, werden in vielen Werken des 17. Jh.s gestaltet, so etwa in Molières *Le misanthrope* und in Mme de Lafayettes *La princesse de Clèves*.

3.3.3 | Die Renaissance: Literatur und Kultur im Zeichen der Antike

Epochenbegriff

Der Begriff ›Renaissance‹ wird seit dem 19. Jh. in der Kunstgeschichte zur Bezeichnung der Periode verwendet, die in Architektur und Malerei etwa seit dem Ausgang des 15. Jh.s auf die Spätformen der mittelalterlichen Kunst folgt. Als ›Wiedergeburt‹ (so die wörtliche Übersetzung) wird mit diesem Begriff eine **Rückbesinnung auf die antike Kunst** bezeichnet, deren Formensprache aufgegriffen und erneuert wird. Hier wie in der Übertragung dieses Begriffs auf die Literaturgeschichte dient er vor allem dazu, eine **Grenze zum Mittelalter** zu markieren, die mit **einem neuen Verständnis der Antike** begründet wird:

- Zum einen werden die antiken Texte **der Deutungshoheit der Theologie entzogen** und Gegenstand eines eigenständigen Studiums.
- Zum anderen kommt damit eine **Pluralität der antiken Überlieferung** zur Geltung, der ein Eigenwert zuerkannt wird, auch wenn sie im Widerspruch zum kirchlichen Dogma steht (vgl. Lestringant/Zink 2006, 715–741; Febvre 1989, 42–48).

Die lange Phase relativer Stabilität bis zu den Religionskriegen ermöglicht die **Offenheit und Wissensbegierde**, die **Grundlagen des kulturellen Umbruchs der frühen Neuzeit** bilden (vgl. Febvre 1989, 35 ff.). Die sprachlich erschlossenen und editorisch zugänglich gemachten antiken Texte werden neu gelesen und gedeutet und zu einem wichtigen Bezugspunkt für die geistige und kulturelle Erneuerung. Die Auseinandersetzung der Renaissance mit der antiken Überlieferung bezeichnet man als **Humanismus**, um damit die **Bedeutung des neuen Menschenbilds** zu charakterisieren, das sie begründet. In seinem Rückgriff auf die Antike ist der Humanismus auf die Probleme seiner Gegenwart ausgerichtet. Zwei Aspekte der französischen Entwicklung zeigen dies besonders deutlich:

- Die **Kritik an philosophischen und theologischen Traditionen**, die durch die Erneuerung des Wissens in der frühen Neuzeit fragwürdig werden.
- Die **Nationalisierung der Literatur und Kultur**, die in der frühen Neuzeit beginnt.

Hauptaspekte des Humanismus

Der Humanismus stellt den Absolutheitsanspruch der katholischen Glaubenslehre in Frage, deren theologische Dogmatik und religiöse Praxis einem traditionellen Weltbild verpflichtet bleiben (vgl. Febvre 1989, 94–103). Er legt die Grundlagen für wesentliche Bestrebungen der Reformation, so bei dem Reformator Calvin, dessen Hauptwerk Franz I. gewidmet ist. Darüber hinaus begründet er auch ein **religions- und traditionskritisches Denken**, das viele Autoren des 16. Jh.s prägt. Das berühmteste Beispiel dafür sind die satirischen **Romane von François Rabelais** (1494–1554), deren Orientierung wesentlich von der Auseinandersetzung mit der philosophischen Tradition der Scholastik (s. S. 124) bestimmt und von der humanistisch-kritischen Erneuerung des Wissens und des Glaubens inspiriert wird.

Das Romanwerk Rabelais' als Beispiel humanistischer Traditionskritik: Die fantastische Geschichte vom Riesen Pantagruel und seinem Vater Gargantua will in ihrer teils derben und grotesken Komik fragwürdig gewordene Strukturen (etwa der Universitätsausbildung) und Traditionen (etwa der feudalen Kriegszüge) der Lächerlichkeit preisgeben. Sein Erkenntnisideal hat Rabelais in der von Gargantua gegründeten Abtei Thélème symbolisch gestaltet, einem Ort freien Lebens und freier Erkenntnis ohne jeden Zwang, dessen Maxime lautet »fais ce que voudras« (*Gargantua*, Kap. LXVII). Die Romane folgen der Intention, **durch das Lachen** über veraltete Verhältnisse und Verhaltensweisen **ein neues Wissen zu vermitteln**, das nicht thesenhaft formuliert wird, sondern in der Satire implizit präsent ist. Diese Form des literarischen Spiels mit der Geltung traditioneller Strukturen und Autoritäten bei Rabelais wird mit dem **Begriff des Karnevals** bezeichnet, in dem ja traditionell für einige Tage die gesellschaftlichen und religiösen Hierarchien aufgehoben erscheinen (Bachtin 1995).

Rabelais: *Gargantua*, eine der ersten Ausgaben

Das **Vorwort zu *Gargantua*** fordert den Leser auch dazu auf, hinter dem Komischen nach einer höheren Bedeutung zu suchen (»à plus haut sens interpréter«) oder, wie er es in einer Metapher formuliert, das nahrhafte Mark aus dem Knochen zu saugen (»rompre l'os et sucer la substantifique moelle«). Auch im Roman selbst symbolisiert der sprichwörtlich gewordene Appetit Gargantuas den **Hunger nach neuem Wissen**. Dass Rabelais' Romanzyklus trotz der Verbote und Verfolgungen, denen er zeitweise ausgesetzt war, zu den meistgelesenen Werken des 16. und 17. Jh.s zählt, zeigt, wie sehr auch das Publikum seit der Renaissance nach Neuem strebt (vgl. Hausmann 1979; Lestringant/Zink 2006, 993–1001).

König, Nation, Modernisierung

Der Humanismus legt Grundlagen für die Entwicklung einer nationalen Kultur durch seine **Orientierung an der Antike**. Die Autoren der Renaissance schulen sich an dem prestigeträchtigen Vorbild, um ihm ebenbürtig zu werden. Dies zeigt sich sowohl in den Bemühungen um eine **Sprachreform** wie in den Versuchen, eigenständige **Grundlagen und Regeln für die Dichtung** zu entwerfen. Beide Bestrebungen gehen vom Vorbild der Antike aus, um die französische Sprache und Dichtung neu zu begründen.

Die *Pléiade*

Die ***Pléiade*** ist eine Gruppe von Dichtern, deren selbstgewählter Name auf ein antikes Vorbild verweist und zu der u. a. **Joachim Du Bellay** (1522–1560) und **Pierre de Ronsard** (1524–1585) gehören. Du Bellays *Défense et illustration de la langue françoise* (1549) kann als ein Manifest dieser Gruppe verstanden werden. Sein Ziel ist es, das Prestige der **Nationalsprache** dadurch zu begründen, dass sie zu einer **Sprache bedeutender Literatur** wird. Durch Wortschöpfungen, durch stilistische und syntaktische Neuerungen, die sich zu einem guten Teil an Strukturen des Lateinischen und Griechischen orientieren, soll die französische Sprache so aufgewertet werden (»illustration«), dass sie den antiken Sprachen gleichkommt. Du Bellay denkt die **Bedeutung der Sprache** in direkter Analogie zu dem **Machtanspruch der Monarchie**. Deren Weltgeltung werde, wie er schreibt, darin zum Ausdruck kommen, dass es auch in Frankreich Autoren wie Homer, Vergil oder Cicero geben werde (*Défense et Illustration*, Kap. XIII). Die *Pléiade* steht im Kontext von Bemühungen um die Nationalsprache, die sich seit dem Beginn des 16. Jh.s manifestieren und die im 17. Jh. in dem Auftrag an die *Académie française* fortgeführt werden, eine Grammatik, ein Wörterbuch und eine Poetik zu verfassen (vgl. Lestringant/Zink 2006, 39–49; s. Kap. 3.3.4).

Mit der **Entwicklung einer nationalen Dichtung** schreibt sich das Projekt der *Pléiade* in die Entstehung des frühneuzeitlichen Nationalstaats ein. Die um die Mitte des 16. Jh.s florierenden Dichtungslehren (von Thomas Sébillets *Art poétique*, 1545, bis hin zu der von Ronsard, 1565) entwerfen Vorschriften und Wertungskriterien für literarische Texte (vgl. Goyet 1990). Die Grundlagen für die Entwicklung der Nationalliteratur, die sie anstreben, bilden Regeln technischer Art für den Sprachgebrauch, für die Verwendung von Bildern oder für Reim- und Versstrukturen. Die Dichtung, die sie begründen wollen, findet ihre **Vorbilder** nicht in den französischen Texten des Mittelalters, sondern **in der Antike und in der italienischen Literatur**.

Selbst einen in den ersten Jahrzehnten des 16. Jh.s so angesehenen Hofdichter wie **Clément Marot** (1496–1544) verwerfen die Autoren der *Pléiade* im Namen ihres Reformprojekts, weil er noch Formen der mittelalterlichen Lyrik aufgreift. Zur zentralen lyrischen Gattung wird das **Sonett** (s. S. 81), eine von dem italienischen Lyriker **Petrarca** (1304–1374) begründete lyrische Gattung, die gerade wegen ihrer artifiziellen und hoch kodierten Struktur als besonders geeignet für eine Erneuerung der Dichtung erscheint. Das Sonett wird bereits von der **Dichterschule von Lyon** in der ersten Hälfte des 16. Jh.s in die französische Lyrik eingeführt

Die Renaissance: Literatur und Kultur im Zeichen der Antike

und zählt zu den beliebtesten Formen in der Lyrik der *Pléiade*. Ronsard greift außerdem angesehene antike Dichtungsformen wie die Ode und die Hymne wieder auf, um damit, wie er im Vorwort zu seinen Oden schreibt, als bedeutendster Dichter Frankreichs und als den antiken Autoren ebenbürtig anerkannt zu werden.

Der Einschnitt der Religionskriege

Der humanistische Optimismus und der nationale Elan dieser Bemühungen werden durch die Religionskriege unterbrochen. Nicht nur Ronsard verfasst in seinen letzten Lebensjahren antiprotestantische Pamphlete; auch insgesamt wird die **Literatur** in den letzten Jahrzehnten des 16. Jh.s deutlich von den **religiösen und gesellschaftlichen Kontroversen dieser Zeit** geprägt.

Das daraus entstehende Krisenbewusstsein findet seinen nachhaltigsten literarischen Ausdruck in den *Tragiques* von **Aggrippa d'Aubigné** (1552–1630), einem Gefolgsmann Heinrichs von Navarra, der nach der Bartholomäusnacht zu einem militanten Verfechter der protestantischen Sache wird. Seine sprachlich intensiv gestaltete, inhaltlich jedoch höchst uneinheitliche epische Dichtung verbindet Evokationen der Kriegsgräuel mit scharfen Invektiven gegen die katholischen Fürsten und Visionen eines endzeitlichen Gottesgerichts. Die inhaltliche und stilistische Heterogenität des Textes kann als Ausdruck einer Entwicklung verstanden werden, die bereits dem literarischen Barock zugerechnet werden kann.

An die Stelle der geordneten klassizistischen Formen der Renaissance tritt eine Individualisierung des Denkens und Schreibens, deren bedeutendstes Resultat die *Essais* von **Michel de Montaigne** (1533–1592) sind. Die mit dem Barockbegriff bezeichneten Entwicklungen der Literatur um die Jahrhundertwende weisen philosophisch wie literarisch widersprüchliche Orientierungen auf. Gemeinsam ist ihnen allerdings die Tendenz, statt der Nachahmung antiker Vorbilder individualisierte Formen literarischer Gestaltung zu entwickeln.

Montaignes *Essais*

Der Titel *Essais* begründet **eine offene, nicht systematisierende Form reflexiver Prosa**, die bis in die Gegenwart weit verbreitet ist. Er verweist auf den **experimentellen Charakter des Schreibens**, das sich jeder Zusammenfassung oder gar Synthese verweigert, sondern eine Suchbewegung des Denkens in Szene setzt. Diese Grundstruktur bildet sich in der Jahrzehnte andauernden Entstehungsgeschichte des Textes heraus, in der die einzelnen Abschnitte in den verschiedenen Auflagen durch Zusätze und Kommentare ergänzt, fortgeführt, aber auch revidiert und in Frage gestellt werden. Man könnte sagen, **dass der Text in einer nicht abschließbaren Bewegung um seine eigenen Gedankengänge kreist**, diese immer weiter kommentiert und neu überdenkt. So heißt es in einer berühmten Formulierung Montaignes: »Il y a plus affaire à interpréter les interprétations qu'à interpréter les choses. [...] Nous ne faisons que nous entregloser [=gegenseitig kommentieren]« (*Essais*, III, XIII).

Ausdruck einer erkenntnistheoretischen Skepsis: Die Struktur des Textes zeigt, wie sich das humanistische Erkenntnisideal auflöst, in dem Montaigne selbst intensiv geschult worden ist. An dessen Stelle tritt ein Denken, das **nicht zu Gewissheiten über Gegenstände** führt, sondern

König, Nation, Modernisierung

eine **versuchsweise Annäherung an sie** unternimmt: »Je ne veux pas fixer l'objet de mon étude [...]. Je ne peins pas l'être, je peins le passage« (III, II). An die Stelle philosophischer Überzeugungen und Gewissheiten tritt **ein denkendes und zweifelndes Individuum**, dessen Widersprüche Ausgangspunkt und Grundlage des Textes sind (»Ainsi, lecteur, je suis moi-même la matière de mon livre«, *Avant-Propos*).

Auch wenn der Text philosophische Grundfragen und zentrale Themen der Zeit umkreist (Vernunft und Glauben, Bedeutung der Tradition, Herrschaft und Sklaverei, Tod und Vergänglichkeit etc.), liegt ihm ein Bewusstsein von der **Relativität individueller Denk- und Erkenntnismöglichkeiten** zugrunde. Montaigne, der eine erfolgreiche Karriere im Amtsadel durchläuft, ehe er sich weitgehend aus dem öffentlichen Leben zurückzieht, entwickelt diese selbstkritisch-skeptische Denkhaltung unter dem Eindruck der Wirren der Religionskriege, die den humanistischen Optimismus praktisch zu dementieren scheinen. Daraus entsteht ein Text, der im 17. Jh. weit verbreitet ist und dessen Aktualität im Zeichen des postmodernen Denkens neu entdeckt wird (vgl. Demonet 1985).

Wichtige Texte des 16. Jahrhunderts

1532/34	**Clément Marot** | *L'adolescence clémentine* (Gedichtsammlung)
etwa 1530–1550	Dichterschule von Lyon, u. a. Maurice Scève und Louise Labbé
1532/34	**François Rabelais** | *Pantagruel* und *Gargantua* (1546 mit dem *Tiers Livre* und 1548–52 mit dem *Quart Livre* weitergeführt, die Autorschaft eines 1562/64 erschienenen fünften Teils ist unklar)
1548/49	**Joachim Du Bellay** | *Les antiquités de Rome* (Sonette) und *Défense et illustration de la langue françoise*
seit 1550	**Pierre de Ronsard** | *Odes* (1550), *Les amours* (1552–56), *Hymnes* (1555) u. a.
1558/59	**Marguerite de Navarre** | *Heptaméron* (posthum)
1577	Agrippa d'Aubigné beginnt die Arbeit an *Les tragiques* (1616 veröffentlicht)
1580	**Michel de Montaigne** | *Essais* (in zwei Büchern), erweiterte Ausgaben 1588 und 1595 (posthum)

3.3.4 | Barock und Klassizismus: Die Anfänge der modernen Literatur und Kultur

Epochenbegriffe

Klassizismus und Klassik: ›Klassizismus‹ (*classicisme*) ist der zentrale Begriff in der Literaturgeschichtsschreibung des 17. Jh. Er bezeichnet die vorbildhafte Bedeutung von aus der Antike übernommenen Modellen und Dichtungslehren. Bereits in der zweiten Hälfte des 17. Jh.s entsteht der

Barock und Klassizismus: Die Anfänge der modernen Literatur und Kultur

Epochenbegriff ›*le siècle de Louis XIV*‹, der eine direkte Verbindung der kulturellen Blüte mit der **mythischen Figur des *Roi Soleil*** herstellt und die **Überlegenheit der Moderne über die Antike** betont (s. S. 153 f.). Seit dem 18. Jh. wird die Literatur des 17. Jh.s dann als eine der bedeutendsten Perioden der französischen Nationalliteratur oder sogar als ihre höchste Blüte, als *Grand Siècle* gewertet (s. S. 24 f.). Die heute in Frankreich verwendete Begrifflichkeit ist uneinheitlich; sie schwankt zwischen *siècle* oder *âge classique* und *classicisme*. Dieser letzte Begriff wird bisweilen auch im Plural verwendet, um die Dauer und Vielfalt der klassizistischen Orientierung der Literatur zu betonen, die sich ja schon seit der Renaissance entwickelt und bis weit in das 18. Jh. hinein wirksam bleibt (vgl. Dammon/Delon 2006). Die **zeitlichen Grenzen** der mit diesen Begriffen bezeichneten Periode **werden unterschiedlich gezogen**. In manchen Epochenkonstruktionen umfasst sie nahezu das gesamte 17. Jh., neuerdings wird sie auf zum Teil wesentlich kürzere Zeiträume eingeschränkt (etwa auf 1630–1685 oder sogar auf 1660–1680).

In der deutschen Forschung wird für den Klassizismus des 17. Jh.s häufig der Begriff **›*Klassik*‹** verwendet (vgl. etwa Köhler 1983; Grimm 2006). Obwohl er eine **fragwürdige Übersetzung des französischen Terminus ›*classicisme*‹** darstellt, hat er sich in Anlehnung an die deutsche Literaturgeschichtsschreibung und deren Konstruktion einer (Weimarer oder deutschen) Klassik etabliert. Der Klassikbegriff stellt die **wertende Überhöhung der Literatur des 17. Jh.s** in den Vordergrund. Dabei ist das literaturgeschichtliche Phänomen des Klassizismus, die Orientierung an den Dichtungslehren und literarischen Vorbildern aus der Antike, nur noch indirekt präsent. Bisweilen findet sich eine Begrifflichkeit, die eine Konstruktion von Aufstieg, Blüte und Verfall der Klassik herausstellt, mit Periodisierungsbegriffen wie ›Früh-‹ oder ›Vorklassik‹, ›Hochklassik‹ und ›Spätklassik‹.

Barock: Gegen solche wertende Epochenkonstruktionen hat man seit den 1950er Jahren mit der Einführung des aus der Kunstgeschichte stammenden **Begriff des ›Barock‹** (*baroque*) die Vielfalt und Widersprüchlichkeit der literarischen Entwicklungen betont wollen, die das 17. Jh. bestimmen. Auch für diesen Periodisierungsbegriff, der relativ vage inhaltliche und stilistische Formen der **Regellosigkeit** und der **Individualisierung des Schreibens** bezeichnet (vgl. Rousset 1953 und Floeck 1979) lassen sich kaum klare zeitliche Grenzen ansetzen. Vielmehr **gehen barocke und klassizistische Formen des Schreibens ineinander über**. Das zeigt sich selbst bei so gängig dem Klassizismus zugerechneten Autoren wie Molière, La Fontaine oder Racine. Gemeinsam ist beiden Tendenzen vor allem, dass sie in unterschiedlicher Weise zu einer Entwicklung beitragen, in der die Literatur zu einer Form der Textproduktion wird, die sich von anderen kulturell relevanten Texten abgrenzt (s. 1.2.1). Diese **Prozesse der Modernisierung der Literatur** entfalten sich im 17. Jh. vor allem durch die **Entstehung erster Orte einer literarischen Öffentlichkeit**. Barocke und klassizistische Tendenzen der Literatur tragen in unterschiedlicher Weise dazu bei, dass sich beim Publikum wie bei den Autoren ein Bewusstsein

König, Nation, Modernisierung

von der **Eigenständigkeit der Literatur** entwickelt, das für die Moderne grundlegend wird (vgl. Viala 1985).

Barocke Regellosigkeit gegen klassizistische Regelpoetik

Repräsentanten der Barockliteratur

Théophile de Viau (1590–1626) ist nicht nur der meistgedruckte Dichter des gesamten Jahrhunderts, sondern auch ein entschiedener **Verfechter literarischer Modernität**. In deren Namen wendet er sich vor allem gegen die Nachahmung der Antike sowie gegen die Einengung der Dichtung durch poetologische Regeln und Normen. Gegen den Vorbildcharakter der Antike setzt er den Gegenwartsbezug der Dichtung und fordert, man müsse ›auf moderne Art‹ schreiben: »Il faut escrire [=écrire] à la moderne; Demosthene et Virgile n'ont point escrit en nostre temps, et nous ne sçaurions [=saurions] escrire en leur siecle« (zit. nach Stenzel 1995, 149 f.). Die Ansicht, dass die eigene Gegenwart der Antike überlegen sei, führt zu dem Postulat, dass dieser Fortschritt auch in der Literatur zum Ausdruck kommen müsse. Bei Théophile wie bei anderen Autoren der 1620er und 1630er Jahre zeigen sich **Tendenzen einer regellosen Ästhetik**, die sich an Vorbildern aus der italienischen und spanischen Barockliteratur orientieren.

Jean-Louis Guez de Balzac (1595–1654), einer der wichtigsten Vertreter literarischer Modernität in der ersten Jahrhunderthälfte, vergleicht in seinen *Lettres* (1624) seine literarischen Innovationen mit den astronomischen Entdeckungen der Zeit: »Comme on a trouvé de nostre temps de nouvelles estoiles [=étoiles], qui avoient jusques icy esté cachées, je cherche de mesme [=même] en l'eloquence des beautez [=beautés] qui n'ont esté connuës de personne« (zit. nach Stenzel 1995, 167 f.). Balzacs *Lettres* genießen bei seinen Zeitgenossen großes Ansehen, weil sie einen Prosastil ausbilden, der die komplizierte Syntax und den rhetorischen Schwulst der humanistischen Tradition überwindet. Sie sind damit ein bedeutendes Vorbild für die Entwicklung einer modernen Literatursprache im 17. Jh.

Bei **Charles Sorel** (um 1600–1674) geht das Postulat einer modernen Dichtung ebenso wie bei Théophile mit Ansätzen eines religionskritischen Denkens einher. Seine *Histoire comique de Francion* (zuerst 1623) ist der am weitesten verbreitete Roman des Jahrhunderts. Bereits sein Vorwort verbindet programmatisch **ideologiekritische Tendenzen** mit **einer regellosen Schreibweise**. Abenteuer und Ansichten des Titelhelden sind moralisch ebenso anstößig wie ideologisch, Sorel schreibt den Roman mehrfach um und erweitert ihn, um die Geschichte Francions mit seiner Heirat schließlich zu einem einigermaßen normgerechten Ende zu bringen (vgl. Baader 1999, 39–67).

Regelpoetik und Drama

Gegen solche ›barocken‹ Tendenzen richtet sich die klassizistische Dichtungslehre, die sich vor allem in den 1630er Jahren entwickelt. Sie baut auf den neoaristotelischen Poetiken auf, die, inspiriert von der wieder entdeckten bzw. neu bewerteten *Poetik* Aristoteles', im Verlauf des 16. Jh.s europaweit verbreit werden. Die klassizistische Dichtungslehre begründet die Eigenständigkeit der Dichtung durch ihre Verpflichtung auf **rationale ästhetische Prinzipien und moralische Regeln**.

Sicher ist es die dadurch mögliche Ordnung der literarischen Produktion, die den **Kardinal Richelieu** (1585–1642) in seiner Literaturpolitik vor allem interessiert. Der einflussreiche Minister Ludwigs XIII. versucht vor allem mit der **Gründung der *Académie française*** (1635), die Regelpoetik zu einer Leitlinie des literarischen Schaffens zu machen. Richelieu fördert zudem verschiedene Dramenautoren und beauftragt eine Gruppe dieser Autoren sogar mit dem Entwurf eines mustergültig regelgerechten Dramas. Das Drama rückt ins Zentrum seiner Literaturpolitik (vgl. Stenzel 1995, 82–105).

Seit etwa 1630 floriert das Theater mit zwei festen Bühnen in Paris. Es wird zu einem kulturellen Bezugspunkt, der intensive Wirkung auf die gesellschaftlichen Eliten ausübt. Gesellschaftlich ist es zudem durch die Aufführungen am Hof ein Ort, an dem die Repräsentation der Königsherrschaft wirkungsvoll inszeniert werden kann. Die Entwicklung von Regeln verbindet sich mit der Vorstellung von einer **Kontrollierbarkeit der Wirkung des Dramas** auf die Zuschauer.

Die königliche Familie im Theater, um 1640. Sitzend in der Mitte mit Federhut Ludwig XIII., rechts von ihm sein Bruder Gaston von Orleans, links seine Frau, Anna von Österreich, und links von dieser ihr Sohn, der spätere Ludwig XIV. Links und rechts am Bildrand Zuschauerränge für die Hofgesellschaft. Das Bild zeigt, wie die Theateraufführung in die Repräsentation der Königsherrschaft integriert ist. Den Zuschauern auf den Rängen bietet sich ein doppeltes Spektakel: das Bühnengeschehen und die Reaktionen der Herrschenden darauf. Die Beobachtung dieser Reaktionen wird, wie Corneille im Widmungsbrief zu seiner Tragödie *Horace* (1641) an Richelieu schreibt, zu einem entscheidendes Kriterium für die Bewertung der Werke, wichtiger als die Regeln der klassizistischen Dichtungslehre: »C'est là que lisant sur son visage [= demjenigen Richelieus] ce qui lui plaît, et ce qui ne lui plaît pas, nous nous instruisons avec certitude de ce qui est bon, et de ce qui est mauvais, et tirons des règles infaillibles de ce qu'il faut suivre et de ce qu'il faut éviter.«

König, Nation, Modernisierung

Im Zentrum der Regelpoetik steht die Regel von den drei Einheiten von **Handlung, Ort und Zeit des Dramas**. Sie wird damit begründet, dass die Zuschauer das Bühnengeschehen nur dann sinnvoll rezipieren können, wenn es in den zeitlichen und räumlichen Begrenzungen der Bühne tatsächlich stattfinden könnte und wenn es keine möglicherweise die Aufmerksamkeit ablenkenden Nebenhandlungen enthält. Die Einheiten werden also mit dem Postulat einer auf Vernunft und Lebenserfahrung gegründeten **Wahrscheinlichkeit** (***vraisemblance***) des Bühnengeschehens begründet. Daneben wird jedoch dessen gesellschaftliche und ideologische Dimension durch die Regeln geordnet. Nur das, was der **moralischen Norm** und dem **Anstand** (***bienséance***) entspricht, darf der Regelpoetik zufolge im Bühnengeschehen erfunden und dichterisch gestaltet werden (s. S. 149).

Aus solchen Elementen der klassizistischen Dichtungslehre, die sich in widersprüchlicher Vielfalt in zeitgenössischen Schriften finden, wird seit dem 19. Jh. ein kohärentes Regelwerk abgeleitet, die sog. ***doctrine classique*** (Bray 1929). Der Umstand, dass dieser Begriff noch heute bisweilen verwendet wird, sollte nicht darüber hinwegtäuschen, dass diese ›Doktrin‹ nur geringen Einfluss auf die literarische Produktion hat. Praktische Bedeutung hat vor allem die Regel von den drei Einheiten, während sich über die *vraisemblance* und die *bienséance* eines Dramengeschehens immer trefflich streiten lässt.

Die Probleme einer normativen, poetologisch begründeten Ordnung der literarischen Modernisierung zeigen sich an der Auseinandersetzung um **das berühmteste Drama der ersten Jahrhunderthälfte, Pierre Corneilles *Le Cid* (1636)**. Corneille (1606–1684), der seit Beginn der 1630er Jahre mit teils sehr wenig ›regelgerechten‹ Dramen hervorgetreten war (insbesondere *L'illusion comique*, 1635), bemüht sich in seinem Erfolgsstück um eine gewisse Anpassung an die Regeln. Dennoch zeigt er sich unter Berufung auf die Gunst des Publikums und seine Qualitäten als Autor **den Anforderungen der Regelpoetik gegenüber ausgesprochen selbstbewusst** – ähnlich wie Rodrigue, der Protagonist des Dramas, gegenüber dem Herrschaftsanspruch eines schwachen Monarchen. Neben Verstößen gegen die Einheit von Zeit und Ort des Dramas, zeigt sich dies vor allem darin, dass die weibliche Hauptfigur des *Cid*, Chimène, gegen jede adelige Standesnorm an der Liebe zu Rodrigue festhält, der ihren Vater im Duell erschlagen hat (auch wenn Corneille das Happyend in einer späteren Fassung des Stücks relativiert). Der überwältigende Publikumserfolg des Stückes beruht wesentlich auf dem **Triumph der Liebe über adlige Wertvorstellungen**.

Französische Erinnerungskultur: Corneille und der *Cid*, Briefmarke zur Dreihundertjahrfeier

Zur Vertiefung

Wahrheit gegen Wahrscheinlichkeit: Der normative Anspruch der klassizistischen Dichtungslehre

In der Debatte um Corneilles Erfolgsstück, der sog. Querelle du Cid, *wird der normative Anspruch der klassizistischen Dichtungslehre deutlich. Eröffnet wird die* Querelle *von konkurrierenden Autoren, die in der Regelpoetik vor allem einen Vorwand für ihre Kritik an ihrem erfolgreichen Rivalen suchen. Doch diese hitzige, in Broschüren und Spottgedichten ausgetragene literarische Kontroverse erhält dadurch eine politische Dimension, dass schließlich die* Académie française *auf Betreiben Richelieus den Streit mit ihrem institutionell legitimierten Urteil entscheiden soll. Der Kern der in den* Sentiments de l'Académie française sur la tragi-comédie du Cid *(1637) formulierten Kritik besagt,* ***dass die Handlung des Dramas nicht wahr, sondern wahrscheinlich zu sein habe****. Es sei ein Verstoß gegen die Regel der* vraisemblance, *wenn am Ende des Dramas Chimène Rodrigue die Heirat in Aussicht stelle, und zwar auch dann, wenn dies auf historisch wahrem Geschehen beruhe (was nach dem Verständnis der Zeit für die Handlung des* Cid *zutrifft). Vom Dichter fordert die Akademie: »Il doit préférer la vray-semblance à la vérité, et travailler plutôt sur un sujet feint et raisonnable, que sur un [sujet] véritable qui ne fût pas conforme à la raison.« Die höhere Wahrheit, die die Dichtung zu vermitteln habe, müsse der* ***gesellschaftlich anerkannten Norm entsprechen****. So lautet ein Kernsatz des Urteils der Akademie: »[...] toutes les vérités ne sont pas bonnes pour le théâtre.«*

Dennoch kann auch die Akademie nicht umhin, die Bedeutung des Werks anzuerkennen. Sie muss eingestehen, dass es, obwohl es nicht regelgerecht ist, Erfolg beim Publikum hat. Seine Wirkung beruhe auf einem »agrément inexplicable qui se mêle dans tous ses défauts«. In der Querelle du Cid *wird so die Bedeutung des* ***Publikumsgeschmack gegen den Normierungsanspruch der Regelpoetik*** *deutlich (vgl. Stenzel 1995, 199–224). Corneille selbst allerdings beugt sich dem normierenden Anspruch der Regelpoetik zumindest insofern, als seine nächsten, erst Jahre später geschriebenen Werke, die beiden berühmten Tragödien* Horace *und* Cinna, *deren Anforderungen hinsichtlich der drei Einheiten geradezu übererfüllen.*

Die Alleinherrschaft Ludwigs XIV. und der Klassizismus

Mit dem **Beginn der Alleinherrschaft Ludwigs XIV.** (seit 1661, nach dem Tod von Richelieus Nachfolger Mazarin) schlägt das relativ liberale Klima der 1650er Jahre zunehmend um. Autoren wie die gerade erst literarisch hervorgetretenen **Jean de La Fontaine** (1621–1695) und **Molière** (1620–1673) müssen sich angesichts der von Ludwigs Finanzverwalter Colbert betriebenen Literaturpolitik neu orientieren, die vor allem den Lobpreis des jungen Monarchen verlangt. Sie kommen dabei zu durchaus unterschiedlichen Konsequenzen, die von skeptischer Distanz bei La Fontaine

König, Nation, Modernisierung

bis hin zu (zumindest anfangs) überzeugter Anpassung bei Molière reichen. Die Modernisierung der Literatur bleibt im **Klassizismus der Jahrzehnte nach 1660** vor allem von dem Bemühen bestimmt, den **Verweis auf antike Vorbilder** zur Rechtfertigung **moderner Formen des Schreibens** einzusetzen. Diese Dimension des Klassizismus zeigt sich deutlich in den **Tragödien Jean Racines** (1639–1699), die zwar fast alle auf antike Vorbilder und Stofftraditionen zurückgreifen, sie jedoch frei ausgestalten und umschreiben (s. Kap. 3.3.5).

Die Fabeln La Fontaines

Die legitimatorische Funktion des Klassizismus zeigt sich auch bei La Fontaine, der sein bedeutendstes Werk als eine in Verse gesetzte Auswahl antiker Fabeln ausgibt (der vollständige Titel lautet: *Fables choisies et mises en vers*). Tatsächlich jedoch benutzt er diese Überlieferung als Ausgangspunkt einer in ästhetischer Raffinesse formulierten skeptischen und zeitkritischen **Umgestaltung der moralisch-didaktischen Gattungstradition**, der seine antiken Vorbilder entstammen. Zentraler Bezugspunkt der Abwendung von der antiken Überlieferung ist auch bei La Fontaine der **Publikumsgeschmack**, denn, so heißt es im Vorwort der Fabeln (1668): »On ne considère en France que ce qui plaît: c'est la grande règle, et pour ainsi dire la seule.« Mit der Berufung auf den Publikumsgeschmack begründet La Fontaine in seinem Vorwort auch die wesentliche Neuerung, die er in die Gattungstradition einbringt, nämlich **die Auflösung einer kohärenten Struktur**, in der eine Geschichte (meist von Tieren, bei La Fontaine aber zunehmend auch von Menschen) durch einen abschließenden moralischen Lehrsatz bewertet werden soll. Bereits die erste (und wohl berühmteste) Fabel, »La cigale et la fourmi« verweigert programmatisch eine plausible Moral, es sei denn, man will die abschließende zynische Aufforderung der Ameise an die hungernde Grille (»Eh bien, dansez maintenant«) als solche verstehen. An die Stelle einer belehrenden Textfunktion tritt ein **ironisches Spiel mit der Gattungstradition**, das das Publikum der Salons einverständig genießen kann.

Molière: *Le Misanthrope*, Frontispiz und Titelseite der Erstausgabe

Aus den Erfahrungen seiner langen Wanderbühnenzeit in der Provinz bringt Molière **Elemente des Volkstheaters** in seine Werke ein, die seinen Erfolg in Paris begründen, wo er seit 1658 eine dritte feste Bühne etabliert. Die höfischen und städtischen Eliten sind die Adressaten, für die er seine Komödien mit ihren kritischen wie ihren spielerischen Elementen konzipiert. Früh beginnt seine Zusammenarbeit mit dem Komponisten Lully (*Les fâcheux*, 1661), in der er mit der wenig regelgerechten, aber publikumswirksamen Form der **Ballettkomödie** große Erfolge feiert

(*Georges Dandin*, 1668; *Le bourgeois gentilhomme*, 1669). Er wird mit seiner Theatertruppe zum Hofkomödianten Ludwigs XIV., dessen Gunst ihn dazu ermutigt, stärker an der Regelpoetik orientierte **zeitkritische Komödien** zu schreiben (*L'école des femmes*, 1662; *Le Tartuffe*, 1664/1669).

Wegen der religionskritischen Tendenzen vor allem in *Le Tartuffe*, aber auch in *Dom Juan* (1665) ist er heftigen Angriffen ausgesetzt. Trotz der königlichen Unterstützung wird der *Tartuffe* zeitweise, *Dom Juan* nach wenigen Aufführungen generell verboten. Nicht zuletzt deshalb zeigen seine Werke in der Folge eine eher **pessimistische Weltsicht** (etwa *Le misanthrope*, 1666; *L'avare*, 1668). Der Widerstand Alcestes, des Protagonisten von *Le misanthrope*, gegen die Anpassungszwänge der *honnêteté* in der höfischen Gesellschaft (s. S. 139 f.) kann als indirekte Kritik am König verstanden werden, der ja deren heimlicher Drahtzieher ist. Zugleich erscheint Alceste jedoch in seiner traditionsorientierten Position und in seiner Liebe ausgerechnet zu der vollauf an die höfischen Umgangsformen angepassten Célimène auch als lächerliche Figur, so dass die Kritik uneindeutig bleibt (vgl. Stenzel 1987 und Grimm 2002).

Boileaus cartesianischer Klassizismus

Die bekannteste dichtungstheoretische Abhandlung aus der zweiten Jahrhunderthälfte ist **Nicolas Boileaus *Art poétique***. Boileau (1636–1711) will die Dichtung **auf das Vorbild der Antike** und **eine vernünftige Ordnung verpflichten** und ist deshalb lange Zeit als wichtigster Vorkämpfer einer normativen Regelpoetik (der *doctrine classique*, s. S. 147) verstanden worden. Die Leitbegriffe, auf die er sich beruft, sind ***bon sens*** und ***raison*** (*Art poétique*, I, 27 ff.).

Der Einfluss der Philosophie von René Descartes (1596–1650) manifestiert sich in diesen poetologischen Leitbegriffen. Descartes' Annahme von der grundsätzlichen Vernunftorientierung des menschlichen Handelns übt weit über das 17. Jh. hinaus großen Einfluss aus und wird zu einem Bestandteil moderner Konstruktionen französischer Identität werden. »Le bon sens est la chose du monde la mieux partagée«, dieser berühmte erste Satz von Descartes' *Discours de la méthode* (1636), ist auch eine Grundlage von Boileaus ästhetischem Denken. Wenn er den Reim als »esclave« des »bon sens« bezeichnet, unterwirft er die Dichtung dem Vernunftkriterium, das nicht die sprachliche Gestaltung, sondern den Inhalt bewertet. Dennoch spielt in Boileaus Argumentation auch die **ästhetische Dimension** eine wichtige Rolle, vor allem dann, wenn es um Geschmack und Zustimmung des Publikums geht. Neben das cartesianische Vernunftpostulat tritt die Einsicht in die **Bedeutung der affektiven Wirkung** der Dichtung (»le secret est d'abord de plaire et de toucher«, III, 25). Seinen normativen Anspruch, der auf ein rational begründetes Regelwerk zielt, muss er in Hinblick auf die Bedeutung der Rezipienten für den literarischen Erfolg relativieren.

Die Entstehung der Öffentlichkeit: *la cour et la ville*

Die Orientierung der literarischen Entwicklung verlagert sich seit der Jahrhundertmitte von der Akademie und der Politik hin zu den ersten einflussreichen **Orten einer literarischen Öffentlichkeit**. Dazu zählen die Salons und Zirkel der Pariser Eliten ebenso wie die Hofgesellschaft, literarische Akademien (nach dem Vorbild der *Académie française*) oder Zeit-

König, Nation, Modernisierung

schriften (die bedeutendste ist der seit 1672 erscheinende *Mercure galant*). Zu zentralen Begriffen für die Wertung der literarischen Werke werden jetzt ***divertir*** und ***plaire***, Begriffe, die vor allem die spontane Rezeption durch das Publikum zum Urteilskriterium machen. Diese Begriffe bezeichnen zugleich den zunehmenden **Stellenwert der Literatur als Medium der Unterhaltung**. Gegen einen Verfechter der Regelpoetik lässt Molière in seiner *Critique de l'école des femmes* (1663) einen Verteidiger seiner Werke erklären: »Je voudrais bien savoir si la grande règle de toutes les règles n'est pas de plaire« (Szene VI – eine fast wortgleiche Formulierung findet sich im Vorwort zu Racines Tragödie *Bérénice*, 1670, wie im Vorwort zu den Fabeln La Fontaines, s. oben). Zugleich wertet Molière die Regeln der klassizistischen Poetik als »cette chicane où l'on veut assujettir le goût du public« ab. Er unterwirft sein Werk dem Urteil der beiden entscheidenden **Orte der Öffentlichkeit**: dem Hof und dem Publikum der Stadt. Diese beiden Instanzen, ***la cour et la ville***, wie sie in zeitgenössischen Texten genannt werden, sind zwar in ihrem gesellschaftlichen Rang unterschiedlich, nähern sich aber in ihrem Geschmacksurteil an.

Molières Plädoyer für die Unabhängigkeit des Publikumsgeschmacks von den Vorschriften der klassizistischen Dichtungslehre ist kennzeichnend für die in der zweiten Hälfte des 17. Jh.s sich anbahnende **Autonomie des literarischen Feldes**. Das Publikum wird zu einem Bezugspunkt, auf den die Literatur sich berufen kann, um sich etwa von den Anforderungen mächtiger Förderer oder von der Reglementierung durch die *Académie* zu distanzieren. Die seit der Jahrhundertmitte vorherrschende Literaturauffassung kann man mit dem Begriff der ***esthétique galante*** zusammenfassen. Das Attribut »galant« bezeichnet in zeitgenössischen Diskussionen Textstrategien, mit denen die Autoren versuchen, ihre Werke den Erwartungen unterschiedlicher Publikumsschichten anzupassen bzw. sie durch Verweis auf diese Erwartungen zu rechtfertigen (vgl. Viala 1985, 167–172 und 1989).

Pascal und der Jansenismus

Dass beim Publikum erfolgreiche Werke auch grundsätzliche Probleme diskutieren, belegt der immense Erfolg von **Pascals *Lettres provinciales*** (1656/57), ein Werk, das gegen die hierarchischen Strukturen der katholischen Kirche und die pragmatische Moraltheologie der Jesuiten das **individuelle Verstehen als Voraussetzung für eine aufrichtige Glaubensüberzeugung** einfordert (vgl. Baader 1999, 113–145). Der immense Publikumserfolg dieses Werks verdeutlicht die Resonanz, auf die der **Jansenismus**, eine oppositionelle Tendenz der katholischen Theologie stößt. Blaise Pascal (1623–1663) ist der bekannteste Repräsentant dieser Glaubensrichtung, die sich auf den Kirchenvater Augustinus beruft. Seine *Pensées* (posthum 1670) umkreisen in Fragmenten die Grundproblematik, die der Jansenismus aufwirft, die Frage, wie der sündige Mensch ohne eigenes Verdienst die Gnade Gottes erlangen kann. Während die Gnadenlehre der katholischen Kirche davon ausgeht, dass Reue und Buße jedem Menschen wirksam die Gnade verschaffen können, bleibt für den Jansenismus (ähnlich wie für die lutherische Theologie) der Ratschluss Gottes unerforschlich und nicht durch menschliches Handeln beeinflussbar.

Trotz vieler Repressionsversuche hat seine **pessimistische Antwort auf die Gnadenfrage** bis weit in das 18. Jh. hinein großen Einfluss bei den gesellschaftlichen Eliten.

Die Entwicklung des Romans

Das Interesse des Publikums an der Literatur verlagert sich zudem auf die **Darstellung von Problemen der zeitgenössischen Lebenswelt** (die schon ein thematisches Zentrum der Komödien Molières bilden). Dem trägt vor allem der **Roman** Rechnung, der in der zweiten Jahrhunderthälfte neben dem Drama bereits zu der literarischen Gattung mit der nachhaltigsten Resonanz in der literarischen Öffentlichkeit wird. Seine Entwicklung baut auf der Konjunktur von kürzeren Erzählformen auf, die sich vor allem am Vorbild italienischer und spanischer Novellen orientieren. Insbesondere die Romane von **Mme de Lafayette** (1634–1693) sind die ersten konsequenten Zeugnisse dieser Anfänge des modernen Romans. Ihr berühmtester (und von den Zeitgenossen heftig diskutierter) Roman, *La princesse de Clèves* (1678), rückt die **innere Zerrissenheit der Protagonistin** ins Zentrum. In den ganz auf Äußerlichkeit gegründeten Verkehrsformen der höfischen Gesellschaft (s. S. 139 f.) zerbricht sie fast an dem Konflikt zwischen ihrer moralischen und normativen Verpflichtung als Ehefrau und ihrer nicht kontrollierbaren Liebe zu einem Mitglied der Hofgesellschaft. Letztlich kann sie nur durch den **Rückzug in die Einsamkeit** zu sich selbst finden. Durch die Intensivierung der Gestaltung eines gespaltenen Individuums trägt auch dieser Roman die Spuren eines pessimistischen Menschen- und Weltbilds, das viele Werke aus der Glanzzeit des sogenannten Sonnenkönigs prägt.

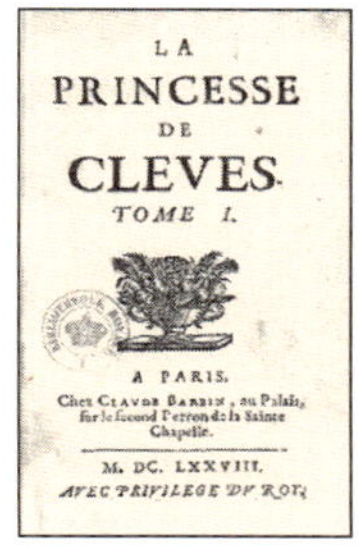

Anonym veröffentlicht: *La princesse de Clèves*, Erstausgabe von 1678

Die *Querelle des Anciens et des Modernes*

Der glanzvolle Schein dieser Zeit lässt jedoch auch ein Selbstbewusstsein entstehen, das auf der **Überzeugung von der historischen Bedeutung der nationalen Gegenwart** aufbaut. Das Bewusstsein von der Überlegenheit der Moderne über die Antike manifestiert sich schon seit dem Anfang des Jahrhunderts immer wieder (etwa bei Guez de Balzac und Théophile de Viau, s. S. 146). Gegen Ende des Jahrhunderts führt es in der *Querelle des Anciens et des Modernes* zu einer expliziten Negation des Vorbildcharakters der antiken Überlieferung für die Gegenwart. In der Perspektive, die **Charles Perrault** (1628–1703), der Wortführer der *Modernes* entwirft, wird die **eigenständige Bedeutung der Moderne**, ihre Überlegenheit über die Antike, mit der Überhöhung Ludwigs XIV. begründet, dessen Zeitalter sogar die berühmte Epoche des Kaisers Augustus übertreffe. Für Perrault ist die literarische Bedeutung der modernen Literatur zugleich ein Beleg für die führende Rolle Frankreichs. Gegen die *Anciens* (u. a. Boileau und Racine), die auf der Vorbildlichkeit der antiken Literatur beharren, will Perrault in ausführlichen Vergleichen antiker und französischer Autoren (*Parallèles des Anciens et des Modernes*, 1688–1697) nachweisen, dass die französische Literatur der Gegenwart derjenigen der Antike überlegen ist, weil sie auf ihr aufbaut und sie weiter vervollkommnen kann. In dieser Argumentation kommt ein **historisches Denken** zum Ausdruck, das es grundsätzlich ermöglicht, auch die Gegenwart als veränderbar zu verstehen. Diese kritische Dimension in der Position der »Modernes« hat umso mehr Bedeutung, als der

König, Nation, Modernisierung

von Perrault beschworene **Glanz des »siècle de Louis XIV«** schon vor der Jahrhundertwende **zu verblassen beginnt**.

Pessimistische und kritische Stimmen verbinden sich gegen Ende des Jahrhunderts noch nicht zu einer einheitlichen Tendenz. Im Werk des Moralisten **Jean de la Bruyère** (1645–1696), *Les Caractères*, geht die gesellschaftskritische Zeitdiagnose mit einer negativen Sicht der Natur des Menschen einher. Dagegen setzen Autoren wie der im Exil lebende Protestant **Pierre Bayle** (1647–1706), dessen *Dictionnaire historique et critique* schon ein Vorläufer der berühmten aufklärerischen *Encyclopédie* ist (s. Kap. 3.4.2), in ihren Werken bereits deutlicher auf die verändernde Kraft, die in den folgenden Jahrzehnten immer nachdrücklicher der Vernunft zugeschrieben wird.

Wichtige Texte des 17. Jahrhunderts

1621	**Théophile de Viau** | *Œuvres*
1623	**Charles Sorel** | *Histoire comique de Francion* (erw. und überarb. Fassungen 1626 und 1633)
1636	**Pierre Corneille** | *Le Cid*
1637	**René Descartes** | *Discours de la méthode*
seit 1640	Die bedeutendsten Tragödien **Corneilles** | *Horace* (1640), *Cinna* (1642), *Polyeucte, La mort de Pompée* (1643/44)
1656/57	**Blaise Pascal** | *Lettres provinciales*
seit 1662	Die bedeutendsten Komödien **Molières** | *L'école des femmes* (1662), *Tartuffe* (1664/69), *Dom Juan* (1665), *Le misanthrope* (1666), *L'avare* (1668), *Le bourgeois gentilhomme* (1669)
seit 1667	Die bedeutendsten Tragödien **Jean Racines** | *Andromaque* (1667), *Britannicus* (1669), *Bérénice* (1670), *Iphigénie* (1674), *Phèdre* (1677)
seit 1668	**Jean de La Fontaine** | *Fables* (sechs Bücher, 1678/79 erweitert auf elf, 1691 auf zwölf)
1674	**Nicolas Boileau** | *Art poétique*
1678	**Mme de La Fayette** | *La princesse de Clèves*
1688–1696	**Jean de La Bruyère** | *Les caractères*
1688–1697	**Charles Perrault** | *Parallèles des Anciens et des Modernes*
1696/1701	**Pierre Bayle** | *Dictionnaire historique et critique*

3.3.5 | Interpretationsbeispiel: Klassizismus und Modernität in Racines *Phèdre*

Kontext und Werkstruktur

Eine Schriftsteller-karriere im 17. Jh.

Phèdre ist das letzte Werk in der Reihe erfolgreicher und bis heute berühmter Tragödien Racines über Stoffe, die aus der griechischen und römischen Antike stammen. Es vollendet damit die Entwicklung seiner Konzeption

Interpretationsbeispiel

der Tragödie, die als **Höhepunkt des Klassizismus** gilt. Wenige Monate nach der Uraufführung dieses Werks im Januar 1677 erhält Racine das ebenso angesehene wie einträgliche **Amt eines *Historiographe du Roi***. Er krönt damit eine soziale Karriere, die der aus einfachem amtsbürgerlichen Milieu stammende und früh verwaiste Autor Anfang der 1660er Jahre mit königlichen Gratifikationen für seine ersten Dichtungen begonnen hatte. Dieser Aufstieg vollendet nicht nur seine soziale, sondern auch seine literarische Karriere: Racine bringt seine literarischen Fähigkeiten nun in die angesehenste Textproduktion ein, an der ein Autor nach zeitgenössischer Ansicht arbeiten kann: die Verewigung der Taten des Königs.

Die Entwicklung Racines ist **aufschlussreich für den Entwicklungsstand der Literatur** der Zeit. Einerseits hat sie soviel an kultureller Bedeutung gewonnen, dass die dort erworbene Geltung gesellschaftliches Ansehen und sozialen Aufstieg möglich macht. Andererseits ist ihre Autonomie begrenzt; denn sie bleibt von den Anforderungen und Gunstbezeugungen des Königs und des Hofes abhängig. Racines literarische Karriere ist deshalb zugleich von einer **Strategie kühner literarischer Innovation und vorsichtiger sozialer Anpassung** bestimmt (vgl. Viala 1985, 217–232 und 1990).

Racine und die Antike

Diese widersprüchliche Orientierung zeigt sich deutlich in seinem Umgang mit dem Vorbild der Antike. Racine hat immer wieder in seinen programmatischen Äußerungen die **Antike als unüberbietbares Vorbild** angeführt, das in keinem Fall verändert werden dürfe. So heißt es im Vorwort zu *Andromaque* (1668) über die Gestalten dieser Tragödie: »[...] je les ai rendus tels, que les anciens Poètes nous les ont donné«, und wenig später zieht er sich gegen Kritik an seinem Werk auf die Position zurück: »[...] ce n'est pas à moi de changer les règles du théâtre«. Mit diesem Verweis auf die Regelpoetik erklärt Racine jede Änderung der aus der Antike überlieferten Handlung für unzulässig. Untersucht man jedoch die Handlung von *Andromaque* genauer, stellt man fest, dass sie außer den Namen der handelnden Personen und dem sehr vagen Hintergrund des trojanischen Kriegs nichts mit den antiken Vorbildern zu tun hat, die das Vorwort ausführlich zitiert und als Modelle darstellt. Die **angebliche Treue zur Antike** ist hier wie in anderen Werken Racines vor allem eine **Legitimationsfassade**.

Der tragische Konflikt: Das Vorwort zu *Phèdre* verweist ebenfalls auf ein Werk des griechischen Tragödiendichters Euripides als Vorbild und betont die Bedeutung eines dramatischen Geschehens, das genau Aristoteles' Forderung entspreche, nach der die Tragödie »compassion« und »terreur« hervorrufen soll. Es deutet nur an, dass Racine gegenüber Euripides Figurenkonstellation und Handlungsverlauf wesentlich verändert hat, um **die innere Zerrissenheit der Titelfigur**, ihre sie überwältigende Liebe zu ihrem Stiefsohn Hippolyte **ins Zentrum des Geschehens** zu rücken (vgl. Acher 1999, 17–21). Phädras Begehren stellt die Konventionen der höfischen Gesellschaft wie die moralischen Normen der Zeit radikal in Frage. Da Phädra mit Hippolytes Vater Theseus verheiratet ist, zielt ihr Verlangen dem zeitgenössischem Verständnis wie ihrem eigenen Urteil zufolge nicht nur auf einen Ehebruch, sondern auch auf Inzest (»Je respire à la fois l'inceste et l'imposture«, V. 1270), auf einen Bruch zugleich mit menschlichen und mit göttlichen Normen.

Phädras skandalösen Begehren bestimmt das gesamte dramatische Geschehen. Die Handlung stellt den Prozess einer Bewusstwerdung und Versprachlichung des Begehrens (zunächst gegenüber der Vertrauten Œnone, dann gegenüber Hippolyte selbst) sowie den Versuch seiner Realisierung dar. Als es Phädra nicht gelingt, den entsetzten Hippolyte für sich zu gewinnen, lässt sie zu, dass Œnone ihn Theseus gegenüber der versuchten Vergewaltigung beschuldigt. Dieser schickt daraufhin trotz seiner Zweifel seinen Sohn in den Tod und Phädra, die Gift genommen hat, gesteht sterbend die Wahrheit ein. Phädras »flamme funeste« (V. 1625) hat so mit unausweichlicher Konsequenz die Katastrophe herbeigeführt. Das Werk ist damit die konsequente **Umsetzung einer tragischen Weltsicht**, in der die handelnden Gestalten mit allen katastrophalen Konsequenzen den Impulsen ihrer Affekte ausgeliefert sind.

Der ›geometrische‹ Aufbau des Werks

Der berühmte Schauspieler und Regisseur Jean-Louis Barrault hat die Struktur *Phèdres* als »de la pure géométrie« bezeichnet (Acher 1999, 22). In der radikalen **Unordnung der Gefühle** kontrastiert eine bis ins letzte **kalkulierte Ordnung ihrer dramatischen Inszenierung**, deren deutlichster ›geometrischer‹ Effekt darin besteht, dass der entscheidende Wendepunkt des dramatischen Geschehens (die **Peripetie**), nämlich Theseus' Rückkehr, genau in seiner Mitte angekündigt wird (im V. 827 von insgesamt 1654; vgl. Acher 1999, 30 f., 36 f.). Bis dahin war das Geschehen beherrscht von der parallelen **Exposition** und allmählichen Offenbarung zweier einander durchkreuzender Beziehungswünsche: Hippolyte liebt trotz des Verbots seines Vaters die athenische Prinzessin Aricie, was er gleich zu Beginn seinem Vertrauten Théramène eingesteht. Indem nun Phädra kurz darauf parallel dazu Œnone ihre Liebe zu Hippolyte offenbart, wird eine affektive **Dynamik der Unvereinbarkeit von Liebeswünschen** in Gang gesetzt, die sich nur auf Grund der Abwesenheit und des vermuteten Todes von Theseus entfalten kann. Als Ehemann und Vater verkörpert dieser die Rückkehr einer Ordnung, gegenüber der die nun offenbar gewordenen Beziehungswünsche nicht bestehen können. Weder die Flucht (Hippolyte und Aricie) noch die Täuschung (Phädra und Œnone) erweisen sich als Lösung, so dass die Katastrophe unausweichlich wird.

Textinterpretation

Racine: *Phèdre*, I,3, Vers 269–306

PHEDRE.
Mon mal vient de plus loin. A peine au fils d'Égée
Sous ses lois de l'hymen je m'étais engagée,
Mon repos, mon bonheur semblait être affermi;
Athènes me montra mon superbe ennemi:
Je le vis, je rougis, je pâlis à sa vue;
Un trouble s'éleva dans mon âme éperdue;

Interpretationsbeispiel

Mes yeux ne voyaient plus, je ne pouvais parler;
Je sentis tout mon corps et transir et brûler;
Je reconnus Vénus et ses feux redoutables,
D'un sang qu'elle poursuit, tourments inévitables.
Par des vœux assidus je crus les détourner:
Je lui bâtis un temple, et pris soin de l'orner;
De victimes moi-même à toute heure entourée,
Je cherchais dans leurs flancs ma raison égarée:
D'un incurable amour remèdes impuissants!
En vain sur les autels ma main brûlait l'encens:
Quand ma bouche implorait le nom de la déesse,
J'adorais Hippolyte; et, le voyant sans cesse,
Même au pied des autels que je faisais fumer,
J'offrais tout à ce dieu que je n'osais nommer.
Je l'évitais partout. O comble de misère!
Mes yeux le retrouvaient dans les traits de son père.
Contre moi-même enfin j'osai me révolter:
J'excitai mon courage à le persécuter.
Pour bannir l'ennemi dont j'étais idolâtre,
J'affectai les chagrins d'une injuste marâtre;
Je pressai son exil: et mes cris éternels
L'arrachèrent du sein et des bras paternels.
[...]
Vaines précautions! Cruelle destinée!
Par mon époux lui-même à Trézène amenée,
J'ai revu l'ennemi que j'avais éloigné:
Ma blessure trop vive aussitôt a saigné.
Ce n'est plus une ardeur dans mes veines cachée:
C'est Vénus tout entière à sa proie attachée.

Kurzinterpretation

Die erste Szene, in der die Titelheldin auftritt (I, 3), zeigt sie in einer Todessehnsucht, die ihr die einzige Lösung für ihr Liebesverlangen zu sein scheint. Trotz des Drängens und der Ermahnungen ihrer Vertrauten Œnone scheint sie zunächst entschlossen zu schweigen. Doch allmählich und in Andeutungen beginnt sie zu sprechen, bis dann (unmittelbar vor Beginn des Textauszugs) der Name des Geliebten fällt, allerdings durch die Vertraute, der Phädra die Verantwortung dafür zuschiebt (V. 260 ff.). Auf deren Entsetzen (V. 265 ff.) antwortet sie in dem Textauszug mit einer Darstellung ihres inneren Konflikts. Dieser wird mit dem berühmten Vers 273 ins Zentrum gerückt, der zugleich exemplarisch Racines Sorgfalt bei der sprachlichen Gestaltung seiner Werke zeigt. Der Parallelismus von drei parataktischen Sätzen bildet zugleich einen Chiasmus, in dem die Evokation der Blicke Phèdres (»Je le vis«) und Hippolytes (»à sa vue«) zwei gegensätzliche Gefühlsbewegungen umschließt. »Je rougis« und »je pâlis« stehen als Körperreaktionen metonymisch für die widerstreitenden Affekte des Begehrens und des Entsetzens, die die Protagonistin unvermittelt ergreifen. Trotz all ihrer Versuche, das Begehren zu überwinden, beherrschen diese Gefühlsregungen sie nun völlig. Darauf verweisen Formulierungen wie »mon âme éperdue« (V. 274) oder »ma raison égarée« (V. 283) ebenso wie die in V. 276 erneut evozierten Körperreaktionen.

Ein zerrissenes Individuum wird damit ins Zentrum des Geschehens gerückt, ein Individuum, das seiner selbst nicht mehr mächtig ist. Wenn Phädra Begegnungen mit Hippolyte zu vermeiden versucht, wird sie von den Gesichtszügen seines Vaters, ihres Ehemanns, wieder an ihn erinnert (V. 289 ff.), und wenn sie dem auf ihr Betreiben Vertriebenen wieder begegnet, ist die innere Spaltung sofort wieder präsent, die sie als »blessure« (V. 304) bezeichnet. Racines gestaltet die **Liebe als eine Erfahrung, in der sich das Individuum selbst fremd wird**, in der es sich in einem unauflöslichen und deshalb tragischen Widerspruch zwischen Begehren und Norm erfährt. Eine wesentliche Erkenntnis der Psychoanalyse, nach einer Formulierung Freuds die Einsicht, dass das Ich nicht »Herr im eigenen Haus« ist, scheint in der tragischen Inszenierung der liebenden Phèdre bereits auf. Die Umgestaltung der antiken Prätexte bildet so die Grundlage für Racines Modernität.

Mythologie und pessimistisches Menschenbild: Ein wesentlicher Bestandteil des tragischen Geschehens in *Phèdre* ist seine **mythologische Dimension** (vgl. Acher 1999, 21 und 69–78). Sie ist in dem Textauszug mit dem wiederholten Verweis auf Venus, die Göttin der Liebe, präsent (V. 278 und 306), die die Familie Phädras (»[le] sang qu'elle poursuit«, V. 278) mit ihrem Hass verfolgt und sich an Phädra dadurch Genugtuung verschafft, dass sie sie mit einem ebenso normwidrigen wie unkontrollierbaren Verlangen schlägt. **Phädra steht in einer mythologischen Abstammungslinie**, deren Vorgeschichte ihr Schicksal erklären soll. Alle Versuche, die Göttin zu beschwichtigen (der Bau eines Tempels etc., V 279 ff.) bleiben sinnlos: Der Geliebte steht ihr auch dann vor Augen, wenn sie Venus anfleht (V.285 ff.), deren Wille ihr unabänderliches Schicksal bestimmt. Diese mythologische Erklärung resultiert allerdings aus einer **Umdeutung der antiken Überlieferung** durch Racine, denn bei Euripides ist Phädra das unschuldige Opfer einer Rache der Liebesgöttin an Hippolyte. Insgesamt bietet der Text aber so eine Erklärungsmöglichkeit an, in der Phädras Zerrissenheit als göttlich und familiär bestimmtes Schicksal (als ihre »cruelle destinée«, V. 301) verstanden werden kann.

Doch haben die **Gestalten und Konflikte der antiken Mythologie** für Autoren und Publikum des 17. Jh.s den Status von literarischem Material. Boileau bezeichnet sie in seinem *Art poétique* als »amas de nobles fictions« (III, 173). Entsprechend dieser Einordnung verwendet Racine sie als eine Art Baukasten, als **eine Sammlung von Figuren, Bildern**

Interpretationsbeispiel

und Beziehungsgeschichten, die es ihm ermöglichen, das pessimistische Menschenbild zusammenzusetzen, das seinen Tragödien zu Grunde liegt. Wenn Phädra von der Venus und ihren »feux redoutables« (V. 277) spricht, dann kann dies auch als metaphorische Rede über die Liebe selbst gelesen werden, die diese Göttin verkörpert. Man könnte auch sagen, dass die antike Mythologie zu einer Chiffre des Redens über die Affektnatur des Menschen wird, die immer doppelt dechiffriert werden kann: als Zitat der antiken Vorstellungswelt und als metaphorische Repräsentation zerrissener Individualität. Damit kann *Phèdre* eine Sinndimension zugeschrieben werden, die den konventionellen Liebesdiskurs der Zeit sprengt und in Bildern der antiken Mythologie moderne Probleme der Individualität konstruiert.

Grundlegende Literatur

Adam, Antoine: Histoire de la littérature française au XVIIe siècle. 5 Bde. Paris 1948–1955.
Baader, Renate (Hg.): 17. Jahrhundert. Roman, Fabel, Maxime, Brief. Tübingen 1999.
Cosandrey, Fanny/R. Descimon: L'absolutisme en France. Paris 2002.
Cuénin, Michelin/Zuber, Roger: Le classicisme. Paris 1984.
Febvre, Lucien: Der neugierige Blick. Leben in der französischen Renaissance. Berlin 1989.
Grimm, Jürgen: Französische Klassik. Stuttgart/Weimar 2006.
Hausmann, Frank Rutger: Französische Renaissance. Stuttgart/Weimar 1997.
Köhler, Erich: Vorlesungen zur Geschichte der französischen Literatur. Bd. 1: Vorklassik. Bd. 2: Klassik I. Bd. 3: Klassik II. Hg. von Henning Krauß. Stuttgart 1983.
Mesnard, Jean (Hg.): Précis de littérature française du XVIIe siècle. Paris 1990.
Richet, Denis: La France moderne. L'esprit des institutions. Paris 1973.
Rohou, Jean: Histoire de la littérature française du dix-septième siècle. Paris 1989.
Zuber, Roger u. a.: Littérature française du XVIIe siècle. Paris 1992.

Weiterführende Literatur

Acher, Lionel: Jean Racine, Phèdre. Paris 1999.
Bachtin, Michail: Rabelais und seine Welt. Volkskultur als Gegenkultur. Frankfurt a. M. 1995.
Bénichou, Paul: Morales du grand siècle. Paris 1948.
Bray, René: La doctrine classique. Paris 1929.
Darmon, Jean-Charles/M. Delon (Hg.): Histoire de la France littéraire. Bd. 2: Classicismes. Paris 2006.
Demonet, Marie-Luce: Michel de Montaigne. Les Essais. Paris ²1992.
Elias, Norbert: Die höfische Gesellschaft. Neuwied/Berlin 1969.
Floeck, Wilfried: Die Literarästhetik des französischen Barock. Entstehung – Entwicklung – Auflösung. Berlin 1979.
Goyet, Francis (Hg.): Traités de poétique et de rhétorique de la Renaissance. Paris 1990.
Grimm, Jürgen: Molière. Stuttgart/Weimar ²2002.
Hausmann, Frank Rutger: François Rabelais. Stuttgart 1979.
Kantorowicz; Ernst: Die zwei Körper des Königs. München 1990.
Lestringant, Frank/Zink, Michel (Hg.): Histoire de la France littéraire. Bd. 1: Naissances, Renaissances. Moyen Age – XVIe siècle. Paris 2006.
Richet, Denis: De la Réforme à la Révolution. Études sur la France moderne. Paris 1991.
Rohou, Jean: Jean Racine. Bilan critique. Paris 1994.

Rousset, Jean: La littérature de l'âge baroque en France. Paris 1953.
Stenzel, Hartmut: Molière und der Funktionswandel der Komödie im 17. Jahrhundert. München 1987.
–: Die französische »Klassik«. Literarische Modernisierung und absolutistischer Staat. Darmstadt 1995.
Viala, Alain: La naissance de l'écrivain. Paris 1985.
– (Hg.): L'esthétique galante. Toulouse 1989.
–: Racine. La stratégie du caméléon. Paris 1990.

3.4 | Vernunft, Öffentlichkeit, Revolution (1715–1804)

Das 18. Jahrhundert

Die sozial- und kulturgeschichtlichen Faktoren, die das 18. Jh. bestimmen, lassen sich folgendermaßen umreißen:

- **Liberalisierungstendenzen** kennzeichnen die Zeit nach 1715. Auch wenn im 18. Jh. durch die Zensur sowie die Verfolgung und Verhaftung kritischer Stimmen weiterhin staatliche Repression ausgeübt wird, so lockern sich zugleich mit dem Tod Ludwigs XIV. die absolutistischen Strukturen, die eng mit der Figur des ›Sonnenkönigs‹ (s. Kap. 3.3.2) verbunden waren. Vor allem die ausgeprägte Hinwendung zu Luxus, *divertissement* und sittlicher Freizügigkeit ist als Gegenbewegung zur vorher königlich verordneten Bigotterie, Intoleranz und Unterdrückung zu verstehen.
- **Die Entstehung des *public***, einer kulturellen und später auch politischen Öffentlichkeit, ist für die gesellschaftlichen und literaturgeschichtlichen Entwicklungen im Frankreich des 18. Jh.s besonders bedeutsam.
- **Ökonomisch** ist das 18. Jh. zunächst durch eine relative Prosperität geprägt. Eine verschwenderische Finanzpolitik und die Beteiligung Frankreichs an zahlreichen Kriegen befördern dann einen **wirtschaftlichen Niedergang**. Auf die **Krisensituation** reagiert der König mit verschiedenen Reformbestrebungen, die jedoch am Widerstand des Adels (***réaction nobiliaire***) scheitern.
- Mit **der Einberufung der Generalstände** (die *États géneraux*, bestehend aus Vertretern des Klerus als erstem, des Adels als zweitem und des Bürgertums als drittem Stand, haben beratende Funktion) beginnt 1789 die **Revolution**. Sie führt zur Ausrufung der Ersten Republik (1792–1799).

Le Siècle des Lumières

Der Epochenbegriff ›Aufklärung‹ (Siècle des Lumières) charakterisiert Texte und literarische Entwicklungen des 18. Jh.s. Er steht zugleich für eine **gesamteuropäische ideengeschichtliche Bewegung**. In der Aufklärung entstehen die naturrechtlich begründeten Ideen von der Freiheit und Gleichheit der Menschen, von der Autonomie und Würde des Individuums und seinem Recht auf Selbstbestimmung. Entsprechend wird die Legitimität tradierter, als gottgewollt präsentierter Macht- und Hierarchieverhältnisse zunehmend brüchig. An die Stelle der auf das Jenseits gerichteten christlichen Heilslehre tritt die Auffassung vom diesseitigen Glück als oberstes Ziel des Menschen. Der damit verbundene **Wandel im Welt- und Menschenbild** begründet einschneidende kulturelle und literarische Modernisierungsprozesse. Deshalb wird diese Periode gängig als **Beginn der Moderne** betrachtet, die ihre kulturellen Ursprünge im 17. Jh. findet (s. Kap. 3.3).

Periodisierungen

Für die Aufklärung hat sich folgende **Periodisierung** durchgesetzt:

- Unter **Voraufklärung** versteht man die Zeit von 1685 (Aufhebung des Edikts von Nantes) bis 1715 (Tod Ludwigs XIV.).

Vernunft, Öffentlichkeit, Revolution

- Als **Frühaufklärung** wird die Periode von 1715 bis ca. 1750 bezeichnet, weil die zentralen Werke der Aufklärungsbewegung ab der Jahrhundertmitte publiziert werden.
- Der Begriff **Aufklärung** bezeichnet dann die Zeit nach 1750. Unterschiedliche Antworten gibt es auf die Frage, wann die Aufklärungsepoche endet. Häufig wird mit dem Beginn der Revolution von 1789 eine Zäsur gesetzt. Andere betrachten die zehn Revolutionsjahre (1789–99) als Bestandteil der Aufklärung, da die Revolutionsbewegung auf aufklärerische Konzepte zurückgreift. Diese Periodisierung bringt der **französische Epochenbegriff ›*Siècle des Lumieres*‹** zum Ausdruck.

Die Revolution von 1789 ist insofern ein bedeutsamer **Einschnitt in den Entwicklungen des 18. Jh.s.**, als sie innerhalb weniger Jahre die gesellschaftliche Ordnung des *Ancien Régime* zerstört und die Grundlagen des republikanischen Frankreichs entwirft, die zum Teil bis heute wirksam sind (s. Kap. 4.3.3).

Chronologischer Überblick

Frankreich im 18. Jahrhundert

1715	Tod Ludwigs XIV.
1715–1723	Regentschaft Philipp II. von Orléans (*Régence*)
1720	Zusammenbruch des nach J. Law benannten Systems zur Sanierung des französischen Staatshaushalts
1723–1774	Regierungszeit von Ludwig XV. (1726–1743 führt Kardinal Fleury die Regierungsgeschäfte)
1748	Friede von Aachen (beschließt den österreichischen Erbfolgekrieg)
1756–1763	Siebenjähriger Krieg (gegen Preußen und England)
1762	Verbot des Jesuitenordens, ab 1764 Vertreibung
1774–1794	Regierungszeit Ludwigs XVI.
1778–1783	Frankreich beteiligt sich am Krieg in den nordamerikanischen Kolonien (Amerikanischer Unabhängigkeitskrieg 1776–1783)
1789	Eröffnung der Generalstände (5.5.). Mit dem *Serment du Jeu de Paume* (Ballhausschwur, 20.6.) erklären die Vertreter des Dritten Standes ihren Willen, nicht eher auseinander zu gehen, bis Frankreich eine Verfassung habe. Die *Déclaration des droits de l'homme et du citoyen* (Erklärung der Menschen- und Bürgerrechte) vom 26.8. ist als Präambel für die neue Verfassung konzipiert, die am 3.9.1791 in Kraft tritt. Sturm auf die Bastille am 14.7 (das Staatsgefängnis gilt als Symbol für die Unterdrückung des Volkes); Aufhebung des Feudalsystems in der Nacht vom 4. zum 5.8.
1791	Errichtung einer konstitutionellen Monarchie (3.9.)

Literatur und aufklärerisches Denken

1792	Ausrufung der Republik (21.9.); Einführung des Revolutionskalenders: Das Jahr I der Republik
1793	Hinrichtung Ludwigs XVI. (21.1.); im September beginnt die *terreur* (Schreckensherrschaft) der Jakobiner unter Robespierre u. a.
1794	Sturz Robespierres und Hinrichtung (27.7.), Ende der Jakobinerherrschaft; das Direktorium (*Directoire*) tritt an ihre Stelle
1799	Staatstreich durch Napoleon Bonaparte am 9.11. (18. Brumaire des Jahres VIII nach dem Revolutionskalender). Errichtung des Konsulats (bis 1804) mit Napoleon als erstem Konsul
1804	Napoleon krönt sich zum Kaiser (2.12.)

3.4.1 | Literatur und aufklärerisches Denken

In einer **Phase des grundlegenden Wandels in Gesellschaft und Kultur** bezeichnet der Begriff der Aufklärung eine komplexe und in sich widersprüchliche Entwicklungsdynamik. Doch gibt es **Leitbegriffe, Themen, Ideen und Werte**, die die Aufklärung zu einer kulturellen Bewegung machen. Sie verbindet den Kampf gegen Vorurteile, tradierte Normen und Denkstrukturen mit der Suche nach einer auf Vernunft gründenden Erkenntnis. Die Geschichte der französischen Literatur des 18. Jh.s ist eng mit der Herausbildung und Verbreitung aufklärerischen Denkens verbunden.

Vernunft und Fortschritt

Leitbegriffe und Themen der Aufklärung

Die Licht-Metaphorik: Eine bedeutsame aufklärerische Denkfigur ist der Begriff der ***Lumières***, den Zeitgenossen zur Beschreibung ihres Selbstverständnisses verwenden. Die Licht-Metaphorik findet sich in vielen Variationen in zahlreichen Schriften und Bildern des gesamten 18. Jh.s (vgl. Starobinski 1973). Der Begriff benennt einen durch den kritischen **Gebrauch menschlicher Vernunft** möglich gewordenen **Fortschritt und Zuwachs an Erkenntnis und Wissen**. Der zeitgenössische Begriff des ***Siècle des Lumières*** fasst diesen Wandel symbolisch als Sieg der Vernunft über eine durch Unwissenheit, Fanatismus, Vorurteile und Unterdrückung geprägte ›Dunkelheit‹ vergangener Epochen. Grundlegendes Programm der vernunftgestützten Aufklärung ist es, das Wissen zu mehren und den Fortschritt in Erkenntnis, Moral und Gesellschaft voranzutreiben, indem das kulturelle Wissen der Zeit einem möglichst breiten Publikum zur Verfügung gestellt wird. So kann man die ***Encyclopédie* als ein Manifest der Aufklärung** begreifen.

Die *Encyclopédie* (der genaue Titel lautet *Encyclopédie ou Dictionnaire raisonné des sciences, des arts et des métiers*) wird von 1751 bis 1780 in

35 Bänden von Denis Diderot (1713–1784) und Jean le Rond d'Alembert (1717–1783) herausgegeben. Sie gilt als **Schlüsseltext des *Siècle des Lumières***, weil das aufklärerische Denken und Selbstbild hier besonders deutlich zum Ausdruck kommen. Die *Encyclopédie* will die Wissenschaften

Auf dem Frontispiz der *Encyclopédie* ist das Selbstbild der vernunftgestützten Aufklärung **in allegorischer Form** dargestellt: Im Zentrum der verschiedenen Figuren, die die Wissenschaften und Künste verkörpern, steht die erleuchtete und verschleierte **Wahrheit**. Die gekrönte und dadurch als ›Königin‹ der menschlichen Fähigkeiten gekennzeichnete **Vernunft** hinter ihr ist im Begriff, sie zu enthüllen. Die **Philosophie** ist ihr behilflich, indem sie am durchscheinenden Gewand zerrt, das die Wahrheit noch verhüllt, aber bereits erahnen lässt. Sie tut dies hinter dem Rücken der knienden Theologie, die auf eine göttliche Erleuchtung zu warten scheint und dabei der Wahrheit den Rücken zuwendet. So **wird die Vorstellung bildlich**, dass Erkenntnis auf der Vernunft basiert (und die Theologie, die viele Jahrhunderte lang die Wahrheit ›gepachtet‹ hatte, entmachtet ist). Das Licht, das die Wahrheit erhellt und die dunklen Wolken aus ihrem durch die Säulen angedeuteten Tempel vertreibt, symbolisiert hier den **Übergang von der ›dunklen‹ Vergangenheit in die ›aufgeklärte‹ Gegenwart**.

Literatur und aufklärerisches Denken

und das **Wissen der Zeit sammeln, ordnen** und **in einem kohärenten System** darstellen. Damit sollen der »amour du bien et de la vérité« (so schreibt Diderot an den Verleger Le Breton) befördert und ein **Wandel im Denken der Menschen** bewirkt werden (vgl. Diderots Artikel »Encyclopédie«). Diesem Ziel liegt die Vorstellung zugrunde, dass zwischen dem **Fortschritt im Wissen und dem der Gesellschaft** ein direkter Zusammenhang bestehe (vgl. d'Alemberts *Discours préliminaire* im ersten Band).

Der im Vorfeld von Diderot veröffentlichte *Prospectus* (1750) präsentiert ein »système figuré des connaissances humaines«, der die Zusammenhänge der Wissenschaften in Form eines ›Stammbaums des Wissens‹ abbildet. Der ***entendement*** (die auf der Vernunft gründende Erkenntnis) fungiert darin als übergeordnete Instanz. Die göttliche Offenbarung als Ursprung des Wissens ist damit entthront (Darnton 1989, 219–243). Im Stammbaum des Wissens sind Bezüge graphisch visualisiert. Auf Textebene stellt das Verweissystem **komplexe Zusammenhänge** zwischen den einzelnen Artikeln her, die sich inhaltlich ergänzen bzw. zum Teil widersprechen. Damit soll – so Diderot im Artikel »Encyclopédie« – zu kritisch reflektierender Lektüre angeregt werden. Die Veröffentlichung der *Encyclopédie* wird mehrfach unterbrochen bzw. zeitweise auch verboten.

Das **Interesse an den (Natur-)Wissenschaften**, das in der *Encyclopédie* deutlich wird, erfasst in der Aufklärung immer größere Teile der Bevölkerung. Man setzt wissenschaftliche Experimente und technische Erfin-

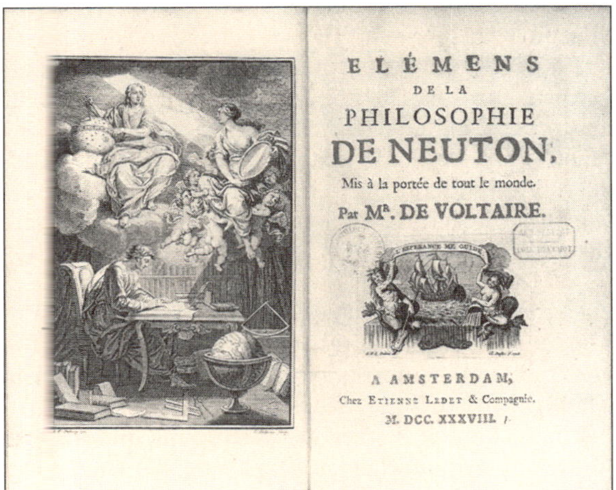

Das Frontispiz zu Voltaires *Élemens de la philosophie de Neuton* (1738) zeigt, wie Bilder des 18. Jh.s die religiöse Symbolik der göttlichen Erleuchtung auf den aufklärerischen Wissensanspruch übertragen. In der bildlichen Darstellung fängt eine Frauenfigur das von oben links einfallende Licht mit dem Spiegel ein und richtet es auf den Kopf Newtons und die am Schreibtisch sitzende Gestalt. Damit inszeniert das Bild zugleich die Rollen, die den Geschlechtern im Prozess der Wissensbildung zugeschrieben sind: Denken und Schreiben sind kulturell männlich konnotiert, der Frau fällt die Aufgabe der Inspiration zu.

dungen öffentlich in Szene und verbreitet die neuen Erkenntnisse in zahlreichen Texten und Bildern. Traditionelle Denkstrukturen werden einer grundsätzlichen **Kritik** unterzogen und **neue Modelle** entwickelt. Viele Schriften wollen die neuen wissenschaftlichen Theorien gezielt auch **einem breiten und weniger gebildeten Publikum verständlich machen**. So spielen z. B. Voltaires *Élements de la philosophie de Neuton. Mis à la portée de tout le monde* (1738) eine wichtige Rolle bei der Popularisierung der Physik Newtons, die gängigen Denkmodellen widersprich (der Erscheinungsort Amsterdam verweist auf die Problematik der Zensur). Der Untertitel stellt explizit heraus, dass es Voltaire (eigtl. François Marie Arouet, 1694–1778) darum geht, die neuartigen Thesen so darzustellen, dass sie auch Nicht-Spezialisten zugänglich werden.

Ein neues Bild vom Menschen

Rousseau: *Émile*

Das Interesse an anthropologischen Fragestellungen ist ein wichtiges Kennzeichen der Aufklärung. Das im 18. Jh. entstehende Bild vom freien und selbstbestimmten Menschen weist der **Erziehung eine bedeutende Rolle** zu. Durch sie soll der Mensch all die Einsichten und Fähigkeiten entwickeln, die er braucht, um Autonomie und Freiheit entfalten zu können. Viele pädagogische Schriften dieser Zeit sind von der Vorstellung bestimmt, dass der Mensch zu geistiger und moralischer Vervollkommnung (*perfectibilité*) fähig ist. 1762 stellt **Jean-Jacques Rousseau** (1712–1778) in *Émile ou de l'éducation* eine pädagogische Theorie vor, die von der Grundannahme ausgeht, dass **der Mensch von Natur aus gut ist** und erst die Gesellschaft ihn moralisch verdirbt. Oberste Ziele der Erziehung sind für Rousseau Freiheit (auch der Gedanken und der Religion), Glück, Würde und Persönlichkeitsentfaltung des Individuums. Das Werk wurde aufgrund seiner als umstürzlerisch eingestuften Thesen verboten und verbrannt. Dies konnte jedoch die Verbreitung von Rousseaus Ideen in ganz Europa nicht verhindern.

Der Wandel in der Wahrnehmung der Geschlechterdifferenz: Mit dem Interesse am Menschen rücken die Unterschiede zwischen Frau und Mann ins Blickfeld und es bildet sich eine neue Erklärung der Geschlechterdifferenz heraus: In der Aufklärung entsteht der bis heute wirksame **moderne Geschlechterdualismus**. Er tritt an die Stelle der seit der Antike gültigen Vorstellung, dass Mann und Frau prinzipiell gleichartig sind und sich nur im Grad ihrer Vollkommenheit unterscheiden. Das neue Differenzdenken begreift die Geschlechter und die ihnen jeweils zugewiesenen Attribute als diametral entgegengesetzt. Mit der Frau werden Natur(haftigkeit) und Emotionalität verbunden, Kultur und der verstandesgeprägte Intellekt sind männlich definiert. Mit diesen Zuschreibungen wird die **Festlegung der Frau auf die soziale Rolle der Ehefrau, Hausfrau und Mutter** und auf eine dem Mann untergeordnete Position im Geschlechterverhältnis als von der Natur vorgegeben erklärt. Der private Bereich wird im Laufe des 18. Jh.s als ›weiblich‹ entworfen und immer stärker von der in dieser Zeit

Literatur und aufklärerisches Denken

entstehenden Öffentlichkeit (*public*) getrennt. In diesen Prozessen spielen Rousseaus *Émile* (1762) und sein Briefroman *Julie ou la nouvelle Héloïse* (1761) eine bedeutsame Rolle.

Der Kosmopolitismus, ein zentrales Leitbild der Aufklärung, trägt maßgeblich zur Herausbildung und Verbreitung des aufklärerischen Menschenbildes bei. In einer Zeit, in der vermehrt fremde Länder und Kulturen bereist und studiert werden, versteht man eine kosmopolitische Haltung als effektives Mittel zur Kritik und Überwindung gängiger Vorurteile und überkommener Denkstrukturen. Verstärkt durch eine zunehmende Mobilität sowie eine sich durch Fortschritte in der Entwicklung des Postwesens rasant ausbreitende und intensivierende europaweite Korrespondenz und Presse, sieht sich die **aufklärerische *République des Lettres*** als kulturelle Gemeinschaft über nationale Grenzen hinweg. Europa wird als ein den einzelnen Nationen übergeordneter Raum konzipiert, in dem von aufgeklärten Menschen auf der Suche nach der Wahrheit ähnliche Fragen und Probleme aufgeworfen und diskutiert werden. Paris gilt als Zentrum des aufgeklärten Europas, weil die **französische Sprache und Kultur als universell angesehen** werden.

Rousseau: *Discours sur l'inégalité*, 1755

DISCOURS
SUR L'ORIGINE ET LES FONDEMENS DE L'INEGALITE PARMI LES HOMMES.
Par JEAN JAQUES ROUSSEAU CITOYEN DE GENÈVE.
Non in depravatis, sed in his quæ bene secundùm naturam se habent, considerandum est quid sit naturale. Aristot. Politic. L. 2.
A AMSTERDAM,
Chez MARC MICHEL REY.
MDCCLV.

Die Figur des Edlen Wilden: Im Namen des Wissensfortschritts wird insbesondere die ›Neue Welt‹ erforscht und kulturell ›kartographiert‹. Davon zeugt die **Konjunktur der Reiseliteratur**, die Berichte von Eroberungs- und Forschungsreisen (Cook, Bougainville, La Pérouse) ebenso wie fiktionale Erzählungen umfasst. Dies geschieht auch mit dem Ziel, aus der Vielfalt an Gesellschaftsformen und Kulturen das Allgemein-Menschliche herauszufiltern und eine theoretische Begründung der ›natürlichen Bestimmung‹ des Menschen zu entwerfen. Dabei richtet sich das Interesse auf die Beschreibung von Sitten und Gebräuchen naturverbundener Völker. Daraus entwickelt sich der **Mythos vom *bon sauvage***, dem von der Zivilisation noch nicht verdorbenen und als der zeitgenössischen Vorstellung vom ursprünglichen Naturzustand noch anverwandten Menschen. Für die Begründung dieses Mythos ist Rousseaus *Discours sur l'origine et les fondements de l'inégalité parmis les hommes* (1755) besonders bedeutsam. Die Figur des Edlen Wilden ist **in vielen Variationen literarisch gestaltet**, so z. B. in Bernardin de Saint-Pierres Roman *Paul et Virginie* (1788), aber auch – wie beispielsweise in Voltaires *Candide* (1759) – parodistisch demontiert.

Montesquieu: *Lettres persanes*

Aufklärerische (Selbst-) Kritik durch den ›fremden Blick‹: Die Auseinandersetzung mit dem kulturell Anderen führt auch dazu, das jeweils Eigene kritisch zu hinterfragen. In den *Lettres persanes* (1721) gestaltet Charles-Louis de Secondat, Baron de la Brède et de Montesquieu (1689–1755) **kulturelle Selbstreflexion**, indem er fiktive Reisende, zwei persische Edelleute, in Briefen an die Heimat von Erlebnissen und Erfahrungen ihrer Reise durch das Frankreich der Jahre 1712 bis 1720 berichten lässt. Die aufklärerisch-kritische Perspektive der Briefeschreiber aus dem fremden Land deckt **Missstände der französischen Gesellschaft**, ihrer Institutionen und Praktiken auf. Im ersten Briefroman Frankreichs, der mehrere Figuren mit ihren jeweils subjektiven Sichtweisen zu Wort kommen lässt, ist die **literarische Technik des ›fremden Blicks‹** in konkurrierende, sich gegenseitig relativierende und in Frage stellende Perspektiven und Positionen aufgefächert. Darüber hinaus inszeniert der Text einen Lernprozess der persischen Briefeschreiber, die durch die Konfrontation mit der für sie Fremden auch ihre eigene Kultur zunehmend in Frage stellen.

Der *relativisme*

Die **Entwicklung des Relativismus** ist eng verbunden mit der Öffnung für kulturelle Differenz. Mit dem Konzept des Relativismus wird die Kritik tradierter Normen, Autoritäten und Denkstrukturen begründet und der Universalitätsanspruch von Monarchie und Katholizismus als Instrument zur Sicherung von Macht, Herrschaft und Kontrolle verstehbar. Vom Grundsatz des Relativismus ausgehend, werden Theorien verfasst, die die **kulturelle Bedingtheit von Regierungsformen, Normen, Gesetzen und Mentalitäten** sowie von **Literatur** herausstellen wollen. Sie werden als durch jeweils unterschiedliche gesellschaftliche, klimatische, geographische und/oder ethnologische Gegebenheiten geprägt begreifbar gemacht (z. B. Montesquieus Milieu- und Klimatheorie in *De l'esprit des lois*, 1748; Voltaire: *Essai sur les mœurs*, 1756; Mme de Staël: *De la littérature considérée dans ses rapports avec les institutions sociales*, 1800).

Ästhetik der Aufklärung

Im **Bereich der Ästhetik** (vgl. Chouillet 1974) führt die Idee des Relativismus dazu, die Vorstellung von überzeitlich gültigen Kriterien für Schönheit in Frage zu stellen. Einen wichtigen Einschnitt markieren die *Réflexions critiques sur la poésie et sur la peinture* (1719) von Jean-Baptiste Dubos (1670–1742). Hier findet sich die für die weitere Entwicklung so bedeutsame **Aufwertung des Gefühls** (*sentiment*) **und der Einbildungskraft** (*imagination*) artikuliert. Dies ist ein entscheidender Bruch mit der rationalistischen Ästhetik der klassizistischen Dichtungslehre (s. Kap. 3.3.4). Die klassizistische Ästhetik, die dichterische Meisterschaft im vollendeten Nachahmen (*imitation*) tradierter Vorbilder sieht, wird im Laufe des 18. Jh.s abgelöst vom Konzept der kreativen Schöpfungskraft des ›***génie naturel***‹ (auch dieser Begriff wird in den *Réflexions* eingeführt), die in der *imagination* und der *invention* begründet ist.

Der Rokoko: Als schön gilt nun, was **das Gefühl anspricht**. Schönheit ist nicht (mehr) rational erklärbar, sondern kann nur gefühlt bzw. empfunden werden. Theoretisch begründet wird die neue Ästhetik mit der **Lehre des Sensualismus** (die auf den englischen Philosophen Locke zurückgeht), nach der in erster Linie die Sinneswahrnehmungen (und nicht der Verstand) Grundlage menschlicher Erkenntnis sind. Die betont **sinnliche und verspielte Dimension der Ästhetik des Rokoko** ist in der Malerei (Watteau, Boucher, Fragonard) und in der Mode dieser Zeit (vgl. Bauer-Funke 1998, 21) gut zu erkennen. Zum **literarischen Rokoko** werden die Komödien von Pierre Carlet de Chamblain de Marivaux (1688–

Literatur und aufklärerisches Denken

1763) gezählt. Später hat man den Begriff des ›*marivaudage*‹ geprägt, um den für Marivaux' Stücke charakteristischen Stil zu kennzeichnen. Er zeichnet sich aus durch die Eleganz des sprachlichen Ausdrucks und die subtil **psychologisierende Raffinesse**, mit der in einem facettenreichen **Spiel mit sprachlichen Bedeutungen** die Seelen- und Gefühlswelten der Figuren analysiert werden.

Das Modell der Antike: Um die Jahrhundertmitte gewinnt eine Ästhetik an Bedeutung, die sich abzugrenzen versucht vom Üppigen, Spielerisch-Sinnlichen und Preziösen des Rokoko. Sie ist gekennzeichnet durch den erneuten **Rückgriff auf antike Vorbilder** – allerdings ohne deren Universalismusanspruch anzuerkennen – und die **Leitbegriffe *clarté, simplicité*** und ***raison*** (Klarheit, Einfachheit, Vernunft). Die Rückbesinnung auf die Vernunft ist nicht gleichzusetzen mit einer grundsätzlichen Abwertung des Gefühls. Vielmehr kann man insofern von einer ›***raison sensible***‹ (vgl. Didier 2003, 212–213) sprechen, als Verstand und Gefühl als komplementäre Faktoren im Prozess der Wahrnehmung, Erfassung und Erklärung der Welt konzipiert werden.

Politische Entwürfe

Die Herausbildung politischer Theorien ist ebenfalls ein zentrales Thema aufklärerischen Denkens. Ausgangspunkt ist die zunehmende Infragestellung der bis dahin als gottgewollt angesehenen politischen Ordnung der absolutistischen Monarchie. Im Namen natürlicher Freiheit und Gleichheit der Menschen wird immer lauter Kritik an den ihr zugrunde liegenden Strukturen und Praktiken der repressiven Machtausübung und Unterdrückung geübt.

Gesellschaftsentwürfe in Theorie und Fiktion

Montesquieu: In *De l'esprit des lois* (1748) stellt Montesquieu die Forderung nach einer **Gewaltenteilung** in Exekutive, Legislative und Judikative auf. Dieses Prinzip liegt demokratischen Verfassungen bis heute zugrunde.

Rousseau: In **Abgrenzung vom vernunftgestützten Fortschrittsoptimismus** geht Rousseau davon aus, dass die Geschichte der Menschheit eine Geschichte fortschreitender Ungleichheit und **Entfremdung des Menschen von seiner guten Natur** darstellt. Diese Entfremdung sei auf die Ausbildung seiner Vernunft zurückzuführen. Soziale Unterschiede zwischen den Menschen seien also das Resultat gesellschaftlicher Normen und Strukturen und keineswegs in der menschlichen Natur begründet.

Diese These stellt Rousseau erstmals im *Discours sur les sciences et les arts* (1750) auf und begründet sie dann systematisch im *Discours sur l'origine et les fondements de l'inégalité parmi les hommes* (1755). Das Anliegen seines staatstheoretischen Traktats *Du contrat social ou principes du droit politique* (1762) ist es, die Strukturen einer Staatsform zu beschreiben, welche die im Laufe der Geschichte verloren gegangene Natur und Freiheit des Menschen wieder herzustellen vermag. In seinem Roman *Julie ou la nouvelle Héloïse* (1761) entwirft er mit dem Landgut Clarens eine fiktive Gemeinschaft, in der das **Ideal einer neuen natürlichen Gesellschaft** verwirklicht scheint und die als »positive Antwort auf seine in den beiden Diskursen formulierte Gesellschaftskritik gelten kann« (Steinbrügge 1992, 84).

3.4.2 | Literatur und gesellschaftlicher Wandel

Literatur als Medium der Aufklärung: In der Umbruchsituation des 18. Jh.s ist die **Literatur ein bedeutsamer Bestandteil gesellschaftlicher und kultureller Prozesse** der Sinngebung, Verständigung und Reflexion. Durch die Literatur sollen aufklärerische Kritik und Ideen verbreitet und vermittelt und die Leser moralisch erzogen werden. In der Aufklärung herrscht also eine **wirkungsorientierte Auffassung von Literatur** vor (s. Kap. 1.2.1). Die Funktionalisierung von Literatur als Medium der Aufklärung und Belehrung wirkt sich auf die Themenselektion sowie die Bewertung und Entwicklung der verschiedenen Gattungen aus.

Entwicklungen des Theaters

Erziehung zur Tugend

Das Theater als Instrument moralischer Erziehung: Im Zentrum der Diskussionen um die aufklärerisch-moralische Funktion von Literatur steht zunächst das Theater. Eine der Grundlagen dafür ist sicherlich der Umstand, dass die **Begeisterung für das Theater** immer mehr gesellschaftliche Schichten erfasst. Im Vergleich zum 17. Jh. steigt die Anzahl der Theatertruppen und -aufführungen wie der Theaterbesuch nicht nur in Paris, sondern auch in der Provinz. Dem Theater wird ein hohes **Moralisierungspotential** zugesprochen. Indem das Theater beispielhaft vorführt, wie die Tugend belohnt und das Laster bestraft wird, soll es das Publikum moralisch erziehen und auf diese Weise **zum gesellschaftlichen Fortschritt beitragen**.

Voltaires Tragödien: **In der ersten Jahrhunderthälfte** sind vor allem die Tragödien Voltaires ein Ort philosophischer Auseinandersetzungen, aufklärerischer Kritik und lehrhafter Moral. Sie bleiben zunächst der klassizistischen Poetik verhaftet (Stoffe aus der antiken Mythologie, Versform, fünf Akte, Einheit von Ort, Zeit und Handlung). Doch **entwickelt Voltaire die Gattung weiter**, indem er Stoffe aus der französischen Geschichte wählt, die Handlung an exotische Orte verlegt und seine Stücke stärker auf eine affektiv identifikatorische Wirkung ausrichtet. Die unschuldigen Opfer von Fanatismus und Intoleranz appellieren an das Mitgefühl des Publikums, das auf diese Weise moralisch erzogen werden soll. Seine erfolgreichste Tragödie ***Zaïre*** (1732) spielt in Jerusalem. Zur Zeit der Kreuzzüge verhindern Eifersucht, religiöser Fanatismus und Intoleranz die Heirat des Sultans Orosmane und der europäischen Christin Zaïre und bedingen ihren Tod. Die Möglichkeiten, die im 18. Jh. poetologisch stark gebundene

Literatur und gesellschaftlicher Wandel

Tragödie einer sich verändernden Welt(sicht) anzupassen, bleiben jedoch beschränkt.

Marivaux' psychologische Komödien mischen die fantastischen Elemente der italienischen Dramaturgie (Verkleidung, Lüge, Parodie) mit einem **Realismus**, der sich in der Suche der Figuren nach Wahrheit manifestiert. Viele der Stücke thematisieren variantenreich den Prozess von **Genese und Bewusstwerdung der Liebe** (*La surprise de l'amour*, 1722/23; *Le jeu de l'amour et du hasard*, 1730). Sie setzen dabei die – sehr moderne – Einsicht von der Unzulänglichkeit der Sprache in Szene. Sprache funktioniert hier nicht als Kommunikationsmittel, das eindeutiges Verstehen bewirkt. Seine **utopischen Komödien** *L'île des esclaves* (1725) und *L'île de la raison* (1727) sind durch das **gesellschaftskritische Element** bestimmt. Sie kennzeichnet die optimistische Vorstellung, dass Aufklärung Fortschritte in Moral und Gesellschaft erzielt.

Diderots *drame bourgeois*: Mit dem *drame bourgeois* entwickelt sich um die Jahrhundertmitte eine **neue Theatergattung**, die stärker als die Tragödie aufklärerisch-moralische Ziele zu formulieren vermag. Das *drame* ist zwischen den traditionellen Gattungen der Tragödie und der Komödie angesiedelt und soll zugleich **unterhalten *und*** (dadurch) **moralisieren** (vgl. Diderot: *De la poésie dramatique*, 1758). Figurenpersonal und Konfliktfelder sind der **Lebenswelt des Bürgertums** entnommen. Dabei sind die Vertreter des dritten Standes entgegen der tradierten Ständeklausel nicht Gegenstand der Komik, sondern in der Regel tugendhafte Figuren.

Leitbegriffe des neuen Gattungskonzepts sind **›*le naturel*‹** und **›*le vrai*‹**, also die Forderung nach Natürlichkeit des Dargestellten und der Erzeugung von Wirklichkeitsillusion. Statt ›großer‹ Leidenschaften und Konflikte aristokratischer Helden in zum Teil fremden Welten werden nunmehr die privat-familiären Tugenden, Werte und Probleme des Bürgertums in Szene gesetzt, das auf der Bühne eine **verbindliche moralische Orientierung** für das eigene Denken und Handeln vermittelt bekommen soll. Entsprechend der Forderung nach mehr Natürlichkeit und Wirklichkeitsillusion werden die Vers- durch die Prosasprache abgelöst und das Bühnenbild sowie Kostüme der bürgerlichen Realität angepasst.

Beaumarchais' gesellschaftskritischen Komödien: Im *Essai sur le genre dramatique sérieux* (1767) betont auch Pierre-Augustin Caron de Beaumarchais (1732–1799) die didaktische Funktion des Theaters. Seine Komödien, die das – durch das Tugendpathos des *drame* ins Hintertreffen geratene – **Lachen wieder einführen**, kennzeichnet aber stärker noch das **gesellschaftskritische Element**. Bereits im ersten seiner als Trilogie konzipierten Stücke, im *Barbier de Séville ou la précaution inutile* (1775), spielt die Gesellschaftssatire eine wichtige Rolle. Das zweite und berühmteste Stück, *La folle journée ou le mariage de Figaro* (1785), geht noch weiter. Hier stehen sich der **Diener Figaro und sein Herr als Rivalen** gegenüber. Figaro kämpft jetzt nicht mehr für das Liebesglück des Grafen Almaviva (wie noch im *Barbier de Séville*), sondern um die Verwirklichung des eigenen Glücks gegen gesellschaftliche Normen und Vorurteile. Seine dem Grafen überlegene Raffinesse und Klugheit sowie sein verschlagener Witz zeigen die moralische Fragwürdigkeit der herrschenden Aristokratie und ihrer allein durch die Geburt begründeten Privilegien (Akt III, 3). Figaro wird dadurch zu einer **literarischen Identifikationsfigur für den dritten Stand**, der sich zunehmend seines gesellschaftlichen Beitrags bewusst wird und um dessen Anerkennung kämpft (Köhler 1984 Bd.2, 135–140). Das letztlich auf ganzer Linie erfolgreiche Aufbegehren Figaros begründet die gängige Einschätzung des Stückes als **Vorläufer der Revolution von 1789**. Der dritte Teil, *L'autre Tartuffe ou la mère coupable* (1790–91), thematisiert im Kontext des in der Revolution eingeführten Scheidungsrechts den Geltungsanspruch geschlechtsspezfischer Moral.

Themen und Formen der Erzählliteratur

Der Roman etabliert sich in der zweiten Hälfte des Jahrhunderts als Medium der Aufklärung. Sein Potential zur Erzeugung von Wirklichkeitsillusion und Psychologisierung wird als besonders verdienstvoll für die angestrebte Moralisierung angesehen. Die sich im Laufe des 18. Jh.s vollziehende **Aufwertung, Emanzipation und Legitimierung des Romans** (vgl. Geißler 1984) ist eng verbunden mit seiner aufklärerischen Funktionalisierung.

Die Vielfalt an Themen und Formen der aufklärerischen Narrativik ist bemerkenswert. Die **Bedeutung des Ich-Romans** ist hierbei hervorzuheben (vgl. Demoris 1975). Indem sich das fiktive Subjekt direkt an die Lesenden zu wenden scheint, wirkt das Erzählte authentischer als beim Erzählen in der dritten Person. Die aufklärerische Narrativik lässt sich auch als **Instrument kritischer Selbstreflexion** begreifen (Thoma 1997, Pabst 2007). Denn hier werden nicht nur neue Leitvorstellungen konstruiert, sondern zugleich auch die Widersprüche und Grenzen aufklärerischer Theorien und Denkmodelle offen gelegt.

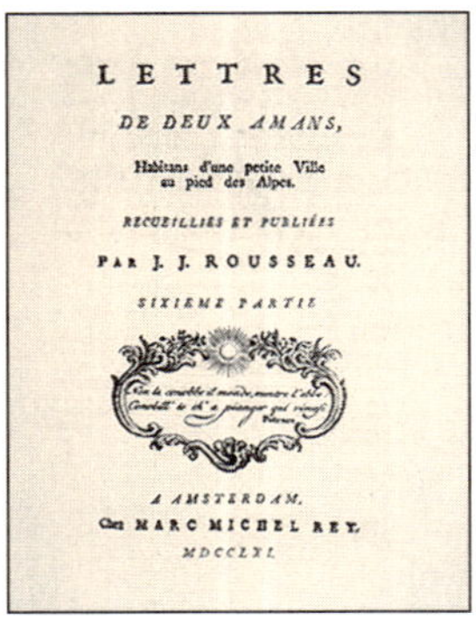
LETTRES
DE DEUX AMANS,
Habitans d'une petite Ville au pied des Alpes.
RECUEILLIES ET PUBLIÉES
PAR J. J. ROUSSEAU.
SIXIEME PARTIE
A AMSTERDAM,
Chez MARC MICHEL REY.
MDCCLXI.

Rousseau: *Julie ou la nouvelle Héloïse*, 1761

Rousseaus *Julie ou la nouvelle Héloïse*: Zu einem nachhaltig wirksamen Modell wird Rousseaus Briefroman *Julie ou la nouvelle Héloïse* (1761). Er trägt maßgeblich dazu bei, dass der ***roman épistolaire*** (oder *roman par lettres*) zur populärsten narrativen Gattung in der Aufklärung wird. Der bei seinem Erscheinen außerordentlich erfolgreiche Roman erzählt von der Liebe der adeligen Fräuleins Julie d'Étange zu ihrem bürgerlichen Hauslehrer, die mit der Ordnung der fiktiven Gesellschaft (deren erzählerische Konstruktion auf die zeitgenössische Wirklichkeit verweist) nicht vereinbar ist. Die Briefform befördert eine affektive Identifikation der Lesenden mit den intensiv beschriebenen Seelen- und Gefühlszuständen des Protagonistenpaars. Die tradierte Autorität überindividueller Normen und die Dominanz der Vernunft über die Gefühle scheinen hier aufgehoben, auch wenn versucht wird, der Konflikt mit dem Triumph der Tugend über die Liebesleidenschaft zu lösen.

Rousseaus Text begründet auch die **Blüte des *roman sentimental***, der das Betätigungsfeld vieler Schriftstellerinnen ist. Dies lässt sich mit der

Literatur und gesellschaftlicher Wandel

zeitgenössischen Einschätzung des empfindsamen Romans als (hinsichtlich Form und Inhalt) ›weibliche‹ Textsorte erklären. Rousseau-Schüler ist auch Jacques-Henri Bernardin de Saint-Pierre (1737–1814), der seine in den *Études de la nature* aufgestellte Thesen im Roman *Paul et Virginie* (1788) veranschaulichen will. Die Titel der Romane des Donatien Alphonse François (Marquis) de Sade (1740–1814; *La nouvelle Justine ou les malheurs de la vertu*, 1797; *Histoire de Juliette ou les prospérités du vice*, 1796) weisen bereits darauf hin, dass seine philosophischen ***romans libertins*** die Rousseau'sche Tugend-Laster-Dichotomie in plakativer Weise umkehren: Für den Marquis de Sade ist der natürliche Mensch grausam und böse, weil die Natur grausam und böse ist; seine Figuren empfinden nur Glück, wenn sie sich in Harmonie mit der bösen Natur befinden.

Laclos' *Les liaisons dangereuses*: Als unübertroffenes Meisterwerk des Briefromans gilt *Les liaisons dangereuses* (1782) von Pierre Ambroise Choderlos de Laclos (1741–1803). Der Roman gestaltet das Neben- und Gegeneinander **konkurrierender Wertesysteme in der *bonne compagnie***, der sich aus Hoch- und Amtsadel zusammensetzenden französischen Eliteschicht des *Ancien Régime*. Er tut dies in einer Weise, die die damit verbunden **Probleme offen herausstellt** und **Schein und Sein** derart miteinander verflicht, dass die Kategorien selbst fragwürdig werden. In der sich hierin andeutenden **Modernität des Textes** ist es wohl begründet, dass er in der zweiten Hälfte des 20. Jh.s Grundlage für eine Reihe von dramatischen und filmischen Adaptionen ist.

Malerei des 18. Jahrhunderts: Fragonard: »le verrou« (Ausschnitt)

Voltaires *Candide*: Im ***conte philosophique***, einer weiteren bedeutenden narrativen Gattung des 18. Jh.s, sind ebenfalls aufklärerische Leitvorstellungen und Denkmodelle zentraler Gegenstand. Wichtigster Vertreter ist Voltaire. Hier werden soziale, politische und religiöse **Missstände durch Parodie, Satire und Ironie angeklagt**. *Candide ou l'optimisme* (1759) prangert in einer parodistischen Abwandlung der damals populären Reise-, Liebes- und Erziehungsromane die Schrecken des (Siebenjährigen) Krieges, Machtmissbrauch, Sklavenhandel, Intoleranz und religiösen Fanatismus an. Die in der Aufklärung breit rezipierte Optimismus-These von Leibniz und Wolff wird ad absurdum geführt.

Diderots *Jacques le fataliste*: Eine Reisefabel, die das **Herr-Knecht-Thema** parodistisch in Szene setzt, ist auch Diderots *Jacques le fataliste et son maître* (1778/1796). Der **schwer zu charakterisierende Text** vereint Strukturelemente des *conte philosophique*, des philosophischen Dialogs und des Romans. Ein Kennzeichen des komplexen Werks ist die **kritische Auseinandersetzung mit dem Erzählen selbst**: Das tradierte Autor-Leser-Verhältnis wird hier ebenso zum Gegenstand der Parodie wie die narrativen Strategien zur Erzeugung von Wirklichkeitsillusion.

Vernunft, Öffentlichkeit, Revolution

Zentrale Texte des 18. Jh.s

ab 1720	**Pierre Marivaux** | *La surprise de l'amour* (1722/23), *L'île des esclaves* (1725), *L'île de la raison* (1727), *Le jeu de l'amour et du hasard* (1730) u. a.
1721	**Montesquieu** | *Lettres persanes*
1732	**Voltaire** | *Zaïre*
1748	**Montesquieu** | *De l'esprit des lois*
1751–1780	**Denis Diderot** und **Jean d'Alembert** | *Encyclopédie ou dictionnaire raisonné des sciences, des arts et des métiers* (35 Bde.)
1755	**Jean-Jacques Rousseau** | *Discours sur l'origine et les fondements de l'inégalité parmis les hommes*
1759	**Voltaire** | *Candide ou l'optimisme*
1761	**Jean-Jacques Rousseau** | *Julie ou la nouvelle Héloïse*
1762	**Rousseau** | *Émilie ou de l'éducation, Du contrat social ou principes du droit politique*
1778	**Denis Diderot** | *Jacques le fataliste et son maître* (Publikation 1796)
1782	**Pierre-A.-F. Choderlos de Laclos** | *Les liaisons dangereuses*
1784	**Pierre-Augustin Caron de Beaumarchais** | *La folle journée ou le mariage de Figaro*
1788	**Jacques-Henri Bernardin de Saint-Pierre** | *Paul et Virginie*
1796/99	**Marquis de Sade** | *Histoire de Juliette ou les prospérités du vice* (1796); *La nouvelle Justine ou les malheurs de la vertu* (1799)

3.4.3 | *Opinion publique* und Literatur der Französischen Revolution

Aufklärung und Öffentlichkeit

Die Begriffe ›*public*‹ und ›*opinion publique*‹ entstehen um die Jahrhundertmitte. Seit der *Régence* wird die Politik von König und Hof, die bis dahin als nicht-öffentliche Angelegenheit galt, zum Gegenstand kontroverser Debatten einer immer breiteren Öffentlichkeit. Habermas definiert die neue Öffentlichkeit (*le public*) als »Sphäre der zum Publikum versammelten Privatleute« (Habermas 1990, 86), die dazu in der Lage sind, von ihrer Vernunft öffentlich Gebrauch zu machen. Der Begriff der »öffentlichen Meinung« (*opinion public*) bezeichnet die Gesamtheit individueller Einzelmeinungen ›aufgeklärter Privatleute‹.

Zur Vertiefung

Die neue Öffentlichkeit: »Un tribunal indépendant de toutes les puissances«

Le public porte une curiosité avide sur les objets qui autrefois lui étoient le plus indifférens. Il s'est élevé un tribunal indépendant de toutes les

Opinion publique und Literatur der Französischen Revolution

puissances, et que toutes les puissances respectent, qui apprécie tous les talens (sic), qui prononce sur tous les genres de mérite; et dans un siècle éclairé, dans un siècle où chaque citoyen peut parler à la nation entière par la voie de l'impression, ceux qui ont le talent d'instruire les hommes, ou le don de les émouvoir, les gens de lettres, en un mot, sont, au milieu du public dispersé, ce qu'étoient les orateurs de Rome et d'Athènes au milieu du peuple assemblé. (Aus der Antrittsrede Malesherbes in der Académie française, 1775; zit. nach: www.académie-française.fr/Immortels/discours_reception/malesherbes.html; 30.5.2007).

*Die Definition von Malesherbes (1721–1794) führt wesentliche **Merkmale des neuen** public **an. Der Begriff der Öffentlichkeit bezeichnet nicht mehr die Repräsentation staatlicher Autorität. Vielmehr wird Öffentlichkeit als von der **Kontrolle durch Staat und Kirche enthobene Machtinstanz** entworfen, in der die Meinungen allein der ›aufgeklärten‹ Vernunft unterliegen. Die neue Instanz ist allen religiösen und politischen Autoritäten übergeordnet. Sie wird als zum obersten Schiedsrichter erhobenes Tribunal mit eigener Legitimität begriffen, deren Urteile und Dekrete die traditionellen Machtzentren anerkennen und respektieren müssen. In der Definition wird auch deutlich, dass mit dem* public *ein **(virtueller) Raum gesellschaftlicher und kultureller Sinngebungs- und Verständigungsprozesse** bezeichnet ist. Hier werden die kritische Infragestellung etablierter Institutionen, Normen und Strukturen ebenso wie neue Denkmodelle von aufgeklärten Köpfen diskutiert, verhandelt und verbreitet.*

Die Konzeptualisierung von Öffentlichkeit basiert auf der **Idee der Gleichheit**: Der kulturelle Kommunikationsraum ›Öffentlichkeit‹ macht keine Unterscheidung in sozialer Stellung und Rang (im Gegensatz zur hierarchisch strukturierten Gesellschaftsordnung im *Ancien Régime*); die ›Stimme des Volkes‹ ist als Einheit, als neutraler Raum gedacht. Tatsächlich ist **die neue Öffentlichkeit aber bürgerlich**. Denn sie grenzt sich auf der einen Seite vom Hof ab, der dem Zugriff des Staates (der »Sphäre der öffentlichen Gewalt«; Habermas 1990) unterworfen ist; auf der anderen Seite verläuft die Grenze zum ungebildeten Volk, das an den öffentlichen Debatten keinen Anteil haben kann (Chartier 1990, 32).

Öffentlichkeit und Literatur: Malesherbes' Definition hebt die **zentrale Rolle des gedruckten Wortes** im Entstehungsprozess des *public* hervor. Erst über das gedruckte Wort, das durch technischen Fortschritt, zahlenmäßigen Anstieg der Buchdruckereien, durch die Entwicklung von Bibliotheken, Lesezirkeln, Zeitschriften und *colportage*-Literatur auf bis dahin unvorstellbare Weise Verbreitung finden konnte, wird die Herausbildung einer nicht physisch (z. B. als Versammlung) existierenden Öffentlichkeit und der sich darin vollziehende Meinungsaustausch überhaupt erst möglich. Die **Autonomie von Literatur** ist Grundlage ihrer neuen Funktion. Eng damit verbunden ist die **neue Wahrnehmung und Funktionalisierung des Schriftstellers** in der französischen Aufklärung: Sie werden zu **Lehrmeistern** und Richtern der ›gesamten Nation‹ erhoben. Die »gens de

Vernunft, Öffentlichkeit, Revolution

lettres« werden als Kollektiv entworfen, das die öffentliche Meinung trägt und repräsentiert (Köhler 1984 Bd. 2, 14).

Die **Institutionen des neuen *public*** entsprechen den Orten, die im 17. Jh. bereits eine literarische Öffentlichkeit entstehen ließen (s. Kap. 3.3.4):

- Akademien, die im 18. Jh. in Paris und in der Provinz quantitativ anwachsen (in der *Académie française* gewinnen die gemäßigten Aufklärer allmählich die Vorherrschaft),
- Salons,
- literarische Zirkel,
- die politische Presse und Zeitschriften,
- Clubs und Kaffeehäuser.

Die **Herausbildung einer kulturellen und politischen Öffentlichkeit** gehört zu den »wichtigen Voraussetzungen für die Verbreitung der Ideen der Aufklärung« (Köhler 1984 Bd.2, 14). Diese Entwicklung kann als **zentraler kulturgeschichtlicher Faktor für den Beginn der Revolution von 1789** aufgefasst werden. Denn die ›kleinen‹ Umbrüche, die durch die öffentliche Diskussion und Verbreitung aufklärerischen Gedankenguts möglich geworden sind, bilden die Grundlage dafür, dass der ›große‹ Umbruch der Revolution überhaupt erst denk- und vorstellbar – und damit realisierbar – wird (vgl. Chartier 1990).

Literatur in der Zeit der Französischen Revolution

Literatur und Revolution: Mit dem Beginn der Revolution von 1789 beschleunigen sich die gesellschaftlichen und kulturellen Entwicklungen. Die Literatur ist zugleich **Motor und Spiegel der revolutionären Entwicklungsdynamik.** Aufgrund der sich überschlagenden Veränderungen haben **Gattungen mit großem Aktualitätsbezug**, die auf die gegenwärtige Situation eingehen und Position beziehen können, Konjunktur. Gleiches gilt für Textsorten, die sich **für revolutionäre Volkserziehung und Propaganda** funktionalisieren lassen.

Publikum ist nicht mehr, wie noch in der Aufklärung, nur eine gebildete Elite, sondern – über mündliche Formen der Vermittlung – ebenso die wenig oder gar nicht alphabetisierte Bevölkerung. Damit verbunden ist die Aufwertung und Popularität jener zum Teil sich neu herausbildenden, keine Lesefähigkeit voraussetzenden und somit für Agitation und **politische Erziehung der Volksmassen** dienstbar zu machenden Gattungen. Dazu zählen

- die **parlamentarische Rede**,
- das **politische Volkstheater** (das *Vaudeville*-Theater oder das *Théâtre sans-culotte* wie z. B. Maréchals *Le jugement dernier des rois*, 1793) und
- das **Revolutionslied** (Formen sind Hymnen, Oden oder der *Vaudeville*, ein satirischer Spottgesang). Aus dem *Chant de guerre pour l'armée du Rhin* (1792) des Offiziers Claude-Joseph Rouget de Lisle wird die französische Nationalhymne (***Marseillaise***) werden (s. Kap. 1.1.1).

Der **Aufschwung des Journalismus**, mit dem die kontrovers geführten politischen und ideologischen Diskussionen der revolutionären Öffentlichkeit aufgegriffen, vorangetrieben und propagandistisch beeinflusst werden, ist ebenfalls kennzeichnend für die Literatur und Kultur der Französischen Revolution. Die **Aufhebung der Zensur** und die Verbriefung der **Presse- und Meinungsfreiheit** in der Menschenrechtserklärung tragen wesentlich zu dieser Entwicklung bei.

3.4.4 | Interpretationsbeispiel: Der Entwurf einer idealen Gesellschaft in Rousseaus *Julie ou la nouvelle Héloïse* (1761)

Der Roman *Julie ou la nouvelle Héloïse* (1761) gestaltet den **Konflikt** des Protagonistenpaares **zwischen *passion* und *vertu***. Die Tugend als zugleich moralisches und soziales Leitbild fordert die Bezwingung ihrer Liebensleidenschaft, die mit der Ordnung der fiktiven Gesellschaft nicht vereinbar ist. Der folgende Auszug stammt aus der zweiten Hälfte des Romans, die den Sieg der Tugend über die *passion* gestalten will. Julie hat auf Wunsch ihres standesbewussten Vaters M. de Wolmar geheiratet und ist Mutter zweier Kinder. Sie leben auf dem Landgut Clarens, das vom ehemaligen Geliebten Julies, Saint-Preux, der sich mittlerweile auch dort aufhält, in langen Briefen an einen englischen Freund, Lord Edouard, beschrieben wird.

Rousseau: *Julie ou la nouvelle Héloïse*: Saint-Preux an Milord Edouard, Teil IV, Brief X

> **Que de plaisirs trop tard connus que je goûte depuis trois semaines! La douce chose de couler ses jours dans le sein d'une tranquille amitié, à l'abri de l'orage des passions impétueuses! Milord, que c'est un spectacle agréable et touchant que celui d'une maison simple et bien réglée où règnent l'ordre, la paix, l'innocence; où l'on voit réuni sans appareil, sans éclat, tout ce qui répond à la véritable destination de l'homme! La campagne, la retraite, le repos, la saison, la vaste plaine d'eau qui s'offre à mes yeux, le sauvage aspect des montagnes, tout me rappelle ici ma délicieuses île de Tinian. Je crois voir accomplir les vœux ardents que j'y formai tant de fois. J'y mène une vie de mon goût, j' y trouve une société selon mon cœur. Il ne manque en ce lieu que deux personnes pour que tout mon bonheur y soit rassemblé, et j'ai l'espoir de les y voir bientôt.**
>
> **En attendant que vous et madame d'Orbe veniez mettre le comble aux plaisirs si doux et si purs que j'apprends à goûter où je suis, je veux vous en donner idée par le détail d'une économie domestique qui annonce la félicité des maîtres de la maison, et la fait partager à ceux qui l'habitent. J'espère, sur le projet qui vous occupe, que mes réflexions pourront un jour avoir leur usage, et cet espoir sert encore à les exciter. [...] Tout y est agréable et riant, tout y respire l'abondance et la propreté, rien n'y sent la richesse et le luxe.**

Kurzinterpretation

Lyrische Prosa: Der Text erinnert im Inhalt und aufgrund von Rhythmus und sprachlichem Stil an ein Gedicht. Durch den lyrischen Ausdruck gestaltet und vermittelt das erzählende Ich **Intensität und Pathos seiner ihn überwältigenden Empfindungen**. Der einleitende Satz spielt auf leidvolle Erfahrungen in der Vergangenheit an. Diese führt Saint-Preux allein darauf zurück, dass er das, was er nun erlebt und jetzt so positiv beurteilt, damals noch nicht kannte. Er gibt Lord Edouard damit zu verstehen, dass er sich durch Unwissenheit nicht von Anfang an dafür hatte entscheiden können (»plaisirs trop tard connus«). Er will so sein nach gesellschaftlichen Normen moralisch fragwürdiges Verhalten, seine Liebesbeziehung mit Julie, begründen und rechtfertigen und **erklärt indirekt seine Vergangenheit zu einem Irrtum**.

Individualität und gesellschaftliche Ordnung: **Clarens** beschreibt er als Ort, der seinen Bewohnern Schutz (»l'abri«) vor dem Leiden und der Unordnung bietet, welche die Liebesleidenschaft quasi zwangsläufig mit sich bringt, weil sie den Menschen wie eine Naturgewalt (»l'orage des passions impétueuses«) unkontrollierbar beherrscht. An ihre Stelle tritt die gemäßigte Freundschaft, die eine Geborgenheit bietet, welche, so suggeriert Saint-Preux' Formulierung im zweiten Satz, positiv zu beurteilen ist (»au sein d'une tranquille amitié«). Die **Ausgrenzung der Leidenschaft** präsentiert Saint-Preux als unerlässliche Bedingung der in Clarens herrschenden Ordnung. Er macht deutlich, dass Harmonie, Glück, Unschuld und Frieden der hier lebenden Menschen, der Herren wie der Diener, auf diesem Grundsatz basieren. Damit suggeriert er dem Adressaten, dass er zu der Einsicht gelangt sei, dass **individuelle Bedürfnisse**, die auf der Liebesleidenschaft gründen, **dem Allgemeinwohl unterzuordnen sind**, weil sie die von ihm bejahte gesellschaftliche Ordnung gefährden. Eine Ordnung, die durchaus zerbrechlich zu sein scheint, wie sein Hinweis auf die **allgegenwärtige Kontrolle** der in Clarens gültigen Normen und Werte (»bien reglée«) zeigt.

Das von Einfachheit geprägte (»maison simple«, »sans appareil, sans éclat«, »rien n'y sent la richesse et le luxe«) und ihm zugleich paradiesisch erscheinende Clarens (»Tout y est agréable et riant, tout y respire l'abondance et la propreté«) bietet Saint-Preux zufolge alles, was notwendig ist, damit **der Mensch seiner natürlichen Bestimmung gemäß leben** kann: »tout ce qui répond à la véritable destination de l'homme«. In seinem Brief wird Clarens zu einer Gesellschaftsform, in der alle Bedingungen gegeben sind, damit der Mensch seine im Laufe der Geschichte verloren gegangene Natur, Freiheit und Glückseligkeit (so ja die zentrale These in Rousseaus Diskursen) wiedererlangen kann.

Dass **Clarens die Merkmale einer Utopie** aufweist (vgl. Starobinski 1971, Thoma 1996), macht der Vergleich mit der Insel Tinian deutlich. Clarens ist gekennzeichnet durch Naturverbundenheit und eine Abgeschlossenheit, die die Mitglieder eint und sie zugleich vor schädlichen Einflüssen der außerhalb liegenden Umwelt schützt. Diese Gegeben-

Interpretationsbeispiel

beiten präsentiert Saint-Preux als unabdingbare Grundlagen dafür, dass die Bewohner hier ein Leben führen können, das ihrer natürlichen Veranlagung entspricht. Saint-Preux betont, dass er hier **eine Gesellschaft ›nach seinem Herzen‹** vorfinde, nach der er sich immer gesehnt habe. Damit gibt er indirekt zu verstehen, dass die nun erlebten »plaisirs si doux et si purs que j'apprends à goûter où je suis« höher zu bewerten seien, als die vorübergehende Erfüllung seiner leidenschaftlichen Liebe zu Julie, die an diesem Ort keinen Platz hat bzw. nicht haben darf. Mit dieser klaren Hierarchisierung fordert Saint-Preux' Darstellung von Clarens nicht nur den fiktiven Adressaten, sondern zugleich auch die Lesenden auf, sich seiner Perspektive anzuschließen. Sie wirkt also stark **rezeptionslenkend**.

Utopie und Interesse: Der Hinweis auf die Pläne des Lord Edouard, sich nach Clarens zu begeben, wirft nun aber die **Frage nach den Interessen** auf, die Saint-Preux mit seinem Entwurf von Clarens als idealtypische Gesellschaftsform möglicherweise verfolgt. Will er seiner geliebten Julie zumindest als Freund der Familie nahe sein (nachdem ihm die eigentlich angestrebte Rolle des Ehemanns endgültig verwehrt ist), dann muss ihm sehr daran gelegen sein, den Adressaten seines Briefes davon zu überzeugen, dass er seine ›schädlichen‹ Liebesgefühle überwunden hat. Denn so kann ihm dieser als glaubwürdiger Zeuge für die Wandlung zum tugendhaften Freund dienen. Dies würde seine Chancen auf eine dauerhafte Teilhabe an dieser Lebensgemeinschaft, deren Zentrum Julie ist, wesentlich erhöhen (Julies Ehemann hat Saint-Preux mit seiner Einladung nach Clarens in Teil IV, Brief IV unmissverständlich klar gemacht, dass er sich an die dort herrschenden Werte und Normen anzupassen habe).

Ist Saint-Preux' für den englischen Freund verfasste Darstellung von Clarens als paradiesischem Ort, an dem alle Menschen frei, glücklich und tugendhaft sind, womöglich sogar in erster Linie von diesem Interesse geleitet? Solche **Zweifel wirken sich negativ auf den Grad an Glaubwürdigkeit** aus, den die Leser seinen Darlegungen zuweisen können. Eine den Figuren übergeordnete Erzählinstanz, die eine ›klärende‹ Antwort auf derartige Fragen bieten könnte, die das Erzählen in unvermittelt nebeneinander gestellten Briefen aufwirft, ist im Briefroman nicht vorhanden. Diese Überlegungen, die den Zusammenhang von erzählter Geschichte und der gattungsspezifischen Form des Erzählens ins Blickfeld nehmen (vgl. Pabst 2007) deuten an, dass in der erzählerischen Konstruktion von Clarens als idealtypische Gesellschaftsform **Unklarheiten nachzuweisen sind** (vgl. Thoma 1996; Köhler 1984 Bd. 2, 31–37), die ihre **Gültigkeit brüchig** werden lassen. So erzählt Rousseaus Roman auch vom **Scheitern** seines Versuchs, die Thesen aus seinen theoretischen Schriften zu belegen und lehrhaft zu vermitteln, indem sie in einer fiktional erzeugten Wirklichkeit experimentell durchgespielt und auf diese Weise ihr Geltungsanspruch und ihre praktische Tauglichkeit ›bewiesen‹ werden.

Vernunft, Öffentlichkeit, Revolution

Grundlegende Literatur

Bauer-Funke, Cerstin: Die französische Aufklärung. Literatur, Gesellschaft und Kultur des 18. Jahrhunderts. Stuttgart u. a. 1998.
Delon, Michel/Malandain, Pierre: Littérature française du XVIIIe siècle. Paris 199[illegible].
Didier, Béatrice: Histoire de la littérature française du XVIIIe siècle. Rennes 2003.
Köhler, Erich: Vorlesungen zur Geschichte der französischen Literatur. Frühaufklärung. Hg. von Dietmar Rieger. Stuttgart u. a. 1983.
–: Vorlesungen zur Geschichte der französischen Literatur. Aufklärung. 2 Bde. Hg. von Dietmar Rieger. Stuttgart u. a. 1984.
Krauß, Henning (Hg.): Literatur der Französischen Revolution. Eine Einführung. Stuttgart 1988.
Rieger, Dietmar (Hg.): 18. Jahrhundert. Roman. Tübingen 2000.
– (Hg.): 18. Jahrhundert. Theater, Conte Philosophique und Philosophisches Schrifttum. Tübingen 2001.

Weiterführende Literatur

Chartier, Roger: Les origines culturelles de la Révolution Française. Paris 1990.
Chouillet, Jacques: L'Esthetique des Lumières. Paris 1974.
Darnton, Robert: Das große Katzenmassaker. Streifzüge durch die französische Kultur vor der Revolution. Wien 1989.
Demoris, René: Le roman à la première personne. Du classicisme aux lumières. Paris 1975.
Geißler, Rolf: Romantheorie in der Aufklärung: Thesen und Texte zum Roman des 18. Jahrhunderts in Frankreich. Berlin 1984.
Gumbrecht, Hans Ulrich/Reichhardt, Rolf/Schleich, Thomas: Sozialgeschichte der Aufklärung in Frankreich. Wien 1981.
Habermas, Jürgen: Strukturwandel der Öffentlichkeit. Untersuchungen zu einer Kategorie der bürgerlichen Gesellschaft. Frankfurt a. M. 1990.
Heyer, Andreas: Die französische Aufklärung um 1750. Die Diskurse der französischen Aufklärung in der Mitte des 18. Jahrhunderts zwischen Tradition und Innovation. Bd. I. Berlin 2005.
»Malesherbes«. Antrittsrede Malesherbes in der *Académie française*, 1755; auf www.academie-francaise.fr/Immortels/discours_reception/malesherbes.html (30.5.200[illegible]).
Pabst, Esther S.: Die Erfindung der weiblichen Tugend. Kulturelle Sinngebung und Selbstreflexion im französischen Briefroman des 18. Jahrhunderts. Göttingen 2007.
Starobinski, Jean: La transparence et l'obstacle. Paris ^{2}1971.
–: Les emblèmes de la raison. Paris 1973.
Steinbrügge, Lieselotte: Das moralische Geschlecht. Theorien und literarische Entwürfe über die Natur der Frau in der französischen Aufklärung. Stuttgart ^{2}1992.
Thoma, Heinz: »Utopie und Erzählen: Rousseaus Nouvelle Héloïse«. In: Monika Neugebauer Wölk/Richard Saage (Hg.). Die Politisierung des Utopischen im 18. Jahrhundert. Tübingen 1996, 56–69.
–: »Philosophie – Anthropologie – Erzählen. Der Roman als Instrument der Selbstaufklärung der Aufklärung«. In: Romanistische Zeitschrift für Literaturgeschichte 2[illegible]), 55–77.

3.5 | Fortschritt, Marktgesetze, Autonomie (1804–1890)

Das 19. Jh. wird in ganz Europa von Entwicklungen bestimmt, die zu einschneidenden Veränderungen der Kultur und Literatur führen:

- **Ökonomisch** wird das 19. Jh. von der **industriellen Revolution** bestimmt, die in England schon zu Beginn, auf dem Kontinent meist im Verlauf der ersten Hälfte oder spätestens (wie in Frankreich) in der Mitte des Jahrhunderts einsetzt.
- **Politisch** entwickeln sich in vielen europäischen Ländern Bestrebungen, die auf eine **Liberalisierung und Demokratisierung der Herrschaftsformen** abzielen und sich vielfach in revolutionären Erhebungen manifestieren. Politisch folgenreich ist außerdem, dass im 19. Jh. die **Bildung der europäischen Nationalstaaten** vollendet wird, die schon in der frühen Neuzeit begonnen hat.
- **Gesellschaftlich** entscheidend ist der **Aufstieg des Bürgertums** zur herrschenden Klasse, die den ökonomischen und politischen Wandel trägt und gegen Ende des 19. Jh.s alle Bereiche des gesellschaftlichen Lebens dominiert.
- **Ideengeschichtlich** prägend wird ein **wissenschaftlich begründetes Denken**, das die Veränderungen in allen Lebensbereichen als Ausdruck eines **unaufhaltsamen und zielgerichteten Fortschritts** begreift.

Der wissenschaftliche und technische Fortschritt revolutioniert im 19. Jh. die ökonomischen Grundlagen der Gesellschaft, die Lebenspraxis sowie die Möglichkeiten der Welterfahrung. Bestes Beispiel hierfür ist der **Eisenbahnbau**, der in der zweiten Hälfte des 19. Jh.s als Inbegriff der gesellschaftlichen und technischen Modernität gilt. Er verändert nicht nur die Transport- und Reisemöglichkeiten in bis dahin unvorstellbarer Weise, sondern auch die Vorstellungen von Raum und Zeit. Der technische Fortschritt wird in den Bahnhofsbauten des 19. Jh.s (etwa den großen Pariser Bahnhöfen) ebenso gefeiert wie in den **Weltausstellungen** der zweiten Hälfte des Jahrhunderts in London und Paris.

Das wissenschaftliche Denken hat eine **Rationalisierung des Wissens über die Welt** zur Folge. Die Auflösung traditioneller, vor allem religiös begründeter Welt- und Gesellschaftsbilder, die sogenannte **Säkularisierung**, führt zu einer wissenschaftlich begründeten Ordnung des Wissens. In der zweiten Hälfte des 19. Jh.s ist die Wissenschaftsauffassung des **Positivismus** vorherrschend, die eine auf Beobachtung gestützte Analyse der Wirklichkeit anstrebt und alle darüber hinausgehenden Erklärungen ablehnt.

Literatur und literarischer Markt

Die **literarische Entwicklung** des 19. Jh.s wird durch diesen gesellschaftlichen und wissenschaftlichen Umbruch, zudem aber auch durch die **Dominanz des Marktes** bestimmt. Der literarische Markt bringt neue Anforderungen und Zwänge hervor, begründet damit aber auch **neue Orientierungen** des Schreibens, dessen Bedeutung jetzt in erster Linie vom **Verkaufserfolg** abhängt. Die Entwicklung neuer Drucktechniken

Fortschritt, Marktgesetze, Autonomie

ermöglicht große Auflagen sowie eine wesentliche Verbilligung der Bücher wie auch der sich rasch ausbreitenden Zeitschriften und Zeitungen. Diese Publikationsmöglichkeiten sowie die Ausweitung des Lesepublikums führen nun dazu, dass erfolgreiche Autoren uneingeschränkt vom Ertrag ihrer Texte leben können und nicht mehr von der Förderung durch mächtige Geldgeber abhängig sind. Aus solchen eigenständigen ökonomischen Grundlagen der literarischen Produktion, aber auch aus einer wachsenden Skepsis vieler Autoren gegenüber der Herrschaft des Bürgertums erklärt sich die Konzeption einer **Autonomie der Literatur**, die seit den 1830er Jahren mit unterschiedlichen Begründungen entwickelt wird.

Wissenschaftsorientierung und Autonomie: Im Spannungsfeld des gesellschaftlichen und wissenschaftlichen Fortschritts einerseits und des Autonomiedenkens andererseits entstehen unterschiedliche Tendenzen der literarischen Produktion, die sich zwischen diesen beiden Bezugspunkten bewegen. Zu einem wird die **Wissenschaftsorientierung** wichtig und hat beispielsweise für die Entwicklung realistischer und naturalistischer Formen des **Romans** große Bedeutung. Über das ganze Jahrhundert hinweg finden sich daneben Bestrebungen, die die eigenständige Bedeutung der Literatur mit ihrer **Unabhängigkeit gegenüber gesellschaftlich dominanten Diskursen** begründen wollen. Diese Tendenzen führen seit der Romantik zu einer Idealisierung der autonomen Position des Schriftstellers. Sie ist als ***sacre de l'écrivain*** bezeichnet worden, in einer Konzeption, die in Analogie zur Königsweihe (dem *sacre du roi*) den Schriftsteller als eigenständige geistige Macht begreift (Benichou 1973). Das Autonomiedenken führt zu einer Verabsolutierung des ästhetischen Eigenwerts literarischer Texte, die mit dem Postulat des ***l'art pour l'art*** die Entwicklung der modernen Lyrik bestimmt.

3.5.1 | Revolutionen und bürgerliche Gesellschaft

Demokratie und bürgerliche Gesellschaft

Auch wenn sich die industrielle Revolution in Frankreich im Vergleich mit den großen europäischen Rivalen England und Deutschland eher zögerlich entwickelt, ist das Land **seit der Revolution von 1789** im Hinblick auf den gesellschaftlichen und politischen Wandel ein **Vorbild für Europa**. Die Revolutionen des 19. Jh.s können als eine Fortführung oder Erneuerung des Bruchs mit den Strukturen des *Ancien Régime* begriffen werden, den bereits die Revolutionäre von 1789 angestrebt hatten. Die Überzeugung ist weit verbreitet, dass mit der Revolution von 1789 eine andauernde und unumkehrbare Entwicklung in Gang gekommen ist. »La Révolution a forgé le clairon, le dix-neuvième siècle le sonne« – so formuliert Victor Hugo (1802–1885) diese Sichtweise (*William Shakespeare*, 1864). Sie orientiert sich an der **Idee eines gesellschaftlichen Fortschritts**, die eine Liberalisierung tradierter Strukturen zum Ziel hat und in demokratischen Institutionen verwirklicht werden soll (s. Kap. 2.3).

Revolutionen und bürgerliche Gesellschaft

Als **Ziel dieser Umbrüche** gilt dem liberalen Denken die **bürgerliche Gesellschaftsordnung**.

Ein Jahrhundert der Revolutionen: Nach dem gesellschaftlichen Umbruch und den Kriegen der Revolutionszeit, nach den Feldzügen und Eroberungen Napoleons, auf deren Höhepunkt Frankreich für kurze Zeit ganz Europa beherrscht, bleibt die politische Geschichte des Landes angesichts der revolutionären Bestrebungen des 19. Jh.s (1830, 1848, 1871) **von beständigen Umbrüchen geprägt**. Der mehrfache Wechsel zwischen revolutionären Erhebungen und deren nachfolgender Revision weist darauf hin, dass die Konflikte zwischen den gesellschaftlichen Eliten lange Zeit nicht dauerhaft lösbar sind. Sie werden dadurch verkompliziert, dass in den Revolutionen des 19. Jh.s auch die **Arbeiterbewegung als politischer Faktor** auf den Plan tritt. Letztlich gelingt es dem Bürgertum, die Demokratisierung gegen weiterreichende revolutionäre Absichten zur Si-

Eugène Delacroix: *La liberté guidant le peuple* (1830/31, ursprünglicher Titel: *La barricade*): Das Bild entwirft eine Szene auf den Barrikaden in Paris, mit deren Bau in der Julirevolution von 1830 der Sturz der Restaurationsmonarchie eingeleitet wird. In der Bewegung vom Dunkel ins Licht, die im Zentrum seiner Komposition steht, manifestiert sich **die politische Aussage des Bildes**, die in der oberen Bildmitte mündet und mit der Trikolore und der Jakobinermütze der Frauengestalt die **Traditionen der Revolution von 1789 und der Republik** aufruft. Die in dieser Gestalt verkörperte *Liberté* steht zudem in einer republikanisch-revolutionären **Traditionslinie der weiblichen Allegorie**, die in der Gestalt der *Marianne* mündet, die zum offiziellen Sinnbild der Republik werden wird (s. S. 308). Die Allegorie der Freiheit erscheint bei Delacroix zugleich als eine Kämpferin, eine gewöhnliche Frau aus dem Volk, die ebenso wie die zerlumpten Figuren der Barrikadenkämpfer in der klassizistischen Ästhetik kein Gegenstand der Kunst hätte werden können.

Fortschritt, Marktgesetze, Autonomie

cherung seiner Vorherrschaft zu nutzen. Die revolutionären Umbrüche, der Wandel der Herrschaftsformen zwischen verschiedenen Formen der Republik, der Monarchie und des Kaiserreichs kommen erst mit der Festigung **der Dritten Republik um 1880** zu einem vorläufigen **Abschluss** (s. Kap. 4.3.4).

Der Bruch mit den ästhetischen Traditionen ist eine Folge der Revolutionen des 19. Jh.s, die nicht weniger einschneidend ist als die Veränderungen in Politik und Gesellschaft. Die bedeutendsten Tendenzen der literarischen Entwicklung **verweigern sich einer harmonischen oder idealisierenden Gestaltung der bürgerlichen Lebenswelt**, die sich im 19. Jh. herausbildet. In kritischer Distanz zu ihr oder im Rückzug in ein gesellschaftsfernes Kunstideal suchen sie nach Möglichkeiten einer eigenständigen Position in einem literarischen Feld, in dem sie zugleich den Erwartungen eines Massenpublikums gerecht werden müssen.

Chronologischer Überblick

Frankreich im 19. Jahrhundert

1804	Napoleon Bonaparte krönt sich als Napoleon I. selbst zum Kaiser (s. Kap. 4.3.2); Beginn des Ersten Kaiserreichs (*Premier Empire*, 1804–1814)
seit 1804	Erlass bedeutender Gesetzbücher, insbesondere des *Code Civil* (1804) und des *Code pénal* (1810), die eine Grundlage der modernen Rechtsordnung bilden
1814/1815	Nach Niederlagen im Russlandfeldzug (1812/13) und gegen die Koalition europäischer Fürsten Abdankung Napoleons (April 1814) und Restauration der Monarchie (Ludwig XVIII., 1814–1824), nach Napoleons kurzzeitiger Rückkehr und der Niederlage bei Waterloo (1815) konsolidiert sich die Restauration (1814–1830)
seit 1828/1830	Kriegszüge in Nordafrika; Anfänge des modernen französischen Kolonialreichs (1845 Annexion Algeriens, s. Kap. 4.5.2)
1830	Die Julirevolution stürzt den letzte Bourbonen Karl X. (1824–1830); Beginn einer konstitutionellen Monarchie (*Monarchie de Juillet*, 1830–1848) mit dem ›Bürgerkönig‹ (*roi citoyen*) Louis Philippe von Orléans
1832/33	Erste große Arbeiterunruhen in Paris und Lyon
seit 1840	Anfänge der industriellen Produktion in der Textil- und Montanindustrie
seit 1842	Bau der ersten größeren Eisenbahnlinien (Paris-Rouen und Paris-Orléans)
1848	Februarrevolution; Sturz der Julimonarchie, Beginn der Zweiten Republik (*Seconde République*, 1848–1851)
1851/52	Louis Napoleon, ein Neffe Napoleons I., stürzt die Zweite Republik (2.12.1851) und lässt sich danach als Napoleon III. zum Kaiser wählen; Beginn des Zweiten Kaiserreichs (*Second Empire*, 1852–1870)

1855	Weltausstellung (*Exposition universelle*) in Paris (die erste hatte 1851 in London stattgefunden), weitere folgen 1867, 1878 und 1889 (Bau des Eiffelturms)
1870	Deutsch-Französischer Krieg; Napoleon III. wird gefangengenommen; Proklamation der Dritten Republik (*Troisième République*, 1870–1940)
1871	Nach Unruhen in Paris fliehen Regierung und Parlament nach Versailles (März). Der Aufstand der Pariser *Commune* wird im Blutbad der *semaine sanglante* (21.–28.5.) niedergeschlagen; im Friedensvertrag von Frankfurt muss Frankreich Elsass-Lothringen an das in Versailles proklamierte Deutsche Kaiserreich abtreten und hohe Reparationen bezahlen
1880	Nach der Konsolidierung der Republik wird der 14. Juli Nationalfeiertag
1881/82	Die maßgeblich von Jules Ferry betriebene Schulgesetzgebung begründet die allgemeine und kostenlose Schulpflicht und schließt die Kirche aus dem Unterrichtswesen aus (s. Kap. 4.3.4)

3.5.2 | Die Romantik

Der Epochenbegriff

Der Epochenbegriff ›**Romantik**‹, der sich in allen europäischen Literaturen findet, bildet sich in den ästhetischen Diskussionen in Deutschland um 1800 heraus. In Frankreich wird er zuerst von **Mme de Staël** (d.i. Germaine Necker, baronne de Staël-Holstein, 1766–1817) eingeführt, die damit gegen das Vorbild der Antike und die klassizistische Literaturtradition des 17. und 18. Jh.s eine nationale und zugleich gegenwartsorientierte Literatur aufwerten will. Die klassizistische Literatur, die dem Vorbild der Antike folge, so schreibt sie in ihrer Abhandlung *De l'Allemagne* (II, 11), sei eine »littérature transplantée«, da sie keine nationalen Wurzeln habe. Sie begründet damit einen **Gegensatz zwischen Klassizismus und Romantik**, der die literarischen Diskussionen der ersten Hälfte des 19. Jh.s bestimmt. Die Romantik wird darin als eine Orientierung begriffen, die den **Erfahrungen der nachrevolutionären Gegenwart** Rechnung trägt. So formuliert Stendhal (Pseudonym von Henri Beyle, 1783–1842) in aufschlussreicher Zuspitzung:

Stendhal: *Racine et Shakespeare*, 1823/25

> **Le *romanticisme* est l'art de présenter aux peuples les œuvres littéraires qui, en l'état actuel de leurs habitudes et de leurs croyances, sont susceptibles de leur donner le plus de plaisir possible.**
> **Le *classicisme*, au contraire, leur présente la littérature qui donnait le plus grand plaisir à leurs arrière-grands-pères**

Fortschritt, Marktgesetze, Autonomie

Dieser Gegensatz wird in den 1820er Jahren zunehmend nicht nur ästhetisch, sondern auch politisch gedeutet. In dem Vorwort zu seinem Drama *Cromwell* (1827), einem bedeutenden Manifest der Romantik, bezeichnet **Victor Hugo** (1802–1885) den Klassizismus in Anspielung auf die 1789 beseitigte Herrschaftsordnung als »ancien régime littéraire« und ruft zu einer literarischen Revolution auf: »Mettons le marteau dans les théories, les poétiques et les systèmes.« Als **Befreiung der Literatur aus den Zwängen der klassizistischen Dichtungslehre** wird die Romantik in dieser Diskussion zum »libéralisme en littérature«, wie Hugo am Vorabend der Julirevolution im Vorwort zu seinem Drama *Hernani* (1830) schreibt.

Melancholie und Pessimismus: Die Feststellung, dass die ersten Werke der Romantik von melancholischem Pessimismus geprägt sind, steht nur auf den ersten Blick in Widerspruch zu dieser globalen Charakterisierung der Romantik. Denn die **individuelle Orientierungslosigkeit**, die in ihnen gestaltet wird, ist implizit oder explizit ebenfalls von der **Erfahrung des revolutionären Umbruchs** geprägt. Dies gilt bereits für René, den heimat- und wurzellosen Protagonisten der gleichnamigen Erzählung, die **François-René de Chateaubriand** (1768–1848) als Exempel für seine Verteidigung des Christentums in *Le génie du christianisme* eingefügt hat. René ist trotz der seine Geschichte abschließenden erbaulichen Moral zum Vorbild für viele romantische Helden und deren vielbeschworenes ***mal du siècle*** geworden.

Nach der Julirevolution von 1830 entwirft **Alfred de Musset** (1810–1857) in den *Confessions d'un enfant du siècle* (1836) dieses Leiden an der historischen Situation im Psychogramm einer Generation, die an der von der Revolution und den Eroberungen Napoleons geprägten Aufbruchsstimmung nicht mehr teilhaben kann. Deshalb erfahre sie die **Gegenwart als einen Ort der Sinnleere**: »Ils avaient dans la tête tout un monde, ils regardaient la terre, le ciel, les rues et les chemins; tout cela était vide« (Kap. II). **Alfred de Vigny** (1797–1863), der zu den Begründern der romantischen Lyrik in den 1820er Jahren zählt, stellt zur gleichen Zeit in seinem Drama *Chatterton* sogar die Selbsttötung als letzten Ausweg eines von der Gesellschaft ausgegrenzten und desillusionierten Dichters dar.

Weltschmerz: Der in einer Erfahrung der Sinnleere begründete Weltschmerz prägt auch das Ich, das **Alphonse de Lamartine** (1790–1869) in seinen *Méditations poétiques* (1820) inszeniert. Angesichts der Unmöglichkeit, in der Liebe oder in der Natur sinnstiftende Orientierung zu finden, phantasiert es in deren berühmtesten Gedichten (»L'Isolement«, »Le Lac«, »L'Automne«) seine Auflösung in ein vage religiös konnotiertes Jenseits. Der immense Erfolg dieses schmalen Bändchens (24 Gedichte, bis 1849 auf 41 erweitert) liegt vor allem in seiner **Individualisierung der Dichtungssprache** begründet, die sich von einem tradierten klassizistischen Inventar von Bildern und sprachlichen Figuren zu lösen beginnt. Lamartine formuliert seine Abwendung vom Klassizismus in einem späteren Vorwort zu den *Méditations* folgendermaßen: »Je suis le premier qui ai fait descendre la poésie du Parnasse et qui ai donné à ce qu'on nommait la muse [...] les fibres mêmes du cœur de l'homme.« Diese Formulierung zeigt seine Absicht, die Lyrik zum Ausdruck individueller Befindlichkeit zu machen.

Revolutionserfahrung und hässliche Realität: Damit wird der **Bruch mit der Tradition** ebenso angebahnt wie mit der Entwicklung der ideologisch-politischen Positionen der Romantik. Die ästhetische und die ideologische Dimension dieses Umbruchs verbinden sich in der Entwicklung von **Victor Hugo**. Die **Revolutionserfahrung** bestimmt seine dichterischen Anfänge, wie das programmatische erste Gedicht seiner *Odes*, »Le poète dans les révolutions« (1820), zeigt. Seine bereits erwähnten Dramenvorworte markieren zugleich den **Bruch mit der politischen Erstarrung der Restaurationsmonarchie** und mit den literarischen Konventionen des Klassizismus. Im Vorwort zu *Cromwell* setzt Hugo gegen die klassizistische Idealisierung das Postulat, alle Bereiche der Wirklichkeit müssten Gegenstand literarischer Gestaltung werden: »**Tout ce qui est dans la nature est dans l'art**.« Mit der Kategorie des »grotesque« umfasst dieser Anspruch auch vom Klassizismus als kunstwidrig angesehene Aspekte der gesellschaftlichen Realität, insbesondere die Darstellung des Volkes. Damit begründet das Vorwort zu *Cromwell* bereits eine **Ästhetik des Hässlichen**, die sich gegen die klassizistische Idealisierung der Realität in der Kunst wendet.

Victor Hugo: *Notre Dame de Paris*, ein mittelalterlicher Schauerroman

Zur Vertiefung

Victor Hugo als Nationaldichter

Bis in die Gegenwart bleibt Victor Hugo in allen Umfragen in Frankreich der ***bekannteste und meistgelesene Repräsentant der französischen Nationalliteratur****, mit teils deutlichem Abstand vor Autoren wie Zola, La Fontaine oder Molière. Seine Karriere reicht von der Zeit der Restaurationsmonarchie bis in die Dritte Republik hinein. Schon in der ersten Hälfte des 19. Jh.s ist er nicht nur* ***der einflussreichste Vertreter der Romantik****, sondern auch – zusammen mit Balzac und Dumas – der kommerziell erfolgreichste Schriftsteller seiner Zeit.* ***Politisches Ansehen*** *erlangte er nach dem Staatsstreich von 1851, den er aus dem* ***Exil*** *in politischen Streitschriften wie in dem Gedichtband* Les châtiments *von einer republikanisch-demokratischen Position aus kritisiert. Nach dem Ende des Zweiten Kaiserreichs nach Frankreich zurückgekehrt, wird er zu einer* ***moralisch-politischen Leitfigur der Dritten Republik****, die ihn gleich nach seinem Tod 1885 ins Pantheon überführt (s. Kap. 4.3.3).*

Hugos Werk wird von der Überzeugung getragen, dass die Literatur eine ***gesellschaftliche Aufgabe*** *zu erfüllen und zum Fortschritt wie zu einer gerechten Gesellschaftsordnung beizutragen habe.*

Eine immense Popularität hat er neben seinen Gedichten durch die beiden Romane **Notre Dame de Paris** ***(1831)*** *und* **Les misérables** ***(1861/62)*** *erlangt. Die hingebungsvolle und aussichtslose Liebe des missgestalteten Glöckners Quasimodo (eine Inkarnation von Hugos Konzeption der ästhetischen Qualität des Hässlichen) zu der schönen Zigeunerin Esmeralda oder die nach vielen Wendungen des Schicksals*

Fortschritt, Marktgesetze, Autonomie

erfüllte Liebe zwischen Marius und Cosette sind ebenso volkstümlich geworden wie die Figuren des edlen Sträflings Jean Valjean oder des Pariser Straßenjungen Gavroche. Durch Auszüge in Schulbüchern, Kinder- und Jugendbuchversionen oder Comics, als Figuren der Werbung und nicht zuletzt als Film- und Musicalhelden sind sie ***in das kulturelle Gedächtnis Frankreichs eingegangen*** *(s. S. 273).*
Beide Romane entwerfen über die wirksame Gestaltung solcher Figuren hinaus die ***Bedeutung des Volks in der französischen Geschichte****.* Notre Dame de Paris *thematisiert dessen soziale Marginalisierung und die noch ziellosen Aufstände am Anfang der frühen Neuzeit. In* Les misérables *verweist bereits der Titel auf das soziale Elend des Volks. Der Roman gestaltet die enttäuschten republikanischen Hoffnungen in der Julirevolution und den gegen die Julimonarchie gerichteten, schnell niedergeschlagenen Barrikadenkämpfen des Jahres 1832. Dennoch konstruiert er die Perspektive eines historischen Fortschritts, als dessen Ziel die Mündigkeit des Volks in der Demokratie erscheint.*

Die Konzeption des *l'art pour l'art*

Die bedeutsamste von der Romantik ausgehende literarische Entwicklung der 1830er Jahre ist die Konzeption des ***l'art pour l'art***. Sie denkt die Dichtung in einer sich jeder gesellschaftlichen Anforderung entziehenden Autonomie. Die Idee, dass die Kunst nur sich selbst zum Ziel haben soll, entsteht aus einer **Verweigerungshaltung** gegenüber der nach 1830 sich herausbildenden bürgerlichen Gesellschafts- und Wirtschaftsordnung. Dieser wird die romantische Emphase der Dichtungen eines Lamartine, Hugo oder Vigny zunehmend fremd. Der bedeutendste Vertreter des *l'art pour l'art* ist **Théophile Gautier** (1811–1872), der seit 1830 als Lyriker hervortritt und im Vorwort zu dem Roman *Mademoiselle de Maupin* ein Manifest zweckfreier Dichtung entwirft. »Il n'y a de vraiment beau que ce qui ne peut servir à rien; tout ce qui est utile est laid, car c'est l'expression de quelque besoin, et ceux de l'homme sont ignobles et dégoûtants«, lautet einer der Schlüsselsätze dieses Vorworts, in dem Gautier eine Verabsolutierung des Kunstschönen und dessen Abgrenzung von jeder gesellschaftlichen Zweckbestimmung begründet.

Das **Postulat einer Funktionslosigkeit der Dichtung** rückt die Arbeit an der sprachlichen Gestaltung und damit die Eigengesetzlichkeit der Dichtung gegenüber deren Aussagefunktion ins Zentrum. Damit bereitet die Konzeption des *l'art pour l'art* die Hermetik und die Sprachrevolution der modernen Lyrik vor (s. Kap. 3.5.4). Sie verfolgt ein **Ideal ästhetischer Schönheit**, das die gesellschaftskritischen Impulse der Romantik aufgibt. Ein solches Ideal wird in imaginären Räumen jenseits der Lebenswelt angesiedelt, etwa in einem romantisch stilisierten Spanien, das Gedichte Gautiers wie Erzählungen Prosper Mérimées (1803–1870) feiern. Zugleich ist der Ästhetizismus des *l'art pour l'art* eine Antwort auf den **Bedeutungsverlust der Lyrik** nach der Restaurationszeit. Die vorherrschende Orientierung der entstehenden bürgerlichen Gesellschaft am ökonomischen

Erfolg, die ein Minister der Julimonarchie in der berühmten Formel »**enrichissez-vous**« zusammenfasst, kann mit der idealistischen Begeisterung der Romantik kaum noch etwas anfangen. Auch der literarische Markt, auf dem Lamartine und Hugo noch immens erfolgreich sind, bietet nach 1830 kaum noch Absatzchancen für Gedichtsammlungen.

Benjamin Roubaud: *Grand chemin de la postérité* (1842, Ausschnitt). Diese Karikatur zeigt bedeutende Repräsentanten der Romantik, angeführt von Victor Hugo, der auf seinem Banner die Devise »Le Laid, c'est le beau« führt. Ihm folgen unter anderem Théophile Gautier, Alexandre Dumas, Honoré de Balzac und Alfred de Vigny, während Lamartine aus dem Dichterhimmel sinnend diesen Zug unterschiedlicher Verweigerer literarischer Idealisierung der bürgerlichen Gesellschaft betrachtet.

Wichtige Texte der Romantik

1802	**François René de Chateaubriand** | *Le génie du christianisme*
1813/14	**Mme de Staël** | *De l'Allemagne*
1820	**Alphonse de Lamartine** | *Méditations poétiques*
1822/26	**Victor Hugo** | *Odes et ballades;* **Alfred de Vigny** | *Poèmes antiques et modernes*
1827	**Victor Hugo** | *Cromwell*
1830	**Victor Hugo** | *Hernani*
1833–1867	**Jules Michelet** | *Histoire de France* (17 Bde)
1835	**Théophile Gautier** | *Mademoiselle de Maupin*; **Alfred de Vigny** | *Chatterton*
1836	**Alfred de Musset** | *Confessions d'un enfant du siècle*
1844	**Prosper Mérimée** | *Carmen*; **Théophile Gautier** | *España*
1853	**Victor Hugo** | *Les châtiments*

Fortschritt, Marktgesetze, Autonomie

3.5.3 | Der Roman und die Wissenschaftsorientierung der Literatur: Realismus und Naturalismus

Die Erfolgsgeschichte des Romans

Gilt der Roman in der klassizistischen Poetik noch als minderwertig, so wird er im Lauf des 19. Jh.s in Frankreich wie in anderen europäischen Ländern zur **vorherrschenden literarischen Gattung**. Dafür gibt es eine ganze Reihe von sozio-kulturellen und ökonomischen Gründen. Am wichtigsten sind die enorme **Ausweitung des Publikums** (nicht zuletzt durch die fortschreitende Alphabetisierung), die damit verbundene Veränderung der Nachfrage und die Expansion des literarischen Marktes. Die bedeutendste Neuerung ist der **Feuilletonroman**, die Veröffentlichung von Romanen in Fortsetzungen in den Zeitungen oder Zeitschriften, die seit dem Ende der 1830er Jahre expandieren. Renommierte Romanautoren profitieren von dieser höchst einträglichen Form der Massenpublikation, deren berühmtes Vorbild der sozialkritische Roman *Les mystères de Paris* (1842/43) von Eugène Sue (1804–1857) ist. Für die Dauer seiner Publikation verdreifacht sich die Auflage der Zeitung, in der er erscheint.

Realismus

Die Wirklichkeit, die jetzt im Roman vor allem entworfen wird, soll durch detaillierte Beschreibung wie durch genaue räumliche und zeitliche Situierung des Geschehens den Eindruck einer **Nähe zur Lebenswelt der Gegenwart** erzeugen. Diese im 19. Jh. dominante Orientierung des Romans wird mit dem **Begriff ›Realismus‹** bezeichnet. Dieser bildet sich in den Diskussionen der 1850er Jahre heraus und ist zunächst heftig umstritten. Die Widerstände, auf die die Entwicklung des Romans stößt, zeigen sich schlaglichtartig daran, dass Flaubert wegen der angeblich immoralischen Tendenzen von *Madame Bovary* der Prozess gemacht wird (1857). Die mit dem Begriff *réalisme* bezeichneten Tendenzen des Romans gelten einem traditionellen Literaturverständnis als »négation du beau et du bon«, als »continuels outrages à la morale publique«, wie es – trotz des Freispruchs – im Urteil in diesem Prozess tadelnd heißt. Von seinen zeitgenössischen Verfechtern wird der Realismus hingegen als literarische **Verwirklichung des positivistischen Ideals genauer Beobachtung** verteidigt, als »réproduction exacte, complète, sincère, du milieu social, de l'époque où l'on vit«, wie die kurzlebige Zeitschrift *Le Réalisme* (1856/57) schreibt (zur Realismusdebatte der 1850er Jahre vgl. Klein 1989, 59–85).

Der romantische Realismus Stendhals

Stendhal bezeichnet seinen bedeutendsten Roman ***Le rouge et le noir*** im Untertitel als »Chronique du XIXe siècle«. Er markiert damit seine Distanz zu den seit etwa 1820 florierenden **Tendenzen eines historischen Romans**, die sich etwa in Victor Hugos *Notre Dame de Paris* oder in den berühmten Romanen von Alexandre Dumas (1802–1870) zeigen. Stendhals Untertitel setzt gegen eine verklärende Evokation vergangener Zeiten programmatisch den Gegenwartsbezug. Trotz dieses realistischen Anspruchs löst sich die Geschichte des gescheiterten Aufstiegs seines

Protagonisten Julien Sorel in der Restaurationsgesellschaft nicht ganz vom **romantischen Paradigma des außerordentlichen Helden** – nicht umsonst ist Napoleon das große Vorbild Juliens (vgl. Naumann 1978, 82–104):

Stendhal: *Le rouge et le noir,* 1. Buch, Kap. XXIX

> **Il [Julien Sorel] se promenait seul dans le jardin du séminaire; il entendit parler entre eux des maçons qui travaillaient au mur de clôture.**
> **– Eh bien, y faut partir, v'la une nouvelle conscription.**
> **– Dans le temps *de l'autre*, à la bonne heure, un maçon y devenait officier, y devenait général, on a vu ça.**
> **– Va-t-en voir maintenant! il n'y a que les gueux qui partent. Celui qui a *de quoi* reste au pays.**
> **– Qui est né misérable, reste misérable, et v'la.**
> **– Ah ça, est-ce bien vrai ce qu'ils disent, que l'autre est mort? reprit un troisième maçon.**
> **– Ce sont les gros qui disent ça, vois-tu! l'autre leur faisait peur.**
> **– Quelle différence, comme l'ouvrage allait de son temps! Et dire qu'il a été trahi par ses maréchaux! Faut-y être traître!**
> **Cette conversation consola un peu Julien. En s'éloignant, il répétait avec un soupir: »Le seul roi dont le peuple ait gardé mémoire.«**

Julien Sorel und der Napoleon-Mythos: Julien Sorel, der aus einfachen Verhältnissen stammt, hat für seine **Aufstiegsambitionen in der hierarchischen Gesellschaft der Restaurationszeit** beständig das Vorbild von Napoleons legendärer Willenskraft vor Augen. Während seines Studiums in einem Priesterseminar belauscht er ein Gespräch, in dem Handwerker sich über eine bevorstehende Musterung unterhalten. Sie formulieren wesentliche **Bestandteile des volkstümlichen Napoleon-Mythos** (s. Kap. 4.3.2), in denen der Kaiser selbst nur verdeckt genannt wird (»*l'autre*«): ein neues Selbstbewusstsein durch die Aufhebung sozialer Schranken in der Armee (»un maçon y devenait officier, y devenait général«) und des Gegensatzes zwischen Arm und Reich, der in der Restauration wieder uneingeschränkt wirksam sei (»Qui est né misérable, reste misérable«). Julien, der in dieser Verklärung Napoleons Trost findet, zitiert einen Vers eines zeitgenössischen Gedichts über Heinrich IV., mit dem das Bild des populären König auf Napoleon übertragen und kritisch gegen die herrschende Restaurationsmonarchie ausgespielt wird.

Stendhals berühmte Spiegelmetapher aus *Le rouge et le noir* (»un roman est un miroir qui se promène sur une grande route«, Teil II, Kap. 19) wird wegen ihrer Erläuterung (»tantôt il [le miroir] reflète à vos yeux l'azur des cieux, tantôt la fange des bourbiers de la route«) häufig als ein **erstes Manifest des Realismus** gelesen. Sie insistiert auf einer scheinbar neutralen Abbildfunktion des Romans, hat in ironischer Wendung aber zugleich die Funktion, die Unwahrscheinlichkeit des Charakters von Juliens Geliebter Mathilde herauszustellen (denn der sei, wie es unmittelbar danach heißt, »impossible dans notre siècle, non moins prudent que vertueux«). Stendhal spielt in ambivalenter Weise mit dem Paradigma realis-

Fortschritt, Marktgesetze, Autonomie

tischer Konstruktion zeitgenössischer Lebenswelt. Sein letztes Werk, *La Chartreuse de Parme*, entwirft ein Geschehen, in dem sich Zeitgeschichte und heroische Vergangenheit Italiens, Gesellschaftsanalyse und Abenteuer, **Realismus und ästhetisches Spiel mit imaginären Welten** vermischen.

Vom Realismus zum Naturalismus

In den Anfängen realistischer Formen des Romans ist der **Einfluss der Romantik** noch unverkennbar. Dies gilt für die Idealisierung mancher Protagonistinnen wie etwa die der Figuren Indianas oder Eugénie Grandets in den gleichnamigen Romanen von **George Sand** (Pseudonym von Aurore Dudevant, 1804–1876) und **Honoré de Balzac** (1799–1850). Dies gilt auch für Handlungsstrukturen, in denen ein außerordentlicher Held der Gesellschaft den Kampf ansagt, wie dies etwa Vautrin in Balzacs *Le père Goriot* tut. Dennoch bestimmt zunehmend das **Paradigma wissenschaftlicher Beobachtung** und die daraus resultierenden fiktionalen Konstruktionen zeitgeschichtlicher und lebensweltlicher Phänomene den Roman. Dieser Anspruch manifestiert sich in den Werken vieler Autoren der zweiten Hälfte des 19. Jh.s – von den **Brüdern Goncourt** über die ersten Romane **Joris-Karl Huysmans'** (1848–1907) bis hin zu denen von **Guy de Maupassant** (1850–1893).

Mit der von Emile Zola (1840–1902) maßgeblich bestimmten Entwicklung des **Naturalismus**, dem die zuletzt Genannten zugerechnet werden, verändern sich zwar gegenüber dem Realismus die konkreten wissenschaftlichen Bezugspunkte (s. unten). Gemeinsam bleibt realistischen und naturalistischen Orientierungen des Romanschreibens jedoch das Postulat wissenschaftlicher Analyse, das dem Roman eine gesellschaftliche Funktion geben soll.

Wissenschaftliches Verstehen und gesellschaftliche Entwicklung: Die Romanprojekte von Balzac und Zola

Die Orientierung des Romans am wissenschaftlichen Denken zeigt sich am deutlichsten in den beiden großen Romanzyklen, die jeweils einen Gesamtzusammenhang der geschichtlichen und gesellschaftlichen Entwicklung Frankreichs in verschiedenen Phasen des 19. Jh.s entwerfen wollen. In Balzacs *Comédie humaine* geht es um die Umbrüche, die von der Revolutionszeit über die napoleonische Ära bis hin zur Julimonarchie führen; in Zolas *Rougon-Macquart*-Zyklus um die Zeit des Zweiten Kaiserreichs und dessen Zusammenbruch. Beide Projekte orientieren sich an **naturwissenschaftlichen Ordnungs- und Erklärungsmustern**, beide wollen die wachsende Komplexität gesellschaftlicher Phänomene in ihrer Totalität erfassen.

Balzacs Konzept der *Comédie humaine* entsteht in den 1830er Jahren und umfasst am Ende 95 Romane, deren Einbindung in den Zyklus allerdings teilweise unklar ist. Ihre bei weitem umfangreichste Abteilung der ***Études de mœurs*** ist nach unterschiedlichen Aspekten der zeitgenössischen Lebenswelt in sechs Abteilungen untergliedert:

- *Scènes de la vie privée* (u. a. *Le père Goriot*);
- *Scènes de la vie de province* (u. a. *Eugénie Grandet*; *Les illusions perdues*);
- *Scènes de la vie parisienne* (u. a. *Splendeurs et misères des courtisanes*; *La cousine Bette*);
- *Scènes de la vie de campagne* (u. a. *Les paysans*);
- sowie *Scènes de la vie politique* und *Scènes de la vie militaire.*

Diese Romane breiten Balzacs Konzeption zufolge das Anschauungsmaterial aus, das dann in den ***Études philosophiques*** und den (fast gar nicht ausgeführten) ***Études analytiques*** analysiert und reflektiert werden soll. Der bedeutendste Roman der *Études philosophiques*, *La peau de chagrin*, entwirft die **Julirevolution als Zäsur**, nach der die französische Gesellschaft von der Macht des Geldes bestimmt und die Energie und die Ideale des Protagonisten zum Scheitern verurteilt sind.

In einem 1842 geschriebenen *Avant-propos* zur *Comédie humaine* postuliert Balzac eine **Analogie zwischen der Gliederung des Tierreichs** in Arten, die der berühmte Naturwissenschaftler Buffon im 18. Jh. entworfen hat, **und derjenigen der Gesellschaft** in soziale Typen, die der *Comédie humaine* zugrunde liege. Zugleich aber führt er den »hasard« der unkalkulierbaren gesellschaftlichen Bewegung als Differenz zwischen Natur und Gesellschaft ein, die »infinie variété de la société humaine«, die in seinem Romanwerk gestaltet werden soll. Ziel des Projekts bleibt es, **die Bewegung der Gesellschaft verstehbar zu machen**: »Ainsi dépeinte, la Société devait porter avec elle la raison de son mouvement«.

Zolas Konzept des Rougon-Macquart-Zyklus entsteht in den Jahren um 1870 und umfasst schließlich dreizehn Bände. Zolas Ausgangsidee ist es, die gesellschaftliche Entwicklung in der **Entwicklung der verschiedenen Zweige einer Familie** zu gestalten. Die von einer gemeinsamen Ahnin abstammenden Familien Rougon und Macquart repräsentieren mit ihren unterschiedlichen Erbanlagen zugleich **die beiden großen Gesellschaftsklassen des *Second Empire***, das Großbürgertum und das Volk. Dazwischen steht, in der Zuordnung unklarer, der Familienzweig der Mourets, zu dem ein Priester und ein Maler ebenso gehören wie ein Kleinhändler, der zum Kaufhausbesitzer aufsteigt (*Au Bonheur des Dames*). Die **Rougon** werden durch geschickte Manipulationen und Spekulationen rasch **Teil des Geldadels des *Second Empire*** (*La fortune des Rougon*; *La curée*); die **Macquart** bleiben auf Grund ihrer Anlagen wie durch unglückliche Zufälle im Elend (*L'assomoir*), repräsentieren aber auch **die entstehende Arbeiterklasse** (so insbesondere in Zolas berühmtestem Roman *Germinal*) und die Zukunft Frankreichs nach der Niederlage des Kaiserreichs im Deutsch-Französischen Krieg (*La débâcle*).

Der spätere Untertitel des Romanzyklus, »**Histoire naturelle et sociale d'une famille sous le Second Empire**«, nennt die Faktoren, die für die Konzeption des Zyklus' wesentlich sind: die biologische Prägung der Individuen durch ihre Abstammung, der Einfluss unterschiedlicher sozialer Milieus, in denen sie sich bewegen, sowie der historische Kontext. Dieser für Zolas Naturalismus grundlegende **Determinismus von *race, milieu* und *moment***

Fortschritt, Marktgesetze, Autonomie

verweist auf die Theorie des Historikers und Philosophen Hippolyte Taine (s. Kap. 1.2.2) ebenso wie auf die Vererbungslehre Darwins und die experimentelle Naturwissenschaft. Deren Verfahren begründen für Zola den **Verstehens- und Erklärungsanspruch** des Romans. Sein Ziel sei es, wie es in *Le roman experimental* heißt, »[de] résoudre scientifiquement la question de savoir comment se comportent les hommes, dès qu'ils sont en société«. Zolas Romanprojekt schreibt sich in seiner theoretischen Dimension in die Konzeption des Fortschritts ein, die im 19. Jh. weithin triumphiert.

Auflösung romantischer Wunschbilder und Arbeit am Stil: Die Romane Flauberts

Madame Bovary: Die Auseinandersetzung mit der Vorstellungswelt der Romantik ist der entscheidende Ausgangspunkt für die bedeutenden Romane Gustave Flauberts (1821–1880). Romantische Vorstellungen erscheint in seinen Romanen als negativer Bezugspunkt, als **stereotype Wahrnehmungen und Wunschbilder**, die die verfehlten und scheiternden Versuche seiner Romanfiguren bestimmen, sich mit ihrer Lebenswelt auseinanderzusetzen bzw. sich in ihr zurechtzufinden. In kaum unterscheidbarem Wechsel zwischen Innen- und Außenperspektive wird in *Madame Bovary* (1857) zugleich die Intensität von Emmas romantischer Traumwelt und deren Unvereinbarkeit mit der erdrückenden Macht der Alltäglichkeit im realistischen Detail gestaltet. **Emma Bovary** erscheint befangen in **von ihren Romanlektüren geformten Sehnsüchten und Idealen**, die sie auf die Banalität ihrer Lebenswelt projiziert und mit aller Macht – bis hin zum Ehebruch – zu verwirklichen versucht. Die **Konfrontation von Wunschbildern und Wirklichkeit** wird in einzelnen Szenen, in Bildern, Dialogen und Handlungsverläufen fast ohne Wertungen der Erzählstimme präsentiert: Emmas Wünsche sind genauso ›wahr‹ wie die Lebenswelt, die sie verkennt und an der sie schließlich tragisch scheitert.

L'éducation sentimentale: Während Emma Bovary eine beträchtliche Energie entfaltet, um ihre Wunschbilder leben zu können, wird Frédéric Moreau, der Protagonist von *L'éducation sentimentale* (1869), als eine Figur gestaltet, der **die romantischen Klischees von Liebe und Politik jede** Möglichkeit des Handelns nehmen. Die **Figur des inaktiven Helden**, der in seinen Beziehungswünschen ebenso gelähmt bleibt wie in den politischen Umbrüchen der Jahre 1848 bis 1851, war für Flaubert ein Inbegriff eigener Erfahrungen, »l'histoire morale des hommes de ma génération; ›sentimentale‹ serait plus vrai«. Auch Frédérics ›Sentimentalismus‹, die Macht stereotyper, von der Romantik kodierter Gefühle und Deutungsmuster, will Flaubert nicht ›entlarven‹. Der Roman zeigt vielmehr, wie dem Protagonisten der Zugang zur Wirklichkeit durch vorgeformte Muster der Sprache und der Imagination verstellt wird, ohne diese Lebenshaltung zu bewerten oder gar eine Alternative dazu anzubieten.

Flauberts Schreibarbeit: Auch Flaubert ist in seiner Orientierung von dem Ideal wissenschaftlicher Exaktheit der Beobachtung geprägt. Anders

Realismus und Naturalismus

als Balzac und Zola hat er seine Sicht von der Funktion des Romans nicht als geschlossene Konzeption ausgearbeitet, sondern nur in Briefen umrissen. Anders als bei diesen beiden Autoren verbindet sich diese Orientierung bei ihm auch nicht mit einem Verstehensanspruch. Für Flaubert wird **Genauigkeit** vielmehr zu einem **Anspruch an die Arbeit des Schreibers**, an den **Stil**, den er in einer berühmten Briefstelle als »une manière absolue de voir les choses« bezeichnet. Die Genauigkeit der Darstellung resultiert für ihn aus der ***impartialité* des Erzählens als einer wissenschaftlichen Haltung** (»l'impartialité que l'on met dans les sciences physiques à étudier la matière«). *Impersonnalité* und *impassibilité* bestimmen eine Erzählperspektive, an der subjektive Meinungen oder Empfindungen keinen Anteil haben sollen. Flaubert wird vor allem dadurch zu einem **Vorbild moderner Romanautoren** von Proust bis zum Nouveau Roman, dass er den Prozess des Schreibens selbst ins Zentrum rückt und das Ideal eines »livre sur rien […] qui se tiendrait de lui même par la force intérieure de son style« verfolgt. Dass die Erzählverfahren ebenso wichtig werden, wie die Geschichte, die erzählt werden soll, wird zu einem wesentlichen Grundzug des modernen Romans.

Wichtige Romane im 19. Jh.

1830	**Stendhal** | *Le rouge et le noir*
1831	**Victor Hugo** | *Notre Dame de Paris*; **Honoré de Balzac** | *La peau de chagrin*
1832	**George Sand** | *Indiana*
1833	**Honoré de Balzac** | *Eugénie Grandet*
seit 1834/35	**Balzacs** *Comédie humaine*: *Le père Goriot* (1835), *Illusions perdues* (1837–43), *Splendeurs et misères des courtisanes* (1839–44), *La cousine Bette* (1846) u. a.
1839	**Stendhal** | *La chartreuse de Parme*
1842/43	**Eugène Sue** | *Les mystères de Paris*
1844	**Alexandre Dumas** | *Les trois mousquetaires*
1856/57	**Gustave Flaubert** | *Madame Bovary*
1862	**Victor Hugo** | *Les misérables*
1865	**Edmond** und **Jules de Goncourt** | *Germinie Lacerteux*
seit 1868/69	**Zolas** *Rougon-Macquart*-Zyklus: *La fortune des Rougon* (1870), *La curée* (1871); *L'assommoir* (1876/77), *Nana* (1879), *Germinal* (1885), *Au Bonheur des Dames* u. a.
1869	**Gustave Flaubert** | *L'éducation sentimentale*
1880	**Zola** | *Le roman experimental*
1884	**Joris-Karl Huysmans** | *À rebours*
1885	**Guy de Maupassant** | *Bel-ami*

Fortschritt, Marktgesetze, Autonomie

3.5.4 | Hermetik und ästhetische Subversion: Die Entstehung der modernen Lyrik

Wesentliche Grundlagen für die Entwicklung der modernen Lyrik werden in der Lyrik der Romantik und des *l'art pour l'art* gelegt, die bereits eine von gesellschaftlichen oder normativen Verpflichtungen **unabhängige Logik der Dichtungssprache** vorbereiten (vgl. Friedrich 1973). Die Romantik entwickelt ausgehend von Konzeptionen, die bis in die Antike zurückreichen, die Vorstellung von einer eigenständigen Mission des Dichters (die bereits erwähnte Vorstellung vom »sacre de l'écrivain«). Im *l'art pour l'art* wird der poetischen Arbeit an der Sprache eine Eigengesetzlichkeit zugesprochen, die sich gesellschaftlichen Funktionalisierungen verweigert (s. Kap. 3.5.2). Wirklichkeitsbezug und Aussagefunktion der Dichtung treten hinter den **klanglichen Eigenwert** und das **Assoziationspotential sprachlicher Strukturen** zurück. Im letzten Drittel des Jahrhunderts wird diese Entwicklung fortgeführt. Rimbauds »Alchimie du Verbe« (in *Une saison en enfer*, 1873) beschwört die »couleur des voyelles« und strebt ein »verbe poétique [...] accessible à tous les sens« an. Verlaines Gedicht »Art poétique« (1874) beginnt mit dem berühmten Postulat »De la musique avant toute chose«, das die musikalische Qualität der Dichtungssprache ins Zentrum rückt.

Entwicklung der hermetischen Lyrik

Aus dieser Entwicklung entsteht eine zunehmende **Uneindeutigkeit** der im Gedicht entworfenen Sprachstrukturen, die man mit dem Begriff **›Hermetik‹** (etwa: ›Dunkelheit‹) bezeichnet. Das Gedicht soll sich dem Verstehen und damit entsprechend den Postulaten des *l'art pour l'art* gesellschaftlicher Funktionalisierung entziehen. In dieser Abwendung von den Zwängen der Gesellschaft wird es zunächst durchaus noch als intentionales und in sich kohärentes sprachliches Gebilde gedacht. **Théophile Gautier** entwirft sein Kunstideal in dem Gedicht »L'Art« (in *Émaux et Camées*, 1852) im Bild des Bildhauers, der dem widerspenstigen Marmor eine dauerhafte Form abgewinnt.

Die von Gautier ausgehende **Entwicklungslinie der modernen Lyrik** führt über die **Dichtergruppe des *Parnasse*** mit Autoren wie **Leconte de Lisle** (1818–1894) und **Paul Verlaine** (1844–1896) bis hin zu **Stéphane Mallarmé** (1842–1898). Mallarmés Bedeutung besteht vor allem darin, dass er die Tendenz zur Hermetik radikalisiert. Die Idee einer eigenen Logik der Dichtungssprache denkt er bis zum Verschwinden des Dichters selbst als Redeinstanz weiter: »L'œuvre pure implique la disparition élocutoire du poète [...] qui cède l'initiative aux mots« (»Crise de vers«, 1882/95).

Das Postulat von der Eigenlogik der Dichtung kann jedoch auch darauf abzielen, in der ›Dunkelheit‹ der Dichtung eine **verborgene, anders nicht formulierbare Bedeutung** zu entwerfen. Dieser Anspruch geht noch von der romantischen Idee einer besonderen Bedeutung des dichterischen Sprechens aus und findet sich bei **Gérard de Nerval** (1808–1855) ebenso wie bei **Charles Baudelaire** (1821–1867) oder **Arthur Rimbaud** (1854–1891). Er ist vor allem in den Positionen von Dichtern präsent, die **Ästhetizismus und Revolte** miteinander verbinden.

Hermetik und ästhetische Subversion: Die Entstehung der modernen Lyrik

Charles Baudelaire, dem in dieser Hinsicht wesentliche Bedeutung zukommt, entwirft in der berühmten Formulierung »le beau est toujours bizarre« (*Exposition universelle de 1855*) eine Absage an die Kohärenz des Kunstschönen. Dagegen setzt er – programmatisch im Titel seines berühmtesten Werks *Les fleurs du mal* – eine **Ästhetik des Hässlichen**. Ein zentraler Vers aus dem Entwurf eines an die Stadt Paris gerichteten Epilogs zu den *Fleurs du mal* umreißt metaphorisch den Zusammenhang zwischen sprachlicher Arbeit des Dichters und gesellschaftlicher Wirklichkeit: »Tu m'as donnée ta boue et j'en ai fait de l'or.« Für Baudelaire bedeutet die sprachliche Arbeit am Gedicht auch die dichterische Transformation einer widerspenstigen gesellschaftlichen Wirklichkeit, die sich – wie der Dreck der Großstadt – gegen ästhetische Gestaltung sperrt. Die Verwandlung der hässlichen Wirklichkeit in sprachliche Schönheit impliziert auch eine Absage an dominante gesellschaftliche Diskurse, insbesondere an das Fortschrittsdenken, von dessen Optimismus Baudelaire sich programmatisch abwendet. In der Position Baudelaires und mehr noch in derjenigen Rimbauds verbinden sich **ästhetische Autonomie der Dichtung** und **ideologische Subversion** (Stenzel/Thoma 1987, 28–32).

Baudelaire: *Les fleurs du mal*, Erstausgabe

Zur Vertiefung

Eine Revolution der Dichtungssprache: Rimbauds »Lettres du Voyant«

Rimbauds Suche nach einer literarischen Orientierung, vollzieht sich ebenso konsequent wie rasch. Seit Anfang 1870 lernt er, vor allem durch die Vermittlung seines Lehrers Izambard, intensiv die wichtigsten Autoren der zeitgenössischen Lyrik in all ihren Spielarten kennen. Mitte Mai 1871 verfasst er bereits, noch nicht einmal siebzehn Jahre alt, kurz nacheinander die später sogenannten »Lettres du Voyant«, die einzigen überlieferten Texte, in denen er seine ästhetische Position entwirft. Gegenüber Izambard wie gegenüber einem befreundeten Dichter formuliert er darin seinen Bruch mit den Dichtungskonzeptionen von Romantik und Parnasse. *Diesen Bruch begründet er vor allem mit der* ***Konzeption des »voyant«****. In dem Brief an Izambard heißt es in einer berühmten Formulierung:*

Je veux être poète, et je travaille à me rendre Voyant: vous ne comprendrez pas du tout, et je ne saurais presque vous expliquer. Il s'agit d'arriver à l'inconnu par le dérèglement de tous les sens.

In Rimbauds Überlegungen verbindet sich die ***Veränderung des Subjekts****, die Überwindung aller die Möglichkeiten seiner Erfahrung einengenden Grenzen (»dérèglement de tous les sens«) mit der* ***Idee einer neuen Dichtung*** *und der* ***Erschließung des »inconnu«****. Die berühmte Formulierung »je est un autre« überwindet traditionelle Vorstellungen vom Dichter durch eine Negation und Spaltung des Individuums, die Rimbaud als Voraussetzung für das Erreichen des »inconnu« ansetzt. Aus der in der Romantik erneuerten Idee von der göttlichen Begabung des Dichters wird bei Rimbaud das Postulat einer* ***Revolutionierung des Individuums und der Dichtungssprache:***

Fortschritt, Marktgesetze, Autonomie

Trouver une langue [...]. Cette langue sera de l'âme pour l'âme, résumant tout, parfum, sons, couleurs, de la pensée accrochant la pensée et tirant. Le poète définirait la quantité d'inconnu s'éveillant en son temps dans l'âme universelle: il donnerait plus – que la formule de sa pensée, que la notation de sa marche au Progrès. Enormité devenant norme, absorbée par tous, il serait vraiment un multiplicateur de progrès.

Der »langage universel«, den Rimbaud anstrebt, verbindet sich mit der ***Idee des Fortschritts****, mit einer* ***Normüberschreitung****, die zur neuen Norm wird (»Enormité devenant norme, absorbée par tous«), zur Sprache aller und damit* ***zu neuer Harmonie****: »Toujours pleins du nombre et de l'Harmonie, ces poèmes seront faits pour rester.«*
Rimbauds Entwurf einer zukünftigen Dichtung steht im Horizont der politischen Aktualität, des von der Commune *beherrschten, aber bereits von Regierungstruppen belagerten Paris. Da ihn seine »colères folles« nach Paris treiben, könne er derzeit an der Entwicklung der Dichtung nicht arbeiten (»travailler maintenant, jamais, jamais«). Doch Rimbaud wird sich der* Commune *nicht anschließen. Das Projekt der Realisierung einer neuen Poesie besteht in der* ***Suche des Subjekts nach dem Anderen, Unbekannten in sich selbst.***

Mit ihrer Absage an ästhetische Kohärenz und gesellschaftliche Anpassung werden Baudelaire und Rimbaud wichtige **Vorbilder für die Avantgarden des 20. Jh.s**, insbesondere für den Surrealismus. Während Dichter wie Gautier, Verlaine oder Mallarmé den **Symbolismus** prägen, der mit den ersten literarischen Manifesten zur dominanten dichterischen Orientierung der Jahrhundertwende wird, entdeckt man das kritische Potential der modernen Lyrik erst mit einiger Verspätung. Es wird in den Schlussworten der Rede aufgerufen, die André Breton (s. Kap. 3.6.2) 1935 auf dem antifaschistischen Schriftstellerkongress in Paris hält: »Transformer le monde‹, a dit Marx; ›changer la vie‹ a dit Rimbaud: ces deux mots pour nous n'en font qu'un.«

Wichtige Vertreter der modernen Lyrik im 19. Jh.

1852	**Théophile Gautier** | *Emaux et camées*; **Leconte de Lisle** | *Poèmes antiques*
1854	**Gérard de Nerval** | *Les chimères* (entstanden seit 1843)
1857	**Charles Baudelaire** | *Les fleurs du mal* (zweite, nach Prozess und gerichtlicher Zensur überarb. und erw. Auflage 1861)
1860–66	**Baudelaire** | *Poèmes en prose* (teils posthum)
1866	*Le Parnasse contemporain* (Sammelpublikation junger symbolistischer Dichter); **Paul Verlaine** | *Poèmes saturniens*
1866/67	**Stéphane Mallarmé** | erste Vers- und Prosagedichte (»Brise marine« u.a.)
1869	**Lautréamont** | *Les chants de Maldoror*

Interpretationsbeispiel

1871	**Arthur Rimbaud** | »Lettres du voyant« sowie erst posthum veröffentlichte Versdichtungen (»Le bateau ivre« u. a.)
1873	**Rimbaud** | *Une saison en enfer*
1876	**Mallarmé** | *Après-midi d'un faune*
1884	**Verlaine** | *Les poètes maudits*
1886	**Jean Moréas** | *Manifeste du symbolisme*
1887	**Mallarmé** | *Les poésies*

3.5.5 | Interpretationsbeispiel: Faszination und Flüchtigkeit als Charakteristika der Moderne in Baudelaires »A une passante«

»A une passante« (1860) ist eines der berühmtesten Gedichte Baudelaires, das auch in der Entwicklung der modernen Lyrik eine Schlüsselstellung einnimmt. Es verdichtet ein traditionelles poetisches Thema, das man bis in die Anfänge der Lyrik in der frühen Neuzeit bei ihren italienischen Begründern Dante und Petrarca zurückverfolgen kann: die Gestaltung des Einbruchs der Liebe in die Gefühlswelt eines Ich durch die überraschende Begegnung mit einer Frauengestalt.

Baudelaire: *Les fleurs du mal*, 1861

A une passante

**La rue assourdissante autour de moi hurlait.
Longue, mince, en grand deuil, douleur majestueuse,
Une femme passa, d'une main fastueuse
Soulevant, balançant le feston et l'ourlet;**

**Agile et noble, avec sa jambe de statue.
Moi, je buvais, crispé comme un extravagant,
Dans son œil, ciel livide où germe l'ouragan,
La douleur qui fascine et le plaisir qui tue.**

**Un éclair…puis la nuit! – Fugitive beauté
Dont le regard m'a fait soudainement renaître,
Ne te verrai-je plus que dans l'éternité?**

**Ailleurs, bien loin d'ici! trop tard! jamais peut-être!
Car j'ignore où tu fuis, tu ne sais où je vais,
Ô toi que j'eusse aimée, ô toi qui le savais!**

Kurzinterpretation

Formale Strukturen: Es handelt sich um ein **regelmäßig aufgebautes Sonett**, das entsprechend der Tradition dieser lyrischen Gattung in zwei vier- und zwei dreizeilige Strophen (Quartette und Terzette) gegliedert ist. Die Quartette entwerfen zunächst die Wahrnehmung der

Fortschritt, Marktgesetze, Autonomie

Gestalt und der Bewegung der Passantin, wobei die Geschlossenheit des Aufbaus der Strophen dadurch gestört wird, dass die Evokation der Passantin auf den ersten Vers des zweiten Quartetts übergreift. Darauf folgen die Reaktionen des bereits im ersten Vers als Zentrum der Wahrnehmung eingeführten Ich, dessen Faszination das zweite Quartett wiedergibt, während die beiden Terzette seine daraus resultierenden Gedankensplitter darbieten.

Die **Vers- und Reimstruktur** ist weitgehend regelmäßig, allerdings mit Ausnahme der Verse 5 und 6, in denen die Zäsur nicht in der Versmitte, sondern nach vier Silben erfolgt. Diesen Bruch mit der Regelmäßigkeit des Alexandrinerverses kann man als Versuch deuten, auch formal die Erschütterung des Erlebens umzusetzen, dem das Ich sich ausgesetzt sieht. **Der formalen Ordnung entspricht keine gedankliche Ordnung**. Das Gedicht stellt die Liebesbegegnung in unauflösbarer Widersprüchlichkeit dar, als einen Augenblick, der zugleich imaginierte Liebesintensität und endgültigen Abschied bedeutet.

Inhaltliche Strukturen: Die **Andeutung einer Straßenszenerie** in V. 1 wird im Folgenden nicht mehr aufgenommen, obwohl man V. 2 wegen der Inversion der Satzstellung zunächst als deren Fortführung lesen könnte. Die **Charakterisierung der Passantin**, die bis V. 5 entworfen wird, bleibt uneindeutig. Die Eigenschaften, die angeführt wird, etwa ihre schmächtige Gestalt (»Longue, mince«), ihr freizügiger Gestus (»main fastueuse«) und ihr Schmerz (»douleur majestueuse«), werden nicht miteinander verbunden. Das Attribut »noble« in V. 5 lässt sich zwar zu der Erhabenheit evozierenden »jambe de statue« in Beziehung setzen, nicht jedoch das vorangestellte »agile«. Es verweist auf die Bewegung der Passantin, während »statue« eher Stillstand assoziieren lässt. Diese Uneindeutigkeiten führen in V. 8 zu der **widersprüchlichen Verbindung von Schmerz und Vergnügen** (»La douleur qui fascine et le plaisir qui tue«), die die Empfindungen evozieren soll, die das Ich im Blick der Passantin findet. Dieser Widerspruch wird durch die gängigen Erwartungen entgegengesetzte Zuordnung der Verben »fasciner« und »tuer« zu den beiden Gefühlen verstärkt (man könnte ihn teilweise auflösen, wenn man die Verben vertauschen würde). Die aus den Reflexionen des lyrischen Ich rekonstruierbare **Liebesphantasie**, die die Liebe aus dem Moment des Blicks und eigentlich erst aus dem Verschwinden des Liebesobjekt entstehen lässt (V. 13/14), trägt alle Kennzeichen des Flüchtigen, die in der Metaphorik des Blitzes intensiviert werden (V. 9).

Die Passantin wird so als »fugitive beauté« entworfen, als **widersprüchlicher Inbegriff erotischer Faszination**, die Statik und Bewegung verbindet, deren Blick zugleich belebt und bedroht, Schmerz und Vergnügen auslöst (V. 6–8). Letztlich führt ihr Verschwinden dazu, dass sie in solch widersprüchlicher Überhöhung wahrgenommen werden kann. Dass schließlich das lyrische Ich auf die so paradox stilisierte Fi-

Interpretationsbeispiel

zur der Passantin ein Wissen von seiner eigenen Liebe projiziert (»ô toi qui le savais«, V. 14), verweist auf die Intensität, die dem flüchtigen Moment der Begegnung zugeschrieben werden soll, obwohl – oder gerade weil – er keine Dauer hat. Aus den Beobachtungen an den Textstrukturen kann man den Schluß ziehen, dass nur noch die relativ streng durchgeführte Form des Sonetts fragmentarische und in sich widersprüchliche inhaltliche **Elemente einer plötzlichen Erfahrung** verbindet, dass die Form ästhetisch ordnet, was eigentlich nicht mehr zu ordnen ist.

Die poetische Evokation der Großstadt: Die Vergeblichkeit des Liebeswunsches, die faszinierende Illusion einer unmöglichen Beziehung eröffnet die Möglichkeit von **unterschiedlichen Deutungen des Gedichts**. Einerseits kann man sagen, dass es das Chaos poetisch evoziert, mit dem die **Erfahrungswelt der Großstadt** zum **Inbegriff der Moderne** wird (so die These von Benjamin, 1975, 620f.). In diesen lebensweltlichen Bezug schreibt sich das Gedicht in Andeutungen ein, auch wenn er nur in V. 1 explizit aufgerufen wird und ansonsten lediglich durch die Titelfigur und ihr Vorübergehen – als der im städtischen Straßenraum alltäglichsten Erfahrung einer bedeutungslosen Begegnung mit Fremden – implizit präsent bleibt. Die Evokation der Straße lässt die in ihr sich drängende Menschenmasse als mögliche Assoziation erscheinen. Auch wenn **die Menge** nirgendwo benannt wird, ist sie es Benjamin zufolge, die der imaginierten Liebesbegegnung jene Konturen von Anonymität und Beziehungslosigkeit verleihen, die Baudelaires **Wahrnehmung der Großstadt** strukturieren. Diese wird als Ort einer grundlegenden Erfahrung von **Orientierungslosigkeit und Entgrenzung** entworfen. Die Erscheinung der Passantin wie die Reaktionen des lyrischen Ich können so als lyrische Inszenierung einer Wahrnehmungsstruktur gelesen werden, die von der Erfahrung der Moderne, von der großen Stadt geprägt ist.

Die Passantin als Inbegriff moderner Schönheit: Eine gegensätzliche Lektüre könnte in den uneindeutigen Bedeutungsstrukturen des Textes eine **Negation des städtischen Lebensraums** durch die Unbestimmtheit seiner Evokation sehen. Der Aufbau des Gedichtes inszeniert dann in seinem allusiven und fragmentarischen Charakter eine Abstraktionsbewegung, eine **Überwindung der Stadt als Ort der Erfahrung** durch die Gestaltung eines poetischen Gegenstands. In dieser dichterischen Gestaltung wird dieser Deutung zufolge die bedrohliche Erfahrung der Moderne, ihre Flüchtigkeit und Beziehungslosigkeit gerade durch ihre ästhetische Stilisierung überwunden. Die Passantin wird dann zu einer **Allegorie von Erhabenheit, Bewegung und Flüchtigkeit**, letztlich zu einer absoluten Repräsentation der Schönheit, wie sie in der Moderne allein noch poetisch evozierbar wäre. Eine solche Lektüre versteht das Gedicht als **autoreferentiell**, d.h., **dass die Passantin als »fugitive beauté« nur auf sich selbst verweist** und nicht auf die lebensweltliche Wirklichkeit, der sie entstammt (Westerwelle 1999, 66ff.).

Fortschritt, Marktgesetze, Autonomie

Interpretation

Offenheit der Deutungsmöglichkeiten: Aus den beiden hier dargestellten Lektüremöglichkeiten folgt, dass das Gedicht sich zugleich **auf die Lebenswelt der Moderne öffnet** und sich dieser **in der Allegorisierung der Passantin verweigert**. Für das Verständnis des Gedichts wie für die Grundstrukturen der Lyrik, die Baudelaire konzipiert, ist es wesentlich, dass der Text solch gegensätzliche Deutungsversuche (und noch viele andere) ermöglicht (vgl. Leroy 1999, 62 ff.). Der Erfahrungsraum der Stadt wird in der Stilisierung dieser Erscheinung der Ort einer paradoxen ästhetischen Erfahrung. Er ermöglicht die Begegnung mit einer Schönheit, die nur noch als flüchtige denkbar ist und die zugleich poetisch überhöht wird. Für Baudelaire ist das Kunstschöne ohne eine solche Erfahrung gesellschaftlicher Modernität nicht denkbar. Damit wendet Baudelaire sich von der Konzeption eines von der Wirklichkeit getrennten und dadurch als kohärent konstruierbaren Schönheitsideals ab, wie es im *l'art pour l'art* entworfen wird.

Aus dieser **Modernität des Gedichts** erklärt sich auch, dass »A une passante« eine immense Nachwirkung entfaltet hat, die – um nur das berühmteste Beispiel zu nennen – bis hin zu der surrealistischen Allegorie der Frauenbegegnung in André Bretons *Nadja* reicht (s. Kap. 3.6.2). Man könnte sagen, dass es eine prägende **Struktur moderner Erfahrung** poetisch gestaltet. Dies wird etwa daran deutlich, dass wichtige semantische Elemente des Gedichts – die Plötzlichkeit von Auftauchen und Verschwinden oder die Intensität des Blicks – sich in der in jüngster Zeit beliebten Gattung der Suchanzeige wiederfinden, die von einer zufälligen Begegnung mit einem Unbekannten oder einer Unbekannten ausgelöst wird (vgl. Leroy 1999, 20 f.).

Grundlegende Literatur

Asholt, Wolfgang: Französische Literatur des 19. Jahrhunderts. Stuttgart/Weimar 2006.
Berthier, Patrick/Jarrety, Michel (Hg.): Modernités. XIXe – XXe siècle. Histoire de la France littéraire. Bd. 3. Paris 2006.
Décaudin, Michel/Leuwers, Daniel: De Zola à Apollinaire. Littérature française. Bd. 8. Paris 1985.
Friedrich, Hugo: Die Struktur der modernen Lyrik [1956]. Erweiterte Neuausgabe. Reinbek ^{5}1973.
Köhler, Erich: Vorlesungen zur Geschichte der französischen Literatur. Das 19. Jahrhundert. 3 Bde. Hg. von Henning Krauß und Dietmar Rieger. Stuttgart 1987.
Lemaître, Henri: La Poésie depuis Baudelaire. Paris 1965.
Milner, Max/Pichois, Claude: De Chateaubriand à Baudelaire. Paris 1985.
Raymond, Michel: Le Roman depuis la Révolution, Paris 1967.
Stenzel, Hartmut/Thoma, Heinz (Hg.): Die französische Lyrik des 19. Jahrhunderts. Modellinterpretationen. München 1987.
Wolfzettel, Friedrich (Hg.): 19. Jahrhundert: Roman. Tübingen 1999.

Weiterführende und zitierte Literatur

Bénichou, Paul: Le Sacre de l'écrivain. Paris 1973.
Benjamin, Walter: Charles Baudelaire. Ein Lyriker im Zeitalter des Hochkapitalismus. In: Gesammelte Schriften. Hg. von R. Tiedemann u. a. 5 Bde. Frankfurt a. M. 1975, Bd. I,2.
Berthier, Patrick/Jarrety, Michel (Hg.): Histoire de la France littéraire. Bd. 3: Modernités: XIXe–XXe siècles. Paris 2006.
Biermann, Karlheinrich: Literarisch-politische Avantgarde in Frankreich 1830–1870. Hugo, Sand, Baudelaire u. a. Stuttgart 1982.
Haupt, Heinz-Gerhard: Sozialgeschichte Frankreichs seit 1789. Frankfurt a. M. 1989.
Klein, Wolfgang: Der nüchterne Blick. Programmatischer Realismus in Frankreich nach 1848. Berlin/Weimar 1989.
Leroy, Claude: Le Mythe de la passante. Paris 1999.
Naumann, Manfred: Prosa in Frankreich. Studien zum Roman im 19. und 20. Jahrhundert. Berlin 1978.
Rimbaud, Arthur: Lettres du Voyant. Hg. und kommentiert von Gérald Schaeffer. Genf/Paris 1975.
Westerwelle, Karin: »Die Transgression von Gegenwart im allegorischen Verfahren. Baudelaires A une passante«. In: Romanische Forschungen 107 (1996), 53–87.

3.6 | Avantgarden, Intellektuelle, Experiment (1890–1968)

3.6.1 | Die erste Hälfte des 20. Jahrhunderts

Frankreich wird in der ersten Hälfte des 20. Jh.s durch folgende Ereignisse tiefgehend geprägt:

- **die beiden Weltkriege**, die eine **Neuordnung Europas und der (westlichen) Welt** (Kalter Krieg) sowie die Abkehr von rückhaltloser moderner Fortschrittsgläubigkeit bewirken;
- **die Entkolonialisierung**, die Frankreich zu einer Revision seines Selbstverständnisses als Weltmacht zwingt (s. Kap. 4.5.1);
- **das Erstarken der Arbeiterbewegung**, die zu grundlegenden Sozialreformen führt;
- **die Trennung von Kirche und Staat** und die daraus folgenden Konflikte (s. Kap. 4.3.4).

Symbol des Fortschritts: der Eiffelturm

Technikgläubigkeit: Um die Wende des 19. zum 20. Jh. **stabilisiert sich die Republik**. **Vertrauen in den Fortschritt und Freude an der Innovation** lassen den Glauben an eine neue Ära der Menschheit aufkommen. Auto, Flugzeug, Telefon und Telegrafie, Fotografie und Film verändern die Wirklichkeitswahrnehmung grundlegend. Das von dem Italiener Tommaso Marinetti 1909 auf Französisch veröffentlichte **»Manifest des Futurismus«** spiegelt ein **euphorisches Technikvertrauen**. Rechtzeitig zur Weltausstellung 1889 vollendet, wird der Eiffelturm zum Wahrzeichen des modernen Paris. Die Weltausstellung fällt zeitlich zusammen mit der elektrischen Straßenbeleuchtung, die die Hauptstadt zur *ville-lumière* macht.

Die Dreyfus-Affäre: Die Verurteilung eines zu Unrecht des Landesverrats angeklagten jüdischen Offiziers führt zur Polarisierung der latent gespaltenen französischen Gesellschaft in der **Dreyfus-Affäre** (1894–1906): konservativ-nationalistische Lager prallen auf radikal linke Strömungen. Wichtig für die Revision des Urteils wird Emile Zolas **offener Brief »J'accuse«** (1898 in der Tageszeitung *L'Aurore* veröffentlicht, s. Kap. 2.4, S. 87–89), der sich im Namen von Gerechtigkeit und Wahrheit über nationale und parteipolitische Interessen erhebt. Dies wird allgemein als die Geburtsstunde des **neuen gesellschaftlichen Typus des Intellektuellen** angesehen.

Mythos *Belle Epoque*

Der Glanz der *Belle Epoque* – das Goldene Zeitalter des Bürgertums – vermittelt voller Optimismus das Bild eines **reichen und eleganten Frankreich**. Dieses täuscht indes nicht über **tiefe soziale Spannungen** hinweg. Weiterhin wird die Republik von der extremen Linken und der extremen Rechten in Frage gestellt. Das lohnabhängige Industrieproletariat, unselbständige Arbeiter und Bauern organisieren sich. 1899–1900 konstituiert

Die erste Hälfte des 20. Jahrhunderts

sich die Zweite Internationale in Paris, 1922 die kommunistische Partei. Der Wahlsieg der republikanischen Kräfte führt 1905 zur Trennung von Staat und Kirche.

Stärker werdender Nationalismus und Revanchismus forcieren die **Frontstellung gegen Deutschland**, erste und zweite Marokkokrise (1905/1911) ebnen den Weg in den Weltkrieg (***Grande guerre***), von dem man zunächst glaubt, er werde schnell vorüber gehen. Die 1914 geschlossene *Union Sacrée* zwischen Rechts und Links zerbricht, als deutlich wird, dass der Krieg lang und verlustreich sein wird (›Hölle von Verdun‹ 1916). Ab 1917 tritt das Ausmaß der Katastrophe ins allgemeine Bewusstsein. Das Vertrauen in Fortschritt und Technik schwindet.

Innere Zerrissenheit der Zwischenkriegszeit

Die Zwischenkriegszeit, *L'entre-deux-guerres*, umfasst zwei Phasen. Die 1920er Jahre sind durch die russische Oktoberrevolution (1917), ein allgemeines Krisenbewusstsein, aber in Paris auch durch einen exzentrischen Lebensstil (***années folles***) geprägt. Die Auswirkungen der **Weltwirtschaftskrise** (1929) führen zu einem Anstieg der Arbeitslosigkeit und einer Verarmung des Mittelstandes und der Bauern. Im Laufe der 1930er Jahre gerät die parlamentarisch-demokratische Republik zunehmend in Misskredit. Die **Februarunruhen von 1934** stellen eine Bedrohung für die Republik dar und führen zu einer Politisierung der Intellektuellen. Angesichts des aufkommenden Faschismus erkennt die Linke die Notwendigkeit zu handeln. 1934 bildet sich der ***Front populaire***, ein Bündnis linker politischer Organisationen und der Gewerkschaften, das 1936 den Wahlsieg erringt und unter der Regierung Léon Blum **spektakuläre Sozialreformen** (*accords de Matignon*) durchsetzt. Dass Frankreich nicht im Spanischen Bürgerkrieg (1936–1939) interveniert, spaltet die Regierung Blum, wodurch die Volksfront zunehmend unter Druck gerät und 1938 durch die Regierung Edouard Daladier abgelöst wird.

Der Zweite Weltkrieg und die Folgen

Der Zweite Weltkrieg beginnt mit einem achtmonatigen Warten an der Maginot-Linie, der ***drôle de guerre***. Dann überrennt die deutsche Wehrmacht in einem sechswöchigen Feldzug die Front, und zwei Drittel des französischen Territoriums kommen unter **deutsche Besatzung**. Im unbesetzten Süden formiert sich eine neue Regierung unter Marschall Pétain (**Vichy-Regierung**; s. Kap. 4.3.5). Der Kampf gegen Nazi-Deutschland wird unter der Führung des Generals Charles de Gaulle von Großbritannien aus gelenkt; Lyon wird zum Zentrum der *Résistance*-Gruppen, die Kommunisten zu ihrem besonderen Bezugspunkt (s. Kap. 4.3.5).

Nach der Befreiung infolge der amerikanischen Invasion in der Normandie 1944 steht Frankreich vor der Neugestaltung der Republik. Der **Streit um die Verfassung** führt zum Rücktritt de Gaulles (s. Kap. 4.3.2.3). Mit der Annahme des Verfassungsentwurfs 1946 beginnt die bürgerlich-parlamentarische Vierte Republik. Ideologische Konflikte brechen wieder auf und spiegeln die weltweite **Blockbildung des Kalten Krieges** wider. Obwohl nominell zu den Siegermächten zählend, ist Frankreich nicht in der Lage, eine selbständige Großmachtpolitik zu betreiben. 1947 wird es in den Marshallplan einbezogen. Zeitweilig üben die Kommunisten (PCF) große Faszination auf weite Bevölkerungsteile aus. Als die parlamentarische Grundlage der staatstragenden Parteien in den 1950er Jahren infolge rasch wechselnder Regierungen sowie innerparteilicher Zersplitterung schwindet und Frankreich sich im Algerienkrieg als Kolonialmacht in Frage gestellt sieht, setzt de Gaulle 1958 die bis heute bestehende **Verfassung der Fünften Republik** nach einer Volksabstimmung in Kraft, welche die **Exekutivgewalt des Präsidenten stärkt** und Regierung und Parlament in ihren Befugnissen einschränkt. Gegen Ende des Jahrzehnts wird Frankreich von der Energiekrise und der ökonomischen Rezession getroffen. Die Studentenunruhen im Mai 1968 weisen auf Frankreichs soziale Rückständigkeit hin.

Frankreich als Weltmacht

Die **Schwierigkeiten Frankreichs mit der Entkolonialisierung** zeigen, dass sich die Wahrnehmung des eigenen **Standortes in einer Weltgemeinschaft** und die Idee der *francophonie* mit dem kulturellen Ausstrahlungszentrum Frankreich nur langsam verändern. Schon im Versailler Vertrag 1919 muss Georges Clemenceau erhebliche Zugeständnisse an die USA und Großbritannien machen, die eine Vormachtstellung Frankreichs in Europa befürchten. Seinen Status als Kolonialmacht gibt Frankreich nur widerstrebend auf (s. Kap. 4.5.1). Die Konflikte spitzen sich im **Indochinakrieg** (beendet 1954) und im **Algerienkrieg** (beendet 1962) zu. Mit abgestuften Autonomierechten sollen eine *Union française* begründet und lockere wirtschaftliche und kulturelle Bindungen zu den ehemaligen Kolonien aufrechterhalten werden. 1949 ist Frankreich auf internationaler Ebene **Gründungsmitglied des Nordatlantikvertrages (NATO)**. 1951 bildet es zusammen mit Westdeutschland, Italien und den Benelux-Staaten die **Europäische Gemeinschaft für Kohle und Stahl**, Vorläuferin der heutigen EU. 1954 scheiterte das Projekt einer Europäischen Verteidigungsgemeinschaft EVG an der Pariser Nationalversammlung. Doch stimmt Frankreich 1957 in den Römischen Verträgen der **Bildung einer Europäischen Wirtschaftsgemeinschaft (EWG)** zu. Mit der Machtübernahme de Gaulles 1958 entwickelte sich das Land zu einer Atommacht. Der **deutsch-französische Freundschaftsvertrag (Elysée-Vertrag 1963)**, unterzeichnet von Konrad Adenauer und Charles de Gaulle, soll die Erbfeindschaft zwischen den Nachbarstaaten beilegen und eine partnerschaftliche Zusammenarbeit innerhalb Europas begründen.

Chronologischer Überblick

Frankreich in der ersten Hälfte des 20. Jahrhunderts

1889/1900	Weltausstellungen in Paris
1894	Erfindung des Kinematographen durch die Brüder Lumière
1894–1906	Dreyfus-Affäre; 1898 erscheint Emile Zolas Artikel »J'accuse«
1898–1914	*Belle Epoque*
1905	Trennung von Kirche und Staat (Konsolidierung des laizistischen Staates)
1914–1918	Erster Weltkrieg (*La Grande guerre*)

Die ›historische Avantgarde‹ gegen institutionalisierte Kunst

1919	Versailler Vertrag: Deutschland wird zu umfangreichen Reparationszahlungen und zur Abtretung von Elsass/Lothringen verpflichtet und muss seine alleinige Kriegsschuld anerkennen
1929	Schwarzer Donnerstag (24.10.) an der New Yorker Börse; Beginn der Weltwirtschaftskrise (*Grande dépression*)
1936	Sieg des *Front populaire* (3.5.); Bildung der Regierung Léon Blum (4.6.); umfassende Sozialreformen (*accords de Matignon*)
1938	Edouard Daladier stimmt dem Münchner Abkommen zu
1940–44	*Années noires*: Besetzung des nördlichen Teils Frankreichs und der Atlantikküste durch deutsche Truppen, Errichtung des restaurativen *État français* in Vichy unter Führung des Marschall Pétain; Exilregierung unter General Charles de Gaulle
1944–46	Nach der Befreiung provisorische Allparteienregierung unter de Gaulle
1946	Rücktritt de Gaulles; neue Verfassung und Beginn der Vierten Republik
1945–1975	*Trente glorieuses*: wirtschaftlicher Aufschwung und Vollbeschäftigung
1947–1991	›Kalter Krieg‹ zwischen den Supermächten USA und UdSSR
1946–1954	Indochinakrieg
1954	Beginn des Algerienkrieges
1958	Beginn der Fünften Republik
1962	Lösung Algeriens aus der französischen Republik (*accords d'Evian*)
1963	deutsch-französischer Freundschaftsvertrag (22.1.); beide Regierungen verpflichten sich zu Konsultationen in allen wesentlichen Fragen der Außen-, Sicherheits-, Jugend- und Kulturpolitik
1968	Studentenunruhen, sogenannter ›Mai 68‹

3.6.2 | Die ›historische Avantgarde‹ gegen institutionalisierte Kunst

Der Glaube an eine neue Ära der Menschheit zeigt sich in den ersten Jahrzehnten des 20. Jh.s auf künstlerischem Gebiet in einer **Ästhetik des Bruchs** mit traditionellen Strukturen und Inhalten im Dienste einer Erweiterung der Ausdrucksformen, die eng mit einem **Fortschritts- und Erlösungswillen** verbunden ist.

Vorläufer

Das Werk Guillaume Apollinaires (1880–1918) etwa bejaht das moderne Großstadtleben und den technischen Fortschritt und experimentiert mit Collagetechniken. Auch verzichtet Apollinaire auf Interpunktionszeichen, um sprunghafte Wahrnehmungen und Assoziationen zu ermöglichen, die an den Kubismus seiner Künstlerfreunde Pablo Picasso (1881–1973) und Georges Braque (1882–1963) erinnern. In *Alcools* (1913) gebraucht Apollinaire verschiedene Metren und Rhythmen. Der Titel verweist auf die Ähnlichkeit der Dichtung mit einem Rausch als Überwindung von Konventionen. *Calligrammes* (1918) enthält **Bildgedichte** – ein Text hat z. B. die Form einer Frauenbüste (s. Kap. 2.3.4, S. 83) –, so dass konventionelle Anordnungen von Wörtern aufbrechen und jeder Leser eine eigene Lesevariante entwerfen kann. In seinem Theatertext *Les mamelles de Tirésias* (1917) gebraucht Apollinaire den **Neologismus *surréaliste***, um die Kombination disparater Wirklichkeitselemente im Dienste der Überraschung zu bezeichnen.

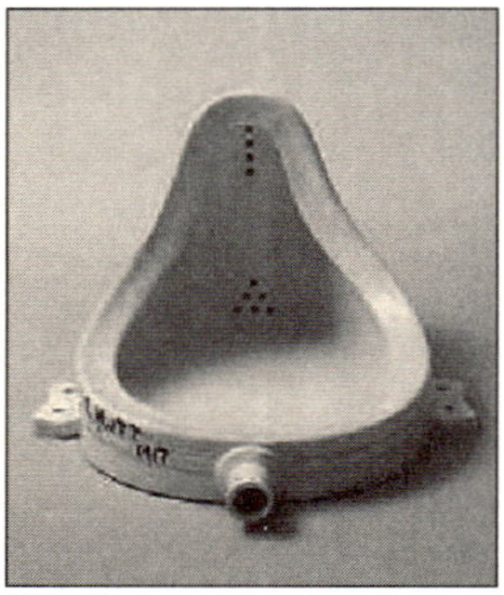

Marcel Duchamps: *Fountain*, 1917

Grenzüberschreitungen: In seinen **Konversationsgedichten** mischt Apollinaire in die Poesie alltägliche Rede und stellt damit die **Grenze zwischen Kunst und Nicht-Kunst in Frage**. Dies wird ein zentrales Anliegen der klassischen Avantgarde: die Kunst mit der Lebenspraxis zu verbinden. Der **militärische Begriff Avantgarde** (›Vorhut‹) verweist dabei auf die Vorreiterrolle der Künste bei der Revolutionierung der Gesellschaft. Der rege Austausch zwischen den verschiedenen Künsten ist ein Charakteristikum des Paris der 1920er Jahre. Der französische Konzeptkünstler Marcel Duchamps (1887–1968) entwirft das ***objet trouvé***: Alltägliche Objekte erhalten jenseits ihrer üblichen Funktion in einem ungewohnten Kontext einen neuen Charakter. 1917 erregt ein Pissoir-Becken als Ausstellungsgegenstand eines Museums Aufsehen (*Fountain*).

Innovationen auf dem Theater

Im Bereich des Theaters kommen markante Neuerungen aus zwei Richtungen:

Beginn des modernen Regietheaters: Zur Jahrhundertwende wird der Regisseur als **zentrale Figur im Inszenierungsprozess** ›entdeckt‹. Sein gestalterischer Wille prägt nunmehr entscheidend den Bühnentext (vgl. Grimm 1982). Wichtige Namen sind Jacques Copeau (1879–1949) und Louis Jouvet (1887–1951). Eine Tendenz zum **Totaltheater als Vereinigung verschiedener Künste** zeigt sich in den groß angelegten Balletten und Melodramen der 1920er Jahre wie z. B. in Jean Cocteaus (1889–1963) *Le bœuf sur le toit* (1920). Wie viele Regisseure experimentiert Cocteau auch mit dem Film.

Ansätze zu einem Antitheater: Gegen das Illusionstheater richtet sich das ›Antitheater‹ **Alfred Jarrys** (1873–1907). Sein wegweisender ***Ubu roi* (1896), ein Königsdrama in Form einer surrealen Farce**, beginnt mit dem skandalösen Wort »Merdre«. Ubu ist ein grotesker Anti-Held, ein skrupelloser, dummer, feiger Herrscher, die Handlung entsprechend eine Anti-Intrige ohne logische Struktur. Bis 1906 erweitert Jarry das Werk zu einem Zyklus (*Ubu cocu*; *Ubu enchaîné*; *Ubu sur la butte*). Die antibürgerliche Spitze des Theaters nehmen Tristan Tzara (1896–1963) und Georges Ribemont-Dessaigne (1884–1974) auf.

Die ›historische Avantgarde‹ gegen institutionalisierte Kunst

Europaweite avantgardistische Bewegungen

Dada: Tzaras Name ist fest mit einer wichtigen avantgardistischen Strömungen des 20. Jh.s, **der kunstübergreifenden Bewegung *Dada*** verbunden. Diese entsteht als Reaktion auf die Absurdität des Ersten Weltkrieges 1916 in Zürich (Tzaras *Manifeste de Monsieur Antipyrine* als Antwort auf Marinetti; Gründung des *Cabaret Voltaire* durch Hugo Ball) und wird 1919 von Tzara nach Paris gebracht, wo sich ihr André Breton (1896–1966), Louis Aragon (1897–1982) und Philippe Soupault (1897–1990) anschließen. Der Stammellaut ›Dada‹ wird zum Etikett einer pazifistischen, sich als kindlich-unschuldig verstehenden politischen und ästhetischen **Revolte gegen die bürgerliche Gesellschaft**: Statt Musik wird Lärm geboten, statt Vermittlung von Botschaften sinnlose Wortketten, statt Tanz groteske Bewegung, kurz **das Zufällige und Irrationale** – Ziel ist immer die Provokation.

Bewusstes und Unbewusstes: Surrealismus

Der **Bruch zwischen Tzara und Breton** markiert 1922 das **Ende von Dada in Paris**. Im Happening (einer Form der Aktionskunst der 1960er Jahre) lebt die Bewegung weiter; auch Collagen, Fotomontagen, Simultanpoesie, Figurengedichte, Klangspiele und der Lettrismus (eine 1945 in Paris gegründete literarische Bewegung, die die Atomisierung der Wörter und die Aufwertung von Klangspielen fortführt) leiten sich von ihr her.

Surrealismus: Kunstübergreifend ist auch der Surrealismus, der eine **Reaktion auf den Nihilismus der Dadaisten** darstellt. Im Surrealismus hat Kunst eindeutig eine Erkenntnisfunktion, denn sie soll jenseits des Intellekts eine **Wirklichkeit des Unbewussten** eröffnen. Ihre **politische Funktion** liegt in ihrer Eigenschaft als Instrument einer gesellschaftlichen Revolution kraft Förderung der Fähigkeiten des Menschen zu **Vernunft *und* Imagination, zu rationalem *und* irrationalem Denken**. Das folgende Kurzgedicht Paul Eluards (1895–1952) zeigt, dass es nicht mehr um eine Aussage *über* etwas, sondern vielmehr um das Spiel mit montierten Assoziationen geht:

Paul Eluard: »La Rivière«

> **La rivière que j'ai sous la langue,**
> **L'eau qu'on n'imagine pas, mon petit bateau,**
> **Et, les rideaux baissés, parlons.**

Wichtige Vertreter des Surrealismus sind neben Louis Aragon, Philippe Soupault und Paul Eluard Robert Desnos (1900–1945) und Antonin Artaud (1896–1948). Die Gruppe löst sich Ende der 1920er Jahre auf angesichts der Streitfrage, wie ästhetische und gesellschaftliche Revolution miteinander zu verbinden sind.

***Écriture automatique*:** Die **innovative künstlerische Technik** der Surrealisten ist ein gegen die Vernunft gerichtetes zweckfreies assoziatives Schreiben, die *écriture automatique*, die Breton im *Premier Manifeste du surréalisme* (1924) wie folgt definiert: »Dictée de la pensée, en l'absence de tout contrôle exercé par la raison, en dehors de toute préoccupation

Avantgarden, Intellektuelle, Experiment

esthétique ou morale.« Ein weiteres wichtiges Instrument im künstlerischen Schaffensprozess ist der Traum. Intensiv setzen sich die Surrealisten mit **Sigmund Freuds Theorien zum Unbewussten** auseinander. Im zweiten Manifest (1930) nennt Breton als Ziel, Traum und Realität in einer *réalité absolue* zusammenfallen zu lassen. Im ***amour fou*** äußert sich die befreiende Kraft der Phantasie, wobei die Frau zum Medium einer Traum- und Wahnwelt wird (vgl. Breton: *Nadja*, 1928); der ***hasard objectif*** überlässt dem Unbewussten die Steuerung und verbindet so äußere und innere Notwendigkeit, Natur und Mensch. Paul Eluard versucht in seiner Dichtung, durch eine Collagetechnik dem Zwang zur Bedeutung zu entkommen (*Capitale de la douleur* 1926); Robert Desnos zeigt die Zerstörung sprachlicher Strukturen in einer **Nonsense-Dichtung von großer suggestiver Kraft**.

Théâtre de la cruauté

Dem Theater gibt Antonin Artaud seine **magisch-rituelle, die menschliche Triebwelt einbeziehende Dimension** zurück, weshalb er alle nonverbalen Elemente, vor allem aber den menschlichen Körper, in den Vordergrund stellt. 1938 erscheint *Le théâtre et son double*, in dem Artaud ein »**théâtre de la cruauté**« fordert, das den Zuschauer kraft heftiger Empfindungen reinigen soll, da er nicht länger passiver *voyeur* ist, sondern aktiver Teilnehmer an einer Zeremonie. Mit Roger Vitrac (1899–1952) gründet Artaud 1926 das Théâtre Alfred Jarry. Vitracs Satire über die **Verlogenheit des bürgerlichen Milieus**, *Victor ou Les enfants au pouvoir* (1928), zeigt Themen und Techniken der Surrealisten, entlarvt aber deren Kindheitsmythos.

3.6.3 | Symbolische Weltdeutung

Alle Texte, die in einer konkreten und einer übertragenen Bedeutung gelesen werden können, haben eine symbolische Bedeutungsdimension, denn Symbole sind Zeichen, die auf etwas über ihre konkrete Bedeutung Hinausgehendes verweisen. Der Mythos (s. Kap. 4.1.2) erzählt beispielsweise eine Geschichte, die durch ihre vielfältigen Analogien in einem **komplexen Sinnzusammenhang** steht und auf **allgemeinmenschliche Aspekte** jenseits der konkreten Handlung verweist. In bildhafter Sprache abgefasst, ermöglicht der Mythos verschiedene Lesarten und ist damit ein beliebtes Mittel der poetischen Welterschließung.

Renouveau catholique Vor allem religiöse Geschichten werden dazu verwendet, **Zeitgeschichte mit Sinn zu versehen**. So sind zahlreiche Texte des ***renouveau catholique*** symbolisch zu verstehen wie Charles Péguys (1873–1914) Gedichte über Jeanne d'Arc. Die Texte schreiben junge Intellektuelle, die sich nach der Trennung von Kirche und Staat in christlichnationaler Gesinnung explizit **dem katholischen Glauben und der moralischen Erneuerung Frankreichs** zuwenden. Am berühmtesten sind **Paul Claudels** (1868–1955) **Mysterienspiele**, gleichnishaftes ›Totaltheater‹ über das Offenbarungsgeschehen und die christliche Heilsbotschaft (*Le soulier*

Symbolische Weltdeutung

de satin, 1929). Zu großer Bekanntheit gelangen auch **Georges Bernanos'** (1888–1948) **Priesterromane** und **François Mauriacs** (1885–1970) **psychologische Romane**.

Mythos, Märchen und biblische Geschichten: Einen tragischen Blick auf das Zeitgeschehen werfen Jean Cocteau, Jean Giraudoux (1882–1944), Jean-Paul Sartre (1905–1980) und Jean Anouilh (1910–1987) mit Hilfe symbolischer Geschichten.

- **Jean Cocteau** verarbeitet den Ödipus-Stoff in *La machine infernale* (1927) und sieht den Menschen als Opfer einer ›mathematischen Vernichtungsmaschine‹ der Götter. Der Text zeigt einen stark **surrealistischen Einschlag**, ebenso wie Cocteaus Verarbeitung des Antigone-Stoffes (*Antigone*, 1922) und der Orpheus-Sage (*Orphée*, 1926).
- **Jean Giraudoux** entnimmt viele Stoffe seines bürgerlichen Worttheaters **dem Mythos, dem Märchen und der Bibel**, um daran aktuelle Probleme zu verhandeln. Sein berühmtestes Stück, *La guerre de Troie n'aura pas lieu* (1935), zeigt die Unabwendbarkeit des bevorstehenden (Welt-)Krieges.
- **Jean-Paul Sartres** *Résistance*-Drama *Les mouches* (1943) stellt den **Zwang des Menschen zur individuellen Wahl** anhand der Figuren Elektra und Orest dar.
- **Anouilhs** Mythenadaptationen sind stark von **Techniken des Films** beeinflusst (Simultanbühne, Rückblenden) und enthalten verschlüsselte Botschaften (*Antigone*, 1944, wird während der Besatzungszeit auf zwei Ebenen verstanden).

Welterfolg *Le petit prince*, 1943

Parabeln: In **Form einer Parabel** verhandelt Antoine de Saint-Exupéry (1900–1944) allgemeinmenschliche Probleme in *Vol de nuit* (1931) und *Le petit prince* (1943). Einen **virtuosen Umgang mit symbolischen Figuren** beweist Michel Tournier (*1924) in *Le roi des aulnes* (1970), dessen mit den Nazis kollaborierende Hauptfigur Züge des mythischen Erlkönigs und des biblischen Christusträgers Christophorus aufweist.

Weitere Strömungen in den ersten Jahrzehnten des 20. Jh.s

- **Lyrik:** Paul Valéry (1871–1945) bildet mit **intellektueller Lyrik in symbolistischer Tradition** (*La jeune Parque* 1917; *Le cimetière marin* 1922) einen Gegenpol zum Werk Apollinaires. Auch die Prosagedichte eines Saint-John Perse (*Eloges*, 1911; *Anabase*, 1924) stehen dem Symbolismus nahe.
- **Theater:** Das Boulevardtheater – dem heutigen Massenkino vergleichbar – dient mit **konservativen Techniken und Inhalten** der Unterhaltung, z.B. mit der ***pièce bien faite***, einer Intrigenkomödie mit festem dramatischem Aufbau. Bekannte Autoren sind Georges Feydeau (1862–1921) und Sacha Guitry (1885–1957). Einen Ausnahmeerfolg erzielt Edmond Rostands bis heute populäres Stück *Cyrano de Bergerac* (1897). Der Titel-

held, eine historische Gestalt aus dem 17. Jh., wird zur Identifikationsfigur edler menschlicher und nationaler Tugenden.

- **Roman:** In der Zwischenkriegszeit machen sich Jules Romains (1885–1972), George Duhamel (1884–1966) und Roger Martin du Gard (1881–1958) einen Namen als Autoren von sogenannten ***romans-fleuves***: Serien von Entwicklungsromanen mit wiederkehrenden Figuren, die ein sozialgeschichtliches Dokument der Gesellschaft der Jahrhundertwende darstellen.

  Das Frühwerk des **Romanciers André Gide** (1869–1951, Nobelpreisträger 1951) zeigt in traditioneller Schreibweise ein Aufbegehren gegen die konservative puritanisch-protestantische Gesellschaft (*L'immoraliste*, 1902; *La porte étroite*, 1909; *Les caves du Vatican*, 1914 mit dem berühmten *acte gratuit*, einer kohärenzlosen, zweckfreien Handlung). Gide tritt auch durch einen **Roman über den Roman** hervor. 1925 erscheint das fiktive Tagebuch *Les faux-monnayeurs*, dessen Handlung immer wieder von einer Figur unterbrochen wird, die einen Roman gleichen Titels schreibt. Das Schreiben eines Romans und das Schreiben über das Schreiben eines Romans ist eine Verschachtelung zweier logischer Ebenen, die Gide ***mise en abyme*** nennt. Die von Gide 1909 mitbegründete ***Nouvelle Revue française*** ist noch heute eine angesehene Literaturzeitschrift.

Marcel Proust

- **Jenseits der Strömungen:** **Marcel Prousts** siebenteiliger Romanzyklus *A la recherche du temps perdu* (1913–1927) ist unklassifizierbar. Die rund 3000 Seiten sind zugleich ein Bildungs-, Liebes-, Gesellschafts-, Künstler- und psychologischer Roman sowie eine Satire, die reale und fiktive Ereignisse miteinander vermengt. Die Erzählung wird durch die Erinnerung des Ich-Erzählers Marcel zusammengehalten, so dass die Romanstruktur die **Mechanismen des Erinnerungsvorgangs** widerspiegelt. Proust unterscheidet zwischen willkürlicher und unwillkürlich-spontaner Erinnerung (***mémoire volontaire* und *mémoire involontaire***). In einer berühmten Episode kann sich der Protagonist beim Essen einer ›Madeleine‹ plötzlich kraft seiner mit dem Geschmack verbundenen *mémoire involontaire* an seine Kindheit erinnern. Der Erzähler erfährt die Zeit allerdings als Folge unverbundener Einzelteile, als **»moi successifs«**. Die kohärente Erinnerung schafft er erst als Schriftsteller, indem er sich auf eine ›Suche nach der Zeit‹ begibt. Ihm kommt es zu, die Erinnerungsfragmente durch Sprache miteinander zu verbinden. Daher vollendet sich das Kunstwerk erst in der Retrospektive. Den Erzählfaden bildet der Prozess der Romanentstehung selbst: Proust schreibt (selbstbezüglich) den **Roman eines Romans**.

  Prousts Stil zeigt auffallend lange komplexe Sätze mit zahlreichen Reihungen, Klammern, assoziativen Erweiterungen, Anhäufungen von Details und Verschachtelungen. Zwar zeichnet die *Recherche* das Porträt einer konkreten gesellschaftlichen Klasse (des Großbürgertums), doch reflektiert sie immer *auch* den **Vorgang des Romanschreibens** selbst, so dass Subjektives und Objektives einander stets durchdringen.

3.6.4 | Kriegserfahrungen, Kriegsfolgen

Der Erste Weltkrieg

Die beiden Weltkriege stellen **tiefe Einschnitte im Bewusstsein der französischen Gesellschaft** dar. Während die ersten beiden Jahre der *Grande Guerre* noch Anlass zur Euphorie geben – bei Apollinaire finden sich sogar **Ästhetisierungen des Krieges** –, weichen Technikbegeisterung und Fortschrittsglaube angesichts der schockierenden Realität der Schützengräben und der inhumanen Massenvernichtungswaffen tiefer Verunsicherung. War zu Jahrhundertbeginn noch ein offener Nationalismus hörbar, z. B. in Maurice Barrès' Rede über die nationale Energie (s. Kap. 4.3.3.2, S. 294), greift **nach 1917 die Desillusion** um sich. Romane von Kriegsgegnern wie Henri Barbusse (1916 erscheint das erfolgreiche ›Kriegstagebuch einer Korporalschaft‹ *Le feu*) und Romain Rolland (*Liluli*, 1919) spiegeln dies wieder.

Zwischenkriegszeit

Ein Gefühl der Sinnlosigkeit der Existenz und der Absurdität des Lebens zeigt sich radikal im Werk Louis-Ferdinand Célines (Louis-Ferdinand Destouches; 1894–1961), der in der Besatzungszeit als Verfasser antisemitischer Pamphlete hervortreten wird. In ***Voyage au bout de la nuit* (1932)** verarbeitet der Autor die Unmenschlichkeit und das Elend des Krieges, den er selbst nur am Rande miterlebt hat, Afrika- und USA-Reisen sowie die Erfahrungen eines Vorstadt-Mediziners. Seine Figuren spiegeln die Schlechtigkeit und die Not des Menschen wider und sind oft bis ins Groteske überzogen. Hervorstechendes Charakteristikum der in der ersten Person abgefassten Texte ist der **Gebrauch des gesprochenen Französisch**, inklusive des *français populaire* der unteren Bevölkerungsschichten. Célines Werk zeigt, oft in lächerlich-grotesker Form (eine seiner Inspirationsquellen ist die groteske Malerei des spanischen Malers Francisco de Goya, 1746–1828), die **Abgründigkeit und Perspektivlosigkeit des Menschen**, wobei sich fiktive Erzählung und Poesie, Geschichtsdarstellung und Satire vermischen. Jede Form von Sinngebung wird verweigert, die Protagonisten sind einsame **Anti-Helden**. Die Geschichten werden nichtchronologisch und ohne Unterteilungen in Kapitel erzählt. *Mort à crédit* (1936) enthält beispielsweise zahlreiche ›blancs‹, die längere Abschnitte voneinander absetzen.

Die Angst vor einem neuen Krieg, der nur als **›aufgeschoben‹** empfunden wird, drücken prägnant Jean Giraudoux in seiner Mythenadaptation *La guerre de Troie n'aura pas lieu* (1935) und Jean-Paul Sartre in *Le sursis* (1945) aus, das die Krise des Jahres 1938 schildert.

Der Zweite Weltkrieg

Kollaboration mit den Nazis: Die Besetzung Frankreichs 1940 und die strenge **Zensur** zwingen die Schriftsteller, den Machthabern in die Hände zu arbeiten, faktisch oder innerlich zu emigrieren oder im Untergrund zu publizieren. Einer der prominentesten **Kollaborateure** ist **Robert Brasillach** (1909–1945), der sich zum Fürsprecher des Vichy-Regimes macht. Nach dem Krieg wird er bei der sogenannten *épuration* auf Betreiben de Gaulles zum Tode verurteilt. Die Kollaborateure suchen nach Schuldigen für die Niederlage Frankreichs, die sie als **»châtiment mérité«** für die Dekadenz der gesellschaftstragenden Schicht hinstellen. Der den Ideen des

Avantgarden, Intellektuelle, Experiment

Das geteilte Frankreich

Faschismus schon vor dem Krieg zugeneigte **Pierre Drieu La Rochelle** (1893–1945) veröffentlicht 1939 mit *Gilles* eine Mischung aus Roman und Pamphlet gegen die Dritte Republik. Unter der Besatzung macht er sich zum Handlanger der Deutschen und begeht nach dem Krieg Selbstmord.

Innere Emigration: Die meisten Schriftsteller entscheiden sich dafür, in Frankreich zu bleiben, ohne mit den Nazis zusammenzuarbeiten, so dass der **Anschein eines normal funktionierenden Kulturlebens** entsteht. Innere Emigration praktizieren die Autoren, die sich in z.T. hoch verschlüsselten Werken gegen die Besatzer auflehnen, z.B. in Form mythischer Figuren (Anouilh: *Antigone*, 1944; Sartre: *Les mouches*, 1943).

Widerstand: Die **Lyrik** wird **zum Instrument des Widerstands**, besonders in der von Pierre Seghers gegründeten Zeitschrift *Poésie*. Bedeutende Vertreter sind Eluard, Aragon und Pierre Emmanuel (1916–1984). Eluard, der die Schrecken des Gaskrieges im Ersten Weltkrieg miterlebt hat, drückt das Freiheitspathos pointiert in dem Gedicht »Liberté« aus (*Poésie et vérité*, 1942). 1943 gibt Eluard die Sammlung *L'honneur des poètes* heraus. Aragon fasst seine Gedichte über die Niederlage Frankreichs und die *Résistance* in *Le crève-cœur* (1941) und *Les yeux d'Elsa* (1942) zusammen.

Widerstandsgruppen errichten trotz materieller Schwierigkeiten und Zwang zu strikter Geheimhaltung eine **verzweigte Untergrundpresse**. 1941 beginnt das illegale **Verlagshaus Minuit** zu publizieren. 1942 erscheint unter dem Pseudonym Vercors (eigentlich Jean Bruller, 1902–1991) der Roman *Le silence de la mer*, der das unbeirrbare Schweigen einer französischen Familie gegenüber einem deutschen Besatzungsoffizier und damit eine praktizierte Verweigerung der Kollaboration thematisiert. Die Russin Elsa Triolet (1896–1970) erzählt in *Les amants d'Avignon* (1943) von einer Stenotypistin, die zur Widerstandskämpferin wird. Berühmtheit erlangen die 1946 unter dem Titel *Paroles* erschienenen Gedichte des anarchistisch gegen jede Form von Herrschaft rebellierenden **Jacques Prévert** (1900–1977), vor allem das Gedicht **»Barbara«** über die kriegszerstörte Stadt Brest (s. S. 83). Die volksliedhaften Elemente seiner Texte legen eine **Vertonung in Chansons** nahe. Nach dem Krieg genießen die Mitglieder der *Résistance* hohes Ansehen. Sie schließen sich im ***Conseil National des Ecrivains*** (CNE) zusammen (der sich allerdings bald spaltet).

Nachkriegszeit

Verarbeitung des Krieges: Nicht nur in **Dokumentarberichten und Testimonialliteratur** zeigt sich die Verarbeitung des Krieges nach 1944, sondern allgemeiner noch in einem **gesteigerten Gefühl der Sinnlosigkeit menschlicher Existenz** als Reaktion auf das Grauen.

Einer der bekanntesten Romane über die historischen Entwicklungen aus individueller und kollektiver Perspektive ist **Jean-Paul Sartres Romanzyklus *Les chemins de la liberté*** (1945–49) mit den drei erschienenen Bänden *L'âge de raison*, *Le sursis* und *La mort dans l'âme*, der die Jahre 1938 bis 1940 schildert. Ein literarisches Dokument der Nachkriegszeit ist **Simone de Beauvoirs** (1908–1986) ***Les mandarins*** (1954), das die linken Intellektuellen als gebildete Menschen ohne Bezug zu gesellschaftlichen

Triebkräften und politischem Handeln darstellt, deren **endlose Debatten über den Kommunismus** die Ernüchterung nach 1945 illustrieren.

Schonungslos rechnet E. M. Cioran in seiner Essaysammlung ***Précis de décomposition*** (1949) mit allen Glaubenssätzen und Hoffnungen seiner Zeit ab. Weniger radikal, aber genauso desillusioniert ist die **»mythologie du hussard«** junger Schriftsteller – Roger Nimier (1925–1962), François Nourissier (*1927), Boris Vian (1920–1959) –, die sich allgemein gegen literarisches Engagement aussprechen. Ihre Figuren sind *hussards*, zur Melancholie neigende junge Männer der Nachkriegszeit. Nourrissier verleiht den **apokalyptischen Ängsten des Kalten Krieges** in der Trilogie *Un malaise général* (1958–1965) Ausdruck. Françoise Sagan (1935–2004) legt mit ihrem Bestseller *Bonjour tristesse* (1954) die Geschichte der zynischen jungen Tochter eines bindungsunfähigen Vaters und deren (sexuelle) Freizügigkeit vor.

Der Zweite Weltkrieg bleibt ein **wunder Punkt im kollektiven Gedächtnis** auch in späteren Jahrzehnten. Patrick Modiano (*1945) **demontiert den *Résistance*-Mythos** durch das Aufzeigen der Ambivalenz von Werten (*La place de l'étoile*, 1968; *La ronde de nuit*, 1969). Aufsehen erregt die Figur eines Juden, der mit den Deutschen kollaboriert (s. Kap. 4.3.5, S. 326 f.).

Frauenbewegung: Zu den gesellschaftlichen Folgen der Kriege gehört auch das Erstarken der Frauenbewegung. Der französische Feminismus im eigentlichen Sinne beginnt nach dem Zweiten Weltkrieg (Simone de Beauvoir: *Le deuxième sexe*, 1949; s. Kap. 4.1.4, Kap. 4.5). **Feministisch engagierte Literatur** schreiben z. B. Marguerite Duras (*Détruire dit-elle*, 1969), Annie Ernaux (*Une femme*, 1988) und Christiane Rochefort (*Les stances à Sophie*, 1963). Viele Texte stehen **zwischen Roman und Essay** (Annie Leclerc: *Parole de femme*, 1974; Benoîte Groult: *Ainsi soit-elle*, 1975). **Marguerite Yourcenar** (1903–1987) wird 1980 als **erste Frau in die *Académie française*** aufgenommen. Ihr bekanntestes Werk ist der historische Roman *Mémoires d'Hadrien* (1951).

3.6.5 | Engagement und Absurdität

Eine zentrale Frage im 20. Jh. ist die nach dem **Zweck der Literatur**. Unvereinbar stehen sich zwei Positionen gegenüber:

- **Engagement für die Gesellschaft** (Sartre prägt den Begriff *littérature engagée*) und
- **Schonungslose Darstellung der Absurdität menschlicher Existenz:** Gerade nach der Erfahrung der Weltkriege scheinen die traditionellen (gesellschaftlichen oder metaphysischen) Sinnsysteme wertlos.

Engagement für gesellschaftliche Randgruppen

Eine proletarische Literatur entsteht in den 1930er Jahren, die im Dienste von **Aufdeckung und Überwindung gesellschaftlicher Widersprüche** steht. Ihre Kennzeichen sind eine realistische Darstellung sozialer Strukturen, ein **verstärktes Klassenbewusstsein des Proletariats** und eine Abkehr vom bürgerlichen Kulturbetrieb. Unter dem Einfluss der Kommunisten politisiert sich diese Tendenz zunehmend (Henri Poulaille: *Nouvel âge littéraire*, 1930; Aragon: *Le monde réel*, 1934–45; Paul Nizan: *Antoine Bloye*, 1933).

»**Nier notre néant**« nennt **André Malraux** (1901–1976) als Ziel politischen Handelns und literarischen Schreibens, denn der **solidarische Kampf des Menschen** trotzt der Absurdität. Sinn muss immer handelnd geschaffen werden (Trilogie der Asien-Romane *Les conquérants*, 1928; *La voie royale*, 1930; *La condition humaine*, 1933). In *L'espoir* (1937) diskutiert Malraux ethische Probleme des militärischen Engagements. Unter de Gaulle wird er 1959 bis 1969 Kulturminister und gründet die *Maisons de la Culture*, Kulturzentren für ein breites Publikum.

Der Existentialismus als *liberté engagée*

Die philosophische Strömung des Existentialismus verbindet absurde Weltsicht und gesellschaftliches Engagement. Sie geht von der Ungeborgenheit des Menschen **ohne transzendentale Verankerung**, also von dessen absoluter Freiheit aus, die zu Entscheidungen in Selbstverantwortung zwingt. Durch seine Wahl entwirft der Mensch sich selbst.

Jean-Paul Sartre (*L'être et le néant*, 1943) ist der Hauptvertreter dieser Philosophie. Er verbindet die freie Wahl des Individuums mit der Verantwortung für die Menschheit (*liberté engagée*). In seinen literarischen Werken illustriert Sartre diese Position anhand von Figuren in einer konkreten Situation existentieller Orientierungslosigkeit und Angst (*La nausée*, 1938; *Les mouches*, 1943). Die Theorie des *être-pour-autrui*, nach der nur der **Blick des Anderen** das Ich als Individuum konstituiert, zugleich aber auch **zu unterwerfen und zu verdinglichen droht**, führt Sartre in *Huis clos* (1944) aus (»L'enfer, c'est les autres«). In dem Essay *Qu'est-ce que la littérature?* (1947) entwickelt er ein Konzept, das politisches Engagement aus dem Wesen der Literatur herleitet.

Albert Camus (1913–1969; Literaturnobelpreis 1957) spricht ebenfalls von einem grundsätzlichen Verlust transzendentaler Sicherheit. Anhand der **unnützen und hoffnungslosen Aufgabe der mythischen Gestalt Sisyphus** (*Le mythe de Sisyphe*, 1942) entwirft er ein Bild des modernen Menschen, der *trotz* der Absurdität seiner Existenz nicht verzweifelt (»Il faut imaginer Sisyphe heureux«). Nach Camus sind die **Erfahrung der Absurdität und die Revolte dagegen** als absolute Bejahung der Welt (*L'homme révolté*, 1951) der **Ausgangspunkt des konkreten Kampfes für die Würde des Menschen**, der individuellen Sinn ermöglicht. Camus' Philosophie spiegelt sich in seinem literarischen Schaffen: *L'étranger* (1942) fragt nach der **Fremdheit des Menschen in der Welt**; der Protagonist begeht einen absurden Mord, und auch in der Gerichtsverhandlung bleibt die Suche nach Sinn ergebnislos. *La peste* (1947) allegorisiert geschichtliche Ereignisse (die Pest als Sinnbild der Besatzungszeit) und fordert **menschliche Solidarität** im Angesicht einer sinnlosen Welt.

Zur Vertiefung

Eine Leitfigur der französischen Kultur: Der Intellektuelle

Im September 1960, während der Endphase des Algerienkriegs, veröffentlichen 121 **Schriftsteller, Künstler und Wissenschaftler ein Manifest**, das den Freiheitskampf des algerischen Volks und die Verweigerung des Kriegsdienstes rechtfertigt. Neben André Breton, Alain Robbe-Grillet und Simone de Beauvoir unterzeichnet auch Jean Paul Sartre, den die konservative Presse heftig angreift. De Gaulle lehnt die Verhaftung Sartres indes mit den berühmt gewordenen Worten ab: »On n'emprisonne pas Voltaire.« Diese Reaktion zeigt die herausragende Stellung des Intellektuellen in der französischen Gesellschaft als Person des öffentlichen Lebens, die **ohne Vorurteile und nur unter Berufung auf das eigene Gewissen** gesellschaftliche Missstände anprangert und sich dabei auch über gesetzliche Einschränkungen hinwegsetzt.
Der Vergleich Sartres mit Voltaire verweist auf die historische Traditionslinie: Bereits im 18. Jh. hatte sich Voltaire für religiös Verfolgte eingesetzt. Als eigentliche **Geburtsstunde des Intellektuellen gilt indes Zolas Artikel »J'accuse«** (1898) im Zusammenhang mit der Dreyfus-Affäre (s. S. 87 f.). In der Folge werden Unterschriftensammlungen publiziert, mit denen die geistige Elite Frankreichs ihre Stimme erhebt – **kollektive, öffentlichkeitswirksame Meinungsäußerung** wird zu einem wesentlichen Bestandteil intellektuellen Auftretens. Im Zusammenhang mit der Affäre wird das Wort ›intellectuel‹ erstmals in seiner heutigen Bedeutung verwendet (vgl. Winock 1997, 26; Charle 1990).
Intellektuelle erheben den Anspruch auf **Unabhängigkeit von Ideologien**, müssen sich aber zugleich gegen den Vorwurf mangelnden Engagements verteidigen. Einen wichtigen Impuls erhält das Selbstverständnis der Intellektuellen während der Résistance, in der im Untergrund gedruckte Flugblätter, Zeitschriften und Gedichtbände eine zentrale Rolle spielen. Aus dem Elan der Résistance und aus einer optimistischen Neukonzeption der Existenzphilosophie begründet sich der **»devoir d'engagement«**, den Sartre 1945 in der ersten Nummer seiner Zeitschrift Les temps modernes proklamiert. In den ersten Nachkriegsjahrzehnten wird Sartre zu einer **Inkarnation des engagierten Intellektuellen**, der sich zum Koreakrieg ebenso äußert wie zu dem Freiheitskampf Ungarns, zur Repression von Streikbewegungen ebenso wie zur Folter in Algerien. Berühmt geworden ist Sartres Ablehnung des Literaturnobelpreises 1964, den er als institutionelle Vereinnahmung und damit als Gefährdung seiner Unabhängigkeit als Intellektueller begreift.
1980, im Todesjahr Sartres, verkündet die Zeitschrift Le Débat das **Ende der Intellektuellen** in ihrer Funktion des »intellectuel-oracle«, die durch Verwissenschaftlichung der Kritik abgelöst werde. Die postmoderne Deutung vom Ende des Intellektuellen (Lyotard 1984) hängt mit dem Verlust universeller Werte und Gewissheiten zusammen (s. Kap. 3.7.1), aber auch mit der Entwicklung der Mediengesellschaft (vgl. Debray 1979).

Avantgarden, Intellektuelle, Experiment

Sind nach dem Zweiten Weltkrieg zunächst existentialistische Dramen traditioneller Bauart tonangebend, deren Handlung im Wesentlichen von der Sprache getragen wird (z. B. Sartre, Camus), findet im sogenannten **›absurden‹ Theater** die Thematik des existentiellen Sinn- und Werteverlustes einen **Niederschlag in der Form selbst**.

›Absurdes‹ Theater

Das Anti-Theater zeigt eine **Aushöhlung** der dramatischen Kategorien **Zeit, Ort, Figur, Kommunikation und Handlung**. Zwei Aufführungen gehen in die Theatergeschichte ein: Ionescos *La cantatrice chauve* (1950) und Becketts *En attendant Godot* (1953). Eine unbrauchbar gewordene Sprache und Aktionen, denen Logik und Zielgerichtetheit fehlen, machen die **Absurdität der Welt unmittelbar fühlbar**.

Der Ire **Samuel Beckett** (1906–1989; Nobelpreis 1969) verfasst einen großen Teil seiner Gedichte, Erzählungen und Romane in französischer Sprache. Wird in *En attendant Godot* das Warten als Seinszustand festgeschrieben, so trägt die **Ausweglosigkeit der menschlichen Lage** in späteren Texten immer stärker endzeitlichen Charakter (*Fin de partie*, 1957; *Oh les beaux jours*, 1963). Beckett **reduziert Handlung und Kommunikation** auf ein Minimum und verurteilt seine Figuren zunehmend zu Bewegungslosigkeit. Das **Romanwerk** kündigt mit Figuren, die auf Stimmen reduziert sind, und einer Kommunikation, die die Krise des Zeichens beschwört, die Ästhetik des *Nouveau roman* an.

Die Figuren des Rumänen **Eugène Ionesco** (1912–1994) wirken gegenüber Becketts Figuren geradezu geschwätzig. Ihre Dialoge bestehen jedoch aus aneinandermontierten Kommunikationsfetzen. Für die Mischung aus existentieller Not und lächerlichen Worthülsen erfindet Ionesco die **Gattungsbezeichnung *farce tragique***. Sein größter Erfolg ist die *›anti-pièce‹ La cantatrice chauve* (1950): Die im Titel angekündigte Sängerin wird im Text nur einmal beiläufig erwähnt, ohne eine konkrete Funktion zu haben, so dass Sinn- und Beziehungslosigkeit des Titels den **Zerfall der Kommunikation** spiegeln. *La leçon* (1951) macht das Alltägliche zum Alptraum, *Les chaises* (1952) zeigt den vergeblichen Versuch eines alten Paares, eine Botschaft zu vermitteln. In seinen **späteren philosophischen Texten** nähert sich Ionesco wieder stärker traditionellen Dramenstrukturen an (*Rhinocéros*, 1959).

Welterfolg: Das sinnlose Warten auf Godot

Weitere Autoren des ›absurden‹ Theaters sind **Jean Genet** (1910–1986) und **Fernando Arrabal** (*1932). Während Genet ein **rituelles Theater** schreibt, das die **Spannung zwischen Schein und Sein**, gesellschaftlicher Realität und Theatralisierung des Lebens beleuchtet (*Les bonnes*, 1947; *Le balcon*, 1956), betont Arrabal die grausame und obszöne Seite seiner Figuren (*Le cimetière de voitures*, 1966).

Neues Engagement

Theater in Dienste der Gesellschaft: Gegen Ende der 1950er Jahre scheint der Ansatz des ›absurden‹ Theaters der sozialen und politischen Wirklichkeit nicht länger angemessen. Verstärkt soll das Theater nun der **gesellschaftlichen Veränderung** dienen in Anlehnung an **eine marxistische Gesellschaftstheorie**, die vornehmlich über Bertolt Brecht seit 1954

Engagement und Absurdität

(Gastspiel des Berliner Ensembles in Paris) weiten Publikumskreisen bekannt wird. In den 1950er Jahren wird zudem versucht, zwecks Gewinnung neuer Publikumsschichten ein **Volkstheater** zu schaffen. Unter der Leitung von Jean Vilar entsteht 1951 das *Théâtre National* Populaire. Vilar gründet auch das alternative **Festival von Avignon**.

Arthur Adamov (1908–1970; *Le Ping-Pong*, 1955; *Paolo Paoli*, 1957) und Armand Gatti (*1924; *La vie imaginaire de l'éboueur Auguste Geai*, 1962) verbinden die **Darstellung der absurden kapitalistischen Gesellschaft** mit der Forderung nach persönlichem Engagement, wobei sie Techniken des ›absurden‹ und des ›epischen‹ Theaters Brechtscher Prägung verbinden. Die Realität wird als **Konsequenz konkreter sozialer Verhältnisse** dargestellt.

Gegen Ende der 1960er Jahre trifft die Brechtrezeption mit den kulturrevolutionären Impulsen des ›Mai 68‹ zusammen, was zur **Ausbildung neuer szenischer Formen** wie der *création collective* führt. Statt rationaler Belehrung ist nun **sinnliche Partizipation** gefragt. Die neuen Formen des Happenings und der Aktionskunst entstehen.

Zur Vertiefung

Der joli mai – *Mai 1968*

*Kaum ein Ereignis hat im 20. Jh. eine derartige Faszinationskraft ausgeübt wie die **radikale Protestbewegung**, die als ›Mai 68‹ international bekannt wird. »L'imagination au pouvoir«, »Jouissez sans entraves«, »Il est interdit d'interdire« – mit solchen Slogans drückt eine Generation Jugendlicher ihr Verlangen nach **umwälzenden politischen und gesellschaftlichen Veränderungen** aus. Ihre Vorbilder sind Kuba, die vietnamesische Befreiungsbewegung und die chinesische Kulturrevolution, ihre geistigen Väter Freud und Marx, ihr Leitbegriff* contestation.
*Die Revolte beginnt harmlos: Studierende fordern von der Universitätsleitung im Pariser Vorort Nanterre zunächst nur das Recht auf freien Zugang zu den nach Geschlechtern getrennten Wohnheimen, bald allgemein das Recht auf freie Meinungsäußerung. Als die Literatur-Fakultät geschlossen wird, **greift der Protest auf Paris über**, wo Studierende die Sorbonne besetzen. Am 3. Mai wird die Universität mit Polizeigewalt geräumt, was die Fronten verhärtet. Im Quartier Latin bilden die Studierenden Barrikaden, es kommt zu **Massendemonstrationen**; wilde Streiks und Betriebsbesetzungen schaffen **bürgerkriegsähnliche Zustände**. Kurzzeitig schließen sich auch die Gewerkschaften dem Protest an, so dass dieser in **landesweite soziale Unruhen** übergeht, die schließlich in einen **Generalstreik** münden.*
*Die Wirtschaft des Landes liegt wochenlang lahm, es kommt zur **Staatskrise**. De Gaulle spielt mit dem Gedanken eines Armeeeinsatzes. Anfang Juni ebben die Proteste ab. De Gaulle bildet die Regierung unter Premierminister Georges Pompidou um, löst die Nationalversammlung auf und setzt für den 23. Juni **kurzfristig Neuwahlen** an. Diese bestätigten mit großer Mehrheit die rechten Regierungsparteien an der Macht.*

Avantgarden, Intellektuelle, Experiment

*Die **Gründe für die Unruhen** sind vielschichtig, vor allem aber in der sozialen Rückständigkeit Frankreichs zu suchen. Verknöcherte bürgerliche Strukturen stehen in krassem Gegensatz zu einer beschleunigten Modernisierung. Mit den Protesten wird **eine überfällige Weiterentwicklung eingeklagt**. Aus den Unruhen gehen die Frauenbewegung MLF (*Mouvement de libération des femmes*, gegründet 1970, s. Kap. 4.4.3) sowie die Homosexuellenbewegung FHAR (*Front homosexuel d'action révolutionnaire*) hervor.*
*Die Literatur nimmt den ›Mai 68‹ vor allem in der **Lyrik und im Chanson** auf (vgl. Combes 1984), also in kürzeren Texten, die oft spontan für den Augenblick verfasst werden. Es entsteht eine Art **Gegenkultur** auf Flugblättern, Graffiti und Wandzeitungen, die Liebe und Brüderlichkeit preist. Einer der bekanntesten Dichter der Zeit ist Daniel Biga (*Oiseaux Mohicans*, 1970), der zu Solidarität mit allen Unterdrückten aufruft.*

3.6.6 | Schreiben nach Programmen, Nachdenken über Schreiben

Werkstatt für Literatur

Reflexivität der Literatur: Einer der zentralen **Impulse zur Erneuerung der Literatur** im 20. Jh. ist deren zunehmender Bezug auf sich selbst: Der Schriftsteller denkt über seinen eigenen Schreibakt nach. ***OuLiPo*** (*L'ouvroir de littérature potentielle*), **die ›Werkstatt für potentielle Literatur‹**, wird 1960 durch Raymond Queneau (1903–1976) und den Schachtheoretiker und Mathematiker François le Lionnais (1901–1984) gegründet. Die Bewegung beruht auf Erkenntnissen der Semiotik (Zeichenlehre; s. Kap. 2.2), strebt eine **Kreuzung von Literatur und Wissenschaft** an und will die Spielregeln der Sprache in der Literaturproduktion aufzeigen. Analytisches **Nachdenken über die Sprache** und **Spiele mit der Sprache** sollen den Möglichkeitssinn der Literatur ausloten. Das Vorhaben von *OuLiPo*, in der Literatur selbst Regelsysteme zu entwerfen, wird von Queneau 1965 in *Bâtons, chiffres et lettres* umrissen. Die Sprache steht im Zentrum des Textes und nicht ein wie immer gearteter Verweis auf die außersprachliche Realität. Bereits 1947 zeigt Queneau in *Exercices de style*, wie eine Alltagssituation in 99 verschiedenen Stilformen darstellbar ist (s. Kap. 2.1). Sein mit der Aussprache von Wörtern spielender Roman *Zazie dans le métro* (1959) wird 1960 kongenial von Louis Malle im Film umgesetzt.

Motto von *OuLiPo*

> **Oulipiens: rats qui ont à construire le labyrinthe dont ils se proposent de sortir.**

Georges Perec (1936–1982) spricht vom **absoluten Primat der Signifikanten**, also dem Vorrang des Wortes vor der Bedeutung (s. Kap. 2.2). In *La disparition* (1969) lässt er den Vokal e verschwinden, was im Text selbst

Schreiben nach Programmen, Nachdenken über Schreiben

nicht gesagt, sondern lediglich angedeutet werden kann. *La vie mode d'emploi* (1978) ist ein **Simultantext**: Perec beschreibt, was in den Zimmern eines Pariser Gebäudes *gleichzeitig* passiert; der Leser entwirft seine Leserichtung selbst, genauso wie in Queneaus *Un conte à votre façon* (1967).

Experimente

Tel Quel ist eine Gruppe französischer Autoren, Kritiker und Linguisten um Philippe Sollers (*1936, eigentlich Philippe Joyaux) und die gleichnamige Zeitung (1960–83), der es in einer Art **Einheit von Literatur, Kunst, Philosophie und Gesellschaftswissenschaften** um eine neue soziale, politische und philosophische Praxis, eine Verwissenschaftlichung der Literatur und letztlich um eine umfassende kulturelle Revolution geht. Sie richtet sich gegen Texte und Lektüren, die auf ein Signifikat (eine Bedeutung, eine Referenz) ausgerichtet sind, da Texte nach Auffassung von *Tel Quel* nicht auf die Außenwelt, sondern immer nur **auf ihre eigene Zeichenrealität** verweisen. Für sie ist das Bedeutende, nicht das Bedeutete wichtig, weshalb sie das *Wie* des Schreibens gegenüber dem *Was* privilegieren. Folgerichtig lehnt die Gruppe den Autor als Individuum ab; ihr Kernbegriff wird ***Intertextualität*** (s. S. 115). Ihre Theorielastigkeit wird der Gruppe vielfach zum Vorwurf gemacht.

Der *Nouveau roman*

Unter der Ägide Jérôme Lindons erscheinen beim **Verlag Minuit in den 1950er/60er Jahren** die maßgeblichen Texte des *Nouveau roman*. Die Heterogenität der Schreibweisen der mit diesem Etikett versehenen Autoren (Samuel Beckett, Michel Butor, Marguerite Duras, Alain Robbe-Grillet, Nathalie Sarraute, Claude Simon etc.) zeigt, dass die Auffassung von einer Gruppe eher der Verlagspolitik als gemeinsamen ästhetischen Kriterien entspringt.

Der *Nouveau roman* ist **Ausdruck einer Krise des Romans**, aber **auch einer Krise des Bewusstseins** allgemein: die Fassbarkeit äußerer Wirklichkeit selbst wird fraglich. Welt an sich erscheint nicht mehr darstellbar, lediglich subjektiv begreifbar. Entsprechend lehnen die Texte jede Form von Psychologisierung ab. Auch wenden sie sich gegen das ideologisch-engagierte und rhetorisch-konventionelle Schreiben eines Sartre oder Camus. Die Folge ist eine **Abkehr vom Erzählen kohärenter Geschichten** und eine **Hinwendung zur Selbstbespiegelung des Erzählens als Erzählen**. Da die Romane Erzählelemente zufällig zusammenmontieren, weisen sie nicht nur eine, sondern viele potentielle Geschichten auf. Programmatisch und in sehr unterschiedlicher Weise legen Nathalie Sarraute (*L'ère du soupçon*, 1956), Alain Robbe-Grillet (*Pour un nouveau roman*, 1963) und Michel Butor (*Essais sur le roman*, 1964) diese neue Ästhetik dar. In den 1960er Jahren entsteht der ***Nouveau nouveau roman***, der mit Jean Ricardou (*1932) die »aventure de l'écriture« proklamiert.

- **Robbe-Grillets *La jalousie*:** 1957 erscheint Alain Robbe-Grillets (*1922) *La jalousie*, eine Dreiecksgeschichte, in der einige Motive wie eine fixe Idee wiederkehren und in der bis zuletzt offen bleibt, ob der vermutete Ehebruch überhaupt stattgefunden hat. Der Titel verweist auf eine räumliche (der Blick hinter der Jalousie), aber auch auf eine ›innere‹ Sicht (die Eifersucht, die die Wahrnehmung durchdringt). Da es mehrere, nur unklar voneinander abgegrenzte Perspektiven gibt, ist die genaue **Unter-**

scheidung zwischen Innen- und Außenwelt des Erzählers nicht möglich. Robbe-Grillet zeigt den **Verzicht auf Tiefe und Bedeutsamkeit im Erzählen**. Details und Objekte wuchern, lassen sich aber nicht kohärent zusammensetzen, eine Ästhetik, die sich auch in anderen Medien zeigt: Robbe-Grillet schreibt z. B. das Drehbuch zu Alain Resnais' Film *L'année dernière à Marienbad* (1961).

- **Butors *La modification***: Seinen Roman *La modification* (1957) verfasst Michel Butor (*1926) in der zweiten Person Plural. Erzählt wird von den Gedanken und Entscheidungen eines Mannes, der von Paris nach Rom zu seiner Geliebten reist. Erinnerung und zukünftige Pläne, Traum und Wirklichkeit gehen nahtlos ineinander über, so dass die **chronologische Anordnung aufgebrochen** wird. Kohärente Satzstrukturen weichen schier endlosen ineinander verschachtelten Sätzen.

Oulipo, *Tel Quel* und der *Nouveau roman* decken nur einen **verschwindend kleinen Teil des narrativen Spektrums** der 1950er und 1960er Jahre ab und sprechen nur **eine Minderheit von Lesern** vor allem aus universitären Kreisen an.

Charakteristische Texte der ersten Hälfte des 20. Jh.s

1896	**Alfred Jarry** | *Ubu roi*
1913–1927	**Marcel Proust** | *A la recherche du temps perdu*
1913	**Guillaume Apollinaire** | *Alcools*
1918	**Apollinaire** | *Calligrammes*
1924	**André Breton** | *Premier manifeste du surréalisme*
1925	**André Gide** | *Les faux-monnayeurs*
1928	**Breton** | *Nadja*
1935	**Jean Giraudoux** | *La guerre de Troie n'aura pas lieu*
1942	**Paul Eluard** | *Poésie et vérité*
1942	**Albert Camus** | *L'étranger*
1947	**Raymond Queneau** | *Exercices de style*
1953	**Samuel Beckett** | *En attendant Godot*
1954	**Françoise Sagan** | *Bonjour tristesse*
1957	**Alain Robbe-Grillet** | *La jalousie*
1969	**George Perec** | *La disparition*

3.6.7 | Interpretationsbeispiel: Warten als Endzustand in Becketts *En attendant Godot*

En attendant Godot ist eines der **meist gespielten Stücke des Jahrhunderts**. Der Zweiakter zeigt zwei (aufeinander folgende?) Tage im Leben von Vladimir und Estragon, die an einem Baum an einer Landstraße auf einen gewissen Godot warten, **von dem sie nicht wissen, ob er kommen wird**. Sie vertreiben sich die Zeit mit nutzlosen Handlungen. Einzige Abwechslung in jedem Akt sind der Auftritt zweier Figuren mit wenig kohärenten

Interpretationsbeispiel

Kommunikationsformen und das Erscheinen eines Boten, der Godots Ankunft für den Folgetag verspricht. Obwohl es **unwahrscheinlich ist, dass sich ihre Situation je ändern wird**, warten Vladimir und Estragon weiter. Der folgende Ausschnitt bildet das Ende des Stückes:

Samuel Beckett: *En attendant Godot*, 1953

ESTRAGON.– [...] Il n'est pas venu?
VLADIMIR.– Non.
ESTRAGON.– Et maintenant il est trop tard.
VLADIMIR.– Oui, c'est la nuit.
ESTRAGON.– Et si on le laissait tomber? (*Un temps.*) Si on le laissait tomber?
VLADIMIR.– Il nous punirait. (*Silence. Il regarde l'arbre.*) Seul l'arbre vit.
ESTRAGON.– [...] Et si on se pendait ?
VLADIMIR.– Avec quoi?
ESTRAGON.– Tu n'as pas un bout de corde?
VLADIMIR.– Non.
ESTRAGON.– Alors on ne peut pas.
VLADIMIR.– Allons-nous-en.
ESTRAGON.– Attends, il y a ma ceinture.
VLADIMIR.– C'est trop court.
ESTRAGON.– Tu tireras sur mes jambes.
VLADIMIR.– Et qui tirera sur les miennes?
ESTRAGON.– C'est vrai.
VLADIMIR.– Fais voir quand même. (*Estragon dénoue la corde qui maintient son pantalon. Celui-ci, beaucoup trop large, lui tombe autour des chevilles. Ils regardent la corde.*) A la rigueur ça pourrait aller. Mais est-elle solide?
ESTRAGON.– On va voir. Tiens.
Ils prennent chacun un bout de la corde et tirent. la corde se casse. Ils manquent de tomber.
VLADIMIR.– Elle ne vaut rien. *Silence.*
ESTRAGON.– Tu dis qu'il faut revenir demain?
VLADIMIR.– Oui.
ESTRAGON.– Alors on apportera une bonne corde.
VLADIMIR.– C'est ça. *Silence.*
ESTRAGON.– Didi.
VLADIMIR.– Oui.
ESTRAGON.– Je ne peux plus continuer comme ça.
VLADIMIR.– On dit ça.
ESTRAGON.– Et si on se quittait? Ça irait peut-être mieux.
VLADIMIR.– On se pendra demain. (*Un temps.*) A moins que Godot ne vienne.
ESTRAGON.– Et s'il vient?
VLADIMIR.– Nous serons sauvés.
Vladimir enlève son chapeau – celui de Lucky – regarde dedans, y passe la main, le secoue, le remet.
ESTRAGON.– Alors, on y va?
VLADIMIR.– Relève ton pantalon.
ESTRAGON.– Comment?
VLADIMIR.– Relève ton pantalon.
ESTRAGON.– Que j'enlève mon pantalon?
VLADIMIR.– RE-lève ton pantalon.
ESTRAGON.– C'est vrai.
Il relève son pantalon. Silence.
VLADIMIR.– Alors, on y va?
ESTRAGON.– Allons-y.
Ils ne bougent pas.

Kurzinterpretation

Bereits die **Namen der beiden Protagonisten** sind bezeichnend für den gesamten Text, der kontinuierlich zwischen Ernst und Parodie schwankt: ein alter russischer Name und ein Gewürz. Die Namen tragen **nicht zur örtlichen und zeitlichen Lokalisierung des Geschehens** bei.

In dem Textausschnitt stechen die **Häufigkeit von kurzen Fragen mit entsprechenden kurzen Antworten** sowie **von Aufforderungen** ins Auge. Manche Fragen werden wiederholt, weil der Gesprächspartner nicht sofort antwortet. Es gibt keine längeren und kaum untergeordnete Sätze. Insgesamt entsteht der Eindruck, dass sich der Dialog nur schleppend entwickelt. Die **Aufforderungen haben keine Handlungen zur Folge**, was am Ende deutlich hervortritt: Vladimir und Estragon fordern sich beide zum Gehen auf, die Szenenanweisung sieht indes vor: »Ils ne bougent pas«. Die häufigen, ebenfalls im Nebentext vermerkten Pausen deuten an, dass das ohnehin nicht lebhafte **Gespräch ständig zu verstummen droht**.

Der Dialog **kreist um mögliche Alternativen** der als quälend erlebten Situation: weggehen, das Warten auf Godot aufgeben, Selbstmord verüben, einander verlassen und wieder weggehen. Die Fülle der Alternativen zur aktuellen Situation steht in einem krassen Gegensatz zu der Unmöglichkeit, diese zu realisieren: Vladimir und Estragon sind **an den Ort gefesselt**, weil sie auf Godot warten, sonst droht ihnen Strafe. Echte Entscheidungen werden auf den Folgetag verschoben: »Je te dis qu'il faut revenir demain«, »Alors on apportera une bonne corde«, »On se pendra demain«. Der tiefe Ratlosigkeit ausdrückende Satz »Je ne peux plus continuer comme ça« wird als Floskel gewertet »On dit ça«, so als handle es sich um eine rituelle Wiederholung.

Bemerkenswert ist, **wie eine eigentlich tragische Situation** – eine unerträgliche Situation, die zugleich unentrinnbar ist – **lächerlich wirkt**: durch Estragons kindliche Dauerfragen, durch das Herunterrutschen der Hose und das Hinfallen beim Reißen des Seils (ein Element derber Schwankkomik) oder durch nutzloses Tun (das Untersuchen des Hutes). Der Satz »Seul l'arbre vit« suggeriert, dass der Rest, Vladimir und Estragon eingeschlossen, tot sind.

Schließlich ist **der ›Retter‹ selbst nur höchst vage beschrieben**. Man erfährt nicht Näheres über Godot: Die Protagonisten sind zwischen dem verheißungsvollen »Nous serons sauvés« als Belohnung und dem »Il nous punirait« als Drohung gefangen. Vergleicht man das Ende des Stückes (das Ende des zweiten Aktes) mit dem Ende des ersten Aktes, fällt auf, dass beide sich sehr ähneln. Vladimir und Estragon wollen weggehen, bewegen sich aber nicht. Die **Wiederholung** lässt vermuten, dass das Leben der beiden Vagabunden immer so weiter gehen wird. Der Zuschauer wartet vergeblich auf echte Handlungen, echte Dialoge und eine echte Lösung des Konflikts, so wie die beiden Figuren vergeblich auf Godot warten. Eine existentielle Situation der Hoffnungs- und Sinnlosigkeit wird unmittelbar fühlbar.

Grundlegende Literatur

Asholt, Wolfgang/Fähnders, Walter (Hg.): »Die ganze Welt ist eine Manifestation«. Die europäische Avantgarde und ihre Manifeste. Darmstadt 1997.
Blüher, Karl-Alfred (Hg.): Modernes französisches Theater. Darmstadt 1982.
Coenen-Mennemeier, Brigitta: Nouveau Roman. Stuttgart 1996.
Corvin, Michel: Dictionnaire encyclopédique du théâtre. Paris 1998.
Grimm, Jürgen: Das avantgardistische Theater Frankreichs. Stuttgart 1982.
Kohut, Karl: Literatur der Résistance und der Kollaboration in Frankreich. 3 Bde. Wiesbaden/Tübingen 1982–1984.
Robichez, Jacques: Précis de littérature française du XXe siècle. Paris 1985.
Teschke, Henning: Französische Literatur des 20. Jahrhunderts. Überblick und Trends. Stuttgart/Düsseldorf/Leipzig 1998.

Weiterführende Literatur

Boisdeffre, Pierre: Histoire de la littérature française des années 1930 aux années 1980. Paris 1985.
Bürger, Peter (Hg.): Surrealismus. Darmstadt 1982.
Charle, Christophe: Naissance des intellectuels, 1880–1900. Paris 1990.
Combes, Patrick: La littérature et le mouvement de Mai 68. Paris 1984.
Debray, Régis: Le pouvoir intellectuel en France. Paris 1979.
Engler, Winfried: Französische Literatur im 20. Jahrhundert. Tübingen/Basel 1994.
Forest, Philippe: Histoire de Tel Quel 1960–1982. Paris 1995.
Hardt, Manfred (Hg.): Literarische Avantgarden. Darmstadt 1989.
Hölz, Karl: Destruktion und Konstruktion. Studien zum Sinnverstehen in der modernen französischen Literatur. Frankfurt a. M. 1980.
Janik, Dieter (Hg.): Die französische Lyrik. Darmstadt 1987.
Liede, Alfred: Dichtung als Spiel. Studien zur Unsinnspoesie an den Grenzen der Sprache. Berlin/New York ²1992.
Lyotard, Jean-François: Tombeau de l'intellectuel et autres papiers. Paris 1984.
Sartre, Jean-Paul: Plaidoyer pour les intellectuels. Paris 1972.
Winock, Michel: Le siècle des intellectuels. Paris 1997.
Zimmermann, Margarete: Die Literatur des französischen Faschismus. München 1979.

3.7 | Ende der großen Erzählungen, Globalisierung, Komplexität (die Zeit nach 1968)

3.7.1 | Zäsuren im kulturellen Denken

Postmoderne Befindlichkeit

Eine **Zäsur im kulturellen Denken der westlichen Welt** wird Ende der 1960er Jahre erkennbar:

- Der programmatische Aufbruch des Mai 68 wirkt auf eine nicht intendierte Weise nach: Eine der Forderungen, nämlich die nach Befreiung des Menschen durch *rêves* und *jouissance*, setzt sich in einem Slogan der sogenannten Postmoderne fort: ***anything goes***. Zwar fordert der österreichische Philosoph Paul Feyerabend (1924–1994) mit diesen Worten im Rahmen einer Wissenschaftstheorie Freiräume des Denkens ein, doch geraten sie in der Folgezeit ins Fahrwasser einer **Konsum- und Genuss-Mentalität**, die nur auf Wunschbefriedigung aus ist und lückenlos in einer kapitalistischen Logik aufgeht.
- Der **technische Fortschritt** seit den 1970er Jahren verändert mit Computer und Internet Möglichkeiten und Qualität der Kommunikation und damit das menschliche Bewusstsein.
- Zu Beginn der 1970er Jahre kristallisiert sich in den westlichen Gesellschaften eine neue Art des Denkens heraus, deren gemeinsamer Nenner eine **radikale Skepsis gegenüber menschlicher Erkenntnisfähigkeit** ist.

Ende der großen Erzählungen: Mit der Erkenntnisfähigkeit wird zugleich die **Entwicklungsmöglichkeit der Menschheit in Frage gestellt**. Der französische Philosoph Jean-François Lyotard (1924–1998) erklärt in seiner berühmten Schrift »Réponse à la question: qu'est-ce que le postmoderne?« (1979) das **Ende der ›großen Erzählungen‹ (*métarécits*)**. Es handelt sich dabei um **Projekte der Menschheit** (z. B. die Aufklärung oder der Kommunismus), die soziale und politische Handlungen legitimieren und auf die Vervollkommnung des Menschen abzielen. Laut Lyotard kann im Zeitalter der Postmoderne **kein Ziel der Geschichte** mehr benannt werden, da jede Leitidee früher oder später in Ideologie und Totalitarismus ausartet. Dies sei jedoch kein Grund zu Pessimismus oder Resignation; neu ist die **Bejahung des Zustandes fehlender Gesamtorientierung**, weil man den Pseudo-Gewissheiten der Moderne nicht länger nachtrauert. Das Individuum hat nun die Aufgabe, eine Position der Ambivalenz einzunehmen im offenen Dialog mit allen sich ihm bietenden Möglichkeiten. Vorläufige, nur **begrenzt gültige Wissens- und Gesellschaftsmodelle** (›kleine Erzählungen‹) treten an die Stelle langfristiger Projekte (vgl. Zima 1997; 2001).

Auch gegenüber einer Ästhetik des Bruchs (zu den historischen Avantgarden s. Kap. 3.6.2) und der Freude an Innovation ist **die Postmoderne skeptisch**: Sie setzt ›neu‹ nicht automatisch mit ›fortschrittlich‹ gleich. Vielmehr macht sie die **Gleichzeitigkeit des Ungleichzeitigen**, also das Nebeneinander verschiedener Stile und Formen, zum Programm. Für die Literatur bedeutet dies, dass sie Gegensätze in einem Dialog zusammen-

Zäsuren im kulturellen Denken

führt, jedoch nicht in einer Synthese auflöst. Dabei werden **Hierarchien** wie z. B. die zwischen Bildungs- und Populärliteratur oder zwischen ›zentralen‹ und ›peripheren‹ Kulturelementen umgestoßen und **durch Netzmodelle ersetzt**. In diesen Kontext fällt auch ein Verständnis feministischer Literatur, die der Frau eine radikal neue Sprache verleiht (s. Kap. 4.1.4, Kap. 4.4.6).

Auch in der Literatur wird jede Form von **Grenzziehung hinterfragt, widersprüchliche Tendenzen können unverbunden nebeneinander** bestehen bleiben:

- Erzählungen *und* Reflexion der Erzählungen (Ebene und Metaebene),
- Seichte Unterhaltung *und* kritisches Engagement, Kulturkritik *und* Kulturaffirmation,
- Komplexitätssteigerung *und* Verflachung der Textstrukturen,
- Sinnangebote *und* Sinnzerstörung,
- Tradition *und* Innovation.

Derartige Verbindungen von Gegensätzen machen literarische Ausdrucksformen komplexer, laufen aber auch zugleich **Gefahr, beliebig zu werden**.

Außenpolitik Frankreichs

Frankreich und Europa: Der Abkehr von Synthesen entspricht auf politischer Ebene die **Auflösung einer kohärenten nationalen Identität**. Problembeladen ist Frankreichs Positionierung in einem zusammenrückenden Europa. Fährt Georges Pompidou noch einen klaren **Kurs der unbedingten nationalen Souveränität** bei gleichzeitiger Stärkung der Europäischen Wirtschaftsgemeinschaft und sind die 1980er Jahre noch vom NATO-Doppelbeschluss zur Nachrüstung geprägt, formt François Mitterrand nach dem Zusammenbruch des Ostblocks und dem Fall der Berliner Mauer 1989 die **europäische Gemeinschaft** aktiv mit. Der Gedanke eines ›Kerneuropa‹ (einer Einigung unter der Wortführerschaft der deutschen und französischen Regierung) scheint lange Zeit ein erstrebenswertes Modell, um ein **Gegengewicht zur Vormachtstellung der USA** zu schaffen. In Frankreich löst indes der Ratifizierungsprozess des Maastrichter Vertrages, der 1991 vereinbart wird, heftige Debatten aus, wobei es selbst innerhalb der Parteien zu Kontroversen kommt. Das Referendum 1992 ergibt eine dünne Mehrheit für den Vertrag und zeigt damit die **tiefe Skepsis Frankreichs gegenüber der Integration in ein Staatengefüge** unter Zurückstellung nationaler Souveränität. Im Mai 2005 wird die neue EU-Verfassung mit rund 55% der Stimmen von der Bevölkerung abgelehnt. **Unruhen in den Pariser Vororten 2005**, die maßgeblich von Jugendlichen der zweiten Generation von Immigranten ausgehen, machen nachhaltig darauf aufmerksam, dass Frankreich das Gleichgewicht zwischen Integration eines kolonialen Erbes, nationaler Identität und Öffnung in Richtung auf eine globalisierte Welt noch nicht gefunden hat.

Sinnbild deutsch-französischer Versöhnung: gemeinsames Gedenken an die Toten von Verdun, 1984

Innenpolitik Frankreichs

Innenpolitisch zeigt sich seit den 1970er Jahren (wie allgemein in Europa) einerseits ein **Abschied von der traditionellen Rechts-Links-Blockbildung** durch die zunehmende Ähnlichkeit der beiden großen Lager

Ende der großen Erzählungen, Globalisierung, Komplexität

Gaullismus und Kommunismus, andererseits eine **Zunahme radikaler Gruppen** (der rechtsextreme *Front national* unter Jean-Marie Le Pen erfährt großen Zulauf). Neben den beiden großen Parteiblöcken organisiert sich außerdem eine **ökologische Bewegung** (*Les verts*).

Linkes Wahlbündnis: 1972 einigen sich die Sozialisten unter **François Mitterrand** mit den Kommunisten und einer Abspaltung der linksbürgerlichen Radikalsozialisten auf ein Wahlbündnis, doch setzt sich 1974 zunächst eine ›liberale Mitte‹ unter Valéry Giscard d'Estaing knapp durch. Ein großer gesellschaftlicher Einschnitt ist erst der **Machtwechsel 1981**: Erstmalig in der Fünften Republik stellen die Sozialisten den Staatspräsidenten. Mitterrand entwirft ein **umfassendes soziales Reformprogramm**: Dezentralisierung der Verwaltung, Änderungen im Strafrecht (u.a. Abschaffung der Todesstrafe), Verstaatlichung der Schlüsselindustrien und Banken, Verkürzung der Arbeitszeit. Nach kurzer Euphorie folgt die Ernüchterung: **Der erhoffte Wirtschaftsaufschwung bleibt aus**, die Arbeitslosigkeit steigt an, die Inflationsrate ist hoch, und der defizitäre Staatshaushalt macht massive Einsparungen unausweichlich. Die ›*génération Mitterrand*‹ verabschiedet sich von radikalen linken Illusionen und tendiert zum Pragmatismus.

Cohabitation*:** 1986 siegt ein Parteienbündnis der rechten Mitte, und Mitterrand beruft den Gaullisten **Jacques Chirac** (*1932) zum **Premierminister**. Es kommt zur ersten ***cohabitation – deutliches Zeichen einer **zunehmenden Ähnlichkeit der politischen Lager** –, bei der konträre politische Lager die Verfassungsorgane bilden. 1993 erfolgt die zweite, 1997 die dritte *cohabitation*, letztere mit einem rechten Staatspräsidenten, Jacques Chirac, und einem Linksbündnis. Die zunehmende Zahl der Nichtwähler zeigt die **Legitimationsschwäche der Regierung** und eine wachsende Politikverdrossenheit, vor allem der sozial Schwächeren, an. Die Kluft (*fracture civique*) zwischen denen, die sich als Teil des demokratischen Systems, und denen, die sich als Außenseiter begreifen, wächst. Bei den **Präsidentschaftswahlen 2007** zeigt eine Wahlbeteiligung von über 80 % indes wieder den Willen, am politischen Meinungsbildungsprozess mitzuwirken. Der Konservative Nicolas Sarkozy setzt sich gegenüber der ersten Präsidentschaftskandidat*in* Ségolène Royal mit rund 53 % der Stimmen im zweiten Wahlgang durch.

Chronologischer Überblick

Frankreich seit 1968

1969–1974	Georges Pompidou Staatspräsident
1973–75	Die Energiekrise bremst soziale Reformvorhaben; eine neue Form von Massenarbeitslosigkeit entsteht
1974	Giscard d'Estaing Staatspräsident; Modernisierung der Gesetzgebung, soziale Reformen
1981	François Mitterrand erster sozialistischer Staatspräsident; seine Reformen zeigen nicht die gewünschte Wirkung

Jenseits der Utopien: Freiheit oder Gleichgültigkeit?

1986	*Cohabitation* von bürgerlicher Regierung und sozialistischem Präsidenten
1988	Mitterrand im Amt des Staatspräsidenten bestätigt, Ende der ersten *cohabitation*
1989	Fall der Berliner Mauer; allmähliche Auflösung der Blockbildung. Frankreich stimmt nach einigem Zögern der deutschen Wiedervereinigung zu
1992	Referendum über den Vertrag von Maastricht: 51 % stimmen für den Vertrag
1993	Premierminister Edouard Balladur, zweite *cohabitation*
1995	Jacques Chirac Staatspräsident; französische Atomtests auf Mururoa rufen internationale Proteste hervor
1997	Vorgezogene Parlamentswahlen mit Sieg einer linken Koalition unter Lionel Jospin; dritte *cohabitation*; Erfolg Jean-Marie Le Pens und des rechtsradikalen *Front national*
2001	Anschläge auf das World Trade Center in New York; Frankreich zeigt Entschlossenheit bei der Bekämpfung des Terrorismus; auf dem Gipfel in Evian (2003) wird ein Aktionsplan beschlossen
2002	Stichwahl bei den Präsidentschaftswahlen zwischen dem Gaullisten Jacques Chirac und dem Rechtsradikalen Jean-Marie Le Pen; Rekord der Nicht-Wähler; Chirac setzt sich im zweiten Wahlgang durch
2004	Katastrophale Niederlage der Regierungsmehrheit bei den Regionalwahlen
2005	Ablehnung der neuen EU-Verfassung durch die Bevölkerung; die Regierung des Premierministers Jean-Pierre Raffarin tritt zurück Nachfolger wird Dominique de Villepin
2005	Wochenlange Unruhen in Pariser Vororten
2006	Aufruhr und Streik in Frankreich gegen die Regierung Villepin mit der Forderung nach Rücknahme des Ersteinstellungsvertrages CPE
2007	Nicolas Sarkozy wird Staatspräsident

3.7.2 | Jenseits der Utopien: Freiheit oder Gleichgültigkeit?

Ende des Intellektuellen: In den 1980er Jahren sterben viele berühmte **Intellektuelle** (u.a. Barthes und Sartre 1980, Foucault 1984, de Beauvoir 1985), und vorbei scheinen die Zeiten der *maîtres à penser*, der Vordenker der Gesellschaft und ihrer Debatten um kulturelle Kernthemen, denn man **glaubt nicht mehr an feste Bezugspunkte** für umfassende Gesellschaftsdiagnosen. Auch die Literatur verlässt ihren ›Vordenker‹-Posten in der (Kultur-)Theorie und im gesellschaftlich-politischen Engagement. Sie spiegelt nunmehr vorzugsweise eine als fragmentarisch und beliebig erfahrene Welt.

Ende der großen Erzählungen, Globalisierung, Komplexität

›Kleine Erzählungen‹

Der Umbruch zeigt sich zum einen in einer Rückkehr zum Erzählen ›kleiner Geschichten‹ ohne Anspruch auf umfassende Zeitdiagnosen, zum anderen in einer **zersplitternden Erzählweise**, die Geschichten und Figurenidentitäten nur in Bruchstücken erkennen lässt. Die Tonlage schwankt zwischen **kulturpessimistischem Skeptizismus** und **enthusiastischer Feier der Befreiung** von Strukturzwängen. Jenseits normativer Vorgaben können **nun Formen und Inhalte ausgewählt oder verworfen** werden, die unterschiedlichsten ästhetischen Systemen angehören. Die individuelle Aneignung von bereits Vorhandenem und Neuem bildet den **postmodernen Eklektizismus.**

Für den **Bruch mit dem Anspruch auf kulturelle Revolution** symptomatisch ist der Wechsel Philippe Sollers' vom Verlagshaus Seuil zu Gallimard, der einem Wechsel vom Experimentell-Abstrakten zum Publikumswirksam-Konkreten entspricht, also einer Absage an die Schreibpraxis der *Tel Quel*-Gruppe (s. Kap. 3.6.6). Ähnlich tendieren viele Texte zur **Abkehr von Theorien und Idealen** und zur **Entpolitisierung**. Verlust an Orientierung führt indes nicht zwangsläufig zu Unverbindlichkeit oder Beliebigkeit; sie kann auch als Zuwachs von geistiger Beweglichkeit und als Widerstand gegen Ideologien auftreten.

Rückkehr der Erzählfreude: Vorbei sind die Zeiten des *Nouveau roman*, der Bedürfnisse des Lesers nach Spannung und Illusion missachtete. Die Rückkehr zur Geschichte ist jedoch mit Vorsicht zu genießen, denn das Geschichtenerzählen ist durch einen langen Prozess der Selbstreflexion gegangen: Zu tief sitzt die Erfahrung, dass **Sprache kein transparentes und ›unschuldiges‹ Medium** einer fest stehenden äußeren Wirklichkeit ist, und zu sehr ist sich der Schreiber seines Schreibens bewusst. Immer wieder wird die **Möglichkeit von Wirklichkeitsdarstellung ironisch in Frage gestellt**. Dies zeigt sich u.a. an der Häufigkeit von Perspektivwechseln, die das Fehlen von Objektivität und den Verlust eines Zentrums der Erfahrung andeuten. Die Erzählstruktur wird im Extremfall autonom und macht das erzählende Subjekt überflüssig.

Zur Vertiefung

Beantwortung der Frage: Was ist postmoderne Literatur?

›Postmodern‹ hat sich zu einem passe-partout-Begriff entwickelt, der so schillernd geworden ist, dass er seine Beschreibungskraft weitgehend eingebüßt hat. In Jean-François Lyotards Gegenwartsdiagnose beschreibt er noch deutlich einen ***Umbruch in der Ästhetik und im Denken*** *in westlichen Gesellschaften der 1970er Jahre. Für die Literatur von besonderem Interesse ist Lyotards Konzept der* ***›Paralogie‹ (etwa: ›Neben-Vernünftiges‹)****, das eng mit dem ›Ende der großen Erzählungen‹ verbunden ist. Paralogie ist eine »Antimethode, die Regeln findet, die nur lokale Gültigkeit und keine universale mehr haben, eine Methode, die sich ›kleiner Erzählungen‹ bedient« (Münker/Roesler 2000, 115).*
Laut Lyotard ist jeder Mensch in verschiedene Systeme von Regeln eingebunden, die er ***in Anlehnung an Ludwig Wittgenstein ›Sprachspiele‹*** *nennt. Diese Sprachspiele sind untereinander nicht kompatibel, d. h.*

Jenseits der Utopien: Freiheit oder Gleichgültigkeit?

Ihre Vielfalt ist irreduzibel. Vor allem aber können Begriffe und sinnliche Erfahrung nicht miteinander versöhnt werden. Eine Haltung ist entsprechend postmodern, wenn sie ***keine Versöhnung zwischen Sprachspielen*** *und zwischen Sprache und Sinnlichkeit erwartet und dies ohne Trauer akzeptiert.*
Für die Literatur bedeutet postmodernes Denken: ***Paralogien zuzulassen*** *und sie nicht in Synthesen aufzuheben, auf Denkbares nur anzuspielen und keine Ziele oder Legitimationen zu verfolgen. Denn eines der Hauptcharakteristika der Postmoderne ist, »daß sie sich im Hinblick auf ihre eigene Legitimation völlig indifferent verhält« (Lyotard 1991, 297). Das* ***Präfix*** **post-** *versteht Lyotard dabei* ***im Sinne der Psychoanalyse als Anamnese****: Jede auch noch so bescheidene Reflexion ist ein Durcharbeiten, das nie ein Ende erreicht.*
Postmodern im Sinne Lyotards ist eine ***Literatur, die zu Heterogenität und Dissens ermutigt****. Ihr Ziel wäre, Sensibilität für Unterschiede zu verfeinern und Unvereinbares auszuhalten. Literatur im Sinne von Lyotards Beschreibung der Postmoderne könnte so aussehen: »[Was die Lektüre bestimmt, ist] Verstörung: Es ist das Gefühl einer ›Absonderlichkeit‹ oder einer ›Abweichung‹ und zugleich die Unmöglichkeit, das Seltsame zu erfaßen. Ein Moment der Fremdheit zwischen Überraschung und Beunruhigung, Vergnügen und Unbehagen« (Alphant in Baumann/Lerch 1989, 36).*

Postmoderne Architektur

Zwar gibt es nicht den *einen* Stil der Gegenwartsliteratur, aber doch Schreibweisen, die auf je spezifische Weise mit der **Verweigerung von Synthesen** zusammenhängen. Dazu zählen:

Schreibweisen

- **Texte des Minimalismus**, die mit Wörtern und Sequenzen wie Versatzstücken jonglieren und in denen trotz vieler Einzelaktionen keine Situationsveränderungen erfolgen: Hier steht die **Geschwätzigkeit des Erzählens** in krassem Gegensatz zum **Stillstand der Welt**.
  In Jean-Philippe Toussaints (*1957) *La salle de bain* (1987) etwa sitzt ein Mann in einer Badewanne und denkt über sein Leben nach, gelangt aber nie zur Aktion. Toussaints *Monsieur* (1986) besteht nur aus Hypothesen und Fantasien **der kaum noch als solche erkennbaren Figuren**; es passiert nichts. Eric Chevillards (*1964) Romane (z. B. *Mourir m'enrhume*, 1984) zeichnen sich durch (an Videoclips erinnernde) **Montagen, skurrile Themen und überraschende stilistische Freiheiten** aus (vgl. Flügge 1993, 56 f.). Ähnliches gilt für Alain Robbe-Grillets *Le miroir qui revient* (1985) oder Claude Simons *L'acacia* (1989). **Lust am episodenreichen Erzählen** bei genereller Abkehr von Synthese zeigt auch Agota Kristofs (*1935) sprachlicher Minimalismus (*Le grand cahier*, 1986).
  Viele formale und inhaltliche Besonderheiten der ›Minimalisten‹ **erinnern an den *Nouveau roman***, doch entwickeln sie keine literarischen Programme; vielmehr wählen sie eklektisch aus vorhandenen Stilen und Formen aus – vermischen Zeiten und Realitätsebenen oder benutzen obsessiv Objekte –, um **ohne Anspruch auf einen neuen Realitäts-**

Ende der großen Erzählungen, Globalisierung, Komplexität

zugang mit diesen zu spielen. So werden avantgardistische Innovationen des 20. Jh.s weder weiterentwickelt noch überwunden, sondern kurzerhand als Versatzstücke integriert.

2. **Extreme ›Äußerlichkeit‹ des Schreibens**, das auf psychologische, historische oder soziologische Deutungen verzichtet: Die **Undurchschaubarkeit der Welt** drückt sich beispielsweise in Marie Redonnets (*1948) Texten durch ein komplettes Fehlen von Erklärungen aus. Ihre Theaterstücke erinnern an Beckett (*Tir & Lir*, 1988; *Mobie-Diq*, 1982). In *Splendid Hôtel* (1986) ist eine anonyme Erzählerin die ganze Zeit damit beschäftigt, Sanitäranlagen funktionstüchtig zu machen, während sie vom Verfall eines Hotels am Rande eines Sumpfes – als autistische Eigenwelt – berichtet. Die Syntax ist einfach und knapp; die Ereignisse werden **gefühllos dargeboten und nicht bewertet**. Die ›Schreibweise der reinen Oberfläche‹ zeigt Skepsis gegenüber einer ›Tiefendimension‹ der Welt und Ratlosigkeit in Bezug auf das menschliche Sein.

3. **Eine Fragmentierung des Erzählflusses**, die eng mit dem Misstrauen gegenüber Sinn und Bedeutung zusammenhängt: Leslie Kaplan (*1943) schreibt z. B. über Orte gesellschaftlicher Gewalt in poetischer Prosa. Ihr bekanntester Roman, *L'excès-l'usine* (1982), verarbeitet Erfahrungen in einer Fabrik, insbesondere mechanisierte Arbeitsabläufe, die eine **zerstückelte Wahrnehmung bedingen** und **Individualität auslöschen**.

4. **Die Gestaltung der Protagonisten als Anti-Intellektuelle**, erzähltechnisches Pendant zur Aufgabe utopischer Weltentwürfe. Die Figuren verfolgen **nur individuelle Werte**. Hier ist vor allem der Kultautor der 1980er Jahre Philippe Djian (*1949) zu nennen. Seine Figuren sind **›Helden des Alltags‹**, meist schreibende Randgestalten der *beat*-Generation. Sie sprechen eine ›coole‹, Sprache und sind Überlebenskünstler. Den größten Erfolg erzielt Djian 1985 mit *37,2° le matin* (1986 verfilmt von Jean-Jacques Beneix als *Betty Blue*).

5. **Die zunehmende Zahl banaler Alltagsgeschichten** jenseits eines (literatur-)theoretischen Rahmens, in denen der **Zufall eine besondere Rolle** spielt. Die Handlungen haben keine symbolische Dimension, die Erkenntnisse der Figuren sind begrenzt, niemand verfolgt hehre Ziele. Das Motto lautet **›Wie das Leben so spielt‹** in Anna Gavaldas (*1970) Anekdotensammlung *Je voudrais que quelqu'un m'attende quelque part* (1999) oder in der Liebesgeschichte *Je l'aimais* (2002). Oft lässt sich das Handlungsgerüst in wenigen Sätzen wiedergeben, z. B. als Reise zu einem Geburtstag in Christian Osters (*1949) *L'imprévu* (2005). Manchmal entwickelt sich aus Alltagssituationen – bei Oster z. B. eine unerwartete Erkältung (*L'imprévu*, 2005), eine eingeschlossene Fliege (*Loin d'Odile*, 1998) oder eine neue Putzfrau (*Une femme de ménage*, 2001) – eine **skurrile Verknüpfung zufälliger Ereignisse**. Die melancholischen Texte Christian Gaillys (*1943) handeln von der Rückkehr einer gefährlichen Musikleidenschaft (*Un soir au club*, 2001) und der Lebensbilanz eines Musikers (*Dernier amour*, 2004).

Kennzeichen der ›Zufallsgeschichten‹ sind **Umgangssprache und ein klarer Stil**, die Ausblendung geschichtlicher oder sozialer Zusammen-

Globalisierung und kulturelle Eigenart

hänge, bisweilen auch zusammenhanglose Episoden. Dies spiegelt den **postmodernen Verlust fester Standpunkte**.

6. Selbstbezüglichkeit, das Schreiben über das Schreiben als neue Struktur. Die Skepsis gegenüber kohärenten Darstellungen lässt viele Erzähler über den eigenen Schreibakt sinnieren. Die Ausgangssituation in Eric Chevillards (*1964) *Du hérisson* (2001) ist z. B., dass ein Schriftsteller von einem Igel daran gehindert wird, seine Autobiographie zu schreiben. Kreative Impotenz ist das Leitmotiv in François Weyergans' (*1941) *Trois jours chez ma mère* (2005): Der Erzähler Weyergraf denkt über den Autor Graffenberg nach, der seinerseits einen Schriftsteller Weyerstein entwirft.
In diesem Zusammenhang ist auch die **Fiktionalisierung von (Auto-) Biographien** zu nennen. Sind Patrick Modianos (*1945) autobiographische Texte (*Livret de famille*, 1977; *Remise de peine*, 1988) noch traditionell der Suche nach der eigenen (jüdischen) Identität gewidmet, verwandelt sich die Gattung in den 1990er Jahren in eine **unsystematische persönliche Beichte mit fragmentarischer Struktur**. Annie Ernaux (*1940) erzählt in *Passion simple* (1991) ihr Leben in Form eines Romans in alltäglicher Sprache (›écriture blanche‹). Mit *La place* (1983) beschreibt sie das Leben ihres Vaters, mit *Une femme* (1988) das ihrer Mutter. Autobiographien beleuchten immer auch aktuelle gesellschaftliche Themen. Hervé Guibert (1955–1991), der der tödlichen Immunschwäche Aids erliegt, schreibt immer über sich ohne die Differenz Autor/erzählendes Ich zu markieren (*A l'ami qui ne m'a pas sauvé la vie*, 1990). Nummerierte Fragmente protokollieren sein Sterben in einer Erzählung von lauter letzten Tagen (*Le protocole compassionnel*, 1991).

3.7.3 | Globalisierung und kulturelle Eigenart

Globales und lokales Denken

Mit dem Stichwort ›Globalisierung‹ wird ein Prozess umschrieben, in dem sich allmählich eine **Weltgesellschaft** mit entsprechenden **wirtschaftlichen, sozialen, politischen und kulturellen Strukturen** herausbildet. Das Bild von Nationen als in sich geschlossene, territorial, ethnisch oder national definierte Kulturen wird durch die Idee eine Weltkultur mit lokalen Besonderheiten ergänzt. In der Literatur wird die **Ambivalenz dieser Entwicklung** beleuchtet: die Auflösung nationaler Identität, die als Bedrohung empfunden wird, aber auch das Recht auf kulturelle Andersartigkeit impliziert (vgl. Lüsebrink 2000, 170 f.).

Für Frankreich stellt sich besonders das Problem nach dem **Verhältnis der *grande nation* zu den ehemaligen Kolonien** und nach dem Status der auf französischem Territorium geborenen Kinder von Nicht-Franzosen (s. Kap. 4.5.3, S. 362 f.). Gerade in den Vorstädten zeigt sich das **Scheitern der französischen Integrationspolitik**.

9. November 2005, *banlieue de Paris*

Ende der großen Erzählungen, Globalisierung, Komplexität

Ein eindrucksvolles Bild von deren Trostlosigkeit vermitteln die preisgekrönten Filme *Le thé au harem d'Archimède* (1984; Regie: Mehdi Charef, s. S. 363) und *La haine* (1995; Regie: Mathieu Kassovitz).

Neues Engagement: Wo Globalisierung und kulturelle Eigenart literarisch thematisiert werden, entsteht erneut eine *littérature engagée* (s. Kap. 3.6.5). In seiner *Trilogie de l'invisible* (1997–2003) thematisiert z. B. **Eric-Emmanuel Schmitt** (*1960) die **großen Weltreligionen** und fordert zu Toleranz gegenüber Andersdenkenden und zur Aufgabe von starren Werthierarchien auf. Der erste Teil, *Monsieur Ibrahim et les fleurs du Coran* (1999; verfilmt von François Dupeyron 2003), erzählt die Geschichte eines jüdischen Jungen im Paris der 1960er Jahre, der sich mit einem arabischen Lebensmittelhändler anfreundet und zur Einsicht gelangt, dass die Welt nicht so ist, wie er gelernt hat sie zu sehen.

Frankophonie

Die Schriftsteller/innen der Frankophonie (vgl. Teschke 1998, 139–158; Grimm 2006, 422–496) suchen nach einer eigenen Sprache mittels **synkretistischer Schreib- und Ausdrucksweisen**, die Eigenes und Fremdes mischen (wie auch in der Musikkultur, vgl. Lüsebrink 2000, 174) und sind eng auf Selbstfindungs- und Identitätsfragen bezogen. Die Autoren der **»négritude«-Bewegung** verteidigen die kulturellen Werte der Schwarzen – Léopold Sedar Senghor (1906–2001; Senegal), Léon Gontran Damas (1912–1978; Guyana), Aimé Césaire (*1913; Martinique) und Mongo Beti (eigentlich Alexandre Biyidi, 1932–2001; Kamerun) – und verarbeiten in einer »littérature de désaliénation« die **Folgen der Kolonisation, der Entkolonialisierung und der Neo-Kolonisation** kritisch. Senghor wird 1983 als erster Schwarzer in die *Académie française* gewählt.

Die französischsprachige Literatur des Maghreb steht im Zeichen der Abgrenzung gegen die hegemonialen (geistigen und kulturellen) Ansprüche Frankreichs: Driss Chraïbi (*1926; Marokko), Kateb Yacine (1929–1989; Algerien), die 2006 in die *Académie française* aufgenommene Assia Djebar (*1936; Algerien), Rachid Boudjedra (*1941; Algerien) und – der bekannteste – Tahar Ben Jelloun (*1944; Marokko), der sich inzwischen zu einem exponierten Mittler zwischen Europa und der Welt des Islam entwickelt hat.

Von einem ›**Durchbruch**‹ der frankophonen karibischen, maghrebinischen und schwarzafrikanischen Literaturen in Frankreich kann man (vgl. Lüsebrink 2000, 172) erst seit den 1980er und 1990er Jahren reden, als diese **französische Literaturpreise** erhalten. Der Schriftsteller libanesischer Herkunft **Amin Maalouf** (*1949) erreicht z. B. Bestseller-Auflagen (*Léon l'Africain*, 1986).

Kulturelle Identität: Die Vergangenheit erzählen

Zur kulturellen Identität gehört auch die Auseinandersetzung mit der Vergangenheit. Seit Ende der 1980er Jahre steigt das Interesse an den Weltkriegen (vgl. Grimm 2006, 412–414). 1990 erhält Jean Rouaud (*1952) den *Prix Goncourt* für *Les champs d'honneur*, eine **Familiengeschichte mit Erinnerungen** an den Ersten Weltkrieg. Die Saga führt Rouaud mit *Des* *hommes illustres* (1993), *Pour vos cadeaux* (1998) und *Sur la scène comme au ciel* (1999) fort. Sébastien Japrisot (*1934) erzählt in *Un long dimanche de fiançailles* (2004) anhand der Suche einer Frau nach ihrem angeblich vor dem Schützengraben ermordeten Verlobten das **Grauen des deutsch-französischen Stellungskrieges**. Philippe Claudels (*1962) *Les âmes grises* (2003) hat einen Mord aus dem Jahr 1917 in der französischen Provinz zum Thema, dessen Aufklärung die Tragik vor Augen führt, dass **Schuldige und Unschuldige nicht unterscheidbar** sind (Verfilmung 2005; Regie: Yves Angelo). Claude Duneton (*1935) rekonstruiert in dem »roman vrai« *Le monument* (2004) anhand eines Kriegerdenkmals in seinem Heimatdorf die Lebenswege der Opfer des Ersten Weltkrieges, indem er **Archivmaterial und romaneske Elemente** verbindet. Der einzige, der aus dem Krieg zurückkehrte, ist der Vater des Autors.

George-Arthur Goldschmidt (*1928) hat als jüdisches Kind den Nazi-Terror in Frankreich überlebt und verarbeitet seine Erfahrungen in autobiographischen Romanen (*Le miroir quotidien*, 1981; *Un jardin en Allemagne*, 1986; *La forêt interrompue*; 1991). Eine schwere Kindheit während und nach der Besatzungszeit beschreibt Michel Chaillou (*1939) in *1945* (2004). Die **Rekonstruktion eines jüdischen Schicksals** im Paris der Besatzungszeit ist Patrick Modianos *Dora Bruder* (1997).

Die **Schwierigkeit oder gar Unmöglichkeit des Schreibens** angesichts der Vernichtung der Zeugen steht im Zentrum von Maurice Blanchots (1907–2003) *L'écriture du désastre* (1980). Dass das Schreiben eigentlich erst das (Über-)Leben sichert, ist Kerngedanke der französischen Romane Jorge Sempruns (*1923; *Quel beau dimanche*, 1980; *Le mort qu'il faut*, 2001; *L'écriture ou la vie*, 2001; zu weiteren Romanen vgl. Grimm 2006, 412–414).

3.7.4 | Spiele(n)

»**Alles ist mindestens schon einmal gesagt worden**«, lautet eine viel beschworene Formel der Gegenwart, die darauf hinweist, dass **das Schaffen von Neuem um die Jahrtausendwende problematisch wird**. Dass jeder Text auf bereits existierende Texte verweist, verurteilt indes die Literatur nicht zum Verstummen oder zu schematischer Wiederholung. Vielmehr kann nunmehr hemmungslos **Neues aus Bekanntem zusammengesetzt werden**. Das Resultat sind Texte, die mit Formen, Strukturen, Verknüpfungen und Gattungen spielen (vgl. Baumann/Lerch 1989, 44).

Erzählschablonen

Deutlich wird dieser Aspekt, wenn sich Texte auf **stark kodifizierte Erzählschablonen mit langer Tradition** wie z.B. den **Kriminalroman** beziehen. In einer spielerischen Aneignung werden gattungstypische Strukturen vordergründig aufgegriffen, dann jedoch zersetzt. Jean Echenoz (*1947) montiert z.B. in *Lac* (1989) Handlungsstränge nebeneinander, lässt aber viele **Spuren ins Leere laufen**. Ähnlich spielt er mit Strukturen des Spionageromans in *Le méridien de Greenwich* (1979):

Ende der großen Erzählungen, Globalisierung, Komplexität

Zufallsbegegnungen ersetzen logische Handlungsstrukturen. Vielfach ist die Genre-Schablone nur noch dekorativ.

Rückgriffe auf Altbekanntes zeigen sich auch in der **Mischung verschiedenster Erzählschablonen** (dem *sampler* in der Musik vergleichbar). Daniel Pennac (*1944) etwa verbindet in einem makabren Kaufhaus-Mord-Roman (*Au bonheur des ogres*, 1985) Erzählformen des Detektiv-, Familien- und Sozialromans mit fantastischer Übertreibung. Eine **Verzerrung literarischer Schablonen** unternimmt Marie NDiaye (*1967) mit *Comédie classique* (1987), das aus einem über 100 Seiten langen Satz besteht.

Spiel mit Fiktion

Das spielerische Moment liegt auf dem Theater z. B. im **Vermischen von Fiktionsebenen**. Emmanuel Schaeffer (*1955) führt in *Comment rendre l'autre fou* (1992) anhand einer Trennungsgeschichte die **fließende Grenze zwischen psychischer Innen- und ›realer‹ Außenwelt** vor. Jean-Luc Lagarce (1957–1995) verfolgt in *J'étais dans ma maison et j'attendais que la pluie vienne* (1997) eine »dramaturgie dissolvante« (Pavis 2002, 184), indem er die Beziehung zwischen Theaterspiel und eigenem Leben thematisiert. In *Jeux de planches* (1999) des Erfolgsautors Jean-Paul Alègre (*1951) sind Szenenanordnung, Figurenzahl und Fiktionsebenen beliebig variierbar.

Humor und Ironie sind beliebte Mittel des Spiels, denn mit ihrer Hilfe können ›eigentliche‹ und ›übertragene‹ Bedeutungen kombiniert werden. Das **Spielen mit Wörtern und Bedeutungen** zeigt sich in **Philippe Sollers'** *La fête à Venise* (1991), ein »roman instantané« aus Zitaten, der Zufallsprozesse zum Konstruktionsprinzip erhebt. Das zufällige Spiel mit Worten und szenischen Elementen ersetzt eine logische Struktur auch in vielen Theatertexten, von denen stellvertretend **Philippe Minyanas** (*1947) *Inventaires* (1987) genannt sei (vgl. Pavis 2002, 113).

Selbstbezüglichkeit ist ein weiteres Charakteristikum des Spiels, d. h. die Schaffung eigener Regeln **jenseits einer Realität außerhalb des Spiels**. In der Literatur zeigt sich Selbstbezüglichkeit in der Ablehnung der Beschreibung äußerer Wirklichkeit. Das Charakteristikum des Theaters Valère Novarinas (*1942) ist die Arbeit mit dem **Wort als Klangmaterial und vieldeutigem Symbol** mit schöpferischer Kraft (s. S. 44 f.). In *La chair de l'homme* (1995) etwa fallen die assoziativen, unlogischen, oft rein klanglichen Repliken von hunderten verschiedener Sprecher auf. Ein herausragender Vertreter des ›Wortkultes‹ im Roman ist **Pascal Quignard** (*1948), vor allem die Fragmentsammlungen *La haine de la musique* (1995) und *Les ombres errantes* (2002; *Prix Goncourt*). In der Lyrik erscheint im sogenannten **›spatialisme‹** die Sprache als Klangmaterial und Energie (Pierre Garnier, *1928).

Auch Improvisationen gehören zum Spiel. Zu internationaler Berühmtheit gelangt Ariane Mnouchkines (*1939) *Théâtre du Soleil*, dessen Inszenierungen *1789* (1970) und *L'âge d'or* (1975) keine Dramentexte mehr zugrunde liegen, sondern **Einfälle des Schauspielerkollektivs** (*création collective*). Zudem findet das Theater **außerhalb traditioneller Gebäude** statt, verweigert Belehrung und fordert zu sinnlicher Partizipation auf. In den 1980er Jahren kehrt das Theater wieder zum Erzählen von Geschichten zurück.

Spiele(n)

Zur Vertiefung

Dekonstruktion – das Spiel der Signifikanten

*Wie für den Begriff ›postmodern‹ gilt auch für den Begriff ›dekonstruktivistisch‹, dass er zu einem unpräzisen Modewort geworden ist. Bindet man ihn indes an die Konzepte der beiden zentralen Theoretiker der Dekonstruktion, Jacques Derrida (*La dissémination, *1972) und Paul de Man (*Allegories of reading, *1979), zurück, gewinnt er wieder an Trennschärfe. Laut Derrida* ***demontiert die Dekonstruktion feste Oppositionen*** *(wie* gut-schlecht, schön-hässlich, zentral-peripher*), indem sie zeigt, dass Bedeutungen nicht fixiert werden können, sondern immer wieder auf andere Bedeutungen verweisen. Derrida nennt dies das* ***Spiel der Signifikanten****. Dekonstruktion bedeutet also nicht bloße De-struktion (z. B. als Zerstörung von Figurenidentität), sondern die Demontage von bedeutungsvollen Oppositionspaaren, indem z. B. gezeigt wird, dass sich Identitäten gegenseitig bedingen. Verdeutlicht werden kann dies an sogenannten Kippbildern, deren Vorder- und Hintergrund stets wechseln kann. An ihnen kann man gut sehen, wie ein und dasselbe Bild auf zwei grundsätzlich verschiedene Weisen gesehen werden kann, die nicht synthetisiert werden kann. Für eine dekonstruktivistische Textanalyse gilt, dass sie nicht nach der Bedeutung, sondern nach* ***widersprüchlichen Bedeutungen und nach Mechanismen der Bedeutungsaufschiebung*** *sucht. Paradoxien und Kontingenz (d. h. Zufälligkeit) bei der Bedeutungskonstruktion nehmen in der Dekonstruktion eine zentrale Stellung ein.*

Während die Strukturalisten versuchten, Grammatiken zu entwickeln, aus denen die Bedeutung des Werks ableitbar ist, untersuchen die Dekonstruktivisten (Poststrukturalisten), wie dies durch die Arbeit der Texte selbst verhindert wird (vgl. Culler 1999, 21). Dekonstruktion ***lehnt*** *den gewaltsamen Ausschluss von Alternativen und den* ***Zwang zur Systematik ab****. Sie führt widersprüchliche Lektüren zusammen, die nicht in einer Synthese aufgehoben werden. Gegensätze werden bei der Lektüre vielmehr als Ambivalenz, als Koexistenz des Widerstreitenden aufrechterhalten. Es geht nicht mehr darum, Wahrheit zu suchen oder Zeugnis abzulegen. Die Dekonstruktion legt Widerspruch ein gegen die auf konsistente Ganzheit, auf Totalität des Werkes, auf Feststellbarkeit der Bedeutung und auf einen kohärenten Sinn gerichtete traditionelle Textarbeit. Dekonstruktivisch sind daher streng genommen* Lektüren *und nicht* Texte.

Hierarchie-Zerstörungen *zeigen sich* ***im Gegenwartsroman*** *z. B. an folgenden Merkmalen: »Zickzacklauf, unterbrochene Handlungen, suspendierte Zeit, vage Orte, das Fehlen einer klaren Beziehung zwischen den Ursachen und den Wirkungen, Verschiebung der Perspektiven, Umkehr der Rangordnung von nebensächlichem Detail und wesentlicher Tatsache, Fragen, die unbeantwortet bleiben – alles Mittel des autre roman, um die Verstörung zu erhalten« (Alphant in Baumann/Lerch 1989, 46).*

Ein berühmtes Kippbild: Vase und Gesichter

Ende der großen Erzählungen, Globalisierung, Komplexität

3.7.5 | Unterhaltung und Kommerz

Neue Wahrnehmungsweisen

Viele literarische Texte eignen sich Formen der **Spannungserzeugung aus der Unterhaltungsindustrie** an: **kurze, aussagekräftige Stimuli** (auf Überraschung angelegte Knappheit der Werbespots, suggestive Bilder (aus) der Videoclips, effektvolle Szenenabschlüsse der Vorabendserien oder emotionsgeladenes ›Infotainment‹ der Nachrichtensendungen). Da Aufmerksamkeit im Informationszeitalter ein wichtiger Rohstoff ist, nimmt die wenig Konzentrationsaufwand fordernde **fragmentartige Erzählung** zu. Die Rezeption erleichtern Wiederholungen, geringe Komplexität von Sprache und Erzählstrukturen sowie die Abnahme von Ambivalenz. Die Literatur arbeitet mit kurzen Sequenzen, schnellen Schnitten, evokativen Bildern und intensivierten Reizen (Aggression, Perversion, grobe Komik).

Unterhaltung mit Tiefgang: Sprachlich und strukturell wenig komplexe Texte **verbinden Unterhaltung oft mit philosophischen Gedankenspielen** wie Eric-Emmanuel Schmitts skurrile ›was-wäre-wenn‹-Szenarien – die Begegnung zwischen Sigmund Freud und Gott in *Le visiteur* (1993), der Lebensweg Adolf Hitlers als harmloser Künstler in *La part de l'autre* (2001) –, Pascal Bruckners (*1948) Parodie eines *conte philosophique* mit dem Titel *Le divin enfant* (1992) oder seine fantastische Erzählung des Schönheits- und Jugendkultes *Les voleurs de beauté* (1997), Bernard-Henri Lévys (*1948) Märchen im Himmel *Sept jours pour une éternité* (2002), Marie Darrieussecqs (*1969) tierische Metamorphosen *Truismes* (1996) und persönliche Aufzeichnungen der Geburt ihres Kindes *Le bébé* (2002), Nadine Diamants (*1957) schwarze Alltagsmärchen, Catherine Rihoits (*1950) erotische Romane oder Sylvie Germains (*1954) Geschichten wüster Verbrechen und zügelloser Leidenschaften. Oft scheint schon das **Thema einem Sensationsblatt entlehnt** wie etwa Claude Tardats *Une mort sucrée* (1986), einem Tagebuch darüber, wie sich eine Frau zu Tode frisst.

Auch auf der Theaterbühne locken humorige Alltagsgeschichten große Zuschauermengen an. Die **Tradition der Boulevardkomödie** nimmt Yasmina Reza (*1957) in ihrem Dreifigurenstück *Art* (1994) auf, das die Frage nach Wesen und Funktion von Kunst mit Gedanken über Freundschaft verbindet. Durch ihren Film *Trois hommes et un couffin* (1985) wird **Coline Serreau** (*1947) international bekannt; mit dem **Science-Fiction-Märchen** *Lapin Lapin* (1983) schreibt sie ein Erfolgsstück.

Verlagspolitik

Umstrukturierungs- und Konzentrationsprozesse der Verlage seit Beginn der 1970er Jahren führen dazu, dass sich das Angebot auf **schnelllebige Ware** einstellt. Jeden Herbst publizieren rund zweihundert Autoren ihren ersten Roman, jeder neue Roman hat eine durchschnittliche Lebensdauer von drei Monaten (vgl. Baumann/Lerch 1989, 80). Seit Beginn der 1980er Jahre sinkt die Einzelauflage. Zur Kommerzialisierung gehört die zunehmende **Inszenierung der Literatur als Medienereignis**. Bestseller entstehen durch publikumswirksame Aufbereitung und **gezielte Vermarktung**. Die in den 1970er und 1980er Jahren populäre **Fernsehsendung ›Apostrophes‹** (s. Kap. 4.2.3, S. 272) bringt mediengerechte Bücher

Unterhaltung und Kommerz

und Autoren hervor. Dank der Stilisierung von Frédéric Beigbeders (*1965) Roman *99 Francs* (2000, s. S. 42) zur skandalträchtigen Nabelschau der französischen Werbebranche, wird dieser zum Verkaufserfolg, der auch auf die gekonnte Mischung aus Journalismus und Fiktion zurückzuführen ist. Der ›**Doku-Roman**‹ *Windows on the world* (2003) führt diese bewährte Formel anhand fiktiver Opfer der Anschläge des 11. September 2001 fort.

Tabubrüche und Exzesse aller Art haben aufmerksamkeitssteigernden Wert. So stechen Michel Houellebecqs (*1958) Romane durch unverblümte, zynische Sprache und einen hohen Anteil pornographischer Elemente hervor. In *Extension du domaine de la lutte* (1994) entwirft der Autor ein **pessimistisch-depressives Gegenwartsbild**, das er in seinem Bestseller *Les particules élémentaires* (1998) in einer dunklen Zukunftsvision enden lässt. **François Bon** (*1953) siedelt seine Alltagsgeschichten in gesellschaftlichen Randzonen als **Ort des Schocks und der Angst** an. So spielt *Le crime de Buzon* (1986) unter entrechteten, von Geburt an marginalisierten Fabrikarbeitern, deren Leben von Gewalt, Ignoranz und Konsumgier geprägt wird. *Décor ciment* (1988) porträtiert das Milieu der Mietskasernen. Eine brutale Welt zeigt das Theater **Bernard-Marie Koltès'** (1948–1989) mit den antisozialen Befreiungskämpfen sozialer Randexistenzen, deren gemeinsames Merkmal Einsamkeit ist. Sein bekanntester Text *Roberto Zucco* (1990) zeigt den Massenmord als Faszinosum (zum Theater nach 1968 vgl. Schlocker 2003, 535–538).

Der utopielosen Gegenwart wird mit beißendem Humor in grotesken Alltagssituationen begegnet. In **Jean-Luc Benoziglios** (*1941) *Cabinet-Portrait* (1980) sucht ein arbeitsloser Mann auf der Etagentoilette unentwegt in einem Lexikon nach seiner Identität. *Le jour où naquit Kary Karinaky* (1986) verbindet weltgeschichtliche Ereignisse mit dem Leben eines kleinen Mädchens. Idiotie, Formspiele, Ideale, Alltagstristesse und Clownerie sind untrennbar miteinander verwoben.

Für Literatur abseits des *mainstream* sind Verlegerpersönlichkeiten wie Jérôme Lindon (1925–2001) bei Minuit oder Denis Roche (*1937) bei Seuil (Collection *Fiction & Cie*) von Bedeutung. Zusammen mit wenigen anderen (vor allem P.O.L. Hachette) spezialisieren sich diese Verlagshäuser auf ›abwegigere‹ Texte. Ob diese ein kommerzieller Erfolg werden, hängt nicht zuletzt von den **Literaturpreisen** ab, die sie erzielen, von denen der prestigereichste der *Prix Goncourt* ist. Doch auch wenn diese hohe Auflagenzahlen garantieren, implizieren sie nicht automatisch literarische Qualität oder innovatorisches Potential (vgl. Flügge 1993, 79).

Ende der großen Erzählungen, Globalisierung, Komplexität

3.7.6 | Multiplikation von Wirklichkeiten in der Medienkultur

Neue Erfahrungen in der Informationsgesellschaft

Film und Fernsehen werden in den 1970er Jahren fester Bestandteil der **postindustriellen Informationsgesellschaft** (Daniel Bell), Video und Computer erweitern das Medienangebot und führen zu neuen Formen der Welterfahrung. Hinzu kommt als dezentrale Kommunikationsform das Internet. Hier verfügt der Nutzer über ein unüberschaubares Angebot von Daten, die zwar vernetzt, aber nicht vorstrukturiert sind. Das Surfen im Netz auf individuellen Pfaden ermöglicht eine potentiell unbegrenzte Zahl von Kombinationen.

Die Medien schaffen **neue Formen des Wirklichkeitsgefühls**, weil »das *interface* zwischen dem Menschen und elektronischer Berechnung, Darstellung, Bedeutungsstiftung und Simulation ein ontologisch neuer Modus des ›In-der-Welt-Seins‹ ist und sowohl neue Felder der Erfahrung als auch neue Verdinglichungen des ›Seins‹ und der ›Welt‹ sichtbar werden lässt« (Sobchack 1991, 810). Wirklichkeit wird zunehmend als inszeniert erfahrbar, weil digitale Bildbearbeitung und virtuelle Welten (›Second life‹) die Frage nach **Original und Kopie**, nach **Authentizität und Virtualität** völlig neu stellen.

Simulakren

Das **Verhältnis von Wirklichkeits- und Fiktionsebenen** ändert sich. Der Benutzer audiovisueller Medien sieht Schnitt- und Überblendungstechniken und Simulationen der *virtual reality* als **neue Form ›echter‹ Welterfahrung** an. Der französische Philosoph Jean Baudrillard (1929–2007) spricht vom »Zeichen ohne Wirklichkeit«, dem *simulacre*, das keine Referenz habe (1976). In literarischen Texten schlägt sich dies z. B. in der **labyrinthartigen Verschachtelung von Fiktionsebenen** nieder, die jede Feststellung einer ersten, authentischen Erfahrungsebene unmöglich macht. Authentizität scheint ohnehin hinter einer zunehmenden **Kommerzialisierung und Theatralisierung der Kommunikation** zu verschwinden. Das neue mediale Lebensgefühl ist auf dem Theater eindrucksvoll beobachtbar, das verschiedene Medien mit *live*-Erlebnissen kombiniert. **Komplexe Bild- und Wortcollagen** loten die Grenze zwischen Realität und Fiktion, zwischen Medium und Botschaft aus. Das Theater George Lavaudants (*1947) montiert z. B. heterogene Bilder mit Klängen und bruchstückhaften Dialogen. Meist entzieht sich ein Großteil des Texts jeder Kohärenz und beschränkt sich auf **suggestive sinnlich-ästhetische Eindrücke** (*Terra incognita*, 1992; *Fanfares*, 2000). Der intensive Moment steht im Mittelpunkt, nicht die Suche nach Bedeutung.

Es bleibt abzuwarten, wie sich in der Literatur die Erfahrung von **Hypertexten** (s. S. 41), **modular vernetzten Texten ohne vorgegebene Lesart**, niederschlagen wird: Es wären Texte, die erst im Akt der Rezeption entstehen und die Grenze zwischen Leser und Autor aufheben.

Interpretationsbeispiel

Charakteristische Texte der zweiten Hälfte des 20. Jhs.

1982	**Leslie Kaplan** | *L'excès-l'usine*
1984	**Marguerite Duras** | *L'amant*
1985	**Alain Robbe-Grillet** | *Le miroir qui revient*
1986	**Marie Redonnet** | *Splendid Hôtel*
1986	**Amin Maalouf** | *Léon l'Africain*
1989	**Claude Simon** | *L'acacia*
1989	**Jean Echenoz** | *Lac*
1990	**Hervé Guibert** | *A l'ami qui ne m'a pas sauvé la vie*
1991	**Philippe Sollers** | *La fête à Venise*
1998	**Michel Houellebecq** | *Les particules élémentaires*
1999	**Anna Gavalda** | *Je voudrais que quelqu'un m'attende quelque part*
1999	**Eric-Emmanuel Schmitt** | *Monsieur Ibrahim et les fleurs du Coran*
2000	**Pascal Quignard** | *Terrasse à Rome*
2001	**Jorge Semprun** | *L'écriture ou la vie*
2004	**Sébastien Japrisot** | *Un long dimanche de fiançailles*
2004	**Marie Nimier** | *La reine du silence*

3.7.7 | Interpretationsbeispiel: Erinnerung als Suche in Nimiers *La reine du silence*

Eine **Autobiographie als Ausdruck selbstreflexiven Schreibens** ist Marie Nimiers mit dem *Prix médicis* ausgezeichneter Roman *La reine du silence* (2004). Eine Analyse des Anfangs zeigt grundlegende Strukturen.

Marie Nimier: *La reine du silence*, 2004, 9–13

> Mon père a trouvé la mort un vendredi soir, il avait 36 ans. Son Aston Martin DB4 s'est écrasée contre le parapet du pont qui enjambe le carrefour des routes nationales 307 et 311, à quelques kilomètres de Paris. La voiture roulait sur la file de gauche lorsqu'elle vira à droite en freinant sans que rien puisse expliquer ce brusque écart de conduite. Elle faucha sept bornes de béton avant de s'immobiliser. La jeune femme qui était assise à ses côtés, une romancière au nom exotique, venait de signer chez Gallimard le service de presse de son premier livre. Sunsiaré de Larcône avait 27 ans. Elle était d'une beauté peu commune.
> Il n'y a rien à raconter, n'est-ce pas, rien à dire de cette relation. Je n'étais pas dans la voiture. J'avais 5 ans. Je n'avais pas vu mon père depuis des mois. Il n'habitait plus à la maison. Certains journaux de l'époque ont avancé l'hypothèse que ce n'était pas lui mais elle qui conduisait l'Aston Martin. Je me demande où elle est enterrée. Sans doute à Rambervillers, sa ville d'origine. Elle avait un fils, son prénom m'échappe au moment où j'écris ces lignes. Il y a une vingtaine d'années, nous nous sommes rencontrés par l'intermédiaire d'une amie commune. Il se lançait dans la production musicale et je chantais dans un groupe, Les Inconsolables. Si j'avais

Ende der großen Erzählungen, Globalisierung, Komplexität

cru au hasard, j'aurais pu dire qu'il faisait bien les choses. Et inventer ça, l'histoire de ça. Une liaison entre les enfants de ces deux-là qui ensembl ont connu la mort. Le premier rendez-vous. Lui et moi, dans ce café de la porte d'Orléans. Le geste de sa main pour évoquer la blondeur maternelle. Le tremblement de mes lèvres. Le fils de Sunsiaré a les cheveux longs et cette gravité tranquille des enfants grandis prématurément. Nous avons le même âge. Jeunes, très jeunes – nous ne le savons pas encore, nous nous sentons très vieux. Nous sommes assis dans le fond du café, loin du regard des autres. Il y a de grands miroirs, une lumière tamisée et des banquettes de moleskine. Tu imagines la scène. Le scénario. Si tu as envie de vendre des livres, tu écris ça avec ce qu'il faut de perversité et de tendresse. Un sujet en or. Une couverture de presse exceptionnelle où l'on s'empressera de ressortir les photos de l'Aston Martin écrabouillée. Et puis non. Il y a ving ans, je n'ai pas écrit ce livre. Et je ne l'écrirai pas. Ou, si je l'écrivais, je le commencerais autrement.

Je dirais: je suis la fille d'un enfant triste. Ou, pour reprendre la traduction du titre anglais: d'un enfant des circonstances. Mon père était écrivain. Il est l'auteur du *Hussard bleu*, qui le rendit célèbre à 25 ans. Pour ceux qui n'ont jamais entendu parler de lui, je recopierais la présentation du livre de poche en l'assaisonnant à ma façon. [...]

Kurzinterpretation

Die ersten Absätze zeigen ein für diesen Roman charakteristisches **Schwanken zwischen Feuilleton-Nachricht und Autobiographie**: Während der erste Abschnitt logisch Tatsachen aufzählt, zeigt der zweite eine sprunghaft-assoziative Struktur und subjektive Einschätzungen (»Je me demande«, »son prénom m'échappe«). Im dritten Abschnitt erläutert die Erzählerin ihre Vorgehensweise: Sie will einen offiziellen Text, den Klappentext zu einem Roman ihres Vaters, subjektiv neu fassen, »en l'assaisonnant à ma façon«. Die Grenze zwischen journalistischem und ästhetisiertem Text wird auch danach immer wieder gekreuzt. Dass in Autobiographien **Subjekt und Objekt untrennbar sind** (man schreibt über sich selbst), kann die Erzählerin nutzen, um ihr zentrales Thema **Identitätssuche** als schwieriges, paradoxes Unterfangen zu kennzeichnen. Sie fragt nämlich nicht in erster Linie – wie der Textbeginn suggeriert (»mon père«) – nach der Identität ihres Vaters, sondern, wie der Titel andeutet, nach der erinnernden Person.

Der zweite Abschnitt zeigt ein weiteres strukturelles Charakteristikum: Das **Aneinanderreihen möglicher Geschichten** wird die Voraussetzung für eine tatsächlich erzählte Geschichte (dreimaliger Gebrauch des Konditional: »j'aurais pu dire«, »je le commencerais«, »Je dirais«). *Mögliche* Geschichten umkreisen eine *eigentliche* Geschichte, die selbst unsagbar bleibt. Häufige Verneinungen verweisen ebenfalls auf mögliche, jedoch nicht realisierte Geschichten (»Il n'y a rien à raconter, [...] rien à dire de cette relation«, »Et puis non. [...], je n'ai pas écrit ce livre. Et je ne l'écrirai pas«). **Das Schweigen ist Leitmotiv** der

Interpretationsbeispiel

Lebensgeschichte, mit dem der Akt des Schreibens ringt, was später als zentrale Aufgabe jedes Romanciers genannt wird (S. 174).

Der Beginn des Romans handelt davon, wie ein Beginn gesucht wird. Diese **selbstreferentielle Technik** (etwas verweist auf sich selbst) spiegelt das **Paradox des gesamten Romans**: Die Suche ist das Finden. Das Reden über Schweigen ist ein Selbstwiderspruch, weil die Verneinung der Erzählung der Anfang derselben ist. Der Titel zeigt diesen **Grundwiderspruch als Leitmotiv**. Erläutert wird er in einem späteren Kapitel, in dem die Erzählerin von einer unbeantwortbaren Frage ihres Vaters berichtet: »QUE DIT LA REINE DU SILENCE?« – »Comment, à la fois, parler et ne pas parler?« (S. 171).

Ein weiteres Kennzeichen des Textes ist, dass er den Leser direkt anspricht (»n'est-ce pas«, »Tu imagines la scène«). Dies und die assoziative Reihung vieler Gedanken, die **eher Kennzeichen von Mündlichkeit als von Schriftlichkeit** sind, verweisen auf Alltagsrede, ebenso wie ein momentaner Gedächtnisverlust (»son prénom m'échappe au moment où j'écris ces lignes« – am Ende des Textes weiß sie den Namen wieder). Im Schreiben selbst scheint erst eine Struktur zu entstehen, der kein Plan vorausgeht.

Der rasche Wechsel der Erzählung vom Faktischen zum Hypothetischen erinnert an das **assoziative Vorgehen menschlicher Erinnerung**. Die Gedächtnisforschung zeigt, dass menschliche Erinnerung keine bloße Reproduktion eines vergangenen Ereignisses ist, sondern ein Konstrukt der Vergangenheit, das im Dienst gegenwärtiger Erlebnis-, Verständnis- und Bedürfnishorizonte steht (hier angedeutet z. B. durch einen Verweis auf den Buchmarkt, der eine bestimmte Darstellung des Vergangenen favorisiert). Erinnerungen können auf verschiedene Weise zu einer Geschichte zusammengesetzt werden. Die **Erzählerin ist Teil der Erinnerung**.

Schon in den ersten Zeilen wird deutlich, dass die **Geschichte bewusst offen gehalten** wird und **als konstitutives Element den Zufall** einschließt. Im weiteren Verlauf umkreist die Erzählerin ein ›unsagbares Thema‹ und will ihr Leben gerade nicht chronologisch aufarbeiten. So heißt es an späterer Stelle: »Je lis, je découpe, je classe comme si justement cet essentiel, cet inexplicable était trop envahissant [...]« (S. 154). Die fehlende logische Anordnung bewirkt, dass es **keinen wirklichen Anfangs- und Endpunkt gibt**. Symptomatisch dafür ist der Beginn des Buches, der den fehlenden Beginn thematisiert. In der Erzählung scheint – unsagbar – die Identität bald des Vaters, bald der Tochter auf.

Grundlegende Literatur

Asholt, Wolfgang: Der französische Roman der achtziger Jahre. Darmstadt 1994.

– (Hg.): Intertextualität und Subversivität. Studien zur Romanliteratur der achtziger Jahre in Frankreich. Heidelberg 1994.

Baumann, Christine/Lerch, Gisela: Extreme Gegenwart. Französische Literatur der 80er Jahre. Bremen 1989.

Flügge, Manfred: Die Wiederkehr der Spieler. Tendenzen des französischen Romans nach Sartre. Marburg 1993.

Grimm, Jürgen (Hg.): Französische Literaturgeschichte. Stuttgart/Weimar [5]2006.

Pavis, Patrice: Le théâtre contemporain. Analyse des textes, de Sarraute à Vinaver. Paris 2002.

Teschke, Henning: Französische Literatur des 20. Jahrhunderts. Überblick und Trends. Stuttgart/Düsseldorf/Leipzig 1998.

Zeltner-Neukomm, Gerda: Der Roman in den Seitenstraßen. Neue Strukturen in der französischen Epik. Mainz/Stuttgart 1991.

Weiterführende Literatur

Baudrillard, Jean: L'échange symbolique et la mort. Paris 1976.

Blanckemann, Bruno/Mura-Brunel, Aline/Dambre, Marc (Hg.): Le roman français au tournant du XXIe siècle. Paris 2004.

Bossinade, Johanna: Postrukturalistische Literaturtheorie. Stuttgart 2000.

Culler, Jonathan: Dekonstruktion. Derrida und die poststrukturalistische Literaturtheorie. Reinbek 1999.

Lüsebrink, Hans-Jürgen: Einführung in die Landeskunde Frankreichs. Wirtschaft – Gesellschaft – Staat – Kultur – Mentalitäten. Stuttgart/Weimar 2000.

Lyotard, Jean-François: La condition postmoderne: rapport sur le savoir. Paris 1979.

–: »Eine post-moderne Fabel über die Postmoderne oder: In der Megalopolis«. In: Robert Weimann/HansUlrich Gumbrecht (Hg.): Postmoderne – globale Differenz. Unter Mitarb. von Benno Wagner. Frankfurt a. M. 1991, 291–305.

Münker, Stefan/Roesler, Alexander: Poststrukturalismus. Stuttgart/Weimar 2000.

Schlocker, Georges: »Französisches Theaterleben«. In: Ingo Kolboom/Thomas Kotschi/Edward Reichel (Hg.): Handbuch Französisch. Sprache – Literatur – Kultur – Gesellschaft. Für Studium, Lehre, Praxis. Berlin 2003, 535–538.

Sobchack, Vivian: »All-Theorien. Eine Reflexion über Chaos, Fraktale und die Differenz, die zu Indifferenz führt«. In: Hans Ulrich Gumbrecht/Ludwig Pfeiffer (Hg.): Paradoxien, Dissonanzen, Zusammenbrüche. Situationen offener Epistemologie. Frankfurt a. M. 1991, 809–822.

Welsch, Wolfgang (Hg.): Wege aus der Moderne. Schlüsseltexte der Postmoderne-Diskussion. Weinheim 1988.

Zima, Peter V.: Moderne – Postmoderne. Gesellschaft, Philosophie, Literatur. Tübingen/Basel 1997.

–: Theorie des Subjekts. Subjektivität und Identität zwischen Moderne und Postmoderne. Tübingen/Basel 2000.

4. Kristallisationspunkte der französischen Kultur (und Literatur)

4.1 | Grundlegende Theorien

4.1.1 | Kollektive Identität, Mentalität

Haben in Frankreich in den letzten Jahren die **Gedenkfeiern zugenommen**? Und wenn ja: Ist das ein Zeichen für eine stabile oder eher für eine bröckelnde kulturelle Identität? Welches Wirklichkeitsverständnis der Franzosen kann man daraus ableiten?

Solche Fragen stellt die Kulturwissenschaft, wenn sie **kulturelle Identität anhand sozialer Praktiken** beschreibt, in der sich die nicht-materielle Seite der Kultur manifestiert (s. Kap. 1.1). Kulturen weisen **spezifische Eigenheiten** auf: Werte, Normen, Institutionen und über Generationen hinweg tradierte Denk- und Verhaltensweisen (vgl. Huntington 1997, 41). Der Frage nach ›Kristallisationspunkten‹, die Bindungs- (und damit auch Ausschluss-)Mechanismen einer Kultur fassbar machen, widmet sich das folgende Kapitel.

Zum Begriff

Unter → **kollektiver Identität** versteht man das Resultat der Ausbildung gruppenspezifischer Kulturformen (vgl. Nünning 2004, 276 f.). Eine Form kollektiver Identität manifestiert sich als Zugehörigkeitsgefühl zu einer Gemeinschaft, als **kulturelle Identität**.

Kultureller Zusammenhalt

Das Zusammenleben einer kulturellen Gemeinschaft wird von komplexen Sinnsystemen, Vergangenheits- und Zukunftsbezügen geprägt. Kulturelle Identität bedeutet eine gemeinsam geteilte Realität. Diese wiederum impliziert

- ein **gemeinsames Denk-, Wert- und Normsystem**,
- ein **›kulturelles Gedächtnis‹ (Assmann)**, das mittels Ritualen, Symbolen und Mythen aufrechterhalten wird,

- eine **Binnendifferenzierung**, die über Rollenmuster und Umgangsformen die Beziehungen verschiedener Untergruppen zueinander regelt, sowie
- eine **Abgrenzung nach außen** gegenüber dem Fremden.

Da gesellschaftliche Praktiken durch das menschliche Bewusstsein und durch die Umwelt bedingt sind, mischen sich im Weltverständnis immer **reale und symbolische Ordnungen**. Wie die individuelle ist kulturelle Identität ein **dynamisch sich entwickelndes Konstrukt** aus Selbst- und Fremderfahrungen, das durch gegenseitige Erwartungen und immer wieder bestätigte Verhaltens- und Denkschemata gefestigt wird.

Risiken der Konstruktion kultureller Identität: Die Konstruktion kultureller Identität sichert Kontinuität und Stabilität einer Gemeinschaft. Die Kehrseite ist eine **Vereinheitlichung von Individuen**. Das Konzept kultureller Identität kann auch leicht zu **Pauschalurteilen über Kulturgemeinschaften** führen (Stereotype). Jede Identitätskonstruktion birgt zudem die Gefahr, **Partikularinteressen zu verallgemeinern**, vor allem wenn kulturelle Zuschreibungen der Ausgrenzung dienen und zum Machtinstrument werden (z. B. in Feindbildern).

Aufgabe der Kulturwissenschaft

Die Kulturwissenschaft entwickelt Theorien und Modelle und erklärt damit Verfahren, Formen und Funktionen kultureller (Selbst-)Repräsentation. Sie fragt nach **Vorstrukturierungen der Wirklichkeit in einer Kulturgemeinschaft** (Programme, Codes, Zeichen- und Regelsysteme) und nach den kollektiven identitätsstiftenden Kräften solcher Vorstrukturierungen. Dabei bezieht sie sich auf **verschiedene Ebenen**: die der allgemeinen Repräsentation kultureller Identität, die Ebene der Diskurse (Regelsysteme von Äußerungen), die der Institutionen und die der Individuen.

Zum Begriff

> Unter → **Mentalität** versteht man **Einstellungen und Denkmuster (Weltbilder)**, die in kulturellen Manifestationen eine unsichtbare Struktur fassbar machen, die wiederum Rückschlüsse auf (in der Regel unbewusste) Beweggründe kultureller Ausdrucks- und Handlungsformen zulässt. Die Mentalität einer Epoche und einer Kulturgemeinschaft ist ein »Repertoire an Vorstellungen, Deutungs-, Empfindungs- und Wahrnehmungsmöglichkeiten, welches die Grenzen individueller und kollektiver Wahrnehmung einer Zeit markiert« (Fauser 2003, 43), auf das die Individuen **keinen direkten Zugriff** haben. Auch dem Forscher muss es sich auf indirektem Weg erschließen über das Studium heterogener Quellen, oftmals ›zwischen den Zeilen‹.

Nouvelle histoire, histoire des mentalités

Äußerungsformen von Mentalität untersucht die **moderne Mentalitätsgeschichte (*histoire des mentalités*)**, die mit der Gründung der Zeitschrift *Annales d'histoire économique et sociale* im Jahr 1929 durch Marc Bloch (1886–1944) und Lucien Febvre (1878–1956) in Frankreich ihren Ausgang nimmt (vgl. Jöckel 1984). Sie will die Geschichtsschreibung dadurch revolu-

Kollektive Identität, Mentalität

tionieren, dass sie anhand zeittypischer Anschauungen **mentale Eigenheiten, psychische Dispositionen und prägende Strukturen** eines Zeitraums beschreibt, wobei sie Methoden der Geschichtsschreibung und der Soziologie verbindet. Statt sich einseitig auf die Ereignisgeschichte zu verlegen – die immer nur den einflussreichen Menschen und nicht der breiten Masse gilt – möchte die *nouvelle histoire* kollektive zeittypische Vorstellungen und Verhaltensmuster **im Alltäglichen** herausarbeiten. Denn gerade in gewöhnlichen, nicht in außergewöhnlichen Ereignissen, zeige sich die Mentalität. In diesem Sinne spürt die Mentalitätsgeschichte gezielt die von der ›großen Geschichte‹ **vernachlässigten Dokumente** auf und setzt sie wie ein Mosaik zu einem **charakteristischen sozialen Bild** zusammen. Elite- und Volkskultur werden dabei nicht getrennt, ebenso wenig wie kognitive und emotionale Aspekte.

Beispiele: **Philippe Ariès** (1914–1984) schreibt z. B. eine Geschichte der Kindheit (*L'enfant et la vie familiale sous l'Ancien Régime*, 1973) und eine Geschichte des Todes (*L'homme devant la mort*, 1977). **Jacques Le Goff** (*1924) widmet sich dem Versuch einer Rekonstruktion des mittelalterlichen Traumerlebens (*L'imaginaire médiéval*, 1985). Weitere Themen sind gesellschaftliche Randgestalten wie Prostituierte, Wahnsinnige und Verbrecher.

Mentalitäten

Grenzen von Denkweisen werden als zeitbedingt erkennbar, denn Mentalitäten legen das Denken des Individuums auf bestimmte kognitive und affektive Denk- und Handlungsmuster fest. Mentalitäten haben oft eine **erstaunliche Beharrungskraft**, die Kontinuität verbürgt. Man darf sie sich indes nicht als monolithischen Block vorstellen, sondern muss vielmehr von einer **Überlagerung verschiedener Ordnungsstrukturen**, z. B. von gruppen-, klassen- oder geschlechtsspezifischen Mentalitäten, ausgehen.

Zur Vertiefung

Der Historiker Fernand Braudel *(1902–1985) aus der zweiten* Annales-*Generation unterscheidet drei Zeitschichten:*

- *die »**géohistoire**«, die fast stillstehende Schicht der kaum veränderlichen Geschichte wie z. B. die natürlichen und räumlichen Gegebenheiten,*
- *die »**longue durée**«, die langsamen Rhythmen der Geschichte als die sozio-kulturellen, ökonomischen und politischen Langzeitphänomene, und*
- *die »**histoire événementielle**«, die punktuellen politischen Ereignisse, die angesichts der anderen Zeitebenen kaum ins Gewicht fallen.*

Die mittlere Schicht versteht Braudel als Kern seines Faches. Sein Hauptwerk, in dem er seine Theorien auf die Geschichte Frankreichs anwendet, ist L'identité de la France *(1986).*

4.1.2 | Bausteine und Medien kultureller Identität

Cassirers Auffassung von kultureller Symbolbildung

Kollektivsymbole sind Teil eines kulturellen Orientierungswissens. ›Symbolisch‹ werden Objekte, Orte oder Handlungen, wenn sie stellvertretend auf etwas anderes verweisen als auf sich selbst. Für **Ernst Cassirer** (1874–1945), einen der Begründer der Kulturwissenschaft, steht das menschliche Leben immer unter dem **Prinzip symbolischer Formung**, weil sich die geistigen Energien des Menschen notwendig in sinnhaften Gestalten manifestieren, denn jede Wahrnehmung des menschlichen Bewusstseins macht erst in einem organisierten Zusammenhang Sinn. Dieser Logik folgt auch die **kulturelle Symbolik**: Laut Cassirer lebt der Mensch in einem **symbolischen Netz** von Sprache, Mythos, Kunst, Religion, Technik etc. Ununterbrochen schafft die Kultur neue Symbole, und alles kann zum Symbol werden: Menschen, Tugenden, Sprache, Monumente, Orte, Landschaften, Lieder (Hymnen), Textilien (Fahnen), Kleidung (Trachten) oder Kulinarisches (vgl. Röseberg 2001, 39). Viele Symbole gehen in **nationale Folklore** oder in **kommerzialisierte Ware** über (vgl. ebd., 61).

Mythen

Auch über **Mythen und den Umgang mit ihnen** ist kulturelle Identität beobachtbar, da Mythen kulturspezifische Weltbilder tradieren. Die **Rezeptionsgeschichte des Mythos** ist ein Indikator für die Entwicklung des Wirklichkeitsverständnisses (vgl. Jamme 2004, 48). Mythen verleihen der Identitätskonstruktion einer Gemeinschaft ein Sinnsystem.

Zum Begriff

→ **Mythos** bedeutet im Griechischen ›Wort, Erzählung‹ und meint in seiner ursprünglichen Bedeutung **überlieferte Erzählungen** von Göttern und Helden sowie von Ereignissen und Begebenheiten der Ur- und Vorzeit einer Kultur, die deren Ursprünge erklären. In einer **allgemeinen modernen Bedeutung** bezeichnen ›Mythos/Mythisierung‹ die »Verklärung von Personen, Sachen, Ereignissen oder Ideen zu einem Faszinosum von bildhaftem Symbolcharakter« (Röseberg 2001, 33).

Mythenbildung: Kulturelle Gemeinschaften **schaffen neue Mythen** zur Stärkung des eigenen Identitätsgefühls (vgl. Schmitz-Emans 2004). Prinzipiell können **Menschen, Objekte, Ereignisse und Geschichten** dann zu Mythen werden, wenn ihre ›mythische Besonderheit‹ **kollektiv tradiert** wird. Bei der Schaffung von Mythen zählt nicht das, was tatsächlich war, sondern das, woran erinnert wird.

»Mythen des Alltags« nennt der französische Literatur- und Kulturtheoretiker **Roland Barthes** (1915–1980) diejenigen Mythen, die auf einem »usage social« (1957, 194), also einer sozialen Praxis, beruhen. Mythisch werden Sprache oder Bilder laut Barthes dort, wo suggeriert wird, dass sie etwas anderes darstellen als das, was sie sind, denn Mythisierung sei **Aufladung mit Bedeutung**. Daher spricht Barthes auch vom Mythos als einem »**système sémiologique second**« (1957, 199): »Ce qui est signe (c'est-à-dire total associatif d'un concept et d'une image) dans le premier système, devient simple signifiant dans le second« (1957, 199). Der Mythos sei entsprechend ein »méta-langage« (1957, 200–202). Kennzeichnend für den Mythos sei insbesondere, dass er **der rationalen Argumentation unzugänglich** bleibe und dass nicht mehr wahrgenommen werde, dass er keine Tatsache sei: »le mythe est lu comme un système factuel alors qu'il n'est qu'un système sémiologique« (1957, 217). Potentiell können alle Alltagsgegenstände und -handlungen den Status eines Alltagsmythos erlangen.

Laut Barthes **stabilisiert der Mythos vorhandene soziale Strukturen** und macht sie durch manipulatorische Mystifikation **gegen kritische Erneuerung resistent**. Hier liege auch die Gefahr einer **Stillstellung der Erfahrung**: »[...] la fin même des mythes, c'est d'immobiliser le monde« (1957, 243). Der Mythos sei entsprechend eine »parole dépolitisée«, wobei das Politische nach Barthes ein »ensemble des rapports humains dans leur structure réelle, sociale, dans leur pouvoir de fabrication du monde« (1957, 230) ist.

Popkultur: Kreative Alltagsmythen schafft vor allem die **Popkultur**, die **populäre Massenkultur**, die auch mit ›mainstream‹ umschrieben werden kann, was auf ihre starke Sogwirkung hindeutet.

Kult und Ritual: Der Mythos ist eng mit Kult und Ritual, also **gemeinschaftsbildenden Praktiken** verbunden (vgl. Wilpert 2001, 541). Ein **Kult** ist eine an feste Vollzugsformen gebundene Religionsausübung, ein **Ritual** eine wiederkehrende, in ihrem Ablauf streng festgelegte Handlung, in der sich eine Gemeinschaft an eine transzendente Ordnung rückbindet. Die **Ritualforschung** (Clifford Geertz, Erving Goffman) untersucht sakrale und weltliche Riten (ohne mythischen Ursprung). In Kontexten, die **Schwellen im sozialen Miteinander** markieren (z. B. Taufe, Hochzeit, Begräbnis) gibt es ***rites de passage***, Initiationsriten, die das Individuum neu in der Gemeinschaft positionieren und ihm damit neue Rollen zuweisen (z. B. der *bizutage* an französischen Eliteschulen, vgl. Röseberg 2001, 106).

Festkultur: Mit Mythos, Kult und Ritualen hängt auch die **Festkultur einer Gemeinschaft** zusammen: Mythische Denkmuster werden dargestellt, repräsentiert, oftmals theatralisiert (z. B. Nationalfeiertage). Wie Rituale beruhen Feste auf dem **Grundprinzip der Wiederholung und der Vergegenwärtigung** (einer überlieferten Handlung). Sie dienen der Sinnstiftung innerhalb einer Gruppe anhand von Symbolen, Bildern, Orten etc.

Savoir vivre

Soziale Umgangsformen haben eine den Ritualen ähnliche kohärenzschaffende Funktion. Sie markieren soziale Beziehungen, die Alltagssituationen strukturieren. ***Savoir-vivre*** bedeutet soviel wie die Kunst, die **normativen und kodifizierten Kommunikationsformen und Rituale des Alltags** zu beherrschen. Der französische Soziologe und Kulturphilosoph Michel de Certeau (1925–1986) untersucht die **vielfältigen alltäglichen Praktiken der populären Schichten** (*L'invention du quotidien*. I: *Arts de faire*; II: *Habiter, cuisiner*, 1980), die damit erstmals Zentrum umfassenden soziologischen Interesses werden. Anhand teilnehmender Beobachtung stellt Certeau Rituale wie Familienfeste, Umgang mit Nachbarn, Besuch eines Cafés oder eines Marktes dar. Darüber hinaus untersucht er das **Verbraucherverhalten:** Die ***culture de consommation*** sei durch einen *art de faire* gekennzeichnet; zudem bringe der Verbraucher durch Konsumieren kreative Kombinationen der konsumierten Objekte hervor (*bricolage*).

Icône, culte

Quasi-religiöse Bräuche sind zu allen Zeiten kohärenzstiftende Grundlage kultureller Gemeinschaften. Bezeichnenderweise werden symbolträchtige populäre Elemente der Alltagskultur als ›**kultig**‹ bezeichnet, was im Französischen durch das angehängte Attribut ›culte‹ ausgedrückt wird (noch nicht im Wörterbuch der *Académie française* aufgeführt!): ›film culte‹, ›réalisateur culte‹, ›roman culte‹ etc. **Objekte, Menschen, Handlungen mit Kultstatus** sind ein Gegenpol der offiziellen ›hohen‹ Kultur. Bei Menschen ist auch die Bezeichnung ›Ikone‹ (*icône médiatique*) gebräuchlich (vgl. Kirschenmann/Wagner 2006). Grundsätzlich kann alles Kultstatus erlangen, wenn es einen großen Anhängerkreis anspricht (z. B. wird die Präsidentschaftskandidatin Ségolène Royal als ›icône médiatique‹ bezeichnet). Kultstatus wird dabei **aufgrund der Zuschreibung dieses Status durch eine Gruppe** erreicht, die eigene Riten im Umgang mit dem Kultobjekt ausbildet. Die identitätsstiftende und kulturtragende Leistung ist der Akt der Huldigung.

Kulturelle Vorstrukturierungen

Kulturelle Narrative ermöglichen die Tradierung von Voranahmen und Grundüberzeugungen einer Gemeinschaft. ›**Narrative**‹ sind **bestimmte Beschreibungs- und Darstellungsmuster** (also nicht Inhalte!), die in einer Kultur üblich und damit Ausdruck einer bestimmten Repräsentation sind, also eingeschliffene Weisen der Verarbeitung von Erfahrung (vgl. Fauser 2003, 87–91). Narrative haben eine **zeitlich-lineare Ordnung**, die den Inhalt vorstrukturiert und damit grundlegend zur sozialen Konstruktion von Wirklichkeit beiträgt. Zugleich halten Narrative **exemplarische Lösungen für ›Lebensgeschichten**‹ bereit und tragen damit zur Routine bei (vgl. Welzer 2001). Die Theorie der Narrative ergänzt die Theorien des symbolischen und rituellen Handelns.

Massenmedien wie Presse, Internet und Fernsehen (vgl. Liehr 2003) sind eine Vermittlungsinstanz zwischen individueller und kollektiver Erfahrung und zugleich Ort der Konstruktion kultureller Identität, weil sie **Art und Inhalt der Kommunikation entscheidend beeinflussen**. Die **Medienkulturwissenschaft** entwickelt sich seit den 1990er Jahren maßgeblich durch den deutschen Kommunikations- und Medienwissenschaftler Siegfried J. Schmidt. Laut Schmidt leben die Menschen des 21. Jh.s in einer Gesellschaft, »in der telematische Maschinen Wahrnehmungen und Gefühle, Wissen und Kommunikation, Sozialisation und Interaktion, Gedächtnis und Informationsverarbeitung, Politik und Wirtschaft beeinflussen, wenn nicht gar dominieren« (2004, 432). Virtuelle Realität, Simulation und weltweit operierende Netzwerke verändern auch Identitätskonzepte.

Kulturpolitik: Nicht nur die Entwicklung der Medien, auch der **Umgang mit ihnen** verrät kulturelle Besonderheiten. So bilden in Frankreich Kino und Fernsehen einen Schwerpunkt **staatlicher Kulturpolitik** (vgl. Asholt 1999, 189 f.). Das nach dem Krieg eingerichtete *Centre national de la cinématographie* (*CNC*) überwacht und regelt die Filmindustrie. Medi-

Die Zeitdimension kultureller Identität: Erinnerungskulturen

en gehören in Frankreich zur Staatsdomäne, doch geht die Kontrolle des Staates allmählich auf die **Regulierung durch den Markt** über (vgl. Bourgeois 1999, 423).

4.1.3 | Die Zeitdimension kultureller Identität: Erinnerungskulturen

Vergangenheit und Gegenwart

Jede Kultur zeichnet sich durch ihre Erinnerungsformen aus. Daher sind **Gedächtnis und Erinnerung** zentrale Themen der Kulturwissenschaft (vgl. Schößler 2006, 195–207). Dabei lautet eine Grundüberzeugung, dass **die Sicht auf die Vergangenheit immer von der Gegenwart geprägt** ist, von der Perspektive des Beobachters. Erinnerung erscheint folglich als Konstruktion, bei der nur das Berücksichtigung findet, was für die Gegenwart relevant ist. Da es verschiedene **Ausdrucksformen für Erinnerungen** gibt, muss von **Erinnerungskulturen** im Plural gesprochen werden. Die Anglistin Erll ordnet jeder Erinnerungskultur auch einen Modus zu, je nachdem ob Vergangenheit »als Lebensgeschichte, als Mythos, als einschneidendes historisches Ereignis, als romantisches Abenteuer oder als wissenschaftliches Faktum« tradiert werde (2005, 104).

Gedächtniskonzepte Jan und Aleida Assmanns

Kollektives Gedächtnis

Auf den französischen Soziologen **Maurice Halbwachs** (1877–1945) und den französischen Mentalitätshistoriker **Jacques le Goff** (*1924) geht das Konzept des kollektiven Gedächtnisses zurück.

Zum Begriff

> Unter → kollektivem Gedächtnis (*mémoire collective*) versteht man die Inhalte, Rahmenbedingungen und Überlieferungsformen der kollektiven Erinnerung, also die Vorstellungen, die einem Kollektiv gemeinsam sind.

Halbwachs stützt sein Konzept der ***mémoire collective*** (1959) auf die soziale Bedingtheit der Erinnerung. Jede Erinnerung ist für ihn ein kollektives Phänomen, da jeder Mensch in **materiale, mentale und soziale Bezugsrahmen (*cadres sociaux*)** eingebunden und damit Teilhaber an einer kollektiven symbolischen Ordnung sei. Über Sprache, Kommunikation (wiederholte gemeinsame Vergegenwärtigung) und **soziale Interaktion** (soziales Handeln, geteilte Erfahrungen) prägen Gesellschaft und kulturelle Tradition das Gedächtnis des Individuums, so dass man inhaltlich und strukturell individuelles und soziales Gedächtnis nicht trennen könne (vgl. Fauser 2003, 116–119). Vielmehr ist von einer Wechselbeziehung auszugehen:

Grundlegende Theorien

> [D]ie Erinnerungen stabilisieren nicht nur die Gruppe, die Gruppe stabilisiert auch die Erinnerungen. Halbwachs' Untersuchungen dieses ›kollektiven Gedächtnisses‹ ergab, daß dessen Stabilität in direkter Weise an Zusammensetzung und Bestand der Gruppe gebunden ist. Löst sich die Gruppe auf, verlieren die Individuen jenen Teil an Erinnerungen aus ihrem Gedächtnis, über den sie sich als Gruppe vergewisserten und identifizierten. (Assmann 1999, 131)

Zum Begriff

Jan und Aleida Assmann prägen den Begriff → **›kulturelles Gedächtnis‹**. Darunter verstehen sie den jeder Gesellschaft und jeder Epoche »eigentümlichen Bestand an Wiedergebrauchstexten, -bildern und -riten [...], in deren Pflege sie ihr Selbstbild stabilisiert und vermittelt, ein kollektiv geteiltes Wissen vorzugsweise (aber nicht ausschließlich) über die Vergangenheit, auf das eine Gruppe ihr Bewusstsein von Einheit und von Eigenart stützt« (Assmann 1992, 15).

Kommunikatives und kulturelles Gedächtnis

Jan Assmann (2000) unterscheidet zwischen **kommunikativem und kulturellem Gedächtnis**.

- Das **kommunikative Gedächtnis** ist die lebendige Erinnerung, die von konkreten Menschen verkörpert und mündlich weitergegeben wird.
- Das **kulturelle Gedächtnis** ist hingegen auf längere Zeiträume bezogen, die nicht mehr zur personengebundenen Erinnerung gehören. Es entfaltet sich durch Inszenierungen, Erinnerungsformeln und Handlungen. Weil es **auf Medien angewiesen** ist, steht es in enger Verbindung zu (Bildungs-)Institutionen (vgl. Fauser 2003, 127 f.).

Im Gegensatz zum individuellen Gedächtnis zeichnet sich das kulturelle Gedächtnis durch seine **Alltagsferne** aus. Es bezieht sich auf einen **übergreifenden Zeithorizont**.

Sechs Merkmale zeichnen das kulturelle Gedächtnis aus:

- **Gruppenbezogenheit:** Das kulturelle Gedächtnis bewahrt nur den Wissensvorrat einer bestimmten Gruppe auf.
- **Rekonstruktivität:** Die Gesellschaft konstruiert ihre Geschichten von ihrer gegenwärtigen Situation aus.
- **Geformtheit:** Das Wissen muss sich in einem Medium kristallisieren, um überlieferbar zu sein.
- **Organisiertheit:** Das Wissen wird institutionell abgesichert und hat spezialisierte Träger.
- **Verbindlichkeit:** Das kulturelle Gedächtnis ist auf ein normatives Selbstbild bezogen.
- **Reflexivität:** Das kulturelle Gedächtnis nimmt auf sich selbst durch Deutungen und Kontrollen Bezug.

Das kulturelle Gedächtnis dient der **Festigung von Identität und Selbstbild** einer Gruppe. Mythen und Symbole sind an dieser Konstruktion beteiligt (zum Assmann'schen Gedächtnisbegriff vgl. Erll 2005, 27–33).

Die Zeitdimension kultureller Identität: Erinnerungskulturen

Gedächtniskonzept Pierre Noras

Lieux de mémoire

Gedächtnisorte (*Mnemotope*) haben zeichenhaften Charakter (vgl. Nora 1984, 1986, 1992). Zu ihnen zählen nicht nur Stätten des Totengedenkens oder Denkmäler, sondern alle Orte öffentlichen Kults von Menschen, Objekten oder Ereignissen. Pierre Nora führt den Begriff ***lieux de mémoire*** für solche Erinnerungsorte ein (vgl. Fauser 2003, 130 f.).

Zum Begriff

> → *Lieux de mémoire* (Pierre Nora) sind Stätten, an denen Gedächtnisinhalte vergegenwärtigt werden, die **nicht geographischen Orten zu entsprechen brauchen** (der Begriff steht in der Tradition der antiken Mnemotechnik, die von *loci/topoi* als ›Gedächtnisorten‹ spricht). Neben Monumenten, Museen und Wörterbüchern können auch Feiern, Reden, Figuren, Fahnen, Feiertage oder sogar Musik *lieux de mémoire* sein.

Die Analyse der *lieux de mémoire* zeigt den **kulturspezifischen Umgang mit der Vergangenheit** in der Gegenwart, anhand des Ranges, der einem Element der Vergangenheit zugeschrieben wird.

nation historique vs. nation mémorielle

Für Nora ist die Existenz von Gedächtnisorten ein Resultat tiefgreifender **Transformationen der französischen Gesellschaft** in der zweiten Hälfte des 20. Jh.s – vor allem ökonomische und soziale Modernisierungsprozesse –, in deren Folge sich das bis dahin dominierende **einheitliche republikanische Nationenverständnis** auflöse. Dafür sei die Zunahme von Gedächtnisfeiern ein Indiz. Nora stellt eine ***nation historique*** einer ***nation mémorielle*** gegenüber und zeigt daran, dass erstere letztere ablöse:

- **Die *nation historique*** impliziert eine selbstverständliche **Einheit von Geschichte und Nation**, die sich in der Erinnerung ausdrückt. Da die Vergangenheit eng mit der Gegenwart und der Zukunft verbunden wird, ist in Akten kollektiver Erinnerung die Vergänglichkeit kurzzeitig aufgehoben. Das **Gründungsereignis** des Monumentes wird **buchstäblich ver-gegenwärtigt**. Seit der Aufklärung und der Französischen Revolution dient eine **Erinnerungskultur** der kollektiven Identitätsstiftung, indem sie jeden *citoyen* gleichermaßen anspricht. Partikulare Gruppen werden zugunsten der allgemeinen nationalen Identität unterdrückt.
- **Die *nation mémorielle*** hingegen richtet sich nicht mehr an einen als Kollektiv verstandenen Bürger, sondern zersplittert in die **Erfahrungen einzelner (sozialer) Untergruppen der Gesellschaft**. Eine nicht mehr als kontinuierlich, kollektiv verbindlich und kohärent empfundene Erinnerung muss stets neu erzeugt werden. Dementsprechend werden die früheren kollektiven Medien und Orte des Gedenkens (z. B. öffentliche Plätze) zunehmend durch verschiedene neue ersetzt (Fernsehen, Show, Ausstellung, Gedenktage etc.). Das Individuum ist nicht

länger aktiver Mitgestalter des Erinnerungsvorgangs, sondern passiver Zuschauer. Die Folge ist, dass die Vergangenheit als Erinnerung gefeiert wird, ohne auf die Gegenwart oder die Zukunft bezogen zu sein.

Wandlungsprozess

Im Gegensatz zu einer *nation historique* sind in einer *nation mémorielle* Erinnerungsorte **künstliche Platzhalter** für ein nicht mehr vorhandenes **natürliches kollektives Gedächtnis**.

- In einer *nation historique* weist die *commémoration* eine **hierarchische Ordnung** auf. In einer *nation mémorielle* bestehen hingegen zahlreiche Initiativen **in loser Reihung und ohne stabiles Zentrum** (das stets umkämpft ist).
- Ist in einer *nation historique* das Kulturerbe (*patrimoine*) ein **Ort nationaler Kollektivität**, stellt dieses in einer *nation mémorielle* eher eine **ferne entschwindende Vergangenheit** dar (vgl. Röseberg 2001, 80 f.)

Lieux de mémoire sind ein Zeichen für den **Zerfall von Geschichte und Gedächtnis des Kollektivs** und stehen daher offensichtlich in engem Zusammenhang mit einer **generellen Dezentralisierungsproblematik**. Es gibt *lieux de mémoire*, weil es keine *milieux de mémoire* mehr gibt (Nora 1990, 11).

Zur Vertiefung

> ***Invented tradition:*** *Eine Erinnerungspolitik mit dem Ziel der Festigung kollektiver Identität kann* ***Traditionen auch erfinden****. Besonders im angelsächsischen Raum wird die Rolle von Vorstellungen (Symbolen, Narrativen, Mythen, Praktiken) beim* ***Herstellen von Vergangenheit*** *untersucht (vgl. Fauser 2003, 134–136; Hobsbawm/Ranger 1983; Gieser 1999).*

4.1.4 | Hierarchien kultureller Identität: Zentrum und Peripherie

Kulturelle Hierarchiebildungen

Kulturelle Identität bedeutet nicht kulturelle Homogenität, im Gegenteil: Innerhalb einer kulturellen Gemeinschaft bilden sich zwangsläufig **Binnendifferenzierungen** heraus, die **infolge von Machtverteilungen** eine starke Tendenz zu Hierarchisierungen und Dominanzbeziehungen aufweisen: ›Männer‹ vs. ›Frauen‹, ›Arme‹ vs. ›Reiche‹, ›Franzosen‹ vs. ›Immigranten‹, ›Hauptstadt-‹ vs. ›Provinzbewohner‹, ›Gebildete‹ vs. ›Ungebildete‹, ›Alte‹ vs. ›Junge‹, ›Kranke‹ vs. ›Gesunde‹ etc. Differenzierte Theorien dieser Beziehungen und Ansätze zu ihrer Überwindung haben die ***Gender Studies*** hervorgebracht, weshalb an diesen exemplarisch veranschaulicht werden soll, wie Hierarchiebildungen innerhalb einer Kultur kulturwissenschaftlich untersucht werden können.

Hierarchien kultureller Identität: Zentrum und Peripherie

Die *Gender Studies* untersuchen die Repräsentationen der **Beziehungen zwischen Männern und Frauen** in Geschichte und Gegenwart. Das Geschlechterverhältnis verweist auf übergreifende gesellschaftliche Ordnungsmuster, die das Ergebnis geschichtlicher Entwicklungen sind. Die Ausgangsthese der *Gender Studies* ist, dass das Geschlecht nichts ›Wesenhaftes‹ sei, sondern **ein kulturelles Konstrukt**, Produkt eines Denkstils.

***Sex* vs. *Gender*:** 1972 erscheint das Buch *Sex, Gender and Society* von Ann Oakley, das das Substantiv ›*sex*‹ dem grammatischen Begriff ›*gender*‹ gegenüberstellt.

Zum Begriff

> → *Sex* bezieht sich auf das **biologische, körperliche Geschlecht**, *gender* (Genus) auf das gesellschaftlich konstruierte **soziokulturelle Geschlecht**. *Gender* ist das **Resultat einer sozialen Zuweisung**, die weitreichende psychische, soziale und kulturelle Auswirkungen hat.

Beispiel: Dass eine Frau z. B. sanfter als ein Mann sei, kann aus ihrem (im Vergleich zum Mann weniger muskulösen) Körperbau erklärt werden (**biologische Begründung**). Es kann aber auch als eine soziale Anweisung/Zuweisung an und Erfüllung dieser Anweisung durch die Frau aufgefasst werden: eine gesellschaftliche Rolle zu übernehmen (**soziokulturelle Begründung**). Geschlechter erscheinen in dieser Sichtweise als soziale Konstruktion mit **normierenden Handlungsanweisungen** und **institutionalisierten Formen des Körperumgangs** (vgl. Schaufler 2002). Immer kann vordergründig ein biologisches Argument gebraucht werden, um auf Dominanz und Macht abzielende Beweggründe zu verschleiern. ›Frau‹ ist in diesem Fall **eine Interpretation des physischen Körpers**, durch die die so konstituierten Subjekte in eine asymmetrische (unterlegene) Beziehung zu anderen Subjekten, den ›Männern‹, gesetzt werden (vgl. Hof 2003, 330–333).

Kritik des Konzeptes: Kritisiert wird das Begriffspaar *sex* und *gender*, weil es auf der Annahme beruht, es gäbe eine weibliche Natur (*sex*), die von der männlichen wesenhaft verschieden sei. Das Begriffspaar muss also eine **biologische Polarität als Argumentationsgrundlage** voraussetzen, die doch eigentlich überwunden werden soll. Daher wird in einer neuen Phase der *Gender Studies* versucht, Männlichkeit und Weiblichkeit insgesamt als soziale Vorstellung und damit als wandelbar zu modellieren. In den Blick gerät nun die **Unterscheidung ›Natur‹ vs. ›Kultur‹** selbst (vgl. Braun/Stephan 2006, 52–63).

Zum Begriff

> → *Gender Studies* untersuchen kulturell bedingte Machtverhältnisse in den Geschlechterbeziehungen. Die neueren Forschungsarbeiten vermeiden einen festen Begriff von Geschlecht und fragen allgemein

nach der **Bedeutung des Geschlechts für Kultur, Gesellschaft und Wissenschaften**. Sie untersuchen, wie der Begriff des Geschlechts hergestellt wird, welche Bedeutung ihm in welchem Zusammenhang zukommt und welche Auswirkungen er auf Politik, soziale Strukturen, Wissen und Kunst hat (vgl. Braun/Stephan 2006, 3).

Die amerikanische Philosophin Judith Butler (*1956) fordert die kritische **Hinterfragung der Voraussetzungen**, unter denen über ›Frauen‹ und ›Männer‹ gesprochen wird: die (männlich bestimmten) Diskurse, die die Diskussionen strukturieren. Für Butler ist die **Geschlechtsidentität performativ**: Sie ist ein Werden oder eine Tätigkeit, aber keine Substanz (1990). Ein Grunddilemma sei, dass der Ausschluss der Frauen aus Gesellschaft und Politik nur formuliert werden könne, wenn man vorher die Geschlechter differenziere. Butler plädiert für **Verstörungen der sexuellen Identitäten** mittels Verschiebung (z. B. durch Parodie und Travestie) mit dem Ziel der ›**Entnaturalisierung**‹ des scheinbar biologisch Unumstößlichen (vgl. Fauser 2003, 105–107). Sie stellt das Begriffspaar ›männlich-weiblich‹ insgesamt als Grundlage der Kulturgeschichte in Frage (vgl. Schößler 2006, 119–129).

Geschlecht als Repräsentation

In einer radikalen Sichtweise werden jegliche Auffassungen von ›Geschlecht‹ als naturgegebene Kategorie aufgegeben. Geschlecht und Geschlechterbeziehungen erscheinen als **Repräsentation eines kulturellen Regelsystems**, als Teil kultureller Zeichensysteme (vgl. de Lauretis 1987; Fauser 2003, 101). Die Untersuchung dieser Regelsysteme hinterfragt ganz allgemein **Wertvorstellungen, die zu sozialen Unterscheidungen führen**.

Der Begriff ›Repräsentation‹ ist daher auch ein **allgemeines Werkzeug**, um symbolische Bezüge innerhalb kultureller Gemeinschaften auf ihren Konstruktcharakter hin zu befragen. *Gender Studies* stellen insbesondere Fragen nach dem **Zusammenhang von *class*, *race* und Geschlecht**. Der *Gender-and-Development*-Ansatz verbindet beispielsweise Entwicklungszusammenarbeit mit Fragen nach dem Geschlechterverhältnis (vgl. Gerner 1999). »Von der ursprünglichen grammatischen Kategorien hat [der *gender*-Begriff] sich zu einem Begriff mit weitreichenden Implikationen für gegenwärtige Subjekt- und Identitätsdiskurse entwickelt« (Braun/Stephan 2006, 4). Die Fragestellungen und Begriffe der *Gender Studies* dienen in diesem Sinne auch der grundlegenden Frage danach, wie in einer Kultur **Unterscheidungen getroffen, Gegensätze eingeführt und Hierarchien produziert** werden (zu Ansätzen der *Gender Studies* in der Literaturwissenschaft vgl. Hof 1995; Braun/Stephan 2006, 284–293).

Männerstudien: Die *gender*-Kategorie als »**Kategorie der Relationen**« (Kühne 1996, 11) schließt beide Geschlechter ein. Rollen, Bilder und Ideale von Männlichkeit und Weiblichkeit beeinflussen sich wechselseitig und hängen mit einer Fülle sozialer Einflussfaktoren zusammen. Im angloamerikanischen Raum bilden sich entsprechend die ***Men's Studies*** nach

Hierarchien kultureller Identität: Zentrum und Peripherie

dem Vorbild der Frauenstudien aus (vgl. Meuser 1998, 76f.; Braun/Stephan 2006, 97–103). Sie sprechen von ›**Männlichkeiten**‹ (im Plural) und deren individuellen Inszenierungen (vgl. Erhart/Herrmann 1997). Kühne nennt als die **drei forschungspraktisch relevantesten Ebenen** »1. die kulturellen Leitbilder, die Diskurse, 2. die soziale Praxis, die praktische Reproduktion des Geschlechtersystems, und 3. die subjektive Wahrnehmung, Erfahrung und Identität« (1996, 23).

***Queer studies*:** Die *queer studies* (*gay and lesbian studies*) zeigen den **Konstruktcharakter von sexueller Identität** (vgl. Schößler 2006, 127–129; Butler 1993). Sexualität sei nichts natürlich Vorgegebenes, sondern Ergebnis kultureller Machtbeziehungen. Heterosexualität gehorche z.B. **gesellschaftlichen Symbolisierungspraktiken**, die wiederum aus Machtdiskursen hervorgehen. Gegen eine verordnete starre Beziehung zwischen ›Geschlecht‹, ›Identität‹ und ›Begehren‹ richten sich Untersuchungen nicht-heterosexueller Praktiken sowie Grenzverwischungen in der Geschlechtsidentität (z.B. im Transvestiten), wodurch der Geschlechterdiskurs (sprachlich) unterminiert werden soll. Wichtiger Bezugspunkt sind die Studien Michel Foucaults (1926–1984), der den Umgang mit dem Körper unter dem **Aspekt der Macht** abhandelt (vgl. Fauser 2003, 102f.). In diesen Zusammenhang gehören auch Studien zu den Auswirkungen der **Immunschwächekrankheit AIDS** auf kulturelle Denkstile, die alternative Formen von Sexualität erneut marginalisieren (vgl. Boulé 2002; Sontag 2003; Jaccomard 2004).

Weitere kulturelle Differenzierungen

Frage nach Hierarchien von Kulturen werden auch im Zusammenhang mit **anderen gesellschaftlichen Gruppenbildungen** untersucht (zur Ausweitung des Begriffes ›*gender*‹ als Meta-Kategorie zur Erforschung kultureller Hierarchiebildungen vgl. Fauser 2003, 111–113). Eine für Frankreich spezifische Unterscheidung, die im 21. Jh. für gesellschaftspolitischen Sprengstoff sorgt, ist die **zweite Generation der Immigranten**, die eine neuartige Gesellschaftsschicht darstellen (s. Kap. 4.5.3). Die Herausbildung komplexer (Gruppen-)Identitäten innerhalb einer übergreifenden kulturellen Identität fordert **neue Identitätskonzepte**. Nur Denkstile und Kommunikationsformen, die Bereitschaft zum flexiblen Wechsel implizieren, können **Identität-trotz-Differenz** und **Differenz-trotz-Identität** Rechnung tragen. Z.B. sind die *beurs* (Nachkommen der Einwanderer aus dem Maghreb) formaljuristisch französische Staatsbürger, die sich mit den Werten und Normen der französischen Kultur identifizieren. Dennoch werden sie vielfach wie Staatsbürger zweiter Klasse behandelt und z.B. durch ihre Wohnsituation marginalisiert. Hier fehlen Identitätskonzepte, die die Entfaltung kultureller Vielfalt erlauben (vgl. Röseberg 2001, 82).

Vielfältige Zugehörigkeiten – z.B. zu einer **Schicht** (z.B. Arbeiterin, Bürger), zu einem **Bildungsstand** (z.B. Absolventen der Eliteuniversitäten *École Polytechnique* oder *École Normale Supérieure*: *polytechnicienne*, *normalien*), zu **geographischen Orten** (z.B. Villenviertel, soziale Brennpunkte) oder zu einem **Lebensabschnitt** (z.B. Alte, Kinder, Berufstätige) – implizieren Hierarchien, die Mitglieder einer Kultur dem (Macht-)Zen-

Grundlegende Theorien

trum oder der Peripherie zuordnen. Diese werden hinterfragbar, wenn Grenzen übertreten und latente Denkweisen offen gelegt werden.

4.1.5 | Außengrenzen kultureller Identität: das Eigene und das Fremde

Durch ihre Werte und Wahrnehmungsformen grenzen sich Kulturen voneinander ab und entwerfen durch Abgrenzung ihre Identität. Postkoloniale Theorien gehen davon aus, dass Kulturen **nicht außerhalb von Kulturkontakten** existieren, sondern erst durch diese Gestalt annehmen. In Frankreich äußert sich dies z. B. in den 1980er Jahren in Abgrenzungen der französischen Kulturidentität **gegen ›Amerikanisierung‹** (vgl. Asholt 1999, 188). Das nach dem Zweiten Weltkrieg eingerichtete Kulturministerium dient der Aufwertung der eigenen Kulturindustrie (vgl. Jurt 2003, 510).

Stereotypenforschung

Fremd- und Selbstbilder

Die Außengrenze kultureller Identität wird stabilisiert durch **Konstruktionen von Fremd- und Selbstbildern** (vgl. Wierlacher/Albrecht 2003, 295). **Stereotype** stellen **Orientierungswissen** bereit, das eine komplexe Umwelt verständlich und überschaubar macht, **pauschalisieren und vereinfachen** allerdings, so dass Individualität unterdrückt und Unterschiede ausgeblendet werden.

Zum Begriff

> → **Stereotype** sind relativ starre überindividuell geltende Vorstellungsbilder. Sie entstehen durch Vereinfachungen und durch eine unkritische, meist emotionsgeladene **Verallgemeinerung von Einzelbeobachtungen**. Sie beruhen auf Werturteilen und geben diese weiter. Ihre Funktion in der Gesellschaft untersucht die **Stereotypenforschung** in synchroner und diachroner Sicht. Ziel ist nicht, Stereotypen auf ihre ›Wahrheit‹ hin zu prüfen, sondern ihre Funktion und Wirkung in gesellschaftlichen Diskursen zu erforschen.

Die Stereotypenforschung macht **Auto- und Heterostereotypen** (Selbst- und Fremdbilder) in ihrer wechselseitigen Bedingtheit kritischer Reflexion zugänglich. Die **historische Stereotypenforschung** untersucht die Beziehung zwischen **Genese, Funktion und Wirkung** von Stereotypen in Prozessen kollektiver Identitätsbildungen.

Da das Fremde gewöhnlich **im Lichte eigener Denk- und Vorstellungsbilder** gesehen wird, was oft mit Wertungen verbunden ist, versuchen neuere Forschungsansätze abweichend davon, **kulturelle Alterität** (lat. *alter*: anders) **als eigenständig** zu modellieren, indem das Kulturfremde in sei-

Außengrenzen kultureller Identität: das Eigene und das Fremde

ner Fremdheit gewürdigt wird. Kritiker bezweifeln, dass dies möglich ist, da die **Perspektivengebundenheit des eigenen Verstehens** unhintergehbar sei.

Interkulturelle Kommunikation

Der kulturwissenschaftliche Forschungsbereich **Interkulturelle Kommunikation** (vgl. Lüsebrink 2005) soll zum **Dialog zwischen Kulturen** jenseits von Dominanzansprüchen durch gezielte Schulung der Kommunikation mit der fremden Kultur befähigen. Lüsebrink (2003, 312) nennt als **vier Kernbereiche**

- Interaktionsprozesse,
- Prozesse des Kulturtransfers,
- Phänomene der Fremdwahrnehmung und
- Formen der Interkulturalität.

Der Begriff ›**Kulturtransfer**‹ bezeichnet die Übertragung und Vermittlung kultureller Artefakte (Texte, Diskurse, Medien und Praktiken) zwischen verschiedenen kulturellen Systemen (vgl. Lüsebrink 2003, 318–320).

Postcolonial Studies

Die *Postcolonial Studies* erforschen wie die *Gender Studies* die **Zusammenhänge von Macht, Herrschaft und Gesellschaft**. Das *post* im Namen zeigt an, dass es sich um eine **kritische Auseinandersetzung mit dem kolonialen Erbe** im Prozess der kulturellen, ökonomischen und intellektuellen Lösung von einem imperialen Zentrum handelt. *Postcolonial Studies* analysieren die Konstruktion individueller und kultureller Identität und entwerfen neue Formen der Identität wie die **transkulturelle Hybridität (Vermischung kultureller Elemente)**, die sich in Form multipler kultureller Identitäten oder multikultureller Orte zeigt (vgl. Lüsebrink 2003, 324; Schößler 2006, 140–146).

Edward Said: Eine einflussreiche Theorie entwirft der aus arabischer Familie stammende und in den USA tätige Literaturwissenschaftler Edward W. Said (*1935), dem zufolge westliche Texte über den Orient die Realität, die sie zu beschreiben vorgeben, eigentlich erst erzeugen. Für eine postkoloniale Kritik gelte es, **eurozentristische und imperialistische Wahrnehmungsschemata offen zu legen** (vgl. Said 1978; Schößler 2006, 146–149; zu Kritik an Said vgl. Polaschegg 2005).

Homi Bhabha: Der aus persischer Familie stammende Homi Bhabha (*1949) fordert noch radikaler die **Überwindung von Dichotomien überhaupt**: zwischen Selbst und Anderem, Kolonisiertem und Kolonisator, Ost und West, Nord und Süd und allgemeiner: Zentrum und Peripherie, Minorität und Majorität, Gut und Böse. Unter Berufung auf Jacques Derrida (*1930) ist Bhabha der Meinung, **Differenzen zwischen Kulturen seien weder durch Aneignung noch durch Synthese auflösbar**. Immerfort durchdringen sich Identität und Alterität, so dass kulturelle Identität ein endloser Prozess der Positionierung und Verhandlung sei. Probleme kultureller Interaktion treten an Grenzen von Kulturen auf, an denen Bedeutun-

Grundlegende Theorien

gen und Werte (miss-)verstanden werden (vgl. Bhabha 1994). **Kreatives Potential** sieht Bhabha gerade in der *double vision* der zwischen Kulturen sich bewegenden Grenzgänger, die sich im ***third space*** aufhalten (vgl. Schößler 2006, 149–153).

Vorgeworfen wird Bhabha, dass er **vor allem privilegierte Grenzgänger** im Auge habe und dass seine Perspektive ahistorisch sei. Das **Verdienst** Bhabhas ist, das Interesse auf **Grenzzonen und Überlappungen zwischen Kulturen** gerichtet zu haben, so dass neue Hybridformen kultureller Identität sichtbar werden, die die Modelle ›reiner‹, authentischer Kulturen fragwürdig machen. **Hybridität** wird zu einem positiven Gegenentwurf zu festen kulturellen Identitäten. Bhabha beschreibt die Herausbildung **›transitorischer Identitäten‹** als Folge von Lebenserfahrungen zwischen Kulturen.

Globalisierung und kulturelle Kompetenz

Mehrkulturenkompetenz wird im Zeitalter der Globalisierung zu einer Schlüsselqualifikation. Die **Xenologie (interdisziplinäre Fremdheitsforschung)** befasst sich mit der Erfahrung des Fremden als Gefahr und Chance (vgl. Wierlacher/Albrecht 2003). In Analogie zu ›Sprachwissen‹ und ›Kulturwissen‹ redet sie von **›Fremdheitswissen‹**. Unterschieden wird zwischen **interkultureller** und **subkultureller Fremdheit** zwischen Schichten oder Generationen (2003, 281).

Transnationale Lebensformen: Lebensformen wie zeitlich begrenzte Sesshaftigkeit (Nomadentum) oder Lebensgemeinschaften verschiedener Kulturen nehmen zu (zum Begriff ›Transkulturalität‹ vgl. Welsch 1992). Die Kultur des 21. Jh.s wird laut Zukunftsforschern von **transnationalen** ***ethnoscapes*** (Bachmann-Medick 2003, 99) geprägt sein, d.h. von länder- und kulturenübergreifenden Netzwerken ethnischer und religiöser Gruppen, von postnationalen Regionalisierungstendenzen sowie der Virtualität des Internet. Die **Weltgesellschaft** muss **komplexe Formen interkultureller Kommunikation** entwickeln. In diesem Sinne geht es der Xenologie darum, »den Abstand zum Anderen als eine besondere Beziehungsqualität zu erkennen und [...] produktiv zu machen« (Wierlacher/Albrecht 2003, 286), d.h. Anderssein als **Bereichung der eigenen Identität** auszuweiten. Begriffe wie ›Métissage‹, ›Hybridität‹, ›Kreolisierung‹ und ›third space‹ sind eng mit dem Gedanken dieser produktiven Mischung verbunden (vgl. Lüsebrink 2003, 322–325).

Grundlegende Literatur

Assmann, Jan: Das kulturelle Gedächtnis. Schrift, Erinnerung und politische Identität in frühen Hochkulturen. München 1992.
Barthes, Roland: Mythologies. Paris 1957.
Braun, Christina von/Stephan, Inge (Hg.): Gender-Studien. Eine Einführung. Stuttgart/Weimar ²2006.
Daniel, Ute: Kompendium Kulturgeschichte. Theorien, Praxis, Schlüsselwörter. Frankfurt a.M. 2001.
Erll, Astrid: Kollektives Gedächtnis und Erinnerungskulturen. Eine Einführung. Stuttgart/Weimar 2005.
Fauser, Markus: Einführung in die Kulturwissenschaft. Darmstadt 2003.
Kroll, Renate (Hg.). Metzler Lexikon Gender Studies/Geschlechterforschung. Stuttgart/Weimar 2002.

Literatur

Nora, Pierre (Hg.): Les lieux de mémoire I: La République. II: La Nation. III: Les France. Paris 1984, 1986, 1992.
Röseberg, Dorothee: Kulturwissenschaft Frankreich. Stuttgart/Düsseldorf/Leipzig 2001.

Weiterführende Literatur

Asholt, Wolfgang: »Kultur und Kulturpolitik«. In: Marieluise Christadler/Henrik Uterwedde (Hg.): Länderbericht Frankreich. Geschichte – Politik – Wirtschaft – Gesellschaft. Opladen 1999, 181–197.
Assmann, Aleida: Erinnerungsräume. Formen und Wandlungen des kulturellen Gedächtnisses. München 1999.
Assmann, Jan: »Kollektives Gedächtnis und kulturelle Identität«. In: Ders./Tonio Hölscher (Hg.): Kultur und Gedächtnis. Frankfurt a. M. 1988, 9–19.
–: Religion und kulturelles Gedächtnis. Zehn Studien. München 2000.
Bachmann-Medick, Doris: »Kulturanthropologie«. In: Nünning/Nünning 2003, 86–107.
Bhabha, Homi: The Location of Culture. London 1994.
Bourgeois, Isabelle: »Frankreichs Medien zwischen Staat und Markt«. In: Marieluise Christadler/Henrik Uterwedde (Hg.): Länderbericht Frankreich. Geschichte – Politik – Wirtschaft – Gesellschaft. Opladen 1999, 423–440.
Bußmann, Hadumond/Hof, Renate (Hg.): Genus. Zur Geschlechterdifferenz in den Kulturwissenschaften. Stuttgart 1995.
Butler, Judith: Gender trouble. Feminism and the subversion of identity. New York 1990.
– Bodies that matter. New York 1993.
Cassirer, Ernst: Philosophie der symbolischen Formen. 3 Bde. Berlin 1925–1929.
De Lauretis, Teresa: Technologies of gender. Essays on theory, film, and fiction. Bloomington 1987.
Erhart, Walter/Herrmann, Britta (Hg.): Wann ist der Mann ein Mann? Zur Geschichte der Männlichkeit. Stuttgart/Weimar 1997.
Erll, Astrid/Gymnich, Marion: Interkulturelle Kompetenzen. Erfolgreich kommunizieren zwischen den Kulturen. Stuttgart 2007.
Fiske, John: Lesarten des Populären. Wien 2003.
Giesen, Bernhard: Kollektive Identität. Die Intellektuellen und die Nation 2. Frankfurt a. M. 1999.
Hobsbawm, Eric J./Ranger, Terence (Hg.): The Invention of Tradition. Cambridge 1983.
Hof, Renate: Die Grammatik der Geschlechter. Gender als Analysekategorie der Literaturwissenschaft. Frankfurt a. M./New York 1995.
–: »Kulturwissenschaften und Geschlechterforschung«. In: Nünning/Nünning 2003, 329–350.
Huntington, Samuel: The Clash of Civilizations and the Remaking of World Order. New York 1997.
Jaccomard, Hélène: Lire le sida. Témoignages au féminin. Bern u. a. 2004.
Jamme, Christoph: »Mythos und Wahrheit«. In: Monika Schmitz-Emans/Uwe Lindemann (Hg.): Komparatistik als Arbeit am Mythos. Heidelberg 2004, 39–54.
Jöckel, Sabine: ›Nouvelle histoire‹ und Literaturwissenschaft. Rheinfelden 1984.
Jurt, Joseph: »Französische Kultur und Gesellschaft«. In: Ingo Kolboom/Thomas Kotschi/Edward Reichel (Hg.): Handbuch Französisch. Sprache. Literatur. Kultur. Gesellschaft. Für Studium, Lehre, Praxis. Bielefeld 2003, 505–511.
Kirschenmann, Johannes/Wagner, Ernst (Hg.): Bilder, die die Welt bedeuten. ›Ikonen‹ des Bildgedächtnisses und ihre Vermittlung über Datenbanken. München 2006.
Kühne, Thomas (Hg.): Männergeschichte-Geschlechtergeschichte. Männlichkeit im Wandel der Moderne. Frankfurt a. M. u. a. 1996.
Liehr, Günter: »Massenmedien in Frankreich«. In: Ingo Kolboom/Thomas Kotschi/Edward Reichel (Hg.): Handbuch Französisch. Sprache. Literatur. Kultur. Gesellschaft. Für Studium, Lehre, Praxis. Bielefeld 2003, 525–532.
Lüsebrink, Hans-Jürgen: Einführung in die Landeskunde Frankreichs. Wirtschaft – Gesellschaft – Staat – Kultur – Mentalitäten. Stuttgart/Weimar 2000.
–: »Kulturraumstudien und Interkulturelle Kommunikation«. In: Nünning/Nünning 2003, 307–328.
–: Interkulturelle Kommunikation. Stuttgart 2005.

Meuser, Michael: Geschlecht und Männlichkeit. Soziologische Theorie und kulturelle Deutungsmuster. Opladen 1998.

Nora, Pierre: Zwischen Geschichte und Gedächtnis. Berlin 1990.

Nünning, Ansgar (Hg.): Metzler Lexikon Literatur- und Kulturtheorie. Ansätze – Personen – Grundbegriffe. Stuttgart/Weimar ³2004.

–/**Nünnig, Vera** (Hg.): Konzepte der Kulturwissenschaften. Theoretische Grundlagen – Ansätze – Perspektiven. Stuttgart/Weimar 2003.

Osinski, Jutta: Einführung in die feministische Literaturwissenschaft. Berlin 1998.

Polaschegg, Andrea: Der andere Orientalismus. Regeln deutsch-morgenländischer Imagination im 19. Jahrhundert. Berlin/New York 2005.

Said, Edward W.: Orientalism. London 1978.

Schaufler, Birgit: »Schöne Frauen – Starke Männer«. Zur Konstruktion von Leib, Körper und Geschlecht. Opladen 2002.

Schmidt, Siegfried J.: Kalte Faszination. Medien, Kultur, Wissenschaft in der Mediengesellschaft. Weilerswist 2000.

–: »Medienkulturwissenschaft«. In: Nünning 2004, 431–434.

Schmidt, Bernhard/Doll, Jürgen/Fekl, Walther u. a.: Frankreich-Lexikon. Schlüsselbegriffe zu Wirtschaft, Gesellschaft, Politik, Geschichte, Presse- und Bildungswesen. Berlin ²2006.

Schmitz-Emans, Monika: »Zur Einleitung: Theoretische und literarische Arbeiten am Mythos«. In: Dies./ Uwe Lindemann (Hg.): Komparatistik als Arbeit am Mythos. Heidelberg 2004, 9–35.

Schößler, Franziska: Literaturwissenschaft als Kulturwissenschaft. Eine Einführung. Tübingen 2006.

Sontag, Susan: Krankheit als Metapher. München/Wien 2003.

Welsch, Wolfgang: Transkulturalität. Lebensformen nach der Auflösung der Kulturen. München 1992.

Welzer, Harald (Hg.): Das soziale Gedächtnis. Geschichte, Erinnerung, Tradierung. Hamburg 2001.

Wierlacher, Alois/Albrecht, Corinna: »Kulturwissenschaftliche Xenologie«. In: Nünning/Nünning 2003, 280–306.

Wilpert, Gero von: Sachwörterbuch der Literatur. Stuttgart ⁸2001.

4.2 | Mythen der Alltagskultur

4.2.1 | ›Der‹ Franzose, ›die‹ Französin

Frankreichbilder

Welche Bilder entstehen vor unserem geistigen Auge, wenn von ›dem‹ Franzosen oder ›der‹ französischen Lebensart die Rede ist? – z. B. bestimmte Gesichter, Objekte und Handlungen, die den **Status von Mythen und Symbolen** haben (vgl. Stichwörter bei Haensch/Fischer 1987):

- **Produkte** wie das Parfum *Chanel No. 5*, die ›Ente‹ (*2 CV*) oder Esswaren (*baguette*),
- **Industrie**, z. B. die *haute couture*,
- **Architektur**, z. B. der Eiffelturm, das Büro-, Geschäftszentrum und Wohnviertel *La Défense* oder das *Centre Pompidou*,
- **Kleidung**, z. B. die Baskenmütze (die tatsächlich nur wenige Franzosen tragen),
- **Lebensstil**, z. B. der *bohémien* als typisch französischer Lebenskünstler, der *clochard* als typisch französische Ausgabe des Vagabunden oder *gavroche*, der freche Pariser Straßenbengel, dessen Typus Victor Hugo in *Les misérables* (1862) prägt.

L'Arche de la Défense als Inbegriff französischer Architektur

Mythenproduktion

Die Alltagswelt ist »der jeweils konkrete Ort und die konkrete Zeit«, in denen Kultur gelebt wird, jener Bereich »an dem der Mensch in unausweichlicher, regelmäßiger Wiederkehr teilnimmt« (Röseberg 2001, 83). Er ist auch der **Ort der Mythenproduktion im Sinne von Roland Barthes** (→ Kap. 4.1.2). Einige Bereiche sind für Frankreich besonders typisch, wie die Esskultur. Mit anderen Kulturen teilt Frankreich Musik, Film und Sport als Bereiche der Mythenproduktion. Es ist die **sogenannte Populärkultur,** die breitenwirksame Kultobjekte hervorbringt. Die **sogenannte Elitekultur** (ernste Musik, Theater, Museen, alles, was einen hohen Bildungsanspruch hat) erreicht hingegen, trotz erheblicher Bemühungen um Öffnung für das breite Publikum, nur eine privilegierte Minderheit (vgl. Asholt 1999, 191–194). Im Folgenden geht es ausschließlich um Alltagsmythen des 20. und 21. Jh.s.

4.2.2 | *La chanson*

Typen von Chansons: »En France, tout finit par une chanson«, lautet eine viel zitierte Volksweisheit. In der Tat ist das Lied das **populärste Ausdrucksmittel** und die **beliebteste Musikform** der Franzosen, unabhängig von Alter oder sozialer Stellung (vgl. Asholt 1999, 192; Schmidt et al. 2006, 166–172). Vom literarisch anspruchsvollen Liedermacher bis zum Schlagersänger ist alles vertreten; das Chanson hat vielfältige Ausprägungen: *chanson littéraire, poétique, politique, folklorique, populaire, engagée, commerciale* etc. (vgl.

Mythen der Alltagskultur

Plakat des legendären *Moulin Rouge*

Oberhuber 1995, 18). Eine grundlegende Unterscheidung ist die zwischen ***chanson à texte*** und ***chanson populaire***. Ersteres legt großen Wert auf den Text, die Musik ist oft sekundär; letzteres ist dem deutschen Gassenhauer mit einprägsamen Melodien vergleichbar. Aus beiden Bereichen stammen *tubes* (›Ohrwürmer‹), die großen kommerziellen Erfolg haben.

Musikspektakel: Legendär sind die Shows, die mit dem Chanson assoziiert werden, wie z. B. die ***cafés-concerts* (*caf'conc*)**, die es seit dem 18. Jh. gibt. Sie bestehen aus verschiedenen kurzen musikalischen und humoristischen Nummern, die eine ›Zugabe‹ zum Ausschank darstellen (z. B. die berühmten *Folies Bergères*). Um 1880/90 erscheint als neue Form des Amüsements das ***cabaret***: 1921 öffnet das berühmte *cabaret Le bœuf sur le toit*, eine Bar mit Jazzorchester, in dem **Jean Cocteau** (1889–1963) die Pariser Avantgarde versammelt. In den ersten zwei Jahrzehnten des 20. Jh.s entwickelt sich die ***Music-hall***, eine Kombination aus Bühnenspektakel und Restaurantbetrieb. Das berühmte ***Moulin Rouge*** eröffnet am Fuß der Buttes Montmartre. Die Bilder des Malers Henri de Toulouse-Lautrec (1864–1901) machen diesen Ort zu einem Mythos. Zu einem solchen wird auch der charakteristische Tanz, der *Cancan*.

Ortsmythen

Anfang des 20. Jh.s blüht das Chanson vor allem in den ***cabarets* und Kellerlokalen von Montmartre**, nach dem Zweiten Weltkrieg im ***Quartier Latin***. Zwei ›heilige Hallen‹ des Chanson haben Mythenstatus:

- ***L'Olympia*** ist die **älteste *Music-hall* von Paris**. 1888 gegründet, öffnet sie 1889 zunächst unter dem Namen *Montagnes russes*. Ihr Markenzeichen sind riesige rote Lettern auf der Fassade. 1929 wird der Saal zu einem Kino umfunktioniert, um 25 Jahre später als *Music-hall* neu zu öffnen. 1993 soll das Gebäude in einen Parkplatz verwandelt werden, aber der amtierende Kulturminister Jack Lang erklärt es kurzerhand zum **»patrimoine culturel«**, was zu aufwändigen Rekonstruktionsarbeiten führt. 2001 kauft Vivendi Universal den Saal. Die größten französischen Stars und internationale Ikonen sind hier zu Gast.
- ***Bobino*** wird in der Rue de la Gaîté zunächst als Tanzlokal eröffnet, verwandelt sich aber in ein *café-concert*, um nach dem Ersten Weltkrieg zur *Music-hall* zu werden. Mehr als ein halbes Jahrhundert ist *Bobino* ein ***haut lieu* der Welt des Spektakels**.

Identifikationsobjekte: Einige Chansons stehen für **einen Zeitgeist** und werden damit zu Erinnerungsorten im Sinne Pierre Noras (s. Kap. 4.1.3). Zwei Lieder stehen z. B. sinnbildlich für *Collaboration* bzw. *Résistance* während des Zweiten Weltkrieges: Das von André Montagnard gedichtete und Charles Courtioux komponierte **»Maréchal, nous voilà«** (1941) wird als **Nationalhymne des Vichy-Regimes** mit der Kollaborationspolitik identifiziert. **»Le chant des partisans«** (1943; Text: Maurice Druon/Joseph Kessel; Musik: Anna Marly) ist demgegenüber die **Hymne des Widerstands** (›La Marseillaise de la Résistance‹), die nur im Geheimen gehört werden kann.

Zeittypische Musik

Wie ›Kultorte‹ gibt es auch jeweils **zeittypische Chansonrichtungen**:

- Die Jahre 1918–1939 gelten als *les années swing*.
- Die Jahre 1958–1965 sind *les années yé-yé*, in denen amerikanische Musik in Frankreich imitiert wird.
- Die beginnenden 1970er Jahre prägt das populäre **Polit-Lied** (Larzac, Melville, Antinuklear-Bewegung), das teilweise den rebellischen Impuls des Mai 68 aufnimmt (z. B. Serge Reggiani mit »Les loups sont entrés dans Paris« oder Maxime Le Forestier). Viele der Lieder öffnen sich in der Folge der Vermarktung und werden zu einer neuen Mode.
- Die 1980er und 90er Jahre bringen ein **neues soziales Engagement** in Gestalt eines engagierten Humanismus hervor: Lieder, Konzerte und CD-Produktionen im Kampf gegen AIDS (z. B. die *Association So en Si/Solidarité enfants Sida* mit Unterstützung von Francis Cabrel, Maxime Le Forestier, Jean-Jacques Goldman und Alain Souchon), gegen den Hunger in der Welt (z. B. die Initiative von Renaud und Valérie Lagrange mit dem Namen *Chanteurs sans frontières*) oder gegen den Rassimus (*SOS racisme* mit einem Großkonzert 1985). Der **Komiker Coluche** ruft 1985 die ***Restos du cœur*** (*Restaurants du cœur*) ins Leben, die Essen und Kleidung an Bedürftige verteilen. **Jean-Jacques Goldman** schreibt 1986 deren Hymne, die Gruppe *Les Enfoirés* organisiert jährliche Solidaritätskonzerte.
- Das Ende der 1980er Jahre prägen die neuen Musikrichtungen
  - **Rap** (Tanzmusik amerikanischen Ursprungs, zu der Texte skandiert werden),
  - **Reggae** (Musik Jamaikas, die von afroamerikanischer Gospelmusik und amerikanischem Soul beeinflusst ist) und
  - **Salsa** (lateinamerikanische Musik), die sich gegen die herrschende Kultur abgrenzen;
  - **Rai** (übersetzbar mit ›seine Meinung äußern‹) nennt sich die Musik **algerischer Herkunft**.

  Insbesondere der Rap wird in Frankreich zum Sprachrohr für Zorn und Hoffnungen junger Immigrantenkinder, die nicht nur am Rande der Stadt, sondern auch am Rande der Gesellschaft leben. Begleitet wird die Musik von einer Kleidungsmode und linguistischen Besonderheiten, der jugendlichen Umgangssprache *verlan* (Calvet 1996, 59 f.). Rap (*NTM, Assassin, Mc Solaar*) ist damit die **Identifikationsmusik einer Bevölkerungsgruppe** – Kinder von Nordafrikanern – und **Symbol eines Ortes** – der *banlieue* (Asholt 1999, 195).

Logo der *Restaurants du cœur*

Bekannte Sänger aus dem Maghreb sind **Karim Kacel** (»Banlieue«, 1984), **Rachid Taha und *Carte de Séjour*** (»Douce France«, 1986) und **Khaled** (»Aïcha«, 1996). Einer der erfolgreichsten Rapper in jüngster Zeit ist **Abd Al Malik**, dessen Eltern aus dem Kongo stammen (Album »Gibraltar« 2006). Die Texte befassen sich mit Alltagsthemen und Zeitgeschichte:

Mythen der Alltagskultur

Karim Kacel: »Banlieue«, 1984

Il regarde sa ville,
Tranquille,
Et il attend.
Il sait qu'il est fragile
Difficile,
Et pourtant.
Il ouvre ses grands yeux
Et regarde sa banlieue.
Le chômage
A son âge
Ne le rend pas heureux. […]

Abd Al Malik: »12. Septembre 2001«, 2006

J'avais déjà un flow de taré lorsque les tours jumelles se sont effondrées
J'avais déjà un flow de dingue lorsque les tours jumelles se sont éteintes
Je fus choqué dans mon intime et je vous jure que si j'n'avais pas eu la fc
j'aurais eu honte d'être muslim. […]

- Die **Jahrtausendwende** steht unter dem Zeichen des *métissage* (Mischung) und der Nostalgie. **Sampler-Musik mit multikulturellen Elementen** entsteht. Der Franzose algerischer Herkunft **Rachid Taha** (*1958) gehört mit seiner Band *Carte de Séjour* z. B. zur Antirassismus-Bewegung. Die multikulturelle Gruppe ***Zebda***, die eine Mischmusik aus Rai, Rock, Funk, Reggae und *chanson française* spielt, kommt aus Zufall zusammen: Eine Projektgruppe stellt 1985 in Toulouse für die Produktion eines Videos Hobbymusiker verschiedener musikalischer Traditionen zusammen, die unter dem Namen *Zebda* weitere Liveauftritte hat. Das *Festival Printemps de Bourges* bringt 1990 den Durchbruch: 1992 erscheint das Debut-Album. Die 1998 gegründete Band **Dobacaracol** (Doriane Fabreg, Carole Facal) kreiert einen ›weltbürgerlichen‹ Sound: Auf ihrem Album »Soley« (2004) verbinden die beiden Sängerinnen Tradition und Avantgarde, Frankreich und die Welt mit Afro-, Rock-, Pop- und Reggaerhythmen sowie klassischem Chanson.

Zur Vertiefung

Slam-Musik: *Eine Form der* ***Kombination von Sprechtext, Musik und Improvisation*** *ist die sogenannte Slam-Musik. Der französische Sänger Grand Corps Malade (*1977) definiert sie wie folgt:*

Il y a évidemment autant de définitions du slam qu'il y a de slameurs et de spectateurs des scènes slam. Pourtant il existe, paraît-il, quelques règles, quelques codes:
- les textes doivent être dits a cappella (›sinon c'est plus du slam‹?)
- les textes ne doivent pas excéder 3 minutes (oui mais quand même des fois, c'est 5 minutes ...)
- dans les scènes ouvertes, c'est ›un texte dit = un verre offert‹ (sauf quand le patron du bar n'est pas d'accord ...)
Bref, loin de toutes ces incertaines certitudes, le slam c'est avant tout une bouche qui donne et des oreilles qui prennent. C'est le moyen le plus facile de partager

un texte, donc de partager des émotions et l'envie de jouer avec des mots. (http://www.grandcorpsmalade.com/slam.htm, 26.08.2007)

Grand Corps Malade: »Enfant de la ville«, 2005

Je suis un enfant de la ville, je suis un enfant du bruit
J'aime la foule quand ça grouille, j'aime les rires et les cris
J'écris mon envie de croiser du mouvement et des visages
Je veux que ça claque et que ça sonne, je ne veux pas que des vies sages

Ikonen des Chanson

Sängerinnen und Sänger der Chansons **werden leicht zu Identifikationsfiguren**, und um ihr Leben und Schaffen ranken sich Legenden.

- Die **Amerikanerin Joséphine Baker** (1906–1975) ist einer der größten Stars der *Music-hall* und der Revuen. Sie tritt zunächst in Saint-Louis du Missouri und auf dem Broadway auf, ehe sie auf Europatournee geht. 1925 kommt sie mit der exotischen *Revue nègre* nach Frankreich, mit der sie **skandalumwitterte Erfolge** feiert. Durch Baker werden die afroamerikanische Musik und der Jazz in Europa bekannt. 1931 singt sie ihr berühmtes »**J'ai deux amours, mon pays et Paris**«, das wie Baker zum Mythos wird.

Weltstar Joséphine Baker

- **Edith Piaf**, der ›**Spatz von Paris**‹ (1915–1963), wird ebenfalls zu einer Legende des Chanson. In ärmlichsten Verhältnissen aufgewachsen, singt Piaf im Zweiten Weltkrieg zunächst vor Soldaten, bevor ihre eigentliche Karriere mit Kriegsende beginnt. Ihre bekanntesten Lieder sind »**La vie en rose**«, »**Milord**« und »**Je ne regrette rien**«, die zu Klassikern des Chanson werden. Im Mittelpunkt des Lebens und der Lieder stehen Leid, Schmerz und (unglückliche) Liebe.
- **Charles Trénet** (1913–2001) gilt als ***père fondateur* des modernen französischen Chanson**. Er beginnt seine Gesangskarriere in den 1930er Jahren und wird mit Liedern wie »**Douce France, cher pays de mon enfance**« (1943) und »**La Mer**« (1945) unsterblich. Die Bezeichnung ›Douce France‹ ist selbst ein Stereotyp, das die Schönheit Frankreichs und des französischen Lebens konnotiert (vgl. Haensch/Fischer 1987, 72). Trénet bereichert das französische Chanson um Elemente des Swing und lässt sich bei seinen Texten auch vom Surrealismus beeinflussen.
- **Juliette Greco** (*1927) ist eine Ikone der existentialistischen Szene der **1950er Jahre**.
- **Johnny Hallyday** (*1943), der französische Rocker, ist das unangefochtene Idol der Jugendlichen der **1960er Jahre**.
- **Boris Vian** (1920–1959), herausragender **Vertreter einer anti-bürgerlichen Tendenz** des Chanson, zugleich Sänger, Jazztrompeter, Schauspieler, Übersetzer und Schriftsteller, gilt als *enfant terrible*. »Le Déserteur« (1954) wird zur (zeitweise offiziell verbotenen) Hymne einer anti-militaristischen Jugend:

Mythen der Alltagskultur

Boris Vian: »Le déserteur«, 1954

Monsieur le Président,
Je vous fais une lettre
Que vous lirez peut-être
Si vous avez le temps.
Je viens de recevoir
Mes papiers militaires
Pour partir à la guerre
Avant mercredi soir.

Monsieur le Président
Je ne veux pas la faire
Je ne suis pas sur terre
Pour tuer des pauvres gens.
C'est pas pour vous fâcher,
Il faut que je vous dise,
Les guerres sont des bêtises,
Ma décision est prise,
Je m'en vais déserter.

- **Serge Gainsbourg** (1927–1991) ist die Ikone einer ›musique provoc‹ (Kennzeichen: Dreitagebart und Zigarette). Mit Wortspielen und Alliterationen, Stilbrüchen, rhythmischen Experimenten, Assimilationen von Jazz und Reggae sowie gewagten Reimen wird er zum Star der französischen Popmusik. Berühmtheit erlangt er auch durch **Lieder, die er für weibliche Ikonen** schreibt wie France Gall (»Poupée de cire, poupée de son«, Gewinner des *Prix Eurovision de la chanson* 1965), Brigitte Bardot (»Bonnie and Clyde«, 1967), Jane Birkin (»69, année érotique«, 1968; »Je t'aime, moi non plus«, 1969) und Catherine Deneuve (»Dieu est un fumeur de havanes«, 1980). Gainsbourg nimmt auf Jamaika die *Marseillaise* in einer Reggae-Version auf (»Aux armes et cætera«, 1979), was einen Skandal auslöst (s. S. 4). Gainsbourgs Grab auf dem Pariser Friedhof Montparnasse ist ein Wallfahrtsort der Fans wie sonst nur die Gräber Jean-Paul Sartres und Simone de Beauvoirs.

Die Marke *Chanson Française*

Georges Brassens

Die Blütezeit des *chanson d'auteur* fällt in die 1950er Jahre mit den Klassikern des **ACI (*auteur-compositeur-interprète*)**. Dieser Sängertypus legt großen Wert auf den Text (man kann geradezu von vertonter Poesie reden), den er selbst vorträgt, begleitet von meist selbst komponierter Musik. Zusammen mit Jacques Brel und Guy Béart bildet Brassens die **›trois B‹** der 1950er und 1960er Jahre, die ein Massenpublikum begeistern und zum Inbegriff der Marke ›*Chanson Française*‹ werden.

- **Georges Brassens** (1921–1981) ist **einer der erfolgreichsten französischen Chansonsänger überhaupt**. Er steht Zeit seines Lebens den **Ideen des Anarchismus** nahe. In seinen Liedern kämpft er gegen das heuchlerische Verhalten der Spießbürger und attackiert die Religion. »Le gorille« (1953) ist z. B. eine Stellungnahme gegen die Todesstrafe. Brassens trägt seine poetischen Texte mit einfachster Instrumentierung vor. Seine Lieder sind ins volkstümliche Repertoire eingegangen: »Les amoureux des bancs publics« (1953/54), »Chanson pour l'Auvergnat« (1955) oder »Les copains d'abord« (1964).
- Der Belgier **Jacques Brel** (1929–1978) schreibt unvergessliche lyrische Lieder wie »Ne me quitte pas« (1959), »La valse à mille temps« (1959) oder »Le plat pays« (1962).
- **Guy Béart** (*1930) lanciert den Gassenhauer »Il n'y a plus d'après« (1960)

Mythisierung durch die Medien: Die Entwicklung der Musikmythen ist schließlich eng mit den **Medien und technischen Erneuerungen** gekoppelt. Zu Jahrhundertbeginn kommt der Plattenspieler auf, ab 1925 wird das Mikrophon genutzt; das Transistorradio kommt zur Zeit des *yéyé* auf. Seit Mitte der 1980er Jahre ist die **Produktion eines Videoclips** unabdingbar für den kommerziellen Erfolg eines Chanson. In Frankreich erscheinen ca. 200 Videoclips jährlich. Die (Selbst-)Darstellung im Clip ist dabei ein Beitrag zur Mythisierung der Person und zum Starkult (vgl. Oberhuber 1995, 29 f.). Die auf Clips basierenden Top 50 und das Fernsehen (*M6* ist der beliebteste Musiksender) sind die wichtigsten Werbeplätze. Hohe **Platzierungen in Hitparaden** beruhen meist auf medialem und nicht in erster Linie auf künstlerischem Talent. Der dem *Grammy Award* vergleichbare **französische Musikpreis *Victoire*** (Association »Les Victoires de la Musique«) zeichnet seit 1985 jährlich die besten Sänger und Sängerinnen Frankreichs in verschiedenen Sparten aus.

Vermarktung

4.2.3 | *Le cinéma, la télévision*

Die Massenmedien Film und Fernsehen produzieren eine Fülle von **Mythen und Ikonen**. Für **einige Genres ist der französische Film stilbildend**, wie der *film noir* der 1940er Jahre (Clouzots *Quai des Orfèvres*, 1947) oder die *Nouvelle Vague* der 1960er Jahre, die Kultfilme, Kultregisseure und Kultschauspieler hervorbringen.

Kino

Nouvelle Vague

Die Stilrichtung *Nouvelle Vague* entsteht im Frankreich der späten 1950er Jahre und erreicht in den 1960er Jahren ihre Blüte. Fragmentarisierung, Diskontinuität und Multiplizierung von Wahrnehmung erinnern an Experimente des ›absurden‹ Theaters und des *Nouveau roman* (s. Kap. 3.6.6). Junge Regisseure wie **François Truffaut** (1932–1984), **Louis Malle** (1932–1995), **Jean-Luc Godard** (*1930), **Jacques Rivette** (*1928), **Eric Rohmer** (*1920) und **Alain Resnais** (*1922) wenden sich in Theorie (wichtigste Zeitschrift: *Cahiers du Cinéma*) und Praxis gegen die formale und inhaltliche Vorhersehbarkeit des kommerziellen Kinos: Der **Autorenfilm** ist geboren.

Die Filme der *Nouvelle Vague* sind für ihre **neuartige Schnitttechnik** bekannt (harte Montagen bruchstückhafter autonomer Bilder), ihr **Desinteresse an klassischen Erzählstrukturen** sowie ihre **surrealistisch anmutenden Bilder** von großer suggestiver Kraft (vgl. Albersmeier 1993, 210 f.; Winter 2003). Der ästhetisch, strukturell und konzeptuell neue Stil sieht spontane Dialoge und nicht-inszenierte Räume vor, so dass außerhalb der Studios an Alltagsorten gedreht wird. Der für Godard und Malle typische ***Jump-Cut*** (der mittlerweile zum Standardrepertoire von Kino

Mythen der Alltagskultur

und Werbung gehört) ist ein im Dienste optischer Provokation stehender zerstückelter Schnittstil.

Kultfilme der *Nouvelle Vague*

- ***À bout de souffle*** (1959; Godard schreibt das Drehbuch nach einer Geschichte Truffauts) ist ein Höhepunkt der *Nouvelle Vague*, der den jungen Jean Paul Belmondo lanciert.
- In ***Le mépris*** (1963) macht Godard die Welt des Kinos selbst zum Thema und Brigitte Bardot zu einem Weltstar.
- Alain Resnais' ***L'année dernière à Marienbad*** (1961), zu dem Alain Robbe-Grillet das Drehbuch schreibt, wird zum Klassiker der Verwischung von Realitäts- und Fiktionsgrenzen. Der Film verschachtelt Bilder und Handlungen so ineinander, dass die Grenze zwischen Einbildung und Wirklichkeit aufgehoben wird.

Das französische Kino bringt **international bekannte Schauspielerinnen und Schauspieler** hervor, die zu Symbolen des Franzosen bzw. der Französin schlechthin werden. Viele Filme, in denen diese Stars mitwirken, erlangen deshalb Kultstatus:

Französische Stars und ihre Filme

- **Louis de Funès** (1914–1983) ist ein europaweit bekannter Komiker. Seine Paraderollen sind der **manische Familientyrann und der Choleriker** (*Le gendarme de Saint-Tropez*, 1964; *Jo*, 1971).
- **Gérard Philipe** (1922–1959), zu dessen Mythisierung sein **Tod in jungen Jahren** beiträgt; sein letzter Wunsch ist, im Kostüm des Cid begraben zu werden. Kultfilme sind *Fanfan la tulipe* (1951, mit Gina Lollobrigida; Regie: Christian-Jaque) und *Les grandes manœuvres* (1955, mit Michèle Morgan; Regie: René Clair).
- **Jeanne Moreau** (*1928) wird als Schauspielerin und **durch ihre Chansons** berühmt. Ihre bekanntesten Filme sind *Ascenseur pour l'échafaud* (1957; Regie: Louis Malle) und *Viva María* (1965; Regie: Louis Malle).
- **Jean-Paul Belmondo** (*1933) ist **untrennbar mit der *Nouvelle Vague* verbunden**. Dort vertritt er den Typus *enfant terrible*, Zyniker und Frauenheld in einem, der sich keiner Autorität unterordnet. Zudem gibt Belmondo den Typus ›Draufgänger‹ im Action-Film: *À bout de souffle* (1959; Regie: Jean-Luc Godard), *Classe tous risques* (1960; Regie: Claude Sautet), *Le professionnel* (1981; Regie: Georges Lautner). Die Franzosen geben Belmondo den Kosenamen *Bebél*, Zeichen für dessen Popularität.
- **Brigitte Bardot** (*1934) ist das **Sexsymbol** der 1960er Jahre, aber auch **Symbol der starken, freien Frau** und der **Muse großer Künstler**. 1970 steht sie für die Büste der Marianne Modell (s. Kap. 4.3.3.2). Zeichen ihrer Mythisierung ist, dass bereits ihre Initialen ausreichen, um den Typus ›Bardot‹ zu evozieren: Die 2003 erscheinenden Memoiren tragen den Titel *Initiales BB*. Wichtige Filme sind *La mariée est trop belle* (1956; Regie: Pierre Gaspard-Huit), *Et Dieu… créa la femme* (1956; Regie: Roger Vadim), *Le mépris* (1963, mit Michel Piccoli, gedreht in einer vom Architekten Le Corbusier entworfenen Villa auf Capri; Regie: Jean-Luc Godard).

- **Alain Delon** (*1935) mimt den **unterkühlten, erfolgreichen Beau** (*Le samouraï*, 1967; Regie: Jean-Pierre Melville) und – u.a. in Filmen mit seiner (Ex-)Geliebten Romy Schneider – den Typus *homme fatal* (*La Piscine*, 1968; Regie: Jacques Deray).
- **Catherine Deneuve** (*1943), das ›internationale schöne Frauengesicht‹, auch ein Marianne-Modell, inkarniert den Typus der **sexuell abenteuerlustigen Frau** (*Belle de jour*, 1967; Regie: Luis Buñuel; ein weiterer Film Buñuels, in dem Deneuve mitwirkt, ist *Tristana*, 1970); durch Rollen der frauenliebenden Frau wird sie zur Ikone lesbischer Zuschauerinnen (*The Hunger*, 1983; Regie: Tony Scott; in Frankreich *Les Prédateurs*; mit David Bowie und Susan Sarandon).
- **Gérard Depardieu** (*1948) kann auf **kein Genre und keinen Typus festgelegt** werden – sein Repertoire reicht von experimentellen Filmen (*Nathalie Granger*, 1972; Regie: Marguerite Duras) über Theater- (*Cyrano de Bergerac*, 1990; Regie: Jean-Paul Rappeneau) oder Romanverfilmungen (*Tous les matins du monde*, 1991; Regie: Alain Corneau) bis zu kommerziellen Komödien (*Green Card*, 1990; Regie: Peter Weir).
- **Isabelle Huppert** (*1953) verkörpert den Typus der undurchdringlichen, unterkühlten, äußerlich **zerbrechlich wirkenden, aber von unglaublicher Willensstärke beseelten** Frau. Prototyp ist der Film *Une affaire des femmes* (1988; Regie: Claude Chabrol), in dem Huppert eine Engelmacherin spielt. Huppert gewinnt viele prestigreiche Preise (darunter 1996 den *César* für ihre Darstellung der Jeanne in *La cérémonie*, 1995; Regie: Claude Chabrol). Zweimal wird sie als beste Darstellerin bei den Internationalen Filmfestspielen von Cannes ausgezeichnet (1978 für ihre Rolle in *Violette Nozière*, 1978; Regie: Claude Chabrol, und 2001 für ihre Rolle in *La Pianiste*, 2000; Regie: Michael Haneke). 2002 erhält sie den Silbernen Bären der Internationalen Filmfestspiele Berlin für den Kassenschlager *Huit femmes* (2001, Regie: François Ozon).

Ein Kultfilm: Catherine Deneuve in *Belle de jour* (1967)

Filmfestivals sind das Podium der Kultfilme. Das wichtigste nimmt selbst den Rang eines Mythos ein: die seit 1946 jährlich **in Cannes stattfindenden Filmfestspiele**. Hier werden jeweils der beste Film des Jahres mit der *Palme d'Or* und weitere Filme mit kleineren Preisen geehrt. Es handelt sich um das wichtigste Filmfestival der Welt, weil es (im Gegensatz zur US-amerikanischen Oscarverleihung) ohne Einschränkungen **international ausgerichtet** ist und die »Gratwanderung zwischen den beiden Extremen Kommerz und Autorenkino immer wieder erfolgreich bewältigt« (Gross 2003, 534). **Auf Frankreich beschränkt** ist der von der *Académie des Arts et Techniques du Cinéma* 1976 erstmalig verliehene Filmpreis ***César***.

Werbung: Im Zusammenhang mit dem Festival in Cannes zeigt sich eine französische Besonderheit: **Werbung gehört zur offiziellen Kultur**, und gelungene Werbefilme werden wie Kunstwerke gehandelt. Jährlich zeigt die sogenannte **Cannes-Rolle** prämierte Spots, die in einem künstlerischen Begutachtungsprozess ausgewählt werden. Die Preise sollen zur Entwicklung kreativer neuer Werbetechniken anregen.

Fernsehen

Fernsehstars, Kultsendungen: Auch das Fernsehen bringt Stars hervor, die den Status von regelrechten Ikonen erreichen. Anders als die (zumindest bei den öffentlichen-rechtlichen Sendern arbeitenden) deutschen **Nachrichtensprecher** sind die französischen nicht primär auf nüchterne Neutralität bedacht, sondern entwickeln **wie Moderatoren ihren eigenen Präsentationsstil**. Das liegt u.a. daran, dass dem Kommentar ein viel größerer Raum zugestanden wird als etwa in Deutschland. Ein Beispiel für einen Nachrichtenstar ist **Patrick Poivre-D'Arvor** mit dem ›kultigen‹ Kürzel PPDA für die 20-Uhr-Nachrichten auf *TF 1*. Endgültig zum *enfant terrible* avanciert PPDA 1991, als er ein Interview mit Fidel Castro frei erfindet und veröffentlicht. Ein Star der 13-Uhr-Nachrichten (ebenfalls *TF 1*) ist lange Zeit (1975–1988) **Yves Mourousi**, der zum ersten Mal außerhalb der Studios dreht und Reportagen vor Ort produziert. Aber auch andere Sparten bringen Moderatoren mit Kultstatus hervor, z.B. Bildungssendungen. So ist die Kultursendung ***Apostrophes* von Bernard Pivot** immer am Freitagabend lange Zeit (1975–1990) ein Dauerbrenner und bringt einen neuen Typus mediengerecht aufbereiteter Literatur und medienkonformer Schriftsteller hervor. Die Folgesendung heißt *Bouillon de Culture* (1990–2001, in Zusammenarbeit mit der Medien- und Buchhandelskette *FNAC*) und widmet sich neben der Literatur auch dem Film und anderen Künsten.

Kultmoderator Bernard Pivot

Fernsehserien: Kultstatus erreicht auch manche TV-Serie, z.B. die legendären ***Guignols de l'info*** auf *Canal +*. Als Satire konzipiert, präsentieren in dieser täglich seit 1990 zwischen 19:58h und 20:07h ausgestrahlten Serie **Gummipuppen die neuesten Ereignisse aus Politik und Gesellschaft**, wobei Prominente und Medien gnadenlos karikiert und oftmals auf stark verzerrende Stereotypen verkürzt werden. Die Sendung geht zurück auf die Politsatire ***Le Bébête show*** von *TF 1* (1983–1995), die wiederum ihre Inspirationen aus der amerikanischen *Muppet Show* erhielt. Da Serien täglich zu einer bestimmten Uhrzeit angeschaut werden, nehmen sie den Charakter von Ritualen an.

Wissens- und Rätselsendungen: Einige Fernsehproduktionen machen **Fähigkeiten und Wissensbereiche über die Sendung hinaus populär** und werden so zu einem Alltagsmythos. Hierunter fallen in Frankreich vor allem die zahlreichen **Ratespiele**, von denen eines der bekanntesten das 1988 erstmals ausgestrahlte ***Questions pour un champion*** ist. Präsentiert wird das Quiz (das kein Glücksspiel ist!) von dem (ebenfalls zur Kultfigur avancierten) Moderator **Julien Lepers** auf *France 3*, der der Sendung ihr charakteristisches Gepräge verleiht. Vier Kandidaten antworten auf Fragen aus dem Bereich Allgemeinwissen. In der Folge haben sich **Spielerclubs** ausgebildet, **Brett- und Videospiele** sind entstanden: Die durch die

Sendung verbreiteten Spielregeln werden zu kulturellem Grundwissen. Ein solcher Erfolg auch bei einem breiten Publikum ist mit der deutschen Sendung *Wer wird Millionär* vergleichbar.

Die **Sendung *Fort Boyard*** ist ein Beispiel dafür, wie **Monumente der französischen Geschichte** mit Unterhaltungsspielen gekoppelt werden. Mittelpunkt des als Schatzsuche gestalteten TV-Spiels ist eine Festung, die im 17. Jh. im Meer zwischen der Ile d'Aix und der Ile d'Oléron errichtet wurde. Seit 1990 nutzt der Sender *France 2* die Räumlichkeiten dieses außergewöhnlichen Ortes für **Geschicklichkeits- und Ratespiele**. Das Konzept dieses Spiels wird auch exportiert.

Auch solche **Ratespiele** sind für Frankreich typisch, die das **Wissen über die eigene Sprache** betreffen, was eine kulturspezifische Wertschätzung des korrekten Sprechens und Schreibens zeigt. Es überrascht Ausländer z. B., dass **öffentliche Diktate** organisiert werden, von denen eines der bekanntesten das von Bernard Pivot 1985 lancierte ***Championnats de France d'orthographe*** ist (das später zu *Dicos d'or* wird); es handelt sich um Rechtschreib-Wettbewerbe in mehreren Phasen.

Französisches Musical mit internationaler Ausstrahlung: *Les Misérables*

Auch wenn Kassenschlager und Kultproduktionen im **Bereich des Musicals** in Frankreich eher selten sind – zu fest haben die US-amerikanischen Produktionen das Publikum auf ihr Schema geprägt –, gibt es Ausnahmen wie das 1980 im *Palais des Sports* (Paris) uraufgeführte Musical ***Les Miserables*** (Musik: Claude-Michel Schönberg, Text: Alain Boublil und Jean-Marc Natel), die Bühnenfassung nach dem gleichnamigen Roman von Victor Hugo (s. Kap. 3.5.2). Ursprünglich nur für zwei Monate vorgesehen, wird es zu einem internationalen Dauererfolg.

4.2.4 | *La bande dessinée*

Stellung des Comics in der französischen Kultur

Der Comic, die *bande dessinée* (kurz *BD*), genießt **in Frankreich außerordentliche Popularität** und hat zahlreiche mythenähnliche Figuren hervorgebracht (vgl. Schmidt et al. 2006, 107–110). Das Lesen von Comics wird durchaus als **intellektuelles Vergnügen vor allem für Erwachsene** angesehen, weshalb diese Textgattung ein ernstzunehmendes Element französischer Kultur ist. Dies zeigt sich auch darin, dass *BD*-Autoren – Philippe Druillet (*1944), Georges Wolinsky (*1934), André Franquin (1924–1997), Enki Bilal (*1951), Hergé (Pseudonym für Georges Remi; 1907–1983), René Goscinny (1926–1977), Reiser (1941–1983) – so bekannt sind wie die Autoren von traditionell ›hoher Literatur‹ oder von Bestsellern; manche sind sogar berühmter als Sänger oder Schauspieler. Vorläufer des Comics sind seit der Mitte des 17. Jh.s die populären ***Images d'Épinal*** (Bilderbögen von Epinal), farbige Bildergeschichten mit einem Begleittext über volkstümliche, märchenhafte, religiöse oder nationale Themen (vgl. Haensch/Fischer 1987, 101).

Mythen der Alltagskultur

Asterix, der Gallier

Die international berühmteste Zeichenfigur ist **Asterix**. Der kleinwüchsige gallische Held von herausragender Intelligenz und seine Freunde bilden ein **Panoptikum menschlicher Stereotypen**: der trink-, ess- und rauflustige, intellektuell eher beschränkte Busenfreund Obelix; der allwissende, weise Druide mit dem Geheimrezept einer Wunderwaffe Panoramix (dt. Mirakulix); der eingebildete, die eigene Wichtigkeit grotesk überschätzende Häuptling Abraracourcix (dt. Majestix), der unter dem Pantoffel seiner Frau Bonnemine (dt. Gutemiene) steht; der verkannte Sänger Troubadix etc. Die Geschichten der Figuren von **René Goscinny (Texter) und Albert Uderzo (Zeichner)** erscheinen erstmals 1959. In den hervorstechenden **Charakteristika ›unbesiegbar‹ und ›gesellig‹** erkennen die Franzosen eigene kulturelle Stereotype wieder.

Die bekanntesten Gallier der Welt: Asterix und Obelix

Asterix verkörpert einen nationalen Mythos, weil er den **Geist des Widerstands** verkörpert und nach Einnahme eines Zaubertrankes unbesiegbar ist (s. Kap. 3.2.3). Die Tatsache, dass Asterix und Obelix **›Superhelden‹ im modernen Sinne** sind, kann mit dem ungebrochenen Anspruch Frankreichs auf den Status einer Weltgroßmacht in Verbindung gebracht werden.

Komische Anachronismen: Die Abenteuer sind zwar vorgeblich in der Antike situiert, zeichnen sich aber durch ihre Anachronismen aus, die zeitgenössische Probleme durchscheinen lassen. Von besonderem Reiz ist dabei die **Verarbeitung kultureller Stereotypen und ›Ursprungsmythen‹**, die neu erzählt werden: Die Engländer erfinden den Tee, die Belgier die Fritten, die Goten (die Deutschen) den totalen Krieg; Obelix bricht die Nase der Sphinx ab, die Normannen erlernen die Angst von dem gallischen Barden etc. Da die Comics **auf mehreren Ebenen gelesen** werden können – um die Abenteuer nachvollziehen zu können, ist es z. B. nicht nötig, alle Anspielungen zu verstehen –, sind sie für einen Massenkonsum bestens geeignet. In Frankreich gibt es analog zu dem US-amerikanischen Disneyworld zeitweilig sogar einen Vergnügungspark, der das gallische Dorf nachbildet.

Tintin (dt. Tim) ist fast ebenso berühmt wie Asterix, ein Reporter, der mit seinem **sprechenden Hund Milou** (dt. Struppi) in allen Teilen der Erde Abenteuer zu bestehen hat. 1929 erfindet der Belgier Hergé die Figuren. Tintins Erlebnisse sind ernsthafter als die seines Comic-Kollegen Asterix. Meist geht es um die **Lösung eines schwierigen kriminalistischen Rätsels**. Dies ist reine Männersache, die einzige wiederkehrende weibliche Protagonistin ist die schwer erträgliche Operndiva Castafiore.

Spannende Abenteuer: Tintin und Milou

Internationale Bekanntheit genießen auch die Comic-Figuren **Lucky Luke**, dessen Abenteuer eine **Cowboy-Parodie** sind (seit 1947 von Morris, Pseudonym von Maurice de Bévère, 1923–2001; ab 1955 Mitarbeit Goscinnys), und die **Schtroumpfs** (dt. *Die Schlümpfe* von Peyo, Pseudonym für Pierre Culliford, 1928–1992), kleinwüchsige blaue Kobolde, die zahlreiche französische Wörter durch **Ableitungen des Wortes *schtroumpf*** ersetzen.

Gesellschaftliche Typen

Viele Comics entwerfen **gesellschaftliche Typen mit Symbolcharakter**. Deren Aussagen werden bisweilen wie volkstümliche Sprichwörter zitiert.

- **Die Bécassine** ist eine Vorläuferin späterer Comic-Helden, eine humoristische Personifizierung des einfältigen, gutmütigen bretonischen Dienstmädchens (vgl. Haensch/Fischer 1987, 33). Sie ist die Hauptfigur der gleichnamigen seit 1905 erscheinenden *BD*-Reihe von Joseph Pinchon (1871–1953; Zeichnungen) und Caumery (1867–1941; Texte).
- ***Les Frustrés*** sind eine Schöpfung der Zeichnerin Claire Bretécher (*1940), die in der Comic-Zeitschrift *Pilote* debütiert. Ihre **Comicreihe hat keinen festen Helden**, die Bilder sind graphisch auffallend monoton. Bretechers Figuren stellen eine **Parodie auf ehemalige ›68er‹** dar, diejenigen Menschen, die im Mai 68 protestierten, dann die Dreißiger überschritten und eine Wendung zum bürgerlichen Leben vollzogen haben und nunmehr ›auf intellektuell‹ machen. Bretécher verspottet eine zum **sinnentleerten Automatismus verkommene** ›linke‹, feministische, antiautoritäre und pseudo-engagierte Einstellung, die sich vor allem durch Wortschwall auszeichnet. Roland Barthes bezeichnet Bretécher 1976 als »meilleure sociologue de l'année«. Die Frustrierten zeigen, wie sich die Ideale einer Generation langsam in einen ›**Konformismus des Nonkonformismus**‹ verwandeln.

Unverwechselbare Sprechweise: *Les Schtroumpfs*

- Der ***Gros Dégueulasse*** ist eine Figur von Reiser (Jean-Marc Reiser; 1941–1983), der 1960 die Satirezeitung *Hara-Kiri* gründet. Die Figur ist fett, eklig und nur mit einem Slip bekleidet.
- ***Mon Beauf*:** Cabu (Jean Cabut, *1938), herausragender Karikaturist der satirischen Zeitungen *Le canard enchaîné* und *Hara-Kiri hebdo*, inkarniert in dem Comic *Mon beauf* (1976) den beschränkten Durchschnittsfranzosen. *Beauf* ist die Abkürzung für *beau-frère*, der zum **Synonym für einen vulgären, chauvinistischen Spießer** wird: der Chef eines Bistros, reaktionär, unkritisch sich selbst gegenüber, intolerant Andersdenkenden gegenüber und ein großer Fußballfan. *La France des beauf* und deren Symbol, *la beaufitude*, wird als Negativbild eines Franzosen ähnlich populär wie die Zeichentrickfigur Homer Simpson als Negativbild für den US-Amerikaner.

Comic-Kult

Zeitschriften: 1959 erscheint zum ersten Mal die von René Goscinny herausgegebene **Zeitschrift *Pilote***, in der viele Zeichner publizieren, die später durch ihre Comicfiguren berühmt werden. In den Folgejahren werden eine **Fülle neuer Zeitschriften und Magazine** gegründet, wie auch die 1960er Jahre allgemein das Boom-Zeitalter des französischsprachigen Comics sind. Auch am Ende des 20. Jh.s sind Comics als Volkskunst allgegenwärtig; mittlerweile haben sie einen **institutionalisierten Status** erreicht. Es gibt einen Preis für anspruchsvolle Comics, der dem *César* für den Film vergleichbar ist, den ***Alfred*** (ein Pinguin). Jährlich findet in Angoulême der ***Salon de la BD*** statt, wo er verliehen wird. In Angoulême gibt es auch ein **Comic-Forschungszentrum**; in den 1980er Jahren eröffnet das ***Musée nati-***

Mythen der Alltagskultur

onal de l'Illustration et de la Bande Dessinée, das Archivfunktion hat und jedes Jahr im Januar einen ***Salon international de la BD*** organisiert; ihm angegliedert ist eine Schule, an der man seit 1983 ein ***BD*-Diplom** erwerben kann.

4.2.5 | *Le sport*

Den Stellenwert, den ein Lebensbereich in einer Kultur einnimmt, kann man u. a. an dessen Medienpräsenz ablesen. Dass es in Frankreich eine **täglich erscheinende Sportzeitung** (*L'Equipe*) gibt, zeigt das hohe Interesse der Franzosen an diesem Sektor.

Der Fußball ist das beliebteste Massenspektakel, das konstant Symbole (Maskottchen, Trikots, Schals etc.), Helden (Stürmer, Torwarte, Trainer etc.) und Mythen (legendäre Spiele) hervorbringt. Der französische Fußballdachverband, die *Fédération Française de Football*, ist Gründungsmitglied der UEFA (1954). Die **Nationalmannschaft** wird nach der französischen Fahne ***Equipe Tricolore*** genannt – ein Hinweis darauf, dass die Mannschaft die Nation repräsentiert und die Nation sich mit der Mannschaft identifiziert – oder, wegen der traditionell blauen Trikots, ***les bleus***. ›Fußballlegenden‹ sind weit über die Landesgrenzen hinaus der Stürmer **Michel Platini** und der Mittelfeldspieler **Zinédine Zidane**. Zidane, Franzose algerischer Abstammung, wird drei Mal Fußballer des Jahres und gilt als einer der besten Fußballspieler aller Zeiten; zärtlich nennen ihn die Franzosen *Zizou*. Seiner Popularität tut die rote Karte infolge eines groben Fouls im Endspiel um die Weltmeisterschaft 2006 keinen Abbruch.

Kult um Zinédine Zidane

Bei dem **ersten Gewinn der Weltmeisterschaft 1998** – Austragungsland des Turniers ist Frankreich, Ort des Endspiels das (auch zum Mythos gewordene) *Stade de France* in Saint-Denis/Paris – steht das ganze Land Kopf. Die *coupe du monde* wird auch in der Folgezeit Anlass für eine Art Massenhysterie, der Fußball zum **Symbol einer einträchtigen französischen Nation**. Zwar handelt es sich klassisch um einen Männersport, doch nimmt die Präsenz der Frauen auf den Tribünen seit dem Titelgewinn 1998 kontinuierlich zu.

Rugby: Auf dem zweiten Platz der Publikumsgunst, mit deutlich geringerer Medienpräsenz und schichtübergreifender Integrationskraft, steht **Rugby**, das als volkstümliches Spiel für die unteren und mittleren Bevölkerungsschichten gilt. Vor allem im Südwesten Frankreichs wird es als eine Nationalsportart empfunden. Die besten Mannschaften spielen in der Liga Top 14 um die Meisterschaft. Rugby hat seine Heimat in Aquitanien und ist wohl infolge des Handelsaustausches mit den Briten zu seiner Popularität gelangt. **Ende des 19. Jh.s wird der erste Rugbyclub in Bordeaux** gegründet. Der jährlich stattfindende **Wettkampf *Six Nations***

(England, Frankreich, Irland, Italien, Schottland, Wales) ist in Frankreich ein Medien-Spektakel.

Radsport: Die dritte Sportart mit dem Charakter eines Massenspektakels ist der **Radsport** und dessen Höhepunkt die **Tour de France**, die seit 1903 jährlich stattfindet; in den letzten Jahren gerät diese jedoch zunehmend wegen Doping-Skandalen in Verruf (vgl. die zahlreichen Disqualifizierungen 2007). In gut 20 Etappen legen Radprofis aus der ganzen Welt im Juni/Juli rund 4000 km zurück (vgl. Schmidt et al. 2006, 944–946; Vigarello 1997). Die Route wird jedes Jahr neu festgelegt und verläuft teilweise auch außerhalb Frankreichs, endet aber stets in Paris auf den Champs-Elysées. Der Erstplatzierte der Gesamtwertung bekommt das begehrte gelbe Trikot. Berühmtheit erlangt der Franzose **Bernard Hinault** mit dem Spitznamen *Blaireau*, der als dritter Rennfahrer der Radsportgeschichte nach dem Franzosen **Jacques Anquetil** und dem Belgier **Eddy Merckx** die Tour fünf Mal gewinnt. Nur der US-Amerikaner **Lance Armstrong** ist bislang erfolgreicher.

Weitere Sportarten

Sehr populär sind in Frankreich außerdem **Autorennen** – z. B. die berühmten 24 Stunden von Le Mans oder die Rallye Paris-Dakar – und **Pferderennen**. Vor allem mit Südfrankreich wird das **Boule-Spiel** (auch: ***pétanque***) assoziiert, ein Spiel mit Metallkugeln, das auf öffentlichen Plätzen, meist von Männern, gespielt wird.

4.2.6 | *La bouffe*

Esskultur: Jede Kultur definiert ihre Identität auch über **Objekte und Handlungen, die grundlegende Lebensfunktionen betreffen**. Dazu zählen in erster Linie die Nahrung und die Nahrungsaufnahme. In Frankreich existiert eine **regelrechte ›Kunst des Essens‹**, welches einen hohen Stellenwert genießt und mit vielen Ritualen verbunden ist (vgl. Ory 1997). So verabredet man sich in Frankreich abends nicht, wie in Deutschland, ›auf ein Bier‹ in einer Kneipe, sondern zum Essen in einem Restaurant. Ein einmal ausgewähltes Lokal wird nicht gewechselt. Beim Essen zeigt sich aus Sicht der Franzosen, ob jemand **Lebensfreude** besitzt, d. h. ob er **genießen kann**. Daher spart der Franzose hier auch zuletzt. Durchschnittlich hält man sich wesentlich länger bei Tisch auf als z. B. in Deutschland. Neben dem ›Ort des Kultes‹, dem Restaurant, sind auch Bistrots ›Wallfahrtsorte‹ des essenden Franzosen, da sich dort Menschen aller Klassen täglich treffen. ***Bouffe* ist die liebevolle Argot-Umschreibung** des Essens.

Essensriten

Das Essen selbst ist stark ritualisiert. Es besteht aus **mehreren Gängen**, mindestens Vorspeise, Hauptgang und Dessert, zu denen Wein und/oder Wasser getrunken wird; ein Brotkorb steht immer auf dem Tisch. Drei Gänge gibt es selbst in den meisten Kantinen. An jedem Tag werden **zwei warme Mahlzeiten (Mittag und Abend)** eingenommen, wodurch das Frühstück vernachlässigt wird und nicht die Funktion der ›Nahrungsgrundlage für den Tag‹ wie z. B. in Deutschland hat. Die Mittagspausen

Mythen der Alltagskultur

Prototyp Franzose?

werden jedoch immer kürzer, so dass für das traditionelle Mittagsmenü mit drei Gängen meist keine Zeit mehr bleibt. Der Nachmittagskaffee ist unüblich, lediglich Kinder haben Recht auf ein *goûter*. Die Zubereitung der Speisen sieht charakteristisch auch halbrohes Fleisch vor. Vegetarisches Essen hat sich selbst im 21. Jh. noch nicht in breiten Kreisen durchgesetzt.

Brot und Wein: Für das französische Essen stehen symbolisch **Baguette und Bordeaux**. Das längliche, knusprige Weißbrot, das traditionell gebrochen und nicht geschnitten wird, ist das Brot schlechthin, das zu allen Gängen gereicht wird und oftmals als improvisierte Gabel dient. Der Rotwein aus den um Bordeaux liegenden Anbaugebieten ist der Inbegriff für Genuss und Qualität aller französischen Weine. Ebenso berühmt ist der Burgunder. Überhaupt gehört der **Wein in Frankreich zu den Grundnahrungsmitteln**. Im öffentlichen Bewusstsein gilt er nicht als gesundheitsschädlich. In allen Bevölkerungsschichten wird er täglich, meist ausschließlich zu einer Mahlzeit, getrunken, oft auch schon mittags, da er **Inbegriff des französischen Genussgetränkes** und **Symbol für Geselligkeit** ist (vgl. Durand 1997). Wahres *savoir-vivre* zeigt sich im Verhältnis eines Menschen zum Wein:

> Der französische Weintrinker muß möglichst viele Weine und deren Herkunftgebiete kennen, Farbe, Geschmack und Bukett beurteilen, den richtigen Wein aussuchen, die Lagerung und Temperatur der Weine fachgerecht organisieren. Die Zeremonie des Dekantierens, das Kosten des ersten Schlucks, die Kunst, das Etikett lesen zu können, die Jahrgänge einzuschätzen erfordert wahre Spezialisten. (Kalmbach 1990, 171)

Die Liste **französischer Essensmythen** ist lang. Roland Barthes (1957) nennt das ***steak frites*** als Grundelement des französischen Essens quer durch alle Schichten. Dem Ausländer fallen aber meist andere typisch französische Produkte ein:

Typisch französisches Essen, typisch französische Getränke

- **Froschschenkel** (*cuisses de grenouille*) und **Gänsestopfleber** (*foie gras*) gelten als typisch französisches Luxusessen.
- Der **Champagner** (*le champagne*) ist ein Symbol für Luxus. Der moussierende Wein aus Traubensorten der Landschaft Champagne (mit den Zentren Reims und Épernay) wird nach einem gesetzlich festgelegten Verfahren hergestellt. Die Bezeichnung *champagne* ist in zahlreichen Ländern geschützt (vgl. Haensch/Fischer 1987, 49 f.).
- Der ***Croissant***, ein Hörnchen aus Blätterteig, gilt als Inbegriff des französischen Frühstücks.
- ***Quiche Lorraine*** heißt der lothringische Speckkuchen mit Mürbteigboden, der ebenso wie der ***Croque-Monsieur***, das getoastete Käse-Schinken-Sandwich, ein typischer Schnellimbiss ist, neuerdings auch ***Crêpes*** die ursprünglich aus der Bretagne stammen.
- **Die *Salade Niçoise*** ist ein gemischter Salat aus Tomaten, Eiern, schwarzen Oliven, Zwiebeln und Anchovis/Thunfisch und einer ***Vinaigrette*-Soße** (ein weiterer Essensmythos wie die traditionellen französischen Saucen *Hollandaise*, *Mayonnaise* und *Remoulade*).

La bouffe

- Der **Pastis** ist ein Anisschnaps (*Pernod*), der mit Eis und Wasser getrunken wird.
- Den **Absinth** (*l'absinthe*), einen grünen aus der Wermut-Pflanze gewonnenen Alkohol, haben die Bilder von Toulouse-Lautrec berühmt gemacht.
- ***Perrier, Vittel* und *Evian*** sind die bekanntesten Marken für französisches Tafelwasser.
- Sogar eine Tabakmarke ist typisch französisch: ***Gauloises***, die mit einem Hinweis auf die **leichte Lebensart** und den gallischen Flughelm (wie ihn auch Asterix trägt) beworben werden.

Typische französische Produkte

Insgesamt gilt Frankreich als **Land des Käses**. Man sagt, es gebe für jeden Tag des Jahres eine Sorte. Wie hoch die Franzosen ihre Käsekunst schätzen, ist daran erkennbar, dass auf vielen ein **geschütztes Herkunftszeichen** liegt, etwa auf dem *Munster* aus den Vogesen, dem Schimmelkäse *Roquefort* oder dem *Cantal* aus der Auvergne (vgl. Kalmbach 1990, 180). Viele Käse werden **nach ihrem Herkunftsort** benannt (*Roquefort*, *Brie*, *Camembert* sind die bekanntesten), was die enge Verbundenheit zwischen Produkt und Landschaft zeigt.

Viele Gegenden Frankreichs sind mit **lokalen Spezialitäten** verbunden, woran man sehen kann, wie stark Essen mit **regionaler Identität** in Verbindung gebracht wird (Goscinny/Uderzo haben dies in dem Asterix-Band *Le Tour de Gaule* porträtiert). Im Perigord sind es z. B. Gänse, Trüffel und Walnüsse, am Mittelmehr Fisch, Tomaten und Knoblauch, in der Bretagne Fisch und Muscheln, in Marseille die berühmte Fischsuppe Bouillabaisse, im Elsass Sauerkraut und Würstchen, im Languedoc das *Cassoulet*, ein kräftiger Bohneneintopf. Zahlreiche **AOC-Produkte (*Appellation d'origine contrôlée*)** zeigen die Verbundenheit der Franzosen mit den einheimischen Produkten und ihre hohe Wertschätzung qualitätsvoller Lebensmittel.

Essensratgeber: Die französische Esskultur bringt eine Fülle von Ratgebern hervor. International bekannt ist der **Michelin (*Guide Michelin*)**, ein Gastronomieführer (mit rotem Einband), der seit 1900 von dem Reifenhersteller herausgegeben wird (der grüne Einband ist für die Reiseführer) und eine weltweite Auflage von einer Million Exemplaren pro Jahr aufweist. Der rote *Michelin* bewertet Restaurants und Hotels mit **ein bis drei Sternen** anhand der Güte der Küche. Kritiker suchen die Lokale stets unangekündigt auf. Dass die Bewertung des Michelin allgemein anerkannt ist, zeigt sich daran, dass sich die Sterne konkret in der Besucherzahl niederschlagen und daher **wie ein Literatur- oder Filmpreis gehandelt** werden. Vorgeworfen wird dem Michelin seine starke Fixierung auf Frankreich. Auch der nach seinen Herausgebern benannte ***Gault-Millau*** ist ein einflussreicher Restaurantführer, der **Kochmützen statt Sterne** verleiht.

Mythos französische Küche

Starköche sind in Frankreich so berühmt wie Filmstars, und jede Zeitung, die etwas auf sich hält, sieht eine Gastronomiekolumne vor. **Paul Bocuse** ist **der große Küchenmeister mit internationalem Renommee**. In seinem Restaurant in der Nähe von Lyon zelebriert er seine berühmte ***Nouvelle Cuisine***: regelrecht künstlerische Kreationen einer leichten Küche mit

Mythen der Alltagskultur

aufeinander abgestimmten Farben und geometrischen Figuren. Auch im Ausland ist die **französische Küche ein Mythos**, was sich darin zeigt, dass auch hier viele Restaurants ihre Speisekarten auf Französisch verfassen.

Literatur

Albersmeier, Franz-Joseph: Theater, Film und Literatur in Frankreich. Medienwechsel und Intermedialität. Darmstadt 1992.

Asholt, Wolfgang: »Chanson et politique: la question de l'immigration«. In: Mathis 1996, 175–204.

–: »Kultur und Kulturpolitik«. In: Marieluise Christadler/Henrik Uterwedde (Hg.): Länderbericht Frankreich. Geschichte – Politik – Wirtschaft – Gesellschaft. Opladen 1999, 181–197.

Bonnieux, Bertrand/Cordereix, Pascal/Giuliani, Élizabeth: Souvenirs, souvenirs… cent ans de chanson française. Paris 2004.

Calvet, Louis-Jean: »Quel temps fera-t-il sur la chanson française? A propos des courants actuels de la chanson française«. In: Mathis 1996, 55–61.

Debord, Guy: La Société du spectacle. Paris 1996.

Domenach, Jean-Marie: Le Crépuscule de la culture française. Paris 1995.

Durand, Georges: »La vigne et le vin«. In: Pierre Nora (Hg.): Les lieux de mémoire. Bd. 3. Paris 1997, 3711–3741.

Filippini, Henri: Dictionnaire de la bande dessinée. Paris 2005.

Gross, Stefan: »Französische Filmszene«. In: Ingo Kolboom/Thomas Kotschi/Edward Reichel (Hg.): Handbuch Französisch. Sprache. Literatur. Kultur. Gesellschaft. Für Studium, Lehre, Praxis. Bielefeld 2003, 532–535.

Haensch, Günther/Fischer, Paul: Kleines Frankreich-Lexikon. Wissenswertes über Land und Leute. München ²1987.

Kalmbach, Gabriele: Kulturschock Frankreich. Bielefeld 1990.

Mathis, Ursula: La chanson française contemporaine. Politique, société, médias. Actes du symposium du 12 au 16 juillet 1993 à l'Université d'Innsbruck. Innsbruck ²1996.

Oberhuber, Andrea: Chanson(s) de femme(s). Entwicklung und Typologie des weiblichen Chansons in Frankreich 1968–1993. Berlin 1995.

Ory, Pascal: »La gastronomie«. In: Pierre Nora (Hg.): Les lieux de mémoire. Bd. 3. Paris 1997, 3743–3769.

Paech, Joachim: Literatur und Film. Stuttgart ²1997.

Patureau, Frédérique: Les pratiques culturelles des jeunes. Paris 1992.

Röseberg, Dorothee: Kulturwissenschaft Frankreich. Stuttgart/Düsseldorf/Leipzig 2001.

Schmidt, Bernhard/Doll, Jürgen/Fekl, Walther u.a.: Frankreich-Lexikon. Schlüsselbegriffe zu Wirtschaft, Gesellschaft, Politik, Geschichte, Presse- und Bildungswesen. Berlin ²2006.

Steiner, Rudi: Das Lexikon der Kultfilme. Klassiker, Kuriositäten, Katastrophen. Kino-Phänomene mit ewiger Faszination. Berlin 1999.

Vigarello, Georges: »Le tour de France«. In: Pierre Nora (Hg.): Les lieux de mémoire. Bd. 3. Paris 1997, 3801–3833.

Winter, Scarlett: »Einzelaspekt: Film«. In: Ingo Kolboom/Thomas Kotschi/Edward Reichel (Hg.): Handbuch Französisch. Sprache. Literatur. Kultur. Gesellschaft. Für Studium, Lehre, Praxis. Bielefeld 2003, 779–786.

4.3 | Die Zeitdimension kultureller Identität. Französische Erinnerungskulturen

4.3.1 | Die Konstruktion der Nationalgeschichte in der republikanischen Geschichtsschreibung

La France vient du fond des âges. Elle vit, les siècles l'appellent. Mais elle demeure elle-même au long du temps. Ses limites peuvent se modifier sans que changent le relief, le climat, les fleuves, les mers, qui la marquent indéfiniment. Y habitent des peuples qu'étreignent, au cours de l'Histoire, les épreuves les plus diverses, mais que la nature des choses, utilisée par la politique, pétrit sans cesse en une seule nation (de Gaulle 1970, 7).

Historische Kontinuität und nationale Identität

Mit diesen Überlegungen leitet Charles de Gaulle (1890–1970, s. Kap. 4.3.2.3) den letzten Band seiner Memoiren ein. Das Zitat ist repräsentativ für ein **Geschichtsverständnis**, das bis heute eine Grundlage der nationalen Identität Frankreichs bildet. De Gaulle entwirft darin die Idee einer historischen Entwicklung, die auf einer historisch unveränderlichen Existenz Frankreichs beruht (»La France vient du fond des âges«). Die **Einheit der Nation** erscheint wie eine Naturkonstante, als Resultat klimatischer und geographischer Gegebenheiten (»le relief, le climat, les fleuves, les mers, qui la marquent indéfiniment«). Sie sei im historischen Wandel (in den »épreuves les plus diverses«) geformt worden und habe diesen zugleich überdauert. Die nationale Identität baut für de Gaulle auf einer Sicht der französischen Geschichte auf, in der alle historischen Herrschaftsformen und alle Umbrüche, die sich auf dem Territorium des heutigen Frankreich abgespielt haben, als Entwicklungsstufen der Nation gedacht werden.

Ein derart ausgeprägtes **Bewusstsein von der historischen Einheit der Nation** stellt eine **Besonderheit der französischen Erinnerungskultur** dar. In Deutschland wird dagegen eine kontroverse Diskussion über die Frage geführt, ob und inwieweit die nationalsozialistische Herrschaft zur Kontinuität der deutschen Geschichte gehört. Auch nach dem Historikerstreit der 1980er Jahre bleibt die Frage offen, wie eine nationale Erinnerungskultur mit dieser Vergangenheit umzugehen habe, deren Machthaber sich ja als »Drittes Reich« in einer Kontinuität deutscher Geschichte situieren wollten. Eine solche **durch die chronologische Zählung verbürgte Kontinuität** (der Republiken, aber auch der beiden Kaiserreiche!) ist in Frankreich unumstritten. Allein die **Revolution** bleibt in der französischen Erinnerungskultur **als Zäsur** präsent, wenn es um die symbolische Repräsentation der Nation und das Selbstverständnis der Republik geht (s. Kap. 4.3.3).

Republikanische gegen monarchistische Geschichtsdeutung

Die Deutung historischer Abläufe als kohärente Geschichte der Nation hat ihren Ursprung in der **Geschichtsschreibung des 19. Jh.s** (vgl. Citron 1991, 18–23). Das republikanische Geschichtsbild ist schon deshalb auf eine Aneignung der gesamten Nationalgeschichte ausgerichtet, weil es in einem **Deutungskonflikt** steht, in dem zwei politisch-ideologische Lager miteinander rivalisieren (vgl. Amalvi 1988, 32 ff. und 331 ff.). Eine zumindest bis zum Zweiten Weltkrieg einflussreiche traditionsorientier-

Die Zeitdimension kultureller Identität. Erinnerungskulturen

te Deutung der Nationalgeschichte macht der Republik den Vorwurf als Erbin der Revolution mit der historischen Tradition der Monarchie gebrochen zu haben und diese ebenso zu verleugnen wie die negativen Aspekte der Revolutionszeit. Der Konflikt zwischen den beiden »**identités rivales**« (Birnbaum 1998, 269 f.) bleibt bis in die Gegenwart in der französischen Erinnerungskultur zumindest untergründig präsent.

Die republikanische Geschichtsdeutung behauptet sich in diesem Konflikt der Erinnerungskulturen dadurch, dass sie die **Republik als Vollendung der französischen Geschichte** versteht (vgl. Nora 1997, Bd. 1, 239–276). Verbreitet und popularisiert wird sie seit den Anfängen der Dritten Republik vor allem durch das allgemeine und laizistische **Schulwesen**, das bis heute für die Begründung einer nationalen und republikanischen Identität eine zentrale Rolle spielt (s. Kap. 4.3.4). In den Schulgeschichtsbüchern wird seit dem Ende des 19. Jh.s die Geschichte des Landes als Zusammenhang erzählt, in dem die Entstehung, Gefährdung und Vollendung der Einheit von »nation« und »patrie« die zentralen Konstruktionselemente sind. Sie sollen die Abfolge einzelner Ereignisse ebenso wie das Handeln historischer Gestalten verstehbar machen. (vgl. Citron 1991, 17 ff.).

Die Synthese von *Ancien Régime* und Revolution: Auch die Herrscherfiguren des *Ancien Régime* werden zu Bestandteilen einer Konstruktion der Geschichte, in der das Volk, die Nation und häufig auch »la France« selbst die eigentlichen Akteure sind (vgl. Citron 1991, 37 ff.). »Les rois ont fait l'unité de la France, le peuple l'a défendue«, heißt es in einer bündigen Formulierung in dem einflussreichsten Schulgeschichtsbuch aus der Zeit der Dritten Republik, dem *Cours élémentaire* von Ernest Lavisse (zit. nach Nora 1997, Bd. 1, 263). Die republikanische Sicht der Nationalgeschichte entwirft eine **Synthese des *Ancien Régime* (der Könige) mit der revolutionären Tradition (dem Volk)**, die grundlegend für die französische Erinnerungskultur ist (vgl. Joutard 1994, 512 f.). In seinen Überlegungen über die Gründe für die Niederlage Frankreichs im Zweiten Weltkrieg hat der bedeutende Historiker Marc Bloch 1940 die Identitätskonstruktion, die auf dieser Synthese aufbaut, in einer prägnanten Formulierung verdeutlicht: »Il est deux catégories de Français qui ne comprendront jamais l'histoire de France, ceux qui refusent de vibrer au souvenir du sacre de Reims [der traditionellen Weihe der Könige]; ceux qui lisent sans émotion le récit de la fête de la Fédération [dem Revolutionsfest vom 14. Juli 1790]« (*L'étrange défaite*, Paris 1990, 198). Das **Verständnis der Nationalgeschichte** wird so an eine **affektive Identifikation** gebunden (»vibrer«, »sans émotion«), die sich auf Riten der Monarchie ebenso wie auf solche der revolutionären Tradition bezieht.

Gegenwärtiges Geschichtsbewusstsein und multikulturelle Gesellschaft

In der Zeit nach dem Zweiten Weltkrieg, die von einer kohärenten nationalen Identität zu deren allmählicher **Auflösung im Zeichen der Globalisierung und einer multikulturellen gesellschaftlichen Wirklichkeit** führt (s. Kap. 4.5.3), verliert die historische Dimension der Begründung nationaler Identität ihre Eindeutigkeit und ihre weitgehend selbstverständliche Gültigkeit. Pierre Nora hat diese Entwicklung als den Über-

Die Konstruktion der Nationalgeschichte

gang von der »nation historique« zu der »nation mémorielle« charakterisiert (s. Kap. 4.1.3): Was bis dahin unzweifelhafter Bestandteil kollektiver Erinnerung war, muss nun beständig neu rekonstruiert und inszeniert werden, um – wenn überhaupt – als sinnstiftend für die Gegenwart erinnert werden zu können (Nora 1997, Bd. 3, 4692 f.).

Die **Relativierung der republikanischen Erinnerungskultur** versteht Nora als Folge der beiden großen Einschnitte, die die Nachkriegsentwicklung Frankreichs prägen:

- soziologisch die Auflösung der ländlich-agrarischen Strukturen, die das Land bis nach dem Zweiten Weltkrieg ökonomisch wie gesellschaftlich dominiert hatten;
- ideologisch die Krise von Mai 1968 (s. S. 219 f.), die die Geltung traditioneller Wertvorstellungen nachhaltig erschüttert (Nora 1997, Bd. 3, 4699–4703).

Dem wird man hinzufügen müssen, dass auch die **ethnische Vielfalt** des heutigen Frankreich eine **Pluralisierung der Erinnerungskulturen** mit sich bringt, zumal die koloniale Vergangenheit Frankreichs darin kaum eine Rolle spielt (s. Kap. 4.5).

Der Wandel der französischen Erinnerungskultur wird Nora zufolge durch die **Vervielfältigung**, die teilweise **Dezentralisierung** sowie die **mediale Inszenierung von Gedenkfeiern** der unterschiedlichsten Art charakterisiert (das beste Beispiel hierfür bieten die großen Spektakel anlässlich der Zweihundertjahrfeier der Revolution). Sein eigenes groß angelegtes Projekt der *Lieux de mémoire*, eine sieben umfangreiche Bände umfassende Darstellung der verschiedenartigsten Bezugspunkte französischer Erinnerungskultur, repräsentiert in Anlage und Entwicklung selbst diese Tendenz zu einer Relativierung der Erinnerungskultur. Das Werk soll historische Bezugspunkte nationaler Identität vergegenwärtigen, die im kollektiven Bewusstsein immer weniger präsent und wirksam sind (Nora 1997, Bd. I, 15). Während die ersten Bände mit den Themen *La République*, und *La Nation* die vielfältigen Grundlagen der republikanischen und der nationalgeschichtlichen Erinnerungskultur noch relativ systematisch behandeln, folgen darauf nicht weniger als vier Bände mit dem Titel *Les France*. Dieser Plural verweist auf eine **Vielfalt möglicher Erinnerungswelten**, die sich nicht mehr auf allgemein gültige Bezugsgrößen reduzieren lässt. Die **Pluralisierung der Erinnerungskultur** zeigt sich auch darin, dass in vielen Regionen insbesondere im Süden Frankreichs mittlerweile die regionale Geschichte (insbesondere die des okzitanischen Sprachraums) zum Bezugspunkt eigenständiger regionaler Erinnerungskulturen und Identitätskonstruktionen geworden ist.

4.3.2 | Drei mythische Gestalten

Die Aneignung der Geschichte erfolgt in der französischen Erinnerungskultur zu einem guten Teil über die **Lebensgeschichte und das Wirken historisch bedeutsamer Gestalten**. Durch die schulische und populäre Vermittlung der Geschichte werden die »**grandes figures françaises**« – Könige, Kaiser, Minister, Kriegshelden, aber auch Schriftsteller und Wissenschaftler – zu einem **Bestandteil des kollektiven Gedächtnisses** (Citron 1991, 43 ff.). Sie sollen die für die Nationalgeschichte grundlegende Kontinuität von den Anfängen bis zur Gegenwart verkörpern und deren besondere Bedeutung repräsentieren.

Der Rettermythos: Die Menge der historischen Darstellungen über Jeanne d'Arc, Napoleon und de Gaulle ist ebenso unüberschaubar wie – insbesondere im Fall der ersten beiden Gestalten – die der literarischen, bildlichen, filmischen oder musikalischen Bearbeitungen ihrer Geschichte. Daneben zeigen auch Spuren in der französischen Alltagskultur (Statuen, Straßennamen, Objekte des Andenkens, Werbung etc.) die Präsenz dieser Gestalten im kulturellen Gedächtnis Frankreichs. Auch wenn ihre Geschichte, ihr Leben und ihr jeweiliger historischer Kontext kaum etwas miteinander gemeinsam haben, kommt ihnen doch in der französischen Erinnerungskultur eine vergleichbare Funktion zu. Sie repräsentieren – im Falle Napoleons nicht unumstritten – den **Mythos von einer Rettung der Nation** in entscheidenden Krisenmomenten (des Hundertjährigen Kriegs, der Revolutionszeit, der Niederlage im Zweiten Weltkrieg).

4.3.2.1 | Jeanne d'Arc: die Rettung der Nation durch das Volk und/oder durch göttlichen Auftrag

Historische Aspekte

Die Spuren, die die historische Jeanne d'Arc in der französischen Geschichte hinterlassen hat, beschränken sich auf einen **Zeitraum von knapp zweieinhalb Jahren.** Im Februar 1429 macht sich das siebzehnjährige Bauernmädchen aus seinem Heimatdorf nach Chinon auf. Sie eröffnet dort dem französischen Thronfolger, der im Hundertjährigen Krieg gegen die englische Übermacht verloren scheint, sie habe den **göttlichen Auftrag**, seinen Anspruch auf den Thron zu retten und beruft sich dabei auf Stimmen von Heiligen, die ihr dies verkündet hätten. Sie gibt sich selbst den Beinamen ***la Pucelle***, der auf ihre Jungfräulichkeit verweist und damit darauf, dass sie (ähnlich den Nonnen) ihr Leben ganz ihrer göttlichen Mission weiht (vgl. Beaune 2004, 134 ff.). Schon wenige Monate später befreit sie an der Spitze eines Heers das belagerte Orleans, dessen Fall möglicherweise die endgültige Niederlage bedeutet hätte, und führt den Thronfolger zu seiner **Königsweihe** als Karl VII. nach Reims. Im Mai 1430 wird sie gefangengenommen, den Engländern ausgeliefert und ein Jahr später nach einem förmlichen kirchlichen **Inquisitionsprozess** in Rouen als Ketzerin auf dem Scheiterhaufen hingerichtet. Sechs Jahre na-

Drei mythische Gestalten

rauf befreit Karl VII. nach weiteren kriegerischen Verwicklungen Paris. Erst 1453 gibt dann die englische Krone ihre französischen Besitzungen auf. Der König, den das Schicksal Jeanne d'Arcs zunächst herzlich wenig gekümmert zu haben scheint, betreibt erst nach dieser Stabilisierung seiner Herrschaft eine Revision des kirchlichen Urteils, vor allem wohl, um den Anschein zu vermeiden, er verdanke seinen Thron einer Ketzerin.

Über **die militärische Bedeutung dieser Episode** für das Kriegsgeschehen lässt sich trefflich streiten. Unstrittig ist jedoch, dass das Auftreten Jeanne d'Arcs psychologisch und ideologisch von großer Bedeutung für den Kriegsverlauf ist. Die **Wahrnehmung und Wirkung** ihrer Gestalt wird von Anfang an **von mythisierenden Deutungen bestimmt**, die religiöse und legendäre Erlösungs- und Errettungsvorstellungen miteinander verbinden (vgl. Beaune 2004, insbes. Kap. 6–8). Durch den Glauben an ihre göttliche Sendung erhält sie eine wesentliche **Legitimationsfunktion für den König**, dessen Herrschaftsanspruch angesichts des Kriegsverlaufs aufs Äußerste gefährdet ist. Anhänger wie Gegner nehmen sie von Anfang an in diesen tradierten Deutungsschemata wahr, so dass die Frage nach ihrer ›tatsächlichen‹ Bedeutung und ihren Intentionen nicht von der mythischen Dimension zu trennen ist, in der sie rezipiert wird: »Dès que Jeanne parut à Chinon, les deux niveaux du mythe et du réel coexistèrent« (Beaune 2004, 11).

Das Sendungsbewusstsein Jeanne d'Arcs: Soweit man dies der zeitgenössischen Überlieferung entnehmen kann, war Jeanne d'Arc wohl davon überzeugt, sie sei dazu bestimmt, Karl VII. zu seinem von Gott verliehenen Recht zu verhelfen. Dieses Sendungsbewusstsein verbindet sich mit einer **nationalen Dimension**, weil die englische Krone ebenfalls den Anspruch auf den französischen Königsthron erhebt und der dynastische Konflikt damit zugleich als einer zwischen zwei Völkern erscheinen kann (was er allerdings nur teilweise ist, da die Engländer mächtige französische Verbündete haben). In einem Brief an den König von England, den Jeanne d'Arc vermutlich selbst diktiert hat, heißt es: »[...] vous ne tiendrez point le royaume de France de Dieu, le Roi du ciel, fils de sainte Marie, mais le tiendra le roi Charles, le vrai héritier: car Dieu, le Roi du ciel le veut et cela est révélé par la Pucelle« (datiert auf den 22. März 1429, zit. nach Beaune 2004, 457).

Jeanne d'Arc als Kriegsheldin

Entschiedenheit und Selbstbewusstsein dieses Briefs sind bemerkenswert. Darin wird ein wesentlicher Bestandteil des Mythos deutlich, nämlich **das Faszinosum einer Frau aus dem einfachen Volk**, die sich wie selbstverständlich in die große Politik einmischt, die selbst zu den Waffen greift und in der Verteidigung ihres Königs die **Grenzen der traditionellen weiblichen Geschlechtsrolle überschreitet** (schon dadurch, dass sie Männerkleidung trägt). Für die Vorstellungswelt des ausgehenden Mittelalters ist dieses Verhalten kaum anders als in der Alternative Heilige oder Hexe verstehbar (vgl. Beaune 2004, 333 ff.). In der modernen Aneignung des Mythos wird es zu einem wichtigen Deutungsproblem, da es die nationale Bedeutung Jeanne d'Arcs mit der Frage weiblicher Emanzipation in Verbindung zu bringen scheint.

Die Zeitdimension kultureller Identität. Erinnerungskulturen

Die Entstehung des nationalen Mythos

Wie alle wichtigen Bestandteile der französischen Erinnerungskultur ist auch die nationale Überhöhung der Bedeutung Jeanne d'Arcs **ein Werk des 19. Jh.s** und insbesondere der ersten Jahrzehnte der Dritten Republik. Zwar greifen die Rezeption der Gestalt und ihre Deutungen seit dem 19. Jh. auf Traditionen einer Überlieferung zurück, die bereits unmittelbar nach Jeannes Auftauchen einsetzt und die im 16. Jh. mit den Anfängen eines Nationalbewusstseins und der Krise der Religionskriege eine erste Konjunktur erlebt (vgl. Krumeich 1989, 16 ff.; Winock 1997, 4433 f.). Doch erst der Nationalismus des 19. Jh.s schreibt Jeanne d'Arc die **nationale und religiöse Bedeutung** zu, die ihren Mythos bis in die Gegenwart hinein bestimmt. Bezeichnend für diese Deutung ist bereits die Begründung, mit der Napoleon der Stadt Orleans gestattet, die nach der Revolution suspendierten Feierlichkeiten zum Jahrestag ihrer Befreiung von der englischen Belagerung wieder aufzunehmen: »L'illustre Jeanne d'Arc a prouvé qu'il n'est point de miracle que le génie français ne puisse opérer lorsque l'indépendance nationale est menacée. Unie, la nation française n'a jamais été vaincue« (zit. nach Krumeich 1989, 31).

Die Geburtsstunde der Nation: Ein wesentlicher Impuls dafür, dass Jeanne d'Arc im 19. Jh. zu einem Bezugspunkt nationaler Identität wird, geht von ihrer **Darstellung bei Jules Michelet**, dem bedeutendsten Historiker des 19. Jh.s aus (vgl. Krumeich 1989, 60 ff.; Winock 1997, 4448 f.). Er entwirft ein Bild Jeanne d'Arcs, das ihr Auftreten als **Geburt der Nation aus dem Geist des Volks** begreift. In ihrem Handeln (und nicht in dem der Könige oder der Kriegsherren) entstehe die Nation: »[Jeanne] oblige la France à devenir la France, la France consciente et libre« (zit. nach Krumeich 1989, 64). Michelet deutet das religiöse Sendungsbewusstsein der Gestalt (das er durchaus anerkennt) als Ausdruck eines patriotischen Elans, der im Übergang vom Mittelalter zur Neuzeit Frankreich zur Nation werden lasse: »Car il y eut un peuple, il y eut une France. Cette dernière figure du passé fut aussi celle du temps qui commençait. En elle apparurent à la fois la Vierge...et déjà la Patrie« (Michelet 1930, Bd. 3, 145).

Der Auftrag Gottes: Mit dieser Konstruktion der Gestalt werden wesentliche Grundlagen für ihre Integration in die Erinnerungskultur der Dritten Republik gelegt. Umstritten bleibt allerdings zwischen einer republikanisch-laizistischen und einer traditionsorientierten katholischen Position die **religiöse Dimension ihres Handelns**, etwa in der vieldiskutierten Frage, ob die Stimmen, auf die sie sich beruft, als Anzeichen einer göttlichen Mission oder als Einbildung zu verstehen seien (vgl. Amalvi 1988, 35 ff.). Angesichts der Ausgrenzung der Kirche aus der Republik und der Spaltung des Landes in der Dreyfus-Affäre (s. S. 317 f.) wird der **Konflikt zwischen republikanischer und nationalkatholischer Deutung** der Nationalheldin um die Jahrhundertwende bisweilen unversöhnlich ausgetragen (vgl. Krumeich 1989, 200 ff.).

Heilige und Nationalheldin: Dennoch ist es für die Funktion Jeanne d'Arcs in der französischen Erinnerungskultur aufschlussreich, dass die Bestrebungen ihrer kirchlicher Heiligsprechung und die Gesetzgebungs-

Drei mythische Gestalten

initiativen für einen nationalen Feiertag zu ihrem Gedenken einige Jahrzehnte parallel laufen. Denn die Macht ihres Mythos liegt darin, dass er eine **Vielfalt von Anknüpfungspunkten** bietet, aus denen konkurrierende Konstruktionen nationaler Identität sich lange Zeit bedienen können. Nach der patriotischen Begeisterung über den Sieg im Ersten Weltkrieg erfolgen im Jahr 1920 fast zeitgleich Beschlüsse über die **Heiligsprechung** Jeanne d'Arcs und den **Nationalfeiertag** zu ihren Ehren. Sie stellen den Höhepunkt in dieser Konvergenz von katholischer und republikanischer Position dar, die angesichts der starren ideologischen Fronten in der Dritten Republik selten ist. Von katholischer wie von republikanischer Seite sind sie auch als vorsichtige Annäherung der zerstrittenen politischen Lager gedacht:

> Il n'y a pas un Français, quelle que soit son opinion religieuse, politique ou philosophique, dont Jeanne d'Arc ne satisfasse les vénérations profondes. Chacun de nous peut en elle personnifier son idéal. Êtes-vous catholique? C'est une martyre et une sainte que l'Église vient de mettre sur les autels. Êtes-vous royaliste? C'est l'héroïne qui a fait consacrer le fils de Saint Louis [=den König Karl VII.] par le sacrement de Reims [...] Pour les républicains, c'est l'enfant du peuple qui dépasse en magnanimité toutes les grandeurs établies. [...] Ainsi tous les partis peuvent réclamer Jeanne d'Arc. Mais elle les dépasse tous. Nul ne peut la confisquer. C'est autour de sa bannière que peut s'accomplir aujourd'hui, comme il y a cinq siècles, le miracle de la réconciliation nationale. (zit. nach Winock 1997, 4460 f.)

»Le miracle de la réconciliation nationale«: Das Zitat aus einer Parlamentsrede am 14.4.1920 zum Gesetzentwurf für den Nationalfeiertag zeigt, wie der Mythos zu einem **Bezugspunkt jenseits des Parteienstreits** werden kann. Katholiken, Royalisten und Republikaner finden in seinen unterschiedlichen Bestandteilen Anknüpfungspunkte für Deutungen, die ihren jeweiligen politischen Optionen entsprechen. Angesichts der grundsätzlichen Divergenzen, die diesen Deutungskonflikten zugrunde liegen, mag es durchaus als »miracle« erscheinen, dass die unversöhnlichen politischen Gegner sich trotz ihrer unterschiedlichen Identitätskonstruktionen auf die Nationalheilige als symbolische Repräsentantin ihrer konträren Positionen einigen können.

Durch die **Pluralität der Deutungsmöglichkeiten** kann der Jeanne d'Arc-Mythos sogar die Krise der deutschen Besatzungszeit überdauern (s. Kap. 4.3.5), in der Widerstandskämpfer wie Kollaborateure, de Gaulle wie Pétain, ihn für ihre Sache in Anspruch nehmen (vgl. Winock 1992/1997, 4463 f.; Krumeich 1989, 225 ff.). Trotz der »réconciliation« von 1920 ist aber nicht zu verkennen, dass eine **traditionsorientierte Deutung des Mythos** seit dem Ende des Zweiten Weltkriegs dominant wird. Außerhalb von Orleans wird der Nationalfeiertag (anders als der 14. Juli) nie populär und gerät nach und nach in Vergessenheit. Als Bezugspunkt nationaler Identität verliert die Gestalt Jeanne d'Arcs – wie auch andere Bestandteile der traditionellen französischen Identitätskonstruktion – spätestens nach dem Modernisierungsschub, der auf den Mai 68 folgt (s. S. 219), ihre Funktion.

Die einzige politische Gruppierung, die sich in den letzten Jahrzehnten konstant auf die Nationalheldin beruft und Jahr für Jahr ihren Gedenktag

Die Zeitdimension kultureller Identität. Erinnerungskulturen

begeht, ist der rechtsextreme ***Front national***. Mit seinen nationalistischen, gegen die Globalisierung von Politik und Wirtschaft wie gegen die multikulturelle gesellschaftliche Wirklichkeit gerichteten Positionen erringt er seit den 1980er Jahren beachtliche Wahlerfolge. In dieser politischen Richtung sind auch heute noch die Identifikationsangebote wirksam, die der Mythos bereitstellt, selbst der vom Patriotismus des einfachen Volks, da der *Front national* den Gedenktag als Gegenveranstaltung zum Tag der Arbeit am 1. Mai feiert.

Zur Vertiefung

Die Aneignung durch den* Front national*: Wem gehört Jeanne d'Arc heute?

Par notre défilé nous avons rendu à Jeanne l'hommage fraternel qu'elle continue de susciter par delà les siècles, par son impérissable exemple de patriotisme, de lucidité, de courage, de réalisme politique et de *Résistance* morale et spirituelle et son esprit de sacrifice jusqu'à la mort infâme et sublime du bûcher de Rouen. Symbole de la Patrie, de la jeunesse, de l'héroïsme, Jeanne la lorraine avec l'aide de Dieu a fixé à jamais dans l'histoire du Monde la place exceptionnelle de la France. Elle a démontré les armes à la main que celle-ci ne pouvait être soumise à aucune organisation terrestre qui ne fut elle-même. Aujourd'hui comme hier, il ne saurait y avoir de France qu'indépendante et souveraine, […] capable de décider elle-même de ses lois et de sa destinée.
(Jean-Marie Le Pen, Vorsitzender des *Front national*: aus der Rede zur »Fête de Jeanne d'Arc«, 2006, http://www.frontnational.com/doc_interventions.php, 29.9.06)

Jean, dit Jean-Marie fête Jeanne, dite Jeanne d'Arc. N'y a-t-il pas danger à laisser à Le Pen le soin d'utiliser à sa guise la mémoire de la Pucelle, véritable mythe de l'histoire de France? […] Ne lui laissons pas Jeanne d'Arc! Jeanne, victime exemplaire des crimes de l'Inquisition. De quel droit les catholiques les plus intégristes et les moins tolérants la glorifieraient-ils? Jeanne, fille du peuple, expression de la lutte contre les cadres de l'*Ancien Régime*, qui l'ont abandonnée puis trahie […] il faut surtout sauver la Pucelle parce qu'elle appartient à la mémoire collective: puisque tout élève a forcément entendu parler de la petite bergère luttant pour la liberté et infléchissant la marche de l'Histoire, ne laissons pas l'extrême droite s'associer illégitimement à un modèle collectif des représentations collectives.
(Artikel »Jeanne d'Arc«. In: Martine Aubry/Olivier Duhamel (Hg.): *Petit dictionnaire pour lutter contre l'extrême droite*, 1996)

In der Aneignung Jeanne d'Arcs durch Jean-Marie Le Pen dominieren die ***traditionellen nationalistischen Motive****, die der Mythos immer schon bereitgestellt hat. Der Bezug auf die Unabhängigkeit und Besonderheit der Nation (»la place exceptionnelle de la France«), der sich gegen die politische Integration in die EU richtet, verbindet sich mit einem* ***Lob traditioneller Werte*** *wie Patriotismus, Heldentum und Opferbereitschaft. Aufschlussreich ist, dass die politischen Gegner Le Pens in ihrer Kritik auf traditionelle Bestandteile der* ***republikanischen Version des Mythos*** *zurückgreifen, auf die Inkarnation der Nation in der Frau aus dem Volk ebenso wie auf den Vorwurf, sie sei von den Mächtigen und von der Kirche verraten worden. Doch werden diese Motive zwar zur Kritik des politischen Gegners aufgegriffen; der Mythos selbst hat aber*

Drei mythische Gestalten

im politischen Selbstverständnis weder bei den Parteien der Linken noch bei gemäßigten Konservativen heute noch eine signifikante Bedeutung. Von der Funktionalisierung durch den Front national *abgesehen ist eine Integration der Geschichte und der Gestalt Jeanne d'Arcs in die politische Diskussion um nationale Identität heute kaum noch vorstellbar.*

Die Globalisierung des Mythos

Die Entwertung der nationalen Funktion des Mythos bedeutet nun allerdings keineswegs, dass er seine Wirkung völlig verloren hätte. Vielmehr scheint es geradezu so zu sein, dass er **jenseits der nationalen Sinnstiftung**, für die er lange Zeit funktionalisiert worden ist, das Potential seiner Bedeutungen umso ungehinderter entfaltet. Immer schon gehört er ja zu den wenigen nationalen Mythen, deren Rezeption schon seit langem weit über Frankreich hinausreicht (in Deutschland z. B. mit Dramen von Schiller oder Brecht). Mit guten Gründen kann man die These vertreten, dass er als **globalisierter Mythos** jenseits politischer Diskurse in Literatur und Film weiter wirken wird (Rieger 2004). Seine insbesondere seit dem Ende des 19. Jh.s fast unüberschaubar gewordene literarische Aneignung und Umdeutung hat trotz vielfältiger nationaler Motivationen zunehmend die **Frage nach der Individualität der Heldin** dieser Geschichtserzählung ins Zentrum ihrer Rezeption und an die Stelle ihrer national-identifikatorischen Funktionen gerückt. In der literarischen wie auch in der vielfältigen filmischen Rezeption (zuletzt etwa Jacques Rivette 1994, Christian Duguay 1999, der vieldiskutierte Film von Luc Besson 1999 etc.) werden die Gestalt und ihre Geschichte zu einem **Märchen, in dem man vielfältige Themen gestalten kann**, religiöse Begeisterung ebenso wie Probleme von Weiblichkeit und Emanzipation, Befreiung, Gewalt, Opfer und vieles mehr.

In der Verfilmung von Luc Besson (1999) wird der historische Dekor als Märchenwelt inszeniert. An die Stelle von religiösem Sendungsbewusstsein oder nationaler Rettungstat wird die innere Zerrissenheit der Protagonistin zu einem zentralen Thema, die Widersprüche ihrer Identitätssuche zwischen Selbstzweifeln und einem Größenwahn, der in Fanatismus umschlägt.

Die Zeitdimension kultureller Identität. Erinnerungskulturen

4.3.2.2 | Napoleon: Rettung des revolutionären Erbes und/oder Rettung Frankreichs vor der Revolution?

Widersprüche der napoleonischen Ära: Können im Jeanne d'Arc-Mythos alle politisch-ideologischen Lager Anhaltspunkte für eine Deutung finden, die ihre Konstruktion nationaler Identität begründet, so ist ein solcher **Konsens über den napoleonischen Mythos nie zustande gekommen**. Fraglos verbindet sich mit dem Namen Napoleons ein gutes **Jahrzehnt imperialer Größe Frankreichs**, seine Herrschaft über einen großen Teil Europas. Jedoch beginnt diese Periode mit dem Niedergang der Ersten Republik durch den Staatstreich vom 18. Brumaire des Jahres VII (1799) und ihrem Ende durch die Gründung des Kaiserreichs (1804). Beendet wird die Karriere Napoleons mit der **katastrophalen Niederlage Frankreichs** im Krieg gegen die Allianz der europäischen Staaten, die die Restauration der Monarchie zur Folge hat (1814/15). Der von seinen Anhängern in den Vordergrund gerückte **Mythos des Retters**, der die Wirren der Revolutionsperiode beendet habe, ohne ihre Errungenschaften preiszugeben, ist angesichts der Repressionspolitik der napoleonischen Herrschaft gegen alle liberalen Bestrebungen zumindest fragwürdig (Petiteau 2004, 198–207).

So bleibt Napoleon vor allem in der Sicht der republikanisch-demokratischen Geschichtsschreibung immer mit dem Makel behaftet, die Revolution nicht abgeschlossen, sondern ihre wichtigsten Errungenschaften liquidiert zu haben (ebd., 207–220). Bereits gleichzeitig mit dem **Mythos der triumphalen Feldzüge** Napoleons, in denen dieser in den ersten Jahren des 19. Jh.s die Herrschaftsordnung und die Landkarte des alten Kontinentaleuropa umkrempelt und neu ordnet, entsteht zudem die »**légende noire**« vom »ogre corse«, dem korsischen Blutsauger, der seinen maßlosen Ambitionen bedenkenlos Menschenleben opfere (Tulard 1971, 45 ff.; Petiteau 2004, 27–33).

Historische Aspekte

Die Karriere des 1769 in Korsika geborenen, dann im französischen Militärdienst geschulten königlichen Offiziers Napoleon Bonaparte, des »petit caporal«, der zum Feldherrn und Kaiser werden soll, wird von der Revolutionszeit und der **Auflösung der Hierarchien des *Ancien Régime*** bestimmt (zur Biographie vgl. Tulard 1977 und den Artikel »Bonaparte«, in: Furet/Ozouf 1992, Bd. 2, 53–75). Obwohl der Sympathie für die Jakobiner verdächtig, wird er nach deren Sturz 1794 aufgrund seiner militärischen Fähigkeiten und seines entschlossenen Vorgehens gegen einen royalistischen Aufstandsversuch schnell zu einer wichtigen **Stütze des Direktoriums**, das von 1794 bis 1799 regiert. Die großen Erfolge des Italienfeldzugs gegen Österreich (1796/97) begründen den Mythos vom unbezwingbaren Feldherren, zu dem er durch eine geschickt gelenkte Informationspolitik selbst beiträgt. 1799 kann er dann in einer tiefgreifenden innen- und außenpolitischen Krise als **der starke Mann** agieren, der ohne großen Widerstand das Direktorium stürzt und die unlösbar erscheinenden Konflikte zwischen republikanischen und royalistischen Bestrebungen beendet.

Drei mythische Gestalten

Als **Retter aus den Wirren der Revolution** erscheint er dabei vor allem dem Besitzbürgertum, dessen revolutionäre Errungenschaften (seine gesellschaftliche Bedeutung wie den Erwerb der Kirchengüter) er sichert und dem er eine Perspektive gesellschaftlicher Stabilität eröffnet, »l'aurore du bonheur et de la tranquillité intérieure«, wie ein Pariser Bankier nach Napoleons Staatsstreich euphorisch schreibt (zit. nach Bergeron 1972, 30). Dass diese »tranquillité intérieure« auf der faktischen Abschaffung der mit der *Déclaration des droits de l'homme et du citoyen* 1789 verkündeten Freiheitsrechte (s. Kap. 4.3.3.1) beruht, nehmen die gesellschaftlichen Eliten ebenso in Kauf wie die **Festigung gesellschaftlicher Hierarchien**, die in mancher Hinsicht an die Zeit des *Ancien Régime* erinnern. Immerhin aber beruht der neubegründete Adel des Kaiserreichs wie die Würden der

Jacques Louis David: *Le sacre de l'empereur Napoléon Ier* (1806/07, Ausschnitt). Links im Bild der Papst, der, etwas grimmig blickend, nur ein Statist der Zeremonie ist. David hat den Moment gemalt, in dem Napoleon seiner Frau Josephine (am linken Bildrand) die Krone aufsetzt, vielleicht auch, um nicht die für Napoleons Selbstbewusstsein charakteristische Geste zu verewigen, mit der er sich zuvor selbst gekrönt hat. Lorbeerkranz und Kleidung erinnern an römische Traditionen, die Krone an diejenige, mit der zum Kaiser gekrönt wurde.

bis heute fortbestehenden Ehrenlegion (***Légion d'honneur***) auf den Verdiensten ihrer Mitglieder und nicht auf der Geburt (vgl. Bergeron 1972, 76 ff.). Mit der Kaiserwürde und der Repräsentation seiner Herrschaft greift Napoleon auf Vorbilder aus der römischen Antike und auf den Frankenkaiser Karl I. (*Charlemagne*, s. S. 128 f.) zurück und distanziert sich so zumindest von der Tradition des *Ancien Régime*.

Der Begründer des modernen Frankreich

Das ambivalente Verhältnis Napoleons zum revolutionären Erbe kann man in dem ihm zugeschriebenen Satz zusammenfassen: »Nous sommes trente millions d'hommes, réunis par les Lumières, la propriété et le commerce« (zit. nach Furet 1988, 401). Diese Aneignung des Aufklärungsdenkens setzt er in die politische Praxis um: An die Stelle der Ständehierarchie soll die auf Besitz und wirtschaftlicher Aktivität gegründete bürgerliche Gesellschaftsordnung treten. Von der Regierungszeit Napoleons gehen dadurch wesentliche **Impulse für die Entwicklung des modernen Frankreich** aus. Napoleon festigt die von der Revolution eingeführten zentralistischen Verwaltungsstrukturen, etwa die Départements, an deren Spitze er den Präfekten als von oben eingesetzte Kontrollinstanz stellt (vgl. Bergeron 1972, 32 ff.; Petiteau 2004, 302–313). Mehr noch gilt dies für die **Einführung des *Code Civil*** (1802/04), des ersten, europaweit als Vorbild geltenden bürgerlichen Gesetzbuchs, das sowohl mit der rechtlichen **Sicherung des Eigentums** wie auch mit der **Unterordnung der Frau unter den Willen ihres Mannes** die patriarchalisch-bürgerliche Wertordnung juristisch begründet (vgl. Furet 1988, 422 ff.; Petiteau 2004, 313–321 und s. Kap. 4.4).

Die Modernität von Napoleons Herrschaft beruht auf seiner **Einsicht in einen gesellschaftlichen Umbruch**, in dem der »règne de la naissance« vom »règne de l'opinion« abgelöst wird (Artikel »Bonaparte« in Furet/Ozouf 1992, Bd. 2, 58). Napoleons Kriegsberichte, die **Bulletins der *Grande Armée***, werden in allen französischen Gemeinden öffentlich verlesen und tragen viel zur Entstehung des napoleonischen Mythos bei. Die neue Verfassung, die ihm diktatorische Vollmachten einräumt, wird ebenso durch eine Volksabstimmung ratifiziert wie danach seine Ernennung zum ersten Konsul auf Lebenszeit (1802). Die **plebiszitären Elemente der Herrschaft Napoleons** verweisen nicht nur auf seine Popularität, sie stehen zudem am Anfang eines in Frankreich wirkmächtigen politischen Modells, das Elemente der traditionellen Monarchie und der Demokratie zu einem »pouvoir personnel plébiscitaire« verbindet (Bergeron 1972, 118). In gewisser Weise kann man diese Verbindung von Alleinherrschaft und Elementen ihrer demokratischen Legitimation als eine Modernisierung der traditionellen Funktion der Könige des *Ancien Régime* begreifen (vgl. Boureau 1997).

Bonapartismus: Die politische Bedeutung dieser als Bonapartismus bezeichneten Form der Herrschaft zeigt sich in der Entstehung des Zweiten Kaiserreichs. Das im gesamten 19. Jh. mächtige Prestige Napoleons spielt bei der Machtübernahme seines Neffen Louis Napoleon als Napoleon III. ebenso eine Rolle wie die Ratifizierung des Staatsstreichs durch eine Volksabstimmung. Die bonapartistische Tradition, die **Suche nach**

einem ›**starken Mann‹ in Krisensituationen**, hat aber auch im 20. Jh. noch Bedeutung. Auch die von de Gaulle, einem anderen ›starken Mann‹, begründete Machtstellung des Präsidenten in der Verfassung der Fünften Republik und deren Legitimation durch seine direkte Wahl durch das Volk kann man in diese Tradition einordnen (s. Kap. 4.3.2.3).

Die Entwicklung des Napoleon-Mythos

Für die Popularität des Bonapartismus spielt der im 19. Jh. vielfältig verbreitete **Mythos** eine wesentliche Rolle, in dem Napoleon als **romantischer Held** und als **volksnaher Herrscher** gedeutet wird. Seinen Ursprung hat er nicht zuletzt in einer mündlichen Überlieferung durch die Veteranen der *Grande Armée*, die sich in der ersten Hälfte des 19. Jh.s überall in Frankreich finden. Ihnen können die Kriegszüge im verklärenden Rückblick zugleich als eine Zeit der (relativen) Aufhebung sozialer Grenzen (viele Offiziere Napoleons kommen aus dem einfachen Volk) und als Eröffnung bis dahin unvorstellbarer Horizonte erscheinen (vgl. Petiteau 2004, 33–41). Diese Überlieferung ist zugleich eine schwer fassbare Realität und eine vor allem in der ersten Hälfte des 19. Jh.s vielfältig inszenierte literarische Konstruktion, die sich in populären Theaterstücken ebenso findet wie in den Chansons von Béranger (s. S. 309 f.) oder in den Romanen Balzacs, Stendhals, Dumas' und vieler anderer (s. S. 191).

Einen entscheidenden Impuls erhält der Napoleon-Mythos durch seinen Tod im Exil auf St. Helena (1821) und durch die zwei Jahre später erfolgende **Veröffentlichung des *Mémorial de Sainte-Hélène*** durch seinen Vertrauten Las Cases (vgl. Tulard 1997, 1735 ff.; Petiteau 2004, 53–58). Diese Aufzeichnung von Erinnerungen, Selbstrechtfertigungen und politisch-programmatischen Erklärungen, in denen der gefangengesetzte Napoleon sich zu einem Vorkämpfer der Revolution stilisiert, werden breit rezipiert und zu einem wichtigen **Bezugspunkt der liberalen Opposition gegen die Restaurationsmonarchie**. Zudem bilden sie den Ausgangspunkt der romantischen **Überhöhung einer unglücklichen Heldenfigur**, für die der Gegensatz zwischen vergangener Größe und den elenden Bedingungen des Exils grundlegend ist. Die romantische Überhöhung Napoleons findet sich beispielsweise in vielen Werken Victor Hugos (s. S. 187), für den der Kaiser zu einer symbolischen Gestalt im Übergang von den Traditionen des *Ancien Régime* zu den demokratischen Bestrebungen und dem gesellschaftlichen Fortschritt des 19. Jh.s wird.

Zur Vertiefung

Victor Hugo: *Les misérables*, Teil III, 3. Buch, Kap. VI

Napoleon als romantisch-revolutionäre Leitfigur

Il [Marius] lisait les bulletins de la Grande Armée, ces strophes homériques écrites sur le champ de bataille; il y voyait par intervalles le nom de son père, toujours le nom de l'empereur; tout le grand empire lui apparaissait; il sentait comme une marée qui se gonflait en lui et qui montait […]. Il était transporté, tremblant, haletant; tout à coup, sans savoir lui-même ce qui était en lui et à quoi il obéissait, il se dressa, étendit ses deux bras hors de la fenêtre, regarda fixement l'ombre, le silence, l'infini ténébreux, l'immensité éternelle et cria: Vive l'empereur! […]
L'empereur […] fut [pour Marius] le prodigieux architecte d'un écroulement, le continuateur de Charlemagne, de Louis XI, de Henri IV, de Richelieu, de Louis XIV

et du comité de salut public [...]. Où il avait vu autrefois la chute de la monarchie il voyait maintenant l'avènement de la France.«

Die napoleonische Ära ist in Victor Hugos berühmtem Roman (s. S. 187) in vielfältiger Weise sinnstiftend. Die Niederlage Napoleons bei Waterloo eröffnet in der Geschichtskonstruktion des Romans eine neue Epoche, in der das Volk zum Akteur der Geschichte werden soll (Teil II, 1. Buch). Der Textauszug zeigt die Bedeutung Napoleons für diesen Umbruch. Marius ist der Sohn eines Generals der Grande Armée. *In der Restaurationszeit wächst er im Haus seines royalistischen Großvaters auf, in dem die Erinnerung an seinen Vater als Verräter an der Monarchie tabu ist. Durch einen Zufall erfährt er von dessen Geschichte, stellt Nachforschungen über ihn an und begeistert sich dabei für Napoleon als romantischen Helden, dessen Kriegsberichte er (oder die Erzählstimme?) mit den Epen Homers vergleicht.*
Die Aneignung der Taten Napoleons versetzt Marius in einen Enthusiasmus, in dem er außer sich gerät und mitgerissen wird. Zugleich stellt der Textauszug den Beginn eines Lernprozesses dar, in dem Napoleon für Marius zu einer zentralen Gestalt in der Geschichte Frankreichs wird, deren Kontinuität vom Frankenreich über die Herrscher des Ancien Régime *bis zur Revolution (dem »comité de salut public«) reicht. Dieser Lernprozess führt Marius bis zum Aufstand gegen die Monarchie und zum Kampf für die Republik auf den Barrikaden.*

Einen Höhepunkt in der Napoleonbegeisterung stellt die nach langen Auseinandersetzungen beschlossene **Überführung der sterblichen Überreste** Napoleons von St. Helena **in den Pariser Invalidendom** dar (1842), in dessen Krypta bis heute ein monumentaler Sarkophag einen Erinnerungsort darstellt. Um die Jahrhundertmitte wird Napoleon so zum »héros le plus populaire de l'histoire de France« (Tulard 1997, 1738). Diese Bedeutung zeigt sich noch in Maurice Barrès' Roman *Les déracinés* (1897, Kap. VIII; s. S. 312). Das Grab des Kaisers übt darin eine nachhaltige Wirkung auf fünf junge Studenten aus, die sich im Invalidendom auf die Suche nach den Wurzeln der Nation begeben. Ihnen erscheint Napoleon in einer langen Evokation seiner Bedeutung als ein »**professeur d'énergie**«, der immer noch die »puissance de grandir les âmes« habe.

Der Napoleon-Mythos im 20. Jh.

Die schon im 19. Jh. unüberschaubare Menge historischer Darstellungen vertritt in der Bewertung Napoleons sehr unterschiedliche Auffassungen (vgl. Petiteau 2004, 96–102 und 146–153). Dennoch bleibt der Mythos vom »empereur« gerade in Krisenphasen der französischen Geschichte wie nach 1870 oder im Umfeld des Ersten Weltkriegs ein Bezugspunkt, der die **Erinnerung an seinen Ruhm** zum **Inbegriff nationaler Größe** werden lässt. So wird Napoleon 1921 bei den Feiern zu seinem hundertsten Todestag als Vorbild des militärischen Triumphs über Deutschland dargestellt (ebd., 155–159). Im gleichen Jahrzehnt beginnt er seine **Karriere in dem neuen Medium des Films** in dem berühmten Stummfilm *Napoleon* von Abel Gance (1925–27), einer monumentalen, je nach Fassung drei bis

Drei mythische Gestalten

sechs Stunden dauernden Inszenierung als jugendlicher Held. Im Film hat der Napoleon-Mythos bis heute nichts von seiner Attraktionskraft eingebüßt hat – der bis dato letzte Höhepunkt ist das vierteilige, mit hochkarätigen Stars besetzte Fernsehepos *Napoleon* von Yves Simoneau (2001/02).

Es gibt keine historische Gestalt, die bis heute derart umfassend wie Napoleon in allen Medien der französischen Erinnerungskultur präsent wäre. Dennoch zeigen auch neuere Umfragen, dass er **kein konsensfähiger Bestandteil dieser Erinnerungskultur** geworden ist. Erhebungen von 1948 und 1980 zufolge schwindet sein Prestige deutlich – allerdings weniger als das mancher anderer historischer Gestalten, insbesondere das von Jeanne d'Arc (vgl. Joutard 1994, 565 f.). Die **fortdauernde Spaltung des Napoleonbildes** liegt nach einer Umfrage aus dem Jahr 1989 daran, dass die Hälfte der Befragten ihm Verrat am Erbe der Revolution anlastet, während die andere Hälfte ihn als deren Vollender ansieht (Rioux 1989, 6).

Aufschlussreich für diese Spaltung ist es, dass Vertreter der französischen Regierung den **Zweihundertjahrfeiern zu Beginn dieses Jahrtausends** (Kaiserkrönung 2004, Schlacht von Austerlitz 2005) weitgehend fern bleiben. Die jüngste politisch brisante Kontroverse um Napoleon findet 2001/02 im Kontext einer Gesetzesinitiative statt, mit der die (1794 abgeschaffte, von Napoleon 1802 wieder eingeführte) Sklaverei als Verbrechen gegen die Menschlichkeit geächtet wird. Diese von Vertretern aus den überseeischen Gebieten Frankreichs betriebene Debatte zeigt, dass in der französischen Erinnerungskultur nicht nur die Konflikte der Nationalgeschichte ihre Spuren hinterlassen, sondern auch eine **multikulturelle Gegenwart**, in der das Erbe der Nationalgeschichte nicht mehr einheitlich zu deuten ist (s. Kap. 4.5).

4.3.2.3 | De Gaulle: Die Rettung Frankreichs aus dem »désastre« von 1940 und aus der Algerienkrise

Der »appel du 18 juin«: Es gibt heute kaum eine größere französische Stadt, in der nicht eine Straße oder ein Platz den Namen de Gaulles trüge. Ist er nicht selbst in der Stadtlandschaft präsent, dann zumindest einer der Generäle, die 1944/45 an der Befreiung Frankreichs beteiligt waren (insbesondere Leclerc), oder aber das **mythische Datum des 18. Juni 1940**, das sich mit seinem Namen verbindet. An diesem Tag hält der gerade vor dem deutschen Vormarsch nach England geflohene General de Gaulle seine erste Radioansprache an das besetzte Frankreich, die als »appel du 18 juin« in die französische Erinnerungskultur eingeht. Ob diese Sendung damals von vielen seiner Landsleute gehört worden ist, kann man bezweifeln. Dennoch wird sie später zu einem **Gründungsereignis des französischen Widerstands** gegen die deutsche Besatzung gemacht. Frankreich, dessen Nationalbewusstsein angesichts der vernichtenden Niederlage gegen das nationalsozialistische Deutschland und der nachfolgenden Kollaboration mit der Siegermacht nachhaltig in Frage gestellt wird, kann sich zumindest nachträglich an dem von de Gaulle repräsen-

Die Zeitdimension kultureller Identität. Erinnerungskulturen

tierten Mythos der *Résistance* aufrichten und sich seiner Kontinuität versichern (s. Kap. 4.3.5):

Der »appel du 18 juin«

> Les chefs qui, depuis de nombreuses années, sont à la tête des armées françaises ont formé un gouvernement. Ce gouvernement, alléguant la défaite de nos armées, s'est mis en rapport avec l'ennemi pour cesser le combat. [...] Mais le dernier mot est-il dit? L'espérance doit-elle disparaître? La défaite est-elle définitive? Non! [...]
> Cette guerre n'est pas tranchée par la bataille de France. Cette guerre est une guerre mondiale. Toutes les fautes, tous les retards, toutes les souffrances, n'empêchent pas qu'il y a, dans l'univers, tous les moyens nécessaires pour écraser un jour nos ennemis. Foudroyés par la force mécanique, nous pourrons vaincre dans l'avenir par une force mécanique supérieure. Le destin du monde est là. [...]
> Quoi qu'il arrive, la flamme de la *Résistance* française ne doit pas s'éteindre et ne s'éteindra pas. (zit. nach Wiewiorka/Prochasson 1994, 369 f.)

Indem de Gaulle den Ausgang des Kriegs zu einem militärtechnischen Problem erklärt (der Überlegenheit der »force mécanique«), blendet sein Aufruf die tiefe moralische und ideologische Krise aus, die die Niederlage in Frankreich ausgelöst hat. Gegen das Krisenbewusstsein setzt er eine universelle Perspektive (»le destin du monde«), in der die Unbedingtheit des französischen Widerstands ihren Sinn und ihre Bedeutung erhalten soll. Damit bietet er eine **Deutung der Niederlage** an, durch die eine **nationale Identität im Widerstand** gesichert werden kann. Mit diesem Deutungsangebot kann das Nationalbewusstsein wieder hergestellt werden, das de Gaulle verkörpern will und das seinem überragenden Ansehen auch nach dem Ende des Zweiten Weltkriegs zugrunde liegt.

Der Befreier Frankreichs: Mit dem »appell du 18 juin« beginnt eine Entwicklung, in der de Gaulle nicht nur zu einer zentralen Gestalt der französischen Politik, sondern auch zu der **bedeutendsten zeitgenössischen Symbolfigur für die nationale Identität Frankreichs** wird (zur Biographie vgl. Lacouture 1985/86). Als er 1944 mit den Armeen der Alliierten nach Paris zurückkehrt, ist er nicht nur der unumstrittene, von der Bevölkerung umjubelte politische Führer des Widerstands, sondern erscheint zugleich als der **Retter der Nation** und der **Repräsentant ihrer Kontinuität**. Diese symbolische Funktion begründet sein Prestige und seinen Mythos. Sie ermöglicht eine Wiederherstellung der durch die Besatzungszeit erschütterten nationalen Identität, aus der die in Vichy residierende Regierung des Marschalls Pétain, die mit dem nationalsozialistischen Deutschland kollaboriert hatte, ausgeschlossen wird (s. Kap. 4.3.5):

Aus Ansprachen de Gaulles nach der Befreiung von Paris am 25.8.1944

> Paris! Paris outragé ! Paris brisé! Paris martyrisé! mais Paris libéré! libéré par lui-même, libéré par son peuple, avec le concours des armes de la France, avec l'appui et le concours de la France entière, de la France qui se bat, de la seule France, de la vraie France, de la France éternelle. [...]
> La République n'a jamais cessé d'être. La France libre, la France combattante, le Comité français de la Libération nationale l'ont tour à tour incorporée. Vichy fut toujours et demeure nul et non avenu.
> (zit. nach Rousso 1990, 30 f.)

De Gaulles Deutung der Befreiung: Die berühmte Äußerung de Gaulles, die die Kollaboration aus der französischen Geschichte streichen will (»Vi-

Drei mythische Gestalten

chy demeure nul et non avenu«), geht von der Vorstellung aus, dass die **Einheit der Nation** nicht von historischen Krisen und inneren Konflikten gefährdet werden kann, sondern eine **überzeitliche Konstante** ist. Die Befreiung wird in der Sicht de Gaulles zur Tat einer »vraie France«, die in allen Krisen eine Einheit geblieben ist. Mit dieser Idee einer »France éternelle« entwirft de Gaulle die nationale Identität jenseits der politischen und ideologischen Widersprüche, die ihre kollektive Gültigkeit bedrohen könnten. Die »ideé de la France«, an der er immer festgehalten hat, ist die einer **von der Vorhersehung gestifteten Nation**, »vouée à une destinée éminente et exceptionnelle [...] créée pour des succès achevés ou des malheurs exemplaires« (de Gaulle 1954, 1). Darin liegt für ihn die besondere historische Bedeutung Frankreichs als »grande nation« begründet.

Republikanischer Nationalismus: De Gaulles Konstruktion nationaler Identität ist deutlich von einem **traditionsorientierten Nationalismus** beeinflusst. Sie wird nach dem Zweiten Weltkrieg deshalb eine so große Wirkung entfalten, weil sie zugleich die **republikanische Tradition** integriert. Die Kontinuität der Nation, die de Gaulle postuliert und die er in seinem politischen Handeln verkörpern will, ist zugleich die der Republik. Diese begreift er als Ausdruck des Volkswillens und als Grundlage der Nationalgeschichte seit der Revolution: »Elle [la République] était la souveraineté du peuple, l'appel de la liberté, l'espérance de la justice. Elle devait rester cela à travers les péripéties de son histoire. Aujourd'hui, autant que jamais, nous voulons qu'elle le demeure« (zit. nach Dupeux 1969, 262). Damit bezieht er eine Position, die in der Kontroverse um die nationale Identität nach dem Zweiten Weltkrieg als eine Synthese erscheinen und als ein **Angebot nationaler Versöhnung** wirken kann (vgl. Berstein/Rudelle 1992, 383 ff.).

In der Tradition des Bonapartismus vertritt de Gaulle – gegen die in der Dritten wie in der Vierten Republik dominante Stellung des Parlaments – die Idee einer **direkten Beziehung zwischen der Nation und ihrem höchsten Repräsentanten**. Er geht davon aus, dass ein mit weitreichenden Kompetenzen ausgestatteter Präsident »au dessus des luttes politiques« als »arbitre national« agieren soll (zit. nach Dupeux 1969, 264). De Gaulle versteht sich als ein politischer Führer, dessen Handeln durch die unmittelbare Kommunikation mit der Nation (in Wahlen oder Volksabstimmungen) legitimiert wird. Zwar gibt es seit Kriegsende verschiedene Parteien, die sich um ihn gruppieren bzw. sich auf ihn berufen (auch die 2002 gegründete UMP steht noch in dieser Traditionslinie). Doch wie zuletzt eine Umfrage anlässlich der Hundertjahrfeier seiner Geburt ergibt, bleibt de Gaulle im Gedächtnis der Franzosen als »**l'homme de l'appel du 18 juin**« und als **überparteilicher Repräsentant der Nation** verankert (*Libération*, 18.7.1990).

Die Nachkriegszeit und die Algerienkrise

An dieser symbolischen Bedeutung ändert sich auch dadurch nichts, dass de Gaulle im Januar 1946 im Konflikt mit den Parteien der von ihm geführten ersten Nachkriegsregierung zurücktritt und sich für über ein Jahrzehnt weitgehend aus der Politik zurückzieht (vgl. Rioux 1980, Bd. 1, 89–95). Die gaullistische Bewegung hält in den 1950er Jahren die **Erinne-**

rung an den Retter der Nation wach, der nur darauf wartet, wieder gerufen zu werden. Dieser Augenblick ist gekommen, als die Institutionen der Vierten Republik sich angesichts der **Zuspitzung der Algerienkrise** und der Rebellion der Algerienfranzosen im Mai 1958 als handlungsunfähig erweisen (s. Kap. 4.5.2). In dieser Krisensituation zeigt sich zugleich, dass der Gaullismus in den parlamentarischen Wirren der Vierten Republik **die einzige stabile politische Alternative zur kommunistischen Partei** darstellt – entsprechend einem berühmten Ausspruch von de Gaulles späterem Kulturminister André Malraux (s. S. 216): »il y a nous, les communistes et rien« (zit. nach Nora 1997, Bd. 2, 2489). Da die Kommunisten, die in der Zeit der Vierten Republik konstant etwa ein Viertel der Wählerstimmen repräsentieren, im Zeichen des Kalten Kriegs von der Regierungsbeteiligung ausgeschlossen werden, bleiben angesichts der inneren Konflikte um den Algerienkrieg alle parlamentarischen Mehrheiten instabil.

Angesichts der Krise der Vierten Republik wird de Gaulle im Mai 1958 mit weitreichenden Vollmachten ausgestattet. Er muss jedoch höchst widersprüchlichen Interessen Rechnung tragen und sieht sich auch dem Vor-

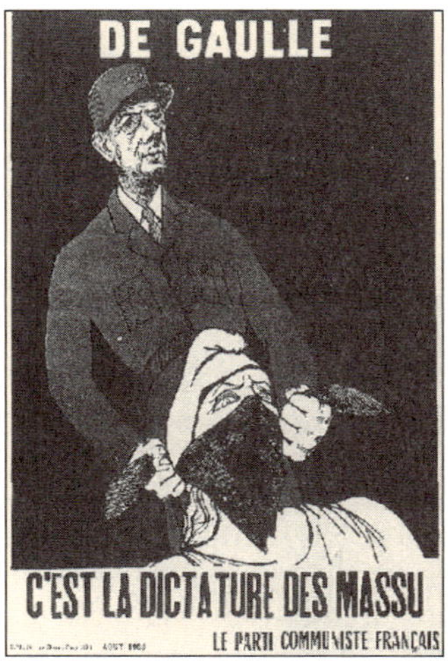

Zwei Plakate aus den politischen Auseinandersetzungen der 1950er Jahre. Bemerkenswert ist, dass Parteigänger wie Gegner de Gaulles sich der Symbolfigur der Marianne bedienen (s. Kap. 4.3.3.2).
Links: Kommunistisches Plakat aus dem Krisenjahr 1958. De Gaulle erscheint als Diktator, der die Marianne (hier mit dem revolutionären Symbol der Jakobinermütze) knebelt. Der Text verweist auf den General Massu, der als Oberbefehlshaber der französischen Streitkräfte in Algerien einer der Anführer des Aufstands der Algerienfranzosen gegen die letzte Regierung der Vierten Republik ist, sich dann aber de Gaulle anschließt.
Rechts: Plakat des gaullistischen RPF (*Rassemblement du peuple français*) aus dem Jahr 1953. Der Parteiname verweist ebenso auf de Gaulles überparteilichen Anspruch wie der Text des Plakats, der de Gaulle als Verteidiger nationaler Interessen darstellt. Bildlich wird dieser Anspruch in einer Stilisierung der Marianne als kämpferischer Engel umgesetzt, der aus dem lothringischen Kreuz, dem Emblem de Gaulles herauswächst.

Drei mythische Gestalten

wurf diktatorischer Ambitionen ausgesetzt. Während die Anführer des Putschversuchs in Algier hoffen, dass de Gaulle als Verteidiger nationaler Größe Algerien als Teil Frankreichs bewahren werde, ist die Zustimmung zu seiner Machtübernahme in Frankreich vor allem mit der Erwartung verbunden, er werde als starker Mann das Mutterland von der Last seines kolonialen Erbes befreien (vgl. Berstein 1989, 45–52). Die überwältigende Zustimmung, die er in Volksabstimmungen für die Verfassung der Fünften Republik (September 1958) wie für die nach vorsichtigem Taktieren schließlich durchgesetzte Unabhängigkeit Algeriens (März 1962) erhält, festigen sein bis heute ungebrochenes **Ansehen als Retter der Nation** und damit als **Begründer des heutigen Frankreich** (Berstein 1989, 345–350).

Die Fünfte Republik: Außer dem Rettermythos wird de Gaulle im kollektiven Gedächtnis Frankreichs vor allem mit der Einführung der **Direktwahl des Präsidenten** in Verbindung gebracht (für 84 bzw. 88% der Befragten, *Le Monde*, 9.11.1990). Mit dieser Wahlrechtsreform vollendet de Gaulle 1962 die **Verfassung der Fünften Republik**. Sie soll die Krise der Vierten Republik dadurch überwinden, dass sie **de Gaulles politische Leitideen** von der (relativen) **Unabhängigkeit des Präsidenten** gegenüber dem Parlament verwirklicht. Die Verfassung, die im Herbst 1958 mit großer Mehrheit in einer Volksabstimmung ratifiziert wird, begründet eine teilweise Trennung von Exekutive und Legislative. Die Regierung wird nicht gewählt, sondern vom Präsidenten ernannt und kann vom Parlament nur durch ein Misstrauensvotum zum Rücktritt gezwungen werden. Trotz aller Kritik an diesem System, das man als **Präsidialdemokratie** bezeichnet, sind seine Institutionen über alle Krisen der Fünften Republik hinweg (insbesondere die von Mai 68, s. S. 219) bis heute intakt geblieben.

De Gaulles politisches Handeln verbindet den Versuch einer **Wiederherstellung des internationalen Status' Frankreichs als Großmacht** mit einer tiefgreifenden wirtschaftlichen und technischen Modernisierung (auch durch Prestigeprojekte wie das Überschallflugzeug *Concorde*). Seinem Ansehen hat es nicht geschadet, dass diese Politik in den 1960er Jahren weder der Forderung nach Sozialreformen noch dem gesellschaftlichen Wertewandel Rechnung trägt (vgl. Berstein 1989, 267 ff.). Nach den Studentenunruhen und dem Generalstreik vom Mai 1968, die diese Defizite einklagen (s. S. 219) und nach einem verlorenen Referendum zur Regionalreform (April 1969), mit dem de Gaulle die direkte Beziehung zum Volk wiederherstellen will, die er im Mai 1968 verloren hatte, ist er als Politiker letztlich gescheitert. Unmittelbar nach dem Referendum tritt er zurück und verstirbt ein Jahr darauf. Sein Mythos aber überdauert dieses Scheitern bis heute.

Zur Vertiefung

Jacques Chirac, in: *Le Monde*, 19.6.1990

Der Mythos de Gaulle: Die Nostalgie der »grande nation«

La nation, selon Charles de Gaulle, c'est d'abord la patrie: l'espace géographique historique, culturel, politique commun à tout un peuple. La nation vaut tous les sacrifices. Elle est un fait premier, [...] ouverte, en constante évolution. Elle est ce qui rassemble, ce qui transcende [...].
La France, aujourd'hui si modeste et presque muette sur la scène internationale, a une immense nostalgie de l'époque où elle parlait haut et fort par la bouche de Charles de Gaulle. Tel est le dernier message du général: savoir rester soi-même, faire les choix conformes à sa morale personnelle et à l'intérêt de la France. C'est cela, pour moi, être gaulliste.

Die Erklärung von Jacques Chirac, dem damaligen Vorsitzenden der gaullistischen Partei RPR und späteren Staatspräsidenten (1995–2007), zu de Gaulles hundertstem Geburtstag umreißt die Kerngedanken des gaullistischen Mythos von der »grande nation«, der das Grundmotiv von de Gaulles politischem Handeln darstellt. Die ***nostalgische Beschwörung vergangener Größe*** *stellt nicht nur eine Spitze gegen die damals regierenden Sozialisten dar. Mit seiner Konstruktion von der überragenden Bedeutung der Nation hat der Gaullismus in einem Frankreich, das von der Globalisierung wie von der europäischen Integration in seiner Bedeutung zunehmend marginalisiert zu werden droht, seine Attraktionskraft immer noch nicht verloren.*

4.3.3 | Die Revolution als Gründungsereignis und Ursprungsmythos

»**La Révolution a fait la République.** Celle-ci ne peut sans se renier oublier ce qu'elle est, d'où elle vient, la pensée dont elle procède, l'idéal qu'elle assume.« Mit diesen pathetischen Worten unterstreicht der damalige Staatspräsident François Mitterrand bei einer Rede zum *Bicentenaire*, der Zweihundertjahrfeier von 1989, die Bedeutung der Revolution für die bis heute **dominante Konstruktion einer nationalen Identität Frankreichs**. In deren Zentrum steht die Republik, die sich an ihren Ursprung in der Revolution erinnert und sich daraus legitimiert. Mit diesem **Ursprungsmythos** verbindet sich der **Universalitätsanspruch der Revolutionsideen**, die Frankreich der Welt gebracht habe, denn, so fährt Mitterrand in reichlich überheblich klingenden Worten fort: »Partout où l'on se bat pour l'indépendance nationale, pour le droit d'un peuple de disposer de lui-même [...], pour la liberté de penser, pour l'égalité des droits, c'est le message de la Révolution française qu'on entend et chacun dans le monde le sait« (zit. nach de Baecque 2002, 960). Diese Ausführungen umreißen eine Sicht, in der die **Revolution** in doppeltem Sinne **grundlegend für das moderne Frankreich** ist: Sie bildet einerseits die politische Legitimation der Republik und begründet andererseits die universelle Bedeutung der ihr zu Grunde liegenden Wertordnung (s. Kap. 4.3.4). Die Revolution erhält als

Die Revolution als Gründungsereignis und Ursprungsmythos

Ursprung der Republik und des modernen Frankreich eine überragende Bedeutung als *lieu de mémoire*. Die Republik wiederum beruht auf einer Wertegemeinschaft, die den Idealen der Revolution verpflichtet ist und die die nationale Identität der Franzosen bis heute prägt.

4.3.3.1 | Die Revolution: Geschichte und Streit der Deutungen

Die historische Konfliktlage

In den wenigen Jahren von 1789 bis 1799 erlebt Frankreich eine politische Zäsur, die in der europäischen Geschichte einzigartig ist. Die Akteure dieses Geschehens entwickeln bereits zu Beginn der Revolutionsereignisse eine **Selbstdeutung**, die **das radikal Neue ihres Handelns** herausstellen soll. Schon 1790 etabliert sich für die gestürzte Monarchie die Bezeichnung als ***Ancien Régime***, die heute neutral verwendet wird, die aber in der Revolutionszeit den Willen der Revolutionäre unterstreichen soll, **die angestrebte neue Ordnung als völligen Bruch mit der alten zu begründen** (vgl. den Artikel »Ancien Régime«, in: Furet/Ozouf 1992, Bd. 4, 25–43):

Der Bruch mit dem *Ancien Régime*

- **Die *Assemblée nationale constituante*:** So macht sich die vom König einberufene Ständeversammlung, die nur das Recht zur Beratung und, nach Ständen getrennt, zur Meinungsäußerung hat, gegen alle Traditionen der Monarchie zur verfassungsgebenden Nationalversammlung (am 27.6.1789) und wird damit zur Vertretung der Nation mit parlamentarischen Machtbefugnissen.
- **Die Départements:** So wird bereits 1789 die archaische und uneinheitliche Verwaltungsstruktur des Königreichs durch die – weitgehend bis heute geltende – **Gliederung Frankreichs in *Départements*** abgelöst. Dabei berufen sich die Revolutionäre gegen die Tradition der Monarchie auf **Vernunftkriterien** (Vovelle 1972, 178 ff.).
- **Der Revolutionskalender:** So wird schließlich nach dem Sturz des Königs eine neue Zeitrechnung eingeführt, die mit dem Jahr Eins der Republik (September 1792) beginnt. Dieser **Revolutionskalender** zeigt am nachdrücklichsten den Willen der Revolutionäre, mit der Vergangenheit reinen Tisch zu machen und eine neue Zeit zu beginnen, aber auch – spätestens seit seinem Verschwinden nach der Kaiserkrönung von 1804 – den illusionären Charakter dieser Idee (vgl. Baczko 1997).

Die neue Ordnung

Die Konturen einer neuen Ordnung manifestieren sich in verschiedenen spektakulären Entscheidungen des Jahres 1789, so zum Beispiel

- im **Ballhausschwur** (*Serment du jeu de paume*, 20.6.1789), in dem die Vertreter des dritten Standes gegen die Befehle des Königs das Ziel einer Verfassung formulieren;
- in der **Aufhebung des Feudalsystems** (4./5.8.1789) und damit der hierarchischen Ordnung des Königreichs;

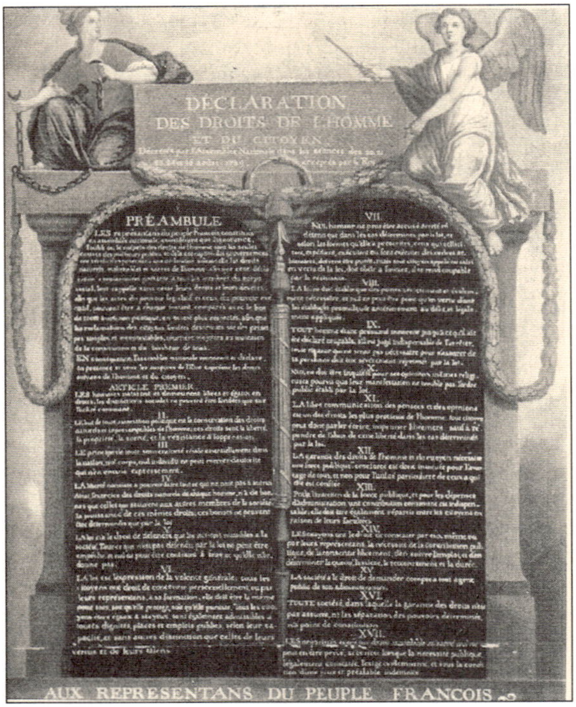

Déclaration des droits de l'homme et du citoyen. Panneau anonyme (musée Carnavalet). »La France, drapée de tricolore, a brisé les chaînes du despotisme, sous l'augure de la Loi et de la Raison«. Die bildliche Darstellung der Menschrechtserklärung weist deutliche religiöse Bezüge auf. Die Gesetzestafeln erinnern an Darstellungen der zehn Gebote. Das ›göttliche Auge‹ steht als Inbegriff der Vernunft im Zentrum oben im Bild. Die den oberen Teil des Bildes beherrschenden Farben Blau, Weiß und Rot symbolisieren den Zusammenschluss der drei Stände zur Nation (s. Kap. 4.3.3.2). Die symbolische Überhöhung will die neue Ordnung als gottgewollt und vernünftig, als Befreiung (die zerbrochenen Ketten) von der alten, ›widervernünftigen‹ Ordnung darstellen.

- in der **Erklärung der Menschen- und Bürgerrechte** (*Déclaration des droits de l'homme et du citoyen*, 26.8.1789), die die Grundlage der neuen Ordnung bilden sollen.

Damit wird im Verlauf des Jahres 1789 eine Dynamik in Gang gesetzt, die zu einem grundsätzlichen Bruch mit den politischen Strukturen der Monarchie führt.

An die Stelle des Königs tritt die Nation als Inbegriff der neuen Ordnung. Gegen die Willkür des Herrschers wird sie als Ausdruck eines kollektiven Willens gedacht, der **durch die Menschenrechte begründet** wird (vgl. den Artikel »Nation« in Furet/Ozouf 1992, Bd. 4, 339–358). »Le principe de toute souveraineté réside essentiellement dans la Nation. Nul corps, nul individu ne peut exercer d'autorité qui n'en émane expressément«, heißt es im Artikel 3 der Menschenrechtserklärung. Diese legitimiert die neue Ordnung zugleich damit, dass sie die »droits naturels et imprescriptibles de l'homme« garantiert (Artikel 2), insbesondere die Freiheit von persönlicher Abhängigkeit und Zwang sowie die rechtliche Gleichheit (Artikel 1 und 2). **»Liberté« und »égalité«, aber auch die Garantie des Eigentums sind zentrale Wertvorstellungen** der Menschenrechtserklärung, die der neuen Ordnung zu Grunde liegen sollen. Das alte Frankreich, so könnte man sagen, war ein Königreich von Untertanen, das neue soll eine Nation freier und gleichberechtigter Bürger werden.

Die politische Dimension der Revolution: Nation, Nationalversammlung und Menschenrechte sind politische Ziele der **liberalen Eliten aus Adel und Bürgertum**, die dem Aufklärungsdenken entstammen (s. Kap. 3.4) und ein wichtiges Vorbild im Kampf der englischen Kolonien in Nordamerika um ihre Unabhängigkeit haben (vgl. Bouretz 2000, 35–82). Diese Ziele gewinnen in den Ereignissen des Jahres 1789 eine **Eigendynamik**, die den weiteren Verlauf der Revolution entscheidend prägt. Die Bestrebungen der gesellschaftlichen Eliten zielen auf **Partizipation an der Herrschaftsausübung der Monarchie**, wie die Verfassung von 1791 sie in der Form einer konstitutionellen Monarchie zunächst auch einführt (vgl. Vovelle 1985, 19–25; Furet 1988, 158–170). Der Begriff der Nation dient in diesem Kontext dazu, diesen politischen Anspruch gegen die Machtstellung des Königs zur Geltung zu bringen (vgl. Furet 1988, 93–105). Dessen zunehmende Weigerung, mit der Nationalversammlung zu kooperieren, führt dann dazu, dass **die Interessen der Nation und die des Königs als unversöhnlicher Gegensatz** erscheinen, der zur Sicherung der neuen Ordnung überwunden werden muss – letztlich durch Sturz und Hinrichtung Ludwigs XVI. (1792/93).

Politische Ziele und soziale Frage: Die **revolutionäre Mentalität** denkt die alte und neue Ordnung als eindeutigen Gegensatz (vgl. Vovelle 1985, 115–125). Diese Selbstdeutung der Akteure des Geschehens verdeckt die Widersprüchlichkeit ihrer Interessen und Perspektiven. Auch wenn die unterschiedlichen Träger des Revolutionsgeschehens allesamt die alte Ordnung ablehnen, gibt es **keinen Konsens über die angestrebte Neuordnung**. Schon im Sommer 1789 werden die politischen Kontroversen zwischen Nationalversammlung und König von spontanen und unkontrollierbaren **Aufständen der Landbevölkerung** begleitet (der sogenannten »grande peur«). Diese Unruhen erschweren das vorsichtige Taktieren der Parlamentarier und führen zu der zunächst nicht so grundsätzlich beabsichtigten **Aufhebung der Feudalrechte** (vgl. Furet 1988, 122–129). Bereits dieser Konflikt zeigt, dass die **politischen Ziele der Eliten** (die sogenannte »révolution de la prosperité«) wenig mit den **sozialen Forderungen der breiten Volksmassen** gemeinsam haben (der sog. »révolution de la misère«, vgl. Vovelle 1972, 61 f.). Und auch die verschiedenen Gruppierungen des einfachen Volkes haben unterschiedliche Forderungen (Verbesserung der sozialen Lage und der Versorgung in Paris, Aufhebung der Lasten durch Grundrechte und persönliche Dienstbarkeiten auf dem Land, vgl. Vovelle 1972, 118–128).

Die Zeitdimension kultureller Identität. Erinnerungskulturen

Die drei Revolutionen

Diese **Divergenzen der Veränderungsbestrebungen von Eliten, Stadt- und Landbevölkerung** haben zu der These geführt, dass die Entwicklung der Revolution kein einheitlicher Prozess sei. Sie erhalte ihre Dynamik vielmehr aus den Widersprüchen zwischen diesen **drei unterschiedlichen Revolutionen**, die sich teilweise durchkreuzen (vgl. Furet 1978 und de Baecque 2002, 783–792). Folgt man dieser These, so kann das Revolutionsgeschehen nicht als notwendige und zielgerichtete Entwicklung angesehen werden, wie dies die republikanische, teils auch vom Marxismus inspirierte französische Revolutionsgeschichtsschreibung tut (vgl. Furet 1978, Teil II). Vielmehr wird das heterogene, von einander widersprechenden Motiven und Zielsetzungen bestimmte revolutionäre Geschehen erst in der Geschichte seiner Deutung zu einem einheitlichen Zusammenhang. Damit kann die Revolution dann zu jenem Ort französischer Erinnerungskultur werden, der sie bis heute geblieben ist. Wenn die Revolution durch ihre Folgen im 19. Jh. die Republik hervorgebracht hat, so hat umgekehrt auch erst die **republikanische Aneignung** die Revolution zu dem gemacht, was sie seit den Anfängen der Dritten Republik ist, nämlich **zu einem einheitlichen und damit identitätsstiftenden Ursprung**.

Die republikanische Erinnerungskultur und ihre Widersprüche

Die republikanische Aneignung

Der Kampf um die Deutung der Revolution durchzieht das gesamte 19. Jh. Die Revolutionäre von 1830 und 1848 berufen sich ebenso auf sie wie die liberalen Gegner von Monarchie und Kaiserreich. Die Revolution wird aber auch ihren Gegnern zum **Inbegriff des von ihnen bekämpften politischen Wandels** und ist ihnen entsprechend verhasst. Diese Auseinandersetzung wird dadurch verschärft, dass die Dritte Republik ihre politische wie historische Bedeutung durch die **Konstruktion der Revolution als Gründungsereignis des modernen Frankreich** legitimiert. 1880 beschließt das Parlament gegen heftigen Widerstand der Rechten, den **14. Juli** als »premier acte de la Révolution [qui] a mis fin au monde ancien« **zum Nationalfeiertag** zu machen (zit. nach de Baecque 2002, 3[illegible]). Diese Entwicklung gipfelt 1889 im *Centenaire* der Revolution, in dem die republikanische Konstruktion der Revolution festgeschrieben und breit popularisiert wird (vgl. Ory 1997). So erklärt der damalige Staatspräsident Carnot in einer Rede zu diesen Gedenkfeiern, die Republik sei der »immortelle génération de 1789« zu unverbrüchlichem Dank verpflichtet, »qui, à force de courage et de persévérance, au prix de tant d'efforts et de sacrifices, nous a conquis les biens dont nous jouissons et dont nous transmettrons à nos fils le précieux héritage« (zit. nach de Baecque 2002, 4[illegible]).

Die mit der **Revolution** verbundenen Errungenschaften werden so zu einem verpflichtenden Erbe für Gegenwart und Zukunft, zur **Grundlage einer nationalen Identitätskonstruktion**, in der die Republik »les élans généreux de cette grande époque« zu vollenden hat (zit. nach de Baecque 2002, 430). In der berühmt gewordenen Formulierung »**la Révolution**

Die Revolution als Gründungsereignis und Ursprungsmythos

française est un bloc« hat Georges Clemenceau (1841–1929), einer der bedeutendsten Politiker der Dritten Republik, die Grundlage der republikanischen Konstruktion der Revolution als einheitliches Geschehen pointiert zusammengefasst (zit. nach de Baecque 2002, 460 f.).

Die Kritik am revolutionären Erbe: Die grundlegende Bedeutung der Revolution für das moderne Frankreich wird auch von ihren Kritikern zumeist nicht bestritten. So geht der Historiker Hippolyte **Taine** (1828–1893, s. S. 27), dessen bedeutendstes Werk, *Les origines de la France contemporaine* (1875), bis heute eine wesentliche **Grundlage für kritische Auseinandersetzungen mit dem revolutionären Erbe** ist, davon aus, dass die Entwicklung Frankreichs vom *Ancien Régime* zur Gegenwart entscheidend von den Umwälzungen der Revolution bestimmt sei (vgl. de Baecque 2002, 317–321). Aber Taine sieht diese Umwälzungen als den **Beginn eines Niedergangs der Nation** an, dessen vorläufigen Tiefpunkt für ihn die Niederlage Frankreichs im Deutsch-Französischen Krieg darstellt. Taine geht dabei allerdings nicht so weit wie ein katholischer Kritiker des *Centenaire*, der die Revolution als »l'un des événements les plus funestes dans l'histoire du genre humain« bezeichnet (zit. nach ebd., 447). Für die katholische Kirche bleibt die Revolution noch für lange Zeit der Beginn ihrer Ausgrenzung aus dem politischen Geschehen, die die Republik mit ihrer Schulgesetzgebung fortführen und mit der Trennung von Kirche und Staat vollenden wird (s. Kap. 4.3.4).

Sonderentwicklung Frankreichs: Die Revolution wird so als Ausgangspunkt einer Sonderentwicklung Frankreichs gewertet. Zu einem wesentlichen Argument für diese Sichtweise wird die Deutung der Jakobinerherrschaft und der Politik der *Terreur* als »dérapage« einer auf politische Mitbestimmung zielenden bürgerlichen Revolution in sinnlose Gewalt (vgl. de Baecque 2002, 773 f.). Die Jahre **1789 und 1793** werden zu **symbolischen Daten**, die den Widerspruch zwischen zentralen Momenten des Revolutionsgeschehens verkörpern sollen. Da der Umsturz der alten Ordnung letztlich zu den blutigen Exzessen einer Gewaltherrschaft geführt hat, erscheint er auch insgesamt als fragwürdig. Gegen diese Relativierung einer positiven Wertung der Revolution steht die Deutung der republikanischen Geschichtsschreibung. Sie beharrt auf der **relativen Geschlossenheit der revolutionären Bewegungen bis hin zur Jakobinerherrschaft** und auf ihrer Notwendigkeit für die Entstehung eines demokratischen Frankreich sowie für seine republikanische Identität (vgl. ebd., 718–721 und 792–796).

Ist die Revolution zu Ende?

Bis heute wird aus historischer Perspektive darüber diskutiert, ob und inwieweit der französische Fall als **Modell der Demokratisierung** oder gar als deren Vorbild gelten kann (vgl. dazu die Beiträge von Cobban, Lefebvre und Soboul in Schmitt 1973 sowie Furet 1978). Für die Erinnerungskultur geht es dabei zugleich um die Frage, ob und in welcher Weise die Revolution ein nationales Erbe darstellt, das es zu bewahren und weiterzuentwickeln gilt. Im Umfeld des ***Bicentenaire*** ist diese Kontroverse intensiv ausgetragen worden (vgl. de Baecque 2002, 807–930 sowie *1789. La commémoration*). François Furet, der wichtigste Vertreter einer relativistischen Sicht der Revolution, bestreitet mit der provokanten Formel »**la révolution est terminée**« schon zuvor die Bedeutung ihres Erbes für die Gegenwart (vgl. Furet 1978; de Baecque 2002, 819–825). Er konstatiert anlässlich des *Bicentenaire* das Ende der politischen Sonderentwicklung Frankreichs, die von der Revolution begründet wird: »la France a fermé son théâtre politique de l'exceptionnel, et elle est rentrée dans le droit commun des démocraties« (zit. nach ebd., 827). Dagegen betont der kommunistische Historiker Claude Mazauric die fortdauernde symbolische Bedeutung der Revolution: »Aujourd'hui, dans la mémoire historique du peuple français, notamment celle des travailleurs, la Révolution française existe comme **un moment essentiel de la promotion des droits des petites gens**, des opprimés et des exploités« (zit. nach ebd., 839).

Der Streit um das revolutionäre Erbe, zwischen seiner **Banalisierung im Namen demokratischer Normalität** und seiner **Aktualisierung im Namen des Kampfs um soziale Gerechtigkeit**, ist mit dem *Bicentenaire* sicher nicht zu Ende. Als Ergebnis dieses Erinnerungsspektakels kann man aber festhalten, **dass die Revolution im kollektiven Gedächtnis der Franzosen einen festen Platz einnimmt**. Nach einer Umfrage vom November 1989 hat das Wort »Révolution« für 74% der Franzosen eine positive Bedeutung, und 85% sind der Meinung, dass es gut war, dass sie stattgefunden hat. Allerdings bleibt diese Erinnerung weitgehend auf die Ereignisse des Jahres 1789 beschränkt: 89% nennen die Menschenrechtserklärung, 54% den Sturm auf die Bastille und 41% die Abschaffung des Feudalsystems als die Ereignisse, die für sie die Bedeutung der Revolution ausmachen (nach de Baecque 2002, 994–1002).

4.3.3.2 | Symbolische Repräsentationen nationaler Identität

Die Revolution ist fast konkurrenzlos zum **Bezugspunkt für die symbolischen Repräsentationen der Nation** geworden. Die einzige bemerkenswerte Ausnahme bildet der gallische Hahn, der ***coq gaulois***, der auf die gallische Ursprungsgeschichte rückverweist (s. Kap. 3.2.3) und schon seit dem 16. Jh. als ein Symbol der Monarchie und des Königreichs verwendet wird. Doch auch er hat erst in der Revolutionszeit endgültig seine Bedeutung als Emblem der Nation erhalten und die Lilien auf blauem Grund abgelöst, die das Wappen der Monarchie bilden (vgl. Pastoureau 1997). Dies verdeutlicht, wie in der Revolutionszeit auch das Erbe des *Ancien Régime* umkodiert wird, um die neue Ordnung zu repräsentieren. Vorrangig allerdings suchen die Revolutionäre nach eigenen Symbolen, die an die Stelle der einzigen, zugleich konkreten und abstrakten Figur des Königs (s. Kap. 3.3.2) Repräsentationen der Nation setzen sollen.

Die *Marianne*

Hatte Frankreich als Königreich einen Vater gehabt, so wird es als Nation seit den Anfängen der Revolution von einer Frauengestalt verkörpert. Die implizite **Sakralisierung der Nation** durch die bildliche Gestaltung tritt an die Stelle der expliziten Sakralisierung der Königsherrschaft, die im *Ancien Regime* an die Figur des Königs selbst gebunden war. Zugleich verbindet sie die Nation mit einer **patriarchalischen Imagination von Weiblichkeit**, die sowohl eine mütterlich-bergende als auch eine dynamisch-erotische Dimension hat.

Die Gestalt der *Marianne* als Symbolfigur der Republik, in die diese Entwicklung mündet, ist bereits in den **Frauengestalten** angelegt, die in der Revolutionszeit **das neue Frankreich verkörpern** sollen – eine der ersten findet sich in der Verbildlichung der Menschenrechtserklärung aus dem Jahr 1790 (s. S. 302). Im 19. Jh. haben bildliche Darstellungen dieser Allegorie der Republik im Kampf zwischen Monarchien, Kaiserreich und Republik in allen politischen Lagern eine immense Konjunktur. Die berühmteste ist Delacroix' Gemälde *La liberté guidant le peuple* (s. S. 183). Gegner wie Befürworter **imaginieren die Republik als Frauengestalt** – als Scheusal oder als attraktive Wunschfigur, abstoßend oder kämpferisch-faszinierend, aber auch erhaben oder mütterlich (vgl. die Darstellung von Agulhon 1979 und das Bildmaterial in Rütten 1991; Reichard 1992, 80 ff.). Dieser Kampf der positiven oder negativen Inszenierungen der Allegorie der Republik geht mit der Festigung der **Dritten Republik** zu Ende, **die 1878 die *Marianne* zu ihrer Symbolfigur erklärt**. Seither zieren ihre Büste oder ihr Bild Amtsstuben und offizielle Gebäude.

Marianne im Kampf für die Republik

Viele weitere nationale Symbole, Festtage und Orte zeigen die Bedeutung der Revolution für die nationale Identität des heutigen Frankreich:

Weitere nationale Symbole

- die **Marseillaise** als Nationalhymne (s. Kap. 1.1.1),
- die **Trikolore** als Nationalflagge,
- der **14. Juli** als Nationalfeiertag,
- das **Pantheon** als nationale Gedenkstätte.

Hinzu kommen Parolen oder Texte, etwa die berühmte Devise der Republik **»Liberté, Égalité, Fraternité«** oder die ***Déclaration des droits de l'homme et du citoyen*** von 1789, auf die auch die Verfassung der Fünften Republik noch verweist. Sie haben allesamt Teil an einer **Vergegenwärtigung des revolutionären Erbes**. Sie tragen dazu bei, ein Bewusstsein nationaler Identität zu stützen, dem die Bedeutung dieses Erbes trotz aller darum geführten Diskussionen selbstverständlich präsent bleibt.

»Les trois couleurs«

Die Verfassung der Fünften Republik regelt im Artikel 2 die symbolische Repräsentation der Nation: »L'emblème national est le drapeau tricolore, bleu, blanc rouge. L'hymne national est ›la Marseillaise‹. La devise de la République est: ›Liberté, Égalité, Fraternité‹.« Unter diesen Bezugspunkten hat die **Trikolore** insofern **eine Sonderstellung**, als sie mit Ausnahme der Restaurationszeit (1814–1830) seit der Revolution immer die Nationalfahne bleibt. Der Nationalfeiertag und die Nationalhymne hingegen werden erst nach der Festigung der Dritten Republik (1879 bzw. 1880) eingeführt. Das liegt unter anderem daran, dass die Verbindung der drei Farben schon früh als **Symbol eines nationalen Konsenses** verstanden wird. Zudem erlangt sie durch die Kriegszüge Napoleons, der sie trotz einigen Zögerns beibehält, eine Aura nationalen Prestiges, das ihren revolutionären Ursprung überdeckt.

Die Geschichte der Trikolore beginnt mit einer (in der Überlieferung nicht eindeutigen) Szene am 17. Juli 1789. Bei einem Empfang im Pariser Rathaus soll Ludwig XVI. nach dem Sturm auf die Bastille als Geste der Versöhnung mit dem Volk an eine weiße Kokarde auf seinem Hut ein blaurotes Band angesteckt haben, die Farben der Stadt Paris (Girardet 1984/1997, 50 f.). Ob die Kombination der drei Farben sich auf diese Episode zurückführen lässt oder ob sie eine ältere Tradition der Monarchie (oder vielleicht auch des amerikanischen Unabhängigkeitskriegs) aufgreift, ist kaum zu klären (vgl. Pastoureau 1997, 4318). Sicher ist jedenfalls, dass die drei Farben schnell als **Symbol der Vereinigung der drei Stände zur Nation** verstanden werden, wobei weiß für den ersten (den Klerus), rot für den zweiten (den Adel) und blau für den dritten Stand (das Bürgertum) steht. Dekrete der Nationalversammlung bzw. des Nationalkonvents aus den Jahren 1790 und 1794 bestimmen die drei Farben dann als Emblem der Nation (Girardet 1997, 52 ff.).

Die Trikolore und die weiße Fahne: Dass die Trikolore die Einheit der Nation gegen die Monarchie symbolisiert, zeigt sich bereits in der Revolutionszeit daran, dass die **weiße Fahne** zum **Emblem der Royalisten** wird (was in der Tradition des *Ancien Régime* kein Vorbild hat). Die Aufständischen in der Vendée und der Bretagne marschieren ebenso unter der weißen Fahne wie die Truppen der Emigranten, die nach Frankreich einzudringen versuchen. Symbolisch steht der König nun mit der Farbe Weiß gegen die nationale Symbolik der drei Farben. Es ist daher nur konsequent, dass die **Restaurationsmonarchie**, deren Programm ja eine weitgehende Wiederherstellung der vorrevolutionären Verhältnisse ist, **die Trikolore durch die weiße Fahne ersetzt**. Damit unterschätzt sie jedoch die reale wie die symbolische Macht, die das Erbe der Revolution im gesamten 19. Jh. entfaltet.

Die symbolische Bedeutung der »nobles couleurs« des »vieux drapeau«: Pierre Jean de Béranger (1780–1857) ist der populärste Chansonnier der Restaurationszeit. Seine politischen Lieder entwerfen im Sinn des romantischen Napoleon-Mythos (s. Kap. 4.3.2.2) eine Verbindung der Revolutionsideale mit der Zeit der napoleonischen Herrschaft und richten sich kritisch gegen die Versuche der Restaurationsmonarchie, die damit verbundene Emanzipation des Volkes zu beschneiden. Dies gilt auch für sein Chanson über die Bedeutung der in der Restaurationszeit verbotenen Fahne der Revolution:

Die Revolution als Gründungsereignis und Ursprungsmythos

Béranger: »Le vieux drapeau«, 1820

**[...] Il est caché sous l'humble paille
Où je dors pauvre et mutilé,
Lui qui, sur de vaincre, a volé
Vingt ans de bataille en bataille!
Chargé de lauriers et de fleurs,
Il brilla sur l'Europe entière.**

**Quand secoûrai-je la poussière
Qui ternit ses nobles couleurs?**

**Ce drapeau payait à la France
Tout le sang qu'il nous a coûté.
Sur le sein de la Liberté
Nos fils jouaient avec sa lance.
Qu'il prouve encore aux oppresseurs
Combien la gloire est roturière.**

Quand secoûrai-je la poussière [...]

Dieses Lied über die Trikolore, die unter dem Strohsack eines verarmten Kriegsversehrten verborgen ist, entwirft eine Deutung, in der sie zugleich als Fahne der großen Siege Napoleons und als Emblem der Freiheit erscheint, die beide den Ruhm des gemeinen Mannes ausmachen (»combien la gloire est roturière«). Im Refrain führt die Evokation dieser Symbolkraft des »vieux drapeau« zu einer in Frageform formulierten Zukunftsperspektive, in der deren »nobles couleurs« ihren Glanz wieder gewinnen sollen.

Politisch geschickter ist Louis Phillippe, der König der **Julimonarchie**, der unmittelbar nach der Julirevolution von 1830 mit den Worten »**La nation reprend ses couleurs**« die Trikolore wieder zur Nationalfahne macht (Girardet 1997, 57). Er tut dies sicher auch deshalb, weil die Trikolore trotz ihres revolutionären Ursprungs bereits zu einem (außer in Kreisen royalistischer Ultras) weithin akzeptierten Emblem der Nation geworden ist.

Die Trikolore und die rote Fahne: Gefahr drohte der Trikolore jedoch noch von links, aus dem Umfeld der entstehenden Arbeiterbewegung, von der erstmals bei den Barrikadenkämpfen der **Februarrevolution von 1848** die rote Fahne verwendet wird. Die provisorische Regierung der Zweiten Republik, die aus diesen Kämpfen hervorgeht, muss sich mit der Forderung der Aufständischen auseinandersetzen, **die Trikolore durch die rote Fahne zu ersetzen**. Lamartine (s. Kap. 3.5.2), der Mitglied der provisorischen Regierung ist, verweist in einer Erklärung zugunsten der Trikolore auf die Tradition der Revolution und die napoleonische Ära: »le drapeau tricolore a fait le tour du monde, avec le nom, la gloire et la liberté de la patrie. [...] c'est le drapeau de la France, c'est le drapeau de nos triomphes qu'il faut relever devant l'Europe« (zit. nach Girardet 1997, 59). In der Perspektive einer sozialen Revolution verliert die Trikolore deshalb ihre symbolische Bedeutung, weil sie der Arbeiterbewegung **als Emblem bürgerlicher Herrschaft** erscheint. Auch die Aufständischen der Pariser *Commune* von 1871 machen die rote Fahne zum Zeichen ihres Kampfes gegen die Gesellschaftsordnung, die sie beseitigen wollen.

Symbol der Nation

Nach der Niederlage der *Commune* und der Festigung der Dritten Republik bleibt die Trikolore **das allgemein anerkannte Symbol der Nation**, auf die nicht einmal die doch so entschieden antirepublikanische Vichy-Regierung verzichten will (s. S. 320). Bezeichnend für die Bedeutung ihrer symbolischen Macht ist eine Episode aus der Anfangszeit der Dritten Republik. Die Bestrebungen royalistischer Kräfte, die Monarchie wiederherzustellen, scheitern nicht zuletzt daran, dass sich der mögliche Thronfolger entschieden weigert, die Trikolore zu akzeptieren (Juli 1871).

Die Zeitdimension kultureller Identität. Erinnerungskulturen

Dagegen erklären selbst seine Anhänger ihre Verbundenheit mit der Nationalfahne, »devenu, par opposition à l'étendard sanglant de l'anarchie, le drapeau de l'ordre social« (zit. nach Mayeur 1973, 16). Gegen den Schrecken, den die *Commune* bei den konservativen Kräften ausgelöst hat, erscheint die **Trikolore** hier nun als **Symbol der Ordnung**, der bürgerlichen Herrschaft, die die Republik nach 1870 verkörpert. Mit der weiteren Entwicklung der Republik kann sie dann zunehmend zu einem **Inbegriff des französischen Patriotismus** werden, dem etwa im nationalen Elan des Ersten Weltkriegs oder der Befreiung von der deutschen Besatzung identitätstiftende Bedeutung zukommt.

Das Pantheon

Ort nationaler Erinnerung

Das Pantheon stellt eine **Besonderheit der französischen Erinnerungskultur** dar, für die es in keinem anderen Land Vergleichbares gibt. Es ist ein *lieu de mémoire* im konkreten Wortsinn, ein Ort des Angedenkens, an dem die Nation sich in der Erinnerung an ihre bedeutendsten Repräsentanten ihre Besonderheit vergegenwärtigen soll. Die Konzeption einer nationalen Gedenkstätte hat notwendigerweise überzeitlichen Charakter: Sie geht von der Annahme aus, dass **kollektive Erinnerung und nationale Identität** konstante Bezugspunkte haben, die dem historischen und gesellschaftlichen Wandel enthoben sind (vgl. Ozouf 1997, 169 f.). Allerdings ist das Pantheon eine **Gedenkstätte des republikanischen Frankreich** und beschränkt damit die Vorstellung vom überzeitlichen Charakter nationaler Erinnerung auf die Konzeption der Nation, die in der Zeit der Revolution entstanden ist.

Die Kirche Sainte-Geneviève um 1790

Zwischen Kirche und nationaler Gedenkstätte: Die Geschichte des Pantheons beginnt mit einem Gelübde Ludwigs XV., der sich 1755 nach einer wundersamen Genesung verpflichtet, eine neue Kirche zu Ehren der heiligen Genoveva, der Schutzpatronin von Paris zu bauen. Planungs- und Finanzprobleme führen dazu, dass der neoklassizistische Bau, in dessen Mitte eine immense Kuppel die vier rechtwinklig aufeinander zulaufenden Kirchenschiffe überragt, erst im Revolutionsjahr 1789 fertiggestellt werden kann. Die **pompöse Architektur** legt unter den neuen politischen Verhältnissen schnell die Idee nahe, den Bau zu einem Ort zu machen, an dem die Nation ihrer selbst und all derjenigen gedenkt, die zur Verwirklichung der neuen Ordnung beigetragen haben. Die **Verschiebung religiöser Vorstellungen und Riten auf die symbolische Repräsentation der Nation** hat damals ohnehin Konjunktur.

Die Konzeption einer nationalen Gedenkstätte kristallisiert sich in der Revolutionszeit um die Idee des »**grand homme**«, eine in der zweiten Hälfte des 18. Jh.s viel diskutierte **bürgerliche Gegenvorstellung zum traditionellen Bild des adligen Helden** und damit zugleich auch des Königs (Ozouf 1997, 157–160). Die Devise »Aux grands hommes la patrie reconnaissante«, die 1792 auf Beschluss der Nationalversammlung am Fries des

Die Revolution als Gründungsereignis und Ursprungsmythos

Eingangsportals angebracht wird, setzt den in langwieriger Anstrengung erworbenen »mérite« gegen Abstammung und Heldentaten. Es liegt daher auch nahe, die bedeutendsten Repräsentanten der Aufklärung in der neuen Gedenkstätte zu ehren, zumal deren Konzeption sich von Anfang an mit der Intention verbindet, die Bedeutung **Voltaires** zu würdigen. Der Philosoph ist zusammen mit **Mirabeau**, dem wichtigsten Redner und Politiker der ersten Phase der Revolution denn auch der erste, dessen sterbliche Reste ins Pantheon überführt werden. **Rousseau** ist schon wesentlich umstrittener und wird erst 1794 ins Pantheon aufgenommen, wohingegen mehrere Versuche scheitern, diese Ehre auch Montesquieu zukommen zu lassen. Nachdem seine geheime Korrespondenz mit dem König bekannt wird, wird Mirabeau, wie nach dem Sturz der Jakobiner auch Marat, aus dem Pantheon wieder ausgeschlossen.

Integration und Ausschließung: So zeigt sich schon in den ersten Jahren der Existenz des Pantheons, wie zweifelhaft der Versuch ist, einen konkreten Ort nationaler Erinnerung zu errichten und ihn mit Gestalten zu füllen, die zu verbindlichen und allgemein akzeptierten Bezugspunkten werden können: »Ce soupçon touche à la fois la désignation des grands hommes, l'instance de légitimation, la possibilité de l'unanimité nationale et finit par gagner le monument même« (Ozouf 1997, 170). **Der Ort der Integration wird zugleich zu einem Ort von Ausschließungsverfahren**, die von wechselnden Mehrheiten und politischen Verhältnissen abhängen.

Das Pantheon und der Kampf um die Republik

Die Geschichte des Pantheons im 19. Jh. wird von den Konflikten der französischen Gesellschaft bestimmt. Der politischen Konjunktur entsprechend **wechselt seine Funktion zwischen religiöser und nationaler Bestimmung**. Die Restaurationsmonarchie gibt das Gebäude dem Klerus zurück, der es als Kirche weiht und die Inschrift am Fries durch religiöse Embleme ersetzt (1822). Nach der Julirevolution wird es wieder zur nationalen Gedenkstätte und erhält sein heutiges, 1837 vollendetes Fries mit der Inschrift von 1792 und den allegorischen Figuren der *Patrie*, der *Liberté* und der *Histoire*. Nach dem Staatsstreich vom 2. Dezember 1851 wird das Gebäude erneut der Kirche übergeben, bleibt aber zugleich auch nationale Gedenkstätte.

Seine »destination républicaine« wird 1885 von der Dritten Republik endgültig festgelegt. Zuvor jedoch wird das Pantheon in den ersten Jahren der Republik mit Wandgemälden geschmückt, die die katholische und monarchische Tradition Frankreichs hervorheben (die Legende der Schutzpatronin der Kirche, die Taufe Chlodwigs, die Geschichte Jeanne d'Arcs u. a.). Diese Gemälde bilden einen markanten Kontrast zu der Anfang des 20. Jh.s entstandenen kolossalen Statuengruppe zu Ehren des Nationalkonvents, der die Erste Republik begründet hat: eine Marianne-Gestalt mit Schwert und Rüstung, vor der Abgeordnete des Konvents ihren Eid leisten, während auf der anderen Seite Bewaffnete die »levée en masse« repräsentieren.

Republikanische Pantheonisierungen: Hugo und Zola: Die symbolische Bedeutung des Pantheon als nationale Gedenkstätte spielt in der **Periode der Festigung der Dritten Republik** eine wichtige Rolle. Die Pantheoni-

Die Zeitdimension kultureller Identität. Erinnerungskulturen

sierungen der beiden populärsten Autoren der Dritten Republik, **Victor Hugo** (s. S. 187 f.) und **Emile Zola** (s. S. 193 f.), werden zu großen nationalen Massenspektakeln. Insbesondere die Zeremonie für Victor Hugo (1885), die erste seit dem Ende des Ersten Kaiserreichs, wird zu einem Ereignis, das nicht nur bei den Anhängern der Republik, sondern auch bei einem so entschieden antirepublikanischen Nationalisten wie dem um die Jahrhundertwende einflussreichen Schriftsteller Maurice Barrès (1862–1923) einen tiefen Eindruck hinterlässt.

Zur Vertiefung

Maurice Barrès: *Les déracinés*, 1988, 479 f.

Die Pantheonisierung Victor Hugos: »Un culte qui nous augmentera«

De l'Étoile au Panthéon, Victor Hugo, escorté par tous, s'avance. De l'orgueil de la France, il va au cœur de la France. C'est le génie de notre race qui se refoule en elle-même: après qu'il s'est répandu dans le monde, il revient à son centre; il va s'ajouter à la masse qui constitue notre tradition. […] Songeons que toute grandeur de la France est due à ces hommes qui sont enseveli dans sa terre. Rendons-leur un culte qui nous augmentera.
Rempli de ces sentiments que la magnifique cérémonie civique devrait mettre dans toutes les âmes, Sturel, sous la douce lumière de Paris, se débarrasse des sombres images de sa nuit. […] A marcher tout le jour avec la France organisée, avec ses pouvoirs élus, avec les gloires consacrées, avec les corporations, il a distingué la grande source dont sa vie n'est qu'un petit flot.

Maurice Barrès entwirft in dem Roman Les déracinés *(1898), dem ersten Teil eines Zyklus, der den programmatischen Titel* Le roman de l'énergie nationale *trägt, eine harsche Kritik der Republik und ihrer Bildungsinstitutionen. Er erzählt die Geschichte einer Gruppe lothringischer Jugendlicher, die durch den rationalistisch geprägten Schulunterricht und dann durch die Universitätsausbildung in Paris ihrer Herkunft entfremdet werden, den heimatlichen ›Wurzeln‹, deren Verlust der Titel anzeigt. Während einige an dieser Entfremdung scheitern, gelingt es zumindest einem von ihnen, Sturel, zu seinen ›Wurzeln‹ zurückzufinden. Die* ***Identifikation mit Napoleon*** *(s. S. 294) und mehr noch die Zeremonie der Pantheonisierung Victor Hugos wird ihm zu einem Erlebnis,* ***in dem er die nationale Identität neu entdecken kann****, die ihm im Gang seiner Ausbildung fremd geworden war. Diese Erfahrung wird in interner Fokalisierung, aus der Sicht des Protagonisten, gestaltet. Sie ist im Kontext des Romans bemerkenswert, weil die Texte Victor Hugos dort in der Darstellung des Schulunterrichts als Bestandteil der Entfremdung erscheinen, die zur Desorientierung des Protagonisten geführt hat. Jetzt aber, im nationalen Elan der Ehrung des Toten, erkennt er die »vertu sociale d'un cadavre« (so die keineswegs ironisch gemeinte Überschrift des Kapitels), in dessen Ehrung die Erfahrung nationaler Identität zu einem prägenden Erlebnis wird.*

Bei der Pantheonisierung Zolas (1908) hingegen ist eine Gemeinsamkeit republikanischer und antirepublikanischer Kräfte nicht mehr möglich. Sie bildet eine Episode des Konflikts um die Trennung von Kirche und Staat (s. Kap. 4.3.4) und zugleich der Kontroverse um die Dreyfus-Affäre, die mit der Rehabilitierung des fälschlich verurteilten Offiziers keineswegs beendet ist. Mit der Ehrung Zolas **feiert die Republik sich selbst als laizistische Ordnung**, als ein System von Werten, die in der Tradition der Revolution stehen. Der spektakuläre Höhepunkt der Auseinandersetzungen um diese Zeremonie ist ein gescheitertes Attentat auf Dreyfus selbst während der Feierlichkeiten, an denen er teilnimmt. Zumindest aber zeigt sich daran, dass das Pantheon in der Dritten Republik **ein Ort von hoher symbolischer Bedeutung im Kampf um die Identität und die Werte der Republik** ist.

Diese Funktion aber kann es in der Folgezeit immer weniger einnehmen. Am ehesten noch wird es zu einem **Bezugspunkt nationaler Identität** bei den Ehrungen für die Schriftsteller, die im Ersten und Zweiten Weltkrieg gefallen sind (1919 bzw. 1949) oder bei der Pantheonisierung von Jean Moulin, dem bedeutendsten Führer der inneren *Résistance* (s. S. 324). Ansonsten zeigt die Geschichte vieler erfolgreicher oder auch erfolgloser Vorschläge der Pantheonisierung, dass das französische Nationalbewusstsein gespalten bleibt, wenn es um die Bedeutung großer Männer für die Nation geht (vgl. Ozouf 1984/1997, 172 f.). Bis heute ist es im Übrigen fast ausnahmslos bei Männern geblieben; erst 1995 wird Marie Curie, Nobelpreisträgerin sowohl für Physik als auch für Chemie (1903 bzw. 1911), als erste Frau ins Pantheon überführt (zusammen mit ihrem Mann Pierre Curie, mit dem gemeinsam sie den Physiknobelpreis erhalten hat).

Die Pantheonisierung Alexandre Dumas': Am 30. November 2002 werden mit großem Pomp die sterblichen Überreste von Alexandre Dumas, Frankreichs wohl populärstem Romanautor, von seiner Heimatstadt Villers Cotterêts nach Paris **ins Pantheon überführt**. Das Spektakel beginnt mit einer Gedenkfeier des Senats im Palais du Luxembourg und wird mit einem Festzug durch die von Neugierigen überfüllten Straßen des Quartier Latin fortgesetzt. Dann wird der Sarg vor dem Pantheon von einer Marianne zu Pferd in Empfang genommen. Nach musikalischen Darbietungen und Ansprachen unter anderem des Staatspräsidenten Jacques Chirac wird er in die Halle des Pantheon überführt. Das Gebäude bleibt in den beiden folgenden Tagen kostenlos geöffnet, was 26.000 Besucher nutzen, um an dem Sarg vorbei zu defilieren.

Dumas als »grand homme«

Dumas' Überführung zeigt, welche Probleme es heute aufwirft, wenn die Nation ihre Bedeutung dadurch inszenieren will, dass sie ihrer »grands hommes« gedenkt. In seiner Rede begründet Chirac die Ehrung folgendermaßen:

> Grand homme, Dumas le fut assurément par son amour immodéré des êtres, par sa volonté de servir son pays, par son soutien à une République encore balbutiante, par cet immense projet pédagogique que constitue son œuvre. Conciliant le particulier et l'universel, il fut magnifiquement français, souvent pour le meilleur et jamais pour le pire: en lui, nous nous reconnaissons tous, jusque dans ses contradictions. (zit. nach: www.dumaspere.com/pages/pantheon/chirac.html, 23.11.06).

Diese Begründung kann die Vorstellung von der nationalen Bedeutung des »grand homme« **nur mit Floskeln füllen**, die entweder inhaltslos sind

Die Zeitdimension kultureller Identität. Erinnerungskulturen

(»son amour immodéré des êtres«, »conciliant le particulier et l'universel«) oder in ihrer Unbestimmtheit beliebig bleiben (»sa volonté de servir son pays«). Die einzige halbwegs konkrete Aussage, die Dumas' Romanwerk als »immense projet pédagogique« bezeichnet, ist aufschlussreich für die **Widersprüche, die die nationale Aneignung des Schriftstellers bestimmen**. Denn Dumas' historische Romane bleiben ungeachtet ihrer Popularität im schulischen und universitären Bereich bis heute aus dem gängigen literarischen Kanon ausgegrenzt. Dumas' Pantheonisierung aber kann nicht mit dem Unterhaltungswert seiner Werke begründet werden – dazu muss ihnen offenbar ein **Bildungswert** zugeschrieben werden, der seine **nationale Bedeutung** begründen soll.

Eine Modernisierung der Erinnerungskultur?

Dennoch ist bei dieser Ehrung der Wille unverkennbar, **die Funktion des Pantheon zu modernisieren**. Das zeigt nicht nur das große Medienspektakel, sondern auch der Umstand, dass ein Repräsentant der populären Kultur aufgenommen wird, dessen Abstammung zudem auf die französische Kolonialgeschichte verweist (Dumas' Großmutter war eine schwarze Sklavin). Seine Pantheonisierung ist damit zugleich ein Indiz für die Probleme, die sich der französischen Erinnerungskultur heute stellen. Wenn der populäre Autor halb kreolischer Herkunft zum Inbegriff nationaler Identität werden soll, dann kann das auch als Versuch verstanden werden, **eine traditionell ausgegrenzte Kulturtradition und ein anderes ethnisches Bezugsfeld** in die französische Erinnerungskultur einzubringen. Ob diese Erneuerung erfolgreich ist, zumal wenn sie so halbherzig vorgenommen wird, wie die Rede Chiracs es tut, bleibt eine offene Frage.

4.3.4 | Universalismus und Laizismus: Die Republik als Wertsystem

Die Schleier-Diskussion und das republikanische Wertsystem

Kontroversen über die Verschleierung von Frauen im öffentlichen Raum, insbesondere in der Schule gibt es in Frankreich, ähnlich wie auch in Deutschland, seit den 1980er Jahren (vgl. Birnbaum 1998, 290 ff.). Aber während sich in Deutschland die öffentliche Diskussion zumeist auf die Frage beschränkt, ob das Tragen solcher religiöser Zeichen bei staatlichen Funktionsträgerinnen (vor allem bei Lehrerinnen) zulässig ist, betrifft sie in Frankreich auch verschleierte Schülerinnen. Es liegt auf der Hand, dass in beiden Ländern in dieser Diskussion die gesellschaftliche Akzeptanz kultureller Alterität verhandelt wird (s. Kap. 4.1.5 und 4.5.3).

Die Schule: Ein Ort der Vermittlung nationaler Identität: Der wesentliche Unterschied besteht jedoch darin, dass in Frankreich nicht nur ein Unbehagen an kultureller Alterität artikuliert, sondern **ein grundlegender Wertkonflikt** ausgetragen wird (vgl. Bouretz 2000, 163 f.). Der Schleier wird zu einer Bedrohung der Schule als einem Ort, an dem nicht die Verschiedenheit religiöser oder ideologischer Überzeugungen gelten soll, sondern ein universelles Wertsystem, nämlich das der laizistischen

Universalismus und Laizismus: Die Republik als Wertsystem

Republik. Dessen Kern ist der **Ausschluss der Religion** aus allen staatlichen Institutionen, insbesondere aber **aus dem Bildungswesens** (der *Éducation Nationale*). Für die Verteidiger der republikanischen Tradition beinhaltet der **Laizismus (*laïcité*)** das Postulat einer Integration unterschiedlicher Auffassungen in einen Wertkonsens, der nur der Vernunft verpflichtet ist. »Si la République entend rester fidèle au message révolutionnaire […] elle doit préserver la citoyenneté universaliste, poursuivre l'intégration des différences, dénoncer les tentations multiculturalistes, valoriser l'assimilation, l'adhésion à la Raison, défendre la laïcité militante et libératrice« (Birnbaum 1998, 295 f.) – so kann man die Position der Verfechter der republikanischen Tradition in dieser Kontroverse zusammenfassen.

Die Bedeutung der *Éducation Nationale* für das republikanische Wertsystem wird im Frühjahr 2004 durch ein Gesetz bekräftigt, das jedes Tragen von »signes religieux ostentatoires« in der Schule verbietet, bei Schüler/innen ebenso wie bei Lehrer/innen. Zur Vorlage des Gesetzentwurfs hält der Staatspräsident Chirac eine Rede, in der er die *laïcité* und die Schule ins Zentrum nationaler Identität rückt: »Le débat sur le principe de laïcité […] renvoie à notre cohésion nationale, à notre aptitude de vivre ensemble, à notre capacité de nous réunir sur l'essentiel«. Er beruft sich dabei auf das Erbe der Revolution, deren Werte die Nation einten und zu denen wesentlich die Schule gehöre, als »lieu d'acquisition et de transmission des valeurs que nous avons en partage«. Die Schule sei ein »**sanctuaire républicain**«, das es im Namen des Gleichheitsideals zu verteidigen gelte (zit. nach *Le Monde*, 18.12.2003). In Chiracs Begründung des Schleierverbots sind alle **Bestandteile des republikanischen Wertsystems** präsent: das **Postulat der *Égalité***, seine Konkretisierung in einer die nationale Identität begründenden ***laïcité*** sowie die zentrale Bedeutung der ***Éducation Nationale*** als Institution der Vermittlung republikanischer Werte.

Die Nation als Wertgemeinschaft

Dieses Beispiel zeigt **die ungebrochene Aktualität der republikanischen Wertvorstellungen** für die Begründung nationaler Identität. Einmal mehr verweisen diese auf eine historische Genealogie, die ihren **Ursprung in der Revolution** hat. Die dort entwickelte **Idee von der Nation** beinhaltet insofern einen **universellen Anspruch**, als sie von Leitvorstellungen ausgeht (wie sie die *Déclaration des droits de l'homme et du citoyen* formuliert), die für die gesamte Menschheit gültig sein sollen (s. Kap. 4.3.3.1). Daraus folgt für die Revolutionäre die Überzeugung, dass sich die **Zugehörigkeit zur Nation** nicht aus biologischen Faktoren ergibt (aus der ›Rasse‹), und auch nur zum Teil aus geographischen (dem Ort der Geburt). Denn sie wird zugleich als **Zustimmung zu einer Wertegemeinschaft** gedacht, weshalb in der Zeit der Revolution auch Ausländer durch Willenserklärung Staatsbürger werden konnten (vgl. Berstein/Rudelle 1992, 31 ff.). In einer Rede über die Idee der Nation aus dem Jahr 1882 (s. S. 15) hat der Philosoph Ernest Renan die republikanische Konzeption der Nation folgendermaßen zusammengefasst: »[…] appartiennent à la nation française tous ceux qui se reconnaissent en elle, quelles que soient leurs origines« (Renan 1947, 905).

Natürlich sind auch in Frankreich (zum Teil bis heute) Vorstellungen verbreitet und wirksam, die die **Ursprünge der Nation aus ethnischen Zusammenhängen** denken (insbesondere in der Konstruktion ihres gallischen Ursprungs, s. S. 129 ff.). Dennoch kommt dem universalistischen Anspruch der Nation große Bedeutung für die **republikanische Identitätskonstruktion** zu, die in den letzten Jahrzehnten des 19. Jh.s mit der Konsolidierung der Dritten Republik dominant wird. Die Republikaner verstehen vor allem die **Verwirklichung der *Égalité*** als Vollendung des von der Revolution eingeleiteten gesellschaftlichen und ideologischen Wandels und als Legitimation der Republik. Die Republik definiert damit ihre Einheit zugleich als »unité spirituelle« und als »homogénéité sociale« (Bouretz 2000, 128). Diese **Verbindung von ideologischer und gesellschaftlicher Dimension** des republikanischen Projekts macht die bis heute fortdauernde Besonderheit des französischen Modells aus, den vieldiskutierten »**exceptionnalisme français**«.

Die »école Jules Ferry«: Der einflussreichste Vertreter dieser Konzeption der Republik in den letzten Jahrzehnten des 19. Jh.s als Theoretiker, als Unterrichtsminister und als Ministerpräsident ist Jules Ferry (1832–1893). Mit seinem Namen verbindet sich bis heute die grundlegende Reform des Bildungswesens, die zum Kernstück der Festigung der Republik wird (1880–82). Schon kurz vor dem Ende des Zweiten Kaiserreichs umreißt er dieses Projekt in einer Rede, die **die allgemeine und gleiche Schulpflicht** als Fortführung des von der Revolution eingeleiteten gesellschaftlichen Wandels und als **Vollendung der Republik** darstellt:

Zur Vertiefung

Ferry 1893, Bd. I, 287 f.

Jules Ferry: Die »inégalité d'éducation« ist die größte Gefahr für die Einheit der Nation

Le siècle dernier et le commencement de celui-ci ont anéanti les privilèges de la propriété, les privilèges et la distinction des classes; l'œuvre de notre temps n'est pas assurément plus difficile. [...] L'inégalité d'éducation est, en effet, un des résultats les plus criants et les plus fâcheux, au point de vue social, du hasard de la naissance. Avec l'inégalité d'éducation, je vous défie d'avoir jamais l'égalité des droits, non l'égalité théorique, mais l'égalité réelle, et l'égalité des droits est pourtant le fond même et l'essence de la démocratie. [...]
Enfin, dans une société qui s'est donné pour tâche de fonder la liberté, il y a une grande nécessité de supprimer les distinctions de classes. Je vous le demande, de bonne foi, à vous tous qui êtes ici et qui avez reçu des degrés d'éducation divers, je vous demande si, en réalité, dans la société actuelle il n'y a plus de distinction de classes ? Je dis qu'il en existe encore; il y en a une qui est fondamentale, et d'autant plus difficile à déraciner que c'est la distinction entre ceux qui ont reçu l'éducation et ceux qui ne l'ont point reçue. Or, messieurs, je vous défie de faire jamais de ces deux classes une nation égalitaire, une nation animée de cet esprit d'ensemble et de cette confraternité d'idées qui font la force des vraies démocraties, si, entre ces deux classes, il n'y a pas eu le premier rapprochement, la première fusion qui résulte du mélange des riches et des pauvres sur les bancs de quelque école.

Jules Ferry entwirft in dieser berühmten Rede die zentrale Denkfigur, die der republikanischen Konzeption der Éducation Nationale *zu Grunde liegt.*

Universalismus und Laizismus: Die Republik als Wertsystem

Die Gleichheit der Bildung erscheint als notwendige ***Vollendung des Werks der Revolution****, als Voraussetzung eines nationalen Zusammenhalts in der Republik, dessen Bedeutung Ferry in dem ebenso aufschlussreichen wie naiv wirkenden Bild der Gleichheit von Arm und Reich auf der Schulbank entwirft. Die Schule wird damit zu dem* ***Ort, an dem die nationale Identität praktisch hergestellt werden soll.***

Die Trennung von Kirche und Staat: der Laizismus

Ferrys Schulreform verbindet die institutionelle Trennung von Kirche und Schule mit einem ideologischen Umbruch, in dem an die Stelle des individuellen Glaubens, der zur Privatsache erklärt wird, **ein allgemein verbindliches System von Kenntnissen und Wertvorstellungen** tritt. Damit wird bereits in der Schulreform die Grundlage für die Trennung von Kirche und Staat gelegt, die dann 1905 gesetzlich geregelt wird. Der **Laizismus** wird zu einem ideologischen Bezugspunkt der Republik, die zwar gegenüber der Vielfalt möglicher Glaubensüberzeugungen neutral ist, zugleich aber ein von ihnen unabhängiges **System grundlegender Wertvorstellungen** repräsentiert, die in der Schule wie im öffentlichen Leben als Regulativ gelten sollen. Der Laizismus verbindet ohne große Systematik ein auf die Aufklärung zurückgreifendes Vernunftideal mit recht vagen revolutionären und demokratischen Idealvorstellungen von Freiheit, Gleichheit, Emanzipation und Fortschritt (vgl. Pena-Ruiz 2003, 25 f. und35 ff.).

Der rationale Kern des Laizismus jedoch, die Bedeutung und Überzeugungskraft, die er im republikanischen Frankreich entwickeln kann, liegen in seiner **antiklerikalen Stoßrichtung**. Er verbindet die Republikaner wie die um die Wende zum 20. Jh. an Bedeutung gewinnenden Sozialisten in der Überzeugung, dass die republikanische Ordnung im Namen des gesellschaftlichen Fortschritts jeden Einfluss der katholischen Kirche aus dem öffentlichen Leben ausschalten müsse. Der **Universalismus der Revolutionsideale** wird als wesentlicher **Bezugspunkt für die laizistischen Prinzipien** in Anspruch genommen und begründet die Besonderheit der republikanischen Ordnung Frankreichs.

Die Dreyfus-Affäre

Allerdings ist die institutionelle und ideologische Festigung der republikanischen Ordnung im Namen des Laizismus zumindest bis nach dem Zweiten Weltkrieg auch der Grund für eine **tiefgehende politische und ideologische Spaltung des Landes**. Zur Zuspitzung dieses Konflikts trägt nicht zuletzt die von 1894 bis 1906 andauernde Dreyfus-Affäre bei. Auch der größte Teil der Republikaner ist zwar zunächst von der Schuld des jüdischen Obersten Alfred Dreyfus überzeugt, der Ende 1894 in einem fragwürdigen Verfahren wegen Hochverrats verurteilt wird. Sobald jedoch 1896 erste Zweifel an seiner Verurteilung auftauchen und mehr noch nach der spektakulären Veröffentlichung von Zolas offenem Brief »J'accuse« (1898, s. den Textauszug S. 87 f.), spaltet sich das Land schnell in **zwei politische Lager** für und gegen eine Revision des Prozesses (*dreyfusards* und *antidreyfusards*). Während die *dreyfusards* in der Regel überzeugte Republikaner sind, engagieren sich nicht nur traditionsorientierte Nationalisten, sondern auch viele Repräsentanten der katholische Kirche in dieser Lagerbildung wegen der Niederlage im Schulkonflikt wie wegen ihres traditionellen Antisemitismus weitgehend auf Seiten der *antidreyfusards*. Dies hat zur Folge, dass der Konflikt bald auch als **Kampf der mit der antirepublikanischen Rechten verbündeten Kirche gegen die Republik** verstanden werden kann (vgl. Winock 1998, 148 f., 157 f.).

Konflikt der »deux France«: Angesichts des kaum lösbar erscheinenden Konflikts der »deux France« (vgl. ebd., 140 f.) bleibt die republikanische Tradition des Laizismus ebenso wie das Erbe der Revolution lange Zeit ein umstrittener Bestandteil der nationalen Identität Frankreichs. Allerdings hat der letzte Triumph der antirepublikanischen Rechten, die Vichy-Regierung (s. Kap. 4.3.5), die ideologischen Optionen wie die politische Legitimität dieses politischen Lagers gründlich diskreditiert. Nach dem Zweiten Weltkrieg werden das politische System wie die Wertordnung der Republik von keiner ernstzunehmenden politischen oder gesellschaftlichen Gruppierung mehr grundsätzlich in Frage gestellt. So kann man konstatieren: »**Le conflit fondamental qui structure la société française paraît s'éteindre, faute de combattants**« (Birnbaum 1998, 269).

Die aktuelle Krise des republikanischen Wertsystems: Die Pluralität der kulturellen Traditionen, die die multikulturelle Gesellschaft prägen, stellt die klaren Ausgrenzungen der laizistischen Tradition (wie die der Religion aus dem öffentlichen Raum) in Frage. Damit wird die **Schleierdebatte** zu einem **Indiz für die Krise der republikanischen Identitätskonstruktion**: »Plus la crise de la conscience universaliste républicaine s'accentue, plus elle a tendance à formaliser [...] l'universel abstrait qui forme son principe de légitimation« (Bouretz 2000, 211). Der in Anwendung des Gesetzes erfolgte Ausschluss muslimischer Mädchen aus der Schule, der im Herbst 2004 für einiges Aufsehen sorgte, ist jedenfalls ein fragwürdiger Triumph des Laizismus.

4.3.5 | Ein Konfliktfeld der französischen Erinnerungskultur: *Résistance* und Kollaboration

Am 6. Juli 1940 notiert der katholische Schriftsteller Paul Claudel (1868–1955) in seinem Tagebuch:

> La France est délivrée après soixante ans du joug du parti radical et anticatholique (professeurs, avocats, juifs et francs-maçons). Le gouvernement invoque Dieu et rend la Grande Chartreuse aux religieux. Espérance d'être délivrés du suffrage universel et du parlementarisme; ainsi que de la domination méchante et imbécile des instituteurs qui lors de la dernière guerre se sont couverts de honte. Restauration de l'autorité (zit. nach Azéma 1979, 103).

Angesichts der gerade erst mit dem Waffenstillstand zwischen dem nationalsozialistischen Deutschland und Frankreich (22. Juni 1940) be-

Résistance und Kollaboration

siegelten katastrophalen Niederlage Frankreichs ist der triumphierende Ton dieser Notiz bemerkenswert. Er macht deutlich, dass die **Machtübernahme durch den Marschall Pétain** (s. unten) in einer **langen Tradition innerfranzösischer Konflikte steht**, in der jetzt das antirepublikanische Lager die Oberhand gewinnt. Claudel formuliert eine **nationalkatholische Perspektive**, in der die Repräsentanten (von den Juden bis hin zu den Volksschullehrern) und Institutionen der Republik (insbesondere das Parlament und die *Éducation Nationale*) als das Übel erscheinen, von dem Frankreich befreit worden sei. Die Abwendung von Laizismus (»le gouvernement invoque Dieu«) und die »restauration de l'autorité« erscheinen ihm als die wesentlichen Neuerungen, die seine Hoffnungen auf die neue Regierung begründen.

Das historische und gesellschaftliche Konfliktfeld

Die Position Claudels ist repräsentativ für die republikfeindlichen Tendenzen des französischen Katholizismus unter der Dritten Republik und auch für die Gruppierungen der Rechten, die auf eine **Revanche für die Zeit der Volksfrontregierung** (1936–38) und ihrer Politik sozialer Reformen hoffen (vgl. Azema 1979, 103–107). Die neue Regierung, die sich im zentralfranzösischen Vichy niederlassen wird (daher die gängige Bezeichnung als ***Gouvernement de Vichy***) steht in der Kontinuität der »guerres franco-françaises«, die die gesamte Dritte Republik prägen (Rousso 1990, 15f.). Mit der demonstrativen **Umbenennung der *République française* in den *État français*** wird der Bruch mit der republikanischen Tradition sogleich vollzogen.

Das Ende der Dritten Republik: Die Vichy-Regierung ist in vieler Hinsicht eine Konsequenz politischer Bestrebungen, die in der Zeit der Dritten Republik immer präsent sind und nicht ein durch die militärische Niederlage und den Willen der Besatzungsmacht erzwungener Umsturz (vgl. Azéma 1979, 78–86). Das letzte Parlament der Dritten Republik überträgt dem **Marschall Pétain** mit überwältigender Mehrheit (486 gegen 80 Stimmen bei 20 Enthaltungen) am 10. Juli 1940 diktatorische Vollmachten (allerdings wie bei der sogenannten Machtergreifung in Deutschland 1933 ohne die bereits verhafteten oder untergetauchten kommunistischen Abgeordneten). Damit erfolgt der **Machtwechsel »dans l'ordre et dans la légalité républicaine«**, wie es in einer Parlamentsrede zur Begründung dieses Antrags ausdrücklich heißt (zit. nach Wieviorka/Prochasson 1994, 366).

Der Marschall Pétain als Retter: Der damals bereits vierundachtzigjährige Marschall Philippe Pétain (1856–1951) genießt wegen seines militärischen Erfolgs im Ersten Weltkrieg als ***Vainqueur de Verdun*** großes Ansehen. Er bietet ein Programm moralischer und gesellschaftlicher Erneuerung zur Rettung des Landes aus der Katastrophe an. In seiner ersten Radioansprache schreibt Pétain die Verantwortung für die Niederlage den »relâchements« und dem »esprit de jouissance« der Republik zu und verspricht, in einem »esprit de sacrifice« und einer Rückbesinnung auf die agrarische Tradition eine »**France neuve**« zu erschaffen (zit. nach ebd., 373). Trotz der harten Bedingungen des Waffenstillstands (u. a. Annexion von Elsass und Lothringen durch das Deutsche Reich, **Teilung des restlichen Frankreichs in eine *Zone libre* und eine *Zone occupée*** mit der Besetzung der Atlantikküste und der Gebiete nördlich der Loire, s. die Karte S. 214), trotz der von Anfang an eingeleiteten **Politik institutioneller und wirtschaftlicher Kollaboration mit der Siegermacht**, stößt diese Position in breiten Kreisen Frankreichs in der ersten Zeit der Besatzung auf Zustimmung.

Dieses Plakat der Vichy-Regierung setzt den angestrebten gesellschaftlichen Wandel in dem Bild zweier Häuser in Szene: Auf der linken Seite das Frankreich der Republik, ein einstürzendes Haus, das auf den Grundlagen von *Paresse, Démagogie* und *Internationalisme* ins Wanken geraten ist; auf der rechten Seite das neue Frankreich, das auf den Grundlagen von *Travail, Famille* und *Patrie* ruht (der Begriffstrias, die die Vichy-Regierung der Devise der Republik entgegensetzt). Dieses Haus verbildlicht die Konzeption eines hierarchisch geordneten, wirtschaftlich wie ideologisch traditionsorientierten Frankreich. Bemerkenswert ist, dass der einstürzenden Republik die dominante Farbe Rot zugeordnet wird, während die Vichy-Regierung für sich die Symbolik der »trois couleurs« in Anspruch nimmt (s. Kap. 4.3.3.2): An der Front des neuen Hauses Frankreich weht die Trikolore, die Überschrift »Révolution nationale« ist in Blau und Rot gehalten und auch die neue Devise ist mit den drei Farben unterlegt.

Wenn Pétain eine **traditionalistische und antirepublikanische Identitätskonstruktion** als Erneuerung der Nation vertreten kann, dann liegt das auch daran, dass er ideologisch auf Distanz zum Nationalsozialismus bleibt. Er schöpft im Wesentlichen aus dem Vorstellungshorizont der katholischen und monarchistischen Rechten, aus dem er die **Konzeption einer hierarchisch geordneten, ideologisch homogenen Gesellschaftsordnung** entwickelt. Das sichert ihm nicht nur die Zustimmung des Klerus, sondern auch von Teilen der gesellschaftlichen Eliten, die sich bereitwillig in die neue Ordnung integrieren lassen (vgl. Laborie 2001, 25–36, 101–103).

Résistance und Kollaboration

Noch nach der Befreiung, nach der er wegen Hochverrat zum Tode verurteilt und von de Gaulle zu lebenslanger Haft begnadigt wird, findet Pétain mächtige Fürsprecher. Sie vertreten die These, dass Pétains Handeln **die notwendige Ergänzung des Widerstands** gewesen sei und die einzige Möglichkeit, die Identität der Nation wenigstens teilweise zu bewahren (vgl. Rousso 1990, 48–55).

Die Kollaboration: Unmittelbar nach dem Waffenstand setzt eine wirtschaftliche Kollaboration ein, in der die **Ausplünderung Frankreichs** zu einer wesentlichen ökonomischen Stütze der deutschen Kriegsführung wird (vgl. Azéma 1979, 210–220). Trotz der von Anfang an **minimalen Handlungsspielräume der Vichy-Regierung** ist in der ersten Zeit der Besatzung die Mehrheit der Bevölkerung von der Notwendigkeit der Kollaboration überzeugt. Auch die Maßnahmen zur Ausgrenzung und Verfolgung der Juden (schon im Oktober 1940 erlässt die Vichy-Regierung ein »**statut des juifs**«) ändern daran zunächst einmal nichts (vgl. Laborie 2001, 143–166). Eine deutliche **Wende** des insgesamt von Resignation und Abwarten geprägten Meinungsklimas zeichnet sich erst im Lauf des Jahres 1942 ab. Angesichts der massiven Verschlechterung der wirtschaftlichen Situation, angesichts von Zwangsarbeitsdienst und zunehmender Judenverfolgung wird das **Scheitern der Kollaborationspolitik** evident (vgl. ebd., 167–182). Den letzten Rest an Eigenständigkeit verliert die Vichy-Regierung, als die Wehrmacht im November 1942 angesichts des Kriegsverlaufs auch die bisherige *Zone libre* besetzt (vgl. Azéma 1979, 198–205).

Propaganda der Kollaborationsregierung: Pétain als Retter gehört ins traute Heim

Der Widerstand: Erst in dieser Entwicklung gewinnt auch der innerfranzösische Widerstand nach zögerlichen Anfängen zusehends an Bedeutung (vgl. Azéma 1979, 167–173). In langwierigen Verhandlungen gelingt es dem wichtigsten Führer des innerfranzösischen Widerstands, **Jean Moulin**, schließlich eine Einigung herbeizuführen, die **Anfang 1943** zur **Gründung des *Conseil national de la Résistance* (CNR)** führt (vgl. ebd., 264–277). Die innerfranzösische *Résistance* akzeptiert die Führungsrolle de Gaulles (s. Kap. 4.3.2.3), dieser wiederum eine relative Autonomie der Organisation und des Kampfs der *Résistance*, deren politische Kräfte von den Gaullisten bis hin zu den Kommunisten allesamt im *CNR* vertreten sind. Nicht zuletzt wegen der Verhaftung und Ermordung Jean Moulins (Juni 1943) wird **de Gaulle** damit nach und nach zum unbestrittenen »**Chef d'une France combattante unifiée**« (Azéma 1979, 276).

Die Einigung der *Résistance* bleibt instabil. Dies liegt auch daran, dass der Kriegsverlauf zunehmend die Perspektive auf eine französische Nachkriegsordnung eröffnet. Wenn sich alle Kräfte der *Résistance* über die Verurteilung der Kollaborateure als Verräter einig sind, so keineswegs über die Konsequenzen, die aus Niederlage und Besatzung für die zukünftige Entwicklung Frankreichs gezogen werden sollten. Der *CNR* einigt sich schließlich im März 1944 auf ein **Programm**, das in vieler Hinsicht auf die Politik der Volksfrontregierung zurückgreift (abgedruckt in Wieviorka/Prochasson 1994, 398 f.). Es zeigt zumindest einen grundsätzlichen Konsens darüber, **dass die Befreiung zu einer tiefgreifenden Erneuerung Frankreichs führen soll**. Die provisorische Regierung de Gaulles wird nach der Befreiung eine ganze Reihe der Maßnahmen aus dem Programm des *CNR* umsetzen, insbesondere die **Nationalisierung** großer Teile des Finanz-, Energie- und Transportsektors.

Der gaullistische *Résistance*-Mythos

Die Hoffnung auf eine grundlegende Neuordnung Frankreichs erweist sich bald nach der Befreiung als **eine Illusion**. Dazu tragen vielfältige innen- und außenpolitische Gründe bei, insbesondere

- der bald aufbrechende Konflikt zwischen den heterogenen politischen Kräften der ersten Einheitsregierungen, der im **Januar 1946** zum **Rücktritt de Gaulles** führt;
- die **kontrovers diskutierte Verfassung der Vierten Republik**, die zunächst scheitert, dann aber im Oktober 1946 in einem Referendum (allerdings nur mit relativer Mehrheit) angenommen wird und ein parlamentarisches System wie in der Dritten Republik wieder einführt;
- **der beginnende Kalte Krieg** und die Blockbildung in Ost und West;
- die allmähliche **ökonomische und gesellschaftliche Stabilisierung**, die Rückkehr zur ›Normalität‹.

Marianne, als Pin-Up-Girl in die Trikolore gehüllt, träumt noch von der Zukunft (Plakat einer *Résistance*-Gruppierung, 1944)

Die **politischen Impulse der *Résistance*** verlieren in dieser Entwicklung rasch an Bedeutung (vgl. Madjarian 1980). 1953 stellt ein bedeutender Widerstandskämpfer der ersten Stunde ernüchtert fest: »[...] dans la France de la Libération rien ne subsiste plus de l'esprit de la *Résistance*« (zit. nach Laborie 2001, 24).

Grundlagen des *Résistance*-Mythos: Die Marginalisierung der *Résistance* erfolgt gerade dadurch, dass sie zu einem **Zentrum der nationalen Identität**, zu einem **Mythos der französischen Erinnerungskultur** gemacht wird. Wenn de Gaulle die Kontinuität der Nation mit der *Résistance* begründet und die Kollaboration und die Vichy-Regierung aus der Geschichte der Nation streicht (s. S. 296 f.), leitet er damit eine Entwicklung des Nationalbewusstseins ein, das die innerfranzösischen Konflikte verdrängt, aus denen Vichy hervorgegangen ist. Indem de Gaulle **ganz Frankreich zu einem Volk von Widerstandskämpfern** erklärt, banalisiert er die konkrete Bedeutung wie die inneren Widersprüche des Widerstands. Er macht ihn zu einer »image abstraite, vidée de sa multiplicité historique, dont il dépossède les résistants au profit de la nation toute entière« (Rousso 1990, 89).

Für diese Mythisierung gibt es zweifellos gute Gründe. Insbesondere kann man auf die innerfranzösischen Konflikte zwischen Widerstandskämpfern und Kollaborateuren verweisen, die in den ersten Monaten nach der Befreiung zu den problematischen Exzessen einer unkontrollierten »**épuration**« bis hin zu Akten von Lynchjustiz und summarischen Exekutionen führen (vgl. Rioux 1980, Bd. 1, 49–67; Laborie 2001, 227–243). Doch auch wenn es wohl um die 100.000 Verurteilungen und möglicherweise bis zu 10.000 Hinrichtungen gibt, trifft die »épuration« vornehmlich wenig bedeutende Handlanger der Kollaboration. Skandalös ist das Schicksal der »femmes tondues«, von Frauen, die zu Zehntausenden wegen angeblicher oder tatsächlicher Beziehungen zu deutschen Soldaten an den Pranger gestellt oder sogar umgebracht werden (vgl. Laborie 2001, 238–242). Der größte Teil der wirklich einflussreichen Verantwortlichen bleibt verschont oder wird bald begnadigt (vgl. Rioux 1980, Bd. 1, 58 f.). Angesichts dieser Konfliktlage liegt dem **gaullistischen *Résistance*-Mythos** auch **ein politisches Kalkül** zu Grunde, das ein Vertrauter de Gaulles im Prozess gegen Maurice Papon knapp und bündig zusammenfasst: »A la Libération, le général de Gaulle avait un désir extrêmement vif de protéger l'unité du pays. C'est ainsi qu'est né le mythe gaulliste qui consistait à dire que le régime de Vichy n'avait pas existé« (s. S. 329).

Dass **mythisierende Überhöhung und Verdrängung** eine Möglichkeit der Wiederherstellung einer nationalen Einheit darstellen, ist sicherlich **keine Besonderheit der französischen Erinnerungskultur**. Dies zeigt nicht nur die Entwicklung der Bundesrepublik nach dem Zweiten Weltkrieg, sondern beispielsweise auch die der ersten Jahrzehnte der spanischen Demokratie nach der Franco-Diktatur. Auch dort hat ein gesellschaftlicher Konsens des Verschweigens der vergangenen Konflikte ganz ähnlich funktioniert. Man kann dennoch die Frage kontrovers diskutieren, ob und inwieweit der gaullistische *Résistance*-Mythos, eine breit akzeptierte Vergangenheitsbewältigung die notwendige Voraussetzung für den Wiederaufbau der französischen Wirtschaft und Gesellschaft nach der Befreiung ist.

De Gaulles Politik der Erinnerung

Für de Gaulle ist der *Résistance*-Mythos auch ein **mächtiger symbolischer Bezugspunkt** zur Überhöhung seiner eigenen Bedeutung als Retter der Nation (s. Kap. 4.2.2.3). Dies zeigt sich insbesondere in der Zeit seiner Präsidentschaft im ersten Jahrzehnt der Fünften Republik (1958–1969), in dem eine sorgfältig inszenierte **Politik der Erinnerung** dazu beiträgt, die Legitimität seiner Politik der »grandeur« in einem »passé sublimé« zu verankern (Rousso 1990, 101). Ein Höhepunkt dieser Inszenierung der *Résistance* als glorifizierendes Andenken ist die **Pantheonisierung Jean Moulins**, den in der Zeit der *Résistance* ein durchaus nicht konfliktfreies Verhältnis mit dem General verband. Sie erfolgt am 18. und 19. Dezember 1964 in einer aufwendigen Zeremonie, die – ein in jener Zeit höchst seltenes Medienereignis – in voller Länge im Fernsehen übertragen wird. »On célèbre le mort pour mieux célébrer le vivant«, bemerkt Henri Rousso (1990, 115) so sarkastisch wie treffend zu diesem Akt gaullistischer Erinnerungskultur.

Die Zeitdimension kultureller Identität. Erinnerungskulturen

Zur Vertiefung

André Malraux: *Œuvres complètes*, Bd. III, 1996, 954 f.

Ein Höhepunkt des gaullistischen Résistance-Mythos: Die Pantheonisierung Jean Moulins

[...] entre ici, Jean Moulin, avec ton terrible cortège. Avec ceux qui sont mort dans les caves sans avoir parlé, comme toi; et même, ce qui est peut-être plus atroce, en ayant parlé; avec tous les rayés et tous les tondus des camps de concentration, avec le dernier corps trébuchant des affreuses files de *Nuit et brouillard* [ein berühmter Film über die *Résistance* und die Deportationen in die Vernichtungslager], enfin tombés sous les crosses; avec les huit mille Françaises qui ne sont pas revenues des bagnes, avec la dernière femme morte à Ravensbrück pour avoir donné asile à l'un des nôtres. Entre, avec le peuple né de l'ombre et disparu avec elle – nos frères dans l'ordre de la nuit ... [...]
C'est la marche funèbre des cendres que voici. A côté de celles de Carnot, avec les soldats de l'an II, de celles de Victor Hugo avec les Misérables, de celles de Jaurès, veillées par la Justice, qu'elles reposent avec leur long cortège d'ombres défigurées. Aujourd'hui, jeunesse, puisses-tu penser à cet homme comme tu aurais approché tes mains de sa pauvre face informe du dernier jour, de ses lèvres qui n'avaient pas parlé; ce jour-là elle était le visage de la France ...

Die Rede André Malraux' (s. S. 216) auf der Place du Panthéon *schließt am 19. Dezember 1964 die Zeremonie der Überführung Moulins ins Pantheon ab und ist zugleich ihr Höhepunkt. In einer sorgfältig kalkulierten rhetorischen Architektur integriert Malraux zunächst das Handeln Moulins in die* **gaullistische Deutung der Résistance** *mit de Gaulle als Einheit stiftendem Führer (»c'était à travers lui seul que la France livrait un seul combat« – ebd. 949) und der mythischen Einheit der Nation als Grundlage des Widerstands.*
Auf dieser Grundlage entwirft er in dem Textausschnitt das Wirken Moulins in der Résistance *und sein Heldentum (er wird nach seiner Verhaftung barbarisch gefoltert und ermordet, gibt aber sein Wissen nicht preis). Das macht ihn zum* **Inbegriff des unter der Besatzung leidenden und kämpfenden Frankreich**. *Als dessen Repräsentant, mit dem Gefolge der Gequälten und Ermordeten (»ton terrible cortège«, »la marche funèbre des cendres«), soll er nun ins Pantheon einziehen, nicht im Triumph, sondern in einer Art Leichenzug der »frères dans l'ordre de la nuit«, deren Leidensweg Malraux in intensivem Pathos evoziert.*
In seinen abschließenden Worten weist er dann dem Leiden einen nationalen Sinn zu, indem er das von Foltern entstellte Gesicht Moulins als »visage de la France« bezeichnet. Diese **›Nationalisierung‹ unvorstellbaren Leidens** *stellt die* **Einheit der Résistance** *damit implizit als* **Einheit der Nation** *dar. Die rhetorisch wie emotional eindrucksvollen Schlussabschnitte bieten damit individuelles Heldentum und Leiden der französischen Jugend als Bezugspunkt einer nationalen Identität an, deren politische Inkarnation, de Gaulle, als Staatspräsident die gesamte Zeremonie leitet.*

Résistance und Kollaboration

Der *Résistance*-Mythos wird brüchig

In der Nachkriegszeit verdeckt die **Dominanz des *Résistance*-Mythos** die gesellschaftlichen und politischen Kontinuitäten, die von der Besatzungszeit und der Vichy-Regierung zur Entwicklung Frankreichs nach dem Zweiten Weltkrieg führen. Sie werden nach der weitgehend gescheiterten *épuration* ebenso in den Mantel des Schweigens gehüllt wie die Politik der Vichy-Regierung. In den 1950er Jahren und zum Teil auch darüber hinaus kennt die **Erinnerung an die Besatzungszeit** im Grunde keine Deutungsprobleme, weil sie **von einem klaren dualistischen Schema** strukturiert wird, in dem die Kollaboration als Verrat verstanden wird und aus der Aneignung der Vergangenheit ausgegrenzt bleibt (Rousso 1990, 77–88). Das offizielle *Comité d'histoire de la Deuxième Guerre mondiale*, geleitet von den bedeutendsten Historikern der Nachkriegszeit, betreibt im Wesentlichen eine Arbeit der Archivierung der Geschichte der *Résistance*, in der in einem weit verzweigten System von Korrespondenten Erinnerungen und Berichte gesammelt und die Geschichte lokaler und regionaler *Résistance*-Gruppen rekonstruiert werden (Douzou 2005, 53 ff.). Nur gelegentlich kommt die **verdrängte Kollaboration** spektakulär ins öffentliche Bewusstsein, etwa anlässlich der Kandidatur eines Ministers der Vichy-Regierung für die *Académie française* (die ohnehin eine Bastion ›respektabler‹ Kollaborateure bleibt, vgl. Rousso 1990, 81–83) oder bei der Parlamentsdebatte über die Machtübernahme de Gaulles 1958, dessen Vollmachten mit denen vergleichbar sind, die Pétain übertragen worden waren (vgl. ebd., 86 f.).

***Le chagrin et la pitié*:** Erst in den 1970er Jahren werden die ebenso einfach strukturierten wie identitätsstiftenden Deutungsmuster des *Résistance*-Mythos ernstlich in Frage gestellt. Einen **Wendepunkt** markiert der Dokumentarfilm *Le chagrin et la pitié* von Marcel Ophüls (1969), der im Auftrag des französischen (damals noch staatlich kontrollierten) Fernsehens *ORTF* hergestellt wird. Er rekonstruiert in Interviews mit Zeitzeugen (von deutschen Soldaten über Widerstandskämpfern bis hin zu Kollaborateuren) und zeitgenössischem Filmmaterial die Geschichte der Besatzungszeit in Clermont-Ferrand (vgl. Rousso 1990, 121–136; Douzou 2005, 194 ff.). Schon die meist kommentarlose Aneinanderreihung dieses heterogenen Materials wirkt so provozierend, dass der Film lange Zeit nicht im Fernsehen gezeigt werden darf. Der Direktor der ORTF erklärt dies so: »[Ce film] **détruit des mythes dont les Français ont encore besoin**« (zit. nach Rousso 1990, 131).

Kontroverse Diskussionen löste auch der Film ***Lacombe Lucien*** von Louis Malle (1974) aus, der die Geschichte eines desorientierten Jugendlichen erzählt, der auf der Suche nach sozialer Anerkennung mehr zufällig zum Kollaborateur wird. Der Autor des Drehbuchs, Patrick Modiano, behandelt die Widersprüche der Besatzungszeit und die – damals noch weitgehend verdrängte – französische Judenverfolgung in verschiedenen Werken und aus unterschiedlichen Perspektiven. Schon 1968 veröffentlicht er mit ***La Place de l'Étoile*** einen Roman, der **die dualistischen Deutungs-**

schemata des *Résistance*-Mythos spielerisch-subversiv in Frage stellt. Für den Film wie für den Roman ist vor allem charakteristisch, dass beide in unterschiedlicher Weise auf eindeutige Wertungen des fiktionalen Geschehens verzichten. Aus der Sicht der dominanten Erinnerungskultur mit ihren klaren Deutungsmustern stellt bereits diese relative Offenheit einen Skandal dar (vgl. das Pressedossier in Malle/Modiano 1989, 105 ff.).

Zur Vertiefung

Patrick Modiano: *La Place de l'Étoile*, 1968

Spiel mit Identitätszuschreibungen. Die Konstruktion eines »juif collaborateur«

Au mois de juin 1942, un officier allemand s'avance vers un jeune homme et lui dit: »Pardon, monsieur, où se trouve la place de l'Étoile?« Le jeune homme désigne le côté gauche de sa poitrine. [...]

Juin 1940. Je quitte la petite bande de ***Je suis partout*** [Zeitschrift der antisemitischen Rechten] en regrettant nos rendez-vous place Denfert-Rochereau. Je me suis lassé du journalisme et caresse des ambitions politiques. J'ai pris la résolution d'être un juif collaborateur. Je me lance d'abord dans la collaboration mondaine: je participe aux thés de la Propaganda-Staffel, aux dîners de Jean Luchaire [einflussreicher kollaborierender Journalist], aux soupers de la rue Lauriston [Sitz der französischen Geheimpolizei und Folterkeller], et cultive soigneusement l'amitié de Brinon [Mitglied der Vichy-Regierung]. J'évite Céline et Drieu la Rochelle [kollaborierende antisemitische Schriftsteller], trop enjuivés pour mon goût. Je deviens bientôt indispensable, je suis le seul juif, le bon juif de la Collabo.

Das Problem jüdischer Identität wird in Modianos Roman zunächst durch den Titel evoziert, der im Text nirgends explizit aufgegriffen wird, sondern sich nur auf die zu Beginn des Textbeispiels wiedergegebene Szene bezieht, die wie ein Motto dem Roman vorangestellt ist. Sie zeigt, dass die banale Frage des deutschen Offiziers nach dem bekannten Pariser Platz als Frage nach dem Judenstern verstanden werden kann. Dessen Tragen ist seit Ende Mai 1942 obligatorisch und sein Fehlen auf der Kleidung steht seitdem unter strengsten Strafen: Deshalb und wegen des unmittelbar bevorstehenden Beginns der großen Judendeportationen ist auch das in der Szene genannte Datum bedeutungsvoll. Diese lakonische Erzählung evoziert damit die Frage nach einer jüdischen Identität, die im Frankreich der Besatzungszeit lebensgefährlich wird.
Der Roman selbst entwirft in Erzählfragmenten die fiktive Autobiographie von Raphael Schlemilovitsch, der von seiner Identität als Jude besessen ist. Zugleich verweigert er sich dieser Identität, indem er sich in schnell wechselnden Konstellationen als Henker, als Mitläufer oder Opfer phantasiert und dabei mit dem antisemitischen Aggressor identifiziert. Im lässigen Plauderton erzählt er in dem Textauszug von seiner Integration in die mondäne Kollaboration in Paris, deren Antisemitismus ihm zu lau ist, sowie von seiner Zusammenarbeit mit der Besatzungsmacht. Hier wie in vielen anderen Episoden spielt die Erzählung in sarkastischer Distanz mit Personen der Zeitgeschichte. Der kollabo rierende Jude distanziert sich implizit vom Grauen der Besatzungszeit, indem er es wie eine Normalität darstellt. Nach dem Kriegsende landet er zunächst zur

Résistance **und Kollaboration**

Umerziehung in einem israelischen Kibbuz und dann auf der Couch Freuds (der vor den Nationalsozialisten ins Londoner Exil geflohen war und dort gestorben ist). Der Begründer der Psychoanalyse will ihn von seiner ambivalenten Fixiertheit auf das Judentum heilen und verspricht ihm nach der Überwindung seiner ›Neurose‹ eine herrliche Zukunft. Modianos Werk durchkreuzt inhaltlich wie formal den in den 1960er Jahren vorherrschenden Diskurs über Résistance *und Kollaboration. Inhaltlich tut es dies, indem es die Geschichte eines französischen Juden zum Gegenstand hat und damit ein Problemfeld der Besatzungszeit behandelt, das in Frankreich lange Zeit verdrängt wurde. Formal wird der* Résistance-*Diskurs durch ein Erzählverfahren in Frage gestellt, das sich seinen eindeutigen Deutungsschemata verweigert, seinen Geschichten von Helden, Opfern oder Verrätern. Nur in einem Gestus spielerischer Deformation des gängigen Erinnerungsdiskurses wird schließlich eine Vergegenwärtigung des eigentlich Unsagbaren möglich.*

In den 1970er Jahren beginnt so eine **Entwicklung, die die einfachen Gewissheiten des *Résistance*-Mythos zunehmend in Frage stellt**. Damit wird auch seine identitätstiftende Funktion in der französischen Erinnerungskultur fragwürdig. Die erste systematische wissenschaftliche Darstellung der Vichy-Regierung, Robert Paxtons *Vichy France* (1972) stammt bezeichnenderweise von einem amerikanischen Historiker (und nicht von einem französischen). Nach der Publikation der französischen Übersetzung lösen die Thesen Paxtons, die auf der **Kohärenz des politischen Projekts der Vichy-Regierung** und seiner **Verankerung in Teilen der französischen Gesellschaft** insistieren, eine heftige Diskussion aus (Rousso 1990, 288–292). Auch wenn dabei eine Abwehrhaltung zunächst überwiegt, steht Paxtons Buch am Anfang einer differenzierenden historischen Erforschung der Stellung Vichys in der Entwicklung des französischen Staats (vgl. ebd., 292–303; Douzou 2005, 231 ff.). Die Auflösung der alten Gewissheiten führt in den folgenden Jahrzehnten zu der schwierigen und bis heute ungelösten Frage, welche Bedeutung **eine französische Geschichte, die Vichy nicht mehr ausklammert**, für die traditionelle republikanische Konstruktion nationaler Identität hat. Dieser »**passé qui ne passe pas**« (so der Titel von Conan/Rousso 1994) kann zumindest nicht mehr verdrängt werden.

Die Zeitdimension kultureller Identität. Erinnerungskulturen

Aktuelle Probleme der Erinnerung an die Kollaboration: Der Fall Papon

Eine Reihe spektakulärer Affären macht die Auseinandersetzung um Kollaboration und *Résistance* (zusammen mit den Verbrechen der Republik im Algerienkrieg, s. Kap. 4.5.2) zum **zentralen Diskussionsfeld der französischen Erinnerungskultur um die Jahrtausendwende**. Dazu gehört der Fall Paul Touviers, eines Leiters der Miliz der Vichy-Regierung, der sich, unterstützt von der katholischen Kirche und von Regierungskreisen, jahrzehntelang der Strafverfolgung entziehen kann, oder der des langjährigen sozialistischen Staatspräsidenten Mitterrand (1981-1995), dessen politische Karriere, wie ein Biograph 1994 enthüllt, in Ministerialkabinetten der Vichy-Regierung beginnt (vgl. Douzou 2005, 260f). Am aufschlussreichsten ist wohl der Fall Maurice Papons, eines Karrierebeamten und erfolgreichen Politikers, weil er nicht nur die **personelle Kontinuität des Staatsapparats zwischen Dritter und Fünfter Republik** ins Bewusstsein der Öffentlichkeit ruft, sondern auch das lange Zeit verdrängte Problem der Mitverantwortung des französischen Staates für die Deportation und Ermordung eines großen Teils der französischen Juden.

Lebenslauf Maurice Papons

Eine französische Karriere von der Dritten bis zur Fünften Republik

1935–1939	Papon beginnt seine Laufbahn mit Stellen in verschiedenen Ministerien, u.a. auch im Stab Léon Blums, des ersten Regierungschefs der Volksfrontregierung
1941	Papon wird Büroleiter des Ministerialrats Sabatier im Innenministerium der Vichy-Regierung
1942	Im April wird Sabatier zum Präfekten des Departement Gironde ernannt; Papon folgt ihm und wird Generalsekretär der Präfektur in Bordeaux
1942–1944	Papon plant und überwacht acht Deportationen vornehmlich jüdischer Französinnen und Franzosen von Bordeaux in das Durchgangslager Drancy (von dort erfolgt die Deportation in Konzentrationslager) mit insgesamt 1410 Personen, darunter 207 Kinder
August 1944	Papon wird vom Vertreter der provisorischen Regierung de Gaulles in seiner Funktion in der Präfektur bestätigt
1947–1958	Beförderung zum Präfekten in Korsika und in Algerien; danach weitere Posten in Paris und Algerien
1958	Papon wird zum Polizeipräfekten in Paris ernannt und ist verantwortlich für die blutige Repression gegen Demonstrationen für die algerische Unabhängigkeit
1968	Beginn der politischen Karriere Papons als Abgeordneter der gaullistischen UDR
1978	Papon wird Minister für den Staatshaushalt

1981	Am 6. Mai, kurz vor der Stichwahl um die Präsidentschaft zwischen Giscard d'Estaing und dem Sozialisten Mitterrand (die dieser am 10. Mai gegen den Amtsinhaber Giscard gewinnt), erscheint die satirische Wochenzeitung *Le Canard enchaîné* mit der Schlagzeile »Quand un ministre de Giscard faisait déporter des juifs«. Ende der Karriere und Beginn eines langwierigen juristischen Hin und Her, das erst im Oktober 1997 zur Eröffnung eines Prozesses führt
April 1998	Papon wird wegen Beihilfe zu den Deportationen als Verbrechen gegen die Menschlichkeit zu zehn Jahren Haft verurteilt
Februar 2007	Im Alter von 96 Jahren verstirbt Papon. Er wird von seiner Familie mit dem Kreuz der *Légion d'honneur* beerdigt, das ihm nach seiner Verurteilung aberkannt worden war
	(nach Boulanger 1994 und Gandini 1999)

Der Fall Papon löst ein immenses Medienecho aus, weil er ein Beziehungsnetz staatlicher Institutionen, politischer Karrierebeamter und politischer Funktionsträger zeigt, dessen Kontinuität in mancher Hinsicht mit Phänomenen im Deutschland Adenauers vergleichbar ist. Hier wie dort wird die Reintegration kompromittierter Beamter in den Staatsapparat mit der **Notwendigkeit der Aufrechterhaltung staatlicher Organisation** und nationaler Einheit begründet; hier wie dort wird ihre berufliche Qualifikation als wichtiger angesehen als die moralische und juristische Fragwürdigkeit von Handlungen, für die sie als staatliche Funktionsträger verantwortlich sind. Ganz ähnlich wie ehemalige Nationalsozialisten argumentiert auch Papon in dieser gesamten Affäre mit seiner Pflicht als untergeordneter Beamter, Anweisungen auszuführen, die ihm erteilt worden seien (vgl. *Le Monde*, 2.2.1997). Diese Behauptung wird allerdings in dem Prozess in der Einzelanalyse der Deportationsfälle, für die Papon Verantwortung trägt, weitgehend widerlegt (vgl. Gandini 1999, 49 f.).

Zeugenaussagen im Papon-Prozess

[**Olivier Guichard**, gaullistischer Politiker und Vertrauter de Gaulles]:
A la fin mai 1958, j'ai eu la visite de Maurice Papon, qui venait d'être nommé préfet de police à Paris: J'ai rendu compte de cette visite au Général [de Gaulle]. Et celui-ci me dit: »Ah! Papon. C'était un préfet de Vichy qui était avec moi à Bordeaux à la Libération. Il a rendu de grands services.« [...] A la Libération, le général de Gaulle avait un désir extrêmement vif de protéger l'unité du pays. C'est ainsi qu'est né le mythe gaulliste qui consistait à dire que le régime de Vichy n'avait pas existé. [...] Bien entendu, tous les premiers ministres du Général [Michel Debré, Georges Pompidou, Maurice Couve de Murville] étaient dans la fonction publique de Vichy. Mais c'était comme si cela n'avait pas été.

[**Raymond Barre**, Premierminister von 1976–1981, unter dem Papon Minister wird]:
Maurice Papon [...] avait la réputation d'un grand commis de l'État à qui Michel Debré [Premierminister unter de Gaulle], le général de Gaulle, M. Pompidou [Premiermi-

nister unter de Gaulle und sein Nachfolger als Präsident] avaient fait confiance. J'ai pu bénéficier de son concours dévoué et efficace. [Frage eines Geschworenen: »Avant de confier un poste de ministre à quelqu'un, a-t-on la possibilité de vérifier son passé?«] Monsieur, il est toujours nécessaire pour un premier ministre de s'informer sur les hommes qui sont proposés. Pour M. Papon, je n'avais pas à me poser beaucoup de questions. Sa réputation était excellente. (zit. nach *Le Monde*, 19.10.1997)

[Zusammenfassende Darstellung der Aussage von **André Balbin**, 1942 nach Auschwitz deportiert]:
C'est un vieux monsieur de 89 ans à la voix cassé par l'émotion. [...] En octobre 1942, ses parents, sa sœur et ses trois neveux, réfugiés en Gironde, ont été raflés, internés à Mérignac [Lager bei Bordeaux] et déportés eux aussi à Auschwitz. »Un jour, un copain m'a dit: Tes parents sont là, mais ils étaient trop vieux. Ils sont partis tout de suite pour la chambre à gaz.« Pendant près de trois ans jusqu'en janvier 1945, ce sera une suite d'atrocités sans nom. Soudain il relève la manche de son costume et tend son bras gauche face aux juges et aux jurés: »J'avais le no. 41796. Ça il ne fallait pas l'oublier. Parce qu'on n'avait pas de nom.« Et de conclure: »Je ne suis pas sorti d'Auschwitz! Je vis toujours à Auschwitz! Papon doit payer. Il faut qu'il paye. S'il n'y a pas de prison, il n'y a pas de justice.« (Gandini 1999, 54 f.)

Die Verantwortung Frankreichs für die Judenvernichtung

Im Vorfeld des Prozesses gegen Papon werden Dokumente publik und öffentlich diskutiert, die die **Verantwortung der französischen Administration für die Judendeportation** belegen (eine Auswahl ist abgedruckt bei Boulanger 1994, 283 ff.). Der Fall Papon wird damit zu einem wichtigen Anstoß dafür, dass dieses wohl **hartnäckigste Tabu der Erinnerung an die Besatzungszeit** aufgearbeitet wird. Noch der sozialistische Staatspräsident Mitterrand (1981–1995) hatte sich mit dem aus der gaullistischen Tradition übernommenen Argument, dass Vichy nicht in der Kontinuität des Staates und der Nation stehe, bis zum Ende seiner Amtszeit hartnäckig geweigert, eine Verantwortung Frankreichs für diese Verbrechen anzuerkennen. Es war deshalb eine kleine Sensation, dass sein Nachfolger Jacques Chirac schon kurz nach seinem Amtsantritt 1995 bei einer Gedenkfeier für die Opfer der ersten großen Deportationswelle im Sommer 1942 unter anderem erklärt: »La France, patrie des Lumières et des Droits de l'homme, terre d'accueil et d'asile, **la France, ce jour-là, accomplissait l'irréparable.** Manquant à sa parole, elle livrait ses protégés à leurs bourreaux« (Chirac 2005, 23). Allerdings relativiert Chirac dieses Eingeständnis sogleich wieder mit einer aufschlussreichen Spaltung des Subjekts Frankreich, dessen Verantwortung er soeben eingestanden hat: »Certes, il y a les erreurs commises, il y a les fautes, il y a une faute collective. Mais il y a aussi une France, une certaine idée de la France, droite, généreuse, fidèle à ses traditions, à son génie. Cette France n'a jamais été à Vichy« (ebd., 26 f.).

Diese Überlegung greift deutlich auf **die Idee einer transhistorischen Kontinuität der Nation als Verkörperung universeller Werte** zurück, wie sie für die republikanische Erinnerungskultur charakteristisch ist. Sie trennt die Idee der Nation vom konkreten Handeln politischer und staatlicher Funktionsträger, das keine Bedeutung für deren Geltung haben soll. Die Aufarbeitung des Skandalons Vichy bleibt ein Problem der französischen Erinnerungskultur.

Grundlegende Literatur

Azéma, Jean-Pierre: De Munich à la libération. 1938–1944. Paris 1979.
Beaune, Colette: Jeanne d'Arc. Paris 2004.
Bergeron, Louis: L'épisode Napoleonien. Aspects intérieurs 1799–1815. Paris 1972.
Berstein, Serge: La France de l'expansion: La République gaullienne. Paris 1989.
Birnbaum, Pierre: La France imaginée. Paris 1998.
Bouretz, Pierre: La République et l'universel. Paris 2000.
Citron, Susanne: Le mythe national. L'histoire de France en question. Paris 1991.
De Baecque, Antoine (Hg.): Pour ou contre la Révolution. De Mirabeau à Mitterrand. Paris 2002.
Furet, François: Penser la Révolution française. Paris 1978.
–: La Révolution I. 1770–1814. Paris 1988.
Gandini, Jean-Jacques: Le procès Papon. Paris 1999.
Kimmel, Alain/Poujol, Jacques: Certaines idées de la France. Frankfurt a. M. 1982.
Krumeich, Gerd: Jeanne d'Arc. München 2006.
Nora, Pierre (Hg.): Les Lieux de mémoire [1984–1992]. 3 Bde. Paris 1997.
Ozouf, Mona: L'école, l'église et la République. 1871–1914. Paris 1982.
Petiteau, Natalie: Napoleon, de la mythologie à l'histoire. Paris 2004.
Rioux, Jean-Pierre: La France de la Quatrième République. 2 Bde. Paris 1980.
Rousso, Henry: Le syndrome de Vichy. Paris 1990.
Vovelle, Michel: La chute de la monarchie 1778–1792. Paris 1972.
–: Die französische Revolution. Soziale Bewegung und Umbruch der Mentalitäten. Frankfurt a. M. 1985.
Winock, Michel: »Jeanne d'Arc« [1992]. In: Nora 1997, Bd. 3, 4427–4473.
– (Hg.): L'affaire Dreyfus. Paris 1998.

Weiterführende Literatur

Agulhon, Maurice: Marianne au combat. L'imagerie et la symbolique républicaines de 1789 à 1880. Paris 1979.
–: Marianne au pouvoir. L'imagerie et la symbolique républicaines de 1880 à 1914. Paris 1989.
Amalvi, Christian: De l'art et la manière d'accomoder les héros de l'histoire de France. Paris 1988.
–: »Le 14-juillet« [1984]. In: Nora 1997, Bd. 1, 383–423.
Baczko, Bronislaw: »Le calendrier républicain« [1984]. In: Nora 1997, Bd. 1, 67–106.
Berstein, Serge /Rudelle, Odile (Hg.): Le modèle républicain. Paris 1992.
Boulanger, Gérard: Maurice Papon, un technocrate français dans la collaboration. Paris 1994.
Boureau, Alain: »Le roi« [1992]. In: Nora 1997, Bd. 3, 4521–4544.
Chirac, Jacques: Discours et messages de Jacques Chirac, Maire de Paris, Premier ministre, Président de la République en hommage aux Juifs de France [...]. Paris ^{5}2005.
Conan, Eric/Rousso, Henri: Vichy, un passé qui ne passe pas. L'ètang-la-Ville 1994.
Decraene, Jean-François: Petit dictionnaire des grands hommes du Panthéon. Paris 2005.
De Gaulle, Charles: Mémoires de guerre. Paris 1954.
–: Mémoires d'espoir. Paris 1970.
1789. La Commémoration. Paris 1999.
Douzou, Laurent: La Résistance française: une histoire périlleuse. Paris 2005.
Dupeux, Georges: La France de 1945 à 1965. Paris 1969.
Ferry, Jules: Discours et opinions de Jules Ferry. 5 Bde. Paris 1893–1897.
Furet, François/Ozouf, Mona (Hg.): Dictionnaire critique de la Révolution française. 4 Bde. (Bd. 1: Evènements, Bd. 2: Acteurs, Bd. 3: Institutions et créations, Bd. 4: Idées). Paris ^{2}1992.
Girardet, Raoul: »Les Trois Couleurs« [1984]. In: Nora 1997, Bd. 1, 49–65.
Joutard, Philippe: »Une passion française: l'Histoire«. In: André Burguière/Jacques Revel (Hg.): Les formes de la culture. Paris 1994, 516–570.
Krumeich, Gerd: Jeanne d'Arc in der Geschichte. Historiographie – Politik – Kultur. Sigmaringen 1989.
Laborie, Pierre: Les Français des années troubles. Paris 2001.

Literatur

Lacouture, Jean: De Gaulle. 3 Bde. Paris 1985–1986.
Madjarian, Grégoire: Conflits, pouvoirs et société à la Libération. Paris 1980.
Malle, Louis/Modiano, Patrick: Lacombe Lucien. Texte et documents. Hg. von Hans-Dieter Schwarzmann. Stuttgart u. a. 1989.
Mayeur, Jean-Marie (Hg.): La séparation de l'Église et de l'État. Paris 1966.
–: Les débuts de la IIIe République. 1871–1898. Paris 1973.
Michelet, Jules: Histoire de France. Auswahl in sechs Bänden. Hg. von H. Chabot. Paris 1930.
Nora, Pierre: »Lavisse, instituteur national« [1984]. In: Ders. 1997, Bd. 1, 239–276.
–: »Gaullistes et communistes« [1986]. In: Ders. 1997, Bd. 2, 2489–2532.
–: »L'ère de la commémoration« [1992]. In: Ders. 1997, Bd. 3, 4687–4719.
Pastoureau, Michel: »Le coq gaulois« [1992]. In: Nora 1997, Bd. 3, 4297–4319.
Ory, Pascal: »Le centenaire de la Révolution française« [1984]. In: Nora 1997, Bd. 1, 465–492.
Ozouf, Mona: »Le Panthéon« [1984]. In: Nora 1997, Bd. 1, 155–177.
–: »Liberté, égalité, fraternité« [1992]. In: Nora 1997, Bd. 3, 4355–4388.
Pena-Ruiz, Henri: Qu'est-ce que la laïcité. Paris 2003.
Reichard, Rolf (Hg.): Französische Presse und Pressekarikaturen 1789–1992. Mainz 1992.
Renan, Ernest: Œuvres complètes. Bd. 1. Paris 1947.
Rieger, Dietmar: »Nationalmythos und Globalisierung. Der Sonderfall ›Jeanne d'Arc‹«. In: Günter Oesterle (Hg.): Erinnerung, Gedächtnis, Wissen. Studien zur kulturwissenschaftlichen Gedächtnisforschung. Göttingen 2004, 635–662.
Rioux, Jean-Pierre:«Pour ou contre Napoleon«. In: L'Histoire 124 (1989), 5–7.
Rütten, Raimund u. a. (Hg.): Die Karikatur zwischen Republik und Zensur. Bildsatire in Frankreich 1830–1880. Marburg 1991.
Schmitt, Eberhard (Hg.): Die Französische Revolution. Anlässe und langfristige Ursachen. Darmstadt 1973.
Tulard, Jean: Le mythe de Napoleon. Paris 1971.
–: Napoleon ou le mythe du sauveur. Paris 1977.
– (Hg.): Dictionnaire Napoleon. Paris 1987.
–: »Le retour des cendres« [1986]. In: Nora 1997, Bd. 2, 4427–4473.
–: Napoleon, le pouvoir, la nation, la légende. Paris 1997.
Wieviorka, Olivier/Prochasson, Christophe (Hg.): La France du XXe siècle. Documents d'histoire. Paris 1994.

4.4 | Patriarchale Ordnung und Feminismus

Die Frau als ›das Andere‹ im Patriarchat

Feministische Bewegungen waren und sind in westlichen Kulturen, so auch der französischen, ein bedeutsamer Motor gesellschaftlicher und kultureller Modernisierungsprozesse. Feministische Kritik und Forderungen zielen auf die **Konsequenzen patriarchaler Strukturen für Frauen**.

Zum Begriff

> Unter → **Patriarchat** (*patriarcat*) versteht man eine »[g]esellschaftliche und familiale Organisationsform, in der Männer über Frauen [...] herrschen und sie ausbeuten. Im Patriarchat wirken Politik, Ökonomie, Recht, Wissenschaft, Religion, symbolische Ordnung, Erziehung, Sexualität und Gewalt zusammen; sie bilden [...] Strukturen, die die Unterdrückung von Frauen konstituieren und immer neu stabilisieren« (Geier 2002, 302). Spätestens mit Simone de Beauvoirs feministischem Grundlagenwerk *Le deuxième sexe* (1949) hat sich die Erkenntnis durchgesetzt, dass männliche Identität und Herrschaft in der patriarchalen Gesellschaftsordnung darauf gründen, dass das **der Mann als Norm** und **die Frau als Abweichung davon**, als das Andere definiert wird.
> **Ziel des Feminismus** ist eine »**Gleichstellung der Geschlechter** in allen sozialen und kulturellen Bereichen« (Nusser 2002, 102). Der **Begriff ›*féminisme*‹** bezeichnet nicht nur den Kampf von Frauen gegen ihre Diskriminierung und Marginalisierung, sondern findet auch im Zusammenhang mit Männern, die sich für die Geschlechtergleichheit einsetzen, Verwendung (Groult 1977).

Geschichte, Erinnerung, Gegenwart: Frauenbewegungen haben im Frankreich des 19. und 20. Jh.s **Prozesse weiblicher Emanzipation** durchgesetzt, die die französische Gegenwartskultur maßgeblich bestimmen. Zugleich ist die französische Gesellschaft bis heute von **Ungleichheiten zwischen den Geschlechtern** geprägt. Zur Zeit ist in Frankreich das Bestreben festzustellen, den feministischen Kampf um die *égalité des sexes* als Bezugspunkt für die französische Erinnerungskultur und Identitätsbildung verstehbar und wirksam zu machen. Diese Entwicklung spiegeln einschlägige Veröffentlichungen (vgl. z. B. Groult 2000; Leclerc 2001; Gauthier 2002 und 2004; Veil 2004; Halimi 2006) und jüngst der Wahlkampf 2007 um das höchste politische Amt des Landes.

Feminismus als Wahlkampfthema: Mit einer für Frankreich neuen Selbstverständlichkeit inszeniert sich die sozialistische Kandidatin **Ségolène Royal als überzeugte Feministin**. Die Politikerin entwirft eine Genealogie von Frauen, die sich für die Rechte der Frauen eingesetzt haben, und reiht sich darin ein. In einer Rede am Vortag des Internationalen Frauentags (in Frankreich ist der 8. März seit 1982 offiziell zur *Journée internationale des femmes* erklärt worden) fügt sie der republikanischen Devise »liberté, égalité, fraternité« den Begriff der ›*sororité*‹ (Schwesterlichkeit)

Patriarchale Ordnung und Feminismus

hinzu, eine Wortneuschöpfung, die vom französischen Feminismus der 1970er Jahre geprägt wurde. Sie will damit deutlich machen, dass ihre Politik den Bewusstseins- und Mentalitätswandel in der französischen Gesellschaft fortführen bzw. vollenden will, der in dieser Zeit in Gang gesetzt wurde. Dass Royal der **Sprache als Medium kultureller Sinnstiftung** Bedeutung zuweist, wird auch daran erkennbar, dass sie den Begriff ›*droits de l'homme*‹ durch ›*droits humains*‹ ersetzt. Sie begründet ihr Vorgehen damit, dass ›*droits de l'homme*‹ durch die Doppeldeutigkeit von ›*homme*‹ als ›Männerrechte‹ verstehbar ist (und von den meisten Franzosen und Französinnen auch so verstanden wird; vgl. Delphy 2007), während mit ›*droits humains*‹ eindeutig beide Geschlechter bezeichnet sind.

Frauenfeindlichkeit in der französischen Politik: In gewisser Weise kann man das für eine französische Politikerin eher ungewöhnliche Bekenntnis Royals zum Feminismus auch als Antwort auf die Frage »Mais qui va garder les enfants?« begreifen. Die Frage wurde der vierfachen Mutter von Parteigenossen gestellt, als sie ihre Kandidatur bekannt gab. Sie bringt für viele beispielhaft die ›***misogynie***‹ (Frauenfeindlichkeit) zum Ausdruck, die nicht nur Benoîte Groult zufolge (*Le Monde*, 11.4.2007) **tief in der französischen Kultur verwurzelt** ist und in der in Frankreich bis heute männlich dominierten Politik besonders offen zutage tritt.

Chronologischer Überblick

Der Emanzipationsprozess von Frauen in Frankreich

1791	Olympe de Gouges: *Déclaration des droits de la femme et de la citoyenne*
1877	Hubertine Auclert gründet die erste Suffragetten-Vereinigung in Frankreich (*Droit des femmes*)
1920	Die *loi de 1920* verbietet Empfängnisverhütung und Schwangerschaftsabbruch
1942	Die Vichy-Regierung erklärt Abtreibung zum »crime contre l'État«, der mit dem Tod bestraft werden kann (1943 wird Marie-Louise Giraud hingerichtet)
1944	Einführung des Frauenwahlrechts (*Ordonnance d'Alger* vom 21.4.)
1946	Verfassungsreform führt Gleichheitsprinzip ein: »La loi garantit à la femme, dans tous les domaines, des droits égaux à ceux de l'homme« (Präambel der Verfassung der Vierten Republik)
1949	Simone de Beauvoir: *Le deuxième sexe*
1967	Die *loi Neuwirth* legalisiert Empfängnisverhütung
1970er	*Mouvement de libération des femmes* (MLF)
1974	Einrichtung des *Sécretaire d'État à la Condition féminine* (Françoise Giroud)
1975	*Loi Veil* (17.1.): Legalisierung des Schwangerschaftsabbruchs (IVG), 1979 definitiv verabschiedet (1982: Gesetz zur Übernahme der Kosten durch die *Sécurité sociale*; 2001: Fristverlängerung von 10 auf 12 Wochen und Abschaffung der Bera

	tungspflicht; Abtreibung ist nicht mehr länger Gegenstand des *Code pénal*)
1983	*Loi Roudy* (13.7) : Gesetz zur »égalité professionnelle«
1999	23.6.: Frankreich führt als weltweit erstes Land mit einer Verfassungsänderung die politische Parität ein; tritt mit Gesetz vom 3.5.2000 in Kraft

4.4.1 | Der lange Weg der Französinnen zum Wahlrecht (1870–1944)

»La Française doit voter«

Die Forderung nach dem Frauenwahlrecht steht im Zentrum der ersten feministischen Bewegung in Frankreich. Die **Ursprünge** sind **in der Französischen Revolution** zu finden (vgl. Ripa 2004, 9–30; Brive 1989–1991; Duhet 1988). Mit den Zuschreibungen, die mit der im 18. Jh. sich entwickelnden Lehre ›polarisierter Geschlechtscharaktere‹ (s. Kap. 3.4.1) begründet und für naturgegeben erklärt werden, verweigert man den Frauen die Menschen- und Bürgerrechte. Doch gibt es in dieser Zeit auch Stimmen, welche die gängige Argumentation, die die patriarchale Unterdrückung und Ausgrenzung als vernünftig begründet erscheinen lässt, kritisch in Frage stellen. Im Juli 1790 veröffentlicht der Marquis Antoine Caritat de **Condorcet** (1743–1794) im *Journal de la société de 1789* ein Plädoyer, in dem er eindeutig Position bezieht: »Sur l'admission des femmes au droit de cité«.

Olympe de Gouges: Ein Jahr später erscheint ein Text, der zu einem feministischen Ursprungsmythos wird: Olympe de Gouges' (1748–1793) *Déclaration des droits de la femme et de la citoyenne* (1791). Die Verfasserin, die heute mit ihrer Pantheonisierung in die französische Erinnerungskultur integriert werden soll (vgl. http://www.olympedegouges.wordpress.com, 14.6.2007) verficht die Position, dass die revolutionären Prinzipien der **Freiheit und Gleichheit für alle Menschen unabhängig vom Geschlecht** gültig sind. Am 3.11.1793 wird Olympe de Gouges guillotiniert. Eine im *Moniteur universel* (19.11.1793) veröffentlichte Stellungnahme macht deutlich, dass das neue Differenzdenken sich am Ende des Jahrhunderts gegenüber egalitären Denkmodellen durchgesetzt hat: »Elle voulut être homme d'État et il semble que la loi ait puni cette conspiratrice d'avoir oublié les vertus qui conviennent à son sexe« (zit. in »Assemblée«).

Der ***Code Civil* von 1804** schreibt den Ausschluss der Frauen aus Politik und Öffentlichkeit sowie deren rechtliche Unmündigkeit und Abhängigkeit vom Willen des Vaters und Ehemanns gesetzlich fest. In einer Situation besonders intensiver patriarchaler Repression (vgl. Ripa 2004, 31–53) wird die **Literatur** zu einem privilegierten **Ort kritischer Auseinandersetzung** mit der sogenannten *condition féminine* in der französischen Gesellschaft (Dethloff 1988). Nach der restriktiven Politik in Kaiserreich

Patriarchale Ordnung und Feminismus

und Restauration bieten die Revolutionen des 19. Jh.s erneut Raum für feministische Forderungen (vgl. Riot-Sarcey 2002, 23–54; Ripa 2004, 54–64). Doch erst in der Dritten Republik entwickelt sich der Feminismus als kollektive Bewegung.

Die Suffragetten der Dritten Republik

Die erste französische Suffragetten-Vereinigung wird 1877 von Hubertine Auclert (1848–1914) gegründet (*Droit des femmes*, wird 1883 zu *Le Suffrage des femmes*; vgl. Ripa 2004, 90–92, 155–158). Sie ist die erste französische Frauenrechtlerin, die sich selbst als »féministe« bezeichnet und so dem Begriff seine moderne Bedeutung verleiht. In der 1897 erstmals erschienenen, nur von Frauen erstellten **feministischen Zeitschrift *La Fronde*** (herausgegeben von Marguerite Durand, nach der die feministische Bibliothek in Paris benannt ist) nimmt die Forderung nach dem Frauenwahlrecht eine zentrale Position ein. 1909 entsteht mit der *Union française pour le suffrage des femmes* (UFSF) die französische Sektion der *Alliance internationale pour le suffrage des femmes* (AISF, 1904). Die Generalsekretärin der UFSF, Cécile **Brunschvicg** (1877–1946), wird nach Hubertine Auclert zur Leitfigur der Suffragettenbewegung (in den 1930er Jahren übernimmt diese Funktion Louise Weiss, 1893–1983). Ein 1914 durchgeführter »vote blanc« zum Frauenwahlrecht, der über eine halbe Million Ja-Stimmen zählt, stärkt Ansehen und Geltung der Frauenrechtsbewegung in der französischen Öffentlichkeit.

Demonstration französischer Suffragetten für das Frauenwahlrecht im Jahr 1935

Zur Vertiefung

Anders-Sein positiv gewendet: Gleichheit in der Differenz

C'est précisement parce que les hommes et les femmes ont des qualités différentes et des aptitudes particulières qu'il est nécessaire à la société de faire appel au concours de tous et de toutes dans l'interêt de la collectivité (*Le Suffrage des femmes en France, Les documents du progrès, décembre* 1913, zit. in Riot-Sarcey 2002, 71).

Der lange Weg der Französinnen zum Wahlrecht

Das Textbeispiel zeigt, dass und wie Frauenrechtlerinnen der Dritten Republik ***›differenzfeministisch‹*** *argumentieren. Das bedeutet, dass sie von einer grundsätzlichen Unterschiedlichkeit von Mann und Frau ausgehen, aber gegen Hierarchie- und Unrechtsverhältnisse kämpfen, die damit begründet und legitimiert werden. Sie postulieren eine* ***Gleichwertigkeit in der Ungleichheit****. Damit machen sie die gängige Konstruktion der Frau als das Andere in einer Perspektive fruchtbar, die ihre Forderung nach politischen Rechten für Frauen stützen soll.*

Die *Ordonnance d'Alger*

***Le retard français*:** In den meisten westlichen Ländern setzt sich nach dem Ersten Weltkrieg das Wahlrecht für Frauen durch. Auch in Frankreich werden in der *Assemblée nationale* seit 1919 immer wieder Gesetzesvorschläge erörtert und verabschiedet, die ein mehr oder weniger eingeschränktes Wahlrecht für Frauen als ›Belohnung‹ für den im Krieg unter Beweis gestellten »civisme féminin« (Bard 2001, 95) gewähren wollen. Doch scheitern diese Vorstöße regelmäßig am Widerstand des Senats. **Frankreich führt erst am 21.4.1944** mit dem *Ordonnance d'Alger* der Provisorischen Regierung de Gaulles **das Frauenwahlrecht ein** (Artikel 17: »les femmes sont électrices et éligibles dans les mêmes conditions que les hommes«). 1945 tritt es bei Kommunalwahlen zum ersten Mal in Kraft.

Politik und Weiblichkeit als Gegensatz: Erklären lässt sich die im europäischen Vergleich späte Einführung des Frauenwahlrechts (vgl. Bard 2001, 95–103; Ripa 2004, 118–120 und »Assemblée«) mit dem **für die französische Kultur spezifischen Weiblichkeitsentwurf**, der die Identifizierung der Frau mit dem Anderen in positivem Licht erscheinen lässt. Das Frauenbild im Frankreich des *Entre-deux-guerres* ist bestimmt von der Galanterie (vgl. Hepp 1997), deren Ursprünge im Mittelalter zu finden sind (ebd., 3682). Sie gilt als Manifestation der Wertschätzung des Mannes gegenüber der französischen Frau, Inkarnation eleganter und charmant-verführerischer Weiblichkeit. Doch die von Gegnern des Frauenwahlrechts vorgebrachten Argumente zeigen, dass die ***galanterie française*** eine **subtile Form der Ausgrenzung und Diskriminierung** ist. So will man in der weiblichen Hand keinen Wahlzettel sehen, da dies unvereinbar sei mit den Gefühlen der Leidenschaft, die die Hand der Angebeteten, der Geliebten beim Mann hervorrufen soll. Außerdem sei das Frauenwahlrecht aus ästhetischer Sicht abzulehnen, weil die Geste des Wählens bei der Frau hässlich sei.

Die Problematik männlicher Identität: Ein weiterer Grund für den *retard français* ist die **Angst vor einer gesellschaftlichen Machtergreifung der Frauen**. Diese basiert auf der in Frankreich bis heute gängigen Vorstellung, dass Männer die Politik, Frauen hingegen den Bereich von Sitte und Moral beherrschen. Die Furcht vor einem unumkehrbaren Eindringen der Frauen in die ›männliche‹ Politik und einem damit verbunden Machtverlust der Männer ist in der Zwischenkriegszeit umso brisanter, als die **männliche Identitätskonstruktion** seit der Jahrhundertwende durch den

Patriarchale Ordnung und Feminismus

Aufschwung der kulturell weiblich definierten pazifistischen Werte in **eine ernste Krise gerät** (Maugue 1987). Auch der Umstand, dass Frauen nach dem Krieg in der Überzahl sind und damit Wahlen entscheiden könnten, spielt eine gewichtige Rolle.

4.4.2 | Ursprungsmythos des modernen Feminismus: Simone de Beauvoirs *Le deuxième sexe* (1949)

Ein feministisches Grundlagenwerk

Mit der Einführung des Frauenwahlrechts 1944 ist die Hauptforderung der ersten französischen Frauenbewegung erfüllt. 1946 wird das **Gleichheitsprinzip zwischen den Geschlechtern** in der **Präambel der neuen französischen Verfassung** verankert. Der Feminismus scheint damit seine Existenzberechtigung verloren zu haben.

Das andere Geschlecht: In dieser Situation veröffentlicht Simone de Beauvoir (1908–1986) ihren berühmten, 1000 Seiten umfassenden Essay *Le deuxième sexe* (1949), der einen »**renouveau du féminisme**« (vgl. Chaperon 2000b, hier 151) einleitet. Die feministische Erkenntnis, dass die **Identifizierung der Frau mit dem Anderen der Grundpfeiler patriarchaler Ordnung** ist, hat wohl keine Theoretikerin vor Simone de Beauvoir so klar und deutlich formuliert, und vor allem wurde bis heute nie wieder in einem einzigen Werk ein so detaillierter Nachweis dafür erbracht.

Simone de Beauvoir: *Le deuxième sexe*, 1949, Bd.1, 14 f.

> Le rapport des deux sexes n'est pas celui de deux électricités, de deux pôles: l'homme représente à la fois le positif et le neutre au point qu'on dit en francais ›les hommes‹ pour désigner les êtres humains, le sens singulier du mot ›vir‹ s'étant assimilié au sens général du mot ›homo‹. La femme apparaît comme le négatif si bien que toute détermination lui est imputée comme limitation, sans réciprocité [...]. L'humanité est mâle et l'homme définit la femme non en soi mais relativement à lui; elle n'est pas considérée comme un être autonome. [...] Et elle n'est rien d'autre que l'homme en décide; ainsi on l'appelle ›le sexe‹ voulant dire par là qu'elle apparaît essentiellement au mâle comme un être sexué: pour lui, elle est sexe, donc elle l'est absolument. Elle se détermine et se différencie par rapport à l'homme et non celui-ci par rapport à elle; elle est l'inessentiel en face de l'essentiel. Il est le Sujet, il est l'Absolu: elle est l'Autre. (Beauvoir 1949 Bd.1, 14 f.)

Kurzinterpretation

Hierarchie durch Alterität: Im zitierten Auszug sieht man, dass Simone de Beauvoir einen radikalen **Gleichheitsfeminismus** vertritt. Sie wendet sich in ihrem Text gegen die Vorstellung, dass das Verhältnis der Geschlechter als eine Beziehung zweier zugleich unterschiedlicher und gleichwertiger Elemente zu betrachten sei. Denn in Wirklichkeit werde das Männliche als Norm und das Weibliche als Abweichung davon konzipiert. Diese kulturelle Konstruktion spiegele sich allein schon darin, dass der französische Begriff ›*homme*‹ den Menschen *und* den Mann bezeichnet: **Mensch-Sein ist männlich definiert**. Dass Frau-Sein gleichbedeutend ist mit Nicht-Mann-Sein finde in der fran zösischen Sprache in der Gleichsetzung der Begriffe ›*le sexe*‹ und ›*la femme*‹ Ausdruck.

Ursprungsmythos des modernen Feminismus

In ihrer detaillierten Analyse der kulturellen Mythen über Frauen und deren gelebte Erfahrung zeichnet Beauvoir nach, dass und wie die Erklärung der Geschlechterdifferenz als Alteritätskonstruktion dazu führt, dass die Frau als das zweite, als **das minderwertige und abhängige Geschlecht** erscheint. Weil die Frau stets im Bezug zum Mann gedacht wird, sind **für sie die für den Mann gültigen Freiheits- und Autonomieansprüche undenkbar.** Beauvoir betont, dass diese Konstruktion auch deshalb so dauerhaft wirksam ist, weil Frauen den männlichen, durch einseitige Abhängigkeiten und Fremdbestimmung (»toute détermination lui est imputée comme limitation, sans réciprocité«) geprägten Blick auf das Weibliche übernehmen und verinnerlichen (»Elle se détermine et se différencie par rapport à l'homme et non celui-ci par rapport à elle«).

Die kulturelle Bedingtheit von ›Geschlecht‹: Mit der Verinnerlichung der männlichen Perspektive auf das Weibliche tragen Frauen zu einer Entwicklung bei, die unsichtbar werden lässt, dass die in einer Gesellschaft, in einer Kultur herrschenden Vorstellungen davon, was man unter Mann und Frau, unter ›männlich‹ und ›weiblich‹ versteht, von Menschen gemacht sind. Sie sind also als Konstrukte zu begreifen, die in gesellschaftliche und kulturelle Entwicklungsprozesse eingebettet sind. Mit dieser Feststellung widerspricht Beauvoir der gängigen Vorstellung, dass Mann-Sein und Frau-Sein von der Natur vorgegebene und festgelegte Phänomene seien. Beauvoirs berühmter Satz »**On ne naît pas femme; on le devient**« (damit leitet sie den zweiten Teil ihres Essays ein) fasst ihre Thesen zusammen.

Freiheit durch Gleichheit: Beauvoir will mit ihrer Analyse aufzeigen, dass die Konzeptualisierung der **Geschlechterdifferenz als Gleichheit** (und nicht als Alterität) die menschlichen Freiheits- und Autonomieansprüche für Frauen denkbar und damit realisierbar macht. Bleibt am Ende noch die Frage zu klären, wie Gleichheit zwischen Frauen und Männern hergestellt werden kann. Aus der Erkenntnis, dass Frau-Sein ein soziokulturell hergestelltes Konstrukt ist, lässt sich die **Vorstellung von der Veränderbarkeit der bestehenden Verhältnisse** ableiten. Dazu gelte es, die Gesetze und gesellschaftlichen Institutionen zu verändern und einen entsprechenden Bewusstseinswandel voranzutreiben (Beauvoir 1949 Bd. 2, 559). Nur ein umfassender soziokultureller Wandel könne **die neue, dem Mann gleichgestellte Frau** hervorbringen (»la femme nouvelle«, ebd., 570).

Das Problem weiblicher Identitätsfindung: Gleichheit ist aber für Beauvoir nicht gleichbedeutend mit einem Dem-Mann-Gleichsein. Um sich zu emanzipieren, müsse **die Frau eine eigene, vom Mann unabhängige Identität entwickeln**: »Il faut qu'elle fasse peau neuve et qu'elle se taille ses propres vêtements« (ebd.). Die Nachkriegszeit betrachtet Beauvoir als eine Art Übergangsperiode: Die Ursache für Hierarchie- und Unrechtsverhältnisse zwischen den Geschlechtern ist erkannt, ein neuer

Patriarchale Ordnung und Feminismus

Entwurf von Weiblichkeit ist aber nirgendwo auf der Welt realisiert und auch noch nicht in Sicht. Damit wirft die hier formulierte Zukunftsperspektive das von der Autorin in *Le deuxième sexe* **nicht geklärte Problem** auf, wie die ›Häutung‹, die sie von den Frauen fordert, vonstatten gehen soll, wenn es dafür **keine Vorbilder** gibt, an denen ein solcher Entwicklungs- und Befreiungsprozess sich orientieren könnte.

Feminismus und Existentialismus: Indem die in *Le deuxième sexe* formulierten Thesen und Analysen die Grundlage(n) der patriarchalen Ordnung herausarbeiten, stellen sie deren Geltungsanspruch in Frage. Es liegt auf der Hand, dass Beauvoirs Buch bei seinem Erscheinen Protest auslöst. Skandalös erscheinen den meisten Zeitgenossen aber nicht die Sätze und Passagen, die es zur Bibel nachfolgender Feministinnengenerationen und zum **Grundlagenwerk für feministische Literatur- und Kulturtheorie** machen. Sie schockiert vor allem die kritisch-realistische Beschreibung und Analyse weiblicher Sexualität und Lebensentwürfe in einer philosophischen Perspektive (vgl. Galster 2004): Die Autorin betrachtet die Geschichte, Theorien und kulturelle Mythen über die Frau, weibliche Lebensentwürfe sowie das Zustandekommen der Geschlechterhierarchie **aus der Perspektive des Existentialismus.** Individuelle Freiheit, so Beauvoir, basiere auf der **Transzendenz**, auf der »Fähigkeit zum Entwurf, zur Zukunft, zur Gestaltung der Welt«, die in der patriarchalen Gesellschaftsordnung Männern vorbehalten bleibt (vgl. Holland-Cunz 2003, 98–103, hier 99). Das Leben von Frauen hingegen ist von **Immanenz** geprägt; mit diesem Begriff bezeichnet Beauvoir »den engen Raum ohne Freiheit und das Verwiesensein auf Erfahrungen des Anders-Seins« (ebd.).

4.4.3 | Der *Mouvement de libération des femmes* der 1970er Jahre

Sternstunde des Feminismus

Eine autonome Frauenbewegung entsteht in Frankreich in der Folge der **Revolte vom Mai 68**. Die Ereignisse im Mai 1968 haben gezeigt, dass soziale Veränderungen durch den Zusammenschluss zu Bündnissen möglich sind. Zugleich machen die in der Revolte aktiven Frauen die Erfahrung, dass die Ungleichheit der Geschlechter von den männlichen Revolutionären nicht als vorrangiges Ziel betrachtet wird. Daraus entwickelt sich das Bewusstsein, dass Befreiung und Emanzipation der Frauen nur das Werk von Frauen selbst sein kann.

Der MLF: Als **Geburtsstunde der *deuxième vague*** des französischen Feminismus – wie der in Deutschland verwendete Begriff *Neue Frauenbewegung* grenzt der Begriff ›*deuxième vague*‹ den Feminismus der 1970er Jahre von bürgerlichen und proletarischen Frauenbewegungen im 19. und frühen 20. Jh. ab – gelten heute **zwei Ereignisse im Jahr 1970**:

- Im August legt eine kleine Gruppe Frauen am Grab des Unbekannten Soldaten in Paris einen Kranz in Erinnerung an seine Frau nieder: »**Il y a plus inconnu que le soldat inconnu: sa femme**« und »Un homme su

Der Mouvement de libération des femmes

ceux est une femme« ist auf ihren Transparenten und Flugblättern zu lesen. Die Polizei greift ein und sichert dem Ereignis das Interesse der Medien. Diese inszenieren es als **Beginn einer neuen feministischen Bewegung**, der sie den Namen *Mouvement de libération des femmes* (**MLF**) geben, der sich durchsetzt.

- Im Oktober erscheint eine Sonderausgabe der Zeitschrift *Partisans* ›**Libération des femmes: année zero**«. Der Titel entwirft die entstehende Bewegung als Auftakt des Befreiungskampfes der Frauen von patriarchaler Unterdrückung und Ausbeutung – die Kämpfe der Vergangenheit scheinen vergessen oder aber es wird bewusst ein Neuanfang, eine neue Etappe formuliert.

Die zentralen Themen des MLF sind bereits in dieser Sonderausgabe versammelt:

- Kritik an der Abwertung, sozialen Ausgrenzung und systematischen Ausbeutung von Frauen in der patriarchalen Gesellschaftsordnung,
- Analyse der Herrschafts- und Unrechtsverhältnisse in den Geschlechterbeziehungen im politisch-öffentlichen wie im privaten Bereich,
- Kritik am Status der Frau als sexuelles Objekt, als ›konsumierbare Ware‹,
- Abbau herrschender Mythen über weibliche Sexualität,
- Forderung nach sexueller Selbstbestimmung der Frau.

Der theoretische Rahmen der Analysen ist ebenfalls abgesteckt (Picq 1993, 29):

- Zum einen die **marxistische Theorie**, die auf das Geschlechterverhältnis übertragen wird: Analog zur Ausbeutung von Arbeitern und Arbeiterinnen und des von ihnen produzierten Mehrwerts im kapitalistischen System, beute das Patriarchat Frauen und die von ihnen unentgeltlich geleistete Haus- und Familienarbeit aus. Großen Einfluss im MLF hat Christine Delphys radiakalfeministische Patriarchatsanalyse.
- Zum anderen die **Thesen aus Beauvoirs *Le deuxième sexe***. In Anlehnung an den Begriff *racisme* entsteht der Terminus ***sexisme***, um die spezifische Form der Marginalisierung und Unterdrückung von Frauen im Patriarchat zu bezeichnen.

Sororité, radicalisme, dérision: Feminismus auf Französisch

Kennzeichen des MLF

Non-mixité: Erstes Ziel der autonomen Frauenbewegung im Frankreich der 1970er Jahre ist ein **Wandel im Denken und im Selbstbild der Frauen.** Frauen wollen und sollen sich nicht länger als das andere Geschlecht begreifen und in der damit verbundenen männlichen Perspektive wahrnehmen, die sie verinnerlicht haben. Mit diesem Ziel wird der Ausschluss von Männern aus feministischen Gruppen und Versammlungen begründet. Die Frauen wollen einen von männlicher Bevormundung und Unterdrückung freien Raum schaffen. Die ***non-mixité*** wird zum prägenden

Patriarchale Ordnung und Feminismus

Prinzip des MLF. Vielen Frauen wird »entre-femmes« klar, dass das, was sie selbst erleben, nicht privates Schicksal oder individuelle Unzulänglichkeit ist, sondern System hat (Picq 1993, 41–47; Châtel 2006, 67). Da es im Französischen kein Wort gibt, mit dem die Solidarität unter Frauen bezeichnet werden kann (was ein Indiz dafür ist, dass sie im kulturellen Bewusstsein nicht präsent war), wird analog zur ›*fraternité*‹ der **Begriff der ›*sororité*‹** gebildet.

Radikalfeminismus: Der Bewusstseinswandel bestärkt die Frauen darin, dass ein von ihnen selbst getragener Befreiungskampf unumgänglich sei und **mit aller Radikalität** durchgesetzt werden müsse: »En France, où l'on goût le débat d'idées et l'esprit critique, le MLF a porté celui-ci au plus haut point« (Picq 1993, 184). Das kulturell weiblich definierte Private wird als politisch begriffen und die neue Erkenntnis »**le privé** (le personnel) **est politique**« öffentlich gemacht. Die in den Versammlungen diskutierten Probleme, Analysen und Positionen werden in der **feministischen Presse**, die in den 1970er Jahren einen großen Aufschwung erlebt, einem breiten Publikum zugänglich. Zum Publikationsorgan der Bewegung wird *Le Torchon brûle* (1970–1973; vgl. Picq 1993, 112–119); ein Autorinnenkollektiv um Simone de Beauvoir veröffentlicht in *Les Temps Modernes* (1973–1983) regelmäßig eine Rubrik zum *sexisme ordinaire* (zum ›alltäglichen Sexismus‹).

»Le MLF, c'est toutes les femmes«: Der MLF versteht sich nicht als Partei oder politische Organisation. Er will **eine Bewegung *aller* Frauen** sein (Picq 1993, 99; zur Diskrepanz zwischen Anspruch und Wirklichkeit: ebd., 183–197). Der MLF begreift sich als Dach für unterschiedliche feministische Strömungen, deren Vielfalt und Heterogenität nicht eingeebnet werden sollen. Jede Form von Doktrin, hierarchischer Strukturierung und Repräsentativität wird strikt zugunsten von Dezentralisierung, kreativer Spontaneität, Struktur-, Hierarchie- und Disziplinlosigkeit abgelehnt (Chaperon 2000a, 89). Der französische Feminismus der (frühen) 1970er Jahre versteht sich als **radikaler Basisfeminismus**, der bewusst außerhalb tradierter Strukturen der patriarchalen Gesellschaftsordnung bleiben will.

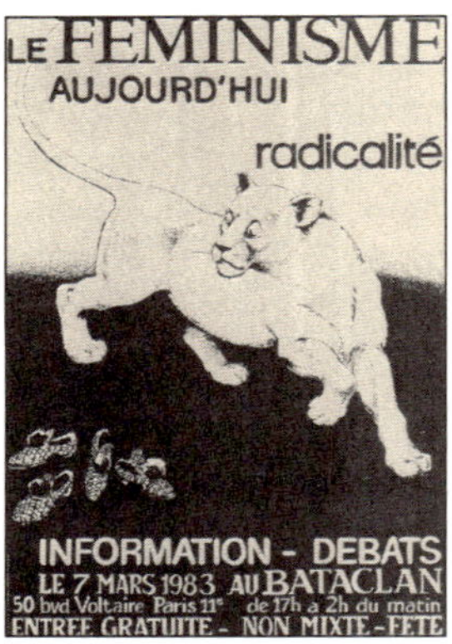

»Le feminisme aujourd'hui: radicalité – réalité«, 1983

Spott und (selbst-) ironischer Humor sollen die gesellschaftliche Ordnung offen provozieren. Mit phantasievollen Ideen werden in Texten, Bildern, Liedern und spektakulären Aktionen die Fragwürdigkeit patriarchaler Strukturen und Normen, die darin wirksamen **Mythen und Tabus**, die Marginalisierung, Diskriminierung und alltägliche Entwürdigung von Frauen sichtbar gemacht. In einer parodistischen Umdeutung sexistischer Begriffe nennen sie sich »gouines rouges« (rote Lesben) oder »perverses polymorphes«, ihre unregelmäßig erscheinenden Zeitschriften titeln sie »menstruelle«. In der zweiten Ausgabe des MLF-Publikationsorgans *Le Torchon brûle* verkünden sie »le con est beau!« und liefern das Beweisfoto gleich mit (Chaperon 2000a, 89). Der respektlose Tabubruch schockiert »la France pompidolienne« (Picq 1993, 116; Georges Pompidou ist von 1969–1974 Staatspräsident); die Zeitschrift

Der Mouvement de libération des femmes

wird verklagt. Doch der **Bewusstseins- und Mentalitätswandel** der französischen Gesellschaft, der hier seinen Anfang nimmt, ist nicht mehr aufzuhalten.

»Notre corps nous appartient!«

Von der *loi Neuwirth* zur *loi Veil*

Die Forderung nach sexueller Selbstbestimmung ist zugleich Ausgangspunkt, Motor und zentrales Thema der feministischen Bewegung in den 1970er Jahren. Hierunter fällt nicht nur die Legalisierung von Empfängnisverhütung und Schwangerschaftsabbruch, sondern auch die Befreiung von Normen, Tabus und Mythen über weibliche Sexualität und die Problematik sexueller Gewalt gegen Frauen. Das Thema ist deshalb so bedeutsam, weil die feministische Analyse in den 1970er Jahren zu der Erkenntnis gelangt, dass die **Kontrolle über den weiblichen Körper** (über weibliche Sexualität und Gebärfähigkeit) **Grundlage männlicher Herrschaft** in der patriarchalen Gesellschaftsordnung ist. In *Ainsi soit-elle* (1975; Neuauflage 2000) zeigt Benoîte Groult, dass und wie sich Sexismus, Unterdrückung und sexuelle Gewalt gegen Frauen in kulturell unterschiedlichen Formen manifestiert. Ziel der **Kampagne zum *viol*** ist es, die gängige Wahrnehmung der Vergewaltigung als nur bedingt strafwürdigen ›Kavaliersdelikt‹ zu demontieren und eine Gesetzgebung zu erwirken, die ihn uneingeschränkt als Straftat definiert. Ein entsprechendes Gesetz wird in Frankreich im Dezember 1980 eingeführt.

Le manifeste des 343: Mit der ***loi Neuwirth*** von 1967 (benannt nach dem Abgeordneten, der die Gesetzesreform durchsetzt) wird Artikel 3 der *loi de 1920*, nach dem Empfängnisverhütung und der Vertrieb von Verhütungsmitteln verboten ist, gestrichen. Abtreibung bleibt aber weiterhin eine Straftat. In diesem Zusammenhang ist verständlich, dass das *Manifeste des 343*, das am **5. April 1970** in der linksliberalen Wochenzeitschrift *Le Nouvel Observateur* veröffentlicht wird, ein **Skandal** ist, der Frankreich erschüttert: 343 Frauen, berühmte (darunter Simone de Beauvoir, Marguerite Duras, Christiane Rochefort, Françoise Sagan, Christine Delphy, Delphine Seyrig, Anne Zelenski, Monique Wittig, Yvette Roudy, Catherine Deneuve, Jeanne Moreau, Ariane Mnouchkine) und unbekannte, **bezichtigen sich öffentlich der Abtreibung** (»Je declare avoir avorté«). Die Frauen, die dieses Manifest unterzeichnen, **klagen Staat und Gesellschaft an**: Mit seiner Gesetzgebung zwinge der französische Staat Millionen von Frauen dazu, Abtreibungen in der Illegalität und unter Lebensgefahr durchzuführen. Der Staat sei damit verantwortlich für deren Leiden und Sterben, das vermeidbar sei. Solange die Gesellschaft dazu schweige, mache sie sich schuldig. Die **Forderung der Frauen lautet: Einlösung des Rechts der Frau auf Selbstbestimmung** durch Legalisierung des Schwangerschaftsabbruchs.

Die ganze Nation spricht über die Aktion (die von Alice Schwarzer nach Deutschland exportiert wird, wo am 6.6.1971 374 Frauen im *Stern* bekennen, abgetrieben zu haben). Sie vergegenwärtigt die **gesamtgesellschaftli-**

Patriarchale Ordnung und Feminismus

Le Process de Bobigny, Cover der DVD

che Bedeutung der Problematik, die bis dahin als »affaire de bonnes femmes« (so soll sich Jacques Chirac geäußert haben, zit. in Veil 2004, 77) abgewertet und damit aus der öffentlichen Diskussion ausgegrenzt wurde. Das berühmte Manifest gilt als »acte [...] de désobéissance civique«, der einen gewichtigen Einschnitt im Kampf von Frauen gegen ihre gesellschaftliche Unterdrückung und Diskriminierung markiert (vgl. Halimi 2006, IV). In der Tat **hat die Provokation den gewünschten Erfolg**: Sie sensibilisiert die öffentliche Meinung für das Thema und die Fragwürdigkeit der gültigen Gesetzgebung sowie für die Notwendigkeit ihrer Reformierung.

***Le procès de Bobigny*:** Ein weiterer »point de non-retour« (Veil 2006, 59–60) in diesen Entwicklungen ist **1972 der Prozess der 17-jährigen Marie-Claire in Bobigny.** Die Anwältin Gisèle Halimi (sie gründet 1971 die heute noch existierende feministische Vereinigung *Choisir*) verteidigt ein der Abtreibung angeklagtes Mädchen. Halimi ruft berühmte Persönlichkeiten und fachliche Autoritäten beider Geschlechts in den Zeugenstand (Dokumentation in *Choisir la cause des femmes* 2006) und macht aus dem Prozess eine politische Angelegenheit von nationalem Interesse. Ihre Verteidigung **stellt das Gesetz von 1920 an den Pranger**. Indem sie juristische, soziologische und feministische Argumente verbindet, stellt sie die Legitimität der »loi d'un autre âge« (*Choisir la cause des femmes* 2006, 189) in Frage. Die Forderung nach Streichung der *loi de 1920* sei gleichbedeutend mit der Forderung nach Abschaffung der Leibeigenschaft von Frauen, die die französische Gesetzgebung bewirke. Marie-Claire wird freigesprochen, ihre Mutter und zwei andere Frauen, die der Beihilfe angeklagt waren, nur geringfügig bestraft.

Der Prozess von Bobigny als *lieu de mémoire*: 2005 wird der Prozess von François Luciani mit zwei weiblichen Filmstars in den Hauptrollen Anouk Grinberg und Sandrine Bonnaire, **für das französische Fernsehen verfilmt** (2006 ausgestrahlt). Daran sieht man beispielhaft, welche Bedeutung diesem Ereignis als Wendepunkt im Emanzipationsprozess von Frauen in der französischen Gesellschaft beigemessen wird. Der Film will es als Motor gesellschaftlicher und politischer Modernisierung im kulturellen Gedächtnis und Bewusstsein vergegenwärtigen.

Die *loi Veil* als Wendepunkt: Der Wandel in der öffentlichen Meinung der mit dem *manifeste des 343* und dem Prozess von Bobigny eingeleitet ist, setzt die französische Regierung unter Zugzwang (Veil 2004, 61). In diesem Zusammenhang präsentiert die Gesundheitsministerin Simone Veil Ende 1974 der Nationalversammlung einen **Gesetzesvorschlag zur Legalisierung des Schwangerschaftsabbruchs** (*Interruption volontaire de grossesse*, IVG, ersetzt in dieser Zeit den mit moralischen Wertungen verbundenen *avortement*-Begriff). Das Reformprojekt sieht eine eingeschränkte Fristenlösung (zehn Wochen) und ein sehr weitgehendes Selbstbestimmungsrecht der schwangeren Frau vor. Zwar wird das Gesetz nach langer Debatte mit 284 zu 189 Stimmen verabschiedet. Doch der Sexismus, die Häme und der zum Teil unverhohlene Hass, der der

Der Mouvement de libération des femmes

Plakat von Claire Brétecher

Ministerin Veil in der männlich dominierten *Assemblée nationale* entgegenschlägt (vgl. Veil 2004, 65–79), spiegelt die **Angst der Männer vor dem Verlust ihrer Macht**, die in der patriarchalen Gesellschaftsordnung auf der Kontrolle über den weiblichen Körper gründet. Dass das Gesetz schließlich doch verabschiedet wird, macht den **Bewusstseinswandel** in der französischen Gesellschaft deutlich, den **der MLF in Gang gesetzt und maßgeblich vorangetrieben** hat.

Das Plakat von Claire Brétecher, das die berühmte französische Karikaturistin für den *Mouvement de libération de l'avortement et de la contraception* (MLAC, 1973–1975) gezeichnet hat, **verbildlicht zentrale Aspekte der Abtreibungsdiskussion** im Frankreich der 1970er Jahre in einer Perspektive, die die **Streichung des Gesetzes zum Schwangerschaftsabbruch** als unausweichlich verstehbar machen will. Eine Trias aus Richter, Arzt und Polizist versperrt einer mit Pflastersteinen bewaffneten Menge von Frauen den Zugang zum Krankenhaus, zu dem Ort also, an dem Schwangerschaftsabbrüche gefahrlos durchgeführt werden können. Die Männer symbolisieren gesellschaftliche Mächte und Institutionen, die den **Frauen das Recht auf sexuelle Selbstbestimmung absprechen wollen** (hinzuzufügen wäre noch die hier nicht repräsentierte katholische Kirche). Angesichts der Entschlossenheit und zahlenmäßigen Überlegenheit der Frauen wirkt

Patriarchale Ordnung und Feminismus

der Versuch der drei Männerfiguren, sich durch ihr traditionelles Bündnis (symbolisiert durch das Unterhaken) der Verwirklichung dieses Rechts entgegenzustellen, lächerlich. Mit ihren trotzig vorgeschobenen Unterkiefern, die wohl Unbeugsamkeit signalisieren sollen, wirken sie wie **Überbleibsel aus einer längst überholten Welt**, die nicht anerkennen wollen, dass die Entwicklungen seit 1970 (wie vorher die vom Mai 68, an die die Pflastersteine erinnern) ihre Machtposition zunehmend brüchig werden lassen.

4.4.4 | Feminismus und Literatur

Selbstfindungsliteratur

In den **Prozessen der Bewusstwerdung**, Selbstverständigung und Selbstfindung von Frauen kommt der **Literatur eine zentrale Rolle** zu. Viele Autorinnen sind selbst im MLF aktiv oder sympathisieren mit der Bewegung. Der Feminismus verändert nicht nur das Selbstbild der Schriftstellerinnen, sondern zugleich das Bild weiblicher Autoren in der Öffentlichkeit (Fallaize 1993, 7). Mit *Éditions des femmes* (gegründet von Antoinette Fouque) entsteht 1973 der **erste Frauenverlag Europas**; 1977 folgt *Tierce*. Auch andere Verlage öffnen sich allmählich dem kulturellen Wandel und richten spezielle Reihen für Literatur von Frauen ein.

Die Entwicklung einer weiblichen Perspektive auf die Welt und die Gesellschaft ist ein zentrales Anliegen der von Frauen verfassten Literatur seit den 1960er Jahren. **Bewusst subjektiv** werden individuelle Erfahrungen und Probleme von Frauen als Auswirkung herrschender Geschlechterrollen und Geschlechtsidentitäten thematisiert und öffentlich gemacht. Die Texte brechen vor allem auch mit **Tabus über weibliche Sexualität und Begehren.** Sie können als literarische Manifestation der feministischen Erkenntnis »le personnel est politique« gelten. Dies erklärt auch die Ich-Zentriertheit, Subjektivität und oftmals autobiographische Ausrichtung vieler von Frauen verfasster Schriften dieser Zeit, die gängig als Selbsterfahrungstexte und **Selbstfindungsliteratur** bezeichnet werden. Die spezifische Leistung der literarischen Texte liegt darin, dass sie **das sich entwickelnde neue Bewusstsein sinnlich erfahrbar** machen.

Wichtige Texte

Claire Etcherellis *Élise ou la vraie vie* (1967) gestaltet den mühevollen Lernprozess einer jungen Frau, die sich in der männlich geprägten Fabrikwelt in Paris zumindest ansatzweise von tradierten Geschlechterrollen emanzipiert.

Benoîte Groult verfasst (zum Teil mit ihrer Schwester Flora) eine Reihe autobiographisch geprägter Texte (*Journal à quatre mains*, 1963; *Le féminin pluriel*, 1965; *Il était deux fois*, 1967; *La part des choses*, 1972). Darin erzählt sie, in gewisser Weise stellvertretend für die Frauen ihrer Generation, aus einer persönlichen und identifikationsstiftenden Perspektive von weiblichen Lebensentwürfen, die von männlicher Bevormundung und Unterdrückung geprägt sind, aber auch vom Aufbegehren der Protagonistinnen gegen Ausgrenzung und Persönlichkeitsbeschneidung. Ihr berühmtester Roman *Les vaisseaux du cœur* erscheint 1988.

Die Paritätsdebatte im Frankreich der 1990er Jahre

Annie Ernaux erzählt in *Ce qu'ils disent ou rien* (1977) die erfolglose Suche der jugendlichen Heldin nach Bezugspunkten, die ihr bei der Identitätsfindung Orientierung bieten könnten.

Annie Leclercs Bestseller *Parole de femmes* (1974, Neuauflage 2001) wird wegweisend für die Vorstellung, dass eine in der patriarchalen Ordnung unterdrückte weibliche Sprache erst zu entwickeln sei und dass hierbei die Körperlichkeit der Frau eine zentrale Rolle spielt. Leclercs Text, der (differenz-) theoretische Positionen mit fiktional-narrativen Passagen verbindet, huldigt weiblichen Körpererfahrungen wie Menstruation, Gebären und Stillen. Mit der **Suche nach der »*parole de femmes*«** verbindet sich hier das Ziel, die von Frauen verinnerlichte Abwertung weiblicher Körperlichkeit sowie kulturell weiblich definierter Haus- und Familienarbeit zu überwinden und eine eigene, von patriarchalen Mustern befreite weibliche Identität zu entwickeln.

Marie Cardinals autobiographischer Roman *Les mots pour le dire* (1975) thematisiert ebenfalls die Suche nach einer Sprache, die das Frau-Sein in der patriarchalen Ordnung und die damit verbundenen Probleme erfassen und bewältigen kann. Ausgelöst von einer psychischen Krankheit, die sich in körperlichen Symptomen wie ständigen Blutungen äußert und die die Protagonistin zunächst nicht benennen kann, lernt sie mit Hilfe einer Psychoanalyse in einem langwierigen Prozess, ihre soziokulturell bedingte Selbstentfremdung zu überwinden. In der **literarischen Gestaltung des weiblichen Selbstfindungsprozesses** kommt dem Schreiben eine bedeutsame Rolle zu: Die Ich-Erzählerin ›erschreibt‹ sich regelrecht eine von gesellschaftlichen Vorstellungen und Normen losgelöste eigene Identität.

4.4.5 | Die Paritätsdebatte im Frankreich der 1990er Jahre

Politik und Geschlecht: In den 1990er Jahren wird erneut ein *retard français* unübersehbar, denn über 50 Jahre nach der Einführung politischer Rechte sind die Französinnen immer noch weitgehend **aus den politischen Machtzentren ihres Landes ausgeschlossen**. 1997 ›repräsentiert‹ eine *Assemblée nationale*, die zu fast 90% aus Männern besteht, eine Bevölkerung mit 53% Frauen (Mossuz-Lavau 1998, 9, 21). Im europäischen Vergleich liegt Frankreich damit auf dem vorletzten Platz (vor Griechenland). Um das Missverhältnis in eine griffigen Formel zu bringen, tauft ein feministischer Slogan die Nationalversammlung »**Assemblée natio-mâle**« (Mossuz-Lavau 1998, 38).

Als **Begründung** (vgl. ausführlich Mossuz-Lavau 1998, 23–27) kann man **das kulturelle Gedächtnis** anführen. Die im monarchischen Frankreich seit dem 15. Jh. gültige *loi salique* (nach der Frauen keinen Anspruch auf den Thron hatten) prägt die Vorstellung, dass Politik nur von Männern betrieben werden könnte. Eine Tradition, an der auch die Revolutionen von 1789 und die des 19. Jh.s nichts ändern, die nur Männern politische Recht

Patriarchale Ordnung und Feminismus

zuerkennen. Die bis in die Gegenwart andauernde Marginalisierung von Frauen in der Politik kann auch mit dem **Mehrheitswahlrecht** und der in Frankreich gängigen **Mandatsanhäufung** (*cumul des mandats*: eine Person hat mehrere politische Ämter inne) erklärt werden. Von besonderer Bedeutung ist aber der Umstand, dass die Politik in Frankreich Ende des 20. Jh.s noch als ›**Männerbund**‹ organisiert ist. Wenn überhaupt Frauen als Kandidatinnen aufgestellt werden, dann geschieht das überwiegend in Wahlkreisen, die von vorneherein als verloren gelten. Das Argument, dass sich zu wenig politisch kompetente Frauen fänden, mit denen sich Wahlen gewinnen lassen, ist an der Schwelle zum neuen Jahrtausend ebenso wenig stichhaltig wie die Vorstellung, dass die Bevölkerung eher Männer als Frauen in politischen Ämtern sehen wolle (Umfrageergebnisse von 1997 in Mossuz-Lavau 1998, 26).

Die Forderung nach politischer Parität

Die Debatte um die *parité*, um die zahlenmäßige Gleichheit von Frauen und Männern in allen politischen Gremien, wird im Frankreich der 1990er Jahre sehr kontrovers geführt. Ausgelöst wird sie 1992 mit dem Buch *Au pouvoir, citoyennes!: Liberté, égalité, parité* von Françoise Gaspard [u. a.], in dem die Forderung formuliert wird, dass politische Parität **mit einem Gesetz durchgesetzt** werden müsse. Die Tageszeitung *Le Monde* veröffentlicht am 10.11.1993 das *Manifeste des 577 pour une démocratie paritaire*. Die Zahl 577 steht für die Anzahl von Sitzen in der Nationalversammlung. Streng paritätisch ist das Manifest von 289 Frauen und 288 Männer unterzeichnet. Am 6.6.1996 veröffentlicht die Wochenzeitschrift *L'Express* Umfrageergebnisse, nach denen die französische Bevölkerung sich **mehrheitlich für ein Paritätsgesetz** ausspricht.

Die Auseinandersetzung spaltet das Land. Die sogenannten ***antiparitaires*** betrachten ein Paritätsgesetz als unvereinbar mit dem Universalismus, der dem republikanischen Demokratieverständnis in Frankreich zugrunde liegt. Die ***paritaires*** halten dem entgegen, dass das **Prinzip der *universalité des droits***, das vom körperlosen, universalen Individuum ausgeht, in der Praxis dazu führe, dass Frauen der Zugang zu politischen Machtzentren verwehrt bleibt. Sie setzen auf die **positive Wirkung**, die der Anblick paritätisch besetzter Parlamente für die Entwicklung des öffentlichen Bewusstseins und für das Ziel einer Geschlechtergleichstellung in allen gesellschaftlichen Bereichen habe.

Ein französischer Sonderweg: Als **weltweit erstes Land führt Frankreich** mit der Verfassungsänderung vom Juni 1999 und der »loi du 6 juin 2000 relative à l'égal accès des femmes et des hommes aux mandats électoraux et fonctions électives« **die politische Parität ein**. In den *conseils municipaux* steigt daraufhin der Anteil von Frauen von 21,7% im Jahr 1995 auf 33% im Jahr 2001, in den *conseils régionaux* sogar von 27,5% im Jahr 1998 auf 47,6% im Jahr 2004; im *Sénat* von 10,9% in 2001 auf 16,9% im Jahr 2004 (vgl. »Assemblée«). In der *Assemblée nationale* liegt der weibliche Anteil 2002 bei 12,3% und steigt nach den Wahlen 2007 auf 18,5% (107 Abgeordnete von 577 sind Frauen, damit belegt Frankreich im europäischen Vergleich den 15. Platz von 25; *Le Monde*, 19.6.2007).

»Parité par Pessin« (*Le Monde*, 25.5.2007)

Die Paritätsdebatte im Frankreich der 1990er Jahre

Theorie und Praxis: Die Idee, per Gesetz Geschlechtergleichheit herzustellen, scheint in der politischen Praxis nur partiell zu funktionieren. Dass der Anteil von Frauen **im französischen Parlament** auch nach Einführung der Parität **nur langsam steigt**, liegt zum einen daran, dass die Parteien trotz finanzieller Sanktionen die gesetzlichen Auflagen nicht erfüllen. Zum anderen funktioniert auch weiterhin die Strategie, Frauen in den Wahlkreisen (*circonscriptions*) als Kandidatinnen aufzustellen, die von vorneherein als wenig Erfolg versprechend gelten. Diesen Möglichkeiten, das Gesetz zu unterlaufen, kann nur mit einer entsprechenden Gesetzesreform entgegengewirkt werden (vgl. dazu die »proposition de loi N⁰ 207« im Senat vom 21.2.2006, http://www.senat.fr/leg/ppl05-207.html; 27.6.2007). **Die Politik bleibt in Frankreich männlich dominiert**: »Le monde politique français devient le dernier refuge et le principal terrain d'expression des valeurs masculines et du pouvoir viril historique. La ›loi des frères‹ règne. Le patriarcat y justifie encore le refus des vieux chefs de quitter la place« (Béatrice Majnoni d'Intignano; zit. in Châtel 2006, 24).

Ségolène Royal: Doch scheint **die politische Entwicklung damit einem kulturellen Bewusstseins- und Mentalitätswandel hinterherzuhinken**: Umfrageergebnissen zufolge wünschen sich 89% der Französinnen und Franzosen deutlich mehr Frauen in ihrem Parlament (*Le Parisien*, 10.10.2005). Die Kandidatur von Ségolène Royal 2007 wird als Wendepunkt wahrgenommen: Zum ersten Mal wird die Vorstellung konkret, **dass eine Frau das höchste politische Amt des Landes innehaben könnte**: »Rien ne sera plus comme avant. Pour la première fois, une femme s'est hissée au niveau des présidentiables. [...] Élue ou non, peu importe. Symboliquement, c'est un événement. La candidature à succès de Ségolène [...] aura définitivement crevé le ›plafond de verre‹ qui fait obstacle aux ambitions féminines et leur interdit le vrai pouvoir« (Rémy 2007, 9). Die Tatsache, dass die neue französische Regierung zum ersten Mal in der Geschichte der Republik nahezu paritätisch besetzt ist (sieben der fünfzehn Minister sind weiblich), gilt als Indiz für einen sich gegenwärtig in der französischen Politik vollziehenden Wandel (vgl. Remy 2007).

Feminismus in der französischen Gegenwartskultur

Une troisième vague?

Ein neuer Feminismus: Mit dem eingangs angesprochenen Bestreben, den Kampf um die *égalité des sexes* zu einem Bestandteil französischer Erinnerungskultur zu machen, verbindet sich das Ziel, **das Bild vom Feminismus in Frankreich zu verändern**. Zwar hat sich mittlerweile die Idee durchgesetzt, dass das Prinzip der Geschlechtergleichstellung eine zentrale Grundlage des modernen Frankreichs sei und es noch bestehenden Ungleichheiten zwischen Frauen und Männern entgegenzuwirken gelte. Der Begriff des Feminismus bleibt jedoch (noch) negativ konnotiert. Diese Vorstellung teilen häufig auch diejenigen, die sich für eine Verwirklichung der *égalité des sexes* aussprechen: »›Je ne suis pas féministe, mais ...‹, tout le monde connaît la formeuse formule« (Anne Zelenski-Tristan, zit. in Châtel

Patriarchale Ordnung und Feminismus

2006, 80). Doch spiegeln bzw. befördern die hier skizzierten Entwicklungen einen Prozess, der das lange Zeit vorherrschende **Negativ-Image des Feminismus in Frankreich brüchig werden lässt**.

In einschlägiger Literatur findet sich sogar jüngst immer wieder die These vertreten, dass Frankreich gerade eine **»troisième vague« des Feminismus** erlebe. Diese sei in dem Umstand begründet, dass das Gleichheitsprinzip als kulturelles Leitbild unverändert einem »sexisme toujours puissant« und einer »inégalité réelle qui demeure dans le quotidien des comportements et des faits« gegenüberstehe (Vernet 2006). Entsprechend ziele der neue Feminismus auf den **Wandel der Mentalitäten und Verhaltensformen,** die noch stark von traditionellen Geschlechterrollen und Geschlechtsidentitäten bestimmt sind und der Entwicklung von Gesetzesreformen und kulturellen Leitbildern hinterherhinken.

Patriarchale Ordnung und Feminismus heute: Dazu gelte es vor allem, in der Öffentlichkeit ein **Bewusstsein vom ›modernen‹ Sexismus** und seinen gesellschaftlichen und kulturellen Konsequenzen zu erzeugen, einem Sexismus, der sich im Gegensatz zur offenen Diskriminierung vergegangener Zeiten subtiler manifestiert und entsprechend weniger als Problem wahrgenommen wird. Diesem Ziel hat sich die feministische Vereinigung *Chiennes de gardes* verschrieben. Ähnliches gilt auch für das in Frankreich breit rezipierte Buch *King Kong Théorie* (2006) von Virginie Despentes. Die Autorin reflektiert darin den Zusammenhang zwischen der Tabuisierung von sexueller Gewalt gegen Frauen, Prostitution und Pornografie und der Stabilisierung patriarchaler Strukturen in der französischen Gesellschaft. Bemerkenswert sind weniger ihre durchaus umstrittenen Thesen, sondern der Erfolg eines Buches, das als »manifeste d'un nouveau féminisme« (Klappentext) vermarktet wird. Ob die neue Aufmerksamkeit, die feministische Themen zur Zeit in Frankreich finden, als Ausdruck dafür gewertet werden kann, dass die eingangs angesprochenen Bestrebungen, die Bedeutung des Feminismus für die französische Gegenwartskultur im öffentlichen Bewusstsein präsent zu machen, tatsächlich wirksam zu werden beginnen, bleibt abzuwarten.

Virginie Despentes: *King Kong Théorie*, 2006 (Buchcover)

Grundlegende Literatur

Bard, Christine (Hg.): Un siècle d'antifeminisme. Paris 1999.
–: Les Femmes dans la société francaise du XXe sicècle. Paris 2001.
–: Guide des sources de l'histoire du féminisme. Paris 2006.
Beauvoir, Simone de: Le deuxième sexe. 2 Bde. Paris 1949.
Chaperon, Sylvie: »Du droit de vote à la pilule«. In: L'Histoire, Spécial Les Femmes. 500 ans pour l'égalité 245 (2000a), 84–89.
Châtel, Véronique: Au-delà du féminisme, les femmes. Paris 2006.
Duby, Georges/Perrot, Michelle: Histoire des femmes en Occident. Bd. 5: Le XXe siècle. Hg. von Françoise Thébaud. Paris 2002.
Riot-Sarcey, Michèle: Histoire du féminisme. Paris 2002.
www.8mars.online.fr (26.6.2007).

Weiterführende Literatur

Amar, Micheline (Hg.): Le piège de la parité: arguments pour un débat. Paris 1999.

»Assemblée«. Assemblée nationale, Dossier »Histoire et patrimoine. La citoyenneté politique des femmes«. http://www.assemblee-nationale.fr/histoire/femmes/citoyennete_politique.asp (27.6.2007).

Bard, Christine: Les Filles de Marianne. Histoire des féminismes 1914–1940. Paris 1995.

Brive, Marie-France (Hg.): Les Femmes et la Révolution, 3 Bde. Toulouse 1989–1991.

Chaperon, Sylvie: Les Années Beauvoir (1945–1970). Paris 2000b.

Choisir la cause de femmes: Le procès de Bobigny. [Sténotypie intégrale des débats du Tribunal de Bobigny, 8 novembre 1972]. Paris 2006.

Delphy, Christine: »Droits de l'homme ou droits humains?«. Les mots sont importants. http://www.lmsi.net/spip.php?article620 (12.6.2007).

Dethloff, Uwe: Die literarische Demontage des bürgerlichen Patriarchalismus: Zur Entwicklung des Weiblichkeitsbildes im französischen Roman des 19. Jahrhunderts. Tübingen 1988.

Duhet, Marie-Paule: Les femmes et la Révolution: 1789–1794. Paris 1988.

Fallaize, Elisabeth: French women's writing:recent fiction. Basingstoke 1993.

Galster, Ingrid (Hg.): Le deuxième sèxe de Simone de Beauvoir. Paris 2004.

Gauthier, Xavière: Naissance d'une liberté. Avortement, contraception: le grand combat des femmes au XXe siècle. Paris 2002.

–: Paroles d'avortées. Quand l'avortement était clandestin. Paris 2004.

Geier, Andrea: »Patriarchat/Vaterrecht«. In: Kroll 2002, 302–304.

Groult, Benoîte: Le féminisme au masculin. Paris 1977.

–: Ainsi soit-elle. Paris 2000.

Halimi, Gisèle: »Désobéir pour le droit d'avorter«. In: Choisir la cause de femmes: Le procès de Bobigny. Paris 2006, III–VII.

Hepp, Noémi: »La galanterie« [1992]. In: Pierre Nora (Hg.): Les lieux de mémoire. Bd. 3 Paris 1997, 3677–3710.

Holland-Cunz, Barbara: Die alte neue Frauenfrage. Frankfurt a.M. 2003.

Klejman, Laurence/Rochefort, Florence: L'Égalité en marche. Le féminisme sous la troisième République. Paris 1989.

Kroll, Renate (Hg.): Metzler Lexikon Gender Studies Geschlechterforschung. Ansätze – Personen – Grundbegriffe. Stuttgart/Weimar 2002.

Leclerc, Annie: Parole de femme. Paris 2001.

Lépinard, Éleonore: L'égalité introuvable. La parité, les féministes et la République. Paris 2007.

Maugue, Annelise: L'identité masculine en crise au tournant du siècle: 1871–1914. Paris u.a. 1987.

Mossuz-Lavau, Janine: Femmes/Hommes pour la parité. Paris 1998.

Nusser, Tanja: »Feminismus (radikaler Feminismus)«. In: Kroll 2002, 102–104.

Observatoire de la parité entre les femmes et les hommes. http://www.observatoire-parite.gouv.fr (26.6.2007).

Picq, Françoise: Libération des femmes: Les années-mouvement. Paris 1993.

Remy, Jacqueline: La République des femmes. Paris 2007.

Ripa, Yannick: Les femmes, actrices de l'histoire. France, 1789–1945. Paris 2004.

Veil, Simone: Les hommes aussi s'en souviennt. Une loi pour l'histoire. Discours du 26 novembre 1974. Suivi d'un entretient avec Annick Cojean. Paris 2004.

Vernet, Jean Pierre: »(In)visibilité de la lutte contre le sexisme«. 4 juillet 2006. http://www.chiennesdegarde.org/article.php3?id_article=448 (26.6.2007).

Koloniale Tradition und multikulturelle Gesellschaft

4.5 | Koloniale Tradition und multikulturelle Gesellschaft

Bis nach dem Ende des Zweiten Weltkriegs beherrscht Frankreich ein koloniales Imperium, das von Afrika bis in den Fernen Osten reicht. Die in dieser Zeit entstandenen **Konstruktionen kultureller und ethnischer Alterität** (s. Kap. 4.1.5) bleiben auch **in der Gegenwart noch wirksam**. Der alltägliche Rassismus und die daraus resultierende Diskriminierung und Ausgrenzung des Fremden erhalten im heutigen Frankreich ihre spezifische Prägung aus der verdrängten und gleichwohl fortwirkenden kolonialen Tradition. In jüngster Zeit wird daher auch **der republikanische Universalismus** in Frage gestellt, weil er der ethnischen und kulturellen Heterogenität der französischen Bevölkerung nicht mehr gerecht wird und nicht imstande ist, Antworten auf die Probleme zu geben, die aus

Unter dem Markennamen Banania wird seit 1912 und bis in die 1980er Jahre ein Kakaogetränk vertrieben, für das das links abgebildete Plakat aus dem Jahr 1915 wirbt. Es zeigt einen schwarzen Soldaten der französischen Kolonialarmee, der vor einem stilisierten afrikanischen Sonnenuntergang seiner Verzückung über das Getränk Ausdruck gibt. Die stilisierten breiten Lippen und der naive lachende Gesichtsausdruck soll bei den französischen Adressaten der Werbung ein kolonialistisches Überlegenheitsgefühl aufrufen. Dies tut auch die Äußerung »y'a bon«, die der Sprachform des sogenannten »petit-nègre« entstammt, dem syntaktisch und morphologisch vereinfachten Französisch der Kolonisierten. Sie verstärkt eine stereotype Darstellung, die durch ihre exotische Alterität als Kaufanreiz wirken soll.
Im Jahr 2003 lanciert der Lebensmittelkonzern Nutrial eine Müslimischung mit demselben Markennamen auf dem französischen Markt, in einer Packung, deren Design rechts abgebildet ist. Es nimmt trotz seiner deutlichen Stilisierung wesentliche Elemente der bildlichen Darstellung des Fremden auf, die sich in der älteren Werbung finden (breite Lippen, Gesichtsausdruck, Kopfbedeckung und Hautfarbe). Die Aufmachung der Packung geht also davon aus, dass diese Stereotype immer noch als Kaufanreiz wirken.

der **multikulturellen Realität Frankreichs** resultieren (vgl. Fassin/Fassin 2006 und s. Kap. 4.3.4).

4.5.1 | Frankreich als Kolonialmacht

Historische Entwicklung

Die Geschichte Frankreichs als Kolonialmacht beginnt im 16. Jh. in Nord- und Südamerika. Französische Entdecker dringen über den St.-Lorenz-Strom in das Gebiet des heutigen Kanada ein und gründen dort Siedlungen (1535 Montréal, 1608 Québec). Im 17. Jh. dehnen sich französische Siedlungen von den Großen Seen über den Mississippi weit in den Osten und Südosten der heutigen USA aus und begründen ein Kolonialgebiet, das bald als »**Nouvelle France**« bezeichnet wird (entsprechend »New England«, den englischen Kolonien an der Ostküste). Seit dem Ende des 17. Jh.s kommt es zu kriegerischen Konflikten mit den an Zahl der Siedler bald überlegenen englischen Kolonien. Mit dem Friedensschluss im Siebenjährigen Krieg (1763) muss Frankreich dann auf den größten Teil des amerikanischen Kolonialreichs verzichten, und nach dem Wiener Kongress (1815) beschränken sich dessen Überreste auf einige Karibikinseln und Guyana. Neben der weitgehend französischsprachig gebliebenen kanadischen Provinz Québec zeugen heute noch viele Namen (Louisiana, New Orleans etc.) davon, dass Frankreich bis zum Ende des 17. Jh.s **die mächtigste Kolonialmacht in Nordamerika** gewesen ist.

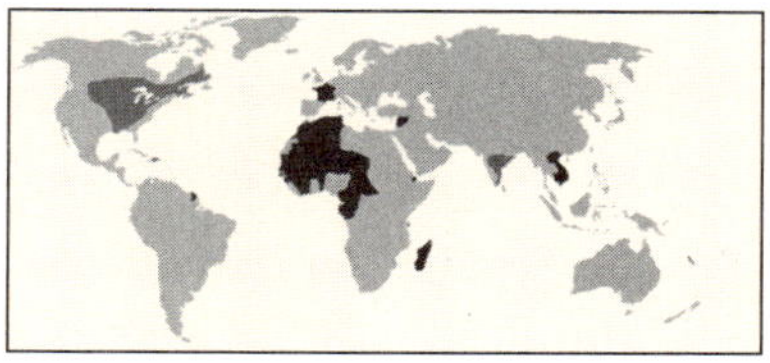

Das französische Kolonialreich (dunkelgrau: Eroberungen im 16. und 17. Jh.; schwarz: Eroberungen bis 1920)

Die koloniale Expansion des 19. Jh.s beginnt in Nordafrika mit der **Eroberung Algeriens** (1830–1847). Diese ist der Ausgangspunkt einer Kolonialpolitik, in der die verschiedenen Regime versuchen, die Stellung Frankreichs als Großmacht wieder herzustellen. Dazu zählt der Ausbau der Stützpunkte in Ost- und Zentralafrika ebenso wie in der Zeit des Zweiten Kaiserreichs der **Bau des Suez-Kanals** (1859–69) und die **Eroberung Indochinas** (1858–1884). Nach 1880 **ist Frankreich die zweitgrößte Kolonialmacht Europas** nach England. Insbesondere das afrikanische Kolonialreich wird weit ausgebaut, was nach einer Reihe kriegerischer Auseinandersetzungen zu einer Verständigung mit England über die Aufteilung des Kontinents führt (1904). Mit wenigen Ausnahmen wird das gesamte Nord- und Westafrika französischer Besitz, während England Ost- und Südafrika zugesprochen bekommt. Zu Beginn des Ersten Weltkriegs sind diese Eroberungen weitgehend abgeschlossen. Frankreich beherrscht ein koloniales Imperium, das bis nach dem Ende des Zweiten Weltkriegs bestehen bleibt.

Die Kolonialpolitik der Dritten Republik

Die Gründe für die koloniale Expansion sind vorwiegend politischer Natur. Die »**République conquérante**« findet mit den Erfolgen in den Kolonien eine **Kompensation für die Erschütterung des Nationalbewusstseins** durch die Niederlage im Deutsch-Französischen Krieg und den Verlust von Elsass und Lothringen (Bouche 1991, 94 f.). Zweifellos gibt es

Koloniale Tradition und multikulturelle Gesellschaft

auch mächtige ökonomische Interessen, die von der kolonialen Expansion profitieren. Da der Handel mit Rohstoffen aus den Kolonien und mit Waren aus Frankreich ein Monopol nationaler Unternehmen bleibt, wird das Kolonialreich zu einem wichtigen Handelspartner des Mutterlands. Doch insgesamt ist es umstritten, ob und inwieweit die Kolonien für die Republik ökonomisch profitabel sind (vgl. ebd., 281 ff.). Entscheidend ist das **Bewusstsein nationaler Größe**, die sich darin manifestiert, dass Frankreich überall in der Welt Herrschaftsgebiete vorweisen kann. Darauf vor allem insistiert der folgende **Überblick über das Kolonialreich** aus einem der erfolgreichsten Schulgeschichtsbücher der Dritten Republik:

Ernest Lavisse: *Histoire de France. Cours élémentaire*, 1913, 169 f.

> **Les propriétés de la France.** La France possède aujourd'hui hors de l'Europe un grand nombre de pays. D'un côté de l'Algérie, nous avons la *Tunisie*; de l'autre côté, nous sommes en train de conquérir le *Maroc*. Dans d'autres parties de l'Afrique nous possédons encore de grands territoires. En *Asie*, nous avons aussi de vastes possessions, dans un pays qu'on appelle l'*Indo-Chine*. Une grande partie de ces conquêtes ont été faites par la République après la malheureuse guerre de 1870.
> Les pays que nous possédons sont vingt fois plus vastes que la France. Ils sont habités par cinquante millions d'hommes. Des hommes blancs comme nous dans l'Afrique du nord, des hommes noirs dans d'autres parties de l'Afrique, des hommes jaunes en Indo-Chine.
> Partout la France enseigne le travail. Elle crée des écoles, des routes, des chemins de fer, des lignes télégraphiques.
> *La France a le droit d'être fière de ces conquêtes. Elle est reconnaissante envers ses marins et ses soldats dont beaucoup sont morts en combattant dans ces pays lointains.*

Der *Empire colonial* – eine Grundlage des französischen Selbstbewusstseins: Dieser Überblick thematisiert ausdrücklich – nicht nur im Verweis auf die noch andauernde Eroberung Marokkos – und ohne weitere Rechtfertigung die gewaltsame Entstehung des Kolonialreichs. Damit werden **der militärische Erfolg der Nation**, die »conquêtes« und die Opfer, die sie gekostet haben, zum eigentlichen Gegenstand des Stolzes, den die Nation empfinden soll. Dieser Erfolg hebt sich von dem **Hinweis auf die »malheureuse guerre de 1870«** ab, die dem größten Teil dieser Eroberungen vorausgeht. Die ethnische Vielfalt der eroberten Gebiete wird halbwegs neutral (mit dem Verweis auf die Hautfarben der Kolonisierten) benannt, doch die **Darstellung des ›zivilisatorischen‹ Werks** Frankreichs (»Elle crée des écoles...«) verweist indirekt auf die ›Rückständigkeit‹ der kolonisierten Völker.

Die kolonialistische Konstruktion von Alterität

Der Kolonialismus wird durch die Konstruktion einer kulturellen Überlegenheit der Kolonialmächte legitimiert, die von einer **wertenden Hierarchie von europäischen und kolonialen Kulturen** ausgeht. Die abwertende Deutung der Alterität (zu diesem Begriff s. Kap. 4.1.5) der Kolonisierten festigt zugleich das Bewusstsein von der Überlegenheit der eigenen Kultur über die fremden. So bilden sich im Zuge der Kolonialisierung rassistische Stereotype heraus, die – nicht nur in Frankreich – die Deutung außereuropäischer Kulturen bis heute bestimmen.

Frankreich als Kolonialmacht

Zur Vertiefung

Die republikanische Legitimation der Kolonialpolitik: »le devoir de civiliser les races inférieures«

La question coloniale, c'est, pour les pays voués par la nature même de leur industrie à une grande exportation, comme la nôtre, la question même des débouchés. Mais, Messieurs, il y a un second point, un second ordre d'idées que je dois également aborder. [...]. Messieurs, il faut parler plus haut et plus vrai! Il faut dire ouvertement qu'en effet les races supérieures ont un droit vis-à-vis des races inférieures...
(Rumeurs sur plusieurs bancs à l'extrême gauche.
M. Jules Maigne: Oh, vous osez dire cela dans un pays où ont été proclamés les droits de l'homme! [...])
Je répète qu'il y a pour les races supérieures un droit, parce qu'il y a un devoir pour elles. Elles ont le devoir de civiliser les races inférieures. [...].
Rayonner sans agir, sans se mêler aux affaires du Monde, en se tenant à l'écart de toutes les combinaisons européennes [...], pour une grande nation, croyez le bien, c'est abdiquer, et, dans un temps plus court que vous ne pouvez le croire, c'est descendre du premier rang au troisième et au quatrième.
(Jules Ferry: Parlamentsrede vom 28. Juli 1885. In: *Discours et opinions de Jules Ferry*, Bd. 5, 1897, 204 und 217)

Jules Ferry (1832–1893) ist nicht nur der Begründer des republikanischen Schulwesens (s. S. 316 f.), sondern auch einer der maßgeblichen Initiatoren der großen kolonialen Expansion der Dritten Republik. Seine Parlamentsrede präsentiert ***die beiden zentralen Leitgedanken dieser Politik:*** *ökonomisch die Sicherung außereuropäischer Absatzmärkte, politisch den Anspruch Frankreichs, nach der Niederlage im Deutsch-Französischen Krieg wieder zu einer »grande nation« zu werden. Diese Motive für eine Politik der Eroberung und Unterdrückung werden mit einem zivilisatorischen Anspruch legitimiert, der typisch für die Konstruktionen von Alterität ist, die der Kolonialismus hervorbringt. Die fremden gesellschaftlichen und kulturellen Gegebenheiten werden als ethnisch minderwertig definiert (als »races inférieures«), woraus folgt, dass sie durch die Unterwerfung zivilisiert, d. h. der europäischen Kultur angeglichen werden müssen.*
Ferrys Position steht allerdings in ***Widerspruch zu den revolutionären Idealen von Freiheit und Gleichheit****, auf die sich die Dritte Republik programmatisch beruft (s. Kap. 4.3.4). Darauf verweist der Zwischenruf eines Vertreters der Linken, gegen den Ferry die zivilisatorische Aufgabe der »races supérieures« betont.*

Die Legitimation der Kolonialpolitik durch die kolonialistische Alteritätskonstruktion konkretisiert sich in der – in den Äußerungen Ferrys bereits angesprochenen – »**mission civilisatrice**«, die Frankreich gegenüber seinen Kolonien habe (vgl. Bouche 1991, Kap. V). Damit wird ein kolonialistischer Diskurs begründet, der die **Kolonialpolitik als Weiterführung der revolutionären und republikanischen Tradition** darstellen will (vgl. ebd., 2[illegible]2 ff.). Allerdings werden den indigenen Bewohnern wesentliche Bürgerrechte verweigert. In der politischen Praxis wie in der Rechtspre-

Koloniale Tradition und multikulturelle Gesellschaft

chung haben sie bis zum Ende des Zweiten Weltkriegs weitgehend den Status von Untertanen (»sujets«), nicht den mündiger »citoyens« (vgl. Weil/Dufoix 2005, 194 ff.). Trotzdem hat der für die Kolonien zuständige Minister keine Probleme damit, sich anlässlich der **Kolonialausstellung von 1931** auf die Tradition der Revolution zu berufen, wenn er erklärt: »Penser impérialement, c'est rester fidèle à cette conception que les hommes de 89 et de 93 se faisaient de la patrie. C'est reporter les frontières de la République jusqu'où peuvent atteindre sa générosité, sa vaillance, son amour de la justice et des hommes« (zit. nach Ageron 1997, 499).

Krise und Auflösung des Kolonialreichs

Die Ausstellung von 1931, in der Frankreich seine Macht in der Exotik der beherrschten Gebiete feiert, kennzeichnet zugleich den **Höhepunkt und die beginnende Krise des Kolonialreichs** (vgl. Ageron 1997; Rioux/Sirinelli, Bd. 1, 43 ff.). Sie findet zu einer Zeit statt, in der in Indochina wie in Nordafrika **die ersten Ansätze einer Befreiungsbewegung** entstehen. Deren Initiatoren werden häufig in den Eliteschulen der Republik ausgebildet und wenden die dort vermittelten republikanischen Ideale gegen die Kolonialmacht (das berühmteste Beispiel ist Hô Chi Minh, der Führer der vietnamesischen Kommunisten).

Im Zweiten Weltkrieg bildet sich dadurch, **dass ein Teil der Kolonien sich de Gaulle anschließt**, ein neues Bewusstsein von der Bedeutung des Kolonialreichs für die Nation (Bouche 1991, 355 ff.). Angesichts der innerfranzösischen Konflikte während der Besatzungszeit erscheint diese Haltung als so bemerkenswert, dass die Nationalversammlung 1945 allen Einwohnern der Kolonien die französische Staatsbürgerschaft verleiht (Rioux/Sirinelli 1999, Bd. 2, 392 f.). Doch dieser **Versuch einer Integration der Kolonien** kommt zu spät – abgesehen davon, dass die damit verbundene Gleichberechtigung nur zögerlich und unvollständig umgesetzt wird (Bouche 1991, 394 ff.). In Indochina hat der Befreiungskampf bereits begonnen, und auch in Nordafrika bilden sich die ersten Aufstandsbewegungen.

Der Zusammenbruch des Kolonialreichs zwischen 1954 (mit der katastrophalen Niederlage im Indochinakrieg) und 1962 (Unabhängigkeit Algeriens) ist für die nationale Identität Frankreichs ein traumatischer Prozess, auf den lange Zeit eine Verdrängung der kolonialen Vergangenheit folgt. Das verlorene Kolonialreich wird schon kurz nach dem Ende der Entkolonialisierung in den vorgeblich Identität stiftenden **Sprach- und Kulturraum der *Francophonie*** umdefiniert, deren organisatorische Grundlagen 1965 bzw. 1973 geschaffen werden (vgl. Rioux/Sirinelli 1999, Bd. 2, 753–762 und Kolboom 2002). Die koloniale Vergangenheit, die gewaltsame Herrschaft Frankreichs über außereuropäische Bevölkerungen wie die kulturelle Hegemonie über sie verschwinden scheinbar bruchlos in der Konstruktion einer sprachlichen Gemeinschaft. Damit wird auch das Fortwirken der aus der Kolonialtradition stammenden kulturellen Alteritätskonstruktionen verdeckt und verdrängt (vgl. Bancel u. a. 2005).

Kolonialismus und Erinnerungskultur

Erst etwa seit der Jahrtausendwende beginnt die französische Gesellschaft, sich mit einer Vergangenheit auseinanderzusetzen, die nicht nur die einer Gewaltherrschaft ist, sondern zugleich auch die einer kulturell wirkmächtigen Konstruktion des Fremden. Diese benötigt die Unterlegenheit der kolonisierten Fremdkulturen, um sich der eigenen Identität zu vergewissern. Dass diese Konstruktion immer noch unausgesprochener Bestandteil der französischen Erinnerungskultur ist, zeigt ein im Januar 2006 beigelegter Konflikt um einen ein Jahr zuvor beschlossenen Gesetzesartikel, der es dem Schulunterricht aufgab, den **»rôle positif de la présence française outre-mer**« gebührend zu würdigen. Die Urheber dieses Gesetzes wollen die »épopée de la plus grande France« und ihr angeblich zivilisatorisches Werk bei den dann ja doch wohl ›Unzivilisierten‹ legitimieren (vgl. Bertrand 2006). Erst heftige Proteste aus den ehemaligen Kolonien und insbesondere aus Algerien bringen dann Anfang 2006 den Staatspräsidenten Chirac dazu, diesen Artikel für ungültig zu erklären. Diese Affäre zeigt, dass es über die koloniale Vergangenheit Frankreichs **keinen Konsens in der Erinnerungskultur** gibt.

Sarkozys Deutung des »homme africain«: Wie wirksam trotz aller Debatten über die verheerenden Folgen des Kolonialismus (vgl. Ferro 2003) die Stereotype kolonialistischer Alteritätskonstruktionen bleiben, zeigt eine Rede des im Mai 2007 neu gewählten französischen Staatspräsidenten Nicolas Sarkozy an der Universität Dakar am 26. Juli 2007, die heftige Proteste afrikanischer Intellektueller zur Folge hat. Trotz einiger rhetorischer Floskeln über die »effets pervers« der Kolonisierung erklärt Sarkozy die Probleme Afrikas darin mit der mangelnden Rationalität, die die Mentalität des »homme africain« bestimme, mit seinem »besoin de croire plutôt que de comprendre«, der dem europäischen Kulturstandard noch nicht genügt: »Dans cet univers où la nature commande tout [...], il n'y a de place ni pour l'aventure humaine ni pour l'idée de progrès« (zit. nach *Le Monde*, 24.8.2007). Sarkozy scheint hier einen Führungsanspruch Frankreichs in Afrika aufrechterhalten zu wollen, dessen ideologische Legitimation sich kaum von der »mission civilisatrice« unterscheidet, in deren Namen einst die Dritte Republik einen großen Teil des Kontinents unterworfen hat.

4.5.2 Algerien und der Algerienkrieg (1954–1962)

Während Frankreich nach der Niederlage in Indochina die Unabhängigkeit von Tunesien und Marokko sowie seiner west- und zentralafrikanischen Kolonien ohne allzu großen Widerstand akzeptiert, führt es gegen die algerische Befreiungsbewegung **den blutigsten und grausamsten Krieg seiner gesamten Kolonialgeschichte**. Auch wenn die Zahlen sich nicht genau angeben lassen, kann man schätzen, dass der Krieg insgesamt eine halbe Million Tote gefordert hat, davon etwa ein Zehntel Europäer. Er hat damit ungefähr 5% der indigenen Bevölkerung Algeriens das Leben gekostet, ein Prozentsatz, der höher ist als der der Verluste Frankreichs im gesamten Ersten Weltkrieg (vgl. Harbi/Stora 2004, 477 ff.; Stora 2004, 89 ff.).

Koloniale Tradition und multikulturelle Gesellschaft

Algerien als französische Kolonie

Die Sonderstellung Algeriens erklärt sich aus der Geschichte dieser größten französischen Kolonie (vgl. dazu Stora 1992 und Slama 1996). Es ist die einzige Kolonie, die einen nennenswerten Anteil französischer Einwohner an der Bevölkerung aufweist. Zu Beginn des Kriegs leben in Algerien etwa eine Million Algerienfranzosen gegenüber einer indigenen Bevölkerung von etwa neun Millionen. Am nächsten kommt dem noch Tunesien mit etwa 7% Franzosen (bei allerdings sehr viel niedrigeren absoluten Zahlen); in allen anderen Kolonien liegt ihr Anteil an der Bevölkerung um oder unter 1% (Zahlen nach Yacono 1973, 64).

Insbesondere in der Zeit der Dritten Republik ist Algerien ein **Einwanderungsland für Siedler** und verdreifacht zwischen 1871 und 1914 seine französische Bevölkerung. 1881 wird es durch die **Bildung von drei *départements*** politisch zu einem Teil Frankreichs und ist damit *de jure* keine Kolonie mehr. Doch auch nachdem alle Einwohner die französischen Bürgerrechte erhalten haben (1946), werden die Wahlen nach einem **Zweiklassenwahlrecht** durchgeführt, in dem europäische und indigene Einwohner getrennt abstimmen, wodurch ihre Stimmen unterschiedliches Gewicht haben.

Unterstützt wird die Sonderentwicklung Algeriens durch eine selbst für die gängige Kolonialpolitik ungewöhnlich rücksichtslose **Enteignung und Verdrängung der indigenen Bevölkerung** aus allen landwirtschaftlich profitablen Gebieten. Seit dem Anfang des 20. Jh.s bildet sich ein **französischer Großgrundbesitz** heraus, der den gesamten Handel mit Frankreich (insbesondere Getreide und Wein) beherrscht. Daneben sind die Algerienfranzosen in den Städten konzentriert, wo sie die Verwaltung, die Bildung und den Dienstleistungsbereich beherrschen. Auch die politischen Beziehungen zur Metropole werden von dieser Minderheit dominiert, die nur die Wahrung ihrer Interessen zum Ziel hat.

Die wirtschaftliche Situation wird daher von zwei weitgehend voneinander getrennten ökonomischen Kreisläufen bestimmt. Einerseits gibt es eine prosperierende, auf den europäischen Markt ausgerichtete landwirtschaftliche Produktion, die von den europäischen Grundbesitzern beherrscht wird und der Kolonie nicht zugute kommt. Andererseits **lebt die große Mehrheit der Bevölkerung in einer Subsistenzwirtschaft**, die kaum imstande ist, ihre grundlegenden Bedürfnisse zu befriedigen (vgl. Droz/Lever 1982, 37 ff.).

Zur Vertiefung

Albert Camus: »Misère de la Kabylie«

Im Auftrag der Zeitung L'Alger républicain *verfasst der selbst aus einer Familie französischer Landarbeiter stammende Camus (s. S. 216) 1939 eine Reihe von Berichten über die Lage der indigenen Bevölkerung im algerischen Bergland (der »Kabylie«). Darin stellt er schonungslos deren Verelendung dar und* ***klagt das Kolonialsystem*** *an, das er als deren Ursache ansieht:*

Algerien und der Algerienkrieg

Albert Camus: *Actuelles 3. Chroniques algériennes 1939–1958*, 1960, 40 f.

A Fort-National, à la distribution des grains, j'ai interrogé un enfant qui portait sur son dos le petit sac d'orge qu'on venait de lui donner.
-Pour combien de jours, on t'a donné ça? -Quinze jours. -Vous êtes combien dans la famille? -Cinq.
-C'est tout ce que vous allez manger? -Oui. -Vous n'avez pas de figues? -Non. -Vous mettez de l'huile dans la galette? -Non. On met de l'eau. Et il est parti avec un regard méfiant. [...]
Pour aujourd'hui, j'arrête ici cette promenade à travers la souffrance et la faim d'un peuple. On aura senti du moins que la misère ici n'est pas une formule ni un thème de méditation. Elle est. Elle crie et elle désespère. [...] Et à cette heure où l'ombre qui descend des montagnes sur cette terre splendide apporte une détente au cœur de l'homme le plus endurci, je savais pourtant qu'il n'y avait pas de paix pour ceux qui, de l'autre côté de la vallée, se réunissaient autour d'une galette de mauvaise orge. Je savais aussi qu'il y aurait eu de la douceur à s'abandonner à ce soir si surprenant et si grandiose, mais que cette misère dont les feux rougeoyaient en face de nous mettait comme un interdit sur la beauté du monde.

Der erste Teil des Textauszugs evoziert in dem kurzen Dialog nicht nur das Elend einer auf Wohltätigkeit angewiesenen Familie, sondern auch die Fremdheit zwischen dem kabylischen Jungen und dem französischen Algerier. Mit dem ***Gegensatz zwischen diesem Elend und der atemberaubenden Schönheit der Landschaft*** *entwirft der Text dann ein zentrales Thema von Camus' philosophischem und literarischem Werk: die Faszination des Lichts und der Mittelmeerlandschaft, in der für ihn die Absurdität der Welt zugleich besonders intensiv deutlich wird und doch auch aufgehoben erscheint (vgl. den Abschnitt »La pensée de Midi« in L'homme révolté sowie Harbi/Stora 2004, 597–620).*
Camus bleibt seiner algerischen Heimat immer verbunden. *Auch in der Zuspitzung des Algerienkriegs sucht er nach einem Kompromiss, der das Unrecht der Kolonialpolitik beenden, den Terror der beiden Krieg führenden Parteien verurteilen und ein Zusammenleben von Algeriern und Franzosen ermöglichen soll. Mit dieser Position bleibt er jedoch weitgehend isoliert zwischen den Parteigängern der »Algérie française« und den Sympathisanten des Befreiungskampfs.*

Der Algerienkrieg

Der Beginn des Befreiungskriegs am 1.11.1954 mit koordinierten Überfällen und Sabotageaktionen in allen Teilen Algeriens kommt angesichts der herrschenden politischen und ökonomischen Strukturen kaum überraschend. Der **FLN** (Front de libération nationale) setzt sich im Streit zwischen rivalisierenden nationalistischen Gruppierungen durch und betreibt eine kompromisslose Politik von Anschlägen gegen Institutionen und Repräsentanten des kolonialen Systems, was eine nicht weniger gewaltsame Repression zur Folge hat (Stora 2004, 33 ff.). Seit 1955 wird nach und nach in der französischen Öffentlichkeit bekannt, dass die (nach Mobilmachungen bis auf fast eine halbe Million Soldaten angewachsene) französische Armee neben Massenverhaftungen, Umsiedlungen und Deportationen auch **systematisch die Folter praktiziert**. Diese Diskussion mobilisiert die französische Öffentlichkeit, die bis dahin dem Kriegsgeschehen eher mit Desinteresse und Unverständnis begegnet ist, doch ohne dass sich an der – zunehmend erfolgreichen – Rücksichtslosigkeit der Kriegsführung etwas ändert (vgl. Harbi/Stora 2004, 381 ff.; Weil/Dufoix 2005, 585 ff.).

Jedenfalls aber wird der Krieg gegen Ende der 1950er Jahre in Frankreich zunehmend negativ beurteilt, wozu **seine enormen Kosten** (ein wesentlicher Grund für die galoppierende Inflation in den 1950er Jahren) ebenso beitragen wie seine durch Demonstrationen, Polizeiaktionen und nicht zuletzt durch die Mobilmachung wachsende **Präsenz im Alltagsleben**. Insgesamt sind im Verlauf des Krieges etwa zwei Millionen Franzosen als Soldaten an den Kämpfen beteiligt. Diese Entwicklung führt zu der **Krise im Mai 1958** mit dem Aufstandsversuch der Algerienfranzosen, dem Ende der Vierten Republik und der **Machtübernahme de Gaulles** (s. Kap. 4.3.2.3). In den folgenden Jahren steht Frankreich angesichts des Widerstands der sich aufgegeben sehenden Algerienfranzosen und des Terrors der für einen Verbleib Algeriens bei Frankreich kämpfenden **OAS** (*Organisation armée secrète*) mehrfach am Rande eines Bürgerkriegs, ehe es im März 1962 mit der FLN ein Abkommen über die Unabhängigkeit Algeriens schließt (***accords d'Evian***), das im April in einem Referendum mit überwältigender Mehrheit (91 %) angenommen wird.

Die verdrängte Erinnerung

Die Unabhängigkeit Algeriens hat für einen Teil seiner Bewohner tragische Konsequenzen. Erschütternd ist das **Schicksal der *harkis***, der arabischen Soldaten der französischen Kolonialarmee. Frankreich überlässt sie teilweise ihrem Schicksal und Zehntausende, die nicht nach Frankreich entkommen können, werden umgebracht (vgl. Slama 1996, 120 ff.). Im Laufe des Sommers 1962 **verlassen nahezu alle Algerienfranzosen ihre Heimat**. Frankreich muss fast eine Million neue Bewohner aufnehmen, die man offiziell euphemistisch als *rapatriés* bezeichnet (obwohl der größte Teil nie in Frankreich gelebt hat). In der Umgangssprache etabliert sich für sie der abwertende Begriff ›***pieds noirs***‹, der ursprünglich die (wegen ihrer Armut häufig barfuß gehenden) arabischen Algerier bezeichnet. Nach der Lösung der Integrationsprobleme werden die Nachwirkungen des Algerienkriegs im Zeichen einer Phase intensiver gesellschaftlicher Modernisierung ebenso verdrängt wie der endgültige Zusammenbruch des *empire colonial* (vgl. Rioux/Sirinelli 1999, Bd. 1, 117–124).

Die Auseinandersetzungen um den Algerienkrieg führen **zu einer tiefgehenden Spaltung Frankreichs**. Erst mit großem zeitlichem Abstand werden die Erinnerungen neu diskutiert und aufgearbeitet, die lange verdrängt geblieben sind, insbesondere die **Frage der Folter** und der Legitimität einer Kriegsführung, die viele Beteiligte traumatisiert hat (vgl. Harbi/Stora 2004; Weil/Dufoix 2004, 585 ff.; Stora 2004, 97 ff.). Um die Jahrtausendwende, so schätzt man, leben in Frankreich noch etwa **6 Millionen Einwohner, deren Lebensgeschichte** in der einen oder anderen Weise **vom Algerienkrieg geprägt ist**: Wehrpflichtige, *pieds noirs*, ehemalige *harkis*, Immigranten ... (*Le Monde* 2002, 1). Die »retours de mémoire« in der heutigen französischen Erinnerungskultur sind entsprechend gespalten, wie etwa die kontroverse Diskussion darüber zeigt, ob sich Frankreich beim algerischen Volk anlässlich der fünfzigjährigen Wiederkehr des Kriegsbeginns offiziell für seine Kriegsführung entschuldigen soll (*Le Monde*,

30.10.2004). Im Grunde wird auch in der aktuellen Diskussion noch **die verdrängte koloniale Tradition** verhandelt, die in den Konflikten der gegenwärtigen multikulturellen Gesellschaft neue Aktualität gewinnt. Mit guten Gründen kann man daher fragen: »La mobilisation actuelle autour des exactions commises en Algérie [...] engage-t-elle une mutation importante dans les représentations politiques françaises permettant d'atténuer les peurs à l'égard de l'Autre, de l'étranger?« (Harbi/Stora 2004, 513).

4.5.3 | Multikulturelle Gesellschaft und soziale Ausgrenzung

Die »marche pour l'égalité: Am 5. Oktober 1983 brechen einige hundert Jugendliche, die zumeist zur zweiten Generation nordafrikanischer Immigranten gehören, zu einem Marsch von Marseille nach Paris auf, der landesweit zunehmend Beachtung findet. An dessen Ende werden sie in Paris von über einhunderttausend Sympathisanten empfangen und gefeiert. Gründe für diesen als »marche pour l'égalité« in die Zeitgeschichte eingegangenen Protestzugs sind Übergriffe der Polizei in den *banlieues* verschiedener südfranzösischer Städte sowie die Freilassung eines Verdächtigen, der aus rassistischen Motiven einen aus Nordafrika stammenden Jugendlichen ermordet haben soll. In der besonders betroffenen *Cité* »Les Minguettes« in Venisseux (Rhône) bildet sich eine Gruppe »SOS Avenir Minguettes«, aus der im folgenden Jahr die bis zur Jahrtausendwende viel beachtete nationale Organisation *SOS Racisme* entsteht. Der von ihr geprägte und schnell populär gewordene Slogan »**Touche pas à mon pote**« (etwa: lass meinen Kumpel in Ruhe) markiert den Beginn einer **Diskussion über die Konsequenzen der ethnischen und religiösen Vielfalt der französischen Gesellschaft**, die bis in die Gegenwart andauert.

Die Entwicklung der Immigration

Frankreich ist schon seit dem 19. Jh. ein Einwanderungsland. Da die französische Bevölkerung in der Zeit der Dritten Republik bei einer Zahl von etwa vierzig Millionen Einwohnern stagniert, kommen im Zuge der verschiedenen Phasen der Industrialisierung **Millionen von Arbeitsimmigranten vor allem aus Ost- und Südeuropa** nach Frankreich. Trotz aller Konflikte und trotz einer wenig kohärenten politischen Auseinandersetzung mit dieser Frage gibt es lange Zeit keine ernsthaften Probleme mit ihrer Integration (vgl. Noiriel 1988). Seit 1945 wird eine liberale Regelung der Bewilligung einer Aufenthaltserlaubnis und zum Teil auch der Einbürgerung praktiziert, dank derer im Jahr 1974, dem Ende des Nachkriegsbooms der französischen Wirtschaft, 3,5 Millionen Ausländer in Frankreich leben, darunter über eine Million aus Nordafrika (Weil 2004, 79 f.). Allerdings versuchen die französischen Behörden schon zu dieser Zeit, die Zuwanderung aus dem Maghreb zu reglementieren, insbesondere in Abmachungen mit Algerien, da die *accords d'Evian* im Prinzip allen Algeriern die freie Einreise ermöglichen. Deshalb haben die Algerier auch den mit Abstand größten Anteil an der Arbeitsimmigration (vgl. Weil/Dufoix 2004, 387 ff.).

Koloniale Tradition und multikulturelle Gesellschaft

Die Krise der Einwanderungspolitik in den 1970er Jahren hat verschiedene Gründe (vgl. Weil 2004, 117 ff.). Zum einen wirft die wachsende Zahl der Arbeitsimmigranten eine Reihe sozialer Probleme auf, die sich dadurch verschärfen, dass viele beginnen, ihre Familien nachzuholen. Die bis in die 1960er Jahre praktizierte Unterbringung in Wohnheimen und erbärmlichen Barackensiedlungen, den sogenannten ***bidonvilles***, erscheint immer weniger vertretbar, so dass viele Immigranten mit ihren Familien in die seit den 1960er Jahren neu entstandenen Wohnblöcke der *banlieues* umgesiedelt werden (vgl. ebd., 47 ff.). Zum anderen zeigen sich erste Indizien einer aggressiven Fremdenfeindlichkeit in der Arbeitswelt und im Alltag, nicht zuletzt wegen des Endes der wirtschaftlichen Expansion. Es beginnt eine uneinheitliche Einwanderungspolitik, die auch wegen der vielen Regierungswechsel der 1980er und 1990er Jahre im Grunde bis heute andauert. Sie schwankt **zwischen Versuchen einer Ausgrenzung der Immigranten** bis hin zu Rückführungsaktionen einerseits und **Initiativen der Integration und Assimilation** andererseits (ausführlich dargestellt in Weil 2004). An der seit den 1950er Jahren sich entwickelnden multikulturellen Realität Frankreichs hat sich dadurch nichts geändert.

Um die Jahrtausendwende sind gut 6% der französischen Bevölkerung Ausländer. Davon stammt fast die Hälfte aus Afrika, insbesondere aus dem Maghreb. Auch der größte Teil der **4% naturalisierter Franzosen**, denen nach einer Zeit des Aufenthalts in Frankreich die französische Staatsbürgerschaft verliehen worden ist, stammt aus dem ehemaligen Kolonialreich (Erhebung INSEE 1999; vgl. Weil 2004, 431 ff. und 533 ff.). Hinzu kommen die **Abkömmlinge der Arbeitsimmigranten**, die in den 1950er und 1960er Jahren, der Zeit des französischen Wirtschaftswunders, aus Nord- und Schwarzafrika nach Frankreich gekommen und dort geblieben sind. Sie selbst, zum Teil aber auch bereits ihre Eltern sind französische Staatsangehörige. Ihr Anteil an der französischen Bevölkerung ist nicht genau quantifizierbar, weil die Bevölkerungsstatistiken vor allem auf Grund des republikanischen Einheitsgedankens die ethnische Herkunft der Bevölkerung nicht erfassen (vgl. dazu Weill 2004, 530 f.).

Probleme der multikulturellen Gesellschaft

Diese Zahlen verweisen auf einen **grundlegenden gesellschaftlichen und kulturellen Konflikt**, der seit den 1980er Jahren nicht gelöst ist, auch wenn seine Bedeutung spätestens seit der »marche pour l'égalité« ins öffentliche Bewusstsein gerückt ist. Nicht zuletzt durch das gleichzeitige **Erstarken des rechtsextremen *Front national*** wird die **Ausgrenzung des ethnisch und kulturell Fremden** auch zu einer offensiv vertretenen politischen Option. In den letzten Jahrzehnten etabliert sich – aufschlussreich für die Probleme der multikulturellen Gesellschaft – der Begriff ›***français de souche***‹, der als Bezeichnung für ›französische Franzosen‹ verwendet wird und damit eine wertende Abgrenzung zwischen Franzosen unterschiedlicher ethnischer Herkunft vornimmt.

Dagegen setzt bereits die »marche pour l'égalité« einen zentralen Leitbegriff des republikanischen Selbstverständnisses, mit dem sie eine Gleichberechtigung unterschiedlicher kultureller Traditionen einfordert. Vor allem die **zweite Generation der Immigranten** steht in einem kaum

Multikulturelle Gesellschaft und soziale Ausgrenzung

lösbar erscheinenden Identitätskonflikt. Da sie als Kinder nach Frankreich gekommen oder schon dort geboren sind, haben sie keine Beziehung mehr zur kulturellen Tradition ihrer Eltern. Zugleich aber verweigert ihnen die Isolation und Ausgrenzung in der französischen Lebenswelt eine positive Perspektive, die Identität stiftend sein könnte (vgl. Ribert 2006).

Zur Vertiefung

Mehdi Charef: *Le thé au harem d'Archi Ahmed*, 1983, 17

Auf der Suche nach einer Identität zwischen zwei Kulturen

– Je vais aller au consulat d'Algérie, elle dit maintenant à son fils, la Malika, en arabe, qu'ils viennent te chercher pour t'emmener au service militaire là-bas! Tu apprendras ton pays, la langue de tes parents et tu deviendras un homme. Tu veux pas aller au service militaire comme tes copains, ils te feront jamais tes papiers. Tu seras perdu, et moi aussi. Tu n'auras plus le droit d'aller en Algérie [...]. T'auras plus de pays, t'auras plus de racines. Perdu, tu seras perdu.
Parfois Madjid comprend un mot, une phrase et il répond, abattu, sachant qu'il va faire du mal à sa mère:
– Mais moi j'ai rien demandé! Tu serais pas venue en France je serais pas ici, je serais pas perdu... Hein?... Alors fous-moi la paix! [...]
Elle quitte la chambre et Madjid se rallonge sur son lit, convaincu qu'il n'est ni arabe ni français depuis longtemps. Il est fils d'immigré, paumé entre deux cultures, deux histoires, deux langues, deux couleurs de peau, ni blanc ni noir, à s'inventer ses propres racines, ses attaches, se les fabriquer.

Mehdi Charef (1952), der selbst der zweiten Generation algerischer Arbeitsimmigranten angehört, gestaltet in seinem Roman die Identitätssuche Madjids, eines Jugendlichen, der mit seinen Eltern in der Phase des großen wirtschaftlichen Booms der 1960er und 1970er Jahre nach Frankreich gekommen ist. Wie viele seiner Altersgenossen hat er kaum noch Beziehungen zur algerischen Heimat, der seine Eltern noch verhaftet sind, findet sich aber genauso wenig in der französischen Lebenswelt zurecht, in der er aufwächst. Der Titel des Romans gibt wieder, wie ein Mitschüler Madjids in der Schule die Rede des Lehrers vom Lehrsatz des Archimedes (»le théorème d'Archimède«, 102) (miss-)versteht. Er formt, an der Lautgestalt orientiert, einen Bestandteil des schulischen Wissens in einen arabisch konnotierten Verstehenszusammenhang um. Damit verweist der Titel ironisch auf* ***die Orientierungslosigkeit dieser Generation zwischen zwei Kulturen****. In dieser Spaltung zwischen unvereinbaren Kulturtraditionen siedelt der Roman Madjids Identitätssuche an: Zwischen der Tradition der Eltern, deren Sprache er kaum noch versteht, und der französischen Kultur, die in der Schule vermittelt wird, so seine Gedanken, müsste eine neue, eigene Identität erst erschaffen werden.*

Die *beurs*

In dem Zwiespalt zwischen nicht mehr zugänglicher arabischer und verweigerter französischer Identität versucht die zweite Generation der Immigranten, sich eigene Orientierungen zu schaffen. Die **Bezeichnung *beur*** (Umformung von »arabe«), die gängig für sie verwendet wird, ist selbst ein Bestandteil dieser Orientierungssuche, nämlich der **Entwicklung einer eigenen Sprachform**, des ***verlan***. Wie das Wort *verlan* selbst (Umformung von »[à] l'envers«) spielt sie mit einer Verkehrung der Lautgestalt der

Wörter, um einen sprachlichen Code zu entwickeln, dessen Verwendung der Abgrenzung und Identitätsbildung der eigenen Gruppe dient. Dieser Code ist Bestandteil einer Jugendkultur in den großen Wohnsiedlungen der *banlieue*, die auf die Ausgrenzung der Immigranten in der alltäglichen Lebenswelt antwortet (vgl. Lepoutre 2001).

Identitätssuche in der *banlieue*: Diese Vorstädte sind damit zugleich der soziale Raum einer **Identitätssuche der dort Marginalisierten**, die sich von den Werten der republikanischen Kultur abwenden und zum Teil im Islam eine Orientierung finden, die ihr die französische Gesellschaft verweigert. Diese Entwicklung erklärt auch die Intensität, in der die Schleierdebatte bis hin zu dem jüngsten gesetzlichen Verbot in der französischen Öffentlichkeit geführt wird (s. Kap. 4.3.4). Die Schule, die Institution, die in der republikanischen Tradition der Ort sozialer Integration *par excellence* sein soll, vollzieht mit dem **Schleierverbot** eine **symbolische Ausgrenzung der fremden Tradition**, eine Ausgrenzung, die die Jugendlichen der Vorstädte im Schulalltag ohnehin als dominant erleben. Ihr schulischer Misserfolg macht ihnen unmittelbar erfahrbar, dass das Wertsystem gescheitert ist, das die republikanische Identität begründet: »La société française est incapable d'assurer l'égalité des chances à tous ses enfants, quelles que soient leur origine, leur confession et la couleur de leur peau« (*Banlieues* 2006, 14).

Zur Vertiefung

Fawaz Hussein: *Prof dans une ZEP ordinaire*, 2006, 34 ff.

Lehrer und Schüler in der* banlieue: *Zwei feindliche Armeen

Chaque matin, une armée de professeurs, toutes catégories confondus [...], se dirige vers la banlieue. Armés de diplômes universitaires et de concours durement obtenus après de longs mois d'une cadence surhumaine, de lourds cartables à la main, les soldats de l'Éducation nationale prennent d'assaut les transports en commun et les classe des collèges et lycées. [...]
En face de ces soldats de l'Éducation nationale, chaque matin, une autre armée se forme. [...] Ces jeunes ne ressentent qu'un désir: tout bousiller, tout niquer, se casser le cul à mettre à sac le monde, se réjouir du spectacle de leurs établissements scolaires disparaissant dans l'incendie du chaos. Les deux armées face à face semblent venir de deux planètes, elles donnent l'impression d'appartenir à deux cultures, deux valeurs morales totalement opposées. L'une mise sur la laïcité, la tolérance, l'amour du prochain, les perspectives d'un commun avenir radieux, l'autre s'agite comme des démons, jure sur la tête de sa mère, s'en bat les couilles. Elle hallucine grave, elle prétend se nourrir essentiellement de haine.

Fawaz Hussein, ein Französischlehrer syrischer Abstammung, berichtet in einer Mischung aus fiktionalen und dokumentarischen Passagen von seinen Erfahrungen in einem Schulzentrum der Pariser banlieue, *das als* ZEP *eingestuft ist (»Zone d'enseignement prioritaire«, ein administrativer Euphemismus für Problemschulen). Den Grundkonflikt, den er dabei erlebt, entwirft er in dem Bild zweier feindlicher Welten, die in der Schule aufeinanderstoßen, als einen* **Kampf zweier Kulturen**, *in dem Gemeinsamkeiten oder Kompromisse kaum möglich erscheinen. Die Welt der Lehrer ist die der Universitätsbildung und eines gehobenen sozialen*

Multikulturelle Gesellschaft und soziale Ausgrenzung

Milieus, die der Schüler die Jugendkultur der Vorstadtghettos. Sie können die ***schulischen Institutionen*** *nur als* ***Orte ihrer gesellschaftlichen Marginalisierung*** *verstehen. Diese Erfahrung kann man als Fortführung einer kolonialen Situation deuten: »[...] dans les ghettos se forme une situation coloniale où des maîtres issus des classes moyennes blanches sanctionnent l'exclusion de pauvres venus des pays du Sud« (Autin u. a. 2006, 62).*

Marginalisierung und Aufstände

Seit der Auflösung der *bidonvilles* entwickelt sich in den *banlieues* der französischen Städte eine **Ghettobildung**, in der sich die **Marginalisierung der Immigranten** und ihrer Nachkommen in der französischen Gesellschaft räumlich konkretisiert. Die ethnische Abgrenzung verbindet sich mit einer sozialen Ausgrenzung, was sich etwa daran zeigt, dass die *banlieues* vieler französischer Städte zugleich Gebiete mit weit über dem Durchschnitt liegender Arbeitslosigkeit und Abhängigkeit von Sozialhilfe sind (*Banlieues* 2006, 6 f.). Diese soziale und kulturelle Konfliktlage wird der französischen Öffentlichkeit im **November 2005** durch **wochenlange Unruhen** schlagartig bewusst, die nach dem Tod zweier von der Polizei verfolgter Jugendlicher in der Pariser *banlieue* ausbrechen und sich dann auf viele Vorstädte in der Provinz ausweiten (s. Kap. 3.7.3).

Die Unruhen als alltägliches Phänomen: Die mediale und politische Wirkung, die diese Unruhen erzeugen, sollte nicht darüber hinwegtäuschen, dass sie in weniger spektakulärer Form in den letzten Jahrzehnten fast zum Alltag der französischen Vorstädte gehören. 2004 stellt ein offizieller Bericht über die Situation der *banlieues* fest: »Cette situation de crise n'est pas le produit de l'immigration. **Elle est le résultat de la manière dont l'immigration est traitée**. [...] Les pouvoirs publics sont confrontées à une situation qui s'est créée progressivement au cours des dernières décennies« (zit. nach *Banlieues* 2006, 13). Die jüngsten Unruhen stehen in einer langfristigen Entwicklung, in der die postkoloniale Struktur der französischen Gesellschaft seit dem Ende der langen wirtschaftlichen Aufschwungphase nach dem Zweiten Weltkrieg ihre unerwünschten Mitglieder in einer »**apartheid à la française**« ausgegrenzt habe (ebd.). Aus soziologischer Sicht liegt es auf der Hand, dass die latente Gewaltbereitschaft gerade der Jugendlichen in den Vorstädten aus dieser Situation resultiert: »Ces violences urbaines [...] sont avant tout l'expression de la violence inerte des structures économiques et d'une violence sociale qui pèse depuis vingt ans sur les jeunes peu qualifiés – et tout particulièrement sur les jeunes des cités« (Béaud/Pialoux 2003, 380).

Über die soziale und sozioökonomische Problemlage hinaus, die die Revolte der Jugendlichen in den Ghettos der Vorstädte bestimmt, verweist deren Aufbegehren auf ein **zentrales Problem der französischen Erinnerungskultur**. Die Republik ist bis heute kaum imstande, sich mit den Problemen auseinander zu setzen, deren Ursachen in ihre koloniale Vergangenheit zurückreichen. Der nicht aufgearbeitete Widerspruch zwischen

Koloniale Tradition und multikulturelle Gesellschaft

den vielbeschworenen Traditionen des revolutionären Erbes und dem imperialen Anspruch der Dritten Republik wiederholt sich in der Revolte der *banlieues*: »La République a réalisé, certes péniblement et partiellement, sa décolonisation extérieure; elle n'a pas beaucoup avancé dans la voie de la décolonisation intérieure et la critique de ses prétentions universalistes« (Boutang 2005, 82). Ob und wie eine solche »décolonisation intérieure« gelingen kann, bleibt ein offenes Problem.

Diese Karikatur (aus *Banlieues* 2006, 47) greift eine Äußerung des damaligen französischen Innenministers und derzeitigen Staatspräsidenten Nicolas Sarkozy auf, der Ende Oktober 2005, kurz vor den Unruhen in der *banlieue*, französischen (weißen) Einwohnern in Hinblick auf die rebellischen Jugendlichen erklärt: »On va vous débarasser de cette racaille [=Gesindel].«

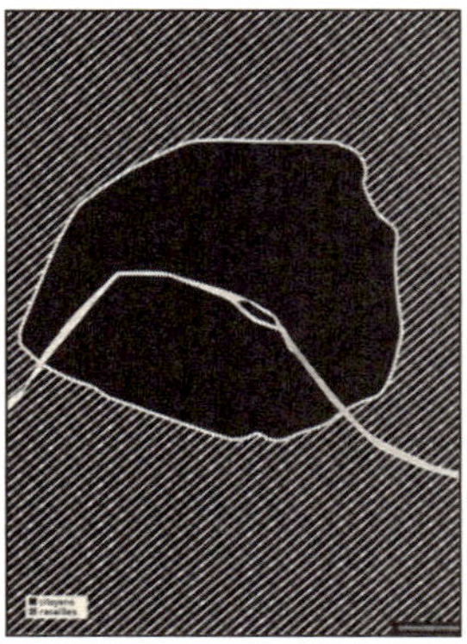

Sie zeigt den stilisierten Umriss der Stadt Paris, der in der Bilderklärung als Ort der »citoyens« ausgewiesen wird, umgeben von einer *banlieue*, die den »racailles« zugeordnet wird. Damit verbildlicht sie die **Abwehr des Fremden** in einem politischen Diskurs, der den Integrationsanspruch der Republik zugunsten einer rassistisch motivierten Ausgrenzung aufgegeben hat. Darin werden die Immigranten (die ja zu einem guten Teil auch französische Staatsbürger sind) von den ›echten‹ Franzosen (den »citoyens«) getrennt. Zugleich kann man das Bild als Darstellung eines Kriegs verstehen, in dem Paris, das Zentrum Frankreichs, von fremden Horden belagert wird. In der *Verlan*-Umformung »caillera« ist »racaille« auch eine halb ironisch, halb ernst gemeinte Selbstbezeichnung der *beurs*.

Grundlegende Literatur

Bancel, Noël u. a. (Hg.): La fracture coloniale. La société française au prisme de l'héritage colonial. Paris 2005.
Bouche, Denise: Histoire de la colonisation francaise. Bd. 2: Flux et reflux (1815–1962). Paris 1991.
Droz, Bernard/Lever, Evelyne: Histoire de la guerre d'Algérie, 1954–1962. Paris 1982.
Noiriel, Gérard: Le creuset français. Paris 1988.
Rioux, Jean-Pierre/Sirinelli, Jean-François (Hg.): La France d'un siècle à l'autre, 1914–2000. 2 Bde. Paris 1999.
Stora, Benjamin: Histoire de la guerre d'Algérie. Paris [4]2004.
Weil, Patrick: La France et ses étrangers. Paris [2]2004.
Yacono, Xavier: Histoire de la colonisation française. Paris 1973.

Weiterführende Literatur

Ageron, Charles-Robert: »L'exposition coloniale de 1931« [1984]. In: Pierre Nora (Hg.): Les lieux de mémoire. Bd. 1. Paris 1997, 493–515.
Autin, Clémentine u. a.: Banlieues, lendemains de révolte. Paris 2006.
Banlieues. Trente ans d'histoire et de révoltes, Manière de voir. Le Monde diplomatique 89 (2006).
Beaud, Stéphane/Pialoux, Michel: Violences urbaines, violences sociales. Genèse des nouvelles classes dangereuses. Paris 2003.
Bertrand, Romain: Mémoires d'Empire. La controverse autour du ›fait colonial‹. Paris 2006.

Literatur

Boutang, Yann Moulier: La révolte des banlieues ou Les habits nus de la République. Paris 2005.
Fassin, Éric/Fassin, Didier (Hg.): De la question sociale à la question raciale? Représenter la société française. Paris 2006.
Ferro, Marc (Hg.): Le livre noir du colonialisme, XVI–XXe siècles: De l'extermination à la repentance. Paris 2003.
Harbi, Mohammed/Stora, Benjamin (Hg.): La guerre d'Algérie 1954–2004. La fin de l'amnésie. Paris 2004.
Kolboom, Ingo: »Von der kulturellen zur politischen Frankophonie«. In: Ders. u. a. (Hg.): Handbuch Frankreich. Berlin 2002, 462–469.
Le Monde: La guerre d'Algérie. Dossiers et documents 307 (2002).
Lepoutre, Daniel: Cœur de banlieue. Codes, rites et langages. Paris 2001.
Ribert, Évelyne: Liberté, égalité, carte d'identité. Les jeunes issus de l'immigration et l'appartenance nationale. Paris 2006.
Slama, Alain-Gérard: La guerre d'Algérie. Histoire d'une déchirure. Paris 1996.
Stora, Benjamin: Histoire de l'Algérie coloniale. 1830–1954. Paris 1992.
Weil, Patrick: La République et sa diversité. Immigration, intégration, discriminations. Paris 2005.
–/**Dufoix, Stéphane** (Hg.): L'esclavage, la colonisation, et après… . Paris 2005.

5. Das Studium der französischen Kultur und Literatur: Praktische Hinweise

5.1 | Arbeitstechniken

5.1.1 Allgemeines zur Anlage einer wissenschaftlichen Arbeit

Textsorte Hausarbeit

Jede Gattung und jede Textsorte (s. Kap. 2.3) hat spezifische Traditionen hinsichtlich der **zugelassenen Themen, der Darstellung und des Stils**. Für eine wissenschaftliche Hausarbeit ist es daher unerlässlich, die Konventionen der zu bearbeitenden Literatur und die Konventionen für wissenschaftliche Arbeiten zu kennen.

Eine wissenschaftliche Hausarbeit gehört **zu den argumentativen Textsorten**. Das schließt bereits eine Fülle von Merkmalen aus: Umstände der Entstehung der Arbeit (diese gehören, von wenigen Ausnahmen abgesehen, in die Widmung), Wünsche und persönliche Wertungen des Schreibers sowie dessen Zu- oder Abneigungen, allzu spekulative Behauptungen sowie alle Formen unsachlicher Zusätze. Die **Darstellungskonventionen einer wissenschaftlichen Hausarbeit verlangen** hingegen

- **einen möglichst klaren und sachlichen Stil** (weshalb oft die Darstellung in der ersten Person vermieden wird),
- **thematische Geschlossenheit** (was einschließt, dass unterschiedliche argumentative und logische Ebenen möglichst voneinander getrennt werden, z. B. Textbeschreibung und Textanalyse),
- **argumentative Kohärenz** (was auch bedeutet, alles nicht zur Argumentation Gehörige konsequent wegzulassen) und
- **Progression der Argumentation** durch Systematisierung und Hierarchisierung von aufeinander bezogenen Argumenten.

Dies sind **Kriterien aller wissenschaftlichen Darstellungen**, die die Lösung einer Aufgabe oder eines Problems anhand einer Argumentation anstreben.

Adressat einer wissenschaftlichen Arbeit

Der ›ideale Leser‹, an den sich eine Hausarbeit richtet, ist **ein Fachmann der Disziplin, nicht jedoch Spezialist des betreffenden Themas**. Aussagen, die zum Alltagswissen der Fachkultur gehören, müssen also nicht belegt werden (wie z. B. »1789 kam es zu dem sogenannten ›Sturm auf die Bastille‹«; »*TF 1* ist ein französischer Fernsehsender«). **Schlüsselbegriffe sollten** allerdings, auch wenn sie ›unmittelbar‹ einsichtig erscheinen, **definiert werden**. Vermeiden sollte man verschlüsselte Metaphern, dunkle Bilder sowie einen Überfluss an Fachtermini. Eine Terminologie, die impressionistisch oder assoziativ ist, ist selbst erklärungsbedürftig und trägt somit nicht zur Klärung einer Fragestellung bei. Weniger bekanntes Wissen sowie weniger bekannte Personen werden kurz vorgestellt (vgl. hierzu Eco 1993). Sind Gedankengänge oder Argumente kompliziert und an anderer Stelle bereits hinreichend erläutert, genügt ein Verweis auf diese Quelle.

Eigenleistung

Der eigene Anteil des Verfassers sollte stets gut kenntlich gemacht werden. Denn eine wissenschaftliche Arbeit ist kein bloßes Zusammentragen von Aussagen, die schon an anderer Stelle gemacht wurden. Das Nebeneinanderstellen von Zitaten und ein nicht weiter eingebundenes Zitat sind noch keine wissenschaftliche Leistung. Diese erbringt eine Hausarbeit erst, wenn sie **einen neuen Gegenstand beleuchtet** (z. B. noch wenig bekannte Literatur der Gegenwart) oder **einen bekannten aus einem neuen Blickwinkel heraus** darstellt.

Argumentationsstruktur

Ein stringenter argumentativer Text (d. h. eine Argumentation, die lückenlos und widerspruchsfrei ist) gibt an, von **welchem Ausgangspunkt** der Sachlage er über welche Beobachtungen anhand welcher **Methoden** (Art des Vorgehens) zu einem (vorläufigen) **Endpunkt** der Sachlage gelangt und er **motiviert seine Fragestellung** (d. h. er begründet sie, indem er sagt, warum sie interessant, wichtig, neu o. ä. ist). Argumente müssen im Hinblick auf **die übergeordnete Fragestellung und das übergeordnete Ziel** (das **Erkenntnisziel**) ausgewählt und vor dem Hintergrund des allgemeinen Forschungs- und Wissensstandes plausibel gemacht werden. Ein **gültiges Argument** muss prinzipiell verifizierbar oder falsifizierbar sein, weshalb es klar formuliert sein muss. Denn **intersubjektive Nachvollziehbarkeit** ist die Grundlage von Wissenschaftlichkeit.

Argumente unterscheiden sich von Behauptungen dadurch, dass sie **Belege anführen** (Quellen, empirische Daten, Studien anderer Autoren u. Ä.) oder anhand von **logischen Schlussfolgerungen** einen Standpunkt plausibel machen. Dies kann auch durch das Widerlegen gegenteiliger Argumente geschehen. In der gesamten Arbeit sollten die Argumente so gewichtet sein, dass erkennbar ist, **welche Argumente zentral und welche nebensächlich** sind. Methodische Ordnung und synthetisierende Zusammenschau dürfen nicht durch chronologische Zusammenstellung und bloße Faktenreihung ersetzt werden.

Unzulässige **Zirkelschlüsse entstehen**, wenn das Ergebnis bereits in der Voraussetzung enthalten ist oder wenn zwei Sachverhalte jeweils durch einen Verweis aufeinander erklärt werden.

Allgemeines zur Anlage einer wissenschaftlichen Arbeit

Merkmale einer argumentativen Arbeit

Eine argumentative Arbeit sollte **folgende Merkmale** aufweisen:
1. Kohärenz/Stringenz
2. Funktionalität der Einzelteile (klare Bezogenheit aller Argumente auf das Erkenntnisziel)
3. Informativität (Vermeidung von Wiederholungen und u.U. Weglassen wenig aussagekräftiger Daten)
4. Akzeptabilität (Vermeidung von nicht nachprüfbaren Spekulationen und von Zirkelschlüssen)
5. Bezogenheit (Verortung der eigenen Ausführungen in bereits existierende Forschungen)

Länge der Arbeit

Schließlich ist zu beachten, dass die **Länge einer Arbeit die Art der zu erwartenden Antwort beeinflusst**. Für kürzere Arbeiten sollte man entsprechend engere, für längere Arbeiten weitere Fragestellungen wählen. Kürzere Arbeiten können nur wenige Aspekte auf eine recht oberflächliche Weise darstellen. Dies impliziert bereits der Umfang, weshalb man Floskeln wie »X würde den Rahmen der Arbeit sprengen« vermeiden sollte.

Grundfragen

Grundlegende Fragen zum theoretischen und methodischen Bezugsrahmen einer Arbeit:
1. Was ist mein Gegenstandsbereich? Welchen Aspekt des Gegenstandsbereichs möchte ich beleuchten? Was sind die Gepflogenheiten der Disziplinen, die sich mit diesem Gegenstandsbereich befassen?
2. Was ist mein Erkenntnisinteresse? Behandle ich eine Frage, die für eine bestimmte Leserschaft interessante neue Daten hervorbringt oder trage ich zur Klärung einer bereits formulierten wissenschaftlichen Frage bei? Warum ist meine Art der Bearbeitung des Themas relevant?
3. Wie situiere ich meine Arbeit im Feld der bereits geleisteten Vorarbeiten? Von welchen Voraussetzungen gehe ich aus? Stelle ich den Forschungsstand und die Hauptthesen zum Diskussionsgegenstand angemessen dar?
4. Welche Thesen vertrete ich? Richte ich alle Argumente meiner Arbeit stringent auf diese Thesen aus?
5. Welche Methode wende ich an, um diese Thesen plausibel zu machen? Definiere ich zentrale Begriffe meiner Argumentation und verwende ich sie dann auch angemessen?
6. Belege ich meine Aussagen/Argumente angemessen? Vermeide ich Zirkelschlüsse bzw. die unterschwellige Verwandlung von Behauptungen in Beweise?
7. Drücke ich mich klar und ohne Wiederholungen und Abschweifungen aus?

5.1.2 | Elemente einer wissenschaftlichen Arbeit

Im Folgenden werden **Art, Umfang und Funktion wesentlicher Aufbauelemente** jeder wissenschaftlichen Arbeit kurz beleuchtet.

1. **Inhaltsverzeichnis:** Am Inhaltsverzeichnis einer wissenschaftlichen Arbeit ist die **Art der Argumentation** ablesbar. Denn die Abfolge der Kapitel **bildet das Ordnungsprinzip ab**, mit dem sich jemand seinem Thema nähert und nach dem er seine Argumente ordnet, sei diese Ordnung nun zwei-, drei- oder fünfgliedrig (also nach dem Schema These-Antithese-Synthese aufgebaut) oder eher reihend. Da jedes **Kapitel einen abgeschlossenen Teilschritt innerhalb einer Gesamtargumentation** darstellt, sollten auch möglichst aussagekräftige Überschriften gewählt werden. So erlaubt das Inhaltsverzeichnis eine rasche globale Orientierung (umgekehrt können Leser an einem klaren Inhaltsverzeichnis schnell erkennen, ob das Buch für die eigene Fragestellung relevant ist).

Faustregel

Im Inhaltsverzeichnis wird für jeden Hauptaspekt des Themas ein eigenes Kapitel vorgesehen.

Zum Begriff

> Ein → Inhaltsverzeichnis soll nicht nur die Einzelteile einer Argumentation, sondern auch deren gegenseitige **Bezogenheit** aufeinander abbilden. Da nicht jeder neue Aspekt auch ein neuer Argumentationsschritt ist, darf das Inhaltsverzeichnis nicht zu differenziert sein. Ein zu wenig differenziertes Inhaltsverzeichnis ist hingegen wenig informativ.

2. **Absatz:** Jeder Absatz umfasst ***einen* zusammenhängenden Gedanken** (der wiederum mehrere Aspekte haben kann). Seine Funktion ist es, **die Argumentation voranzubringen** und Teile einer Gesamtargumentation auszuleuchten. Er besteht aus:

- einem **einleitenden Satz**, der den **Kerngedanken**, dem sich der Abschnitt widmet, nennt und gegebenenfalls mit dem Ergebnis aus dem vorherigen Absatz kurz verknüpft,
- der **Entwicklung dieses Kerngedankens** nach logischen und aufeinander aufbauenden Gesichtspunkten (Argumentation),
- den **Belegen**, die die Argumentation stützen, sowie
- einem **abschließenden Satz**, der die Ergebnisse zusammenfasst und gegebenenfalls eine Verbindung zum nächsten Absatz schafft.

Dabei ist darauf zu achten, dass **Rück- und Vorverweise sparsam zu verwenden** sind, denn zu häufige ›Regieanweisungen‹ wirken sich störend auf den Lektürefluss aus. Auch sollte kein Arbeitsschritt oder Gedanke explizit angekündigt werden, wenn er sich aus der Darlegung von selbst ergibt. Der **abschließende Absatz eines Kapitels** ist prinzi-

Elemente einer wissenschaftlichen Arbeit

piel der **Zusammenfassung**, der **Schlussfolgerung** oder der **Überleitung** gewidmet.

Faustregel

Jede Seite mit einem Zeilenabstand von 1,5 cm sollte zwei bis drei Absätze aufweisen.

Zum Begriff

> Der → Absatz ist eine **Gedankeneinheit**, die mit anderen Gedankeneinheiten zusammen eine auf das Hauptproblem bezogene Argumentationseinheit darstellt. Im Sinne der Verständlichkeit sollen Absätze weder zu lang noch zu kurz sein, da sie sonst Gefahr laufen, Zusammengehöriges auseinanderzureißen oder Heterogenes zusammenzuzwingen. Sind Absätze zu lang, geht dies oft mit einer fehlenden gedanklichen Strukturierung der Argumentation einher.

3. Einleitungs- und Schlusskapitel liegen auf der **höchsten logischen Ebene** der wissenschaftlichen Arbeit, denn sie **behandeln Theorie und Methode**, die der Argumentation zugrunde liegen (das Vorwort ist nicht Bestandteil der Argumentation). Einleitungs- und Schlusskapitel dienen desgleichen der **Situierung der Fragestellung im Kontext der Forschung**; sie machen die **Motivierung** bzw. die **Ergebnisse** des eigenen Forschungsanteils explizit.
Das Einleitungskapitel dient:
   - der **Präsentation von Thema und spezifischem Blickwinkel** (›eigene Fragestellung‹),
   - der **Verbindung zum Kontext** der Forschung,
   - der (dem Thema und dem Umfang der Arbeit entsprechenden) **Reflexion über Theorie(n) und Methode(n)** der Arbeit sowie
   - der **Aufmerksamkeitsweckung** beim Leser.

   Das Einleitungskapitel macht neugierig auf die Arbeit und sollte daher sprachlich besonders ansprechend gestaltet sein.
   Das Schlusskapitel sollte **keine neuen Aspekte** zum behandelten Thema mehr bringen, kann aber wohl neue Forschungsfelder aufzeigen (in einem sogenannten ›Ausblick‹). Es enthält:
   - eine **abstrahierende und kompakte Zusammenfassung** der Leitgedanken der Arbeit,
   - Angaben darüber, **welche Lösungen von welchen Problemen** nunmehr vorliegen, und
   - eventuell eine **erneute Einordnung** in einen (erweiterten) Forschungszusammenhang.

   Mit Wertungen sollte man stets vorsichtig sein, ebenso mit pauschalisierenden Allgemeinurteilen.

Faustregel

Der Umfang von Einleitung und Schluss zusammen sollte begrenzt sein auf höchstens 20 % des Gesamttextes.

Arbeitstechniken

Zum Begriff

> → **Einleitungs- und Schlusskapitel** sind direkt aufeinander bezogen und müssen daher wie **Frage und Antwort** gedacht werden. Sie motivieren das Thema und fassen die Ergebnisse der Arbeit zusammen.

4. **Fußnoten** verweisen in Kurzform auf die Herkunft der Zitate oder der Gedanken, die der Schreiber anderen Texten entnommen hat (**direkte bzw. indirekte Zitate**). Diese Angaben sind unentbehrlich für eine wissenschaftliche Arbeit. Fußnoten können außerdem **Hinweise auf weiterführende Literatur** sowie **weiterführende Kommentare oder Erläuterungen** zum Fließtext enthalten. Diese Informationen müssen für die Geschlossenheit und die Stringenz der Argumentation im Fließtext entbehrlich sein, denn sie sind **eine nicht notwendige Ergänzung** (Ausnahme: Angabe von direkten Quellen):
   - Alles, was in der Argumentation **nicht weggelassen** werden kann, gehört in den Fließtext und *nicht* in die Fußnote.
   - Alles, was **nicht direkt mit der Argumentation zusammenhängt** und möglicherweise bereits einen Kommentar zum Kommentar darstellt, sollte nicht mehr in eine Fußnote aufgenommen werden.

   Ein ›rechtes Maß‹ an Fußnoten zeigt, dass sich ein Schreiber Gedanken über die **Einbettung** seines Ansatzes und seiner Argumentation **in einen größeren wissenschaftlichen Diskurs** macht. Zu wenige Fußnoten deuten entsprechend auf eine nur geringe Verortung der eigenen Arbeit im wissenschaftlichen Diskurs hin, zu viele Fußnoten hingegen auf die Unfähigkeit, seinen Problembereich klar zu umreißen. Dabei hängt das ›rechte Maß‹ von zahlreichen Faktoren ab, nicht zuletzt auch von der jeweiligen Fachdisziplin und dem Thema selbst.

5. **Zitate** sind wichtige Bausteine in der Argumentation, jedoch keinesfalls deren Ersatz. Sie sollten **so kurz wie möglich gehalten** und immer ausreichend in den Argumentationszusammenhang eingebaut werden. Das bedeutet, dass sie **stets kommentiert bzw. gedeutet** werden müssen. Keinesfalls dürfen Zitate aneinandergereiht werden, bei denen der Leser sich ›seinen Teil denken‹ muss, da in diesem Fall von einer Argumentation nicht mehr die Rede sein kann.
   - **Wörtlich zitierte Textstellen** müssen in Anführungszeichen gesetzt werden. Direkt im Anschluss an das direkte Zitat muss der Quellenhinweis erfolgen. Längere direkte Zitate können auch graphisch abgesetzt werden; sie müssen dann nicht unbedingt in Anführungsstrichen stehen, die **Quellenangabe** ist jedoch **obligatorisch**.
   - **Sinngemäße Zitate** geben eine Quelle nur dem Inhalt nach wieder. Ihre Herkunft muss genauso wie bei direkten Zitaten **vollständig ausgewiesen** sein.

     Der **Sinn korrekten Zitierens** ist, dass prinzipiell jedes Mitglied der Fachdisziplin die Fundstelle problemlos wiederfinden und damit

Formen der Textbearbeitung

überprüfen kann. Nur so wird auch der eigene Anteil des Schreibers an der Arbeit deutlich.

6. **Bibliographie:** Am Ende einer wissenschaftlichen Arbeit findet sich normalerweise eine Bibliographie, d. h. ein alphabetisch nach Namen der Verfasser bzw. Herausgeber geordnetes Verzeichnis der Literatur, die für die Bearbeitung des Themas verwendet wurde. Sinnvollerweise wird zwischen **Primär- und Sekundärliteratur** unterschieden. Mit Primärliteratur ist die Literatur gemeint, *über* die geschrieben wird (in der Literaturwissenschaft ist das der literarische Text, z. B. ein Roman), mit Sekundärliteratur die Literatur, mit der argumentiert wird (die also ebenfalls *über* Primärliteratur schreibt). Bei **Internetquellen** werden der gesamte Pfad und das Datum des Zugangs angegeben. Man sollte Literatur, die man zwar eingesehen, nicht jedoch in der Argumentation gebraucht hat, als solche kennzeichnen, denn sonst wirkt die Bibliographie aufgebläht.

Faustregel

Für Zitate, Fußnoten und bibliographische Angaben gilt gleichermaßen: So viel wie nötig, so wenig wie möglich. So wird weder eine zweifelhafte *creatio ex nihilo* noch eine nicht weniger zweifelhafte Vollständigkeit suggeriert.

5.1.3 | Formen der Textbearbeitung

Je genauer man sich über die **Unterschiede zwischen verschiedenen Formen der Textbearbeitung** im Klaren ist, desto zielsicherer kann man diese einsetzen.

1. **Das Zusammenfassen eines Textes** dient einer aussagekräftigen abstrakten Wiedergabe der Grundgedanken eines Textes ohne eigene Wertung. Eine Zusammenfassung nennt **das Thema eines Textes oder den Kernpunkt eines Gedankens**, skizziert formale Besonderheiten eines Textes oder gibt auf abstraktem Niveau die Argumentationshaltung eines Textes wieder. Eine Zusammenfassung von Texten und Gedanken **unterscheidet sich von der Nacherzählung dadurch**, dass
   - sie stets im **Präsens** steht,
   - eine **Hierarchisierung der referierten Gedanken** vornimmt (diese also ggf. umstellt),
   - **keinen Spannungsbogen** aufbaut,
   - das **Vokabular möglichst abstrakt** wählt,
   - **keine Sprünge in der Linearität** der Gedanken (Kausalität) bzw. Geschichten (Chronologie) aufweist und eventuelle Wechsel zwischen logischen Ebenen **systematisch darstellt** (d. h. nach Kategorien geordnet und nicht durcheinander),
   - **Metaphern auflöst und wörtliche Zitate vermeidet**.

2. **Beim Beschreiben eines Textes** werden **Merkmale anhand expliziter (d.h. vorher dargelegter) Kategorien** aufgelistet. Deren Zahl richtet sich nach dem Bedürfnis, aus dem heraus eine Beschreibung angefertigt wird. Ein Text muss also nicht auf möglichst viele Merkmale hin befragt werden, sondern nur auf **diejenigen, die innerhalb eines Argumentationszusammenhanges sinnvoll** sind. Beschrieben werden kann auch der gedankliche (logische) Aufbau eines Textes; das Resultat ist die **Gliederung eines Textes**. Sie erzählt nicht noch einmal nach, was in den einzelnen Textabschnitten steht, sondern **bezieht die einzelnen Textabschnitte unter abstrakten Gesichtspunkten aufeinander**.

3. **Das Erklären eines Textes** dient der **Beseitigung von Verständnisschwierigkeiten** z.B. bei veralteten Wörtern, bei Ausdrücken, die von einem Autor in spezifischer Weise verwendet werden oder bei Sinnzusammenhängen, die sich aus außertextuellen Faktoren (Leben des Autors, Entstehungszeit des Textes o.Ä.) ergeben.

4. **Beim Interpretieren eines Textes** werden **Beschreibungen ausgewertet** (**Deutung**), d.h. aus den Textmerkmalen werden **Schlüsse gezogen**. Eine bloße Textparaphrase ist noch keine interpretatorische Leistung, denn die Interpretation macht gerade die nicht ohne weiteres erkennbaren Strukturen und Bedeutungen eines Textes sichtbar. Wird dabei der Kontext des Textes nicht berücksichtigt, spricht man von einer **textimmanenten Interpretation**.

5. **Das Werten eines Textes** umfasst eine **argumentative Stellungnahme des Schreibers** zu den Analyseergebnissen. Im wissenschaftlichen Zusammenhang orientiert sich diese stets an der Fragestellung, die der Arbeit zugrunde liegt, und **nicht am persönlichen Geschmack** (der auch nicht argumentativ plausibel gemacht werden kann). Ob ein Text z.B. als ›kitschig‹ eingestuft wird, spielt in einer Fragestellung, die nach Merkmalen z.B. von Schemaliteratur sucht, keine Rolle. Die **Sekundärliteratur** kann nach der **Unterscheidung ›stichhaltig‹ – ›nicht-stichhaltig‹** argumentativ bewertet werden.

5.1.4 | Arbeitsschritte bei der Anfertigung einer wissenschaftlichen Arbeit

Fünf Arbeitsschritte

Folgende Arbeitsschritte sind bei der Anfertigung einer wissenschaftlichen Arbeit zu durchlaufen, die Schritte 1 bis 4 sogar gegebenenfalls mehrfach:

1. Thema umreißen.
2. Material sammeln, Material ordnen.
3. Alle Überlegungen in einen Zusammenhang bringen; Thema anhand von Material überprüfen.

Arbeitsschritte bei der Anfertigung einer wissenschaftlichen Arbeit

4. Den Zusammenhang verständlich darstellen.
5. Alles noch einmal im Zusammenhang überarbeiten.

Schritt 1 umfasst das ***brainstorming***. Der Schreiber **inventarisiert** alles, was an einem Thema interessant scheint und spielt in Gedanken durch, welche **Theorien oder Methoden** für ihn in Frage kommen könnten. Die **Formulierung von Schlüsselwörtern** (die dann auch als Schlagwörter bei der systematischen Literatursuche dienen) schafft Orientierung. Hilfreich ist es, **Hypothesen über zu erwartende Ergebnisse** zu formulieren. Eine **grundlegende Vorgehensweise** (z. B. Textanalyse, Motivforschung, empirische Arbeit) wird festgelegt, doch sollte genügend Flexibilität bleiben, damit die Fragestellung eine Eigendynamik entwickeln kann. Eine **Fragestellung zu operationalisieren** bedeutet, sie so zu formulieren, dass konkrete Arbeitsschritte aus ihr abgeleitet werden können und es somit möglich wird zu sagen, wann ein Ergebnis als erreicht gilt. Schwammige Hypothesen und Termini sind schwer oder überhaupt nicht operationalisierbar. Bei der noch recht freien Suche sollte der Schreiber den Umfang der Arbeit im Kopf haben. Bei größeren Arbeiten empfiehlt sich die Erstellung eines Arbeits- und Zeitplans.

Tipp

Je prägnanter ein Problem formuliert wird, desto gezielter kann nach Lösungswegen gesucht werden.

Schritt 2 ist die Phase des **Lesens** und **Exzerpierens**. Die erarbeiteten Schlüsselwörter dienen als Orientierung bei der Suche nach sinnvollen Argumenten (selektives Lesen!). **Grundbegriffe sollten nun definiert** und anhand mehrerer Lexika auf ihren geltenden wissenschaftlichen Gebrauch hin überprüft werden. Hilfreicher als die bloße Markierung interessanter Textstellen ist das **Herausschreiben der wichtigsten Gedanken bzw. wörtlicher Zitate (Exzerpieren)**. Beim Exzerpieren (lat.: herausnehmen) erfasst ein Leser nur die Aspekte eines Textes, die für seine Arbeit relevant sind. Dabei ist es unerlässlich, **Exzerpte im Argumentationszusammenhang des ursprünglichen Textes** zu sehen, der auf dem Exzerpt immer auch skizziert sein sollte. Denn Begriffe eines fremden Textes können nicht als Beleg für die eigene Argumentation genutzt werden, wenn sie im fremden Text anders verwendet werden. Es muss ferner genau darauf geachtet werden, dass **eigene Interpretationen bzw. Wertungen im Exzerpt genau als solche markiert** werden. Wenn man Exzerpte dann später wieder liest, sieht man, welche Aussage aus dem Originaltext stammt.

Tipp

Je gezielter die Exzerpte auf das zentrale Thema bzw. Problem der eigenen Arbeit hin zugeschnitten sind, desto arbeitsökonomischer gestalten sich die weiteren Arbeitsschritte.

Schritt 3 legt die **Methodik** fest und damit auch die **Gliederung der Arbeit**. In die Exzerpte und Gedanken wird nun eine Ordnung gebracht, die die Argumentation nachvollziehbar macht. Für viele ist das Erstellen eines

Mindmap von besonderem Wert (vgl. Buzan 1993, 89–118). In diesem werden Daten nicht nur gesammelt, sondern in Gruppen zusammengefasst und in ihren **Relationen zueinander kenntlich** gemacht. Ein **Kernwort oder ein Kernthema bildet das Zentrum**, von dem die wichtigsten Aspekte wie Äste abzweigen. Diese Äste sind dann wieder Ausgangspunkte für weitere Unteraspekte. Wichtiges und weniger Wichtiges wird dadurch visualisiert, dass Randgebiete mit den zentralen Wörtern in der Mitte nur über mehrere Kanten verbunden sind. So ist gewährleistet, dass Details nicht wichtige Aspekte verdrängen. Ein gutes *Mindmap* ist schon fast eine Gliederung. Unterpunkte sollten ruhig **probeweise verschieden angeordnet** werden, damit erkennbar wird, ob die Argumentationsschritte sinnvoll aufeinander aufbauen. In dieser Phase der Arbeit muss der Schreiber sich auch von vielen vielleicht sehr interessanten, aber für die Argumentation **nicht relevanten Daten und Erkenntnissen trennen**.

Tipp **Je klarer der spezifische Blickwinkel der eigenen Arbeit auf das gegebene Thema formuliert wird, desto stringenter kann jeder Teil der Gliederung auf ihn bezogen werden.**

Schritt 4 stellt den **Argumentationszusammenhang in einer Rohfassung** dar. Hier kann es noch einmal Umstellungen geben. Die Rohfassung ist wie das **Modell für einen Bildhauer**: Sie verrät die **Proportionen der Arbeit** und weist jeder Überlegung ihren Platz im ›Denkgebäude‹ zu. Einleitungs- und Schlusskapitel sollten in einem engen Bezug aufeinander (im Idealfall hintereinander) niedergeschrieben werden.

Tipp **Solange es noch um die Rohfassung geht, sollte der Schreiber einer Arbeit sich noch nicht mit schönen Formulierungen aufhalten und im Zweifelsfall korrekte, aber unschöne Wörter als ›Platzhalter‹ setzen; das Gleiche gilt für Kapitelübergänge.**

Schritt 5 ist die **ästhetische Überarbeitung der Arbeit**. Konzeptuell werden in dieser Arbeitsphase **höchstens noch Kleinigkeiten geändert**. Schöne Formulierungen, aussagekräftige Überschriften und logische Überleitungen heben die Kohärenz der Argumentation und deren Nachvollziehbarkeit hervor. **Gedanken und Sätze, einzelne Absätze und Kapitel** werden **klar und gefällig miteinander verknüpft**, Wiederholungen ausgesondert. Sowohl die inhaltliche Logik als auch die wissenschaftliche Gestaltung der Arbeit (korrekte Fußnoten, vollständige Bibliographie, Satzzeichen etc.) müssen noch einmal überprüft werden. Argumentative Texte wollen überzeugen! Je ausgefeilter die Arbeit sprachlich und stilistisch ist und je weniger Rechtschreib- und Formatierungsfehler sie enthält, desto unmittelbarer vermittelt sie den Eindruck von Kompetenz.

Tipp **Auf der Suche nach schönen Formulierungen und logischen Kapitelübergängen sollte man kritische Textabschnitte einmal laut lesen oder einem Dritten vortragen.**

Empfohlene Literatur

Baasner, Rainer: Methoden und Modelle der Literaturwissenschaft. Eine Einführung. Berlin 1996.
Borchmeyer, Dieter/Žmegač, Viktor (Hg.): Moderne Literatur in Grundbegriffen [1987]. Tübingen 1994.
Buzan, Tony: Kopftraining. Anleitung zum kreativen Denken. Tests und Übungen. München 1993.
Eco, Umberto: Wie man eine wissenschaftliche Arbeit schreibt. Heidelberg ^{6}1993.
Faulstich, Werner/Ludwig, Hans-Werner: Arbeitstechniken für Studenten der Literaturwissenschaft. Tübingen ^{4}1993.
Frank, Andrea/Haacke, Stefanie/Lahm, Swantje: Schlüsselkompetenzen: Schreiben in Studium und Beruf. Stuttgart/Weimar 2007.
Grübel, Rainer/Grüttemeier, Ralf/Lethen, Helmut: BA-Studium Literaturwissenschaft. Ein Lehrbuch. Reinbek 2005.
Klinkert, Thomas: Einführung in die französische Literaturwissenschaft. Berlin 2000.
Knieß, Michael: Kreatives Arbeiten. Methoden und Überlegungen zur Kreativitätssteigerung. München 1995.
Kruse, Otto: Keine Angst vor dem leeren Blatt. Ohne Schreibblockaden durchs Studium. Frankfurt a. M./New York ^{5}1997.
Lustig, Wolf/Tiedemann, Paul: Internet für Romanisten. Eine praxisorientierte Einführung. Darmstadt 2000.
Meyer-Krentler, Eckhardt: Arbeitstechniken Literaturwissenschaft. München ^{4}1994.
Nünning, Ansgar (Hg.): Metzler Lexikon Literatur- und Kulturtheorie. Ansätze – Personen – Grundbegriffe. Stuttgart/Weimar ^{3}2004.
Poenicke, Klaus: Wie verfaßt man wissenschaftliche Arbeiten? Ein Leitfaden vom ersten Studiensemester bis zur Promotion. Mannheim ^{2}1988.
Pyerin, Brigitte: Kreatives wissenschaftliches Schreiben. Tipps und Tricks gegen Schreibblockaden. Weinheim 2001.
Standop, Ewald: Die Form der wissenschaftlichen Arbeit. Heidelberg ^{14}1994.
Wellek, René/Warren, Austin: Theorie der Literatur. Frankfurt a. M. 1972.
Werder, Lutz von: Wissenschaftliche Texte kreativ lesen. Berlin/Milow 1994.

5.2 | Unverzichtbare Texte: eine kommentierte Liste

In diesem Abschnitt werden Texte zusammengestellt und knapp charakterisiert, die man kennen sollte, wenn man sich intensiv mit französischer Literatur und Kultur befasst. Wie jede Auswahl hängt auch diese Liste von den Vorlieben und Interessen desjenigen ab, der sie vornimmt. Hinsichtlich der konkreten Auswahl stellt das Attribut ›unverzichtbar‹ daher ein subjektives Werturteil dar. Dennoch bleibt es für jedes Studium der französischen Literatur und Kultur unverzichtbar, auf der intensiven Kenntnis möglichst vieler konkreter Beispiele aufzubauen. Hierfür bietet die nachfolgende Zusammenstellung einen vielfältig ergänzbaren und veränderbaren Vorschlag.

Michel de Montaigne: *Essais* (1580/1595)
Die *Essais* sind ein autobiographisches Projekt, die Suche nach Selbsterkenntnis durch die Reflexion über antike Überlieferung, über ideologische und gesellschaftliche Traditionen sowie über konkrete Erfahrungen. Das Werk hat damit zugleich eine philosophische Dimension, weil das Nachdenken über sich selbst auch ein Nachdenken über den Menschen im Allgemeinen beinhalte: »chaque homme porte la forme entière de la condition humaine« (III,2).

Pierre Corneille: *Le Cid* (1637)
Von einer spanischen Vorlage inspiriert zeigt Corneille in seinem Erfolgsstück den Triumph der Liebe über die Norm. Allerdings kann das Happyend nur dadurch zustande kommen, dass der Titelheld Rodrigue und seine angebetete Chimène so vorbildlich normgerechte Individuen sind, dass an der Legitimität ihrer Liebe kein Zweifel besteht. Da Rodrigue auch noch einen Überfall der Mauren vereitelt, liegt das Happyend auch im Interesse des Königs, der solche Kriegshelden wie Rodrigue dringend benötigt.

Molière: *Le misanthrope* (1666)
Die bedeutendste Komödie Molières, halb auch eine Tragödie: Alceste, der Menschenfeind, im Konflikt mit Philinte und Célimène, zwischen Selbstbehauptung und Beziehungswünschen, Widerstand und Anpassung. Ein Spiel über Liebe und mit den Zwängen der Hofgesellschaft, mit den merkwürdigen Kompromissen, zu denen die Liebe führt, aber auch über grundsätzliche ethische Probleme: Aufrichtigkeit und Schmeichelei, Ehrgefühl und Ansehen, Selbstbehauptung und Selbstverleugnung.

Jean Racine: *Phèdre* (1678)
Ein tragisches Spiel über die Unmöglichkeit zu schweigen und die Katastrophe, die das Sprechen zur Folge hat. Phädra steckt in der Beziehungsfalle ihres Begehrens (s. Kap. 3.3.5).

Jean de La Fontaine: *Fables* (1668–1691)
La Fontaine erzählt Geschichten von Tieren und Menschen, die philosophische und ethische Fragen ebenso umkreisen wie Verhaltensprobleme oder soziale und politische Konflikte. Sie treiben ein ironisches Spiel mit der behäbigen Moralische der Gattungstradition, ein Spiel, dem nicht einmal der König und sein Hof entgehen. Die Macht der Fabeln besteht darin, so die programmatische Fabel »Le pouvoir des fables« (VIII,4), dass die Menschen nicht durch große Rhetorik, sondern allenfalls

durch kleine unterhaltsame Geschichten dazu gebracht werden können, sich mit existentiellen Problemen auseinanderzusetzen.

Mme de La Fayette: *La princesse de Clèves* (1678)
Die zentrale Szene dieses Romans erregt im mondänen Publikum des 17. Jh.s großes Aufsehen. In den Salons, in Broschüren und Zeitschriften wird die Frage kontrovers verhandelt, ob eine Ehefrau ihrem Mann gestehen soll, dass sie einen anderen liebt. Das tut die Titelheldin in äußerster Verwirrung ihrer Gefühle, um von ihrem Gatten die Erlaubnis zu erhalten, sich vom Hof zu entfernen, an dem der geliebte Andere immer gegenwärtig ist. Sie erlebt ihre Gefühle als so bedrohlich, dass sie ihren Geliebten auch nach dem Tod des Gatten abweist. Danach bleibt ihr nur noch der Rückzug in die Religion, »et sa vie, qui fut assez courte, laissa des exemples de vertu inimitables«.

Montesquieu: *Lettres persanes* (1721)
Frankreich Anfang des 18. Jh.s aus der Sicht persischer Reisender, die ihre Eindrücke in Briefen in die Heimat schildern. Der fremde Blick auf Frankreich wird kritisch mit den eigenen Verhältnissen in Persien konfrontiert. Von beiden Lebenswelten setzt sich der Gegenentwurf eines utopischen Idealstaats ab (Brief 11–14). Die Briefe zeigen die Standortgebundenheit und Relativität von Wirklichkeitskonstruktionen.

Voltaire: *Candide* (1759)
Ein amüsant-unterhaltsamer *conte philosophique*, der aufklärerische Philosophie mit märchenhaften Elementen verbindet. Jede Etappe der wechselvollen Reise, auf der der naive Anti-Held Candide von einem Unglück zum nächsten stolpert, parodiert die von dem Philosophen Leibniz entwickelte und von Candides Lehrer Pangloss gepredigte Lehre von der ›besten aller möglichen Welten‹. In der berühmten Formel »Il faut cultiver notre jardin« manifest sich am Ende die Desillusionierung des Protagonisten. Sie ist Grundlage für die philosophische Botschaft, dass Glück (nur) durch praktische Bescheidenheit möglich ist.

Rousseau: *Julie ou La nouvelle Héloïse* (1761)
In großem Gefühlspathos erzählt *der* Bestseller des 18. Jh.s anhand ihres Briefwechsels von der verbotenen Liebe eines adeligen Fräuleins zu ihrem bürgerlichen Hauslehrer und ihrem tugendhaften Verzicht darauf. Letzteres stellt heutige Leser ebenso auf eine harte Probe wie der moralisierende Charakter mancher Briefe. Immerhin stellt der uneindeutige Schluss die moralisierende Botschaft (selbstkritisch?) in Frage (s. Kap. 3.4.4).

Diderot: *Jacques le Fataliste* (1778–80)
Erzählt in der Tradition des *Don Quijote* von der Reise des Dieners Jacques und seines namenlosen Herrn. Im Dialog der beiden Figuren werden zwei philosophische Positionen verhandelt: Fatalismus und Willensfreiheit. Die Geschichte ihrer Reise wird nicht nur durch viele Nebenerzählungen unterbrochen, sondern auch dadurch, dass der Erzähler sich immer wieder direkt an die Leser/innen wendet. Er durchkreuzt ihre Erwartungshaltung an das Erzählen, indem er vorgibt, sein Erzählen sei ebenso ziellos wie die Reise selbst. Ein narratives Spiel mit der ›modernen‹ Erkenntnis, dass Wirklichkeit nicht aus einer übergeordneten Position erfasst werden kann.

Unverzichtbare Texte: eine kommentierte Liste

Choderlos de Laclos: *Les liaisons dangereuses* (1782)
Der intrigante Kampf des libertinen Protagonistenpaares Valmont und Merteuil gegen weibliche Tugend und Unschuld im Adelsmilieu des 18. Jh.s. Dabei werden Problemfelder thematisiert, die heute noch von Bedeutung sind: Individualität und gesellschaftliche Ordnung, Liebe im Konflikt mit Macht und Selbstverwirklichung, »la guerre des sexes« in einer patriarchalischen Gesellschaftsordnung. Der Text ist durch die Polyphonie verschiedener Briefschreiber so komplex, dass er eindeutige Sinnzuschreibungen durchkreuzt.

Beaumarchais: *Le mariage de Figaro* (1785)
Spannungs- und temporeiche Verbindung von Liebeskomödie und Gesellschaftssatire. Figaro, der die Zofe Suzanne ehelichen will, gerät in Konflikt mit seinem Herrn, der das ›Recht der ersten Nacht‹ einfordert. Ein alle Register der Komödie ziehender Schluss versöhnt zwar den Konflikt der Figuren, nimmt der Gesellschaftskritik aber nicht die revolutionäre Brisanz: »[...] il faut détruire la Bastille pour que la représentation de cette pièce ne fût pas une inconséquence dangereuses«, soll Ludwig XVI. gesagt haben.

Alphonse de Lamartine: *Méditations* (1820)
Der überwältigende Erfolg dieses Gedichtbands bei den Zeitgenossen wie auch seine Wirkung und Nachruhm werden durch die poetische Inszenierung eines einsamen Ich begründet, das melancholisch und trauernd seine Situation in einer als sinnleer empfundenen Welt reflektiert. Weder eine vage religiöse Jenseitshoffnung noch die intensiv als Harmonie evozierte Naturschönheit können dieses Ungenügen an der Welt überwinden, dessen Gestaltung in den Gedichten ästhetisch zelebriert wird und genossen werden kann.

Stendhal: *Le rouge et le noir* (1830)
Am Ende seiner Geschichte, in dem Prozess, in dem er wegen eines Mordversuchs an seiner früheren Geliebten Mme de Rênal zum Tode verurteilt wird, bezeichnet sich Julien Sorel, der Protagonist des Romans, als »paysan qui s'est révolté contre la bassesse de sa fortune«. Er bietet damit eine gesellschaftskritische Deutung seines an diesem Verbrechen gescheiterten Aufstiegsversuchs in der Gesellschaft der Restaurationszeit an. Letztlich findet er nicht in dem mühsam erkämpften Aufstieg eine Möglichkeit der Selbstverwirklichung, sondern im Verzicht darauf: »Jamais cette tête n'avait été aussi poétique qu'au moment où elle allait tomber«, heißt es emphatisch am Ende des Romans.

Honoré de Balzac: *Le père Goriot* (1835)
Einer der beliebtesten Plots im Roman des 19. Jh.s: Ein junger Mann aus der Provinz mit wenig Geld und umso größeren Ambitionen kommt nach Paris und will aufsteigen. Doch in der Gesellschaft der Restaurationsmonarchie zählen weder sozialer Rang noch Moral, sondern allein das Geld. Das lernt Eugène de Rastignac am Schicksal Goriots, der von seinen mit fürstlicher Mitgift verheirateten Töchtern verleugnet wird und den er schließlich in einem Armengrab beerdigen muss. Von der Anhöhe des Friedhofs Père-Lachaise aus blickt Rastignac in der letzten Szene des Romans über Paris und spricht die großen Worte: »A nous deux maintenant«.

Gustave Flaubert: *Madame Bovary* (1857)
Die perspektivlosen Ausbruchsversuche einer jungen Frau aus den Zwängen der patriarchalischen Ordnung, in der romantische Lektüren und Träume das einzige Sinnstiftungsangebot für ihr Geschlecht sind. Da Charles Bovary ein braver Land-

arzt ist, sucht Emma Bovary ihren Märchenprinzen im Ehebruch. Nachdem sie der Erfahrung nicht mehr ausweichen kann, dass auch ihre Liebhaber genauso banal sind wie die Gesellschaft, aus der sie fliehen will und nachdem sie sich zudem finanziell ruiniert hat, bleibt ihr nur die Selbsttötung. Schon Baudelaire war von der »faculté souffrante, souterraine et révoltée« der Protagonistin begeistert und sah in ihren Ausbruchsversuchen die einzige Möglichkeit, der Prosa der bürgerlichen Verhältnisse noch ein Ideal entgegenzusetzen.

Charles Baudelaire: *Les fleurs du mal* (1857/1861)
Mit Flauberts fast gleichzeitig erschienenem Roman hat Baudelaires berühmtester Gedichtband gemeinsam, dass er wegen Verstoßes gegen die »morale publique« vor Gericht gezerrt wird. Baudelaire hat weniger Glück (oder Beziehungen) als Flaubert: sechs Gedichte werden zensiert. Seine Gedichte gestalten nicht nur Verzweiflung, Angst und Todessehnsucht, sondern auch Obsessionen, Rausch, Sexual- und Gewaltphantasien. Seine Ästhetik des Hässlichen ist zugleich eine Ästhetik der Grenzüberschreitungen: das Verdrängte, Ausgegrenzte, Widerwärtige geht in seine Gedichte ein, begründet deren Faszination und macht sie zu einem Ausgangspunkt moderner Lyrik.

Victor Hugo: *Les misérables* (1860/61)
Wegen eines geringfügigen Vergehens wird der Sträfling Jean Valjean von dem Polizeiinspektor Javert, der nicht an die Möglichkeit moralischer Besserung eines Sträflings glaubt, hartnäckig und unerbittlich fast zwanzig Jahre und fünfzehnhundert Seiten lang verfolgt. Am Ende, nachdem Jean Valjean Javert das Leben rettet, bricht dessen Weltsicht zusammen; er bringt sich um und Jean Valjean kann in Frieden sterben. Victor Hugos berühmtester Roman verfolgt ein moralisches Projekt: das soziale Elend und die Missachtung des einfachen Volks, der »misérables«, zu bekämpfen. Zugleich aber ist das Werk ein raffiniert geschriebener Abenteuer- und Liebesroman, voll unerwarteter Wendungen, atemberaubender Spannungsmomente und intensiver Emotionen.

Gustave Flaubert: *L'éducation sentimentale* (1869)
Das Schicksal des angehenden Studenten Frédéric Moreau ist eigentlich schon auf den ersten Seiten des Romans entschieden, als er der schönen Mme Arnoux begegnet. Er projiziert seine Wünsche und Sehnsüchte auf sie, romantische Klischees von der idealen Frau und angebeteten Geliebten. Solche sentimentalischen Bilder machen ihn handlungsunfähig und bestimmen sein ganzes Leben, seine Freundschaften und Beziehungen ebenso wie seine politische (In-)Aktivität in der Zeit gesellschaftlicher Umbrüche zwischen Julimonarchie und Zweitem Kaiserreich.

Arthur Rimbaud: *Une saison en enfer* (1873)
In der Metaphorik der Höllenfahrt, die in einer langen literarischen Tradition steht, bieten die neun Abschnitte dieser Prosadichtung Fragmente der fiktiven Autobiographie eines zugleich erlebenden, erzählenden und reflektierenden Ich. Der Text umkreist eine Identitätssuche jenseits der herrschenden gesellschaftlichen, sexuellen und religiösen Normen, die auf diesem Ich lasten und von denen es sich zu befreien versucht. Der letzte Abschnitt mit dem programmatischen Titel »Adieu« entwirft in dem berühmten Postulat »Il faut être résolument moderne« die Perspektive eines Abschieds von allen Traditionen.

Unverzichtbare Texte: eine kommentierte Liste

Emile Zola: *Germinal* (1885)
Als Roman über die Entstehung der Arbeiterbewegung hat *Germinal* eine immense Popularität erlangt. Sein Titel, der Frühlingsmonat des Revolutionskalenders wird erst in seiner letzten Szene aufgegriffen, wo Etienne Lantier, der Anführer eines Bergarbeiterstreiks, sich auf den Weg nach Paris macht, um in den Dienst der Ersten Internationale zu treten. Seine unmittelbaren Hoffnungen, die darauf gerichtet waren, durch den Streik die elenden Lebens- und Arbeitsbedingungen der Bergarbeiter zu verbessern, haben sich nicht erfüllt. Doch am Ende des Romans sieht Etienne den Streik als den hoffnungsvollen Vorschein zukünftiger Kämpfe, auf die er hofft: »Des hommes poussaient, une armée noire, vengeresse, qui germait lentement dans les sillons, grandissant pour les récoltes du siècle futur et dont la germination allait faire bientôt éclater la terre.«

Apollinaire: *Alcools* (1913)
Ein Hymnus auf die Moderne in revolutionärer Sprachform: Gedichte ohne Reim- und Versstrukturen als Ausdruck modernen Lebensgefühls. Apollinaire schreibt über die rauschhafte Befreiung von der Tradition, feiert die Technik, die Großstadt und ein modernes Lebensgefühl, das in neuen sprachlichen Formen gestaltet werden muss. Das schließt eine skeptische Rücknahme der Begeisterung für die Innovationen der Moderne nicht aus: berühmt geworden und in Schulbücher eingegangen ist »Le pont Mirabeau«, ein Gedicht über Liebe und Vergänglichkeit.

André Breton: *Nadja* (1928)
Ein surrealistischer Weiblichkeitsmythos: eine rätselhafte Frau, die im Straßentrubel auftaucht und deren Haltung und Gang eine faszinierende Freiheit von den Zwängen der Realität anzuzeigen scheinen. Die Beziehung, die das erzählende Ich mit ihr eingeht, soll eine Überwindung des Realitätsprinzips im Namen der Einbildungskraft darstellen. Doch dieses Projekt scheitert, und Nadja endet in einer psychiatrischen Anstalt. Die »folie«, die nach Bretons erstem *Manifeste du surréalisme* eine wesentliche Triebkraft bei der Überwindung der Realität sein sollte, wird aus dieser wieder ausgegrenzt.

André Gide: *Les faux-monnayeurs* (1925)
Ein Roman über die Orientierungssuche heranwachsender Bürgersöhne in der Gesellschaft der Zwischenkriegszeit, über die Suche nach moralischer Orientierung und die Notwendigkeit, sich seine Werte selbst zu setzen. Zugleich ein Roman über die Entstehung eines Romans, der vielfältige, kaum noch überschaubare Handlungsstränge mit poetologischen Reflexionen verbindet, die auf der Eigenlogik der Geschichte gegenüber den Absichten des Autors insistiert.

Albert Camus: *L'étranger* (1942)
Fremd ist Meursault, der Protagonist dieses Romans, einer Lebenswelt gegenüber, die auf moralischem Konformismus und konventionellen Verhaltensweisen aufbaut. Meursault hingegen lebt gängigen Verhaltenserwartungen gegenüber gleichgültig und findet nur in der Unmittelbarkeit des Augenblicks gelegentlich Sinn. Er wird, wie es in einer berühmten Passage des Romans heißt, nicht für den sinnlosen Mord an einem Araber zum Tode verurteilt, sondern dafür, dass er am Totenbett seiner Mutter nicht geweint hat.

Samuel Beckett: *En attendant Godot* (1953)
Vladimir und Estragon, zwei Vagabunden auf der Landstraße, perspektivlos wartend und dahinredend, in einer Mischung aus Slapstick, sofort wieder zusammenbrechenden Auf- oder Ausbruchsversuchen und tragischer Handlungsunfähigkeit (s. Kap. 3.6.7).

Françoise Sagan: *Bonjour tristesse* (1954)
Eine Jugendliche kämpft gegen die Geliebte ihres Vaters um dessen Zuneigung und zugleich um ein Leben jenseits der Konventionen des mondänen Bürgertums. Einen Skandal hat der Romans wegen der moralischen Indifferenz der jungen Frau ausgelöst, in der sie als Ich-Erzählerin von ihren ersten sexuellen Erfahrungen wie von der raffinierten Intrige berichtet, mit der sie die Geliebte ihres Vaters in die Flucht und in den Tod durch einen Verkehrsunfall treibt. Eine erste Manifestation der Diskussion um weibliche Geschlechtsrollen und Emanzipation.

Alain Robbe-Grillet: *La jalousie* (1957)
Die doppelte Bedeutung des Titels kennzeichnet die Grundstruktur dieses Romans: der eifersüchtige Blick durch die Spalten eines Fensterladens. Beobachtet werden in dieser objektiv wie subjektiv eingeschränkten Perspektive zwei Figuren (sind sie Geliebte und Liebhaber?) in alltäglich wiederkehrenden Verhaltensweisen und Szenen, die in einem vage evozierten kolonialen Ambiente spielen. Eine uneindeutige Erzählinstanz (ist es der Ehemann der beobachteten Frau?) verbindet diese Beobachtungen mit Vermutungen und Deutungen, die auf Eifersucht verweisen. Nicht eine Geschichte wird erzählt, sondern ein Prozess der Wahrnehmung und Deutung.

Marguerite Duras: *L'amant* (1984)
Die vergangene Welt der französischen Kolonie Indochina, die Liebesgeschichte zwischen einer sechzehnjährigen Französin und einem chinesischen Geschäftsmann, der Kampf zwischen Mutter und Tochter um weiblichen Gehorsam und Emanzipation im Prisma einer Ich-Erzählung, in der die Erzählerin sich ihre unsichere Erinnerung an die eigene Geschichte erschreibt. Marguerite Duras' größter Romanerfolg ist eine Geschichte über Identitätssuche und Emanzipation wie über die Schwierigkeiten, sich die eigene Lebensgeschichte anzueignen.

Kommentierte Basisbibliographie

5.3 | Kommentierte Basisbibliographie

Lexika und Nachschlagewerke

***Kindlers neues Literaturlexikon.* 22 Bände. München 1988–1992.** Die ersten siebzehn Bände enthalten nach Autorennamen alphabetisch gegliederte Darstellung aller von den Herausgebern für wichtig gehaltenen Autoren und Werke der Weltliteratur; zwei Bände anonyme Werke, ein Band Essays zu den nationalen Literaturen und zwei Bände bieten Ergänzungen. Das Lexikon ist vor allem zur ersten knappen Information über den Inhalt und die Bedeutung einzelner Werke der französischen Literatur und ihrer Autoren nützlich. Die Artikel sind von unterschiedlicher Qualität, die summarischen bibliographischen Angaben nicht immer aktuell und zuverlässig (2009 erscheint eine dritte völlig neu bearbeitete Auflage).

Ansgar Nünning (Hg.): *Metzler Lexikon Literatur- und Kulturtheorie.* Stuttgart/ Weimar ³2004. Das Nachschlagewerk enthält in der Regel ausgezeichnet informierende Artikel zu den wichtigsten Theoretikern der Literatur- und Kulturwissenschaft, zu zentralen Begriffen von Theorien der Literatur- und Kulturwissenschaft, zu ihren Analyseverfahren, Grundproblemen, Methoden, Tendenzen, Schulen und Gruppen. Viele Artikel sind allerdings ohne theoretische Grundkenntnisse nicht leicht lesbar. Jeder Artikel bietet weiterführende Literaturhinweise.

***Le Nouveau Petit Robert: Dictionnaire alphabétique et analogique de la langue française.* Paris 2007.** Ein unabdingbares Arbeitsinstrument für jedes Studium französischer Texte, deren Analyse und Interpretation. Es bietet kompakte Informationen über das Bedeutungsspektrum von Wörtern, ihre Geschichte, ihre sprachlichen und kulturellen Kontexte, über Synonyme und Antonyme, Verwendungsmöglichkeiten, Zitatbeispiele und vieles mehr. Der *Petit Robert* ist trotz seiner weit über 2000 Seiten die Kurzfassung eines neunbändigen Wörterbuchs, auf das man bei Bedarf für detaillierte Informationen zurückgreifen kann. Auch als CD-ROM erhältlich. Unbedingt anzuschaffen!

***Le Petit Robert des noms propres: Dictionnaire illustré.* Paris 2007.** Ein handliches Lexikon mit kompakten Informationen zu Eigennamen aller Art (historischen, geographischen, literarischen etc.). Seine Artikel beschränken sich natürlich nicht auf Frankreich, sind aber in der Behandlung französischer Eigennamen besonders differenziert und bieten eine erste Orientierung etwa über historische Gestalten und Ereignisse, Autoren, Orte, Regionen etc. Zur Anschaffung empfohlen.

Bernhard Schmidt u.a. (Hg.): *Frankreich-Lexikon. Schlüsselbegriffe zu Wirtschaft, Gesellschaft, Politik, Geschichte, Kultur, Presse- und Bildungswesen* [1982]. Berlin ²2006. Ein umfassendes Lexikon, das Überblicksinformationen zu allen Bereichen des heutigen Frankreich vermittelt. Die Informationen sind vornehmlich auf die Gegenwart ausgerichtet; die historische Dimension beschränkt sich weitgehend auf das 20. Jh. Enthält ein deutsches und ein französisches Begriffsregister, Literaturhinweise sowie Informationen zu den in Frankreich so beliebten Abkürzungen von Begriffen und Bezeichnungen.

Landeskunde, Geschichte, Kulturwissenschaft

André Bruguière/Jacques Revel (Hg.): *Histoire de la France*. 5 Bde. Paris ²2000. Eine Darstellung der französischen Geschichte im Geist der Mentalitätsgeschichte (s. S. 246 f.). Die Bände sind nicht chronologisch gegliedert, sondern nach großen Problemfeldern und langzeitlichen Strukturen: der geographische und historische Raum, Formen der Staatlichkeit, religiöse, soziale und politische Konflikte, kulturelle Entwicklung und Erinnerungskultur. Die Bände bieten also keine Geschichtserzählung, sondern eine Darstellung von Grundlagen und Prozessen des historischen Wandels, die das heutige Frankreich hervorgebracht haben.

Ernst Hinrich u.a: *Kurze Geschichte Frankreichs*. Stuttgart ²2000. Ein kompakter und ausgezeichnet informierender Überblick über die französische Geschichte, langzeitliche Strukturen, einzelne Perioden, Ereignisse und Gestalten. Die Darstellung ist chronologisch nach Großepochen gegliedert, die einzelnen Kapitel stammen von deutschen Spezialisten der jeweiligen Zeiträume. Enthält zu jedem Kapitel weiterführende Literaturhinweise sowie ein Namensregister. Zur Anschaffung empfohlen.

Ingo Kolboom u. a. (Hg.): *Handbuch Französisch: Sprache – Literatur – Kultur – Gesellschaft*. Berlin ²2005. Gegliedert nach den drei im Titel genannten Großbereichen bietet dieses Handbuch in 133 zusammenfassenden Artikeln grundlegende Informationen über Frankreich und – sehr viel weniger detailliert – über den Raum der Frankophonie. Ein umfangreich untergliedertes Inhaltsverzeichnis, Sach- und Namensregister erleichtern die Suche nach Einzelinformationen; jeder Einzelartikel enthält weiterführende Literaturhinweise.

Hans-Jürgen Lüsebrink: *Einführung in die Landeskunde Frankreichs: Wirtschaft, Gesellschaft, Staat, Kultur, Mentalitäten*. Stuttgart/Weimar ²2003. Kompakte und übersichtlich strukturierte Einführung in die Grundstrukturen des französischen Raums, der Wirtschaft, Gesellschaft, Politik und Kultur. Die historische Dimension wird ebenso dargestellt wie aktuelle Entwicklungstendenzen und Problemfelder. Namens- und Sachregister sowie eine umfangreiche Bibliographie ermöglichen die punktuelle Nutzung sowie ein weiterführendes Studium. Zur Anschaffung empfohlen.

Hans-Jürgen Lüsebrink u. a.: *Französische Kultur- und Medienwissenschaft. Eine Einführung*. Tübingen 2004. Überblick über theoretische und methodische Grundlagen der Kultur- und Medienwissenschaft; einführende Darstellung der kulturellen Medien in Frankreich (Printmedien, Rundfunk und Fernsehen, Film, neue Medien etc.). Die einzelnen Abschnitte bieten auch einen Überblick über die Geschichte des jeweiligen Mediums in Frankreich, über Methoden und Begriffe ihrer Analyse sowie bibliographische Informationen.

Pierre Nora (Hg.): *Les lieux de mémoire*. 7 Bde. Paris 1984–1992 (neue Auflage in 3 Bänden Paris: Gallimard Quarto 1997). Eine monumentale Sammlung von eingehenden Darstellungen zahlreicher Erinnerungsorte der nationalen und kulturellen Identität Frankreichs (es fehlt fast völlig das Erbe des Kolonialismus). Die Sammlung ordnet diese Erinnerungsorte um die Republik, die Nation und »les France« (s. S. 251 f.); sie reichen von den Symbolen der Republik über Gründungsereignisse und mythische Gestalten der französischen Geschichte bis hin zu Elementen der Alltagskultur wie Straßennamen, die Gastronomie oder die Konversation.

***Nouvelle histoire de la France contemporaine.* 20 Bände von 1789 bis zur Gegenwart. Paris 1972–1994 (Seuil, Coll. Points).** Die einzelnen Bände dieser Reihe sind von französischen Spezialisten verfasst und bieten eine umfassende Darstellung der letzten zweihundert Jahre französischer Geschichte, vom Sturz der Monarchie bis zur Fünften Republik an der Jahrtausendwende, gegliedert nach Herrschaftsformen und politischen Strukturen. Bd. 20 enthält Texte und Dokumente zur französischen Geschichte im 20. Jh. Für eine vertiefte Einarbeitung in einzelne Phasen der französischen Geschichte des 19. und 20. Jh.s, in die Gesellschaftsentwicklung und die Herrschaftsformen, die sie bestimmen, sehr zu empfehlen.

Jean-Pierre Rioux/Jean-François Sirinelli (Hg.): *La France d'un siècle à l'autre. 1914–2000. Dictionnaire critique.* 2 Bde. Paris 1999. Die einzelnen Artikel behandeln eine große Bandbreite von Aspekten der französischen Geschichte, Gesellschaft und Kultur des letzten Jahrhunderts: Ereignisse (vom Ersten Weltkrieg bis zur Fußballweltmeisterschaft von 1998), prägende Strukturen und Wertvorstellungen (von der Republik oder der *Laïcité* bis hin zu Aspekten des Alltagslebens), soziale Typen und Konflikte etc. Der Bezeichnung »dictionnaire« ist eher irreführend, da die recht umfangreichen einzelnen Artikel thematisch bzw. im historischen Teil chronologisch gegliedert sind; sie bieten eine Fülle von Informationen, Perspektiven, weiterführenden Orientierungen und Deutungen.

Dorothee Röseberg: *Kulturwissenschaft Frankreich.* Stuttgart 2001. Einführende Darstellung einiger kulturtheoretischer und kulturwissenschaftlicher Begriffe und Problemfelder sowie ausgewählter Bereiche der französischen Kultur, zum Teil mit Schwerpunkten auf einem deutsch-französischen Vergleich: Konstruktion der Nation und nationale Identität, Alltagskultur, interkulturelle Wahrnehmungs-, Kommunikations- und Deutungsprozesse sowie Strukturen der Fremdwahrnehmung. Summarisches Literaturverzeichnis und Register.

Literaturtheorie und Literaturgeschichte

Heinz Ludwig Arnold/Heinrich Detering (Hg.): *Grundzüge der Literaturwissenschaft.* München ^{3}1999. Umfassende und systematische Darstellung aller Bereiche der allgemeinen Literaturwissenschaft, von Grundfragen der Gegenstandsbestimmung und der Theoriebildung über Textstrukturen und Verfahrensweisen der Textanalyse bis hin zu den Problemen der Rezeption und Wertung literarischer Texte. Die einzelnen Beiträge sind von Spezialisten verfasst und sehr detailliert. Deshalb sind sie zum Teil gerade für Studienanfänger nicht immer leicht zu lesen. Der Band enthält ein nützliches Glossar wichtiger Begriffe, eine sehr umfangreiche Bibliographie und ein Sach- und Personenregister, die seine gezielte Nutzung erleichtern.

Terry Eagleton: *Einführung in die Literaturtheorie.* Stuttgart/Weimar ^{4}1997. Allgemeiner – d. h. nicht speziell auf die französische Literatur bezogener – informativer, pointiert kritischer und gut zugänglicher Überblick über Grundprobleme, Methoden und Theorien der Literaturwissenschaft. Eagleton versteht es ausgezeichnet, die ihm wichtig erscheinenden Aspekte der Theoriebildung in der Literaturwissenschaft zu umreißen und Impulse für eine theoretische Orientierung und eine Auseinandersetzung mit den verschiedenen Positionen zu geben.

Jürgen Grimm (Hg.): ***Französische Literaturgeschichte.*** **Stuttgart/Weimar [5]2006.** Ein eingehender und gut lesbarer Überblick über die Geschichte der französischen Literatur, historische Grundlagen, Perioden der kulturellen Entwicklung, literarische Epochen und Strömungen, Autoren und Werke. Mit Bibliographie, Autoren- und Werkregister. Zur Anschaffung empfohlen.

Erich Köhler: ***Vorlesungen zur Geschichte der französischen Literatur.*** **Hg. von Henning Krauß und Dietmar Rieger. 11 Bde. Stuttgart 1983–1987.** Die Vorlesungen Erich Köhlers behandeln das Mittelalter sowie das 17., 18. und 19. Jh. Sie geben nicht immer einen systematischen Überblick über die gesamte Literaturgeschichte, sondern setzen in einem Wechsel aus Überblick, Autoren- und Werkanalyse sowie der Behandlung zentraler Entwicklungsprobleme unterschiedliche Schwerpunkte. Der Vorlesungsstil, der anspruchsvolle theoretische Erörterungen, sarkastische und ironische Pointierungen und eingehende Textanalysen miteinander verbindet, macht die Bände zu einer anregenden und zum Einstieg in die behandelten Perioden hervorragend geeigneten Lektüre.

Michel Prigent (Hg.): ***Histoire de la France littéraire.*** **3 Bde. Paris 2006.** In die drei Teile *Naissances, Renaissances*; *Classicismes* und *Modernités* gegliedert bietet dieses Werk eine struktur- und kulturgeschichtliche Darstellung der französischen Literatur von den Anfängen bis zur Gegenwart. Es will die Einteilung der Literaturgeschichte in Jahrhunderte durch die Darstellung größerer Zusammenhänge sowohl der kulturgeschichtlichen Grundlagen wie auch der Entwicklung von Gattungen und Formen überwinden. Das Werk ist in über 90 Abschnitte gegliedert, die keine fortlaufende Erzählung bieten, sondern verschiedenen Aspekte der Literaturgeschichte jeweils monographisch behandeln. Auf Grund dieser Anlage sowie des Umfangs und des Detailreichtums der Darstellung vor allem für eine vertiefte Orientierung über einzelne Gegenstandsbereiche zu empfehlen.

5.4 | Literatur- und Kulturwissenschaft im Internet

Politik

http://www.elysee.fr/
→ **Offizielle Seite des französischen Staatspräsidenten**, u.a. mit Informationen über die Aufgaben des Präsidenten, über seine Präsidentschaft, über Aktuelles aus dem Elysée-Palast, Reden und Verlautbarungen, Bild- und Videomaterial; es besteht die Möglichkeit, an den Präsidenten zu schreiben.

http://www.premier-ministre.gouv.fr/fr/
→ **Offizielle Seite des französischen Premierministers** mit verschiedenen thematischen Bereichen von »agriculture« bis »sport«. Außerdem ausführlich: »Les Grands Chantiers du Gouvernement«.

http://www.service-public.fr/
→ **Links zu allen staatlichen Seiten** im Internet.

Zeitungen

http://www.lemonde.fr/
→ ***Le Monde*: Frankreichs einflussreichste Tageszeitung** mit Schwerpunkt auf den Bereichen Politik und Wirtschaft; *Le Monde* gilt als die beste Zeitung Frankreichs und trägt maßgeblich zur öffentlichen Meinungsbildung bei.

http://www.liberation.com/
→ ***Libération*** (der *taz* vergleichbar): Anfang der 1970er Jahre als Alternative zu herkömmlichen Tageszeitungen gegründet. *Libé* zeichnet sich durch einen kritischen, aber durchweg professionellen Grundton aus.

http://www.lefigaro.fr/
→ ***Le Figaro***: eher rechts stehende **konservative Tageszeitung**.

http://www.humanite.fr/
→ ***L'Humanité*: kommunistische Tageszeitung**.

http://tempsreel.nouvelobs.com/
→ ***Temps réel***: 1964 gegründetes **Wochenmagazin für die linke Leserschaft** (eine Mischung aus *Die Zeit* und *Der Spiegel*), das sich vornehmlich an eine akademische Mittelschicht wendet.

http://www.lexpress.presse.fr/
→ ***L'Express***: 1953 gegründete **politische Wochenzeitschrift**, die dem *Spiegel* von der Aufmachung her gleicht und dem konservativ-rechtsliberalen Lesepublikum zuzurechnen ist.

http://www.lecanardenchaine.fr/
→ ***Le Canard enchainé*: satirische Wochenzeitschrift**.

Kulturthemen

http://www.historicum.net/laender/frankreich/
→ Das **Frankreich-Portal** nennt sich selbst **»Kommunikationsknotenpunkt für alle Frankreichforscher«** mit (Bild-)Archiven und Datenbanken, außerdem Links zu »Bibliotheken«, »Forschung«, »Stipendien«, »Studium«, »Universitäten« und »Kultur« (deutsche Kulturinstitute in Frankreich, französische Kulturinstitute in

Literatur- und Kulturwissenschaft im Internet

Deutschland), »Museen« und »Schule«, »E-Texten«, »Presse« und Online-Wörterbüchern, Online-Buchhandlungen sowie zu geschichtlichen Themen.

http://www.kultur-frankreich.de/
→ **Allgemeines Portal für Fragen rund um die französische Kultur** mit den Bereichen »Culture« (u. a. »Arts plastiques«, »Cinéma et médias«, »Livre«, »Musique«, »Théâtre«, »Danse«, »Cirque« sowie entsprechenden Archiven), »Langue«, »Université et recherche« und einer Fülle weiterer Links.

http://www.culture.fr/
→ **Seite des *Ministère de la culture et de la communication***, informiert über Aktuelles zu Frankreichs Regierung und enthält umfangreiche Links zum kulturellen Leben in Frankreich.

http://www.deutschland-und-frankreich.de/
→ **Offizielles deutsch-französisches Internet-Portal** (zweisprachig) der beiden Außenministerien; neben aktuellen Themen erscheinen die Rubriken »Zusammenarbeit«, »Die großen Themen« (z. B. Schule, Universität, Berufsbildung, Jugendaustausch), »Die Beauftragten«, »Archiv« (Dokumente, die die deutsch-französischen Beziehungen seit 1963 entscheidend geprägt haben) und »Chronologie« (die wichtigsten Daten der deutsch-französischen Zusammenarbeit seit 1948).

http://www.leforum.de/fr/fr-index2.htm
→ **Seite des deutsch-französischen Forums**, Beiträge aus Politik, Wirtschaft und Wissenschaft zu den deutsch-französischen Beziehungen.

http://www.francoromanistes.de/
→ **Seite des Deutschen Frankoromanistenverbandes** mit vielen nützlichen Links und Veranstaltungshinweisen.

http://www.dfi.de/
→ **Homepage des Deutsch-Französischen Instituts**, eines sozialwissenschaftlichen Informations- und Forschungsinstituts über das zeitgenössische Frankreich und die deutsch-französischen Beziehungen, das sich vor allem an Führungskräfte in Politik, Verwaltung, Wirtschaft und Medien richtet sowie an Wissenschaftler mit frankreichspezifischen Themen.

Französische Sprache und Literatur

http://www.magazine-litteraire.com/
→ ***Magazine Littéraire*: großes französisches Literatur-Magazin**, das aktuelle Debatten veröffentlicht und umfangreiche Dossiers enthält zu Persönlichkeiten des kulturellen und literarischen Lebens, außerdem Besprechungen von Neuerscheinungen.

http://www.bifi.fr/public/index.php
→ **Filmbibliothek** mit umfangreichen Sammlungen »Les Périodiques«, »Les Ouvrages«, »Les Vidéos et DVD«, »Les Revues de presse«, »Les Affiches«, »Les Dessins« und »Les Photographies«.

Literatur- und Kulturwissenschaft im Internet

http://www.bnf.fr/
→ **Seite der *Bibliothèque nationale*** mit Katalogen und Veranstaltungshinweisen sowie Hinweisen zu Geschichte und Funktion der »BnF«.

http://gallica.bnf.fr/
→ **Digitale Bibliothek der *Bibliothèque nationale*** mit kostenfreiem Zugang zu mehr als 90 000 erfassten Werken (der Literatur, Presse etc.), 80 000 Bildern und Tonbeispielen aus allen kulturellen Bereichen, selbst zu ausländischen Werken im Original oder in einer Übersetzung.

http://www.academie-francaise.fr/
→ **Offizielle Seite der *Académie française*** mit Angaben zu den Aufgabenbereichen der Akademie, deren Mitgliedern und der Geschichte der Institution sowie Erläuterungen zur Entwicklung der französischen Sprache und zu den Wörterbüchern (inklusive einer Online-Version des Wörterbuches bis zum Buchstaben O, Ende 2006).

Sonstiges

http://www.dfjw.org/
→ **Seite des deutsch-französischen Jugendwerkes**, die Angebote zur Förderung des deutsch-französischen Austausches (u. a. Praktika und Sprachkurse) anbietet.

http://www.arte.tv/de/70.html
→ **Seite des deutsch-französischen Kulturkanals ARTE**, mit Programmhinweisen, Videos und Podcasts.

http://www.rfi.fr/
→ ***Radio France Internationale* (RFI): Seite eines der wichtigsten frankophonen Sender** mit Programmhinweisen und Artikeln zu aktuellen Themen.

http://www.lehall.com/index.html
→ **Seite des *Centre National du Patrimoine de la Chanson, des Variétés et des Musiques actuelles***, gefördert vom Kulturministerium, das sich dem Chanson in allen seinen Varianten widmet; Datenbanken mit Hörbeispielen und einer Fülle von Aktivitäten rund um das französische Chanson.

http://www.frankreich-info.de/startseite.shtml
→ **Informationen rund um Frankreich**, kommerziell, aber mit vielen praktischen Tipps.

http://www.frankreich-experte.de/
→ **Kommerzielle Seite mit umfangreichen Informationen** zu Frankreich und einer informativen regionalen Aufgliederung.

http://www.culture.gouv.fr/documentation/joconde/fr/pres.htm
→ **Guter Einstieg zu Museen**

http://www.mediatheque-patrimoine.culture.gouv.fr/
→ **Architektur und Kulturdenkmäler**

http://prix.litteraire.info/
→ **Vorstellung der Buchpreise**

Literatur- und Kulturwissenschaft im Internet

http://abu.cnam.fr/
→ Sammlung **literarischer Texte**

http://www.cinema-francais.net/
→ französisches **Kino**

Informationen zum Studium in Frankreich

Allgemeines
http://www.historicum.net/laender/frankreich/wissenschaft/forschung/
http://www.historicum.net/laender/frankreich/wissenschaft/studium/
http://www.historicum.net/laender/frankreich/wissenschaft/universitaeten/

Binationale Studiengänge
http://www.dfh-ufa.de/skripteF1/f1.asp

Sonstiges
http://www.aief.fr/ (*L'Association internationale des Études françaises, AIEF*)
http://www.auf.org/ (*Agence universitaire de la Francophonie*)
http://www.studieren-in-frankreich.de/

6. Anhang

6.1 | Personenregister

6.2 | Sachregister